한국외국어대학교 법학연구소
소비자법센터 총서 2

온라인게임 이용자보호와 자율규제

이병준 編

세창출판사

발간사

  한국외국어대학교 법학연구소 소비자법센터 두 번째 총서를 발간하게 되었습니다. 이 총서에 수록된 온라인게임과 관련된 법적 규제 및 자율규제와 관련된 논문들은 소비자법센터에서 거의 2년간의 내부 연구회 및 세미나를 통하여 논의하고 발표된 내용을 정리한 연구성과물들입니다.

  온라인 게임산업은 이용자 내지 청소년 보호라는 명목하에 과도한 규제가 일어나고 있는 영역이라고 할 수 있습니다. 본 연구의 목적은 이러한 과도한 규제가 과연 진정한 이용자 내지 청소년 보호에 이바지하고 있는지, 법적 규제가 아닌 다른 규제방식을 통하여 해당 목적을 보다 더 효율적으로 규제할 수 없는지라는 시각에서 시작된 연구라고 생각됩니다.

  온라인 게임은 기본적으로 자체 내의 기술적·사업적 특성으로 인하여 다양한 형태의 규제가 가능하며 반드시 법적 규제가 아니더라도 합리적이고 효율적인 규제가 가능함을 본 연구를 통하여 확인한 것이 가장 큰 성과라고 할 수 있습니다. 기술적으로는 코드를 통하여 이미 일정한 규제내용이 반영될 수 있으며, 게임 자체의 효율성을 위하여 사업자가 합리적인 규제를 자체적으로 가할 필요가 있어서 다양한 방식의 자율적인 규제가 행해지고 있음을 확인할 수 있었습니다. 즉 사업자도 많은 규제를 자율적으로 시행하고 있음에도 자신이 스스로 자율규제를 행하고 있다는 사실조차 인식하지 못하고 시행하고 있다는 점도 새롭게 발견할 수 있었던 놀라운 사실이었습니다.

  본 총서에서는 이러한 차원에서 다양한 시각의 글들이 게재되었습니다. 제1장 "온라인게임과 규칙"에서는 온라인게임에 존재하는 다양한 규제방식을 살펴보고 전체적으로 온라인게임에 다층적으로 규제가 어떠한 방식으로 형성되는지를 살펴보았습니다. 제2장 "온라인게임과 자율규제"에서는 점차 그 의미가 강조되고 있는 자율규제가 무엇이고, 소비자법에서 자율규제는 어떠한 기능을 하며 온라인게임에서는 어떠한 작용을 하는지를 살펴보았습니다. 아울러 자율규제기구는 효율적인 자율규제를 위하여 어떠한 역할을 해야 하는지에 관하여도 고찰하였습니다. 제3장 "온라인게임과 법적 규제"에서는 현재의 온리인게임과 관련된 법적 규제내용을 비판적으로 분석하고 자율규제와 결합하여 보다 더 올바르면서 효율적인 규제방식을 취할 수 있는 개선방안을 마련한 내용이 주를 이루고 있습니다. 특히나 본 연구에서는 통계적 기법을 활용하여 규제방식의 효율성을 분석한 내용도 마지막에 있으므로 관심 있게 살펴보시기를 당부드립니다.

본 연구를 위하여 한국외국어대학교, 국회, 부산 벡스코 등을 찾아오시거나 함께 갔던 많은 연구자분들에게 감사의 인사를 전해 드립니다. 다양한 전문가의 참여가 없었다면 본 연구를 이와 같이 풍성하게 완성할 수 없었을 것입니다. 그리고 이와 같은 연구활동을 적극 지원해 주신 제2대 센터장 안수현 교수님과 법학연구소 전임연구원인 심우영 박사님의 많은 도움에도 이 자리를 빌려 감사의 인사를 올립니다. 또한 본 연구를 후원하여 주고 발간비를 마련하여 준 NHN과 게임산업협회에게도 감사를 드립니다. 마지막으로 총서를 잘 발간하여 주신 세창출판사의 이방원 사장님과 임길남 상무님께도 특별히 감사의 인사를 전합니다.

2020년 1월 15일

한국외국어대학교 법학연구소 소비자법센터 제1대 센터장
한국소비자법학회 회장
이 병 준

제3장_ 온라인게임과 법적 규제

Contents

Chapter 1_ Online Game and Regulation

Chapter 2_ Online Game and Self-Regulation

Chapter 3_ Online Game and Legal Restriction

1장

온라인게임과 규칙

온라인게임의 규칙과 그 위반행위에 대한 제재*

이병준

Ⅰ. 들어가며

(1) 온라인 게임 중에서 특히 MMORPG[1]는 진화된 가상사회를 형성하고 있다.[2] 많은 이용자들이 동시에 게임을 하므로 온라인 게임운영자는 게임 내 가상사회를 유지하기 위해서 일정한 행위규범을 형성하여 그 사회를 자신이 원하는 방향으로 유도하고 있다. 이러한 행위규범은 게임이용약관, 게임운영정책 내지 공지사항에 정해져 있으며 이를 통하여 금지되고 있는 행위의 유형은 매우 다양하다. 그런데 이용자들도 자신이 원하는 방향으로 좀 더 쉽고 재미있게 게임을 즐기거나 게임을 통하

---

* 이 글은 스포츠엔터테인먼트와 법 제11권 제1호, 2008에 게재된 것을 수정한 것임.

1_ 다중접속 역할수행 게임은 수천 명의 플레이어가 인터넷을 통해 모두 같은 가상공간에서 즐길 수 있는 롤플레잉 게임의 일종이다. 혼자, 혹은 두세 명이서 즐기던 고전 롤플레잉 게임과 달리, 인터넷의 발달과 함께 RPG에 머드 게임의 특성을 결합해서 생겨났다. 이 장르의 특성은 기본적으로 스토리가 있는 RPG게임의 특성을 유지하여 게임에 참여하는 모든 플레이어가 스토리를 즐길 수 있다는 것이다. 그러면서 서로 대화도 나누고 아이템도 거래할 수 있어 단순히 시나리오만 즐기는 것이 아니라 다양한 이벤트와 함께 여러 사람들과 함께하는 즐거움을 맛볼 수 있다.

2_ 가상사회의 형성과정과 환경에 대하여 정해상, "가상사회와 재산권 ― MMORPG를 중심으로", 중앙법학 제7집 제2호, 2005, 173면 이하.

여 재산적 이익을 얻기 위해서 게임설계자 내지 운영자들이 생각하였던 것과는 다르게 가상사회에서 활동하여 온라인 게임운영자가 설정하였던 행위규범을 어기는 경우가 흔히 있다. 즉 가상사회에서 존재하게 되는 게임이용자들의 게임을 할 수 있는 권리와 게임운영자의 게임을 자유롭게 설계하고 운영할 수 있는 권리가 충돌하게 된다. 이와 같은 당사자의 권리가 충돌하였을 때 당사자의 이해관계를 합리적인 선상에서 조정하는 역할을 하는 것이 법이다. 온라인게임에서 정한 규칙을 위반하였다는 이유로 온라인게임 운영자가 이용자에게 일정한 제재를 가한 것에 대하여 이용자가 반발하여 소송이 많이 이루어졌다. 아직 대법원에까지 이르지는 못하였고 주로 하급심의 판결들이다.

서울고등법원 2007.6.5. 선고, 2006나20025 판결:[3] 쫄쫄이 프로그램 사건

원고1은 2005.1.14. '리니지'라는 인터넷 게임을 이용하면서 일명 쫄쫄이 프로그램[4]이라는 불법프로그램을 사용하였다는 이유로 피고회사 엔씨소프트로부터 계정에 대하여 10일간 이용제한조치를 받았고, 이후 다른 계정을 원고2에게 대여하였다가 원고2가 2005.1.28. 자신의 캐릭터와 원고1 계정 내의 캐릭터로 파티를 맺은 다음 리니지게임을 하면서 쫄쫄이 프로그램을 사용하였다는 이유로 피고로부터 약관 및 운영정책에 근거하여 원고1의 계정과 원고2의 계정에 대한 영구이용정지조치를 받았다.

원고1과 원고2는 계정에 대한 영구이용정지조치의 각 해제와 영구이

3_ 이 판결에 대한 평석으로 정준모, "온라인게임에서 게임 계정 영구이용정지의 적법성 판단기준", 법률신문, 2007년 7월 2일 제3567호.

4_ 고스트마우스프로그램이라고도 한다. 이용자가 이 프로그램을 이용하면 캐릭터에게 특별한 명령을 하지 않더라도 캐릭터의 에너지가 감소하면 물약에 의하여 자동적으로 에너지가 보충되고, 높은 레벨의 캐릭터를 가진 이용자가 자신의 다른 계정에 있는 낮은 레벨의 캐릭터를 불러내어 파티를 맺은 다음 이 프로그램을 사용하여 높은 레벨의 캐릭터로 파티사냥을 하면 높은 레벨의 캐릭터는 혼자 사냥하는 것보다 높은 경험치를 얻을 수 있고, 낮은 레벨의 캐릭터는 조종하는 사람이 없이도 자동으로 경험치를 얻게 된다.

용정지조치로 인하여 원고들이 입은 정신적 손해에 대한 위자료 각 1천만 원의 지급을 청구하였다. 이에 대하여 서울고등법원에서는 원고2에 대한 계정제한조치는 원고2에 대한 제재의 필요성이 크므로 정당하나, 원고1에 대하여는 정당한 이익과 합리적인 기대에 반하는 제재 내용이라 하여 계정영구정지조치가 부당하다고 판단하였고, 위자료 1백만 원을 지급하라고 하여 일부승소판결을 하였다.

서울고등법원에서 원고1에 대하여 일부승소 판결을 내린 배경에는 약관위반행위에 대한 제재의 대상문제와 엔씨소프트사의 운영정책에 기한 제재의 가능성 문제가 있었다. 약관위반행위에 대한 제재 대상과 관련하여 서울고등법원에서는 이용자를 기준으로 할 것이 아니라, 계정을 기준으로 하여야 한다고 하였고, 운영정책은 피고가 이용자의 개별적인 동의 없이 제정한 것이므로 계약내용에 직접적으로 편입될 수 없고, 운영정책에서 정한 제재사유와 제재의 정도가 약관에 의한 계정이용제한의 가능성 범위 내에 있고 또한 계약 상대방의 정당한 이익과 합리적인 기대에 부합하는 예외적인 경우에 한해 제재가 허용될 수 있다고 판시하였다.[5]

서울중앙지방법원 2004.12.2. 선고, 2004가합43867 판결:[6] 아덴 현금매수 사건

피고 엔씨소프트의 리니지Ⅱ 게임 서비스를 이용하는 이용자 중 'alswldkemf12'라는 계정의 보유자는 2004.4.28. 아무런 권한 없이 'gtmclubb38'이라는 계정에 접속한 후 그 계정 내의 캐릭터인 '지리산반달곰'이 보유하고 있던 헬멧, 목걸이, 귀걸이, 반지, 링, 아덴, 부츠, 글로브, 갑옷강화주문서 등의 아이템을 자신의 계정 내의 캐릭터인 '긔엽둥이'로 모두 이동시킨 후 위 아이템을 이 사건 게임 내에서 아덴으로 모두 교환하였으며, 원고는 2004.4.30. 'alswldkemf12'라는 계정의 보유자에게 현금을 지급하고, 원고의 캐릭터인 '어둠의 추적자'는 위 '긔엽둥이' 캐릭터로부터 위와 같이 타인의 계정을 도용하여 취득한 아이템을 교환한 33,430,000 아덴을 제공받았다.

5_ 밑줄은 필자에 의한 것이다. 이하도 동일하다.
6_ 이 판결에 대한 평석으로 이해완, "온라인게임에 관한 전자약관의 효력", 정보법 판례

'gtmclubb38'이라는 계정의 이용자는 2004.5.4. 피고의 웹사이트에 자신의 캐릭터인 '지리산반달곰'이 보유하고 있던 아이템을 도난당하였다는 내용의 계정도용신고를 접수하였고, 피고는 2004.5.6. 이 사건 게임의 게임마스터를 통하여 원고의 계정 내의 캐릭터 '어둠의 추적자'가 계정도용신고와 연루된 아이템을 보유하고 있고 아이템 현금 매수행위는 피고의 게임약관에 반한다는 이유로 원고의 계정을 일시 정지하였으며, 2004.5.17. 최종적으로 원고의 이 사건 계정을 영구 압류하였다.

원고는 피고의 게임이용약관상 아이템 현금매수금지 및 이용제한 조항은 약관규제법 제3조의 명시·설명의무를 다하지 않았다는 등의 이유로 무효라고 주장하면서 위 계정압류해지절차의 이행을 청구하였다. 이에 대하여 법원은 약관규제법 제3조가 규정하고 있는 사업자의 명시·설명의무는 사업자가 고객에 대하여 약관의 종류에 따라 일반적으로 예상되는 방법으로 약관을 제시함으로써 고객에게 약관 내용의 인지가능성을 부여하면 족한 것인데, 이 사건 이용약관은 웹사이트 초기화면의 박스 안에 내용이 나타나고, 이용자의 동의를 구하며, 웹사이트에 별도로 'FAQ' 코너를 두어 이용자들이 자주 하는 질문에 대한 답변을 게재하는 등 피고는 자신의 웹사이트 내에서 이 사건 이용약관을 일반적으로 예상되는 방법으로 적절하게 명시하고 있고, 이 사건 이용약관을 설명할 수 있는 다양한 코너를 마련하고 있으며, 또한 이용자에게 이용약관의 내용에 대하여 동의 또는 부동의를 선택하게 함으로써 이 사건 이용약관을 읽고 숙지할 기회 역시 부여하고 있다고 보아, 원고의 주장을 배척하였다.

서울중앙지방법원 2005.1.26. 선고, 2004가합84721 판결:
계정도용에 의한 아이템 매매사건

원고는 2004.7.1. 피고 엔씨소프트의 리니지 게임 계정을 이용하여 현금 440,000원을 지급하고, 게임 아이템을 구매하였는데, 그 아이템은 양도인이 타인의 계정

백선(Ⅰ), 2006, 633면 이하.

을 도용하여 취득한 아이템이었다. 이에 피고는 원고의 위 계정 내의 캐릭터가 도용된 계정에 연루된 아이템을 보유하고 있고, 게임 서비스 약관에서 금지하고 있는 아이템 현금거래를 하였다는 이유로 원고의 위 계정을 영구 압류하였다.

원고는 피고가 아이템의 현금거래를 사실상 방치하고 있으면서 계정도용에 연루된 아이템의 현금거래에 대하여만 강경하게 대처하고 있다는 점, 게임에 시간을 투자할 수 없는 게임이용자들 사이에 게임 아이템의 현금거래가 일반적인 현상이라는 점 등을 들어 피고의 이 사건 계정들에 대한 압류는 부당하다고 주장하면서, 주위적 청구로서 이 사건 계정 내의 캐릭터가 보유하고 있는 아이템의 현금가치인 10,000,000원 상당의 손해배상을 구하고, 예비적 청구로서 이 사건 계정에 대한 압류의 취소를 구하였다.

서울중앙지방법원에서는 피고가 원고의 이 사건 계정을 압류한 것이 지나치게 부당한 제재인지에 관하여, 피고가 2002.2.23. 피고의 웹사이트 공지사항을 통하여 "건전한 게임 문화 정착을 위한 운영원칙 강화 안내"라는 제목으로, 2002.2.27. "현금거래 단속기준 안내"라는 제목으로, 2002.6.12. "현금거래에 대한 단속 안내"라는 제목으로 공지를 하는 등으로 이 사건 게임의 아이템에 관한 현금 거래를 금지하고 있고, 현금 거래를 적발할 경우 사전 경고 없이 계정 압류 등을 통하여 이 사건 게임이용을 금지시킬 것임을 끊임없이 공지하여 왔으며, 이러한 공지는 피고의 홈페이지 메인화면의 중앙에 눈에 잘 띄도록 게시되어 있고, 이용자가 이 사건 게임에 접속하면 그동안 보지 않았던 공지 사항이 뜨고 이용자가 'OK'를 클릭하여야만 게임을 이용할 수 있는 점을 들어, 피고가 원고의 이 사건 계정을 영구 압류한 것이 부당하거나 불합리하다고 볼 수 없다는 이유로 원고의 주위적 및 예비적 청구를 모두 배척하였다.

(2) 위의 판결들에서 모두 온라인 게임운영자가 설정한 규범을 위반하였다는 이유로 제재가 가해지고 그에 대하여 이용자는 설정된 규범이 근거가 없거나 규범적 효력이 인정되더라도 그 내용이 부당하거나 불합리하다고 주장하고 있다. 따라서 본 논문에서는 온라인 게임에서의 법이 어

떻게 형성되어 있고 이러한 온라인 게임에서 형성된 행위규범을 위반한 경우에 어떠한 방식으로 타당한 제재가 가해지는지를 살펴보려고 한다.

이를 위하여 우선 온라인 게임 운영자와 이용자 사이의 계약관계에 관한 내용을 살펴보려고 한다(Ⅱ). 계약을 통하여 운영자와 이용자가 일정한 계약관계를 맺고 이 계약관계를 통하여 운영자와 이용자 사이의 주된 권리와 의무의 내용이 결정될 것이기 때문이다. 다음으로 가상세계인 온라인 게임 자체에서 규범이 어떠한 방식으로 형성되어 있는지를 살펴본(Ⅲ) 후, 규범위반으로 인한 제재의 내용을 고찰해 보려고 한다(Ⅳ).

Ⅱ. 온라인게임 운영자와 이용자 사이의 계약관계

1. 계약관계의 내용

이용자가 온라인 게임을 이용하기 위해서는 다양한 계약관계를 맺어야 한다. 온라인 게임을 이용하기 위해서는 다양한 요소가 필요하기 때문이다. 이하에서는 온라인게임 운영자와 이용자 사이에 어떠한 계약관계를 맺으며 이 중 가상사회규범을 형성하는 계약관계가 무엇인지를 살펴보려고 한다.

온라인 게임에 접속하기 위해서는 일단 이용자에게 온라인 게임을 이용할 수 있는 프로그램이 필요하다. 이 프로그램이 CD 또는 DVD에 저장되어 판매되는 경우도 있지만 많은 경우에 인터넷에서 다운로드하는 형태로 해당 프로그램을 얻을 수 있다. CD 또는 DVD에 프로그램이 담겨져 있는 경우에는 통상 물건의 매매로 볼 수 있으나, 프로그램을 다운로드 받는 경우에는 해당 정보(Data)가 물건이 아니므로[7] 물건의 매매는

7_ 장재옥, "온라인게임 아이템 현금거래의 법률관계", 중앙법학 제9집 제2호, 2007, 400
면 이하 참조. 정보 그 자체는 유체물이라고 볼 수 없고, 물질성을 가진 동력도 아니므
로 재물이 될 수 없다는 판례의 입장으로 대법원 2002.7.12. 선고, 2002도375 판결.

생각할 수 없고 권리의 매매를 고려해 볼 수 있다. 그러나 이용자가 단지 프로그램에 대한 이용권만 취득하고 프로그램의 변경 내지 개발의 권리는 얻지 못하는 것이 일반적인 시각이기 때문에 권리매매로 볼 수 있는지는 의문이다.[8] 그리고 많은 경우 프로그램 자체는 무상으로 제공되므로 물건과 권리의 매매는 아예 고려되지 않는다.

온라인 게임을 이용하기 위해서는 프로그램의 구입만으로는 충분하지 않고 더 나아가 게임을 온라인상으로 이용할 수 있는 계약관계가 온라인 게임서비스 제공자와 이용자 사이에 존재해야 한다. 이 계약관계를 온라인 게임의 이용을 목적으로 하는 라이선스 최종이용허락계약(End User License Agreement: EULA)[9] 또는 Rule of Conduct라고 부른다. 온라인 게임의 이용계약이 민법의 전형계약 중 어느 계약유형에 딱 맞지는 않는다. 따라서 어떠한 계약유형에 속하는지에 관하여 논란이 있다. 첫 번째로 생각할 수 있는 대안은 일종의 Club에 대한 회원제계약으로 보아 이용조건을 회원규약으로 보고 이용료를 회비로 구성하는 방안이다. 그러나 현실적으로는 이용계약의 체결로 서비스 제공자는 일정한 서비스를 제공할 의무를 부담하고 이에 대하여 이용자가 서비스이용료를 지급하는 서비스 이용계약으로 구성하는 것이 타당하다.[10] 따라서 서비스 제공자는 온라인 게임의 이용가능성을 제공하고 온라인 게임을 관리하면서 발생하는 하자를 치유할 의무를 부담한다. 이와 같이 계약관계를 구성하여 서비스 제공자가 일정한 결과를 달성할 필요는 없고 일정한 행위를 할 의무만 부담한다고 보아야 한다. 기술적인 어려움으로 인하여 예상하지 못한 장애(버그)가 온라인 게임에서는 흔히 발생할 수 있는데, 이러한 경우까지 서비스 제공자에게 책임을 물어 이용자가 손해배상을 청구할 수 있다고 한다면 너무 가혹할 것이다. 그에 반하여 이용자들은 장애로 인하여 이용할 수 없었던 시간만큼 이용료를 지급할

8_ 같은 시각으로 Hübner, Rechtliche Regeln in Onlinespielen, S.51.

9_ 이에 관하여 자세한 것은 오병철, 디지털정보계약법, 2005, 269면 이하 참조.

10_ Hübner, Rechtliche Regeln in Onlinespielen, S.53.

필요가 없을 것이다.[11]

2. 약관 등의 계약내용으로의 편입

온라인게임 서비스이용계약은 사전에 마련된 약관에 의하여 체결되는 것이 일반적이므로 이용자는 계약내용에 관하여 협상을 할 수 없고 단지 약관내용을 받아들여 계약을 체결할지의 여부만을 선택할 수 있다. 앞에 문제되었던 판례에서 약관은 바로 이 계약체결단계에서 게임운영자와 이용자 사이의 계약관계의 내용이 된다.

이때 온라인 게임이용약관이 계약내용이 되기 위해서는 서비스 제공자가 명시·설명의무를 다해야 하며 이용자가 약관에 대하여 동의를 해야 한다(약관규제법 제3조).[12] 현재 최종이용허락계약은 온라인상 체결되는 경우가 많은데 약관의 편입절차는 정형화되어 있어 큰 문제 없이 이루어지고 있다. [아덴 현금매수사건]에서 지적하고 있는 것처럼 실제로 이용약관을 웹사이트 초기 화면의 일정한 크기의 박스 안에 일부 내용을 나타내어 이용자의 이용약관에 대한 동의를 받고 웹사이트에 별도로 FAQ 코너를 두어 이용자들이 자주 하는 질문에 대한 답변을 게재하고 개별적인 문의에 대하여도 온라인상 답변을 하는 방법 등을 통해 명시의무와 설명의무를 이행하고 있다. 다만 온라인 게임운영자들은 게임운영과정에서 발생하는 문제점들을 탄력적으로 대처하기 위해서 약관 이외에도 별도로 각종 정책과 공지사항을 통하여 계약내용을 구체화시키고 있다. 특히 운영정책 내지 공지사항 등에서 이용자들의 권리를 제한

11_ 예컨대 블리자드의 경우 이미 지불된 이용시간이 있다면 이용할 수 없었던 시간만큼 연장해 줌으로써 이 문제를 해결하고 있다.

12_ 비대면성으로 인하여 현실적인 교부나 설명이 어렵다는 점, 내용의 숙지정도가 일반적인 서면에 의한 약관의 경우보다는 상당히 떨어진다는 점 등과 같은 전자약관의 특징에도 불구하고 실질적인 측면에서 일반적인 약관의 성질과 다르지 않기 때문에 전자약관 역시 계약에의 편입이 있어야 계약내용이 된다. 같은 입장으로 임건면, "온라인게임 이용약관의 법적 문제", 중앙대학교 법학논문집 제29집 제2호, 2005, 12면.

하는 규정이 있을 때 언제 계약의 내용이 될 수 있었는지가 다른 두 판례에서는 문제 되었던 것이다.

인터넷의 다른 서비스와 마찬가지로 온라인 게임이용약관에서도 주요 사항을 약관에 규정하면서 일정한 부분을 별도의 정책에 위임하는 경우가 많이 있다.[13] 이러한 정책(예: 개인정보보호정책, 청소년보호정책, 스팸메일 방지정책 등)은 약관에 담기에 그 내용이 너무 많거나, 비회원에게도 적용되었으면 하는 내용을 담고 있다. 또한 각종 부대서비스에 관하여도 별도의 세부이용지침을 통하여 세부적인 사항을 정하는 경우가 많이 있다. 약관과의 관계에서 보면 이용약관에서 직접 이러한 정책을 언급하면 정책이라는 명칭과 상관없이 약관으로 보는 것이 타당하다. 특히 개인정보보호정책의 경우는 이용자의 권리를 제한하는 규정을 갖고 있는 경우가 대부분이어서, 이용자가 회원가입을 할 때 이용약관과 함께 별도로 동의를 받는 경우가 많으므로 약관이라고 볼 수 있는 충분한 근거가 있다.

그에 반하여 다른 정책의 경우는 대부분 약관에서 직접 언급하지 않는 경우가 많다. 그런데 이러한 정책이 약관인지가 문제되는데, [쫄쫄이 프로그램 사건]에서 서울고등법원은 운영정책은 약관유사의 것으로서 계약내용으로서 이용자와 회사 사이의 법적 구속력을 가지기 위해서는 개별적인 동의를 받아야 한다고 하였다. 그런데 현재 실무의 대부분의 온라인 게임회사에서도 그러하지만, 본 사안의 게임회사에서도 해당 운영정책에 대하여 이용자의 동의를 받은 적이 없으므로 계약의 내용으로 직접적으로 편입한 적이 없다고 판단하였다. 다만 운영정책에서 정한 제재사유와 제재정도가 약관에 의한 이용제한의 가능성 범위 내에 있고 또한 계약당사자의 정당한 이익과 합리적인 기대에 부합하는 한도에서 그 제재가 허용될 수 있다고 판단하였다. 즉 약관의 해당 규정을 기초로 해서 운영정책의 구체적인 내용이 만들어졌다면, 운영정책은 약관의 내용상 예상이 가능한 한도에서만 효력이 있을 수 있다고 판단한 것이다.

13_ 인터넷 포털에서 이용약관과 정책의 관계에 관하여 이병준, "인터넷 포털의 이용계약과 약관", 외법논집 제27집, 2007, 262면 이하 참조.

매우 타당한 판단으로서 현재 운영정책에 대하여 명시적인 동의를 얻지 않고 자의적으로 그 내용을 수정하고 있는 실무에 상당한 영향을 미칠 수 있는 판결이라고 생각된다.

다음으로 중요사항 중에서 이용자의 이해관계와 직접적으로 연관되어 이용자에게 반드시 알려야 할 사항을 온라인 게임에 접속과 동시에 보여주고 이에 대한 동의가 있는 경우에만 게임을 이용할 수 있는 절차가 관행화되어 있다. [계정도용에 의한 아이템 매매사건]에서는 바로 이러한 공지사항을 통한 동의절차를 거친 경우에 공지사항에 정해진 위반행위에 대하여 제재를 가하는 것이 문제되었다. 서울중앙지방법원은 특별한 논거의 제공 없이 이러한 절차에 기한 제재를 부당하지 않다고 판단하고 있다. 그런데 이러한 공지사항도 그 형식을 불문하고 사전에 마련된 약관의 형태를 갖고 있고 이에 대한 명시·설명의무가 실무에서 관행화된 방법으로 이루어지고 있다면 계약의 내용으로 편입되었다고 충분히 판단할 수 있다고 생각된다. 따라서 판례의 이러한 태도는 현재 이루어지고 있는 관행을 공고히 한다는 점에서 그 의미가 있다. 특히나 인터넷 이용자들이 전자약관의 내용을 제대로 읽어 보지 않는 경우가 대부분이므로 약관의 주요내용을 요약하거나 설명하는 내용을 공지사항에 담고 이에 대하여 동의절차를 밟는 관행은 오히려 이용자보호를 더 충실히 보호하는 측면이 있으므로 적극 장려하는 것이 옳다고 생각된다.

Ⅲ. 온라인 게임 내에서의 독자적인 법

약관 내지 약관유사의 성질을 갖는 규정들이 계약의 내용으로 편입되었더라도 그 내용이 당연히 효력을 갖는 것은 아니다. 판례에서도 논란이 되었지만 약관의 내용이 내용통제에 의하여 효력이 부정되지 않아야 한다. 약관의 불공정성을 판단함에 있어서는 해당 계약유형에 관한 임의규정이 정당성 판단의 표지로서 작용하나, 온라인 게임이용계약은 어느 전형계약에 속하지 않으므로 게임이용계약을 기초로 한 온라인게임 내에서의 자체적인 법에 관심을 갖고 그 규정내용이 신의칙에 위배되지 않은지를 판단해 보아야 할 것이다(약관규제법 제6조 제1항). 따라서 이하에서는 온라인 게임 내에서 형성된 독자적인 법에 관하여 자세히 고찰해 보려고 한다.

1. 온라인 게임에서의 규범의 형성

현행법의 법규정과 관계없이 가상공간인 온라인 게임 내에서 독자적인 행위규범이 형성된다. 이러한 행위규범의 대부분은 다음 3가지의 요소를 기초로 한다.[14] 첫째, 온라인 게임의 운영자에 의하여 정해진 규칙, 둘째, 이용자들의 요구 그리고 세 번째, 합리적인 이성을 기초로 한 조리이다. 이 세 가지의 절묘한 조합으로 현실의 법과는 전혀 다른 행위규범들이 만들어 졌는데, 온라인 게임 내에서의 독자적인 법이 형성되어 가는 과정은 온라인 게임 자체의 변화에 따라 계속 형성·발전해 나아가는 역동적인 모습을 띠고 있다.

또한 변화에 대한 반응시간이 현실세계에서보다 가상세계인 온라인 게임이 훨씬 빠른데, 그 이유는 가상사회를 구성하는 지배형태가 다르기 때문이다. 가상사회에서는 다소 약화되어 있기는 하지만 일종의 독재자에 의한 지배체제가 형성되어 있다. 즉 한 사람 또는 소그룹의 사람들에 의한 독재에 의하여 지배가 이루어지며 이들의 지위는 원칙적으로 민주적인 선거절차에 의하여 박탈당하지 않는다. 가상사회에서 독재자의 지위를 갖는 자는 가상사회의 운영자 및 이들이 고용한 프로그램 설계자들이다. 온라인 게임에서는 원칙적으로 독재자의 지위에 있는 자들에 의해서만 온라인 게임에 규범력 있는 힘의 행사가 가능하다. 이러한 독재자의 지위는 일정한 권력을 얻고자 하는 의지에 의하여 취득된 것이 아니라, 온라인 게임을 설계하고 일정한 규칙에 의하여 운영되어야

14_ 이러한 설명으로 Hübner, Rechtliche Regeln in Onlinespielen, S.54.

할 기구가 필요하기 때문에 발생한다. 결국 온라인 게임에 대하여 운영자가 책임을 부담하게 되며 전체 프로젝트의 경제적 위험을 안게 되는 것이다. 그렇다고 하여 운영자들이 전적으로 절대적인 권력을 갖는 것은 아니다. 왜냐하면 운영자의 입장에서 온라인 게임이 성공적으로 운용되기 위해서는 많은 이용자들이 온라인 게임을 이용하고 경우에 따라서는 이용요금을 지급해야 하기 때문이다. 따라서 운영자들은 이용자들의 요구에 항시적으로 민감하게 반응할 수밖에 없으며 이용자들의 주된 여론형성의 장이 게시판이므로 운영자들은 문제점들을 파악하기 위하여 게시판을 주시하지 않을 수 없다. 그에 따라 이용자들 사이에 온라인 게임에 대하여 나눈 대화가 많은 경우에 온라인 게임을 변화시키게 되는 결정적인 계기가 되기도 한다.[15]

온라인 게임에서도 규율의 문제를 전통적인 법영역인 사법, 공법 그리고 형법으로 나누어서 고찰할 수 있다. 이하에서 자세히 살펴보려고 한다.

2. 사 법

(1) 소유권

온라인게임의 경우도 현실사회에서와 마찬가지로 소유권이 사법의 핵심적 요소를 형성한다. 그에 따라 소유권의 취득, 관리 및 양도에 관하여 자세한 규칙이 마련되어 있다. MMORPG에서 재산을 증식하는 가

15_ 가장 좋은 예가 온라인 게임에서 행해지는 직업군(전사, 마법사, 사냥꾼 등) 사이의 밸런스 조절이다. 각 직업군은 신체적 특징이 다르며 다른 능력을 갖고 있다. 그에 따라 게임을 하는 과정에서 게임설계자가 예상하지 못하였고 바라지 않았던 일정한 직업군의 이익이 발생할 수 있다. 이러한 직업군 사이의 불균형은 이용자들에 의하여 빠르게 발견되며 이용자들의 불만을 반영하여 프로그램을 업데이트할 때에 불균형을 수정하게 된다. 이러한 직업군 사이의 밸런스 조절은 많은 MMORPG에서 문제가 되어 업데이트를 할 때마다 수정을 거치게 된다. 그렇지 않으면 이용자들의 불만이 증폭되어 이용자들이 게임을 떠날 수 있기 때문이다. 따라서 이용자들이 온라인 게임에 계속 잔류하도록 하기 위해서는 운영자들이 새로운 콘텐츠를 개발하는 것 이외에 발생한 문제점들을 해결하는 데 주력해야 한다.

장 확실한 방법은 괴물들과 싸워서 전리품을 획득하는 것이다. 괴물을 싸워서 이기게 되면 일정한 게임머니, 경험치 그리고 경우에 따라서는 한 개 또는 여러 개의 아이템을 획득할 수 있다. 대가의 정도는 상대 (Mob = Mobile Object)가 얼마나 강하냐에 달려 있어서, 상대가 강하면 강할수록 귀한 아이템을 떨어뜨려 줄 가능성이 높아진다.

어떠한 경우는 상대가 너무 강하여 10~40명의 유저들이 집단(Raid)으로 공격을 해야만 이길 수 있는데, 전투 후 얻게 되는 획득물(Loot)을 유저들 사이에 나누어야 한다(Looting). 이는 결국 획득물에 대한 소유권의 분배방식을 어떻게 정하느냐에 따라 달라질 수 있다. 소유권의 분배방식은 각 게임별로 다르며 다양하게 구성되어 있다.[16]

결국 온라인 게임에서는 점유가 소유를 의미한다.[17] 그런데 여기서 말하는 소유권은 게임 내에서 해당 아이템을 배타적으로 사용·수익·처분할 수 있는 권리를 의미하며 현실적으로 소유권을 현금을 받고 처분할 수 있는 권리까지 인정하는 것은 아니다. 왜냐하면 현재 대부분의 서

16_ 가장 흔한 분배방식은 모든 획득물을 유저들이 차례대로 돌아가면서 소유할 수 있도록 부여하는 방식이다. 이때는 차례가 돌아온 유저만이 해당 획득물을 받아서 소유권 취득의 기회를 가지며 다른 유저들은 획득물을 취득할 수 없다. 그러나 기회를 얻은 유저가 획득물을 취득할 생각이 없으면 다른 유저들에게 기회가 돌아간다. 한 유저가 특정한 아이템을 획득하려고 하면 분배 전에 이 사실을 다른 유저들에게 알릴 수 있다 (need before greed). 예컨대 치유를 주된 기능으로 하는 힐 마법사의 경우 치유능력을 증가시켜 주는 아이템에 관심을 피력할 수 있다. 만약 이 아이템을 전혀 필요로 하지 않은 전사가 획득하게 되면 마법사는 해당 아이템을 자신에게 줄 것을 요구할 수 있다. 이때 전사는 해당 아이템을 줄 의무는 없지만 여러 가지 사정을 고려하여 아이템을 인도할지의 여부를 결정하게 된다. 주게 될 아이템의 가치 그리고 힐러가 대가를 줄지의 여부가 판단요소가 된다. 그리고 다른 특별한 사정이 존재하지 않으면 파티(그룹)의 평화로운 협력관계를 유지하기 위해서도 아이템을 힐러에게 주는 것이 일반적이다. 혈맹의 경우에는 대규모 전투에 참여하기 위해서 유저들이 같이 사냥하는 경우가 많고 이때 혈맹주(또는 레이드리더)가 누구에게 해당 아이템이 귀속되었는지를 확인할 수 있어 운좋게 많은 아이템을 획득한 혈맹원이 있는 경우에는 공평한 분배를 위해서 다른 혈맹원에게 아이템을 나누어 주도록 요구할 수 있다. 또한 전투의 기여도에 따라 아이템의 획득여부를 결정할 수 있다. 따라서 이 분배방식은 적극적으로 전투에 참여하도록 동기부여를 하는 역할을 한다.

17_ Hübner, Rechtliche Regeln in Onlinespielen, S.56.

비스제공자들이 최종라이선스이용계약의 체결 시 약관상 이러한 권한을 배제하고 있기 때문이다.[18] 아바타가 해당 아이템을 소지하는 동안 다른 이용자들이 이 아이템을 취득할 수 없다. 소지하는 유저가 이 아이템에 대한 소유권을 처분해야 다른 이용자들이 취득할 수 있는 가능성이 생긴다. 이는 다양한 방식으로 이루어질 수 있는데, 일단 거래기능을 통하여 해당 아이템을 다른 유저에게 처분할 수 있고 게임 내의 상인에게 해당 아이템을 판매할 수 있다. 상인은 컴퓨터에 의하여 조정되는 캐릭터(NPC = Non Player Character)로서 일반 유저들이 이 상인과 거래를 할 수 있다. 그러나 유저는 해당 아이템을 버려서 다른 유저들이 아이템을 습득하여 소유권을 취득할 기회를 부여할 수 있고, 경우에 따라서는 해당 아이템을 아예 파괴할 수도 있다.

게임 내 화폐도 아이템과 비슷하다. 처치된 Mob들이 떨어뜨리는 금액은 설정하기에 따라 한 유저가 독차지할 수도 있고 같이 사냥에 참가한 유저들에게 균등하게 분배되기도 한다. 돈에 대한 분쟁은 거의 없는데, 아이템과 달리 돈은 노력만 하면 어디에서든 취득할 수 있기 때문이다.

분쟁의 대상이 되는 또 다른 요소로 경험치가 있다. 경험치는 아바타가 성장하기 위해서 반드시 필요한 요소로서, 경험치가 쌓여서 레벨이 올라야만 더 강한 아이템을 장착할 수 있고 많은 새로운 기능들을 배울 수 있다. 특히 강한 Mob을 힘들게 이기면 막대한 양의 경험치를 주기 때문에 이미 싸우고 있는 와중에 어떤 유저 또는 유저그룹이 싸움에 끼어들어 경험치를 빼앗아 가는 경우가 있고(Kill Stealing), 그 양상은 게임마다 다르게 나타난다.[19]

18_ 아이템 현금거래를 이유로 계정압류를 하는 것이 약관규제법 제6조 제2항에 의하여 무효라는 입장으로, 임건면, "온라인게임 이용약관의 법적 문제", 중앙대학교 법학논문집 제29집 제2호, 2005, 23면.

19_ 어떤 게임은(예: Guild Wars) 모든 파티에 대하여 개별적으로 게임화면이 나타나기 때문에 그룹 이외의 자에게는 그 게임화면이 나타나지 않고, 따라서 Kill Stealing은 불가능하다. 따라서 이 경우에는 파티멤버에게만 경험치가 부과된다. 그에 반하여 모든 이용자들이 같은 화면을 볼 수 있는 경우(예: Everquest)에는 Kill Stealing이 가능하

(2) 거래관계

온라인게임에서 나타나는 계약유형은 주로 매매계약과 교환계약이 대부분이다. 즉 물물교환은 가상의 화폐 또는 아이템의 교환을 통하여 이루어진다. 게임 내에서 채권행위와 물권행위의 독자성은 존재하지 않는데, 모든 거래를 거래기능을 통하여 행해지므로 채권행위와 물권행위가 동시에 일어나기 때문이다.[20] 많은 경우에 채팅창을 통하여 어떤 아이템을 팔겠다고 하는 청약의 유인을 한다. 그러면 구매하려고 하는 자가 판매하려는 자에게 접근하여 물건을 보고 간단한 가격협상을 한 후에 계약이 체결된다. 온라인게임에서는 점유가 곧 소유를 의미하기 때문에 소유하는 것만 처분할 수 있으므로 선의취득의 문제는 발생하지 않는다.

게임상 모든 규칙은 게임이 간단하게 진행되기 위해서 존재하는 것으로서, 게임을 하는 동안 유저들은 법률적인 문제가 중요하지 않다고 생각하기 때문에 거래관계를 되도록 명확하고 간단히 하는 것에 초점을 맞추어 거래기능이 마련되어 있다. 게임상 당사자의 이해관계를 기초로 하여 판결을 내리는 판사가 존재하지 않기 때문에 게임을 진행하는 소프트웨어는 분쟁이 발생하지 않도록 설계되어 있어야 한다. 이는 거래관계를 최대한 간단하게 구성함으로써 달성되고 있다. 즉 거래 동의와 거래 거절로만 결정할 수 있고 어떠한 재량도 개입하게 할 수 없도록 구성되어 있다. 어떠한 유저가 물건의 성질에 대하여 착오를 하였거나 아바타를 조정하는 자가 14세의 미성년자이더라도 게임에서는 이 사실이

다. 이 경우에는 먼발치에서 다른 그룹이 전투를 하는 것을 볼 수 있다. 그리고 가장 많은 피해를 입힌 그룹 또는 개인에게 경험치가 부여되기 때문에 전투 중간에 다른 파티가 개입하여 먼저 전투를 하고 있던 그룹보다 더 많은 피해를 입히려고 하는 시도가 가능하다. 뒤에 참가한 파티는 그 전에 첫 파티에서 상대방을 많이 약화시켜 놓았기 때문에 좀 더 쉽게 상대를 이겨서 경험치를 취득하게 된다. 이러한 불합리한 결과를 방지하기 위해서 이미 공격이 시작되면 다른 유저 또는 파티에 의하여 공격을 불가능하게 하는 게임(예: World of Warcraft)도 있다.

20_ Hübner, Rechtliche Regeln in Onlinespielen, S.58.

중요하지 않다. 간단하고 누구나 이해할 수 있는 원칙과 절차를 통하여 분쟁이 없는 거래가 이루어질 수 있는 것이다. 따라서 행위무능력, 착오와 같은 무효 내지 취소사유는 고려되지 않는다. 매매가 이루어졌다고 한다면 더 이상 이를 되돌릴 수 없으며 매매계약상 의사표시에 하자가 있다는 이유로 무효를 주장하거나 취소권을 행사할 수 없다.

(3) 조합관계

마지막으로 유저들이 형성하는 인적인 조합관계가 있다. 여러 유저들은 공동의 목적을 달성하기 위하여 결합을 한다. 온라인게임에서는 이와 같은 인적인 결합이 널리 활용되고 있으며 길드 또는 혈맹이라고 부른다.[21]

조합의 경우 조합원은 출자의무를 부담한다. 출자는 조합의 목적을 달성하기 위한 경제적 수단을 의미하므로 그 종류에 제한이 없다.[22] 즉 금전은 물론, 금전 이외의 물건, 지상권·무체재산권·채권 등과 같은 각종의 권리, 노무, 제조기술, 신용 등도 여기에 해당한다(민법 제703조 제2항). 이때 길드에 따라 길드원이 출자해야 할 내용이 다르다. 재미로 구성된 길드의 경우에는 참가하거나 새로운 길드원을 모집하는 것만으로도 이미 출자의무를 다한 것으로 본다. 그에 반하여 Raid 목적의 길드의 경우에는 Raid에 참가하거나 길드재산을 증식하는 것에 참여해야 한다.

21_ 각 길드와 혈맹은 각 아바타를 통하여 가입하게 되며 길드가 추구하는 목적은 매우 다를 수 있으나, 기본적으로는 게임을 더 즐겁게 즐기기 위해서 존재한다. 각 유저가 길드에 가입하는 이유도 다양해서 어떤 유저는 단지 자신이 어떤 길드에 속해 있음을 나타내기 위해서 가입하기도 하고 어떤 유저는 가상의 친구를 사귀고 만나기 위해서 길드에 가입하며, 다른 유저들은 게임 내에서 효과적으로 활동하기 위해서 길드에 가입한다. 이러한 길드의 경우에는 정기적으로 Raid에 참여하기 위하여 만나고 조직도 엄격하게 운영된다. 길드의 목적에 따라 새로 가입을 희망하는 유저들은 다양한 요건을 충족시켜야 한다. 단순히 재미를 목적으로 하는 길드의 경우에는 단지 가입신청만을 하는 것으로 되지만, Raid 목적의 길드는 최소레벨과 좋은 장비를 가입요건으로 정하고 있다.

22_ 김형배, 채권각론[계약법], 신정판(2001), 739면; 김증한·김학동, 채권각론, 제7판(2006), 595면.

조합의 경우에는 조합재산이 형성되어 있어야 하나,[23] 길드의 경우에는 실제로 재산을 형성할 수 없도록 되어 있다.[24]

길드는 또한 온라인 게임의 운영자가 설정한 규칙을 넘어서서 더 엄격한 활동원칙을 정하는 경우도 많다.[25] 또한 길드가 특정한 주제를 정하여 만들어져서 명예로운 기사만이 가입할 수 있도록 하거나, 아니면 반대로 사기성이 강한 강도들만 가입할 수 있도록 하는 경우도 있다. 게임 전체의 행위규칙에 위반되지 않는다면 길드의 어떠한 목적도 허용이 된다. 또한 길드 내에서도 위계질서가 존재한다.[26]

큰 길드의 경우에는 그들의 활동영역을 게임 밖으로도 넓히고 있다. 이 길드들은 독자적인 홈페이지를 갖고 활동을 함으로써 현실의 조합이 갖는 특성을 모두 갖게 된다. 조합활동에 관한 내부적인 규율은 조합계약에 관한 규정을 통하여 해결해야 한다.

온라인게임 내의 길드 또는 혈맹들은 현실세계에서의 조합과 같이 일정한 목적의 달성을 목표로 한다. 즉 혼자서는 달성할 수 없었거나 달성하기 힘든 공동의 목적을 다수의 회원을 통하여 달성한다. 공동의 목적은 상업적인 목적을 가질 수 있으나, 게임 내에서는 주로 사회적인 목적일 것이다. 게임 내의 조합이 현실세계에서의 조합과 다른 점은 책임문제에 있다. 길드의 경우에는 게임 자체에 대하여는 영향력이 없으므로 게임 운영자가 설정한 규칙 내에서 움직이게 된다. 따라서 게임 내에서 예정하지 않은 피해를 발생시키지 못하므로 원칙적으로 게임 내의 길드

23_ 김형배, 채권각론[계약법], 신정판(2001), 753면.

24_ 그러나 많은 경우에는 길드원이 다른 길드원의 계정에 접속할 수 있는 정보를 갖고 있어서 상호 계정의 이용이 가능한 계정공유(Account Sharing)가 이루어지고 있다. 이와 같은 계정공유는 금지되어 있기도 하지만, 현실적으로 Raid를 위하여 특정 직업군이 부족하면 참가하지 않은 다른 길드원의 계정을 활용하기 위하여 많이 이용되고 있다. 또한 창고역할을 하기 위하여 길드 전체를 위하여 하나의 계정이 개설되기도 한다.

25_ 예컨대 Kill Stealing과 같이 게임의 흥미를 반감시키는 행위를 금지하는 것이다.

26_ 단순한 회원의 경우에는 아무런 권한이 없다. 가장 상위에 있는 길드의 지도자(또는 혈명주)는 회원을 길드에서 탈퇴시킬 수 있는 권한을 갖는다. 그는 길드를 해체할 수도 있고 자신의 지위를 회원에게 물려줄 수도 있다.

에서는 책임의 문제는 발생하지 않는다.

3. 공 법

공법은 국가와 국민 사이의 지배관계라는 성격을 기본적으로 갖고 있는 법영역을 말하는데, 온라인 게임에서 온라인 게임의 운영자와 유저 사이의 관계가 국가와 국민의 관계와 비슷한 구조를 갖고 있다. 현실세계에서처럼 복잡하지는 않지만 그래도 기본적 구조에서는 일치하는 점이 많다. 온라인 게임의 이용을 목적으로 한 최종라이선스이용계약에 있는 내용이 온라인 게임의 헌법에 해당하여 각 아바타가 향유할 수 있는 권리의 내용이 계약내용을 형성하고 있는 약관규정에 담겨져 있다. 또한 그 밖에 추가로 공포된 게임운영정책, 공지사항 등 게임 내의 행위규칙을 통하여 유저들의 의무가 결정된다.[27]

온라인 게임의 운영자 측에서는 모든 행위를 포괄적으로 통제할 수 없으므로 견본을 뽑아서 위반행위가 있는지를 조사하고 있다. 그러나 이때 입법부, 행정부, 사법부의 기능을 한 기관에 의하여 통일적으로 행사되어 가상사회에서는 일정의 독재 권력이 행사되고 있는 경향이 존재한다. 하지만 이러한 독재권은 절대적인 독재가 아니라 온라인 게임을 만들면서 존재하게 되는 구조적인 측면이 강하다고 볼 수 있다. 이때 게시판 등에서 활동하는 유저들이 시민의 대표자의 역할을 하여 독재 권력에 대하여 여론을 전달하는 역할을 하고 있다고 할 수 있으나, 이러한 여론을 수렴할 것인지의 여부는 오직 가상사회 운영자의 판단에 달려있다. 그러나 가상사회 운영자가 판단을 함에 있어서 완전한 자유를 누리는 것만은 아니다. 왜냐하면 이들은 온라인 게임을 계속 운영하기 위해서는 아바타가 지불하는 세금인 이용료가 필요하기 때문이다.[28]

27_ 예를 들면 이용자가 게임에 접속하면 그동안 보지 않았던 행위규범에 대한 공지사항
    이 뜨고 이용자가 'OK'를 클릭하여야만 게임을 이용할 수 있도록 하는 방법이 있다.
28_ 이용자들의 계속적인 항의로 인하여 게임의 운영자들이 운영방식을 수정한 대표적인

운영자들이 온라인 게임을 운영하는 방식이 마음에 들지 않는다면 이용자들은 자유롭게 해당 세계를 떠날 수 있는 자유를 갖는다. 그러나 이주를 하려고 하는 자들에게도 현실에서와 마찬가지로 일정한 사회적 장벽이 존재한다. 이주를 하려고 하는 자는 자신이 활동하던 영역과 사회적 지위 등을 포기해야 한다. 따라서 일정한 희생을 할 준비를 해야 한다. 온라인 게임의 경우에는 어렵게 만들어 놓은 아바타, 아이템, 길드와 친구들을 포기해야 한다는 것을 의미한다.

온라인 게임을 통하여 인터넷상 형성된 가상사회들은 현재 독립적으로 운영되고 있고 서로 연결되어 있지 않다. 그러나 이러한 온라인 게임이 서로 연결되어 각각 하나의 나라를 형성하고 이러한 나라들이 세계 내지 우주를 같이 형성하는 것도 가능할 것이다. 이렇게 되면 모든 유저들은 큰 세계에서 같이 공존하게 된다. 이때에는 다른 나라로 이주하는 것은 그렇게 큰 희생을 치룰 필요가 없다. 자신이 만든 아바타를 포기할 필요가 없고 친구들과 혈맹원들은 원하는 경우에 다른 세계에서 만날 수도 있다. 많은 유저들이 아바타의 이전가능성에 대하여 주장을 하였으나, 이것이 실현된 바는 아직 없다. 이것이 가능하기 위해서는 기술적으로 해결해야 할 상당히 큰 문제점들이 많을 뿐만 아니라, 온라인 게임의 운영자들은 유저들을 한 세계에 붙잡아 두는 것이 힘들 수도 있기 때문이다. 즉 현재 많은 가상사회에서는 지금까지 이루어 놓은 것이 아까워서 떠나지 못하는 유저들이 많이 있고 이를 통하여 운영자들이 이득을 취하고 있기 때문이다. 가상사회의 연결을 통한 가상사회의 세계화는 현실에서 발생하는 많은 문제점들을 낳을 수 있다. 문화적·사회적

사례는 2006년 초에 World of Warcraft에 있었다. 한 길드는 회원을 모집하는 데 있어서 동성애자들을 우선적으로 받아들이고 있었는데, Blizzard사는 이러한 성향을 문제 삼은 것이 아니라 채팅내용에 이용된 표현을 문제 삼았다. 즉 채팅상 'sex', '동성애자'와 같은 용어를 사용하는 것이 금지되어 있었는데, 이 길드의 성향 때문에 회원들이 이러한 용어를 자주 사용하게 되었다. Blizzard에서 이 길드를 해산시킨 직후 수많은 불만들이 쏟아져 나왔고 세계의 여러 나라의 이용자들이 자유를 억압하고 합리적이지 않은 이유로 차별한다고 비난을 하여, 그에 따라 4주가 지난 후에 해산조치가 철회되었다.

차이, 빈부격차의 증가 등으로 인하여 유저들 사이에 갈등이 일어날 수 있을 것이다.[29]

4. 형 법

온라인 게임에서 실제 형법이 적용되는 것은 아주 예외적인 경우일 것이다. 현실세계에서 일정한 결과가 발생할 것을 요구하는 범죄가 많으므로 온라인 게임에는 아예 원천적으로 적용이 불가능한 규정이 대부분이다. 또한 온라인 게임의 운영자들도 범죄가 일어나지 않도록 온라인 게임을 만들어 나가고 있으나, 온라인 게임에서 이용자들이 할 수 있는 활동들이 넓어져 가고 있음에 따라 일어날 수 있는 범죄의 양태도 다양화되고 있다.

첫 번째 질문이면서도 가장 중요한 의문점이 될 수 있는 것이 가상의 범죄에 대한 개념이다. 견해에 따라서는 가상의 범죄를 온라인 게임에서 다수의 이용자들을 심각하게 방해하는 모든 행위라고 정의하고 있는 견해가 있다.[30] 이러한 개념 정의는 온라인 게임이 어떻게 구체적으로

29_ 위에서 한 생각들은 아직 이론적 측면이 강하다. 그러나 가상사회를 이용하는 참가자 수가 기하급수적으로 늘어남에 따라 거대한 국가와 같은 규모를 갖고 있는 가상사회 (예: World of Warcraft는 2007년 초에 900만 명의 가입자를 갖고 있음)를 운영하는 경우도 발생하고 있다. 게임의 운영자들은 점점 더 많은 직원들을 고용하지만, 증가하고 있는 이용자수에 맞게 대처를 하지 못함으로써 문제의 해결은 점점 더 느려지고 있다. 그에 따라 초창기의 유저들에게 일정한 임무를 부여하여 간단한 기술적 문제와 행위규범의 위반행위를 다룰 수 있도록 하자는 목소리가 커지고 있다. 이를 통하여 유저들은 게임운영자가 부담하고 있는 임무를 상당수 덜어줄 수 있고 비용을 줄일 수 있다. 그러나 권한을 남용하여 이용자들 사이에 분쟁이 발생할 소지도 있으므로 이용자들에게 너무 강한 권력을 주어서는 안 될 것이다. 하지만 특정한 임무를 부여받은 유저들도 게임 내에서 자부심을 갖고 활동할 수 있는 계기가 될 수 있고 운영자와 이용자들 사이에 신뢰관계가 형성될 수도 있다. 따라서 이용자들이 증가하고 있는 상황에서는 이용자들 자신에게 일정한 임무를 부여하는 것은 문제를 해결할 수 있는 핵심적인 열쇠가 될 수 있다.

30_ Grimmelmann, Virtual Worlds as comparative Law, NYLS Law Review 2004, p.168.

구성되어 있느냐 하는 상대적인 요소를 갖고 있다. 즉 온라인 게임이 갖고 있는 성격에 따라 일정한 행위가 범죄가 될 수도 있고 되지 않을 수도 있다는 것이다.[31]

　결국 범죄(crime)라는 개념은 특히 게임의 요소가 강한 가상사회에서는 사용되지 않고, 분노 또는 손해라는 의미의 Griefing이라는 용어를 더 많이 사용한다. Griefing이라는 단어는 이용자들이 갖는 게임에 대한 흥미를 감소시키는 모든 행위를 나타낸다.[32] 이러한 행위들을 처음부터 차단할 것인지의 문제는 이용자들에게 어느 정도 자유를 부여할 것인지의 문제와 필연적으로 연결되어 있다. 더 많은 자유를 이용자들에게 줄수록 다른 이용자들에게 더 많은 손해와 분노를 야기할 수 있다. 이용자들이 작은 불만 사항도 Griefing이라고 하여 신고를 하게 되면 온라인 게임의 운영자들은 처리해야 할 일이 점점 더 많아지고 심각한 것과 심각하지 않은 것의 분리를 위하여 많은 노력을 해야 한다. 반면에 자유를

31_ 예컨대 아이템의 절도를 허용하는 게임이 있다(예: Ragnarok Online). 즉 도적이라는 직업군은 다른 아바타가 갖고 있는 아이템을 훔칠 수 있는 기능이 있으며 이러한 측면 때문에 도적이라는 직업군이 인기가 없다. 이론적으로만 본다면 이는 절도죄에 해당한다. 그러나 게임상 이러한 절도를 허용하고 있으므로 이를 처벌하지는 못할 것이다. 오히려 다른 유저들은 이러한 상황을 알고 게임을 하면서 절도당하지 않도록 대비만 하면 될 것이다. 거의 대부분의 MMORPG에서는 개인 간의 결투(PVP: Player vs Player)가 가능하여 다른 아바타를 죽일 수 있다. 그러나 이러한 요소도 게임의 한 내용에 불과하고 실제로 손해가 발생하는 것이 아니므로 개인 간의 결투로 인한 살인도 처벌될 수는 없다. 또한 이 게임을 하는 대부분의 유저도 이러한 살인을 윤리적으로 문제가 있다고 느끼지 않을 것이다. 즉 상당수의 유저들은 개인의 능력에 따라 승패가 좌우되는 하나의 경기라고 생각한다. 물론 상대편에 있는 유저를 죽일 수 있다는 것이 윤리적으로 문제가 있다고 생각하는 사람이 있을 것이다. 이러한 유저는 좀 더 평화로운 온라인 게임을 선택하여 살인이 없는 사회에서 활동하는 것을 선택할 수 있을 것이다. 이는 마치 형법상의 "Forum-Shopping"이 될 것이다.

32_ Griefing의 범위는 매우 넓다. Kill Stealing 외에 소위 몰이사냥(Trains)도 분란을 만들 수 있다. Raid를 하는 경우에 동시에 많은 Mob들을 처치하기 위하여 한 유저가 주위에 있는 Mob들을 몰아오는 경우가 있다. 이때 그 유저를 뒤따르는 Mob들이 기차와 같은 모양을 형성하게 된다. 이때 뒤따르는 Mob들이 Raid와 상관없는 다른 유저들을 공격하는 경우가 있어서 예기하지 못한 피해가 발생하는 경우가 있다. 또한 채팅 기능에서 다른 이용자들에게 필요로 하지 않은 정보를 계속 제공하는 경우도 있다(Spamming).

많이 부여한다면 이용자들의 개인적인 책임감도 강해져야 하고 어느 정도의 나쁜 감정도 참아내야 할 참을성이 요구된다고 하겠다. 이를 참지 못하는 이용자들은 그 세계를 떠나게 될지도 모르나, 반면에 이러한 자유를 갈구하여 그 세계에 남거나 그 세계를 찾아오는 이용자들도 있을 것이다.

자유가 많은 온라인 게임환경은 이용자들을 끌 수 있는 요소임에는 틀림이 없다. 그러나 온라인 게임에서 또 다른 요소는 많은 이용자들이 활동할 수 있는 적절한 환경이다. 무엇이 적절한지는 온라인 게임이 담고 있는 내용에 따라 달라질 것이다. 온라인 게임의 운영자는 이러한 환경을 유지하기 위하여 형법에 해당하는 행위규범을 새롭게 만들 필요가 없고 가상사회에 알맞고 다수의 이용자들의 기대에 부응할 수 있는 환경을 만들어 주면 된다고 생각된다.

IV. 제재조치

지금까지 살펴본 행위규범들을 위반하는 행위가 운영자 또는 이용자들에 의하여 제재를 받지 못하면 실효성을 갖지 못한다. 따라서 온라인 게임에서 행위규범을 위반한 행위를 처벌하는 것을 목적으로 운영자와 이용자들에 의하여 부과되는 다양한 제재가 존재한다.

1. 온라인 게임의 운영자에 의한 제재

온라인 게임의 이용자들이 기하급수적으로 증가함에 따라 그에 따른 위반행위도 급속하게 늘어나고 있는 추세이다. 그러나 위반행위를 다루는 인력을 늘리는 것에도 한계가 있으므로 운영자들은 다양한 장치를 통하여 위반행위를 예방하고 있다. 그 대표적인 경우가 프로그램을 통한 예방과 조사이다. 예컨대 채팅의 경우 욕설과 음란한 용어를 입력하는 것을 원천적으로 차단하여 해당 단어를 입력하면 그 단어가 다른 부호로 나타나도록 하는 것이 많이 상용화되어 있다.[33] 채팅에서 금지된 용어를 자주 사용하는 이용자는 컴퓨터 프로그램을 통하여 자동적으로 경고를 받는 경우가 있다. 첫 경고는 이용자에게 주의를 주는 기능만을 담당하므로 이용자에게 큰 불이익이 없으나, 위반이 자주 일어나는 경우에는 제재가 가해지고 있다. 그 밖에 가벼운 위반행위에는 Spamming, Kill Stealing과 계정의 공유(Account Sharing)도 포함된다.

그에 반하여 이용자들이 온라인 게임의 약점을 고의적으로 이용하는 경우에는 심각한 위반행위에 해당한다. 그 대표적인 경우가 [쫄쫄이 프로그램 사건]에서와 같이 불법적인 소프트웨어를 이용하여 사이버머니 또는 아이템을 만들거나 게임을 진행하는 것이다. Blizzard의 경우에는 인터넷을 통하여 샘플로 정한 컴퓨터에 대하여 불법소프트웨어를 스캔할 수 있는 권능을 약관을 통하여 유보하고 있다. 운영자가 이러한 불법 소프트웨어의 사용을 발견한 경우에는 가장 강한 제재조치를 취하고 있는데, 이용자는 일정한 기간 또는 무제한으로 계정사용이 금지된다.[34] 이렇게 계정이용이 금지되는 경우에는 이용자가 게임을 이용할 수 없을 뿐만 아니라, 이미 지급한 이용기간도 경과되므로 2중 처벌의 의미가 있다.

게임 내에서 다른 이용자에게 사기를 당하여 아이템이나, 사이버머니

33_ 일정한 용어를 채팅에서 사용하지 못하도록 하는 조치에 대하여는 이용자들이 이를 회피하는 방법을 개발하였는데, 예컨대 각 용어 사이에 점과 선을 두어서 검색을 하지 못하도록 하는 것이 있다(예: 섹**스, 섹--스). 게다가 이러한 회피 방법이 계속 다양화됨에 따라 프로그램이 위반행위를 찾아내기는 점점 더 어려워지고 있는 실정이다.

34_ 리니지 이용약관 제14조 (이용자의 의무): ⑩ 이용자는 회사에서 제공하는 서비스를 게임 또는 오락 등 서비스 본래의 이용목적 이외의 용도로 사용하거나 다음 각 호에 해당하는 행위를 해서는 안 되며, 회사는 이용자가 아래 각 호의 어느 하나에 해당하는 행위를 하는 경우, 회사가 별도로 공지하는 각 게임별 운영정책에 의거하여 서비스의 이용정지, 계정의 삭제 등 서비스 이용 제한, 수사기관에의 고발 조치 등 합당한 조치를 취할 수 있습니다. 10. 자기 또는 제3자가 개발하거나 배포한 소프트웨어 또는 하드웨어로서 서비스와 관련되거나 서비스 내에서 게임의 내용(게임 내 사냥행위 등)에 권한 없이 관여하는 소프트웨어 또는 하드웨어를 사용, 배포하거나 사용을 장려하거나 광고하는 행위.

를 잃은 이용자들은 보상을 받기가 힘들다. 이러한 경우 게임운영자는 보상을 하지 않고 있으므로 아이템 또는 사이버머니의 손실이 서버가 다운되는 등 운영자의 과실로 인하여 발생한 경우에만 보상받을 수 있는 것이 일반적이다.

가장 많이 처벌하려고 하는 유형이 게임 내의 경제체제와 게임의 난이도를 위협하는 행위들이다. 그 대표적인 행위가 자동사냥(Bot)을 이용한 Farming이다. 자동사냥(Bot)이란 프로그램에 의하여 작동되는 아바타로서 이용자가 조작을 하지 않아도 반복적으로 일정한 행위를 하여 Mob을 잡거나 일정한 아이템을 계속하여 만드는 것이다. 자동사냥(Bot)은 유저가 더 좋은 아이템을 획득하기 위하여 주로 사용된다. Farming은 예컨대 좋은 아이템이 나올 수 있는 장소에서 계속하여 게임을 하는 것을 의미한다. Farming은 학생 또는 무직자들의 싼 노동력을 이용하여 소위 작업장[35]에서 대단위로 이루어지기도 한다. 이렇게 수집된 아이템, 사이버머니 그리고 아바타는 아이템베이와 같은 인터넷 경매를 통하여 판매되고 있다.

Farming을 통하여 온라인게임에서 희귀한 아이템이 급속도로 증가하여 게임설계자들이 예상하였던 것보다 빠르게 이용자들이 레벨을 올릴 수 있게 되었다. 그에 따라 게임설계자들은 게임상의 밸런스를 유지하기 위하여 게임시스템 자체를 조정해야만 하였다. 이와 같은 결과를 방지하기 위하여 게임운영자들은 이러한 행위를 강하게 처벌하여 왔다.[36]

35_ 2006년 중국에서 리니지 게임 사이트에 접속, 내국인의 주민등록번호를 도용하여 게임계정을 만든 후 중국의 값싼 노동력을 이용, 대량으로 만들어진 아이템을 국내에 반입하여 게임아이템 중계사이트 등에 1,000억 원 상당을 판매하고 그 판매대금 중 453억원 상당을 중국으로 불법유출한 사건이 있었다. 중국산 게임아이템 생산실태 및 거래실태에 대한 설명으로, 서영민, "인터넷게임 아이템 거래에 관한 형사법적 문제", Entertainment Law 박영사(2007), 498면.

36_ 게임산업진흥에 관한 법률과 동 시행령 제18조의3에 의해 이러한 Farming을 통해 획득한 게임머니 또는 게임아이템 등을 환전 또는 환전 알선하거나 재매입을 업으로 하는 행위를 하지 못하게 되었고, 이에 위반 시 형사처벌을 받게 되었다. 게임법 시행령 제18조의3 (게임머니 등) 법 제32조 제1항 제7호에서 "대통령령이 정하는 게임머니 및

즉 이러한 경우에는 이용자의 계정 자체가 삭제되어 모든 아바타와 아이템을 이용할 수 없게 되고 일정한 기간 동안 해당 게임을 이용할 수 없게 된다.

게임을 이용하지 못하는 이용자들은 타인명의로 계정을 등록하거나 다른 계정을 양도받아 게임을 이용하는 경우도 흔히 있어서 게임이용의 금지는 확실한 실효성이 없을 수도 있다. 그러나 계정 자체를 삭제함으로써 오랜 시간을 투자하여 만들어 놓은 아바타를 이용할 수 없게 되고 모아 놓은 아이템과 사이버 머니를 잃게 되는 것은 이용자들에게 상당히 강한 제재력을 가지게 된다.[37]

[쫄쫄이 프로그램 사건]에서 쟁점이 되었고 실무적으로 중요한 문제는 게임 내에서 이용자가 약관에 위배되는 행위를 하였을 때 제재의 대상이 무엇인가이다. 즉 제재의 대상이 계약이용자인지 아니면 계정인지가 문제되었다. 이러한 논의가 등장하게 된 것은 게임 내에 한 이용자가 여러 개의 계정을 가지고 있기 때문에 이용자를 기준으로 제재를 가하면 전혀 위반행위를 하지 않은 다른 계정도 제재를 받게 되므로 불합리하기 때문이다. [쫄쫄이 프로그램 사건]에서 서울고등법원의 입장에 따르면 이용자는 계정을 다수 보유할 수 있고 각 계정별로 이용요금을 납부하는 점, 이용자가 여러 개의 계정을 보유하는 경우에도 각 계정은 전혀 별개의 것으로 관리되는 것으로 보이는 점, 회사의 운영정책에 의하더라도 계정별 제재를 원칙으로 하고 있는 것으로 보이는 점을 근거로 약관위반행위를 한 경우 그 제재의 대상을 계정으로 보았다. 판례의 내용을 단순히 관철한다면 계정을 기준으로 하여 게임 내 약관위반에 대하여 제재를 해야 한다는 것이 원칙인 것으로 보인다. 하지만 이러한 시각은 판례를 너무

대통령령이 정하는 이와 유사한 것"이란 다음 각 호의 어느 하나에 해당하는 것을 말한다. 3. 게임제작업자의 컴퓨터프로그램을 복제, 개작, 해킹 등을 하거나 게임물의 비정상적인 이용을 통하여 생산·획득한 게임머니 또는 게임아이템 등의 데이터.

37_ Blizzard는 이 측면에서는 매우 엄격하게 제재를 부과하고 있다. 2006년 9월에만 전체의 1%에 해당하는 76,000개의 계정이 삭제되었고, 1,100만 개의 금화가 거래계에서 삭제되었다. 이를 교환가치로 따져 본다면 대략 4억 4,700만 원에 해당한다.

단편적으로 해석한 것이며, 모든 약관위반행위에 대하여 계정을 기준으로 제재를 해야 한다는 주장 자체는 타당하지 못하다. 즉 약관을 위반하는 경우라도 위반행위의 위법성 정도에 따라 이를 구분하고 계정을 기준으로 할지 이용자를 기준으로 할지를 결정해야 한다.

약관에서 규정하고 있는 이용자의 의무가 법률의 내용을 되풀이하거나 공서양속에 관한 규정을 담고 있는 경우 이러한 약관을 위반한 행위는 그 위법성이 강하다고 할 수 있다. 이러한 경우에는 이용자를 기준으로 제재를 가하여 수단 내지 도구가 된 계정을 이용할 수 없도록 해야 할 뿐만 아니라, 다른 계정을 통해서도 위반행위가 반복되지 않도록 방지하는 제재조치를 취해야 할 것이다. 그와 달리 게임코드나 게임관습을 규정한 약관을 위반한 경우에는 계정을 중심으로 제재를 가하는 것이 일반적일 것이다. [쫄쫄이 프로그램 사건]을 보더라도 동일한 결과에 이를 수 있다. 즉 판례에서 원고는 캐릭터에게 특별한 명령을 하지 않더라도 캐릭터의 에너지가 감소하는 물약에 의하여 자동적으로 에너지가 보충되고, 주기적으로 '힐'이라는 마법을 걸도록 하는 고스트마우스프로그램을 이용한 것과 계정 내의 케릭터를 대여하였다는 이유로 영구이용조치를 받았는데, 이에 대하여 서울고등법원은 약관위반행위의 제재 대상은 계정이라고 보았다. 이때 위반행위여부를 결정지었던 회사의 약관에는 '계정, 케릭터 아이템 등을 타인에게 양도, 질권설정, 담보제공, 대여하거나 받는 행위 또는 이를 광고하거나 기타 준비하는 행위', '자기 또는 제3자가 개발하거나 배포한 소프트웨어 혹은 하드웨어로서 서비스와 관련되거나 서비스 내에서 게임의 내용에 관하여는 소프트웨어 혹은 하드웨어를 사용·배포하는 행위'를 해서는 안 된다고 이용자의 의무를 규정하고 있었다. 그런데 이러한 이용자의 의무들은 위에서 설명한 바와 같이 법률의 내용을 다시 되풀이 하는 것이거나 그 내용이 공서양속에 관한 것을 규정하고 있는 경우가 아니라 단순히 소프트웨어가 정하는 이용방식인 게임코드와 게임이용자 사이에 형성된 일종의 관습을 규정하고 있는 것에 불과하다. 판례도 이와 같은 약관규정의 특성을 인정하고 계정을 기준으로 제재를 가한 것으로 보아야 한다.

2. 다른 이용자들에 의한 제재

온라인 게임에서 이용자들은 운영자와 같이 강제력 있는 제재조치를 갖고 있지 않다. 이용자가 부과할 수 있는 제재는 사회적인 성질을 갖는다. 우선 문제가 있으면 당사자 사이에 문제를 해결해야 하는데, 이 경우 혈맹주 또는 Raid 주도자가 중재자로서의 역할을 할 수 있을 것이다. 사기가 발생하는 경우처럼 중재 또는 합의가 힘든 때에는 결국 게임운영자가 개입할 수밖에 없다. 이때는 채팅기능 또는 전자우편을 통하여 운영자에게 도움을 청해야 한다.

채팅기능을 통하여 Spamming 또는 욕설이 행하여지는 경우에는 채팅기능에서 그 이용자의 대화내용을 보지 않게 하는 기능이 있다(차단기능). 이러한 수동적인 방어 장치는 악의적인 이용자들(예컨대 차단된 캐릭터 이외의 다른 캐릭터로 그러한 악의적인 행위를 계속하는 경우)에게는 효과가 없을 수 있다. 이때에도 결국 운영자에게 도움을 청할 수밖에 없다.

온라인 게임에서 해당 아바타가 갖고 있는 사회적인 평판도가 중요한 역할을 할 수 있다. 이때 두 가지가 가능하다. 어떤 게임의 경우에는 일정한 행위에 대하여 명예점수를 부여하는 체계가 만들어져 있어서 해당 아바타를 이 명예점수를 통하여 그 신뢰성과 능력을 평가할 수 있다. 이러한 시스템이 없는 경우에는 주변의 유저들이 평판을 결정하는 기능을 하여 불만제기가 많이 되는 아바타에 대하여는 운영자가 더 빠르게 반응하게 된다.

한 서버에서 나쁜 평판을 가지게 된 경우에는 다른 이용자들이 Raid 또는 혈맹에 참여하기를 꺼려하기 때문에 게임사회에서 배제된다. 그러나 그러기 위해서는 이러한 배척에 모든 이용자들이 동참하는 것이 필수적이다. 특히 작은 가상사회에서는 이러한 평판을 통하여 매우 효과적인 제재를 가할 수 있다. 그러나 가상사회에서도 평판이 나쁜 자들이 자체적으로 모임을 형성하여 그들 사이에 Raid 또는 혈맹을 만드는 경우가 있을 수 있다.

지금까지 살펴본 것처럼 이용자들에 의한 제재는 매우 한정되어 있으며 결국 강제력 있는 제재는 운영자들이 할 수밖에 없다. 아직까지는 이용자들 자신에게 일정한 제재를 줄 수 있는 권한을 요구하는 목소리가 받아들여지지 않고 있으나, 점차 불만이 증가함에 따라 언젠가는 이용자들에게도 가상사회의 질서를 유지하는 데에 일정한 역할이 부여되는 날이 올 것으로 생각된다.

V. 결 론

온라인 게임을 통하여 형성되어 있는 가상사회도 그 나름의 규범체계를 형성하고 있다. 따라서 원칙적으로 가상사회 안에서 발생하는 해당 가상사회의 규범위반행위는 가상사회 자체 내의 일정한 제재를 통하여 처벌되거나, 다른 비법률적 수단(예컨대 기술적 예방조치 내지 이용자들에 의한 제재)을 통하여 처벌·예방되어야 하는 것이 원칙이다. 그러나 가상사회의 규범을 위반한 행위가 게임 전체의 운영방식을 파괴하거나 저해하는 결과를 가져오는 경우에는 온라인게임을 이용하는 자들의 규범위반 행위가 현실사회에도 영향을 미치게 된다. 이때 온라인게임 운영자가 이용자들에게 직접적으로 행할 수 있는 제재는 이 당사자 사이의 체결된 이용계약을 기초로 하게 된다. 즉 이용계약상의 조항을 기초로 하여 이용자의 이용권을 제한하거나 박탈하는 결과를 가져온다. 이는 계약상 이용계약의 해지 내지 해제에 해당한다.

그런데 온라인게임운영자와 이용자 사이에 존재하는 이용계약은 온라인으로 체결되기 때문에 계약의 내용은 약관, 정책 내지 게임접속화면상에 이루어지는 공지사항을 통하여 형성된다. 본 논문 서두에서 언급한 판결들은 모두 이러한 약관, 정책 내지 게임접속화면상의 공지사항에 정해져 있었던 행위규범을 위반하였다는 이유로 제재가 이루어졌고 이용자들은 이러한 행위규범을 정한 내용이 계약의 내용이 되지 않았거나 불공정하므로 해당 제재를 가한 것은 부당하다고 주장한 것이다. 이들 판례를 통하여 분명한 것은 약관, 정책 내지 게임접속화면상의 공지사항이 어떠한 형태로 존재하거나 명칭을 갖고 있든 간에 이러한 내용이 이용계약의 내용이 되어 제재조치의 근거가 되기 위해서는 일정한 요건을 갖추어야 한다는 것이다. 즉 이들은 모두 약관의 성질을 갖고 있기 때문에 약관규제법상 정해져 있는 명시 · 설명의무를 다하고 이용자의 동의를 받은 경우에만 계약의 내용이 될 수 있다. 이러한 절차적 요건만 갖추고 행위규범의 위반을 이유로 한 제재의 정도가 부당하거나 과도하지 않은 한 온라인 게임운영자의 이용자에 대한 제재는 정당하다고 볼 수 있다.

제재조치의 부당성은 결국 약관의 내용통제를 통하여 검토되어야 할 것이다. 그런데 가상사회를 운영해야 하는 온라인 게임운영자의 자율권과 가상사회의 통제권을 보장하는 차원에서는 약관통제에 의하여 제재규정의 부당성을 선언함에 있어서는 조심스러운 태도를 취해야 할 것이다. 이러한 차원에서 현재 판례의 동향은 올바른 길을 가고 있다고 할 수 있다.

참고문헌

1. 국내문헌

기술과 법 연구소, "게임과 법", 문화관광부 한국게임산업개발원 게임아카데미, 2006.

김형민·김규년, "멀티 유저 인터넷 게임", 한국정보과학회, 한국정보과학회 2000년도 봄 학술발표논문집 제27권 제1호(A), 2000.

변종필, "인터넷게임 아이템과 재산범죄", 인터넷법률 5호, 2001.

유용봉, "온라인 게임범죄의 사례분석과 대응방안", 한국콘텐츠학회, 한국콘텐츠학회논문지 제6권 제9호, 2006.

이병준, "인터넷 포털의 이용계약과 약관", 외법논집 제27집, 2007.

이재철, "게임아이템의 법적 고찰", 한국학술정보(주), 2007.

이정훈, "사행성 게임물에 대한 형사책임, 중앙법학 제8집 제4호, 2006.

이해완, 온라인게임에 관한 전자약관의 효력, 정보법 판례백선(I), 2006.

장재옥, "온라인게임 아이템 현금거래의 법률관계", 중앙법학 제9집 제2호, 2007.

장준혁, "인터넷과 준거법", 인터넷과 법률 II (2005), 법문사.

정상조, "Entertainment Law", 박영사, 2007.

정상조, "온라인게임의 법적 보호와 규제", 정보과학회지 제23권 제6호, 2005.

정준모, 온라인게임에서 게임 계정 영구이용정지의 적법성 판단기준, 법률신문, 2007년 7월 2일 제3567호.

정해상, "가상사회와 재산권 — MMORPG를 중심으로", 중앙법학 제7집 제2호, 2005.

정해상, "인터넷 게임아이템 거래에 관한 법리", 중앙법학 제5집 제3호, 2003.

최성락, "온라인게임 아이템 거래 규제방안에 관한 연구: 아이템거래 원인 분석을 중심으로", 한국행정학회·한국지방자치학회 2006년도 춘계공동학술대회 발표논문집, 2006.

황성기, "게임산업진흥법 제·개정으로 인한 게임물 내용심의 및 등급분류제도의 변화", 개정「게임산업진흥에 관한 법률」설명회 자료집, 2007.

2. 외국문헌

Balkin, Law and Liberty in Virtual Worlds, in: The State of Play, NYU Press, 2006.

Bartle, Virtual Worldliness, in: The State of Play, NYU Press, 2006.

Grimmelmann, Virtual Worlds as comparative Law, NYLS Law Review 2004.

Hübner, Rechtliche Regeln in Onlinespielen, VDM, 2007.

Lastowka/Hunter, Virtual Crime, 2005.

서비스이용자의 위반행위에 대한 제재와 불명확조항해석의 원칙*

―대법원 2011.8.25. 선고 2009다79644 판결―

이병준

I. 사안의 개요

1. 사실관계

피고는 www.lineage.co.kr이라는 웹사이트에서 다중 이용자 온라인 롤플레잉 게임(MMORPG: Massively Multiplayer Online Role Playing Game)인 '리니지(Lineage)'라는 인터넷 게임 서비스를 제공하고 있는 회사이고, 원고들은 피고와의 사이에 각 이 사건 게임에 관한 이용계약을 체결하여 이 사건 게임 서비스를 이용하는 이용자들이다.[1] 다만, 원고 2는 원고 1의 처로서 원고 1이 원고 2의 계정을 주로 사용하였다.

피고는 이 사건 게임 이용계약에 적용되는 이용약관(이하 '이 사건 이용약관'이라 한다)과 이 사건 이용약관의 내부적인 사항을 규율하는 운영정

---

* 이 글은 민사판례연구 제35권, 2013에 게재된 것을 수정한 것임.

1_ 구체적으로 원고 1은 'sadbutterfly'라는 계정(이하 '원고 1의 계정'이라 한다)을 만들어 위 계정 내에 '화월, 헬카인' 등의 캐릭터를, 원고 2는 'kdinggo'라는 계정(이하 '원고 2의 계정'이라 한다)을 만들어 위 계정 내에 '캔사스' 등의 캐릭터를, 원고 3은 'tjrghgkrh'라는 계정(이하 '원고 3의 계정'이라 한다)을 만들어 위 계정 내에 '굼, 내가니식모다' 등의 캐릭터를 각 생성하였다.

책(이하 '이 사건 운영정책'이라 한다)을 두고 있는데, 2007.5.경 이 사건 이용약관을 변경하면서 그 적용 이전 7일 동안 리니지 서비스 홈페이지를 통해 이를 이용자에게 공지하였는바, 원고들은 변경된 이 사건 이용약관의 적용일로부터 15일 이내에 이에 관하여 아무런 이의를 제기하지 아니함으로써 동의한 것으로 간주되었다.

피고는, 원고 1, 2가 위 원고들의 각 계정 내에 가지고 있던 '볼품없는 고대목걸이' 아이템을 원고 3의 계정에 넘겨주면, 원고 3은 직접 또는 소외인(대법원 판결의 소외 1)의 'dughkd9928' 계정을 통하여 엔피씨(Non Player Character, 이 사건 게임 내 일반상점임)에게 위와 같이 넘겨받은 '볼품없는 고대목걸이'와 '루비, 에메랄드, 사파이어' 등을 주면서 '복원된 고대목걸이'로 만들어 줄 것을 의뢰하여 별다른 능력이 없는 '복원된 고대목걸이' 아이템을 만든 후, 이것이 마치 외형이 유사하나 능력이 뛰어난 아이템인 '빛나는 고대목걸이'인 것처럼 상점에 허위광고 하여 다른 이용자에게 판매하는 수법으로 2008.2.23.부터 2008.3.4.까지 모두 3회에 걸친 사기행위로 합계 1,400만 아데나를 취득하였다는 이유로, 이 사건 이용약관 제14조 제10항 제21호 및 이 사건 운영정책 제8조 제3항, 제11조 제3항, 제4항에 근거하여 2008.3.5. 원고 3의 계정에 대하여, 2008.3.6. 원고 1, 2 및 소외인의 각 계정에 대하여 각 영구이용중지조치를 하였다.

2. 당사자들의 주장

(1) 원고들의 주장

1) 원고들은 이 사건 청구원인사실로서, ① 이 사건 운영정책은 피고가 일방적으로 제정한 것으로 원고들이 그에 대해 동의한 바 없으므로, 이는 약관의 규제에 관한 법률(이하 '약관규제법'이라 한다) 제3조에서 정한 명시·설명의무를 위반한 것이어서 무효이고, ② 또한 사기행위 또는 현금거래행위에 대하여 무조건 계정을 영구적으로 이용중지하도록 하는 것은 계약의 목적을 달성할 수 없어 계약에 따르는 본질적 권리를 제

한하는 것이므로, 이를 규정한 이 사건 이용약관 및 운영정책의 각 조항은 약관규제법 제6조 신의성실의 원칙에 반하여 공정을 잃은 조항으로 무효이며, ③ 또한 계정 영구이용중지조치는 약관규제법 제9조의 사업자의 해제권·해지권의 행사요건을 완화하여 고객에 대하여 부당하게 불이익을 줄 우려가 있는 조항에 해당하거나, 약관규제법 제10조의 상당한 이유 없이 사업자가 이행하여야 할 급부를 일방적으로 중지할 수 있게 하는 조항에 해당하여 무효이고, ④ 이용자에게 계정 영구이용중지조치에 대하여 사후적으로 구제할 수 있는 절차도 전혀 마련되어 있지 아니하여 무효이므로, 피고는 이 사건 이용약관 및 운영정책에 근거하여 원고들에게 계정 영구이용중지조치를 할 수 없고,

2) 가사 이 사건 이용약관 및 운영정책이 유효하다고 하더라도, ① 이 사건 사기행위는 소외인이 원고들의 각 계정을 빌려 원고들 모르게 독자적으로 행한 것으로서 원고들이 이에 가담하거나 이를 알면서 묵인한 바 없으므로, 피고는 원고들의 각 계정을 사기행위를 이유로 영구이용중지할 수 없고, ② 또한 원고들이 소외인에게 원고들의 각 계정을 대여한 것이 이 사건 사기행위의 한 원인이 되었다고 하더라도, 그러한 계정대여행위만에 대한 책임으로 원고들의 각 계정을 영구이용중지하는 것은 지나치게 가혹하여 부당하므로, 피고는 원고들에게 원고들의 각 계정에 대한 영구이용중지조치를 해제하고, 그로 인하여 원고들이 입은 정신적 손해에 대한 위자료로 각 금 5,000,000원 및 이에 대한 지연손해금을 지급할 의무가 있다고 주장하였다.

(2) 피고의 주장

이에 대하여 피고는, 1) 이 사건 이용약관 및 운영정책은 약관규제법에 위배되지 아니하여 유효하고, 2) 또한 원고들은 소외인의 이 사건 사기행위에 적극 가담하거나 이를 묵인하였으며, 가사 그렇지 않다고 하더라도 소외인에게 원고들의 각 계정을 대여함으로 인하여 발생한 문제에 관하여 이 사건 이용약관 및 운영정책의 규정에 따라 소외인과 동일

한 행위책임을 부담하여야 하고, 3) 나아가 원고들은 소외인으로부터 아이템의 일종인 '아데나'를 3회 이상 현금을 주고 구입하는 등 이 사건 이용약관 및 운영정책에서 금지하고 있는 현금거래행위를 하였으므로, 어느 모로 보나 피고의 원고들에 대한 위 각 영구이용중지조치는 이 사건 이용약관 및 운용정책에 따른 것으로서 정당하다고 주장한다.

3. 소송의 경과

제1심(서울중앙지방법원 2009.2.13. 선고 2008가합41944 판결)은 이 사건 이용약관 및 운영정책에 기하여 내려진 계정 영구이용중지조치는 원고 3의 경우 사기행위를 했기 때문에 정당하지만, 원고 1과 2의 경우 사기행위와 계정대여행위를 이유로 한 본 조치는 부당하다고 판단하였다. 원고 1에 대하여만 아이템 현금거래행위를 하였기 때문에 정당하다고 판단하였으나 원고 2의 경우에는 실제로 현금거래행위를 한 사실도 없으므로 이 부분에 대한 계정 영구이용중지조치가 부당하다고 판단하여 일부인용하였다(원고 2의 정신적 손해부분도 기각되었다). 제2심(서울고등법원 2009.9.4. 선고 2009나28235 판결)은 판결이유 부분 기재를 일부수정한 채 제1심 판결을 그대로 인용하였다. 상고심(대법원 2011.8.25. 선고 2009다79644 판결)에서는 아래에서 게재된 본 대상판결의 요지를 기초로 원고 1에 대한 판단부분에서 원심판결을 파기환송하였다.[2]

2_ 대상판결의 파기환송심(서울고등법원 2012.2.2. 선고 2012나80878 판결)은 피고에게 현금 거래행위를 이유로 한 원고 1의 계정(sadbutterfly)에 대한 영구이용중지 조치를 해제하고 위자료 100만 원을 지급하라는 판결을 선고하였다.

II. 판결의 요지

1. 원심판결의 요지

원고들과 피고 사이에 체결된 다중 이용자 온라인 롤플레잉 게임 (MMORPG: Massively Multiplayer Online Role Playing Game)인 '리니지(Lineage) I' 인터넷 게임에 관한 이용계약에 적용되는 이용약관 제14조 제10항 제 11호는 이용자가 아이템 등을 유상으로 매매하는 행위를 하는 경우, 피고 가 게임별 운영정책에 의거하여 서비스의 이용정지, 계정의 삭제 등 서비 스 이용제한 등의 조치를 취할 수 있다는 취지를 규정하고 있다. 이 사건 이용약관의 내부적인 사항을 규율하는 운영정책 제9조 제3항은 그 제한 의 정도를 구체적으로 규정하면서, 최초 1회 적발이라고 하더라도 해당 계정으로 과거 현금거래를 한 사실이 추가 확인되는 경우 계정의 영구이 용제한이 가능하다고 명시하고 있어, 2회 이상 현금거래행위를 할 경우 사실상 계정의 영구압류가 가능하다. 따라서 피고가 위 각 규정에 근거하 여 원고 1의 3회 현금거래행위를 이유로 원고 1의 해당 계정에 대한 영구 이용정지조치를 취한 것은 정당하다.

2. 대법원 판결의 요지

(1) 약관의 내용은 개개 계약체결자의 의사나 구체적인 사정을 고려함 이 없이 평균적 고객의 이해가능성을 기준으로 하여 객관적·획일적으로 해석하여야 하고, 고객보호의 측면에서 약관내용이 명백하지 못하거나 의심스러운 때에는 고객에게 유리하게, 약관작성자에게 불리하게 제한 해석하여야 한다(대법원 2005.10.28. 선고 2005다35226 판결, 대법원 2007.2.22. 선고 2006다72093 판결 등 참조).

(2) 피고가 이 사건 운영정책 제9조 제3항 제1호 단서를 이 사건 현금

거래 행위에 적용하여 영구이용정지조치를 취하기 위해서는 '최초 1회 적발'이라는 요건과 '해당 계정으로 과거 현금거래행위를 한 사실의 추가 확인'이라는 요건이 모두 충족되어야 하는데, '최초 1회 적발'의 의미는 문언상 현금거래행위의 횟수와 상관없이 이용자의 현금거래행위에 대한 '첫 번째 적발'을 의미하고, '해당 계정으로 과거 현금거래행위를 한 사실의 추가 확인'의 의미는 피고가 이용자의 현금거래행위에 대하여 '첫 번째 적발' 후 그에 따른 제재조치를 하기 전에 다른 현금거래행위가 있는지 확인하는 과정에서 '추가로 새로운 현금거래행위를 확인하는 경우'를 의미한다고 해석될 여지가 충분히 있으며, 나아가 피고가 이 사건 운영정책 제9조 제3항 제2호를 이 사건 현금거래행위에 적용하여 영구 이용정지조치를 취하기 위해서도 이용자의 현금거래행위가 2회 '있는' 경우가 아니라 이용자의 현금거래행위가 2회 '적발'된 경우에 해당되어야 한다고 해석될 여지가 충분히 있다고 할 것이므로, 피고로서는 이 사건 이용약관의 일부인 이 사건 운영정책 제9조 제3항 제1호 단서 또는 같은 항 제2호에 근거하여 이 사건 현금거래행위를 이유로 원고 1의 해당계정에 대한 영구이용정지조치를 취할 수 없다고 봄이 상당하고, 이러한 해석론이 약관 해석에 있어서의 작성자 불이익의 원칙에도 부합하는 것이라고 할 것이다.

Ⅲ. 판결의 평석

1. 문제의 제기

(1) 온라인게임 이용자들의 위반행위와 그에 대한 서비스 제공자의 제재[3]로 인한 분쟁은 게임 내 위반행위에 대한 제재에 관하여 게임 안에

3_ 게임 내 위반행위에 대한 제재에 관하여 자세한 것은 이병준, "온라인게임의 규칙과 그 위반행위에 대한 제재", 스포츠와 법 제11권 제1호, 2008, 181면 이하 참조.

서뿐만 아니라 많은 분쟁기관(사이버수사대, 한국소비자원, 전자거래분쟁조정위원회, 콘텐츠분쟁조정위원회 등)에서 문제가 되어 왔고 더 나아가 법정으로 이어진 지 오래되었다.[4] 특히 아이템 현금거래 금지규정의 타당성 및 이러한 현금거래 금지규정을 위반한 경우에 사업자가 이용자의 계정을 영구이용정지하는 조치를 취하였을 때 해당 조치의 정당성 내지 적법성 문제는 온라인게임분야에서는 잘 알려진 쟁점에 해당하나,[5] 대법원에서 문제 되어 판결로 이어진 지는 오래되지 않았다. 본 대상판결은 이러한 쟁점정리 과정에 놓인 판결에 해당한다.

온라인게임 서비스 중에 아이템 현금거래를 허용하는 경우도 존재하지만, 우리나라의 경우 대부분 이를 금지하고 있다. 그러나 실제로는 아이템의 현금거래가 금지되고 있더라도 게임 밖에서 희귀 아이템 등은 아주 비싼 가격에 팔리고 있고 이러한 거래를 중개하는 아이템 중개 사이트가 성행하고 있는 것이 현실이다. 그렇기 때문에 온라인게임 서비스제공자들은 이러한 이용자들을 처벌하려고 한다. 그런데 아이템의 현금거래를 금지하고 이러한 금지행위에 위반하였을 때 처벌할 수 있는 법적 근거를 제공하는 것이 바로 온라인게임 이용약관이 되므로 처벌의 정당성의 문제는 계약법 및 약관규제법의 문제가 된다. 본 평석에서는 기존에 많이 논의되었던 게임법 자체의 문제는 필요한 한도에서만 언급하기로 하고 주로 약관규제법상의 쟁점에 집중하려고 한다.

(2) 약관규제법은 기본적으로 3단계로 편입통제, 해석을 통한 내용확정 및 내용통제의 순서에 따라 하게 된다.[6] 본 대상판결에서도 이 3단계

4_ 이러한 판례의 분석으로 신영수, "온라인게임 이용약관 관련 판례의 동향 및 쟁점 분석", IT와 법연구 제5집, 2011, 155면 이하 참조.

5_ 이에 관하여 자세한 것은 박준석, "게임아이템의 법적 문제", Law & Technology 제5권 제1호, 2009 참조.

6_ 대법원 '2008.12.16.자 200마1328 결정: 법원이 약관의 규제에 관한 법률에 근거하여 사업자가 미리 마련한 약관에 대하여 행하는 구체적 내용통제는 개별 계약관계에서 당사자의 권리·의무를 확정하기 위한 선결문제로서 약관조항의 효력유무를 심사하는 것이므로, 법원은 약관에 대한 단계적 통제과정, 즉 약관이 사업자와 고객 사이에 체결한 계약에 편입되었는지의 여부를 심사하는 편입통제와 편입된 약관의 객관적 의

가 모두 문제 되었다. 우선 편입통제와 관련하여서는 본 대상판결에서 문제 된 아이템 현금거래에 대한 처벌이 원고들이 게임에 가입할 당시의 약관 및 운영정책에 기하여 내려진 것이 아니라, 가입 후 변경된 약관과 정책에 기하여 이루어졌다. 따라서 본 대상판결에서도 개정된 약관과 운영정책이 유효하게 적용될 수 있는지가 문제 되었다. 계속적 계약관계에서 약관이 개정된 경우 어떠한 요건하에서 개정된 약관이 기존의 계약관계에 편입되는 것인지는 실무적으로 그리 쉬운 문제가 아니지만 자주 등장하는 쟁점에 해당한다.[7] 그런데 본 대상판결 전 대법원은 이 온라인게임과 관련하여 개정된 약관 및 운영정책이 편입되었는지를 판단한 적이 있어 본 판례에서는 핵심적인 쟁점에는 해당하지 않았다[자세한 것은 아래 2. (2) 참조].

두 번째 단계인 해석을 통한 내용확정과 관련하여 본 대상판결에서 대법원은 약관규제법 제5조에 근거하고 있는 객관적 해석과 불명확조항 해석의 원칙에 관한 대법원의 기존 판시내용을 반복하면서 본 사안에 대하여 구체적인 판단을 하고 있다. 이와 관련하여 본 대상판결에서는 원심과 대법원의 입장이 확연히 차이가 났다. 원심은 최초 1회 적발이라고 하더라도 해당 계정으로 과거 현금거래를 한 사실이 추가 확인되는 경우 계정의 영구이용제한이 가능하다고 명시하고 있어, 2회 이상 현금 거래행위를 할 경우 사실상 계정의 영구계정압류가 가능하므로, 피고가 위 각 규정에 근거하여 원고 1의 3회 현금거래행위를 이유로 원고 1의 해당 계정에 대한 영구이용정지조치를 취한 것은 정당하다고 보았다. 그에 반하여 대법원에서는 운영정책 제9조 제3항 제1호 단서를 이 사건 현금거래행위에 적용하여 영구이용정지조치를 취하기 위해서는 '최초 1회 적발'이라는 요건과 '해당 계정으로 과거 현금거래행위를 한 사실의

미를 확정하는 해석통제 및 이러한 약관의 내용이 고객에게 부당하게 불이익을 주는 불공정한 것인지를 살펴보는 불공정성 통제의 과정에서, 개별사안에 따른 당사자들의 구체적인 사정을 고려해야 한다.

7_ 이에 관하여 자세한 것은 이병준/안남신, "계속적 계약관계에서의 약관의 개정", 소비자문제연구 제34호, 2008, 19면 이하.

추가 확인'이라는 요건이 모두 충족되어야 하는 것으로 해석하는 방법도 가능한 것으로 보았다. 이처럼 두 가지 해석이 가능한 경우 고객에게 유리하게 그리고 작성자에게는 불리하게 해석해야 한다는 원칙에 따라 두 번째 해석방법으로 약관의 내용을 확정하였다. 따라서 본 사안의 경우 1차 적발 시 3회 현금거래사실이 이미 모두 적발된 경우는 본 규정이 적용될 수 없다고 판단하였다.

즉 작성자에게 불리하게 또는 고객에게 유리하게 해석되는 방법이 무엇인지를 판단할 때 본 대상판결은 고객 원고에게 유리한 해석방법에 따라 약관의 내용을 확정지었다. 그런데 약관의 내용통제를 통하여 양 해석방법 모두 무효가 될 수 있거나, 고객에게 가장 불리하게 해석되는 방법이 내용통제에 의하여 무효가 될 수 있는 경우가 있다. 따라서 1회 적발된 후 과거의 추가 현금거래사실 확인을 통한 계정 영구이용제한조치를 정당화하는 규정이 무효라고 할 수 있다면 이 방법이 고객에게 가장 유리한 해석방법이 될 수도 있을 것이다. 기본적으로 약관의 해석과 내용통제는 엄격히 구분되는 것이어서 해석에 의하여 확정된 내용을 기초로 약관의 불공정성을 판단해야 하지만, 고객에게 유리한 해석방법이 무엇인지를 확인하는 과정에서는 예외적으로 약관의 내용통제에 의한 결과를 고려할 필요가 있을 수 있다. 이 부분은 본 대상판결에서 전혀 고려되지 않았고 우리 학계에서 논의가 없는 부분이기도 하지만, 최근 독일 판례와 학설에 의하여 확립되고 있는 이론이므로 이 부분을 소개한 후 우리 법에서의 타당성을 검토하려고 한다.

결국 약관의 해석과 관련하여 고객에게 유리한 해석방법이 무엇인지를 판단함에 있어서 예외적으로 약관의 내용통제 부분도 함께 검토할 필요가 있다면 아이템 현금거래로 인한 처벌조항의 불공정성 여부를 검토해야 할 것이다. 이 주제는 이미 실무와 학계에서 많이 논의된 주제이지만, 아직 대법원의 판단을 받지 못하였다. 기본적으로 아이템 현금거래 금지조항 자체의 유효성, 아이템 현금거래를 이유로 한 처벌조항의 유효성이 문제 된다. 특히 본 사안의 경우에는 1회 적발 시 예외적으로 과거 수차례의 현금거래사실을 기초로 계정의 영구이용조치를 취하는 약관규정의 유효성이 문제 된다.

2. 약관의 편입통제

(1) 온라인게임 이용약관과 운영정책의 약관성

일단 편입통제의 문제로 들어가기 전에 우선 선결문제로서 온라인게임 이용약관과 운영정책이 약관인지를 검토해야 할 것이다. 온라인게임 이용약관이야 그 명칭부터 약관이라고 칭하고 있고 그 내용도 다수의 계약체결을 위하여 사업자가 사전에 마련한 계약의 내용에 해당하므로 약관규제법상 약관에 해당함에는 의문이 없다. 문제는 운영정책이 약관규제법상의 약관에 해당하느냐이다.

운영정책의 경우 본래의 법적 성질을 기초로 해서 본다면 자체적인 내부규율 내지 준칙에 해당하기 때문에 반드시 약관에 해당하는 것은 아니다. 그러나 인터넷 서비스의 경우 사업자들은 서비스 내지 콘텐츠 변경의 필요성이 잦기 때문에 어려운 약관개정 절차를 회피하기 위하여 운영정책에서 약관에 규정된 내용을 구체화하는 경우가 많다. 본 대상판결의 경우에도 피고는 처벌조항과 관련된 기본적인 근거규정은 약관에 두고 있었지만, 구체적인 내용을 운영정책에 규정하고 있었다. 이 경우 운영정책이 피고의 자체적인 내부규율에 머무르지 않고, 더 나아가서 약관의 일부로서 계약의 내용이 되기 위해서는 약관에 적용되는 명시 및 설명의무를 다하여 약관으로서의 편입절차를 모두 거쳐야 하고 개정을 할 경우에는 약관의 개정절차를 밟아야만 개정된 운영정책을 이용자들에게 주장할 수 있다.

(2) 개정된 약관의 편입절차

온라인게임의 경우에도 계속적 계약관계에서 개정된 약관을 어떻게 계약내용으로 편입시켜야 하는지가 문제 된다. 이와 관련하여 공정거래위원회에서 특히 온라인게임약관과 관련하여 여러 번 판단한 적이 있다. 공정거래위원회는 약관의 변경사항이 고객에게 불리하거나 중요한 내용인 경우에 일방적으로 사업자가 약관을 변경하고 그 내용을 사후에 공지하는 것만으로 약관변경의 효력을 인정하는 조항은 고객에게 부당하게 불리한 약관조항으로 약관법 제6조 제2항 제1호에 해당되어 무효라고 본다. 따라서 약관을 개정할 경우 일반적인 내용은 최소 7일, 고객에게 불리하게 변경되거나 중요한 내용인 경우에는 최소 30일 전에 고지 또는 전자메일로 통보하고, 고객이 개정에 동의하지 않는 경우 계약을 해지할 수 있도록 해야 한다고 보고 있다.[8]

그런데 본 온라인게임과 관련하여 이 쟁점에 관하여는 이미 대법원 2010.10.28. 선고 2010다9153 판결에서 명확히 판단한 바가 있다.[9] 즉 "인터넷 게임 서비스를 제공하는 사업자가 게임약관 및 통합서비스 약관에서 게임의 운영정책을 약관내용의 일부로 규정하고 따로 그 운영정책을 공지하고 있어 운영정책이 적법하게 약관의 일부가 되었으며, 위 사업자가 개별 이용자의 게임 이용 시 화면에 이용자 동의서를 띄워 놓는 방법으로 운영정책의 내용을 개별적으로 고지한 후 위 게임을 이용하도록 하였으므로, 위 게임 이용자들은 그 동의서의 내용에 동의한 사실을 추단할 수 있으므로 운영정책이 편입된 위 게임약관에 동의한 것으로 보아야 한다"고 보았다. 본 사안의 경우 사업자가 운영정책과 관련하여 약관개정 절차를 밟지는 않았지만 게임 이용 접속화면에 개정된 운영정책을 개별적으로 고지한 후 이용자들의 동의를 받은 상태에서 게임을 이용하도록 하였다면 해당 운영정책은 접속 시 이용자의 동의를

8_ 공정거래위원회 2009.11.20.자 보도자료(온라인게임 상위 10개 사업자의 불공정약관 시정조치) 참조.

9_ 이용자의 개별적인 동의 없이 작성한 운영정책을 곧바로 계약내용에 편입할 수는 없다는 점을 확인하면서도, 운영정책에서 정한 제재사유와 제재의 정도가 약관에 의한 계정이용제한의 가능성 범위 내에 있고 또한 계약상대방의 정당한 이익과 합리적인 기대에 부합하는 한도 내에서 그 제재가 허용될 수 있다는 판결도 있었다(서울고등법원 2007.6.5. 선고 2006나20025 판결).

통하여 계약의 내용이 된 것으로 보아야 한다는 것이다. 이러한 판례의 입장은 본 대상판결의 경우에도 그대로 적용될 수 있으므로 개정된 운영정책이 계약의 내용으로 편입되었다고 전제한 대법원의 입장은 이러한 판결례와 그 축을 같이하고 있다고 볼 수 있다.

3. 약관의 해석

약관심사의 두 번째 단계는 바로 약관의 해석이다. 이 단계는 약관의 내용을 확정하는 단계로서 법률행위 내지 계약의 내용을 확정하는 해석과 다르지 않다고 생각될 수 있으나,[10] 약관규제법은 특별한 해석원칙을 적용하고 있다. 물론 약관의 해석에서도 객관적 해석의 원칙이 일반적인 해석방법이라고 할 수 있으나, 약관을 제시받은 자가 바로 고객이라는 측면에서 이러한 객관적 해석의 원칙은 평균적인 고객의 이해가능성을 기준으로 객관적·획일적으로 결정된다. 그런데 이미 앞에서 살펴본 바와 같이 원심은 문제 된 약관 규정을 명확한 하나의 내용으로 해석함에 반하여, 대법원은 이와 달리 두 가지 방법으로 해석할 여지가 있으므로 불명확조항해석의 원칙이 적용될 수 있다고 보았다. 아래에서는 약관에서 객관적 해석의 원칙의 의미와 고려될 수 있는 해석요소를 중심으로 검토한 후 대법원 해석의 타당성에 관하여 살펴보려고 한다.

(1) 객관적 해석의 원칙
1) 의의와 근거
본 대상판결에서 전제로 하고 있는 객관적 해석의 원칙은 약관의 가장 기초적인 해석원칙으로서 기존에 대법원에서 확립하고 있는 법리이

10_ 약관의 성질과 관련하여 법규설과 계약설이 대립하고 있으나, 약관규제법이 제정된 후에는 계약설이 우세하여 필자도 계약설을 취하고 있다. 법규설에 따르면 통상의 법률규정의 해석원칙이 적용될 것이나, 계약설을 취하는 이상 원칙적으로는 계약의 해석원칙이 적용될 수 있을 것이다(이러한 설명으로 이은영, "보통거래약관의 해석원칙", 사법연구 1: 계약법의 특수문제, 삼영사, 1983, 54면).

다. 이에 의하면 "약관의 내용은 개개 계약체결자의 의사나 구체적인 사정을 고려함이 없이 평균적 고객의 이해가능성을 기준으로 하여 객관적·획일적으로 해석하여야 한다"는 것이다.[11] "우리 학설도 이에 따르고 있으며 개별적 상황, 당사자의 주관적 의사나 의도 및 이해가능성은 고려해서는 안 된다"고 한다.[12][13]

약관을 규범의 하나로 이해할 때에는 모든 수범자에게 동일한 내용으로 적용하기 위하여 객관적 해석의 원칙이 당연한 것으로 받아들여지지만, 약관의 성질을 계약설에 따라 이해하는 경우 객관적 해석의 원칙을 어떻게 근거지을 것인지가 문제 된다. 왜냐하면 약관에 적용되는 객관적 해석의 원칙은 통상의 법률행위 내지 계약에 적용되는 객관적 해석(내지 규범적 해석)의 원칙과 분명히 다르기 때문이다. 법률행위의 해석으로 판례가 상투적으로 사용하고 있는 표현을 보면 일응 비슷한 것처럼 생각될 수 있으나, 약관에 적용되는 객관적 해석과 달리 법률행위의 해석에서는 당사자의 개별적인 상황, 당사자의 주관적 의사나 의도 등을 모두 고려하고 있는 것이다.[14] 그렇다면 왜 약관의 경우에는 일반적 계

11_ 대법원 2009.5.28. 선고 2008다81633 판결; 대법원 2010.11.25. 선고 2010다45777 판결; 대법원 2011.3.24. 선고 2010다94021 판결.

12_ 이은영, 약관규제법, 152면. 다만 최근에 비교법적 근거를 기초로 해서 일반적 계약 해석에서와 동일하게 객관적 해석에서 개별적인 사안의 구체적인 사정을 고려해야 한다는 주장이 제기되고 있으나(김진우, "약관의 해석에 관한 일고찰 — 객관적 해석과 작성자 불이익의 원칙의 유럽법과의 비교를 통한 검토", 재산법연구 제28권 제3호, 2011, 187면), 이 견해를 취하면 약관규제법 제5조 제1항에서 "고객에 따라 다르게 해석되어서는 아니 된다"는 규정에 명백히 반하게 된다.

13_ 독일의 판례 [BGHZ 22, 90(98); BGHZ 33, 216(218)]와 다수설(Raiser, AGB, S.252ff.; Stoffels, AGB-Recht, Rn. 360, 362; Ulmer/Schäfer in: Ulmer/Brandner/Hensen, Rn. 75 zu § 305c BGB; Münchkomm/Basedow, Rn. 22 zu § 305c BGB; Soergel/Stein, Rn. 6 zu §5 ABGB)도 이러한 약관의 객관적 해석을 약관의 가장 중요한 해석원칙으로 인정하고 있다. 초기 판례와 약간 변화된 모습이지만 현재는 "해당 거래에 참여하는 당사자들의 이익을 고려한 상태에서 정당한 계약당사자의 표준적 이해"를 기초로 하는 것이 객관적 해석원칙이라고 한다.

14_ 판례는 "법률행위의 해석은 당사자가 그 표시행위에 부여한 객관적인 의미를 명백하게 확정하는 것으로서, 사용된 문언에만 구애받는 것은 아니지만, 어디까지나 당사자

약의 해석과 달리 구체적인 계약당사자의 상황이나 주관적 의도를 고려함이 없이 평균적인 고객의 이해가능성을 기초로 해서만 해석해야 하는지가 근거지어져야 할 것이다.

우선 약관이 사용되는 사실적 측면에서 논거를 찾을 수 있다. 즉, 고객들은 약관을 제시받았을 때 대부분 약관을 살펴보지 않고 계약을 체결하는 경우가 많고, 약관을 살펴보더라도 자신의 구체적인 상황에 기초하여 계약내용에 영향을 주는 협상을 하는 경우는 많지 않다. 따라서 사실적 측면에서 보더라도 이러한 상황에서 계약이 체결된다면 당사자의 구체적인 사정이나 의사 등을 해석에서 고려할 수 없다는 것이다. 그런데 당위적 측면에서 획일적인 약관내용의 형성이 사업자에게는 요구된다. 즉, 사업자는 수많은 고객과 계약관계를 체결하기 위해서 일방적으로 약관을 사용한다. 다수의 고객과 계약을 체결하는 사업자가 통일된 사업 내지 서비스를 수행하기 위해서는 고객의 개인적 사정은 배제한 채 객관적 해석에 의하여 통일되고 획일적인 내용으로 약관이 해석되어야 한다는 것이다.[15]

의 내심의 의사가 어떤지에 관계없이 그 문언의 내용에 의하여 당사자가 그 표시행위에 부여한 객관적 의미를 합리적으로 해석하여야 하는 것"으로 이해하고 있다(수많은 판례 중의 하나로 대법원 2010.10.14. 선고 2009다67313 판결 참조). 하지만 판례는 더 나아가서 "당사자가 표시한 문언에 의하여 그 객관적인 의미가 명확하게 드러나지 않는 경우에는 그 문언의 형식과 내용, 그 법률행위가 이루어진 동기 및 경위, 당사자가 그 법률행위에 의하여 달성하려는 목적과 진정한 의사, 거래의 관행 등을 종합적으로 고려하여 사회정의와 형평의 이념에 맞도록 논리와 경험의 법칙, 그리고 사회일반의 상식과 거래의 통념에 따라 합리적으로 해석하여야 한다"고 보고 있다.

15_ 이러한 측면을 강조하다 보면 객관적 해석의 원칙은 사업자의 일방적인 의사와 이익을 위하여 기능한다는 비판이 제기되는 것은 당연하다. 그렇지만 약관의 해석에 있어서 개인적이고 구체적인 사정이 전혀 배제되는 것은 아니고 부분적으로는 반영이 되고 있다. 우선 당사자의 구체적인 사정은 개별 약정 우선의 원칙에 의하여 어느 정도 고려될 수 있다(약관규제법 제4조). 또한 약관의 객관적 해석은 평균적 고객을 기준으로 하고 있기 때문에 — 독일 판례의 표현을 여기서 빌리자면 — 해당 거래에 참여하는 계약당사자의 정당한 의사와 이익을 기준으로 하므로 고객의 표준적인 의사와 이익은 반영될 수 있다. 따라서 일반적 계약해석에서처럼 각 계약의 개별적인 계약당사자인 고객의 구체적인 사정 내지 의사가 해석에서 전부 반영되지는 않지만, 합리적 선상에

2) 객관적 해석 원칙의 목적

객관적 해석의 원칙을 통하여 기본적으로 추구해야 하는 목표는 세 가지가 있다. 첫째, 객관적 해석의 원칙은 약관의 내용과 목적을 확정하기 위하여 활용된다. 즉 약관의 의미가 다의적인 경우에는 예외적으로 고객에게 유리한 해석의 원칙이 적용되지만, 약관의 의미가 명확하다면 이 객관적 해석의 원칙에 의하여 약관의 내용이 종국적으로 확정되는 것이다. 따라서 이 단계에서는 약관의 내용통제가 일어나는 것은 아니고 객관적 해석원칙을 통하여 확정된 내용을 기초로 해서 다음 단계에서 약관의 내용통제가 일어나는 것이다. 다시 말하면 약관의 해석은 약관의 내용통제를 하기 위한 사전 단계로서 그 내용을 확정하는 역할을 하는 것이다.

독일의 경우 약관규제법이 제정되기 전에는 불공정한 해석의 가능성을 배제하기 위해 해석단계에서 숨은 내용통제 내지 간접적 내용통제가 많이 일어났다고 한다. 그런데 약관규제법이 제정된 후에는 약관규제법에서 약관의 해석통제와 내용통제를 엄격히 구분하고 있고 약관의 불공정성을 판단하는 법적 근거를 구체적 조문으로 제시해야 하는 등 열린 내지 직접적 내용통제가 이루어지고 있기 때문에 이러한 약관의 해석을 통한 숨은 내용통제는 이제는 독일 판례에 의하여 일어나지 않는다고 한다. 우리나라의 경우도 약관의 해석과 내용통제가 엄격히 구분되는 단계로 인식되고 있으나, 제한해석 내지 수정해석에 의하여 숨은 내지 간접적 내용통제가 일어나고 있는 것이 실제 판례 실무라 할 수 있다.[16] 약관내용통제에 관한 법적 근거규정을 제시하는 것이 일반화되어 있으므로 숨은 내용통제가 해석단계에서 일어나지 않도록 하는 것이 타당할 것이다. 이러한 부분의 문제점은 불명확조항 해석의 원칙에서도 동일하

서 반영될 수 있는 여지가 있기 때문에 사업자의 의사와 이익만을 반영한다는 비판은 타당하지 않은 것으로 평가받고 있다.

16_ 그러나 제한적 엄격해석 내지 수정해석에 의한 내용통제에 관하여 이주흥, "일반거래 약관에 대한 해석통제", 민법학논총(후암 곽윤직선생 고희기념논문집), 1995, 310면 이하 참조.

게 문제 되므로 뒤에서 이 문제를 좀 더 자세히 살펴보기로 한다.

둘째, 객관적 해석은 평균적 고객의 이해가능성을 기준으로 하여 약관을 사용하는 사업자의 의사와 이익이 일방적으로 반영되지 않도록 하기 위하여 활용된다. 따라서 해석에서도 기본적으로 본 거래와 관련하여 참가하고 있는 사업자와 고객의 이익이 모두 반영되도록 노력하고 있다.[17]

셋째, 판례는 약관의 전형화되어 있고 표준적인 성격을 고려하여 개개 계약체결당사자의 의사나 구체적인 사정을 고려함이 없이 평균적 고객의 이해가능성을 기준으로 하도록 하고 있다. 이러한 해석은 결국 구체적인 고객과 상관없이 모든 고객에 대하여 해석이 획일적으로 이루어져야 한다는 것을 의미한다. 물론 해당 거래영역의 평균적 고객의 이해가능성을 기준으로 해석해야 하고 이러한 거래영역을 여러 개로 나누고 각 거래영역에 따라 다른 이해가능성이 존재한다면, 이 경우에는 동일한 약관에 대하여 여러 해석이 허용될 여지는 있다.

3) 해석에서 고려해야 할 요소

우리 판례 및 학설에서 이에 대한 논의는 거의 없다.[18] 그러나 독일판례 및 학설에서는 객관적 해석원칙에서 고려해야 할 해석요소에 관하여 논의가 상당히 진척되어 있어서 이 부분을 여기서 소개하려고 한다. 왜냐하면 우리 판례는 법리로 이를 명시적으로 언급한 적은 없지만 실제로 해석을 함에 있어서는 다양한 요소를 실질적으로 고려하고 있기 때문이다. 독일 판례의 경우 기본적으로 문언을 기초로 해석하였다.[19] 그

17_이러한 측면은 특히 보험약관의 해석과 관련하여 더욱 두드러지게 나타나고 있다. 최근 보험약관의 해석에서는 통상의 법리설시 부분에 내용을 추가하여 "보통 거래약관은 신의성실의 원칙에 따라 당해 약관의 목적과 취지를 고려하여 공정하고 합리적으로 해석하되, 개개의 계약당사자가 기도한 목적이나 의사를 참작함이 없이 평균적 고객의 이해가능성을 기준으로 보험단체 전체의 이해관계를 고려하여 객관적·획일적으로 해석하여야 한다"고 판시하여 평균적인 고객뿐만 아니라 보험단체의 이해관계를 해석에서 고려할 것을 요구하고 있다(대법원 2009.5.28. 선고 2008다81633 판결; 대법원 2011.4.28. 선고 2010다106337 판결).

18_ 다만 약관을 법규범으로 보는 견해에서 목적론적 해석을 주장하는 일본의 학설과 그에 대한 비판을 부분적으로 소개하는 문헌으로 이은영, 약관규제법, 152면 이하 참조.

밖에도 약관의 의미와 목적을 기초로 해석하는 판례,[20] 약관 전체에서 해당 조항의 체계적 위치를 기초로 해석하는 판례[21] 그리고 두 개의 약관조항이 충돌하는 경우에는 약관 사이의 관계가 일반조항과 특별조항의 관계로 볼 수 있으면 특별규정이 우선해야 한다는 판례[22] 등이 있다.

문언은 모든 해석의 출발점이 될 수밖에 없으므로 객관적 해석에서도 당연히 고려될 수밖에 없는 해석요소에 해당하지만, 사업자가 약관규정을 통하여 추구한 의미와 목적 내지 약관조항의 체계적 위치를 해석요소로 고려할 수 있는지에 관하여는 독일 학설에서도 논의가 있다.[23] 특히 약관규제법에서 추구하는 투명성의 원칙(Transparenzgebot)으로 인하여 목적론적 해석 및 체계적 해석은 부당할 수 있다는 지적이 있다. 투명성의 원칙이란 고객을 보호하기 위하여 약관은 고객이 이해할 수 있도록 작성되어야 하고 약관을 사용하는 사업자가 불명확하거나 이해할 수 없는 표현을 사용하는 경우에는 그 불이익을 사업자가 부담해야 한다는 원칙을 말한다. 따라서 약관조항의 내용이 그 문구 자체를 통하여 밝혀지지 못하고 사업자가 추구하는 목적이나 체계적 위치를 기초로 해서만 해당 내용을 이해할 수 있고, 이러한 해석이 평균적 고객에게 쉽게 접근될 수 없는 방법이라고 한다면 사업자가 추구하는 목적이나 조문의 체계적 위치는 고려해서는 안 된다는 것이다. 그렇지만 조문의 목적이나 체계가 평균적 고객의 입장에서 고려될 수 있는 정도의 것이라면 당연히 객관적 해석에서도 고려될 수 있는 요소의 범위 안에 들어올 수 있음은 물론이다. 결국 여기서도 평균적 고객의 이해가능성이 핵심적인 판단기준으로 작용하고 있는 것이다.

지금까지의 논의를 정리하면 다음과 같다. 객관적 해석에서는 해당 계약당사자에게만 알려져 있거나, 구체적인 계약관계에 특징적인 사정

19_ RGZ 170, 223(241); RGZ 171, 43(48); BGH BB 1981,452(454 f.).

20_ RGZ 81, 117(119); RGZ 149, 96(108); RGZ 155, 26(28).

21_ BGHZ 22, 109(113); BGH NJW 1999, 1105(1106).

22_ BGHZ 129, 345(348); BGH NJW 1992, 1097(1099).

23_ Bunte, NJW 1985, f.; Ulmer/Brandner/Hensen, Rn. 81 zu § 305c BGB.

은 원칙적으로 고려될 수 있는 요소가 아니다. 단지 당사자들이 별도의 합의를 하여 약관과 다르게 하기로 한 경우에만 예외가 인정될 수 있다 (개별약정 우선의 원칙). 또한 객관적 해석은 평균적 고객에게 알려져 있거나 접근가능한 해석요소만 해석에 있어서 사용할 수 있도록 허용한다. 이러한 측면에서 약관의 형성과정 내지 역사는 원칙적으로 약관해석에서 고려될 수 없는 요소에 해당한다. 해석에 있어서 고려될 수 있는 법률지식도 평균적인 고객이 갖고 있는 것을 기준으로 하나, 원칙적으로 법률적 지식이 없는 평균적 고객의 이해가능성을 기준으로 하는 것이 타당하다.

4) 대상판결에 대한 판단

대상판결에서 해석의 대상이 되었던 약관규정[24]은 운영정책 제9조 제3항이었다.

이 규정을 해석함에 있어서 객관적 해석원칙을 적용하면 해당 조문의 문구를 기초로 해서 평균적 고객의 이해가능성, 여기서는 게임이용자들의 이해가능성을 기초로 해석해야 할 것이다. 본 규정과 관련하여 다른 여러 규정이 연결되어 있었으나,[25] 체계적 요소는 고려하지 않는 것이

24_ NC소프트 법무팀에 개인적으로 확인한 결과 1회 적발의 경우 영구이용제한조치를 취할 수 있는 조항만이 있어서 2005년에 불공정성을 지적받은 후 공정거래위원회와 협의하여 2006년도에 이 내용대로 규정이 바뀐 후 그 내용이 그대로 이어지고 있다고 한다.

25_ 전체적으로 보았을 때, 이와 관련한 규정은 여러 규정이 연결되어 있다. 이용약관 제14조 제1항 제11호는 이용자가 계정, 캐릭터(경험치), 아이템 등을 유상으로 매매하는 행위를 하는 경우, 피고가 별도로 공지하는 게임별 운영정책에 의거하여 서비스의 이용정지, 계정의 삭제 등 서비스 이용제한, 수사기관에의 고발조치 등 합당한 조치를 취할 수 있다고 규정하고 있었다. 그리고 운영정책 제9조 제3항은 계정·캐릭터, 아이템의 현금거래의 경우 당해 조항 내지 이 사건 운영정책 후단 [표 1] 등에 공지된 기준에 따라 계정의 이용이 제한될 수 있다고 규정하고 있었고 같은 항 제1호는 1회 적발 시 적발된 계정의 30일간 이용정지가 가능하다고 규정하면서, 그 단서에 "최초 1회 적발이라고 하더라도 해당 계정으로 과거 현금거래를 한 사실이 추가 확인되는 경우 등에는 해당 계정에 대한 영구이용제한의 조치를 받을 수 있습니다"라고 규정되어 있었다. 그리고 이 사건 운영정책 후단 [표 1] '현금거래' 항목에서도 '게임 내 아이템 현금이나 현실상의 재화로 교환 및 거래하는 행위'에 대하여 1차 적발 시 게임계정의 30일

타당하다는 측면에서 본다면[26] 운영정책 제9조 제3항의 문구만을 기초로 한 해석은 타당하다고 할 것이다.

원심은 운영정책 제9조 제3항의 문구에 충실하게 최초 1회 적발이라고 하더라도 해당 계정으로 과거 현금거래를 한 사실이 추가 확인되는 경우 계정의 영구이용제한이 가능한 것으로 해석하였다. 합리적이고 평균적인 고객의 시각에서도 본 규정의 모순과 상관없이 해석을 할 수 있다고 본 것이다. 그런데 본 사안의 경우 최초 1회 적발의 경우 이미 3회 현금거래사실이 있음을 피고가 확인하고 있었다. 이러한 측면에서 본 대법원 판례는 문제를 삼고 있다. 즉, 대법원은 운영정책 제9조 제3항 제1호 단서의 경우 "최초 1회 적발"이라는 요건과 "해당 계정으로 과거 현금거래행위를 한 사실의 추가 확인"이라는 요건이 모두 충족되어야 하므로 횟수와 상관없이 첫 번째 적발이 있어야 하고 더 나아가 첫 번째 적발 후 제재조치를 취하기 전에 다른 현금거래행위가 있는지 확인하는 과정에서 추가로 새로운 현금거래행위를 확인해야 하는 요건이 모두 충족되어야 하는 것으로 해석할 수 있다고 보았다. 그렇기 때문에 최초 1

간 이용정지, 2차 적발 시 게임계정의 영구이용정지가 가능하도록 규정하고 있었다. 다만 현물/현금 교환/거래의 시도 및 광고가 영업적으로 이루어지는 경우 1차 제재 시 영구 제한할 수 있다는 예외조항을 두고 있었다.

26_ 일단 해석의 어려움이 있을 수 있는 부분은 운영정책 제9조 제3항과 운영정책후단 [표 1]이 약간 모순되게 규정되고 있다는 사실이다. 기본적으로 두 규정 모두 현금거래 1차 적발의 경우는 이용정지에 그치지만, 2차 적발된 경우에는 계정의 영구이용정지로 규정되어 있다. 그런데 운영정책 제9조 제3항에서는 단서를 통하여 최초 1회 적발이라고 하더라도 과거 현금거래사실이 추가 확인된 경우에는 영구이용제한조치를 받을 수 있다고 규정하고 있음에 반하여, 운영정책 후단 [표 1]에서는 영업적으로 이루어지는 경우에 영구제한조치를 취할 수 있다고 규정하고 있었다. 따라서 평균적인 고객의 입장에서는 두 규정 중 어느 것이 우선하는지에 관한 의문이 들 수 있다. 그러나 조금만 더 고민을 한다면 체계상 운영정책의 규정내용을 정리한 것이 운영정책 후단 [표 1]이므로 표를 정리하면서 운영정책 제9조 제3항의 내용을 구체적으로 명확히 정한 것으로 해석할 수도 있을 것이다. 그러나 이러한 체계적 해석까지 평균적 고객인 게임이용자에게 요구하는 것이 부당하다고 한다면 본 조항은 이러한 한도에서는 서로 모순되어 해석이 불가능한 조항으로 해석할 수도 있을 것이다. 그러나 판례에서는 이 부분은 고려되지 않고 운영정책 제9조 제3항의 해석에 집중하고 있다.

회 적발 시 이미 3회의 현금거래사실이 발견된 상태였고 추가적인 현금
거래행위 확인이 없었으므로 본 규정을 통하여 영구이용제한조치를 취
할 수 없다고 보았다. 또한 제9조 제3항 제2호에서는 2회 적발을 요구하
고 있으므로 1회 적발만 있었던 본 사안의 경우 본 규정에 의하여도 영
구이용제한조치를 취할 수 없다고 본 것이다. 결국 대법원은 원심처럼 1
회 적발 시 과거 여러 현금거래사실이 발견된 경우에 영구이용조치를
취할 수 있는 것으로 해석될 수도 있고, 여러 현금거래사실의 여부와 상
관없이 1회 적발이 있은 후 추가로 현금거래행위를 확인하는 사실이 존
재해야만 영구이용조치를 취할 수 있는 것으로도 해석할 수 있으므로
해당 운영정책조항은 객관적으로 하나의 내용으로 해석할 수 없는 불명
확조항으로 판단한 것이다. 그리고 바로 불명확조항해석의 원칙을 적용
하고 있다.

대법원에서 객관적 해석을 기초로 본 규정을 불명확한 것으로 판단한
것은 타당하다고 보인다. 그런데 대법원에서는 해당 운영정책조항에 불
명확조항해석의 원칙이 적용될 수 있는 불명확성이 존재한다고 판단한
후 원고에게 유리한 방향으로 약관내용을 제한해석하여 그 내용을 확정
할 수 있다고 보았는데, 이러한 해석이 곧바로 도출될 수 있는지는 항을
바꾸어서 자세히 검토해 보려고 한다.

(2) 불명확조항해석의 원칙
1) 의의와 규정취지

불명확조항해석의 원칙(Unklarheitenregel)은 약관규제법 제5조 제2항
에 명시적으로 규정되어 있는 보충적 해석원칙에 해당한다.[27] 즉, 앞에
서 살펴본 객관적 해석의 원칙에 의하여 약관의 내용을 확정하였으나,
불명확하여 의문점이 남는 경우에 적용되는 원칙이다.

이 해석원칙은 명확하게 해석되지 않는 약관조항이 있는 경우, 작성

27_ 이은영, 약관규제법, 155면.

자에게 불리하게(ambiguitas conrtra proferentem) 해석하여야 한다는 것을 말한다. 이 원칙은 일방적으로 계약내용을 형성할 수 있는 위치에 있는 자는 고객이 그 내용을 쉽게 이해할 수 있도록 명확한 조항을 만들어야 한다는 사고를 기초로 하고 있다. 이러한 의미에서 이 원칙을 작성자 불이익의 원칙이라고도 한다.

이때 한 조항이 명확하지 않다는 의미를 크게 두 가지 방향으로 생각할 수 있다. 즉, 조항의 내용이 불명확하여 그로부터 어떠한 규정내용도 도출할 수 없는 경우와 여러 가지 해석가능한 규정내용을 도출할 수 있는 경우를 생각할 수 있다. 첫 번째 경우처럼 불명확성으로 인하여 아무런 의미 있는 규정내용을 도출할 수 없다면 그 자체로 그 규정은 효력을 갖지 못한다. 두 번째 경우처럼 규정이 불명확하지만 그 불명확성으로 인하여 여러 가지 해석이 가능한 경우에도 원칙적으로 그 규정도 무효가 될 것이다. 하지만 본 해석원칙에 의하여 그러한 여러 가지 해석 중에서 하나의 해석방법이 고객에게는 유리하고 작성자에게 불리하다면 고객에게 유리한 쪽으로 해석을 할 수 있도록 하여 해당 규정이 유효한 규정으로 해석된다.

불명확조항해석의 원칙을 담고 있는 약관규제법 제5조 제2항은 고객을 보호하기 위한 규정이므로 반강행적 성격을 갖는 규정이다. 따라서 이 규정을 배제하거나 반대로 불명확한 경우 사업자에게 유리하게 해석하도록 하는 규정은 무효이다.[28]

2) 불명확조항해석의 원칙의 적용요건

불명확조항해석의 원칙이 적용되기 위해서는 첫째, 약관조항의 해석에 있어서 실제로 불명확성 내지 의문이 존재하여야 한다. 즉, 우선되어야 할 객관적 해석원칙에 의하더라도 해당 조항의 문구와 표준적인 고객의 이해가능성으로 두 가지 이상의 해석이 가능해야 한다. 따라서 조항의 의미에 관하여 당사자들 사이에 다툼이 있더라도 법적으로 명확한

28_ BGH NJW 1999, 1866 f. Stoffels, Rn. 369; Lindacher, in: Wolf/Lindacher/Pfeiffer, AGB-Recht, Rn. 124 zu § 305c.

경우는 이에 해당하는 불명확성이 존재하지 않는다. 둘째, 불명확성이 존재하지만 고객에게 유리한 의미로 해석되는 방법이 한 가지는 존재하여야 한다. 그런데 여러 가지 해석가능성이 존재하지만, 어느 해석방법이 고객에게 유리한 것인지를 명확히 확정지을 수 없을 때에는 불명확해석의 원칙이 적용되지 않고 바로 약관의 내용통제에 관한 제6조 이하의 규정이 적용된다.[29]

여기서 조항의 불명확성은 단순히 이론적이거나 추상적으로 존재하는 것만으로는 부족하다. 즉, 고객의 평균적인 이해가능성을 기초로 볼 때 조항에 대한 의문이 실질적으로 존재해야 한다. 그렇기 때문에 불명확성이 존재하더라도 본 해석원칙이 적용되지 않을 수도 있다.

또한 조항의 내용에 관한 적절성에 관한 의심이 존재하더라도 불명확한 조항이 존재하는 것이 아니다. 이 경우 적절성에 관한 판단은 전적으로 내용통제에 관한 약관규제법 제6조 이하의 규정을 통하여 판단되어야 한다. 불명확조항해석의 원칙도 해석원리에 해당하기 때문에 내용통제에 앞서서 적용되어야 함은 물론이다. 즉, 불명확조항해석의 원칙은 내용통제의 대상이 되는 약관의 내용을 확정하는 것이다. 실무에서는 해석과 내용통제를 명확히 구분하지 않고 이를 밀접하게 연관 짓는 경우가 많으나, 해석은 내용통제와 엄격히 구분하여 이루어져야 한다. 따라서 해석을 할 때에는 원칙적으로 해당 조문이 부당하다는 관점이 들어와서는 안 된다. 하지만 어느 해석방법도 내용통제에 의하여 무효로 판단될 수 있는 경우라면 어느 해석이 고객에게 유리·불리한지의 여부를 판단할 필요가 없을 것이다. 이러한 차원에서는 예외적으로 내용통제 부분이 해석단계에서 함께 고려될 수 있다(이 문제는 아래에서 더 자세히 살펴보기로 한다).

약관 내에서 조항들이 상호 모순되고 일반적 해석원칙에 의하여 이러한 모순이 제거되지 않으면 원칙적으로 고객에게 불리하게 작용하고 있

29_ Ulmer/Brandner/Hensen, Rn. 85zu § 305c BGB.

는 규정이 불명확한 내용을 갖고 있는 것으로 보아야 한다.[30] 하지만 모순되는 조항들 중에서 하나를 고려하지 않더라도 명확한 내용을 얻을 수 없는 경우에는 양 규정들 모두 무효인 것으로 보아야 한다.

3) 불명확조항해석의 적용과 그 방법

일반적으로 해석의 결과 다의적인 조항은 확정성이 없어서 무효이다. 그러나 불명확성조항해석의 원칙이 적용되면 여러 가지 의미 중에서 고객에게 유리한 해석으로 약관내용이 결정되기 때문에 해당 조항이 무효가 되지 않는다.[31] 오히려 고객에게 유리한 해석내용으로 해당 약관은 유효하게 존속하게 된다. 이 해석방법에 의하여 확정된 약관조항의 내용도 약관규제법 제6조 이하의 내용통제를 거쳐야 함은 물론이다.

그런데 본 규정을 구체적으로 적용할 때 "고객에게 유리한 해석방법"을 어떻게 결정할지의 여부가 문제 된다. 흥미롭게도 이 부분에서 우리 학설과 판례는 자세한 언급이 없다. 하지만 독일에서는 한동안 전형적으로 고객 측에 가장 유리한 해석으로 볼 수 있는 방법대로 약관의 의미를 확정해야 한다고 보았다.[32] 하지만 "고객에게 유리한 해석방법"은 고객에게 가장 불리한 해석방법으로 약관내용을 확정하고 해당 내용이 내용통제규정에 따라 무효가 되는 것을 의미할 수도 있다. 왜냐하면 고객에게 가장 불리한 내용으로 약관내용을 확정해야만 내용통제에 관한 제6조 이하에 따라 무효가 될 가능성이 크기 때문이다. 특히 추상적 내용통제를 통하여 해당 약관의 무효선언을 받고 싶어 하는 단체소송의 경우에는 오히려 후자의 방법으로 무효를 받는 것이 더 유리한 결과가 될 수 있을 것이다. 이에 따라 독일에서는 단체소송의 경우 고객에게 불리한 내용으로 의미를 확정하는 것이 일반화되어 가고 있다고 한다.[33]

30_ BGHZ 150, 226(230) = NJW 2002, 2470; Erman/Roloff, Rn. 27 zu §305c BGB.

31_ 유시동, "불명확준칙 및 제한적 해석원칙에 의한 약관규제", 재산법연구 제16권 제1호, 1999, 47면.

32_ Löwe/Graf von Westphalen/Trinkner, Rn. 9 zu §5 AGBG; Sambuc, NJW 1981, 314; Staudinger/Schlosser, Rn. 108 zu §305c BGB.

33_ BGH NJW 1991, 1887; 1998, 3119(3121); Ulmer, Rn. 66 zu §305c BGB.

독일에서는 개별계약 당사자가 제기하는 소송에서는 전자의 방법, 즉 전형적으로 고객 측에 가장 유리한 해석방법으로 계약내용을 확정하였다고 한다. 하지만 이 경우에도 약관규제법 제6조 이하의 내용통제를 통하여 전체 규정이 무효가 되는 것이 고객에게 유리할 수 있다는 측면에서 개인소송에서도 단체소송의 경우와 동일한 방법으로 고객에게 유리한 것이 무엇인지를 결정해야 한다는 것이 현재 독일의 다수설과 판례의 입장이다. 기존의 방법대로 전형적으로 고객 측에 가장 유리한 것으로 보이는 해석방법을 취한다면 해당 규정은 그 한도로는 유효한 것이 되고, 이에 따라 약관을 사용한 사업자에게는 일정한 권리가 부여될 수 있을 것이다. 따라서 고객은 이러한 해석방법을 통하여 해당 약관규정의 무효를 달성한 것이 아니라, 제한된 범위에서 해당 규정이 유효하므로 제한된 효과만을 달성하게 되고 덜 부담이 되는 방법으로 약관규정을 받아들여야 한다는 것을 의미한다. 그에 비하여 가장 불공정한 내용으로 해석하고 이 내용이 약관의 내용통제에 의하여 무효가 된다면 임의규정 내지 보충해석을 통하여 이 내용이 보충될 것이고 그 결과 임의규정의 적용 내지 보충해석을 통하여 확정된 내용이 고객에게 더 유리할 수 있는 것이다.

결국 독일의 다수설과 판례는 바로 객관적 해석 후 고객에게 유리한 해석이 무엇인지를 판단하지 않고 그 절차를 구분하고 있다.[34] 우선 문제가 되고 있는 약관조항이 약관의 해석에 의하여 실제로 다의적인 내용을 담고 있는지를 판단해야 한다. 다의적인 내용을 담고 있다면 고객에게 가장 불리한 해석방법에 의한 약관내용이 약관규제법 제6조 이하에 의한 약관의 내용통제에 의하여 무효가 되는지를 판단해야 한다. 이에 따라 해당 해석방법에 의한 약관내용이 불공정한 것으로 판단되면 그 약관조항은 불공정한 것으로 무효가 된다. 그에 반하여 고객에게 가장 불리한 해석방법에 의한 약관내용도 약관의 내용통제에 의하여도 유효인 것으로 판명된 경우에는 고객에게 가장 유리한 해석방법이 무엇인

34_ BGH NJW 2008, 2172(2173); 2254(2255); Ulmer, Rn. 90 ff. zu § 305c BGB; Erman/Roloff, Rn. 28 zu §305c BGB.

지를 판단하여 약관의 내용을 결정하게 된다.

이러한 해석방법은 기본적으로 독일에서는 단체소송과 개인의 개별적인 소송을 통일적으로 만들 수 있다는 측면에서 장점을 갖는다고 한다. 그리고 약관의 해석방법에 의하여 배제될 수 있는 약관의 내용통제를 감안할 수 있고 더 나아가 명시적으로 불공정성의 판단이 이루어지므로 열린 약관의 내용통제를 장려할 수 있다고 한다. 그리고 전체적으로 보았을 때도 오히려 이러한 방법에 의하여 약관의 내용과 불공정성을 검토하는 것이 고객을 더 많이 보호할 수 있다고 한다.

4) 대상판결 사안에서 불명확성의 충족 여부와 고객에게 유리한 해석방법의 확정

본 대상판결에서 문제 된 운영정책 제9조 제3항의 해석과 관련하여 대법원은 1차 적발되더라도 여러 번 현금 거래한 사실이 있는 것으로 발견된 경우에 바로 계정의 영구이용제한조치를 취할 수 있다는 해석과 1차 적발된 후 과거의 현금거래사실이 추가된 경우만 계정의 영구이용제한조치가 가능하다는 해석이 모두 가능한 것으로 판단하였다. 이 규정의 적용과 관련하여 적용될 수 있는 사례군으로 생각해 보면 1차 적발 시 1회의 현금거래사실이 발견되고 그 후 추가 조사하는 과정에서 과거의 현금거래사실이 추가로 적발되는 경우가 있고 1차 적발 시에 이미 여러 번의 현금거래사실이 드러나는 경우가 있을 수 있다. 그 가능성으로 본다면 전자가 후자보다 더 많을 것이라고 생각되지만, 그렇다고 하여 후자의 경우가 아주 예외적인 사정이어서 고려할 필요가 없는 경우로 보이지도 않는다. 따라서 본 규정의 내용만을 갖고 보면 대법원이 판단한 바처럼 불명확성이 존재하는 것으로 볼 수 있다. 그리고 본 사안의 경우 바로 1차 적발 시 이미 3회의 현금거래사실이 드러났으므로 두 번째 해석방안이 고객인 원고에게 유리한 해석일 것이다. 따라서 이러한 논리를 기계적으로 적용한다면 불명확조항해석의 원칙에 따라 후자의 해석으로 약관내용을 확정하는 것이 타당하다고 볼 수 있다.

그런데 현금거래의 1회 적발 시 영구이용제한조치를 취할 수 있도록

규정한 조항에 대하여 이를 불공정조항으로 해석하는 공정거래위원회의 입장과 학설이 존재한다. 따라서 이러한 조항이 무효라고 볼 수 있다면, 위 규정을 어느 방향으로 해석하여도 무효일 것이므로 고객에게 유리한 해석이 존재하지 않고, 따라서 불공정조항 해석의 원칙이 적용될 여지가 없을 수 있다. 더 나아가서 둘 중 한 가지 해석방법은 유효하고 한 가지 해석방법은 불공정한 것으로 판단될 수 있다면 앞에서 살펴본 바와 같이 고객에게 가장 불리하게 해석되는 방법으로 내용을 확정하고 그 해석방법에 의하여 확정된 약관규정은 무효라고 판단하는 것이 실질적으로 고객에게 유리할 수 있다. 왜냐하면 1회 적발 시 영구이용제한조치를 근거지우는 조항 자체가 무효가 될 것이기 때문이다. 이러한 측면을 고려할 때 불공정조항의 유·불리를 따질 때에는 예외적으로 약관의 내용통제를 함께 고려하지 않을 수 없다. 이에 관한 판단은 항을 바꾸어서 살펴보기로 한다.

4. 고객에게 유리한 해석방법을 확정하는 단계에서의 예외적인 약관의 내용통제

(1) 아이템 현금거래의 위법성

아이템 현금거래를 직접적으로 금지하는 규정은 게임산업진흥법상 환전업금지조항과 연관하여 존재한다. 이와 관련하여 대법원의 판결이 있고[35] 그에 따르면 기본적으로 고스톱, 포커 등의 게임(소위 "고포류"게임)의 사이버 포인트 등을 현금으로 거래하면 사이버 포인트로 우연적인 요소가 있는 게임에서 실질적으로는 현금을 걸고 하는 것과 동일한 효과가 있으므로 이는 게임의 사행화로 이어지기 때문에 이를 위법한 것으로 보아야 한다는 것이다. 그러나 MMORPG 게임에서는 이용자들의 노력에 의하여 획득한 아이템 등을 현금화하는 것은 게임의 사행화와

35_ 대법원 2009.12.24. 선고 2009도7237, 7238 판결(이 판결을 소개하는 문헌으로 신영수, IT와 법연구 제5집, 189면 이하).

관련이 없으므로 본 규정이 적용되지 않는다고 한다. 따라서 본 사안의 경우도 이 규정에 의하여 위법한 행위가 되는 것은 아니다.

아이템의 현금거래가 위법한 것이 되는 이유는 게임약관에서 이를 금지하는 경우가 있기 때문이다. 이러한 현금거래금지조항 자체가 무효라는 입장도 있지만,[36] 이미 2000년도에 공정거래위원회에서 이 조항은 유효한 것으로 판단하였다.[37] 따라서 아이템 현금거래행위는 약관에 규정되어 있는 게임회사의 정책에 위반하여 위법한 것이 되는 것이다. 그러나 게임 내에서 아이템 거래를 하는 것은 허용되고 있을 뿐만 아니라, 아이템의 현금거래를 허용하는 게임회사도 존재하므로 그 위법성의 정도가 큰 것은 아니라고 할 수 있다.

(2) 아이템 현금거래 처벌조항의 불공정성

1) 논의의 추이

아이템 현금거래 처벌조항의 불공정성에 관하여 논란이 많이 되었다.[38] 특히 아이템 현금거래를 이유로 계정 내지 이용자에게 영구이용제한조치를 할 수 있는지가 문제 되고 있다. 본 사안의 경우 계정에 대한

36_ 아이템 현금거래금지약관을 불공정한 것으로 보는 견해는 기본적으로 아이템 현금거래를 금지하는 실정법적 규정이 없다는 점, 현실적으로 아이템 거래가 많이 일어나고 있다는 점 등에서 약관규제법 제6조 제1항 제1호의 고객에게 부당하게 불리한 조항에 해당하여 무효라고 본다(임건면, "온라인게임 이용약관의 법적 문제", 법학논문집(중앙대학교) 제29집 제2호, 2005, 22면). 이와 비슷한 견해로 정해상, "인터넷 게임아이템 거래에 관한 법리", 중앙법학 제5집 제3호, 2003, 272면.

37_ 공정거래위원회는 아이템 현금거래를 금지하는 것은 게임상품이나 서비스의 본질적인 이용조건으로서 게임업체의 고유한 선택조건의 문제라는 점에서 사적 자치의 원칙에 따라 자체적으로 결정해야 한다는 점, 현금거래 허용 시 청소년 범죄 증가 등 사회적 문제가 발생할 가능성이 높다는 점 등을 이유로 아이템 현금거래금지약관은 유효하다고 보았다.

38_ 아이템 현금거래금지조항 자체가 무효라는 이유로 처벌조항의 불공정성을 논하는 입장도 있지만, 아이템 현금거래금지조항을 유효로 보는 견해를 취하더라도 아이템 현금거래를 이유로 처벌, 특히 계정의 영구이용조치를 하는 것은 불공정하다는 입장과 그렇지 않다는 입장이 나뉘어져 있다.

영구이용제한조치를 취하였으므로 여기에 집중하여 논의를 진행하려고 한다. 계정에 대한 영구이용제한조치는 게임사업자들이 게임 자체 게임성 내지 게임 내의 질서를 유지하기 위한 자위적 조치의 성격을 갖고 있다. 이러한 측면에서 자동사냥프로그램 등의 이용처럼 게임의 게임성을 심하게 침해하는 행위에 대하여는 영구이용제한조치는 정당한 것으로 볼 수 있다.[39] 문제는 아이템의 현금거래가 이처럼 게임 자체 게임성 내지 게임 내의 질서를 심하게 침해하는 것으로 볼 수 있는지의 여부이다.

아이템 현금거래 처벌조항의 불공정성에 관하여 초창기 하급심 판례는 관대하였다. 즉, 현금거래를 이유로 계정이 압류된 경우에도 다른 계정을 통하여 게임서비스를 이용할 수 있으므로 계약의 해지에 해당하지 않고, 게임아이템 현금거래로 인한 사회적 폐해를 감안할 때 계정을 영구압류했다고 해서 상당한 이유 없이 서비스 제공을 중지한 것으로 볼 수 없어서 약관규제법 제9조 및 제10조 위반 또는 제6조상의 고객에게 부당하게 불리한 조항이 아니라고 판단하였다.[40] 그런데 공정거래위원회에서는 영구이용제한조치는 실질적으로 계약의 해지에 해당하므로 1차 적발 시 일정기간만 계정의 이용을 제한하거나 해당 캐릭터나 아이템을 영구 제한하는 정도라면 문제 되지 않으나, 위반행위의 경중을 판단하지 않고 바로 1회의 적발만으로 계정이용의 영구제한조치를 취하는 것은 불공정하다는 판단을 하였다.

그 이후 법원에서는 좀 더 신중한 태도로 선회하고 있는 판례들이 보인다. 기본적으로 계정 영구이용중지조치는 게임사가 게임이용자에 대하여 서비스이용계약을 해지한다는 의사표시로 볼 수 있다는 법원의 판시가 있었다.[41] 더 나아가 계정거래와 관련하여 계정의 무상 또는 유상 양도, 계정의 무상 또는 유상 대여, 호의거래 또는 영업목적거래 등 계정거래의 목적, 경위에 따라 다양한 형태가 있을 수 있다는 것을 전제로 하

39_ 이러한 판시로 서울중앙지방법원 2006.1.12. 선고 2005가합49558 판결.
40_ 서울중앙지방법원 2004.12.2. 선고 2004가합43867 판결.
41_ 서울중앙지방법원 2008.11.13. 선고 2007가합38743 판결.

여 이러한 다양한 형태를 무시하고 단순한 1회 대여의 계정거래행위에 대해 계정영구이용정지조치를 취한 것은 부당하다고 본 판시도 있었다.[42] 이러한 측면에서 본다면 1회의 현금거래행위를 이유로 바로 계정에 대한 영구이용제한조치를 취하는 것은 부당하며, 그 제재의 수위를 합리적으로 조정해야 한다는 것이다. 문제는 어느 정도가 합리적인 선상의 제재가 될 것인지의 여부이다.

2) 본 사안의 판단

공정거래위원회에서 밝힌 바와 같이 아이템 현금거래에 따른 계정이용 영구제한조치는 실질적으로 계약해지에 해당하기 때문에 그 불공정성을 따져 보아야 한다.[43] 일부 하급심 판결에서 초기에 지적한 바처럼 영구이용제한조치로 하나의 계정을 이용하지 못하더라도 다른 계정을 통하여 게임을 이용할 수 있다는 시각을 기초로 이러한 규정의 유효성을 긍정하는 것은 타당하지 않다. 해당 계정을 통하여 캐릭터를 성장시키고 아이템 등을 축적한 결과를 이용자로부터 박탈하기 때문에 계정을 영구히 이용하지 못하도록 하는 조치는 일정한 경제적 가치, 그리고 이러한 경제적 가치를 부정하더라도 적어도 정신적 가치에 대한 침해가 일어날 수 있기 때문이다.[44] 이러한 측면에서 공정거래위원회는 1회 적발이 된 경우에는 제한된 기간에서만 이용제한조치를 취할 수 있고 그 후 다시 적발이 된 경우에는 영구이용제한조치를 취하더라도 타당하게 본 것이다.

본 사안의 경우 1회 적발 후 다시 기회를 부여하지 않는다는 점에서 고객에게 불공정한 내용을 담고 있는 것으로 판단된다. 물론 영리목적으로 수차례 한 것이 발견된다면 다르지만, 본 규정의 경우 1회 적발 후 다시 과거의 1회의 현금거래사실만으로도 영구이용제한조치를 취할 수 있는 것으로 해석되므로 불공정한 내용을 담고 있다. 이처럼 일반적으

42_ 서울고등법원 2007.6.5. 선고 2006나20025 판결.

43_ 동일한 입장으로 임건면, 법학논문집(중앙대학교) 제29집 제2호, 23면; 신영수, IT와 법연구 제5집, 188면.

44_ 아이템에 대한 정신적 가치를 인정하는 시각으로 신영수, IT와 법연구 제5집, 188면.

로 가장 고객에게 불리하게 해석하여 해당 규정을 무효로 만든 것은 앞에서 살펴본 바와 같이 독일 판례와 학설의 입장이라고 할 수 있다.

그런데 약관의 추상적 내용통제를 하지 않고 있는 우리 민사사건에서 이러한 독일의 입장을 취할 수 있는지에 관하여 의문을 제기할 수 있다. 특히 우리 판례는 약관 내용의 불공정성을 심사하여 유무효를 판단하는 추상적 내용통제와는 달리 개별사건에서 약관이 무효로 해석되는 경우 약관의 해석으로서 '효력유지적 축소해석'을 인정하고 있다.[45] 이러한 측면에서 본 판례에서도 대법원은 효력유지적 축소해석과 일맥상통하게 본 규정의 내용을 유효한 쪽으로 그 내용을 축소해석한 것으로 볼 수 있다. 하지만 대법원의 법리설시 부분에서 명백히 드러난 바와 같이 약관을 해석함에 있어서 객관적·획일적으로 해석하여야 하고, 고객에게 유리하게, 약관작성자에게 불리하게 제한해석하더라도 객관적·획일적으로 해석을 해야 할 것이다. 따라서 본 사안에서 개별적인 당사자인 원고에게는 추가 적발사실이 있는 경우에만 처벌하는 것이 구체적인 본 사건의 경우에는 유리할 수 있으나, 다른 고객에게는 반드시 이러한 해석이 유리하다고 할 수 없다. 이러한 측면에서 모든 고객 보호 측면에서 가장불리하게 해석하는 것이 타당할 것이다. 따라서 오히려 1회 적발 후 추가적인 과거의 현금거래사실만으로 계정의 영구이용제한조치를 취할 수 있는 것으로 해석하여 본 규정을 무효로 만드는 것이 모든 고객에게 유리한 해석방법이었을 것이다.

5. 결 론

본 평석과 관련하여 가장 중요하게 생각되는 요지를 정리하면 다음과 같다.

(1) 약관의 유효성을 판단함에 있어서 기본적으로 편입통제, 약관의

45_ 대법원 1991.12.21. 선고 90다카23899 전원합의체 판결; 대법원 1995.12.12. 선고 95다11344 판결; 대법원 1996.5.14. 선고 94다2169 판결 등.

해석 및 내용통제 순으로 엄격히 구분하여 검토해야 한다. 다만 약관의 해석에 있어서 불명확성이 존재하여 고객에게 유리한 내용의 해석방법이 무엇인지를 확정하는 과정에서는 예외적으로 내용통제 부분을 함께 고려해야 한다.

(2) 약관의 객관적 해석에 의하여 다의적 내용이 있는 것으로 확정된 경우 바로 그 해석방법 중에서 해당 소송의 고객에게 유리한 해석방법이 무엇인지 아니면 일반적으로 고객에게 유리한 해석방법이 무엇인지를 판단하면 안 되고, 약관의 내용통제를 통하여 고객에게 가장 불리한 해석방법이 무효가 되는지를 먼저 검토해야 한다. 내용통제를 통하여 무효로 판명된 경우에는 해당 약관조항을 무효로 만드는 것이 오히려 고객에게 유리하게 작용할 수 있기 때문이다. 내용통제를 한 후 해당 해석방법들이 유효한 것으로 판명된 경우에 비로소 고객에게 유리한 해석방법으로 약관의 내용을 확정해야 할 것이다.

(3) 본 사안의 경우 피고인 온라인게임 사업자가 계정의 영구이용제한조치를 취할 수 있는 근거가 되는 약관이 문제가 되었다. 이러한 측면에서 문제가 된 약관조항이 사업자에게 권한을 부여하는 조항에 해당하므로 이 조항 자체를 무효로 한다면 일반적인 고객의 입장에서는 가장 유리한 결론일 것이다. 본 사안의 경우 고객에게 가장 불리하게 해석한다면 1회 적발 후 추가적인 과거의 현금거래사실만으로 바로 계정의 영구이용제한조치를 취할 수 있는 것으로 해석될 여지가 있고 이러한 해석방법을 취한다면 본 규정은 불공정한 조항으로서 무효가 될 것이다. 그렇다면 임의규정 내지 보충해석을 통하여 본 규정내용이 채워져야 할 것인데, 이는 예외적인 권한을 인정하는 규정이므로 이를 채워 넣을 수 없고, 다시 원칙으로 돌아가서 1회 적발만으로는 계정의 영구이용제한조치를 취할 수 없다는 내용으로 약관이 확정될 것이다.

(4) 본 대상판결에서 약관의 불명확성을 기초로 불명확조항의 해석원칙을 적용하려고 하였던 것은 타당하나, 고객에게 유리한 해석방법을 확정하는 방법은 위 이론에 따라서 수정되어야 할 것으로 생각된다.

참고문헌

1. 국문문헌

김진우, "약관의 해석에 관한 일고찰 — 객관적 해석과 작성자 불이익의 원칙의 유럽법과의 비교를 통한 검토", 재산법연구 제28권 제3호, 2011.

신영수, "온라인게임 이용약관 관련 판례의 동향 및 쟁점 분석", IT와 법연구 제5집, 2011.

이병준, "온라인게임의 규칙과 그 위반행위에 대한 제재", 스포츠와 법 제11권 제1호, 2008.

이병준/안남신, "계속적 계약관계에서의 약관의 개정", 소비자문제연구 제34호, 2008.

이은영, "보통거래약관의 해석원칙", 사법연구 1: 계약법의 특수문제, 삼영사, 1983.

_____, 『약관규제법』, 1994.

임건면, "온라인게임 이용약관의 법적 문제", 법학논문집(중앙대학교) 제29집 제2호, 2005.

정해상, "인터넷 게임아이템 거래에 관한 법리", 중앙법학 제5집 제3호, 2003.

2. 외국문헌

Bunte, Handbuch der Allgemeinen Geschäftsbedingungen, 1982.

Diese Auslegungweise wurde vom Deutschen Gericht angewendet, um die Nichtigkeit der bestrittenen Regelung herbeizuführen.

Erman, Bürgerliches Gesetz: Handkommentar, 12. Aufl., 2008.

Koch/Stübing, Allgemeine Geschäftsbedingungen, Kommentar, 1977.

Löwe/Graf von Westphalen/Trinkner, Kommentar zum Gesetz zur Regelung Allgemeiner Geschäftsbedingungen, 1977.

Münchner Kommentar zum Bürgerlichen Gesetzbuch, 5. Aufl., 2007ff.

Raiser, Das recht der Allgemeinen Geschäftsbedingungen, 1935.

Sambuc, Unklarheitenregel und enge Auslegung von AGB, NJW 1981.

Stoffels, AGB-Recht, 2. Aufl.,2008.

Ulmer/Brandner/Hensen, AGB-Recht: Kommentar zu den §§ 305-310 BGB und zum UKlaG, 11. Aufl., 2010.

Wolf/Lindacher/Pfeiffer, AGB-Gesetz: Gesetz zur Regelung des Rechts der Allgemeinen Geschäftsbedingungen; Kommentar, 5. Aufl., 2009.

독일법상 사행적 계약과 도박에 대한 규율

이병준 · 정신동

I. 들어가며

최근 한국에서는 인터넷상 웹사이트를 통해 이루어지는 도박 그리고 이의 개설 · 중개가 논란이 되고 있다.[1] 이에 대한 법적 논의는 주로 도박 · 도박장소 개설 · 복표의 발매에 관한 죄 및 사기죄 등이 어떻게 적용될 수 있는지에 집중되어 있고, 사행행위 관련 영업과 투전기 내지 사행성 유기기구를 통한 사행행위와 관련해서는 「사행행위 등 규제 및 처벌 특례법」의 해석 및 적용이 논의되고 있다.

그러나 계약법적 차원에서 도박을 어떻게 규율할 것인지에 대해서는 현재 법률상 명문의 규정이 없고, 사행적 계약에 의해 발생되는 법률관계에 대한 해석 논의도 깊이 있게 이루어졌다고 말할 수 없는 상황이다. 대개 문헌에서는 지나치게 사행적인 계약, 예컨대 도박계약은 선량한 풍속에 반하는 법률행위의 대표적 예시에 해당한다는 정도로 언급되고

1_ 이에 대한 문헌으로 이정훈, "온라인 도박의 형사책임―온라인 보드게임을 중심으로", 중앙법학 제6집 제3호, 2004, 157면 이하; 정완, "인터넷도박의 실태와 대응", 경희법학 제41권 제2호, 2006, 107면 이하; 권지연, "사이버 도박에 대한 소고", 법학연구 12권 3호, 연세대학교 법학연구소, 2002.

있을 뿐이다.[2] 즉, 도박계약은 민법 제103조에 따라 절대적 무효가 되고, 도박계약에 따라 급부가 제공된 경우에는 불법원인 급여에 관한 규정(민법 제746조)이 적용되어 부당이득 반환이 불가능하다고 하며, 도박을 목적으로 신용을 제공받는 경우도 도박계약과 마찬가지로 절대적 무효라는 정도로 기술되고 있다.[3] 그러나 도박계약의 구체적 정의, 이로부터 발생 가능한 계약관계의 내용 등에 대해서 심도 있게 논의된 바는 없다.

이러한 시점에 독일에서의 도박 관련 입법현황 및 최근의 도박법 관련 논의들을 살펴보는 것은 그 의미가 적지 않다. 독일에서 사행적 계약을 바라보는 관점이 한국과 상당히 대조적이기 때문이다. 독일 민법은 도박을 포함한 노름계약, 내기계약 그리고 복표의 발매와 관련된 계약을 전형계약 중 하나로서 규정하고 있고(독일민법 제762조, 제763조), 사행적 계약 자체가 그 본질상 선량한 풍속에 반하는 행위로 보고 있지 않다. 따라서 기본시각이 우리나라 법과 크게 다른 독일민법상 사행적 계약에 대한 법 규정을 검토하고, 구체적인 개념과 법률효과의 규율 등에 대해 연구할 필요가 있는 것이다. 그 밖에 계약법적 차원을 넘어 독일형법 내지 독일공법상 도박을 어떻게 규율하고 있는지 살펴보는 것도 중요하다. 한국과 비교해 보았을 때 형법상 범죄구성요건 및 도박 산업의 자율화와 관련하여 개별적인 차이점이 도출되기도 하지만, 독일의 경우 사행적 계약의 규율·도박관련 범죄의 규율·공법상 도박 산업의 규율이 그 법률효과에 있어 상호 간 유기적 관계를 형성하고 있기 때문이다.

이하에서는 우선 독일민법상 사행적 계약을 어떻게 다루고 있는지 살펴보고(II), 독일법상 도박관련 범죄와(III), 도박 산업에 대한 공법적 틀이라 할 수 있는 「도박산업에 관한 주간협약」의 중요규정에 대해 검토해 본다(IV).

2_ 주석민법 민법총칙(2)/윤진수·이동진, 제4판, 한국사법행정학회, 2010, 417면.

3_ 판례의 입장도 동일하다. 대법원 1973.5.22. 선고 72다2249 판결; 대법원 1959.10.15. 선고 4291민상262 판결; 대법원 1966.2.22. 선고 65다2567 판결 참조.

II. 독일민법상 사행적 계약의 규율

1. 개 관

현행 독일민법은 제19절 불완전채무(unvollkommene Verbindlichkeit)[4]라는 표제하에 제762조, 제763조에서 소위 사행적 계약(aleatorische Verträge)의 몇몇 형태를 다루고 있다. 독일민법 제19절은 모든 종류의 사행적 계약에 대한 규율을 포함하고 있지는 않다. 그 이유는 사행적 계약에 대한 총체적인 법률상 정의가 존재하지 않고, 모든 사행적 계약에 대한 포괄적 규율이 필요한지가 의문시되었기 때문이다.[5] 이에 따라 가장 중요한 몇몇 계약 유형에 대한 규율로 한정되었는데, 바로 독일민법 제762조상[6] 노름계약(Spiel)[7] 및 내기계약(Wette), 독일민법 제763조상[8] 복표 및 당첨계약(Lotterie, Ausspielung)이 그것이다. 또한 규율되고 있는 계약 유형에 대해서도 법률은 개념규정을 두고 있지 않고, 이를 학설과 판례에 맡기고 있으며,[9] 그 규정의 내용도 완전하지 않다. 단지 노름계약과 내기계약에 구

4_ 독일민법 제19절에 의해 규율되는 계약유형에 대해 법률은 명시적으로 불완전채무라고 언급하고 있지만, 학설상 다양한 명칭이 부여된 바 있다. 즉, 계약의 소구력이 부인되나 기지급된 것에 대한 반환청구는 인정되지 않으므로, 이들은 이행가능한 비채권(erfüllbare Nichtforderung)(Fikentscher/Heinemann, Schuldrecht, Rn. 55) 또는 관습상 채무(Konventionalschuld)(Larenz, Schuldrecht I, §2 III Rn. 21)라 부르기도 하고 불완전채무와 부분적으로 동의어로 사용되는 자연채무(Naturalobligation)(Staudinger/Engel, § 762 Rn. 3)로 불리기도 한다.

5_ Mot II 643.

6_ 독일민법 제762조[노름;내기] (1) 노름 또는 내기에 의하여서는 구속력이 발생하지 않는다. 노름 또는 내기에 기하여 이미 급부된 것에 대하여는 구속력이 없음을 이유로 그 반환을 청구할 수 없다. (2) 제1항은 패자가 노름채무 또는 내기채무를 이행할 목적으로 승자에게 채무를 승인하는 내용의 약정, 특히 채무승인에 대하여도 적용된다.

7_ 독일법상 도박이라는 용어는 노름의 한 종류로 사용된다. 따라서 민법상 규율되는 노름은 도박을 포함하는 상위개념이고, 도박에 한해서만 형법상 도박죄가 성립된다.

8_ 독일민법 제763조[복표계약 및 당첨계약] 복표계약 또는 당첨계약은 복표 또는 당첨이 국가의 허가를 얻은 경우에는 구속력이 있다. 그 외의 경우에는 제762조가 적용된다.

속력을 인정하지 않음으로써 불완전한 법적 효력(제762조 제1항 제1문)에 대해 규정하고, 프로이센 일반란트법 제577조 내지 제579조의 사상을 받아들여 기지급된 것에 대한 반환청구권을 배제하고 있으며(제762조 제1항 제2문), 국가에 의해 허가된 복표계약 및 당첨계약의 구속력을 인정하고 있을 뿐이다(제763조).

이들 규정의 주된 목적은 예견할 수 없고 이와 동시에 생계를 위협할 수 있는 사행적 계약의 위험으로부터 계약당사자들을 보호함에 있다. 그 밖에 독일의 입법자는 이 규정을 통하여 일반적인 노름욕구를 감소시키려고 하는 의도를 갖고 있다고 한다. 즉, 국가에 의하여 허가된 노름만이 법률적 구속력이 있기 때문에 국가가 일반 국민의 노름욕구를 허가된 형태의 노름으로 집중시킬 수 있고, 또한 노름에 가담한다고 해서 곧바로 도박중독에 빠지는 것은 아니라는 사고를 기반으로 하고 있다.

2. 노름계약 및 내기계약

(1) 노름계약과 내기계약의 개념정의
1) 독자적 계약유형으로서 노름계약과 내기계약

독일민법 제19절에서 규율되는 사행적 계약은 독자적인 계약유형으로 파악된다.[10] 다만 독일민법이 규율하고 있는 계약에 대해 정의규정을 두는 것을 의도적으로 포기하고 있고, 개념정의를 학설과 판례에 위임

9_ Mot II 643.

10_ 이 계약유형은 외부적 유사성에도 불구하고 다른 계약유형의 구성요건표지를 모두 충족시키지 못하기 때문이다. 즉, 카드놀이 내지 룰렛에 있어서는 조합계약을 인정할 수 있는 공동의 목적이 결여되어 있고, 복표계약에서는 복표의 매수에도 불구하고 매매계약을 인정할 수 있는 주된 채무로서의 양도의무가 결여되어 있다. 또한 실제로는 사행적 계약이나 다른 계약의 형태가 남용될 수 있는데, 이 경우는 허위표시에 관한 규정에 따라(독일민법 제117조 제2항) 다루어진다. 그러나 대개 남용하고자 했던 계약유형의 구성요건이 충족되지 않는 경우가 대부분이다. 사행적 계약이 다른 계약들과 결합되어 있다고 해서(예컨대 복권에의 참여에 대한 조합으로서 노름공동체), 이로 인해 기본적 법률행위의 성격이 바뀌지는 않는다.

하였으며, 또한 사행적 계약들에 대해 포괄적인 규율을 하고 있지는 않다. 이러한 법 상황하에 과거 문헌에서는 독일민법 제19절이 특수한 계약유형을 규정하고 있는 것이 아니라, 단지 몇몇 계약의 법적 효력을 제한할 수 있는 특수한 대항사유를 규율하고 있는 것에 불과하다는 견해가 제시된 바 있었으나,[11] 노름계약 및 내기계약을 독자적 계약 유형으로 이해하는 것이 현재 통설의 입장이다.[12] 다만 입법자가 의도적으로 사행적 계약의 개별적인 계약유형들만을 규율했던 까닭에, 규율되지 않은 사행적 계약유형에 대한 유추적용은 아주 제한적으로만 가능하다.[13]

독일민법상 노름과 내기는 단지 이들의 주관적인 목적을 통해서만 구분된다.[14] 노름의 목적은 ⅰ) 참가자들의 부담으로 재산적 가치 있는 이익을 취득하는 것 또는 ⅱ) 양 당사자의 오락 내지 유희에 있다. 예컨대 도박 내지 경마 등이 이에 속한다. 그에 반하여 내기의 목적은 자신의 주장을 다른 주장에 대해 강하게 뒷받침하는 것에 있다. 만약 노름의 목적뿐만 아니라 내기의 목적도 존재하지 않는 경우에는 독일민법 제762조가 적용될 수 없다.[15]

2) 노름계약의 개념

독일민법 제762조에서의 노름이라 함은 두 명 또는 그 이상의 당사자들 간 계약으로서, 이 계약으로 인해 ⅰ) '우연에 의해 결정되는 사실의

11_ 예컨대 Heck, Grundriß des Schuldrechts § 138.

12_ Münchener Kommentar/Habersack, § 762 Rn 1.

13_ Staudinger/Engel, § 762 Rn. 2.

14_ 독일 보통법시대에 내기계약은 노름계약과 달리 소구(訴求)가능한 것으로 취급하였고, 독일에서 과거 노름과 내기의 구분에 대해 상당한 논쟁이 있었다(Windscheid/Kipp, Lehrbuch des Pandektenrechts, Bd2 1906, §419). 그러나 현재에 와서는 독일민법 제762조에 의하여 노름과 내기가 완전히 동일하게 다루어지고 있다. 따라서 현재 노름과 내기를 구분하는 실익은 제한적인데, ⅰ) 독일형법 제284조 이하에 의해 처벌되는 도박죄의 행위유형인 도박(Glücksspiel)은 내기가 아닌 노름의 한 종류라는 점, ⅱ) 그 결과 도박죄에 해당하여 계약의 효력이 독일민법 제134조에 의해 법률상 금지에 위반하는 계약으로서 처음부터 무효에 해당할 수 있는 행위는 내기가 아닌 노름의 한 종류로서의 도박이라는 정도로서 의미를 가진다.

15_ BGHZ 69, 295 = NJW 1977, 2356; BGH NJW 1980, 1574.

발생 내지 존재' 또는 ⅱ) '특정한 규칙에 따라 실시되는 행위의 결과'가 각 당사자의 재산적 가치 있는 이익 또는 손실을 결정하게 되고, 이익의 취득을 목적으로 또는 유희를 즐기기 위해 체결된다.[16] 현재 독일법상 노름의 개념은 굉장히 일반적으로 사용되고 있기 때문에 (우연에 의해 승부가 결정되는) 도박뿐만 아니라 순수한 기능노름(Geschicklichkeitsspiel)[17]을 포함한다.[18] 양 당사자들이 어떠한 표현을 사용하는지의 여부는 중요하지 않다. 예컨대 '경마내기 또는 스포츠내기' 등은 통상 독일에서 사용되는 관용어에도 불구하고, 진지한 의견충돌의 강화를 위하여 이루어지는 것이 아니므로 노름에 해당한다.

노름계약은 쌍무계약이다. 이익과 손실의 위험이 당사자 간에 동질적일 필요도 없고, 동일한 수준일 필요도 없지만, 각 참여자들은 손실의 위험을 감수해야만 한다.[19] 노름의 목적은 ⅰ) 재산적 가치 있는 이익 또는 ⅱ) 양 당사자의 오락 내지 유희에 있다. 이러한 노름의 의도는 양 당사자 모두에 있어서 존재해야 하고,[20] 노름의 주된 목적이 오락 내지 유희에 있는 경우에도 재산적 가치 있는 이익취득이 동시에 목적으로서 추구되어야만 한다.

3) 내기계약의 개념

내기계약은 두 명 또는 그 이상의 당사자들 간 계약으로서 이를 통해 당사자들은 상호 간의 대립되는 주장을 다투기 위해, 자신의 주장이 틀렸다고 드러나는 경우 재산적 불이익을 수락하게 된다. 내기계약도 노름계약과 마찬가지로 쌍무계약에 해당한다. 즉, 각 당사자들이 내기에 무언가를 걸게 되는데, 이에 따른 이익은 통상 승자에게 귀속되나, 제3자를

16_ Henssler, Risiko als Vertragsgegenstand, 427; Staudinger/Engel, § 762 Rn. 3.

17_ 예컨대 당구게임과 같이 자신의 기능을 토대로 체결되는 노름계약이 이에 해당한다.

18_ Münchener Kommentar/Habersack, § 762 Rn 5; Staudinger/Engel, § 762 Rn. 3.

19_ Münchener Kommentar/Habersack, § 762 Rn. 5. 노름계약의 당사자들로부터의 행위 전개는 과거 독일에서 노름과 내기를 구분하는 표지로서 주장된 바 있으나, 반드시 필요하지는 않다(Staudinger Kommentar/Norbert Engel, § 762 Rn. 3).

20_ Henssler, Risiko als Vertragsgegenstand, 440; Staudinger/Engel, § 762 Rn. 3.

위해서 유보될 수도 있다. 내기계약을 위해 걸게 되는 대상은 모든 당사자들에 있어 동일할 필요가 없다. 그러나 한 당사자만이 자신의 주장을 다투기 위해 재산적 불이익을 감수하겠다고 하는 경우에는 내기계약이 체결되지 않는다. 이러한 경우에는 내기계약이 문제되는 것이 아니라, 현상광고[21] 내지 경우에 따라서 조건부 증여의 약속으로 볼 수 있다.

내기계약에서의 '주장'이라 함은 어떤 사실이 맞거나 옳다고 하는 확신에 기한 사실의 진술을 말한다. 여기서 '사실'이라 함은 우선 객관적으로 인지 가능한 과거의 또는 현재의 사건 또는 상태를 말한다. 미래의 사건 또는 상태는 이의 발생이, 예컨대 혜성이 나타나는지 여부와 같이, 내기의 시점에 내기 참가자들의 견해에 따라 이미 확정되어 있는 경우에 진정한 의견충돌의 내용이 될 수 있다는 것이 일반적 설명이다.[22] 하지만 미래의 사건에 대한 주장에 있어서는 대개 진정한 의미에서의 의견충돌이 결여되는 경우가 많을 것이고, 이러한 경우에는 내기계약이 아니라 노름계약이 존재하게 된다.

(2) 독일민법 제762조 제1항의 규율

1) 구속력의 배제

독일민법 제762조 제1항 제1문에 따르면 노름과 내기는 계약의 주된 의무에 구속력이 발생하지 않기 때문에, 계약은 일단 유효하나 채권자가 이행청구권을 가지지는 않는다. 즉, 노름에 약속된 금액 또는 내기에 걸린 대상의 지급 그리고 노름 또는 내기를 위해 필요한 행위의 개시에

21_ 내기와 현상광고(독일 민법 제657조)의 차이점은 우선 내기는 계약이고, 현상광고는 이와 달리 단독행위라는 점에 있다(우리 민법의 경우 현상광고는 계약의 한 유형으로 규정되어 있으나, 계약설(이은영, 채권각론, 555면)과 단독행위설(곽윤직, 채권각론, 325면)로 학설은 나뉘고 있다). 그 외에 내기와 현상광고는 각각의 목적에서도 차이가 난다. 현상광고에서 광고자는 특정한 행위에 대해 고무·독려하고자 함에 반하여, 내기에서 내기자는 그 어떠한 경우에도 행위를 실시하는 것에 대한 이해를 가지지 않고, 오히려 자신에 의해 제기된 주장이 진실함을 분명하게 표명하고자 한다.

22_ Enneccerus/Lehmann §189 I 2; BGB-RGRK/Fischer Anm 1.

대해 구속력 있는 의무가 결코 인정되지 않는다. 그러나 노름계약 및 내기계약에 기해 소구력이 없는 청구권이 발생하는 이유가, 이 계약들이 원래 그 자체로 선량한 풍속에 반하기 때문은 아니다.[23] 설사 금전적 이익을 위해 체결된다 할지라도 원칙적으로 금지되거나 그 자체로 비난되지 않는다.

주된 채무로부터 발생되는 2차적 채무, 예컨대 이행지체 기타 채무불이행을 이유로 한 손해배상도 소구 불가능하다. 즉, 타방 당사자가 어떠한 형태로든 계약을 이행하지 않았다 할지라도, 채무불이행을 이유로 한 손해배상은 당사자들 중 그 누구에 의해서도 요구될 수 없다. 이와 달리 적극적 계약침해를 이유로 한 청구권, 특히 설명의무 및 거래안전의무 위반, 기타 유사한 부수적 의무 위반에 있어서의 손해배상청구권은 배제되지 않는다.[24] 주된 채무에 기한 손해배상청구권의 소구력 배제가 원칙임에도 불구하고 금전을 교부함으로써 얻게 되는 이익취득의 기회 자체는 경제적 가치가 있는 것으로 본다.[25] 노름계약 또는 내기계약에 기해 이미 지급된 것에 대해서는 이의 반환청구를 불가능하게 하고 있기 때문이다(독일민법 제762조 제1항 제2문).

2) 상계, 담보 등

노름계약 또는 내기계약에 기한 채권을 관철할 가능성이 배제되므로 채권자는 상계도 할 수 없다.[26] 그러나 패자인 채무자가 노름계약 또는

23_ 따라서 독일민법 제762조 제1항은 선량한 풍속 위반 규정(독일민법 제138조)의 전형적 적용사례가 아니고, 독일민법 제762조 제1항 제2문도 불법원인 급여에 대한 규정이 적용된 사례가 아니다. 만약 노름계약의 구속력을 부인하는 것이 선량한 풍속을 위반하였기 때문이라면, 노름계약에 관한 규정이 민법상 전형계약 중 하나로서 규율되지 못할 것이고, 국가에 의한 허가가 노름계약의 한 형태인 복표계약 또는 당첨계약을 완전히 유효한 계약으로 만들 수 없기 때문이라고 한다(Staudinger/Engel, § 762 Rn. 3). 오히려 법 규정은 노름계약 내지 내기계약에 기한 이행청구권의 발생을 거부함으로써 노름의 욕구를 감경하고, 노름의 운영이 국가에 의해 통제되는 계획에 따라서 잘 진행되도록 보살핌으로써 계약당사자들을 보호하려는 의도를 가지고 있는 것이지, 노름계약 자체가 반사회질서 행위에 해당하지는 않는다고 한다.

24_ BGH NJW 1981, 1267.

25_ BGH NJW 1980, 2184.

내기계약에 기한 유효한 채무를 자신의 채권으로 상계할 수 있음은 당연하다. 채권자는 노름계약 또는 내기계약으로부터의 채권을 근거로 유치권을 행사할 수 없고(제273조, 제274조),[27] 계약벌에 대한 약정도 무효가 된다. 이들은 모두 완전히 유효한 주된 채무를 전제로 하기 때문이다. 패자가 노름채무 또는 내기채무의 이행을 허용하는 특약을 맺은 경우 이는 탈법행위에 해당하므로 마찬가지로 무효이다. 이행청구권이 존재하지 않기 때문에 이를 담보할 수도 없다. 보증, 질권의 설정은 이미 이들의 부종적 성격으로 인해 구속력이 인정되지 않는다.

3) 반환청구권의 부정

독일민법 제762조 제1항 제2문에 의하면 노름계약 또는 내기계약에 기해 이미 지급된 것은 반환청구될 수 없다. 이행하고자 한 채무가 노름계약에 기해 발생했다는 사실을 알지 못한 채 (예컨대 채무자의 상속인에 의해) 이행되었다 할지라도 기지급된 것의 반환청구는 불가능하다.[28] 왜냐하면 노름계약에 기해 완전한 채무가 발생하는 것은 아니지만, 단지 청구권의 관철에 있어 제한된 불완전 채무는 존재하기 때문이다.[29]

26_ BGH NJW 1981, 1897.

27_ Münchener Kommentar/Habersack, § 762 Rn 18.

28_ Mot II 644.

29_ 이행하는 자에게 법률의 착오가 있는 경우 독일민법 제762조 제1항 제2문이 적용될 수 있는지 문제된다. 노름계약을 이유로 급부를 제공한다는 사실은 알았으나, 노름계약의 구속력이 부인된다는 법적 효력에 대해 잘 알지 못하고 급부한 경우에 바로 이러한 법률의 착오가 존재하는 것으로 볼 수 있는데, 학설은 이 경우에도 독일민법 제762조 제1항 제2문이 적용된다고 본다(Münchener Kommentar/Habersack, § 762 Rn 17; Henssler, Risiko als Vertragsgegenstand, 489). 이와 달리 기초되는 사실관계에 대한 착오가 있는 경우, 다시 말해 급부를 함에 있어서 노름계약 이외에 구속력 있는 다른 법적 근거가 존재한다고 착오한 경우에 대해서는 착오에 귀책사유가 없다면 반환청구권을 인정해야 한다는 견해가 주장되고 있다(Staudinger/Engel, § 762 Rn. 17). 이 견해는 제762조 제1항이 이미 지급된 것을 보유하고 있을 권한에 대해 규율하고 있지 않고, 단지 급부가 임의로 이행된 경우 반환청구권이 배제됨을 규율하고 있다는 관점에서 논리적으로 추론된다. 이에 대해 반환청구소송에 있어서 증명의 어려움을 경감하려는 법 규정의 의도에 반하기 때문에(Mot II 833) 사실관계에 착오가 있는 경우에도 독일민법 제762조 제1항 제2문이 적용되어야 한다는 견해도 있다(Staudinger/Engel,

독일민법 제762조 제1항 제2문에서의 이미 지급된 급부란 (반드시 변제기에 있을 필요는 없는) 노름채무의 이행을 위해 제공하는 급부로서, 이로 인해 청구권이 적어도 부분적으로 · 종국적으로 그리고 적법하게 소멸되는 경우를 말한다.[30] 담보의 설정이 급부에 해당하지 않는다고 보는 점은 우리 법의 학설 및 판례와 동일하다. 통상 노름의 결과가 나오기 전에 장차 있을 수 있는 패배에 대해 예치금을 두는 등 선지급을 하는 경우가 보통인데, 이는 급부에 해당하지 않는다. 담보의 실행을 통해서도 독일민법 제762조 제1항 제2문에서의 급부가 발생하지 않고, 이에 대해 미리 체결된 약정도 무효이기 때문에 반환청구권이 배제되지 않는다.

노름에서 패배한 자가 스스로 노름채무를 이행했는지 아니면 제3자가 이행하였는지 여부는 중요하지 않다. 노름채무자가 승자에게 교부할 용도로 제3자에게 금전을 인도하였다면, 그것이 아직 채권자에게 지급되지 않은 한 노름채무자가 이의 반환을 청구할 수 있다.

독일민법 제762조 제1항 제2문은 반환청구가 노름계약 또는 내기계약을 기초로 하는 경우에 한해서 기지급된 급부의 반환을 인정하지 않는 것이다. 따라서 다른 법적 사유에 기한 반환청구는 전혀 영향을 받지 않는다.[31] 예컨대 불법행위의 경우 관련 규정에 따라 반환청구가 가능하고, 계약 당사자의 행위무능력을 근거로 또는 법률 내지 선량한 풍속 위반을 이유로 계약이 무효인 경우, 또는 착오 내지 사기에 기해 취소된 경우에 부당이득에 기한 반환을 요구할 수 있다. 그러나 선량한 풍속 위반의 경우에는 불법원인 급여에 관한 독일민법 제817조 제2문에 따라서 반환청구가 배제되는 경우가 대부분이다.

---

§ 762 Rn. 17).

30_ 따라서 독일민법 제362조에 따른 변제뿐만 아니라 대물변제(독일민법 제364조)도 이를 통해 채권관계가 종국적으로 종결된다면 급부에 해당한다. 채권자가 단지 동일한 채무자에 대한 새로운 청구권으로서 다른 재산적 가치 있는 것을 취득하게 된다면, 채권 및 기타 권리를 양도하는 것도 급부에 해당하고, 타인 토지에 대한 저당권의 양도도 급부에 해당한다(RGZ 47, 52).

31_ Mot II 645.

(3) 독일민법 제762조 제2항의 규율

독일민법 제762조 제2항은 패자가 노름채무 또는 내기채무를 이행할 목적으로 승자에게 채무를 승인하는 내용의 약정을 한 경우에도 동조 제1항을 적용하도록 규정하고 있다. 제1항을 우회하는 것을 방지하기 위해, 즉 탈법행위를 배제하기 위하여 노름채무를 승인하는 약정에 구속력을 인정하지 않는 것이다. 따라서 그러한 약정 역시 불완전 채무를 발생시키고, 노름계약 및 내기계약에서와 마찬가지로 소구될 수 없다.[32]

독일민법 제762조 제2항에서 말하는 채무의 승인은 패자가 승자에 대해서 행해야 한다. 노름채무자가 예컨대 소비대차와 같이 별도의 법률행위를 통해서 승자가 아닌 제3자에 대해 채무승인을 하는 경우에 이는 원칙적으로 유효하다.[33] 그러나 제3자에 대한 법적 의무가 모든 참가자들이 탈법행위의 의도에 기해 발생한 것이라면 효력이 없다.[34] 그리고 노름채무자가 단지 독일민법 제328조에 따라서 제3자를 위한 계약에 기해 의무를 부담하는 경우에는 제3자에 대해서도 이행 시까지 계약에 기하여 가지는 대항사유를 가진다(제334조).

(4) 금지되는 노름계약

독일민법 제762조는 유효한 노름계약 내지 내기계약이 존재하는 경우에 한해서 적용된다. 노름계약 내지 내기계약이 풍속위반 또는 법률상 금지에 해당되어 절대적 무효에 해당하는 경우에는 이에 대한 관련규정이 적용될 것이고, 특히 독일민법 제762조 제1항 제2문은 적용되지 않는다.

32_ 법 문언은 명시적으로 독일민법 제781조에 의한 채무승인제도만을 예로써 언급하고 있지만, 채무약속(민법 제780조), 어음채무의 인수, 수표의 발행에 대해서도 독일민법 제762조 제2항이 적용된다. 또한 노름채무를 소비대차계약상의 채무로 전환하는 것도 구속력이 없다(RGZ 35, 286, 289). 독일민법 제762조 제2항은 제3자가 승자에 대하여 노름채무의 이행을 목적으로 채무를 승인한 경우에도 적용되고, 제3자가 채무인수를 한 경우에도 노름채무는 여전히 구속력이 없다.

33_ RGZ 85, 380.

34_ Mot II 643.

독일형법 제284조 및 제285조에 의하면 관청의 허가 없이 공연하게 도박장을 개설하거나 이를 소유한 자 또는 이를 위해 시설을 제공한 자에게 형벌이 가해지고, 그와 같은 공연한 도박(Glücksspiel)에 참여한 자도 처벌된다. 이처럼 경우에 따라서 도박장을 개설하는 행위뿐만 아니라 공연한 도박에 참가하는 것도 독일형법상 금지되기 때문에, 이에 반하는 노름계약은 독일민법 제134조에 의해 마찬가지로 절대적 무효가 된다.[35] 즉, 독일민법 제134조에 의하면 법률의 금지에 위반하는 법률행위는, 그 법률로부터 달리 해석되지 아니하는 한 무효인데, 도박에 관한 독일형법 규정의 취지 및 목적을 고려하였을 때 이에 부합하는 계약도 무효가 된다고 한다. 무효인 노름계약에 기해 급부된 것의 반환청구는 통상 불법원인급여에 관한 규정인 독일민법 제817조 제2문[36]에 따라서 배제된다. 금지되는 노름계약을 위해 체결된 위임계약, 조합계약, 소비대차계약도 선량한 풍속에 반하기 때문에 무효이다.

(5) 노름계약을 위해 체결되는 부수적 법률행위

독일민법 제762조는 노름계약 내지 내기계약을 위해 체결되는 부수적 법률행위, 예컨대 소비대차계약, 조합계약, 위임계약 등에 대해서는 규율하고 있지 않다. 따라서 제762조가 그러한 부수적 법률행위에 대해서도 확대하여 적용가능한지 문제된다. 입법 당시에는 판례에 의해서 관련 탈법행위들이 배제될 것이라고 생각했기 때문에 명문의 규정을 두지는 않기로 결정했다고 한다.[37]

1) 소비대차계약

과거 독일에서 노름계약 내지 내기계약을 위해 신용을 제공받은 경

35_ Staudinger/Engel, § 762 Rn. 45.

36_ 독일민법 제817조 (법률위반 또는 선량한 풍속의 위반) 급부의 목적이 수령자가 이를 수령함으로써 법률상의 금지 또는 선량한 풍속에 반하게 되는 것인 때에는, 수령자는 반환의 의무를 진다. 급부자도 역시 이러한 위반을 범하게 되는 때에는 반환청구를 할 수 없다.

37_ Mot II, 646.

우, 이의 반환청구가 불가능한 적이 있었지만,[38] 독일민법의 입법자는 반환청구 가능여부의 한계가 상당히 불명확하다고 판단하여 노름계약을 위한 소비대차계약의 규율을 포기한 바 있다.[39]

노름의 참가자가 다른 참가자에게 노름을 위해 신용을 제공하나, 사실 신용을 제공하는 참가자 또는 다른 참가자가 이 금액에 대해 노름계약상 채권을 보유하고 있었던 경우에는 독일민법 제762조가 직접 적용될 수 있다. 이는 이미 구속력이 부인된 노름채무가 유효하게 소비대차상의 채무로 전환될 수 없는 것과 같다.

이와 달리 노름에 참가하지 않는 제3자가 신용을 제공하는 경우에는 설사 소비대차의 목적물이 노름의 목적을 위해 제공되었고, 차주가 실제 노름을 위해 사용했다 할지라도 일반적으로 유효하다. 이 경우 노름을 통해서 이익을 얻었는지 손실을 입었는지 여부는 중요하지 않다.[40] 노름 채무를 위한 소비대차계약이 선량한 풍속에 반하여 무효가 되기 위해서는 특별히 추가적 요건이 충족되어야 한다. 예컨대 ⅰ) 형법상 금지된 도박에 대해 신용이 제공된 경우,[41] ⅱ) 도박의 욕구를 자극하거나 패배에 있어 노름을 계속하도록 하기 위해 그리고 이를 통해 자신의 이익을 증대시키기 위해 노름 참가자·도박장의 소유자·계산원이 신용을 제공하는 경우에[42] 선량한 풍속 위반이 발생한다. 또한 ⅲ) 국가에 의해 허가를 얻은 도박장이라 할지라도 노름 참여자가 계속해서 노름을 하도록 자극하기 위해 허가된 기준보다 더 많은 신용을 제공한 경우[43](현재 인터넷상으로는 매달 1,000유로를 넘기면 안 됨, 도박산업에 관한 주간협약 제4조 제5항), ⅳ) 숙박소 주인이 손님에게 신용을 제공함으로써 숙박소 내에 설치된 사행기구의 계속적 이용가능성을 제공하는 경우[44]에도 마찬가지이다.

38_ Windscheid/Kipp, Lehrbuch des Pandektenrechts, Bd2 1906, § 419, 420.

39_ Mot Ⅱ, 646.

40_ BGH NJW 1974, 1821.

41_ Mot Ⅱ, 646.

42_ BGH NJW, 1961, 1204.

43_ BGH NJW 1991, 816.

그러나 도박장의 계산대에서 예컨대 유로수표를 제출하고 동전이 교부되는 경우에는 설사 이 동전이 곧바로 사행기구에 사용된다 할지라도 노름목적을 위한 신용제공이 문제되지 않는다. 이러한 경우에는 단지 계산대에서 현금으로 수표를 매수하는 것에 불과하기 때문이다.[45] 다만 노름에 사용되는 칩을 구매함에 있어 매매대금의 지급을 유예한 경우에는 노름목적을 위한 소비대차가 있는 것으로 다루어진다.[46]

소비대차가 선량한 풍속에 반하여 무효인 경우 불공정한 법률행위로서의 소비대차와 달리[47] 불법원인 급여에 관한 규정인 독일민법 제817조 제2문이 적용되고, 그 결과 대주에게도 풍속위반이 있다면 소비대차의 목적물이 부당이득으로서 반환청구될 수 없다. 이 경우 일시적 자금의 사용에서뿐만 아니라 자금의 교부에 있어서 이미 풍속 위반이 존재하기 때문이다.[48] 그러나 이러한 설명은 차주가 제공받은 신용으로 노름을 했던 경우, 즉 더 이상 이득을 얻고 있지 않은 경우에 한해 적용된다. 이와 달리 차주가 아직 제공받은 신용을 자신의 재산으로서 보유하고 있거나, 심지어 제공받은 신용을 토대로 노름에서 이득을 본 경우에는 적용되지 않는다. 이러한 경우에는 반환청구의 배제를 뒷받침할 설득력 있는 근거가 결여되어 있다고 한다.[49]

2) 위임계약 및 조합계약

노름계약과 관련하여 독일민법 제662조에 따른 위임계약이 문제될 수 있다. 노름계약과 관련하여 위임인은 수임인에 대하여 위임사무를 처리할 것에 대한 청구권을 가지지 않는다. 그 결과 불이행을 이유로 한 손해배상청구권도 발생하지 않는다.[50] 그러나 위임인은 위임사무의 처

44_ AG Rendsburg NJW 1990, 916.

45_ BGH NJW 1996, 20.

46_ RG WarnR 1921 Nr 11, 12.

47_ BGH NJW 1979, 2089.

48_ BGH MDR 1961, 494.

49_ BGH NJW 1995, 1152, 1153; Münchener Kommentar/Habersack, § 762 Rn 22; Staudinger/Engel, § 762 Rn. 43.

리를 위하여 받은 것의 반환을 독일민법 제667조에 의해 수임인에게 요구할 수 있다. 만약 위임인이 수임인에게 노름에의 참가를 위해 필요한 자금을 주었다면 사무처리에 의하여 취득한 것의, 특히 노름에 의해 취득한 이익의 반환에 대한 청구권을 위임인이 가진다. 이와 달리 수임인이 자신의 재산으로부터 비용을 충당했다면, 노름에 의해 취득한 이익이 수임인에게 귀속된다. 이익의 배당을 통해 종료된 노름은 더 이상 지원될 수 없으므로, 이익은 이것이 마땅히 돌아가야 할 자에게 귀속되어야 하기 때문이다. 즉, 신의성실의 원칙에 따라서 위험을 감수했었던 자에게 이익이 주어져야 하기 때문이다.

수임인은 자신의 비용 그리고 약정된 보수를 이익으로부터 공제할 수 있다. 그 외의 소구 가능한 청구권은 수임인이 가지지 않는다. 노름에서 손실을 입은 경우 수임인은 비용의 상환에 대해 청구권을 가지지 않는다. 이미 발생한 노름채무의 지불에 대한 위임계약은 구속력이 있다. 그러나 수행 전까지 철회될 수 있다.

참가자들 간 조합계약 및 기타 유사한 법률행위가 있었던 경우 기본적으로 위임에서 설명한 바와 동일하다. 노름에 협력할 것에 대해 소구력 있는 청구권이 발생하지 않고, 협력을 하지 않았음을 이유로 또는 협력에 하자가 있었다는 이유로 손해배상청구권이 발생하지 않는다. 다만 노름을 하기 전에 돈을 걸었던 참가자는 지분에 해당하는 이익의 분배에 대해서 청구권을 가진다(독일민법 제721조).

3. 복표계약 및 당첨계약

사행적 계약의 특수한 형태로서의 복표계약과 당첨계약은 이를 노름계약의 한 형태로 보는 것이 통설임에도 불구하고, 특별히 독자적 규율을 전개해 왔다. 독일의 각 주들이 수익을 얻기 위해 16세기 이래로 스

50_ BGH NJW 1974, 1705.

스로 복표를 발매하거나 허가를 부여했기 때문이다. 과거 복표계약 및 당첨계약은 이에 대한 대중의 높은 관심을 불러일으키기 위해 노름계약과 같이 법률효과에 있어 제한하지 않고, 항상 계약법상으로 완전히 유효하게 취급된 바 있다.[51]

(1) 복표계약 및 당첨계약의 개념정의

복표계약 및 당첨계약에 대해서도 독일 민법은 정의규정을 두고 있지 않으나, 동 계약은 ⅰ) 복표 참가자로부터 투입된 재산적 가치 있는 것을 통해, ⅱ) 사업자에 의해 사전에 준비된 진행계획(Spielplan)[52]에 따라서 ⅲ) 대체로 우연에 의한 절차를 통해 추첨되어 누구에게 이익이 배당될지가 결정되는 행위를 내용으로 한다고 설명한다.[53] 복표계약 및 당첨계약은 개최자가 참가자들과 체결하는 형태의 계약으로서, 대개 얼마나 많은 참가자가 참가하는지에 따라 복표를 통해 기대되는 이익금의 금액 등이 영향을 받음에도 불구하고, 참가하는 자들 사이에는 계약관계가 존재하지 않는다.

제763조에서의 복표·당첨과 제762조에서의 복표·당첨 외의 노름·내기는 몇 가지 점에서 차이가 있다. 복표는 일찍이 그 수익금 때문에 국가에 의해 독점되었고, 국민들의 노름욕구를 그 해로움에 있어서 덜한 복표로 해소시키려는 데 있었다는 점에서 차이가 있다. 이러한 국가의 복표사업은 복표가 감독과 통제에 있어서 도박에 비해 수월하였기 때문에 일반 시민들을 각종 기만적 사기로부터 보호할 수 있었다. 또한

51_ Staudinger/Engel, § 763 Rn. 1.
52_ 사전에 마련된 복표의 진행계획은 복표의 개최자에 의해 정립되고, 참가자 모두에 대한 계약조건을 포함하고 있어야 한다. 다만 참가자 모두에게 계약조건이 동일할 필요는 없다. 진행계획은 특히 복표에 투입되는 금전의 확정, 당첨자의 확정에 대한 사항을 포함하고 있어야 한다. 그 외 당첨자의 수와 이익금의 액수에 대한 사항도 진행계획에 규정되어야 하는데, 이들 사항은 사전에 정해져 있을 필요가 없고, 후에 확정이 가능하기만 하면 된다. 따라서 전형적인 로또복권과 같이 당첨자의 수와 이익금의 액수가 총 참가자 수에 따라 결정될 수도 있다.
53_ Staudinger/Engel, § 762 Rn. 2.

도박에 비해 복표와 당첨은 이익의 기회가 사전에 마련된 진행계획에 따라 확정되기 때문에 위험이 적다고 평가된다. 참가자들 사이에 접촉이 발생하지 않고, 실시빈도수도 적다는 점에서 복표 및 당첨은 기타 노름과 차이가 있다. 그러나 이러한 차이점이 법률효과상의 차이를 만들어 내지는 않는다. 즉, 독일민법 제763조가 법 문언상으로는 국가에 의해 허가된 복표 및 당첨에 대해서만 유효한 계약을 인정하고 있지만, 국가에 의해 허가된 기타 노름 및 내기에 대해서도 제763조가 유추 적용된다는 것이 판례와 통설의 태도이다.[54] 따라서 국가에 의해 허가되었다면 그것이 복표이든 노름이든 구속력이 있는 것으로 다루어진다.

복표의 개최자는 다수와 복표계약을 체결할 준비가 되어 있어야 한다. 그러나 둘 이상의 복표계약 체결이 실제 존재했는지는 중요하지 않다. 당첨자의 확정은 대체로 우연에 의해 결정되는 절차를 통해 이루어져야 한다. 이 경우 경마에서와 같이 신체적 기능 및 두뇌에 의한 계산이 결과에 영향을 끼쳐도 된다. 그러나 제3자가 아니라 주로 복표에 참가하는 자의 신체적 기능에 의하는 경우에는 복표가 존재하지 않는다.[55] 당첨이 우연에 의존한다는 사실은 참가자에게 당연히 인식 가능해야 한다.

당첨계약은 복표와 달리 이익이 금전에 있지 않고, 다른 대상에 있다는 점에서 상품 복표(Warenlotterie)라고도 한다. 즉, 당첨을 통해 얻을 수 있는 이익의 대상이 금전 이외의 동산 내지 부동산이다. 이익의 대상을 도외시하면 당첨계약은 법적으로 복표계약과 동일하게 취급된다. 이익으로서의 물건에 하자가 있거나 기타 권리에 하자가 존재하는 경우에는 매매법의 일반원칙이 적용되어 당첨자에게 담보책임상의 권리가 인정된다. 당첨의 대상으로서 단지 특정한 가치를 지닌 이익이 약속된 경우에는 거래의 성실한 평가에 따라 약정된 가치에 해당하는 이익을 제공할 것에 대해 구속력 있는 승낙을 한 것으로 본다.[56]

54_ BGH NJW 1974, 1832; BGH 1999, 54; Münchener Kommentar/Habersack, § 763 Rn 7; Staudinger/Engel, § 762 Rn. 6.

55_ LG Marburg NJW 1955, 346.

(2) 복표계약 및 당첨계약의 법적 효력

민법은 복표와 당첨을 동일하게 취급하면서 단지 이의 개최가 국가에 의해 허가되었는지 여부에 따라서 법적 효력을 달리 규율한다. 국가의 허가가 있는 경우에는 개별 계약이 완전한 범위에서 양 당사자에 대해 구속력이 있고,[57] 국가의 허가가 결여되어 있는 경우에는 노름계약과 동일하게 취급되어 불완전채무가 발생한다. 따라서 소구불가능하나 계약에 기해 이행된 것은 계약에 구속력이 없다는 이유로 반환 청구될 수 없다. 그러나 허용되지 않는 복표 또는 당첨의 개최가 공연하게 이루어진 경우 독일형법 제287조에서의 범죄에 해당하기 때문에, 그러한 계약은 통상적으로 독일민법 제134조에 의해 무효가 된다. 이 경우 반환청구는 부당이득에 관한 규정이 그리고 다시 불법원인 급여에 관한 규정이 적용됨을 주의해야 한다.

복표계약이 국가의 허가를 통해 구속력이 있다면, 이에 기한 당사자들의 권리와 의무는 계약의 내용에 따라, 특히 복표진행계획에 따라서 결정된다.[58] 통상적으로 복표 참가자들은 사업자에게 진행계획상의 특정 시간에 당첨자의 확정을 위한 적절한 행위를 실시할 것으로 요구할

56_ OLG Nürnberg OLGZ 1966, 278.

57_ 국가에 의해 허가된 노름계약 또는 내기계약에 대해서는 독일민법 제762조가 아니라 제763조 제1항이 유추 적용된다. 따라서 이들 계약은 국가에 의해 허가된 복표계약 및 당첨계약과 마찬가지로 구속력을 갖는다(BGH NJW 1999, 54; Münchener Kommentar/ Habersack, § 762 Rn 5; Staudinger/Engel, § 762 Rn. 6). 특히 ⅰ) 국가에 의해 허가된 전통적 카지노장(Spielbank), ⅱ) 관청에 의해 허용된 사행기구(Spielautomat), ⅲ) 국가에 의해 허가된 스포츠내기 그리고 ⅳ) 국영기업에 의해 운영되는 스포츠내기는 이들이 복표로서 고려될 수 없는 한 제763조 제1항이 유추 적용된다. 복표계약 및 당첨계약 이외에 노름계약 및 내기계약에 대해서도 국가에 의해 허가된 경우 해당 계약의 구속력을 인정하는 것은 정당하다. 국가에 의한 인·허가가 좀 더 안전한 도박장의 통제를 보장하고, 동시에 도박운영을 질서정연한 방향으로 유도할 수 있다는 법적 사고가 독일민법 제763조의 기초를 이루고 있기 때문이다. 또한 복표계약과 마찬가지로 노름계약에서도 국가에 의해 허가된 범위 내에서 체결되는 개별계약은 유효할 것이라는 신뢰를 도박장 방문객이 가지게 되고, 이러한 신뢰는 보호될 필요가 있다고 한다(Staudinger/Engel aaO).

58_ 한국 스포츠토토에 기한 당사자들의 권리와 의무에 대한 문헌으로 이재경, "스포츠토토에 관한 계약법적 고찰", 민사법학, 2009, 304면 이하.

수 있고, 이익의 분배에 대해서도 소구 가능한 청구권을 가진다. 이에
반해 참여자는 금전을 걸어야 한다.

제763조는 직접적으로 단지 복표계약과 당첨계약만을 규율하고 있
다. 그러나 부수적 법률행위는 구속력과 관련하여 동일하게 다루어진
다. 즉, 유효한 복표계약 및 당첨계약과 관련 있는 모든 부수적 법률행
위는 완전히 구속력이 있다.[59]

구속력이 존재하지 않는 복표계약 또는 당첨계약의 부수적 법률행위
는 복표계약과 당첨계약이 형법 제287조에 의해 금지되지 않는 이상 마
찬가지로 그러한 노름 및 내기와 동일하게 취급된다. 만약 형법상 금지
되는 복표 내지 당첨이라면 그 부수적 법률행위도 제134조에 따라 무효
로 다루어진다.

4. 도박장에서의 도박자 입장차단

지금까지 언급된 노름계약 및 내기계약에 관한 민법상 기본규율 상
황, 즉 구속력을 부인하고, 기지급된 것의 반환청구를 인정하지 않는 것
은 지난 수십 년간 독일에서 큰 논쟁거리가 되지는 않았다. 오히려 도박
이 이루어지는 도박장 내에서 발생하는 사법적 문제에 대해 논쟁이 있
었다. 그 대표적인 예로서 도박자의 입장차단과 손해배상청구를 들 수
있다. 즉, 도박장으로부터 자신을 차단해 달라는 본인의 의사에 기해 차
단되었음에도 불구하고, 도박장에 의한 입장통제가 잘 이루어지지 않아
관련 도박자가 쉽게 입장하였고, 이후 그가 사행기구를 이용하여 손실
을 입었다면 도박장을 상대로 손해배상을 청구할 수 있는지, 할 수 있다
면 어떠한 요건하에서 손해배상청구가 가능한지가 문제되었다.

이에 대해 독일 연방대법원은 "본인의 요청에 따라 도박자의 입장차
단이 승낙된 경우 도박장이 충분한 통제를 통해 입장차단을 관철하지

59_ BGH NJW 1974, 1706.

않았다면 도박에 기한 손실에 대해 손해배상청구권을 인정할 수 있다"고 판시하였다.[60] 판시에 따르면 도박장은 신청에 부합하는 입장차단에 있어서 고객의 재산적 이익을 대변할 보호의무를 부담한다고 한다. 현재 도박자 입장차단에 대해서는 도박산업에 관한 주간협약에 의한 공법적 규율도 함께 이루어지고 있다.

III. 독일형법상 도박관련 범죄의 규율

1. 독일형법상 도박죄 체계 및 특성

도박은 고대 이래로의 법적 규율 대상으로서, 항상 특정 행동방식의 공적 통제와 제재를 전제로 금지하는 형태가 핵심이었다. 독일의 경우는 도박에 대해 별다른 형사제재를 가하고 있지 않다가 프로이센 보통법 시대부터 도박행위를 처벌하기 시작했으며, 현재는 독일형법 제25장 제284조 내지 287조를 통해 처벌하고 있다. 흥미로운 점은 도박죄를 제25장 (Strafbarer Eigennutz)에 도박죄와 준사기죄를 함께 규정하여, 도박죄를 일종의 재산적 법익을 보호하는 범죄로 보고 있다는 것이다.[61] 즉, 동 규정들은 요행에 의한 재산 상실의 위험성을 제거하려는 의도를 가지고 있다.

한국 형법이 단순도박과 상습도박행위를 구별하여 처벌하고 있고, 도박가담죄를 기본구성요건으로 하고 있음에 반해, 독일형법은 도박의 상습성을 단지 공연한 도박을 인정하기 위한 추가요건에 불과하며, 도박개장죄를 기본 구성요건으로 규정하여 이에 가담한 자를 처벌하고 있다. 즉, 관청의 허가 없이 공연히 도박을 개장, 유지, 시설을 제공한 자를

60_ BGH Urt v 22. 11. 07, III ZR 9/07, UA, Rn 7.
61_ 독일과 달리 한국의 경우 도박죄의 보호법익은 건전한 기업활동의 기초가 되는 국민의 근로관념과 공공의 미풍양속 내지 근로라는 사회의 경제도덕으로 해석하는 사회경제도덕설이 타당하다는 견해로, 진계호, "도박죄에서의 문제점", 형사법연구 제10권, 1997, 140면.

'도박개장죄(Unerlaubte Veranstaltung eines Glücksspiel)'에 관한 규정인 독일형법 제284조로 처벌하고 있고, 이러한 종류의 허가되지 않은 공연한 도박에 대한 광고(독일형법 제284조 제4항)도 아울러 규제하고 있다. 독일형법 제285조에서는 허가 없이 개장된 공연한 도박에 가담한 자를 '도박가담죄(Beteiligung am unerlaubten Glücksspiel)'로 처벌하고 있으며, 마지막으로 제287조에서 허용되지 않는 복표 내지 당첨에 관한 죄(Unerlaubte Veranstaltung einer Lotterie oder einer Ausspielung)를 규정하여 허가받지 않은 복표 발매를 처벌하고, 경품권에 대해서도 복표로 본다고 규정하고 있다.[62]

독일형법 제284조 이하는 이들이 행정 보조적 형벌규범이라는 점에 그 특수성이 있다. 즉, 오늘날에 이르기까지 범죄 구성요건이 행정법상의 금지규범과 이에 기초하여 규정된 형법상의 제재규범이 서로 결합되어 있다는 점이 그 특색이다.[63] 이러한 이유로 형사재판을 담당하는 법원뿐만 아니라 종종 행정법원도 형법상 도박죄의 기본규정이라 할 수 있는 독일형법 제284조의 해석문제를 다룬다.[64]

62_ 독일형법 제284조 이하가 원래 어떠한 법익을 보호하고자 했었는지에 대해서는 통일된 견해가 존재하지 않는다. 직접적으로 보호하는 법익은 도박의 국가적 통제로 볼 수 있다. 즉, 행정법상 허가를 받아야 하는 의무를 위반한 경우 형벌을 부과함으로써 공연히 개장되는 도박에 대한 국가적 통제확보에 기여한다는 데에 의문의 여지가 없다 (Eser/Heine in: Schönke/Schröder StGB, 27. Aufl 2006, §284 Rn. 1 mwN.). 그러나 이것만으로는 입법자가 도박관련 형사법 규정을 도입하면서 보호하고자 했던 실질적인 법익을 정확히 설명할 수 없고, 따라서 도박욕구에 대한 인류학적 검토 그리고 조작과 사기가 항상 동반되었던 도박의 실제적인 역사적 형성을 고려해 보아야 한다고 한다. 여기서 도박죄가 보호하고자 하는 법익에 대한 다양한 단초들이 발견될 수 있으나, 잠재적 도박자의 재산 보호가 문제시된다는 점에서는 모두 일치된다. 만약 처음부터 도박이라는 것이 상당한 금전적 손실을 야기할 수 없는 것이었다면, 형법상의 문제로 발전되지 않았을 것이기 때문이다.
63_ Fischer, StGB, §284 Rn, 14.
64_ 예컨대 BVerwGE 114, 92.

2. 도박개장죄(독일형법 제284조[65])

독일형법상 도박은 광의의 노름개념의 한 형태로서, 순전히 오락용으로 행해지는 노름과 기능노름 그리고 내기는 이에 속하지 않는다. 형법의 규율대상 밖에 있는 오락용 노름(Unterhaltungsspiel)이라 함은 목표로 설정된 금전적 가치 있는 이득의 획득이 노름에 있어 큰 의미를 가지지 않는 경우를 말한다. 내기에 대해서도 형벌은 부과되지 않고, 독일민법 제762조에 의해서 규율된다.[66]

(1) 도 박

도박(Glücksspiel)이라 함은 노름의 한 형태로서 승리의 기회를 취득하기 위해 대가가 요구되고, 승리여부가 전적으로 또는 대체로 우연에 의해 결정되는 경우를 말한다.[67] 내기에서와 달리 주로 재산적 이익을 취득하는 것에 목적이 있다는 것에 그 특징이 있다. 또한 이익의 취득 내

65_ 독일형법 제284조 (도박개장죄) (1) 관청의 허가 없이 공연히 도박을 개장하거나 유지한 자 또는 이를 위해 시설을 제공한 자는 2년 이하의 징역 또는 벌금에 처한다. (2) 도박이 상습적으로 개장되는 단체 또는 폐쇄적 공동체 내에서의 도박도 공연히 개장된 것으로 본다. (3) 동조 제1항에 있어서 1. 영업으로 또는 2. 그러한 행위의 계속적 범행을 위해 결합된 단체의 구성원으로서 행위한 자는 3개월 이상 5년 이하의 징역에 처한다. (4) 공연한 도박에 대해 광고한 자는 1년 이하의 징역 또는 벌금에 처한다.

66_ 형법상 도박의 영역에는 특히 경마와 스포츠내기가 밀접한 연관성을 가지지만, 독일형법 제284조 및 제285조는 여기에 적용되지 않는다. 이들은 협의의 도박만 규율하고 경마 및 스포츠내기에 있어서와 같이 복표가 문제되는 경우는 협의의 도박에 해당하지 않기 때문이다. 복표 내지 당첨은, 노름 중에서도 도박의 특수한 형태로서 이들을 포함하여 일컫는 경우 광의의 도박개념이 사용되고, 경마와 스포츠내기는 이들의 불명확한 명칭에도 불구하고 복표 내지 당첨으로서 광의의 도박으로 본다(BGH NstZ 2007 151, 153). 위에서 언급한 바와 같이 경마 또는 스포츠내기에 대해서는 제284조가 적용되지 않고, 특별규율대상으로서 제287조의 특칙이 적용된다. 독일형법이 복표에 관해서는 협의의 도박과는 다른 시각에서 규율하였기 때문이다. 경마의 허용되지 않는 개최에 대한 처벌은 전적으로 독일 경마법 제5조의 특별규정에 따른다. 이에 따르면 허가 없이 경마복표발매기를 운영 또는 영업상 경마내기를 개최하거나 중개한자는 징역 2년 이하 또는 벌금에 처해진다.

67_ 독일의 도박산업에 관한 주간협약 제3조 제1항.

지 손실의 발생이 도박자의 능력, 지식 그리고 집중력 등에 상당히 의존한다거나, 영향을 많이 받을 수 있는 상황이어서는 안 되고, 주로 우연에 의해 이익이 취득될 수 있어야 한다.[68] 우연성에 대해서는 '참가자의 영향력을 배제시키는 원인'이라고 독일 법원이 설시한 바 있는데,[69] 도박 가담자의 영향력이 도박 가운데 얼마나 큰 의미를 가지는지를 검토함에 있어서는 교육받은 평균인의 능력과 경험이 판단 기준이 된다.[70]

기능노름은 도박죄로 처벌되지 않지만 당구, 테니스, 골프와 같은 기능노름(Geschicklichkeitsspiel)과 도박을 구분하는 것은 상당히 어려운 일이다. 도박에서는 우연성이 주된 기능을 수행함에 반해, 기능노름에서는 노름자의 신체적 또는 정신적 능력, 집중력의 정도가 승패를 결정하는 데 있어 영향을 주는 본질적 요소라는 점에서 양자는 구분이 가능하다. 다만 기능수행에 있어 해당 결과의 달성이 불가능할 정도로 어려운 경우에는 도박과 동일하게 취급된다고 한다.[71]

68_ BGH NStZ 2003, 372, 373. 우연에의 의존성이 인정되어 도박으로 취급해야 한다면, 실제에 있어서는 그것이 몇몇 참가자의 속임수에 의해 우연성이 완전히 또는 대체로 배제된다고 할지라도, 독일형법 제284조 적용에 전혀 영향을 주지 않는다. 즉, 다른 참가자들이 알지 못하는 기망행위는 이를 우연성과 관련지을 수는 없으나, 은밀한 인위적 조작이 있다고 하여 독일형법 제284조의 적용이 배제되는 것은 아니다. 이 경우 대개 속임수라는 행위가 있다는 측면에서 사기행위가 동시에 존재하며, 따라서 사기죄의 구성요건을 충족시킬 수 있음을 유의해야 한다.

69_ BGHSt 9, 37.

70_ BGH NstZ 2003 372, 373.

71_ BVerwG GewArch 2002 76, 77. 그러나 이와 같은 대략적 설명에도 불구하고 기능노름과 도박을 명확히 구별하는 것은 불가능에 가깝다고 한다. 예컨대 동일한 경기진행에 이를 전혀 접해 보지 못한 문외한이 참가하는 경우에는 도박이 될 수 있고, 참가자가 능력 내지 경험을 소지하고 있는 경우에는 기능노름이 될 수 있다. 그렇다고 해서 동일한 노름이 각각의 개별참가자들에 대해 서로 달리 판단될 수 있다는 것을 의미하지는 않는다. 오히려 이 경우 참가자 모두의 평균적 능력이 고려되어 기능노름인지 도박인지를 판단하게 된다. 구체적인 사례에 있어 참가자가 어느 정도로 이득 및 손실 결정에 영향을 줄 수 있는지의 여부를 판단함에 있어서는 결국 개별사례의 특수성을 고려한 판단이 필요하다. 실무에서 중요한 도박의 유형으로 다루어지는 것으로 '도박내재적 노름가능성을 동반하는 관람노름(Beobachtungsspiel mit glücksspielimmanenten Spielmöglichkeiten)'이 있다. 이러한 관람노름은 기능, 집중력, 인지능력에 기인하는

(2) 공연성

도박에 대해 공연성(öffentlichkeit)이 인정될 수 있어야 한다. 그러나 공연성을 판단함에 있어서는 법 문언이 공연한 개장을 언급하고 있음에도 불구하고 도박 자체의 특성이 문제되는 것이지, 구성요건에 부합하는 개장 행위의 특성이 문제되는 것은 아니다. 즉, 도박에 가담하는 것이 도박 이외의 목적에 존재하는 구체적인 이해관계와 관련되는 폐쇄적 인적 범위로 제한되지 않고,[72] 오히려 도박의 개장이 일반 공중에 의해, 즉 사적인 관계를 통해 결합되지 않는 불특정 인적 집단에 의해 접근이 가능한 경우,[73] 그 도박은 공연한 것으로 볼 수 있다. 그러나 공연성이 인정되기 위해서 도박에 참가할 수 있는 인적 범위가 무제한적이어야 할 필요는 없다.

독일형법은 나아가 단지 단체 또는 폐쇄적 공동체의 회원만이 접근할 수 있으나, 상습적으로 개장되는 모든 도박은 공연한 것으로 본다(독일형법 제284조 제2항). 즉, 제2항에서의 도박은 그 자체가 공연한 것은 아니나, 제1항에서의 공연히 개장되는 도박과 가벌성에 있어서 동일하게 취급되어야 한다는 것을 의미한다.[74]

(3) 범행 행태

독일형법 제284조에서 규율하는 행위는 허용되지 않는 도박을 가능

노름유형이 규칙변경 또는 노름진행의 변경으로 인해 우연에 따라 결정되는 노름형태로서 기능적 전환이 이루어지는 경우를 말한다. 이러한 종류의 노름은 그 특유의 변형가능성 때문에 개별적 노름행태에 대한 고려 없이 곧바로 기능노름의 범주에 귀속될 수 없고, 도박에 해당하는지는 개별적으로 검토되어야 한다.

72_ VGH BaWü GewArch 1977, 29, 30.

73_ LG München NJW 2002, 2656.

74_ 독일형법 제284조 제2항이 적용되는 중요한 사례군으로는 합법적인, 그러나 단지 명목에 불과한 단체의 목적을 구실로 실제로는 도박을 개장하는 사단 내지 그 밖의 폐쇄적 공동체가 있다. 다만 단체 또는 폐쇄적 공동체 내의 도박이 공연한 도박과 동일시되기 위해서는 상습적으로 실시된 도박이어야 한다. 현재 상습성과 관련하여서는 친족 내지 친구들 사이에서 정기적으로 행해지는 모임과 같이 독일형법 제284조 제2항이 그간 지나치게 확대해석되었다는 비판이 있다(Leipziger Kommentar/Krehl, §284 Rn. 16).

하게 하는 행위 그리고 이를 장려·촉진하는 행위이고, 도박에 직접 가담하는 것은 독일형법 제285조에서 규율하고 있다. 구체적으로 법문언이 언급하고 있는 구성요건상 범행 행태는 '도박의 개장', '도박의 유지', '시설의 제공'이다.

"도박의 개장"과 관련해서는 조직상 책임 있는 형태로 도박을 가능하도록 외부적 틀을 창설한 자, 공간·실내설비 등을 제공한 자, 도박진행계획을 설계한 자, 필요한 허가를 청구한 자 그리고 대중에 대해 도박의 가능성을 직접적으로 허용한 자는 도박 개장자로 본다. 개장행위가 완료되어 기수가 되기 위해서는 도박진행계획의 전시 내지 접근을 가능하게 만드는 행위, 즉 계약의 청약이 필요하다. 그러나 도박계약의 체결이 요구되지는 않고, 그 결과 실제적인 도박의 개시가 일어날 것도 중요하지는 않다.[75]

여기서는 타인에 의해 개장되거나 유지되는 도박을 준비하는 행위 내지 장려하는 행위가 문제된다. 도박을 위한 시설을 제공하는 자라 함은 도박자들로 하여금 도박시설에 접근 가능하도록 하는 자, 즉 도박테이블을 설치하거나 도박카드를 교부하는 자 또는 기타 유사한 행위를 하는 자를 말한다.

(4) 관청의 무허가

도박의 공연한 실시가 관청의 특별한 조치에 의해 허용되는 경우에는 처벌대상이 되지 않는다. 따라서 형벌의 부과는 관청의 허가가 결여되어 있는 것을 요건으로 하고 있다. 이러한 관청의 행위는 법률상 이미 허용되어 있는 경우도 있고, 장소적·물적으로 관힐권이 있는 관청의

75_ 도박의 유지도 개최의 한 유형으로 고려되나, 이것을 도박개장죄로 처벌하는 것에 대해서는 항상 다툼의 여지가 있어 왔다고 한다(Leipziger Kommentar/Krehl, §284 Rn. 19). 동조에서 말하는 도박을 유지하는 자인지 여부는 사업자의 관점 내지 경제적 이해관계는 고려되지 않는다. 오히려 도박을 유지하는 자라 함은 실제로 시작되었던 구체적 도박을 지휘한 자, 도박의 본래적 진행에 대해 책임이 있는 자, 도박자의 투입을 관리하는 자를 말한다고 한다.

행정법상 유효한 행정행위를 통해서 이루어질 수도 있다.[76]

3. 도박가담죄(독일형법 제285조[77])

　도박에 직접 가담하는 방식으로 참가하는 행위는 독일형법 제285조에서 별도로 규율된다. 독일형법 제285조에 따라서 도박에 가담하는 행위에 대해서도 형벌이 가해지는 이유는 도박자의 도박 가담이 또 다른 도박자 내지 잠재적 도박자들을 유인하는 작용을 한다는 점에 있다.[78] 도박에 가담하는 자는 도박을 개장하는 자와 달리 오히려 범죄의 피해자가 될 수 있는 자신의 잠재적 지위에도 불구하고 처벌된다. 즉, 자신의 도박 가담을 통해 허용되지 않는 도박시장이 개설되고 이의 안정화에 기여하게 된다는 점에서 도박가담자의 가벌성이 정당화된다고 한다.

　제285조의 구성요건에 해당하는 행위는 도박에의 가담, 즉 도박의 규칙에 따른 행위의 실행을 통하여 이익 및 손실의 기회가 발생하는 도박에의 참가를 말한다. 따라서 사실상 모든 도박 참가자를 포함한다. 도박을 개설한 자 또는 개설자의 수임인이 자신들이 개설한 도박을 함께하였다면 이것도 도박 가담으로 볼 수 있다. 따라서 이 경우 도박장 개장

76_ 허가 부여의 실질적인 요건에 대해서는 공법상 규정들이 이를 규율하고 있다. 그러나 부여된 허가의 실질적 정당성은 고려되지 않고, 단지 형식적 효력만이 결정적이다. 이와 달리 허가의 부여가 남용된 경우에는 가벌성을 배제시킬 수 없고, 관청이 도박의 실시를 알고 있었음에도 불구하고 이를 묵인하는 경우에도 개별적인 경우 구성요건을 충족시키지 못하여 처벌될 수 없다.

77_ 독일형법 제285조 (도박가담죄) 공연한 도박(제284조)에 가담한 자는 6개월 이하의 징역 또는 일일 180일 이하의 일수벌금에 처한다.

78_ BayObLGSt 1993 8, 12. 동조는 '공연한' 도박에의 가담을 처벌하고 있는데 여기서 공연성의 개념은 독일형법 제284조에서의 설명과 동일하다. 그러나 공연한 도박에의 가담에 대한 처벌은 단지 독일형법 제284조와 연결되는 것이고, 독일형법 제287조에서 규율되고 있는 복표 및 당첨에 관한 죄와는 관련이 없다. 따라서 허용되지 않는 복표 및 당첨에 가담한 도박자에 대해서는 독일형법 제285조가 적용되지 않고, 마찬가지로 독일형법 제287조상의 종범으로서도 처벌될 수 없다(Leipziger Kommentar/Krehl, §285 Rn. 1).

에 대한 제284조 외에 도박 가담에 대한 285조도 적용되고, 이들이 조작을 통하여 자신들의 위험을 제한하거나, 배제한다고 해서 달라지는 것은 없다.

타인의 이름으로 도박을 하는 대리인도 마찬가지로 도박에 가담한 것으로 본다. 사전에 계획된 도박인지, 아니면 즉흥적 도박인지 여부는 여기서 문제되지 않는다.[79] 영업적 특성을 가지는 도박인지 여부는 중요하지 않으므로 허가되지 않은 공연한 도박이라면 이에 대한 1회성 참가만으로도 제285조를 충족시키기에 충분하다. 도박의 개시는 도박 가담의 최초 시점에 발생한다.[80]

4. 복표에 관한 죄(독일형법 제287조[81])

독일형법 제287조는 관청의 허가 없이 공연한 복표를 발매하거나 동산 또는 부동산의 당첨을 개최한 자 그리고 이를 광고한 자를 처벌하고 있다. 복표 내지 당첨이 광의의 도박에 해당한다는 것은 이미 설명한 바와 같다. 그러나 형법은 복표 및 당첨에 관한 죄를 형법 제284조 및 제285조로부터 분리하여 별도로 규율하였다. 이에 대한 근거는 역사적 발전과정에서 찾는 것이 보통이나,[82] 어떠한 경우에도 도박의 일반적인 특

79_ RGSt 57, 190.

80_ 이 시점이 언제인지는 개별적인 정황에 따라 다르다. 예컨대 카드놀이 형식의 도박에 있어서는 도박에 거는 금전이 교부되는 시점이면 된다고 한다(RGSt 1, 119). 그러나 도박 참가자들이 시작된 도박의 종류에 합의를 한 상태라면 카드를 분배하는 것만으로 충분하다고도 하고, 이와 달리 스포츠내기에 있어서는 일반적으로 도박에 거는 금전의 교부가 있어야 도박이 개시된다고 한다(RGSt 47, 363). 성인용 오락기와 같은 사행기구에 있어서는 동전 및 이와 유사한 것의 투입으로 도박이 개시된다.

81_ 독일형법 제287조 (복표 또는 당첨이 허용되지 않는 발매) (1) 관청의 허가 없이 공연한 복표를 발매하거나 동산 또는 부동산의 당첨을 개최한 자, 특히 공연한 복표 또는 당첨계약의 체결을 목적으로 청약하거나, 그러한 계약의 체결을 목적으로 하는 청약에 대해 승낙한 자는 3년 이하의 징역 또는 벌금에 처한다. (2) 공연한 복표 또는 당첨 (제1항)에 대해 광고를 하는 자는 1년 이하의 징역 또는 벌금에 처한다.

82_ Rüping, Strafrechtliche Fragen staatlich genehmigter Lotterien, JZ 2005, 234.

징이 복표의 경우에도 존재한다는 점은 의문시되지 않는다. 독일형법 제287조의 일차적 보호목적은 우선 통제되지 않는 이익의 추첨이 가지는 특유한 위험에 대응하는 것에 있다.[83] 그 외에 복표를 통한 이익의 전달 그리고 분배에 있어서 조작을 방지하는 것에 기여한다고도 한다.[84]

(1) 복표와 당첨

복표와 당첨은 불특정 다수의 참가자가 법률행위에 기한 법률관계를 오직 개최자와 가지게 되는 행위를 말한다. 독일민법 제763조는 복표에 대해 국가의 허가가 있는 경우 해당 복표계약을 구속력이 있는 것으로 규정하고 있고, 이와 달리 독일민법 제762조는 허가가 없는 경우를 처벌할 수 있는 행위로 규정하고 있다. 후자의 경우 공연한 청약에 있어서 개최자는 독일형법 제287조를 위반하는 동시에 이로 인한 독일민법 제124조가 적용됨에 따라 해당 도박계약은 무효가 된다.

협의의 도박과 복표를 구분할 수 있는 본질적인 차이점은 복표진행계획에 있다. 즉, 복표와 당첨에 있어서는 개최자에 의해 일방적으로 세워지고 참가자들이 이에 따르는 진행계획이 요구된다.[85] 스포츠내기, 특히

83_ Rüping, Strafrechtliche Fragen staatlich genehmigter Lotterien, JZ 2005, 234, 237.

84_ 스포츠내기의 국가독점이 위헌이라고 판단한 2006년 3월 28일의 연방헌법재판소 결정(BVerfG, Urteil vom 28. 3. 2006 - 1 BvR 1054/01)에서 독일 연방헌법재판소는 스포츠내기에 대한 국가의 독점권은 사인인 스포츠내기 제공자가 누리는 직업의 자유를 침해하는 것이고, 국가의 독점이 정당화되기 위해서는 국가에 의해 운영되는 스포츠내기의 주된 목적이 조세수입이 아니라 지속적이고 신빙성 있게 수행되는 도박중독 예방에 있어야 비로소 직업의 자유 침해가 정당화될 수 있다고 판시하였다. 본 판결에서 명시적으로 복표의 개장을 언급하지는 않지만, 복표의 영역에서도 국가독점이 존재하는 한(BverfG NVwZ 2007, 1297 참조) 직업의 자유를 침해하는 독점에 대한 연방헌법재판소의 요구사항이 원칙적으로 적용된다고 한다. 물론 이 경우 복표와 결부되어 있는 잠재적 위험이 아마도 스포츠내기의 영역에 있어서 보다 적은 것으로 평가될 수 있고, 이러한 이유로 복표에 대한 국가의 독점이 정당화될 수 없다는 점이 고려되어야 한다고 한다(Leipziger Kommentar/Krehl, §287 Rn. 2).

85_ 복표진행계획은 다수의 참가자가 참가하는 것을 예정해야 하지만, 그렇다고 해서 이러한 예정이 항상 충족될 필요는 없다. 오히려 복표계약을 목적으로 한 청약이 오직 한 사람만을 위해 이루어진 경우라 할지라도 사업자가 추첨을 진행하였다면 이것으로

경마내기 실시는 그 본질상 복표에 해당하나, 경마내기 등에 대해서는 경마법에 따른 특별규정이 전적으로 적용되고 그에 따라 해당 행위가 처벌된다.

독일형법 제284조 내지 제285조상 협의의 도박에서와 같이 복표 및 당첨에 있어서도 이익 또는 손실의 결정이 전적으로 또는 대체로 우연에 의해 결정되어야 한다. 그리고 이는 대개 추첨을 통해 결정된다. 복표의 우연성을 판단함에 있어서는 단지 복표 참가자의 관점이 중요하다.[86] 이 때문에 다른 복표 또는 당첨의 결과가 확정되어 있는 경우에도 이러한 우연성이 인정될 수 있다.

(2) 범행형태

구성요건에 해당하는 행위는 두 가지 행태를 통해 예시되는 '개최'만 해당되고, 법 문언상 개최의 두 가지 예시적 행태로서 청약과 승낙이 언급된다.[87] 이에 의하면 '개최자'는 자신의 지휘하에 개최되는 복표 또는 당첨에 대한 참가를 가능하게 하는 자이면 되고, 후에 실제로 복표의 실행이 이루어질 필요는 없다.[88] 또한 독일형법 제287조의 경우에도 복표계약의 체결이 필요하지는 않고, 오히려 복표진행계획을 전시하거나 이의 접근을 가능하도록 하여 계약의 체결을 목적으로 청약을 하는 자이면 충분하다.[89] 그리고 이러한 청약은 광고지 내지 복표견본의 전달을 통하여 이미 존재하는 것으로 볼 수 있다.

독일형법 제287조는 전형적인 범행행태로서 복표계약의 체결을 목적으로 한 청약 그리고 이러한 청약에 대한 승낙을 예시하고 있다. 이처럼 복표계약의 체결과 관련되는 추가적 행위를 기술하고 있는 것은 '개최' 개념의 예시적 보충을 목적으로 한다. 복표계약의 체결을 청약하는 자

충분하다.

86_ Laukemann/Junkers, Neues Spiel, neues Glück?, AfP 2000 254, 255.
87_ Schoene, Zum Begriff "Veranstaltung" i. S. des § 286 StGB, NStZ 1991, 469f.
88_ RGSt 63 237, 238.
89_ RGSt 59 347, 352.

는 이에 부합하는 구체적 의사표시를 통해서 또는 복표진행계획으로의 접근을 가능하게 함으로써, 복표견본 내지 참가서식의 전달을 통해서 복표 및 당첨에의 참가를 직접적으로 가능하게 하는 자를 말한다.

'개최'의 전형적 형태로서 예시되는 두 번째 행위유형은 복표계약의 체결을 목적으로 한 청약에 대해 승낙하는 것이다. 다만 '승낙'이라는 표현은 사실 복표 및 당첨에 참가영역과는 관련이 없는 것이나, 일단은 오해하기 쉬운 법 문언으로 표현되었다고 한다.[90] 즉, 동 조문에서의 '승낙'은 복표의 구매를 통해 복표제공자의 청약을 승낙하는 자와 관련이 없고, 구성요건상 포섭되지도 않는다. 이 두 번째 행위유형도 예시적 언급으로서 전적으로 개최자의 승낙만을 문제 삼는 것이다. 즉, 복표에 관심을 가지고 있는 자가 복표에 참가 문의를 함에 있어 구속력 있는 청약의 의사표시를 한 경우 개최자가 이를 승낙하면 독일형법 제287조가 적용된다.

IV. 독일공법상 도박산업 규율

1. 독일의 도박 산업에 관한 주간협약의 제 · 개정 배경

현재 독일에서는 사행행위와 관련하여 3번째 「도박산업에 관한 주간협약」(Staatsvertrag zum Glücksspielwesen in Deutschland, 이하 "도박협약"이라 한다)이 시행되고 있다.[91] 2012년의 신도박협약은 지금까지 주법에 따라

90_ Leipziger Kommentar/Krehl, §287 Rn. 19.

91_ 2004년에 시행된 복표에 관한 주간협약(Lotteriestaatsvertrag) 및 2008년에서 2011년까지 적용되었던 구 도박협약 이후에 3번째 주간협약으로서 신도박협약이 주들 간의 통일적 도박산업 규율을 위해 2012년 7월 1일부터 시행되고 있다. 이로써 2011년 12월 31일까지 효력이 있었던 구 도박협약은 신도박협약으로 대체되었다. 독일의 각 주는 도박시장의 자유화에 관한 '10월 개정안'에 합의를 하였고(Bundesrat: 15 Länder einigen sich auf Glücksspiel-Liberalisierung, MMR-Aktuell 2011, 324, 384), 신도박협약은 2011년 12월 15일 쉴레스비히-홀스타인주(Schleswig-holstein)를 제외한 모든 주정부에 의해 서명이 되었다. 다만 이 협약에 쉴레스비히-홀스타인주가 일시적으로

규율되었던 도박에 대해 통일적으로 규율하는 것을 목표로 하고 있다. 이러한 의미에서 신도박협약은 복표(Lotterien), 스포츠내기(Sportwetten) 그리고 전통적 의미에서의 카지노(Spielbanken) 외에 이제는 경마내기(Pferdewetten)의 일부분과 성인오락실(Spielhallen)의 운영도 최초로 규율하게 되었다. 또한 신도박협약은 연방법 차원에서 규율된 바가 없었다 할지라도 위에 언급된 것 외의 모든 도박관련 행태들에 대해 억제적 기능을 수행한다. 이와 같은 신도박협약의 규율범위 확장을 통해서 독일의 각 주들은 2010년 9월 8일 선고된 유럽사법재판소 판결(Carmen Media Vs M. Stoss ua)이 연방국가 형태인 회원국에게 요구한 주 간의 통일된 도박규율에 대응하였다. 신도박협약은 도박중독을 예방하고 기타 위험을 방지한다는 기초적 목표에 있어서 구 도박협약의 상당 부분을 그대로 받아들였다. 특별히 이의가 제기되지 않았던 규정들, 예컨대 잠재적 위험성이 경미한 복표와 관련된 규정들은 변경되지 않고 포괄적으로 유지되었다. 마찬가지로 독일헌법의 연방차원의 질서로부터 파생된 소위 주의 '복표독점권 기본원칙'도 유지되었다.

신도박협약에 대한 각 주 의회의 비준을 통해서 도박협약에 가입한 주 내에서는 이것이 공식적인 주법의 지위를 가지게 된다. 이를 통해 신도박협약은 사인인 제3자에 대해서도 직접적인 구속력을 가지게 된다. 그렇다고 해서 신도박협약이 주법 차원의 규율을 통해 보완될 여지를 두지 않는 것은 아니다. 특히 전통적 카지노 및 성인오락실에 대해서 주법의 규율을 통해 도박협약의 규정이 보충되고, 개별적 주들 차원에서 보충적 규정, 특히 협약의 구체적 시행을 위한 규정을 제정할 여지를 주에 남겨두고 있다. 신도박협약의 시간적 적용범위는 우선 9년으로 한정되어 있으나(신도박협약 제34조), 기간의 만료 이전에 13표의 과반수로 협약의 계속 적용을 결의할 수 있다. 이 경우 신도박협약은 당연히 결의에 투표한 주에서만 적용된다.

탈퇴함을 선언하였고 이로 인해 혼란이 발생하였으나, 그 외의 주들은 도박에 관한 통일된 규율을 위해 신도박협약에 합의하였다.

2. 신도박협약의 주요내용

(1) 협약의 목적과 기본적 개념정의

신도박협약 제1조에 의하면 협약은 총 5가지의 목적을 가지고, 5가지 모두 동등한 순위를 가지며 어느 하나의 목적이 우위에 있지 않다. 우선 ⅰ) 도박 내지 내기의 중독이 발생되는 것을 저지하고, 효과적인 도박중독에 대처하기 위한 조건들을 창설하는 것을 첫 번째 목적으로 하고 있다. 그리고 ⅱ) 위법한 도박을 저지하기 위해 적절하고 제한적인 대체수단을 제공함으로써 국민들의 자연적 도박욕구를 질서법에 맞게 감시하는 시스템으로 유도하며, 지하시장에서의 위법한 도박의 발생과 확대를 저지하고자 한다. 또한 ⅲ) 청소년 보호와 도박참가자 보호를 보장하는 것, ⅳ) 도박이 질서정연하게 수행되도록 하고, 도박자를 사기적인 간계로부터 보호하며, 도박과 관련한 범죄나 부수적인 범죄가 방지될 것을 보장하는 것, 마지막으로 ⅴ) 스포츠내기를 통한 도박의 개최와 운영에 있어서 스포츠경기의 무결성에 대한 위험을 예방할 것을 그 목적으로 한다. 이러한 목적을 달성하기 위해서 개별적인 도박형태에 맞는 다양한 조치들이 수행되어야 하고, 이 경우 특히 개별적 도박형태의 고유한 중독위험성, 사기, 조작 및 범죄적 위험성을 고려하여야 한다.[92]

신도박협약은 제3조에서 각종 용어의 정의규정을 두고 있다. 신도박협약에서 도박이라 함은 노름의 한 형태로서 승리기회를 취득하기 위해 대가가 요구되고, 승리여부가 완전히 또는 대체로 우연에 의해 결정되는 경우를 말한다(제3조 제1항). 이때 승리여부를 판단함에 있어 미래의 사건 발생여부가 결정적인 경우, 항상 우연에 의해 승리가 결정된다고 본다. 공연한 도박이라 함은 상당한 규모의 그러나 도박참가에 있어 인적 제한이 없는 경우 또는 사적 단체 또는 그 밖에 폐쇄된 공동체 내에서

92_ 신도박협약 제1조에 따른 위 5가지 목적은 상당한 의미를 갖는다. 왜냐하면 각종 도박장 즉 카지노, 성인오락실, 경마, 인터넷상의 도박 개최 등을 허가함에 있어서 제1조의 목적에 위배되는 경우에는 허가가 거부될 수 있기 때문이다.

상습적으로 개최되는 도박을 말한다(제3조 제2항).

(2) 일반적 규율

1) 허가 및 청소년 보호

공연한 도박은 각 주의 관할기관에 의한 허가가 있는 경우에만 개장되고 중개될 수 있다. 허가 없이 공연한 도박을 개장하거나 중개하는 행위 및 이러한 불법도박과 관련한 금전적 출연도 금지된다(제4조 제1항). 허가는 도박의 개장이나 중개가 제1조에 의한 협약의 목적에 위반되는 경우 거부될 수 있다. 신도박협약에 의해 허용되지 않는 도박의 중개에 대해서 허가가 부여될 수 없으며, 허가의 부여에 대해 법적 청구권이 존재하지 않는다(제4조 제2항).

공연한 도박의 개장과 중개는 청소년보호의 요청에 위배되어서는 안되기 때문에 미성년자의 도박참가는 금지되고, 따라서 도박 개장자와 중개자는 미성년자의 참가를 불가능하도록 해야 한다(제4조 제3항). 도박 감독관청이 감독직무를 수행하기 위해서 미성년자에게 도박을 시범판매하거나 시범도박을 하게 하는 것은 가능하다.

2) 인터넷상에서의 공연한 도박개장 및 중개

인터넷에서 공연한 도박을 개장하고 중개하는 것은 원칙적으로 금지된다(제4조 제4항). 그러나 인터넷상 공연한 도박 금지에도 불구하고 각 주는 본 도박협약 제1조에서의 목적을 원활히 달성하기 위해 인터넷상 복표의 직접운영 및 중개 그리고 인터넷에서의 스포츠내기를 통한 도박의 개최 및 중개를 허용할 수 있다(제4조 제5항).[93]

93_ 다만 이 경우 특정한 요건이 충족되어야 하는데 우선 ⅰ) 신도박협약 제4조 제2항에서의 허가 거부사유가 존재하지 않아야 한다. 또한 ⅱ) 미성년자나 입장이 차단된 도박자의 접속이 신분확인과 인증을 통하여 보장되어야 하고, ⅲ) 각 도박참가자의 최고 베팅금액이 기본적으로 매월 1,000유로를 넘지 않아야 한다. 다만 신도박협약 제1조에서의 목적 달성을 위하여 허가 시 1,000유로 이상의 배정금이 확정될 수도 있다. 도박자는 등록할 때에 매일, 매주 또는 매월 베팅금이나 손실금의 한계를 정하여야 하고(도박의 자기제한), 도박자에게 매일, 매주 또는 매월의 배팅금과 손실금의 한계를 새

(3) 도박의 광고

공연한 도박을 광고함에 있어 광고의 종류와 범위는 신도박협약 제1조에서의 목적에 따라야 한다(제5조 제1항). 광고는 미성년자나 이 외 유사하게 위협될 수 있는 계층에게 행해져서는 안 된다. 공연한 도박에 대한 기만적 광고(irreführende Werbung), 특히 이익을 취득할 기회나 이익금의 종류 및 최대치에 대해서 적절하게 설명하지 않은 광고는 금지된다(제5조 제2항).

공연한 도박을 TV, 인터넷 및 전기통신시설을 통하여 광고하는 것은 금지되나, 각 주는 신도박협약 제1조의 목적 달성을 원활히 하기 위하여 제5조 제1항 및 제2항의 기본원칙들을 준수하면서 인터넷이나 TV에 복표, 스포츠내기를 통한 도박 및 경마의 광고를 허용할 수 있다(제5조 제3항). 그러나 스포츠결과의 실시간 중계 직전이나 중계 중에는 경기결과에 대한 스포츠내기 광고를 TV에서 하는 것이 허용되지 않는다. 각 주는 신도박협약에서 허용되는 광고의 종류와 범위를 구체화하기 위하여 공동의 지침(광고지침)을 공포하고(제5조 제4항), 위법한 도박의 광고는 금지된다(제5조 제5항).

(4) 설명의무

공연한 도박의 개장자와 중개자는 도박자가 도박에 참가하기 전에 도박 관련 중대한 사항을 제공해야 하고, 자신들이 제공하는 도박의 중독위험성, 미성년자의 참가 금지, 상담과 치료의 가능성에 대해서는 설명

롭게 확정할 가능성이 열려 있다. 이 제한된 금액을 증가하고자 하는 경우에는 7일간의 보호기간이 경과한 후에야 증가된 금액에 효력이 발생하고, 반대로 감소시키고자 하는 경우에는 감소된 새로운 금액제한이 그 즉시 적용된다. 그 밖에 iv) 빠른 반복으로 인해 특별한 중독의 충동발생이 불가능하도록 해야 하고, v) 인터넷상의 특별한 조건에 적합한 신도박협약 제6조상의 사회적 프로그램이 전개되어야 하고, 평가되어야 한다. 이 경우 사회적 프로그램의 효율성은 경제적으로 평가되어야 한다. 마지막으로 vi) 내기와 복표는 동일한 인터넷 도메인을 통해 제공되거나 또 다른 도박을 암시 내지 링크해서는 안 된다.

을 해야 한다(제7조 제1항).[94] 도박자와 관할 관청은 이러한 정보에 쉽게 접근할 수 있어야 한다. 도박증서, 도박영수증 및 기타 유사한 증명서는 각 도박유형에 따른 중독의 위험 및 가능한 지원에 대한 내용을 포함하고 있어야 한다(제7조 제2항).

(5) 도박자 입장 차단조치(Spielersperre)

도박자를 보호하고 도박중독에 대처하기 위하여 도박자 차단시스템이 주간 통합적으로 관리되어야 한다(제8조 제1항). 특별히 잠재적 위험성이 있는 스포츠내기를 통한 도박과 복표의 개최자 그리고 카지노는 ⅰ) 본인 스스로 입장차단을 신청한 자(자기차단), ⅱ) 직원들의 인지나 제3자의 신고로 또는 그 밖의 사실상의 근거로 도박자에게 중독위험성이 있거나 그가 과도한 재정적 지출을 할 수 있거나 자신의 수입이나 재산과는 관계가 없을 정도로 도박배당금을 지출하는 경우 해당 도박자를 도박장으로부터 차단(타인차단)해야 한다(제8조 제2항).

차단기간은 최소한 1년이고, 도박장 개장자는 해당 도박자에게 지체 없이 차단조치를 서면으로 통지해야 한다(제8조 제3항). 또한 개장자는 신도박협약 제23조 제1항에서 언급된 관련자의 개인정보를 차단정보에 기입해야 하는데(제8조 제4항), 관련자가 서면으로 신청하는 경우 차단의 해제가 가능하나 최소한 1년이 경과되어야 한다(제8조 제5항). 차단 해제에 대한 최종 결정 권한은 차단조치를 내렸던 개장자에게 있다. 도박자를 보호하고 도박중독을 방지하기 위해서 공연한 도박의 중개자는 주간

94_ 동 조항은 도박 관련 중대한 사항의 예시로서 ⅰ) 도박의 참가로 야기되는 모든 비용, ⅱ) 모든 이익금의 최대치, ⅲ) 이익금이 발표되는 시간과 장소, ⅳ) 배당률, ⅴ) 이익 및 손실의 개연성에 관한 정보, ⅵ) 참가의 수용결정, ⅶ) 승자가 되는 절차, 특히 우연에 기한 도박결과를 산출함에 있어 그 기초를 이루는 메커니즘에 대한 정보, ⅷ) 승자들 사이의 이익금의 분할방법, ⅸ) 승자가 이익금에 대해 청구권을 행사해야 하는 기간, ⅹ) 도박장 허가 보유자의 성명 및 접근정보(주소, 전자우편주소, 전화번호), ⅺ) 상업등기부번호(있는 경우), ⅻ) 도박자가 이의를 제기하는 방법 및 허가받은 날짜를 규정하고 있다.

통합적인 차단시스템에 협력할 의무를 부담한다. 이러한 목적을 위하여 중개자는 자신에게 등록된 자가차단 신청서를 지체없이 주소지의 개장자에게 전달해야 한다(제8조 제6항).

(6) 충분한 도박제공의 확보(제10조)

신도박협약은 제1조의 목적 달성을 위해 각 주로 하여금 국민들에게 충분한 도박시설 제공을 확보해야 할 질서법상 직무를 부과한다. 이 경우 각 주는 전문가위원회로부터 자문을 받는데, 전문가위원회는 신도박협약의 목적과 관련하여 특별히 학문적 또는 실무상의 경험을 가진 전문가들로 구성된다(제10조 제1항).

각 주는 직무를 자기 스스로, 주들에 의해 공동으로 운영되는 공공기관을 통해, 공법상 법인을 통해 또는 공법상 법인이 직·간접적으로 참가하는 사법상 단체를 통해 수행할 수 있다(제10조 제2항). 전통적 복표는 오직 주들에 의해 공동으로 운영되는 공법상 기관을 통해 개최될 수 있으나(제10조 제3항), 그 밖의 복표 및 당첨의 개최는 특정한 요건하에 허용될 수 있다. 각 주는 신도박협약 제1조의 목적 달성을 위하여 허가된 소재지의 수를 제한할 수 있고(제10조 제4항), 도박에 의한 수익의 상당부분이 공적, 공익적, 교회적 또는 자선적 목적에 사용됨이 보장되어야 한다(제10조 제5항).

(7) 성인오락실(Spielhallen)

신도박협약 제24조에 의하면 다른 인·허가 조건과 상관없이 성인오락실의 설치 및 운영은 동 도박협약에 따른 별도의 허가를 필요로 한다(제24조 제1항).[95] 만약 성인오락실의 설치와 운영이 신도박협약 제1조의

95_ 원래 성인오락실에 관한 규율은 2006년 9월 1일 이전까지 경제법의 한 부분으로서 취급되었다. 이에 기해 독일은 연방 차원에서 입법을 하였고, 영업법(Gewerbeordnung) 제33조 c 이하에서 성인오락실을 규율하였다. 그러나 2006년 9월 1일의 연방제도개혁(Föderalismussreform) 이후 각 주에게 규율권한이 이양되었다. 따라서 이제는 성인오락실에 관한 사항도 신도박협약에서 규율하고 있다. 다만 영업법과 영업법 시행령이

목적에 위배된다면, 허가가 거부될 수 있다(제24조 제2항). 허가는 서면으로 그리고 특정기간에 한해 부여되고, 기타 상세한 사항은 각 주의 시행법에 의한다(제24조 제3항).

성인오락실에 대해서는 그 부작용을 고려하여 각종 제한이 가해질 수 있다. 우선 성인오락실들 간에는 최소한의 간격이 유지되어야 하는데, 최소거리에 관한 기타 상세한 사항은 각 주의 시행법에 의한다(제25조 제1항). 그리고 성인오락실이 공동건물(gemeinsames Gebäude) 또는 복합단지(Gebäudekomplex)와 같이 다른 성인오락실들과 건축상 결합상태에 있는 경우 허가는 부여될 수 없다(제25조 제2항). 마지막으로 각 주는 특정 행정구역 내에 부여되는 허가의 수를 제한할 수 있다(제25조 제3항).[96]

(8) 경 마

경마는 오직 연방법인 「경마 및 복표법」에 따라 허가가 된 경우에 한해 개최되거나 중개될 수 있다(제27조 제1항 제1문).[97] 그리고 독일의 관할관청

신도박협약과 모순되지 않는 한 계속 적용된다.

96_ 그 외에 성인오락실은 건물의 외부를 장식함에 있어서도 제한을 받는다. 즉, 성인오락실 외부의 형상화, 꾸밈을 통해 성인오락실 또는 오락실 내에 제공되는 오락에 대한 광고는 허용되지 않는다. 이 경우 광고가 그것이 기만적인지 어느 정도 자극적인지 여부는 중요하지 않다(Dietlein/Hecker/Ruttig, Glücksspielrecht Kommentar, 362.). 또한 그 밖에 특별히 두드러지는 형상화를 통해 오락에 대한 추가적인 자극이 이루어져서는 안 된다(제26조 제1항). 마지막으로 각 주는 성인오락실에 대해 신도박협약 제1조상의 목적을 이행하기 위해 오락 차단시간을 확정하는데, 이 경우 차단시간을 3시간 이하로 정할 수는 없다(제26조 제2항).

97_ 경마는 연방법인 「경마 및 복표법」(Rennwett- und Lotteriegesetz)에 의해 규율되었으나, 이제는 신도박협약 제27조에 의해서도 부분적으로 규율되기에 이르렀다. 신도박협약의 경마관련 규정의 목적은 타 규정과의 균형 속에 통일적 규율을 하는 것에 있는데, 유럽재판소의 요청을 받아들인 것으로 평가된다. 신도박협약 이전에는 각 주의 스포츠내기에 대한 규율과 연방의 경마에 대한 규율이 서로 충분히 일치되지 않았다. 즉, 2008년 구 도박협약의 적용하에 스포츠내기는 국가가 독점하고 있었던 반면, 경마에 대해서는 종국적으로 영업의 자유가 인정되어 있었다. 2010년 유럽재판소가 판결(Markus Stoß vs Carmen Media)을 선고함에 있어 이러한 모순을 지적하였다. 한편으로는 스포츠내기에 대한 국가의 "독점모델"을 "허가모델"로 전환하면서 해결하고자 하였고, 다른 한편으로는 경마를 위험방지 목적으로 수행하기 위해 과거보다 좀 더 엄격

이 국내에서의 경마내기 또는 국내에서의 경마복표발매기(Totalisator) 운영을 허가했던 경우에 한해 이의 중개도 허가될 수 있다(제27조 제1항 제2문). 허가는 경마의 개최나 중개가 제1조에 의한 신도박협약 목적에 위반되는 경우 거부될 수 있고, 경마의 개최와 중개는 청소년보호의 요청에 위배되어서는 안 되기 때문에 미성년자의 경마참가는 금지되며, 따라서 경마 개최자와 중개자는 미성년자의 참가를 불가능하도록 해야 한다(제27조 제1항 제3문). 인터넷에서 경마 개최 및 중개는 원칙적으로 금지되나(제27조 제2항), 각 주는 신도박협약 제1조에서의 목적을 원활히 달성하기 위해 특정한 요건하에 인터넷상 경마의 개최 및 중개를 허용할 수 있다.

V. 한국과의 비교·평가

1. 계약법적 측면

지금까지 살펴본 독일에서의 사행적 계약관련 법 규정 및 이에 대한 학설·판례를 토대로 한국의 상황과 비교·평가해 보면 다음과 같다. 독일에서는 한국에서와 달리 노름 및 내기계약을 민법상 전형계약의 하나로서 규율하고 있다. 물론 노름 및 내기계약을 통해 구속력이 발생하지 않는다는 원칙을 명문의 규정을 통해 설시하고 있으나, 민법상 전형계약으로 규율함으로써 이들이 그 자체로 선량한 풍속에 반하는 계약이 아니라는 것을 간접적으로 표현하고 있다. 또한 한국에서는 예컨대 "지나친 사행계약", "도박계약"이라는 그 정의도 애매모호한 개념을 관례상 사용하고 있음에 반해, 독일은 도박계약을 포함하는 상위개념으로서 노름계약, 노름계약과 구분되는 별개의 사행계약으로서의 내기계약, 도박의 한 종류로서 복표계약 등 사행적 계약들의 개념을 명확히 설정하고

하게 규율하게 되었다(Dietlein/Hecker/Ruttig, Glücksspielrecht Kommentar, 370).

이들을 체계화하여 규율하고 있다.

그 밖에 사행적 계약에 대한 기본적 가치평가에 있어 큰 차이가 있다는 점을 도출할 수 있다. 앞서 말한 바와 같이 독일법상 노름계약은 결코 선량한 풍속을 위반하는 행위가 아니고, 노름계약에 부수하는 법률행위(예컨대 소비대차)도 결코 무효가 아니라 오히려 유효함이 원칙이라는 점에서, 사행적 계약을 바라보는 한국의 관점에 많은 시사점을 준다고 생각된다. 아직 많은 논의가 없었기 때문이기도 하겠지만 우리의 경우에도 독일과 마찬가지로 ⅰ) 사행적 계약이 완전한 법률효과를 가지는 경우, ⅱ) 선량한 풍속위반에 해당되는 경우, ⅲ) 이러한 양 극단적 사례군에 속하지 않는 그 외의 일반적인 노름을 범주화하여 판단할 필요가 있어 보인다.

2. 형법적 측면

독일과 마찬가지로 한국에서도 도박과 관련된 범죄들을 형법 제246조 이하에서 규율하여 가벌성을 인정하고 있으나, 그 구체적인 내용에 있어서 모두가 동일하지는 않다. 한국 형법 제246조에 따르면 일시적 오락 정도에 불과한 경우가 아닌 한, 도박을 한 사람은 1천만 원 이하의 벌금에 처하고, 상습으로 도박을 한 자는 3년 이하의 징역 또는 2천만 원 이하의 벌금에 처해진다. 이처럼 한국형법은 단순도박과 상습도박행위를 구별하고 있고, 이에 따른 형벌도 단순도박의 경우 벌금형만 부과하고, 상습도박이 인정되어야만 징역형이 부과될 수 있다. 그러나 독일형법은 단순도박과 상습도박의 구분이 원칙적으로 중요하지 않고, 다만 공연한 도박을 인정하기 위한 추가요건으로서 도박의 상습성을 다루고 있을 뿐이다.

그 밖에 기본적 범죄구성요건이 다르다는 점도 주의해야 할 사항이다. 한국형법은 제246조에서 도박가담죄를 기본적 범죄구성요건으로 설정하여 이를 토대로 제247조에서 도박장소의 개설, 제248조에서 복표의 발매와 관련된 범죄를 규정하고 있다. 그러나 독일의 경우 도박가담죄가 아니라 오히려 도박개장죄를 기본구성요건으로 하고 있고, 도박에 가담하는 자는 재산적 손실을 입을 수 있는 잠재적 피해자가 될 가능성이 있음에도 불구하고 독일형법상 처벌되는 이유는 위에서 설명한 바와 같다.

또한 한국형법의 경우 도박장소를 영리의 목적으로 개설한 자를 벌한다고 규정하고 있으나, 독일형법 제284조 이하는 이들이 행정보조적 형벌규범이라는 점을 명시적으로 언급하고 있다. 즉, 행정법상 허가를 받은 도박인지 여부가 형벌을 부과함에 있어 결정적인 역할을 수행한다. 한국에서도 행정법상 허가를 받은 카지노 등은 대개 그 위법성이 조각되겠지만, 이를 명시적으로 언급하고 있지는 않다.

3. 공법적 측면

지금까지 살펴본 독일에서의 도박산업에 관한 공법적 규율, 특히 「도박산업에 관한 주간협약」의 구체적인 내용을 평가해 보면 다음과 같다. 우선 가장 관심을 불러일으킬 만한 부분은 도박산업을 공법상 규율하는 주된 목적 중 하나가 충분한 도박시설을 제공하기 위함이라는 점이다. 즉, 인간은 기본적으로 사행적 존재이고, 국민들은 자연적 의미에서의 도박욕구를 가질 수 있다는 점을 충분히 고려해야 한다는 국가적 의무를 규정하고 있다. 따라서 도박행위와 관련되어 발생할 수 있는 여러 기망행위로부터 안전하고, 법에 따라 통제될 수 있는 대체수단을 국가가 제공해야 한다는 독일에서의 기본적 가치평가가 한국의 상황과 비교될 수 있다고 보인다.

동시에 독일의 도박산업에 대한 공법상 규율이 국민의 도박중독을 예방하기 위한 법적 시도도 포함한다는 점을 유의해야 한다. 도박중독에 대처하기 위해 도박장 내 입장 금지조치에 대한 사항을 상세히 규율하고 있고, 도박중독자에 대한 도박장들 간의 정보교환 및 개인정보보호에 대해서도 명시적 규정을 두고 있다. 또한 국가의 허가를 통해 도박을 개장하는 자라 할지라도 도박중독자 발생을 방지할 의무를 부담하도록 하고, 이를 위해 상당한 사회적 프로그램을 실시해야 함을 규정하고 있다.

4. 규율방안의 제안

결론적으로 독일은 도박을 포함한 노름계약과 내기계약을 민법상 전형계약으로 규율하였고, 이를 기반으로 하여 공법상 논의로 확대하고 있다고 말할 수 있다. 독일제국 시대에서부터 논의가 된 사행적 계약에 대한 학설 및 다양한 판례사례가 현재에 와서는 어느 정도 정리가 되었다고 말할 수 있고, 이러한 민사법적 규율기반 위에 도박 산업에 대한 공법적 규율에 대한 논의가 최근 각 주 간에 활발히 이루어지고 있다고 평가할 수 있는 것이다.

그러나 우리나라의 경우는 사행적 계약에 대해 이렇다 할 법적 논의가 없는 상태에서「사행행위 등 규제 및 처벌 특례법」과 같은 공법적 규율이 먼저 시도되고 있다는 점에 큰 차이가 있다. 또한 관련 민사법적 논의도 도박계약이 무효라는 법률효과를 먼저 정해 놓고 이에 대한 이론적인 기반을 조성하기 위해 선량한 풍속을 위반하는 법률행위의 법률효과를 규정하고 있는 민법 제103조 및 제746조를 제시한 것이라고 볼 수 있다. 하지만 도박을 한 당사자들이 도박계약에 기하여 해당 급부를 청구할 수 없고 그 반대로 이미 도급계약에 기하여 지급한 것을 반환청구할 수 없다는 법률효과를 가져오기 위하여 이를 반드시 도박계약을 선량한 풍속을 위반하는 계약으로 구성할 필요가 없다. 독일민법의 사례에서 이미 검토해 본 바와 같이 사행적 계약을 구속력이 없는 것으로 규정하는 한편, 이미 지급한 것의 반환을 부정하면 될 것이다.

이에 향후 사행적 계약의 합리적인 규율을 위해, 나아가 사행성과 관련되는 각종 산업의 적절한 공법상 규율을 위해 다음과 같은 해결방안을 제시하고자 한다. 우선 선량한 풍속에 반하는 행위로서 도박계약을 다루던 기존의 학설을 갈음하여 독일에서와 같이 불완전채무 내지 자연채무를 발생시키는 계약으로서 사행적 계약을 다루는 것이 해석론적으로 충분히 가능해 보인다. 사행적 계약이 원칙적으로 제103조 위반의 무효가 아니고, 다만 구속력을 발생시키지 않는다는 해석론적 해결방안은 법률효과 측면에서는 동일하다고 할 수 있지만 그 기저에 깔려 있는 근본적 시각이 매우 다르다고 할 수 있다. 즉 사행적 계약은 인간의 도박에 대한 욕구를 충족시키기 위하여 존재하는 것이라는 점, 따라서 이러한 계약은 무효가 아니라는 점, 하지만 그에 기한 청구권은 어느 것이든 구속력을 가질 수 없다는 점을 천명하는 것이다. 사행적 계약을 바라보는 이러한 근본적인 시각의 변화는 후에 새로운 유형의 사행적 계약유형이 논의되거나 이에 대한 공법적 규율이 시도되는 경우 많은 시사점을 안겨 줄 수 있을 것이다. 이러한 차원에서 민법의 규율태도가 그 출발점이 될 수 있다고 생각한다.

더 나아가 앞으로 입법론으로서 사행계약을 무효가 아니라, 구속력이 없고 더 나아가서 사행적 계약에 기하여 이미 지급된 것의 반환도 부정된다는 계약법적 명문의 규정을 신설하는 것이 타당해 보인다. 가장 적절한 개정방향은 민법 안에 이러한 규정을 두는 것이나, 이것이 힘들다고 한다면 「게임산업 진흥에 관한 법률」과 같은 특별법에 명문의 규정을 두는 것도 충분히 가능한 안이라고 생각된다.

참고문헌

곽윤직, 채권각론, 박영사(수정판), 2000.

이은영, 채권각론, 박영사(제3판), 2000.

한국사법행정학회, 주석민법 민법총칙(2) 제4판, 2010.

권지연, "사이버 도박에 대한 소고", 법학연구 12권 3호, 연세대학교 법학연구소, 2002.

김경락, "단순도박을 방조한 상습도박자의 형사책임", 외법논집 제33권 제4호, 2009.11.

이재경, "스포츠토토에 관한 계약법적 고찰", 민사법학 제44권, 2009.

이정훈, "온라인 도박의 형사책임 - 온라인 보드게임을 중심으로", 중앙법학 제6집 제3호, 2004.

정 완, "인터넷도박의 실태와 대응", 경희법학 제41권 제2호, 2006.

진계호, "도박죄에서의 문제점", 형사법연구 제10권, 1997.

Das Bürgerliche Gesetzbuch: Mit Besonderer Berücksichtigung des Rechtsprechung des Reichsgerichts und des Bundesgerichtshofes, Walter de Gruyter, 2000.

Dietlein/Hecker/Ruttig, Glücksspielrecht Kommentar, 2. Auflage, C.H.Beck, 2013.

Enneccerus/Lehmann, Recht des Schuldverhältnisses, 15. Bearbeitung, Tübingen, 1985.

Fikentscher/Heinemann, Schuldrecht, 10. Auflage, 2006.

Fischer, Strafgesetzbuch: StGB und Nebengesetze Kommentar, 55. Auflage, C.H.Beck, 2008.

Gebhardt/Grüsser-Sinopoli, Glücksspiel in Deutschland(Ökonomie, Recht, Sucht), De Gruyter Recht, 2008.

Heck, Grundriß des Schuldrechts, Scientia, 1929.

Laukemann/Junkers, Neues Spiel, neues Glück?, AfP 2000, 254.

Leipziger Kommentar zum Strafgesetzbuch Band 10, 12. Auflage, De Gruyter, 2008.

Martin Henssler, Risiko als Vertragsgegenstand, Mohr Siebeck, 1994.

Motive zum Entwurf eines Bürgerlichen Gesetzbuches, 1888.

Münchener Kommentar zum Bürgerlichen Gesetzbuch Band 5, 5. Auflage, C.H.Beck, 2009.

Rüping, Strafrechtliche Fragen staatlich genehmigter Lotterien, JZ 2005.

Schoene, Zum Begriff "Veranstaltung" i. S. des § 286 StGB, NStZ 1991, 469

Schönke/Schröder, StGB, 27. Aufl. 2006.

Staudinger Kommentar zum Bürgerlichen Gesetzbuch, 2008.

Windscheid/Kipp, Lehrbuch des Pandektenrechts Bd2, 9. Auflage, Literarische anstalt Rütten & Loening, 1906.

2장

온라인게임과 자율규제

정보통신 및 게임 법제에서의 자율규제*

심우민

I. 서 론

정보통신 영역 법제 및 입법을 둘러싼 갈등은 날이 갈수록 더욱 심화되어 가고 있는 양상이다. 이는 우리 일상생활의 모든 영역이 소위 디지털 전환(digital transformation) 시기를 거치고 있음을 뜻하는 것이라고 볼 수 있다. 인터넷 등 네트워크의 활용 범위가 넓어지면서, 자연스레 관련 법제 분야의 중요성도 커지고 있는 상황이다. 모든 일상생활 속에서 네트워크와 연계되지 않은 영역을 찾아보기 힘들 정도로 정보통신 또는 네트워크 기술은 우리의 삶 속으로 매우 광범위하게 스며들고 있다. 기술 환경의 변화는 비단 삶의 양식과 사고방식의 변화는 물론이고, 이와 직접적으로 맞닿아 있는 다양한 법적 문제들을 연출하고 있다. 이에 따라 정보통신법제 연구와 실무 영역은 더욱더 그 중요성이 높아지고 있

---

* 이 글은 정보통신 및 게임 관련 법제분야 입법에서의 자율규제에 관한 이론적 배경 설명을 위하여 작성된 것으로, 심우민, "사물인터넷 개인정보보호의 입법정책", 「헌법학연구」제21권 제2호, 2015; 심우민, "정보통신법제의 최근 입법동향정부의 규제 개선방안과 제19대 국회 전반기 법률안 중심으로", 「언론과 법」제13권 제1호, 2014 의 내용들을 활용하여 작성된 것임을 밝힌다.

는 상황이다.

이는 정보통신 서비스에 근간한 게임 산업의 경우에도 예외는 아니다. 과거 오프라인 중심 시대의 규제 체계로는 유효한 대응에는 어려움을 겪을 수밖에 없는 상황이다. 따라서 현 시점에서는 과거 국가 중심의 입법적 규제체계를 어떻게 하면 새로운 패러다임적 전환에 유효하게 대응할 수 있는 체질로 개선할 것인지 여부의 문제는 매우 중요한 쟁점이라고 할 수 있다. 게임 산업 규제와 관련해서는 개별 법령과 조문별로 다양한 논점들이 존재하는 것이 사실이지만, 이 글에서는 다소 추상적이고 포괄적인 측면에서 현대 게임 산업과 같은 정보통신 영역 법제에 있어 자율규제적 대응이 중요한 이유를 고찰하는 데 초점을 두고자 한다.

과거와는 달리 정보통신망을 통해 서비스되는 게임의 영향력은 과거보다 더욱 크다고 할 수 있다. 따라서 이에 대한 국가적인 규제 필요성 담론 또한 지속적으로 증가하고 있는 상황이다. 그러나 입법적인 규제의 방식은 상당부분 변모될 필요가 있는데, 그 이유는 규율 대상의 행위 기반이 오프라인 중심 사회와는 현격하게 달라졌기 때문이다. 오프라인 중심 사회에서는 특정 규율 대상자의 의도와 이를 표출하는 행위를 직접적으로 규제함으로써 규제 또는 입법의 취지를 효과적으로 달성할 수 있었지만, 오늘날과 같이 네트워크화된 사회에서 과거와 같은 규제는 오히려 논쟁과 혼선을 가중시킬 수밖에 없다. 이는 특히 네트워크의 개방성 및 연결성과 깊은 연관성을 가진다. 즉 한 지점을 규제하더라도 다른 지점을 통해 역기능은 그 생명력을 유지할 수 있다고 표현할 수 있는 상황이다.

따라서 이 논문에서는 정보통신 법제영역에서 왜 자율규제가 중요성을 가지는지의 문제[1]를 중심으로 게임 산업 규제에 있어 자율규제가 가지는 의의와 시사점을 제시해 보고자 한다.

1_ 사실 정보통신 영역에서의 자율규제의 중요성을 강조하는 연구들은 상당수 존재한다. 그러나 이 글에서는 필자의 아키텍처 규제론의 함의를 중심으로 살펴보고자 한다.

II. 규제모델 검토

인터넷 등 네트워크를 둘러싼 규제 방식은 다양한 차원에서 논의될 수 있다. 우선 가능한 규제방식들을 총괄적으로 개관하고, 정보통신 영역의 규제의 방점이 어떻게 이동하고 있는지에 대해 논구하기로 한다.

1. 경성법 규제모델

규제의 전통적인 방식은 입법부에 의해 법제화된 법률(경성법) 등에 기반을 두고 수행되는 방식이다. 이러한 규제 방식은 그 절차적 정당성의 확보와 강제력 있는 규범의 창출이라는 점에서 장점이 있다. 즉 이 방식은 일반적으로 논해지는 법을 통한 규제를 의미한다. 민주주의 원칙에 부합하는 것이라고 한다면, 전통적인 경성법적 규제는 기존 오프라인 공간에서 보장되어 왔던 기본권(표현의 자유, 개인정보자기결정권, 평등권 등) 보장과 관련하여 네트워크상에서도 다양하게 정당화 및 활용될 여지가 있다.[2] 네트워크가 현출하는 공간에 대한 국가의 법규범 적용이 용이하지 않은 경우도 있을 수 있지만, 이것이 전통적인 방식의 규제가 쓸모없다는 것을 의미하는 것은 아니다.

반면 전통적 규제에 있어 일반적으로 언급되는 한계들로는 다음과 같은 것들이 있다.[3] 첫째, 실정법 규정을 입안·제정하는 입법기관들(국회 및 정부)은 이에 필요한 충분한 '기술적' 지식을 가지고 있지 못한 경우가 많다. 따라서 이들은 기업 및 로비스트들로부터 영향받을 위험이 있다. 둘째, 입법에 기반한 규범적 접근이 현실로부터의 규제 요청들을 충족

2_ Neil Weinstock Netanel, "Cyberspace Self-Governance: A Skeptical View from Liberal Democratic Theory", 88 *California Law review*, 2000, 452면 이하.

3_ Rolf H. Weber, *Regulatory Models for the Online World*(Kluwer Law International, 2002), 59면.

시키지 못하는 경우, 이러한 법률들은 시장 참여자들을 설득하지 못하게 됨으로써 그들의 행위를 규제하는 데 실패할 가능성이 높아진다. 셋째, 민주적 입법 절차는 일반적으로 많은 시간이 소요되기 때문에, 규범이 현실의 기술 발전의 속도를 따라가지 못하는 경우가 발생할 수 있다. 나아가 법규범은 시장과 같이 탄력적이지 않기 때문에 더욱 그러하다. 이러한 이유에서 시장의 실패를 조정하기 위한 전통적 경성법 규제는 종종 의문시되고 있으며, 많은 경우에 있어 '규제의 실패'를 의심받을 만한 상황에 있음을 부인할 수 없다.

2. 국제적 협력 규제모델

인터넷 커뮤니케이션은 기본적으로 국경을 넘나드는 광범위한 연결성이라는 네트워크 속성에 기반을 두고 있기 때문에 세계적 수준의 규제구조 설정의 필요성을 노정하곤 한다. 국제법적 기본 구조를 창출하려는 시도는 단순히 전 세계를 대표하고자 하는 어느 일개 국가의 입법적 노력과 시도로는 성공할 수 없다. 국제적 규제는 많은 국가들의 협력적인 노력을 요구하기 때문에, 이러한 접근은 적어도 인터넷 등 네트워크 공간에 접근할 수 있고 이를 활용하는 시민들이 존재하는 국가들 다수가 규범 제정절차에 어느 정도 개입할 여지가 있는 경우에만 실현될 수 있다.[4]

그 성질이 어떠하건 간에 국제법적 규칙을 승인하는 특정 국가의 동의는 당해 국가의 재량권 및 주권에 대한 제한을 의미한다. 이러한 제한은 동일한 규범이 다른 국가에도 적용될 수 있고, 그와 같은 법률관계로의 진입이 문제해결에 도움을 주는 경우에 실현될 수 있다. 이러한 이유로, 오늘날 국제적 규범이 이전보다 더 확대될 것으로 예측된다. 예를 들어, 인터넷의 발전은 국가 간 개인정보의 저장 및 유통을 현격히 증가

4_ Klaus W. Grewlich, *Governance in Cyberspace*(Kluwer Law International, 1999), 25면.

시키고 있으며, 이에 따라 개인정보 국외이전 및 이와 관련한 개인정보 자기결정권 보장의 문제가 불거지고 있다. 이러한 상황은 사업의 영역을 국제적으로 확장하고 있는 각종 클라우드 서비스뿐만 아니라, 구글 및 각종 SNS(Social Networking Services) 등과 같은 정보통신서비스 제공자들의 영향력이 확대되면서 더욱 진지하게 논의되고 있다.

그러나 개별적 국제규범은 실제적인 적용범위가 모호할 뿐만 아니라, 어느 한 국가의 입법기관이 그것을 국내법적으로 수용하는 데 있어서의 복잡성으로 인하여 어려움이 발생한다. 나아가 사이버 공간에서의 법적 시스템의 한계와 관련된 난점들의 경우 참여국들의 가치 창출과정에서 발생할 수 있는 실체적 차원(사회적 가치 또는 문화 등)의 차이점들을 고려한다면, 이러한 차이는 전 지구적 맥락에서는 더욱 심화될 수도 있다. 즉 개별 국가들의 정치적 현실과 국익을 위한 또 다른 차원의 저항과 난관들은 극복하기 어려운 측면이 있다.[5]

3. 연성법 규제모델

정보통신 분야에서 자주 회자되고 있는 방식인 자율규제는 '보충성의 원칙'을 따르는데, 이는 특정 공동체의 참여자가 스스로 적절한 해결책을 발견하지 못하는 경우에만 정부가 개입할 수 있다는 의미를 가지며, 따라서 사회가 자율적으로 해결책을 강구해 나간다면 입법(경성법)적 개

5_ 물론 역사는 법의 일반 원칙이 가치적으로 차별성을 가지는 국가들 사이에서도 발전되어 왔음을 보여 주기에 국제적 차원의 규범형성 가능성을 전적으로 간과하기에는 힘든 측면이 있다. 예를 들어, 로마법은 만민법(ius gentium)으로 인식되었는바, 법원들은 로마 일반법의 적용이 부적절하거나 관련 외국법을 발견하지 못한 경우, 이를 로마 제국의 시민이 아닌 외국인에게 적용하였다. 11세기 이탈리아 도시들의 중세 상인들은 교역 및 다른 상거래에 적용되는 관습적인 법규로 구성된 소위 상인법(lex mercatoria)을 발전시킨 바 있다. 17세기에 그로티우스(Hugo Grotius)는 고래의 전통에 영향을 받은 국제법의 근대적인 몇몇 원칙들을 발전시켰다. 또한 이미 19세기에 각국 정부는 (우편, 통신, 해상, 지적재산권과 같은) 특정한 문제들은 그 국가들 간의 거래를 용이하게 할 일반적 규범이 요청되었다.

입은 자제될 필요가 있다. 이러한 맥락에서 보자면, 공법적 메커니즘은 사법(私法)적 자치의 윤곽을 설정해 준다는 점에서 자율규제의 기초적 형태를 보여 준다.[6] 원칙적으로 자율규제는 그것이 법률을 통한 국가 규제보다 그 목적달성에 있어 효과적인 경우에 정당성이 인정되는 경향이 있으며, 또한 이런 맥락에서 사적 영역이 스스로 처리할 수 있는 사안에 대한 경성법적 규제는 사회적 손실이 될 가능성이 높다.[7]

법형식적 측면에서 보자면, 이러한 자율규제 방식은 소위 연성법(Soft Law)이라는 관념의 발전을 추동하고 있다. 즉 자율규제의 실현과 관련하여 법의 새로운 개념, 즉 실제적인 법 규범과 법 규범이 아닌 것 사이의 무엇인가를 의미하는 '연성법'의 다양한 형태가 등장하고 있다. 그럼에도 불구하고, 연성법이라는 용어는 아직까지 명백한 개념적 범위와 신뢰할 만한 내용을 가지고 있지 못하다. 일반적으로 이는 실정법 규범에 근접한 사회학적 관념이자, 특정한 행위기대를 추구하는 수범자들에게 수용성이 높은 행동규칙이라고 설명될 수 있을 것이다. 최근에는 정부 부처들이 제시하는 「가이드라인」, 「지침」 등의 형태가 연성법이라고 평가받는 경우가 있지만, 이러한 것들이 연성법의 모든 유형들을 포괄하는 것은 아니다.

자율규제의 일반적인 필요성 및 장점으로는 사회적 필요와 기술적 변화의 높은 수용성 및 반응성, 자율적 인센티브를 통한 효과적 동기부여,

---

6_ Henry H. Jr. Perritt, "The Internet is Changing the Public International Legal System", 88 *Kentucky Law Journal*(1999-2000), 892면.

7_ 일반적으로 자율규제는 두 가지 다른 개념으로 구분해 볼 수 있다. 첫째, 사적인 연합체 혹은 단체들이 자신들의 행위를 제약하는 문제에 대해서 스스로 결정한다는 취지를 가지는 개념이 있다. 둘째, 정부에 의해 설정되는 구조 내에서 형성되는 개념의 일환으로, 이러한 형태는 때때로 국가감독 자율규제(audited self-regulation)라 불린다. Llewellyn J. Gibbons, "No Regulation Government Regulation, of Self-Regulation: Social Enforcement or Social Contracting for Governance in Cyberspace", 6 *Cornell Journal of Law and Public Policy*(1997), 509면 이하; Klaus W. Grewlich, 앞의 책, 291면 이하. 일반적으로 국가적 수준의 규제에 있어 일반적으로 논의되는 것은 후자이다.

규제비용 절감, 민주적인 당사자 의견반영 등이 언급되고 있다.[8] 이에
더하여 가장 주목할 만한 사항으로, 경성법적 규제와 관련하여 연성법
적 기준들은 해석상 광범위한 재량이 허용된 실정법 규정들을 해석하는
데 도움을 줄 수 있을 뿐만 아니라, 이는 종국적으로 입법의 내용 구성에
영향을 미치기도 한다. 매우 빠른 변화를 보여 주고 있는 규제지형 속에
서 이러한 자율규제의 속성은 입법정책결정에 관해 상당한 시사점을 던
져 준다.

   자율규제 메커니즘이 가지는 단점 및 역기능 역시 간과되어서는 안
된다. 이는 주로 사적 규칙의 제정절차 및 강제가능성과 연관되어 있
다.[9] 첫째, 자율규제 규칙 제정은 국가적 차원의 입법절차와는 달리 일
부 참여자들만이 그 규칙의 창출, 감독 및 집행에 있어 중요한 정보와 자
원들을 활용하는 반면, 다른 참여자들은 단지 거수기로서의 역할만 수
행하는 경우가 종종 발생한다. 둘째, 자율규제 메커니즘은 일반적으로
법적 용어와 판단양식에 구속되지 않기 때문에, 그러한 자율적 규칙은
단지 이를 승인한 사람들에게만 적용 가능한 경우가 많다. 따라서 자율
규제의 준수 요청은 국외자(outsider) 또는 묵시적 순종자(dark sheep)의
문제를 야기하며, 그러한 국외자의 수가 많아질 경우 당해 자율규제 체
제는 그 정당성을 상실할 위험이 있다. 셋째, 자율규제는 인접 시장과의
관계에서 보호 수준의 비형평성은 물론이고 관련 기준들 간의 상충을
야기할 수도 있다. 넷째, 특정 집단의 참여자들은 자율규제 구조를 특정
한 절차에 따르지 않고 파기하기로 결정할 수 있어 불안정적이다. 다섯
째, 자율규제의 가장 현실적인 문제는 국가적으로 설정된 규제구조가
아니기 때문에 그 강제절차가 비비하다는 점이다.

   이러한 자율규제 메커니즘의 문제점들에도 불구하고, 정부규제가 확
립되기 어려운 사안과 영역에서 자율규제가 효율적이고도 유연한 장점
을 가진다는 점이 경시되어서는 안 된다. 그러므로 자율규제는 온라인

8_ Klaus W. Grewlich, 앞의 책, 324-325면.

9_ Henry H. Jr. Perritt, 앞의 글, 923면.

에서의 법적 문제들을 다루는 적절한 단계적·전략적 수단이 될 수 있다는 점에 유의할 필요가 있다.

4. 아키텍처 규제모델

네트워크에 대한 법적 규제의 구조의 형성에 있어 '기술적 환경', 달리 말하여 아키텍처(architecture)[10]를 진지하게 고려해야 할 필요성이 점차 진지하게 받아들여지고 있다. 1998년 조엘 라이덴버그(Joel Reidenberg)에 의해 수행된 최초의 이론적 시도는 '정보법(lex informatica)'이라 불리는 프레임의 개발이었고,[11] 몇 년 후 로렌스 레식(Lawrence Lessig)은 특히 미국에서 주된 논쟁 주제가 된 '코드(Code)에 기반을 둔 규제'라는 개념을 제시하였다.[12]

'정보법'이라는 개념으로 구체화된 라이덴버그의 이론적 목표는 기술에 기반하여 정보 정책에 관련한 규칙들을 형성하는 것이었다. 정보법은 정책결정자가 이해해야만 하는 '기술', 그리고 커뮤니케이션 네트워크상의 정보의 소통(흐름)을 확보하기 위한 일련의 '규칙'들로 구성되어 있다.[13] 정보법은 네트워크 시스템 구성에 있어 두 종류의 실체적인 규칙적 요소, 즉 '기술 표준에 내포된 불변의 정책'과 '기술 구조에 내포된 유연한 정책'이 존재한다. 따라서 정보법은 다양한 기술적 메커니즘을 통해 상황 적합성을 가지는 규제를 형성할 수 있도록 해 준다.[14] 또한 이

10_ "아키텍처"는 자연적으로 존재하는 물리적 구조와는 달리 인간의 의도에 의하여 설계되고 구축된 구조를 의미한다. 그러나 이는 단순히 인간적 의지의 투영 대상으로만 존재하는 것이 아니라, 그 자체가 행위의 영역적·물리적 한계를 설정함으로써 인간 행위를 규제하는 요인으로 작용한다. 심우민, "인터넷 본인확인의 쟁점과 대응방향: 본인확인 방식과 수단에 대한 아키텍처 규제론적 분석", 「법과 사회」 제47호, 2014, 217면.

11_ Joel R. Reidenberg, "Lex Informatica: The Formulation on Information Policy Rules in Cyberspace Through Technology", 76 *Texas Law Review*(1998), 553면 이하.

12_ Lawrence Lessig, *Code and Other Laws of Cyberspace*(New York: Basic Books, 1999).

13_ Joel R. Reidenberg, 앞의 글, 555면.

러한 견지에서 정책결정자의 관심은 원칙적으로 기술적 구조 또는 아키텍처의 발전에 영향을 미칠 수 있는 접근방법들로 연결된다.[15]

코드에 기반을 둔 규제이론은 주로 로렌스 레식에 의해 개발되어 왔다. 레식에 따르면 인간의 행위는 법률, 시장, 사회규범 및 아키텍처라는 네 가지 규제 가능성 사이의 복잡한 상호관계에 의해 규제된다고 한다.[16] '법률', '시장' 및 '사회규범'이라는 용어는 이미 모든 사회에서 친숙하고 잘 알려진 개념들이다. 네 번째 규제요인인 '아키텍처'는 레식에 의해 물리적 현상, 자연 및 기술이 결합된 강제수단으로 설명된다. 그는 개인의 행위규제를 위와 같은 네 가지 강제력(강제가능성)의 측면에서 볼 필요가 있다고 설명한다. 특히 아키텍처는 네트워크 가상공간이 개인들에게 어떠한 생활공간으로 정립될 것인지를 결정하는 역할을 한다.[17] 이러한 아키텍처가 바로 레식이 주장하는 '코드'를 의미한다. 이러한 코드의 강제력은 자기실행적이고, 참여자들의 특정한 간섭 없이 적용되는 특성을 가진다. 결과적으로 레식은 코드가 법률이 과거에 그러했던 것보다 더욱 효율적이고도 보이지 않는 방식으로 규제목적을 달성할 수 있다고 생각한다.[18]

단순한 기술적 구조를 넘어, 코드 또는 아키텍처에 기반을 둔 규제는 상당부분 법 규범(규칙)에 의해 영향을 받는다는 점에 유의해야 한다.[19]

14_ Joel R. Reidenberg, 앞의 글, 577-580면.

15_ 라이덴버그는 세 가지 실질적인 주제로서 콘텐츠, 개인정보, 지적재산권을 정보법적 접근의 구체화된 예시로서 분석하였다. 그는 콘텐츠 등급 및 분류 설정 기준, 그리고 개인정보 및 사생활 보호기준의 방식으로서 인터넷 콘텐츠 선별기준(Platform for Internet Content Selection: PICS)를 예시적으로 제시한다. 그리고 지적재산권 등의 통제수단으로서의 웹캐싱(web caching)과 신뢰시스템(trusted system) 사례를 언급한다. Joel R. Reidenberg, 앞의 글, 558면 이하.

16_ Lawrence Lessig, 앞의 책, 88면.

17_ Lawrence Lessig, 앞의 책, 67면, 70면, 87-89면.

18_ 법적 규제와 아키텍처 규제의 차이점에 대해서는 심우민, "정보통신법제의 최근 입법 동향: 정부의 규제 개선방안과 제19대 국회 전반기 법률안 중심으로", 「언론과 법」 제13권 제1호, 2014, 88면 이하를 참조할 것.

19_ Lawrence Lessig, 앞의 책, 93면.

이러한 법의 영향과 관련하여, 레식은 정부가 코드의 구조 또는 내용을 특정 방향으로 유도 및 설정할 수 없거나, 그렇게 하지 않게 되는 경우, 상업거래가 통제기능을 압도하게 되는 것을 우려한다. 따라서 그는 코드가 공공정책의 반영물이 될 필요가 있다고 주장한다. 레식은 시민사회와는 달리 기업환경에서는 견제와 균형의 존재가 받아들여지지 않는다고 판단한다.[20] 이 점에서, 레식은 자유주의적 관점에 기초하여 비판을 제기하면서, 분석적이고 이론적인 접근으로부터 정치적(헌법적) 판단으로 전환한다. 따라서 레식의 접근방법은 외관상 다음과 같이 해석될 수 있다. 가장 합법적인 정치기구가 아키텍처 위계질서의 최상위에 위치하여야 한다. 왜냐하면 코드라는 아키텍처의 결정은 시장의 가치보다는 정치적 가치를 내포하여야 한다고 보기 때문이다.[21]

이상과 같은 라이덴버그와 레식의 접근은 모두 기술적 구조, 즉 아키텍처의 구조설정(설계) 책임을 궁극적으로 누가 부담할 것인가의 문제를 야기한다. 이는 아키텍처 규제의 민주적 정당성에 대한 논란을 의미한다. 바로 이 지점에서 아키텍처를 모종의 규제적 방향으로 유도하는 법규범의 기능이 주목받게 된다.

III. 정보통신 아키텍처와 자율규제의 상호 조응

당연한 이야기지만, 정보통신 영역에서의 입법논의를 위해서는 네트워크를 통한 소통을 가능하게 해 주는 기술적 요인, 즉 아키텍처에 주목하지 않을 수 없다. 그러나 좀 더 구체적으로 이러한 기술적 요인들을 어떻게 이해하여 규제 논의에 반영할 수 있을지에 대해서는 학술적 차원에서 진지한 성찰이 부족한 실정이다. 앞서 규제모델을 논하면서 아키텍처라는 기술적 요인에 대해 논했지만, 현재 대부분의 입법적 규제

20_ Lawrence Lessig, 앞의 책, 207면.
21_ Lawrence Lessig, 앞의 책, 59-66면, 220면.

에 관한 논의는 과거에 논해 왔던 전통적인 법적 규제 수단 및 대상에 추가적으로 포섭되고 있다는 정도로 진행되고 있다. 물론 이러한 관점이 전적으로 잘못된 것이라고는 할 수 없지만, 좀 더 발전적인 정보통신 법제에 관한 논의를 위해서는 이러한 기술적 요인들을 법적 규제 담론 속에서 어떻게 수용할 수 있을 것인지에 대해 재차 숙고해 볼 필요성이 있겠다.

1. 아키텍처 규제의 속성

(1) 기술 - 사회 공진화론

종래 규범학으로서의 법학은 기본적으로 사회 쟁점들을 중심으로 구성되어 온 법규범 자체에 분석의 초점을 맞추고 있다. 법은 사회적으로 상정할 수 있는 다양한 규제요인(시장, 제도, 도덕 및 윤리 규범 등)들 중 가장 핵심적인 수단으로서의 지위를 부여받아 왔다. 그러나 정보통신 기술의 발전은 이러한 상황에 상당한 변화를 불러일으키고 있다. 즉 빠르게 변화 및 발전하고 있는 정보통신 기술은 사회적 차원의 거래 및 소통 양식을 전면적으로 변화시킴으로써, 인간 행위의 새로운 규제요인으로 등장하고 있다.

이 지점에서 고려할 수 있는 것이 바로 기술-사회 관계론이다. 이러한 논제는 바로 '기술결정론'과 '사회구성론' 간의 입장차이로 구체화된다. 기술결정론은 기술의 자생적 발전에 강한 신뢰를 보이며, 이러한 기술의 발전에 힘입어 사회가 변화한다는 입장이다. 이에 따르면, 사회적 변화 · 발전은 기술적 발전의 종속변수에 불과하게 된다. 이와 반대로, 사회구성론은 기술이 사회적인 필요에 따라 고안 및 구성된다는 견지에서 사회적 발전을 기술적 발전의 선행요인으로 판단한다. 이에 따르면 기술적 발전은 사회적 변화 · 발전의 종속변수가 된다.[22]

22_ 심우민,『정보사회 법적규제의 진화』(한국학술정보, 2008), 29-34면.

그러나 이러한 대립은 어디까지나 이론적 차원에서의 문제라고 평가할 수 있겠다. 기술적 요인이 중심인가 사회적 요인이 중심인가 하는 대립은 무엇이 진실인가 여부를 떠나, 실제 현실에 있어 매우 복합적인 양상으로 나타나고 있다. 때로는 급격한 기술적 발전이 사회 현실의 변화를 추동하기도 하지만, 또 다른 경우에는 사회 현실의 변화가 기술적 변화를 요구하기도 한다. 궁극적으로는 기술과 사회의 상호 관계는 무엇이 선재하느냐라는 관점을 넘어서서, 상호 영향 속에서 동시적으로 발전하는 경향성을 가진다. 이것을 우리는 '기술-사회 공진화론'이라고 부른다.[23]

현재 활용되고 있는 정보통신 관련 규제 사항들을 확인해 보면, 사실상 기존에 형성되어 온 법적 규제들을 일부 변형 및 확대하는 차원에서 해소 가능한 경우가 대부분이다. 이는 정보통신 기술의 발전에 기반하고 있는 네트워크상에서의 법률문제가 결코 기존 오프라인에서의 법률문제와 괴리될 수 없음을 보여 주는 단면이다. 즉 이러한 사실은 법규범이 기본적으로는 인간과 인간 사이의 관계를 그 출발지점으로 하기 때문에, 네트워크를 기반으로 발생하는 법률문제도 기존 논의의 연장일 수밖에 없다는 사실을 보여 준다.

그러나 또한 분명히 간과할 수 없는 상황 중 하나는 과거의 법적 규제 관점으로는 해소될 수 없는 문제점들이 서서히 나타나고 있다는 점이다. 기술-사회 공진화론을 견지할 때, 기존의 규제적 관점을 유지하는 수준에서의 논의는 기술이 현출하는 아키텍처와 기성의 법규범 간의 상호작용을 통한 선순환 구조를 '규범-고착적'으로 폐쇄시키는 현상을 발생시킨다. 즉 전통적인 법적 사고의 유지를 주축으로 하는 규제 관념으로 모든 것이 귀결되고 만다. 따라서 빠르게 변화하는 아키텍처의 상황을 법적 규제에 반영할 수 없게 되는 경우가 발생한다. 적어도 이러한 측면에서 정보법학은 기존의 전통 법학과의 차별성을 가진다.

23_ Mark Warschauer, *Technology and Social Inclusion: Rethinking the Digital Divide* (MIT, 2003) 및 김상욱 · 김숙희, "정보기술과 사회 공진화의 동태적 메커니즘과 정책적 함의", 「한국 시스템다이내믹스 연구」 제7권 제2호, 2006 참조.

(2) 법적 규제와 아키텍처 규제

법적 규제는 현대사회에서 과거와는 일부 차이를 가지는 형식과 내용을 가지는 경우가 발생하고 있기는 하지만, 일반적으로 상정되고 있는 법적 규제의 전형은 자유주의 모델에 입각해 있다고 할 수 있다.[24] 이에 입각하여 전통적인 법적 규제의 특징들을 정리해 보면 다음과 같다. (i) 규제적 측면에서의 법이라고 한다면 실정화된 법규범을 의미한다. 법은 일반적으로 실효성을 확보할 수 있는 제재를 수반한다. 이를 통해 인간의 선호(preferences)를 제한한다. 이는 여타의 사회적 규범이 사회적 인정이나 동기부여와 같은 비형식적인 방법으로 인간의 행위를 정향 짓는 것과는 차이가 있다. (ii) 통상 법적 규제는 사실(사안)이 발생한 이후에 그에 대해 책임을 묻는 사후적인 방식으로 적용되는 경우가 많다. 민사적, 형사적 제재는 사실이 발생한 이후에 이를 근거로 부과된다. (iii) 법적 규제가 정당화되기 위해서는 그 법의 제정절차 및 규제 내용을 수범자들이 인식해야 할 필요가 있다. (iv) 법적 규제는 그것이 대상으로 하는 구성요건과 그 법적 효과를 문장으로 기술한다는 측면에서 비교적 단순한 형식을 가진다.

근대사회 이후 인간의 외적 행위와 내적 동기를 규제하는 방식으로 법(규범)을 주로 고려해 왔다. 그러나 인간의 행위와 동기를 특정한 방향으로 규율하는 것은 비단 실정화된 법적 규제 이외에도 다양한 방식이 있을 수 있다는 사실이 최근 들어 재차 조명받고 있다.[25] 이러한 상황적 변화의 근저에는 네트워크에 기반한 정보통신 기술의 발전이 존재한다. 정보통신 기술의 발전은 인간의 자유를 촉진시켜 주는 방식으로 기능하기

24_ 웅거는 근대 자유주의적 의미의 법 개념을 '법질서(legal order)' 또는 '법체계(legal system)'라고 부른다. 그에 따르면 자유주의 관념하에서의 법은 공공성(publicity), 실정성(positivity), 자율성(autonomy), 일반성(generality)을 가진다고 설명한다. Roberto Unger, *Law in Modern Society: Toward a Criticism of Social Theory*(Free Press, 1977); 김정오(역), 『근대사회에서의 법: 사회이론의 비판을 위하여』(삼영사, 1994), 67면.

25_ 이러한 맥락의 저술로는 Richard H. Thaler & Cass R. Sunstein, *Nudge Improving Decisions about Health, Wealth and Happiness*(Yale University Press, 2008)가 있다.

도 하지만, 반대로 인간의 자유를 제한할 수 있는 매우 유용한 수단으로 기능하기도 한다. 특히 오늘날과 같이 네트워크 기술에 기반한 소통이 매우 급격하게 확산되고 있는 상황에서, 기술적 요인을 동원한 규제는 더욱더 중요한 논제로 떠오르고 있다. 즉 기술은 인간 자유의 촉진을 매개하기도 하지만, 그 역으로서의 기능도 수행한다. 바로 이 지점에서 앞서 언급한 아키텍처 규제(architectural regulation)의 관점이 부각된다.

아키텍처 규제라는 표현은 다소 은유적인 것으로 사회적 자원 및 장치들의 구조 설정을 변경함으로써 인간의 행위를 제약하는 방식을 의미한다. 예를 들어, 인종차별을 금지하는 형식적 법조문은 법적 규제를 의미하지만, 이러한 규정에도 불구하고 흑인 거주지역과 백인 거주지역 한가운데에 도보로 횡단할 수 없는 도로를 건설하는 것은 아키텍처 규제의 일면을 보여 준다. 이러한 규제는 다음과 같은 특성을 가진다. (ⅰ) 아키텍처 규제도 기본적으로는 법적 규제와 마찬가지로 인간의 행위에 영향을 미치려고 한다는 점에서는 유사하지만, 제재가 아니라 행위를 위한 아키텍처를 형성함으로써 선택(choices)을 제한한다. (ⅱ) 아키텍처 규제는 현재적인 제한 요인으로서 기능한다. 예를 들어 이웃집에 무단으로 들어가는 행위는 그러한 사실이 발생한 연후에 법적 책임을 지게 되지만, 문의 잠금장치와 같은 아키텍처 규제는 지금 현재로서 무단 침입을 방지하는 규제로서 기능한다. (ⅲ) 아키텍처 규제는 그것을 정당화하기 위한 절차가 필요 없으며, 심지어는 그러한 절차 및 공표가 없는 경우에 규제 목적을 효과적으로 달성할 수 있는 경우가 많다. (ⅳ) 아키텍처 규제는 사회적 자원 및 장치들에 구조적 변경을 가하여 인간 행위를 정향 짓는 것이기 때문에 매우 다양한 형식을 가질 수 있으며, 또한 국가가 이를 지원하게 되면 그 규제의 범위와 영향이 더욱 넓어질 가능성을 가지고 있다.

이상과 같은 특성으로 인하여, 사회적으로 논란이 발생할 수 있는 민감한 사안들일수록 규제를 원하는 이들은 아키텍처 규제방식을 선택할 가능성이 높다. 그 이유는 규제를 위하여 입법 시 요구되는 숙의 절차를 거칠 필요가 없는 경우가 많으며, 심지어는 이를 통해 매우 효과적인 규제를 달성할 수도 있을 것이기 때문이다. 그러나 아키텍처 규제가 증가할 경우, 결국 사회적인 규제가 과거와 같이 입헌주의적 통치질서 속에서 작동하는 것이 아니라, 기술적 전문지식을 가진 일부 테크노크라트(technocrat) 또는 이들에게 실질적인 영향력을 행사하는 이들(사업자)에 의해 통치되는 상황이 발생할 가능성이 높다. 즉 민주적 정당성이 몰각될 수도 있다. 따라서 이러한 규제에 대해서는 그 투명성을 확보할 수 있는 절차적 규제가 무엇보다도 중요하게 대두된다. 따라서 정보통신 영역에서의 입법논의를 위해서는 아키텍처 규제의 관점을 명확히 확인해 둘 필요가 있다.[26]

2. 네트워크 아키텍처와 법적 규제

아키텍처, 즉 네트워크는 각 사회 주체들 간의 소통을 기술적으로 매개하는 기능을 한다. 정보통신 기술은 아키텍처로서의 네트워크를 구성하는데, 바로 이 지점에서 정보법학적 차원의 고려는 아키텍처의 성격과 구조를 명확히 하는 데에서 출발할 수밖에 없다.

인간과 인간, 기술과 사회의 소통적 매개체로서의 네트워크의 가장 현실적이고 대표적인 모습은 오늘날 일상화되어 있는 인터넷이다. 인터넷은 당초 미국이 국방 목적으로 고안해 낸 알파넷(Advanced Reserch Project Agency Network: ARPANET)에 그 기원을 두고 있다. 이 네트워크는 기본적으로 한 끝단의 최종 이용자와 다른 끝단의 최종 이용자를 연결시킨다는 이상에 입각하여 설계되었다(End-to-End 원칙). 이를 기반으로 수많은 최종 이용자들이 연결되어 결국 그물망 같이 구성된 네트워크가 형성된다.

이러한 네트워크 구성을 위해 전제되어야 하는 것은 바로 이용자 간 소통의 자유이다. 이러한 소통의 자유는 다른 표현으로 '개방성'과 '연결성'이다.[27] 네트워크의 개방적이고 연결적인 성격은 오늘날 인터넷에 많

26_ 이상의 내용들은 심우민, "사업장 전자감시 규제입법의 성격", 「인권법평론」 제12호, 2014의 일부 내용들을 수정·보완하여 소개한 것이다.

은 사람들이 천착하게 되는 가장 핵심적인 요소다. 소통의 개방성 및 연결성을 통해 과거에는 생각할 수도 없었던 다양한 혁신적 사고들이 탄생하고, 이러한 것들이 우리 일상생활에 영향을 미치기 때문이다. 따라서 네트워크상에서의 표현 및 소통에 대한 규제는 개방성과 연결성을 제약하는 속성을 가지고 있으며, 이는 네트워크의 발전이 가져다준 혁신성의 통제를 의미한다. 물론 공익적 목적상 필요에 의해 혁신성을 제약할 수 있는 것은 당연하다. 다만 이러한 제약은 네트워크 또는 인터넷 활용의 이점을 그만큼 감축시킬 수 있다는 점을 반드시 고려할 필요가 있다.

결과적으로 네트워크의 아키텍처 규제로서의 특수성은 바로 End-to-End 원칙에서 찾을 수 있다. 그런데 문제는 End-to-End 원칙이 법의 형성 및 적용에 있어서도 규범적 원리로서 원용이 가능한지 여부이다. 그러나 이러한 원칙은 네트워크 구성에 관한 사실적인 원칙을 의미하는 것이라고 보는 것이 더욱 타당할 것이다. 다만 이는 인간 소통의 연결성과 개방성을 확보할 수 있게 해 주고, 그 결과 '혁신'을 가능하게 해 준다는 의미를 가지고 있다. 이러한 혁신의 원천이 가급적 아키텍처 내부에 유지될 수 있도록 해 주는 것이, 향후 인간을 위한 네트워크의 지속적인 발전을 담보할 수 있게 해 줄 것이다. 따라서 네트워크 규제를 고려할 때 별다른 진지한 고려 없이 아키텍처의 조종, 더 정확하게는 법을 통한 직접적인 규제를 생각하는 것은 그다지 바람직한 방식이 아니라고 판단한다.

3. 규제 패러다임의 전환: 아키텍처와 자율규제

오늘날 정보통신 환경은 사람 및 사물들 간의 소통이 '네트워크'를 통해 매개된다는 점에서, 과거의 법적 규제와는 다른 환경을 더욱 극명하

27_ 이러한 인터넷 네트워크의 개방성 등과 관련한 기술적 내용은 인터넷의 운영, 관리, 개발을 담당하는 IETF(Internet Engineering Task Force)의 RFC(Request for Comments)1958에서 확인 가능하다. IETF, *RFC1958: Architectural Principles of the Internet*, June 1996 참조.

게 노정하고 있다. 즉 과거에는 규제의 궁극적 대상이 되는 목적이나 의도가 개별 주체(의지)의 측면에만 존재했기 때문에, 상당수의 법적 문제는 이들 주체 또는 당사자 간의 관계에 초점을 맞추어 판단하면 되는 것이었다. 그러나 사물인터넷 등 네트워크가 전면화된 상황에서는 네트워크 구조 그 자체에 특정한 목적 또는 의도가 개입될 수 있는 상황이기에, 과거의 법적 판단의 구조에 더하여 이 지점에 대한 고려가 요구된다. 이를 그림으로 정리하자면 다음과 같다.

[그림 1] 현실공간의 법적 규제구조 변화

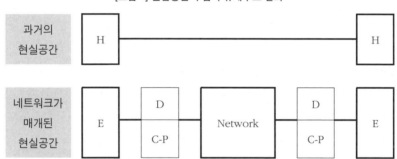

* 주: H=Human, E=End, D=Device, C=Content, P=Platform

위 그림에서 볼 수 있는 바와 같이, 과거 현실공간의 법적 규제에 있어서는 당사자 관계 이외에 고려해야 할 요인들이 그리 많지 않았다.[28] 반면 네트워크가 전제된 현실공간에서는 당사자 관계 이외에도 다양한 인위적 의도와 목적들이 네트워크 아키텍처를 통해 개입해 들어갈 수 있다. 따라서 사물인터넷에 관한 법적 규제를 의도하는 경우에는 이에 대한 고려가 필수적으로 요구된다고 할 수 있다.

그런데 기본적으로 네트워크는 단대단(End-to-End) 원칙에 근거하여

28_ 과거 현실공간의 물리적 환경(아키텍처)도 인간 행위에 대한 규제요인으로서 영향을 미칠 수 있는 것은 사실이지만, 이러한 공간적 고려는 이미 우리시대 법규범에 상당부분 고려되어 있다고 볼 수 있어, 일반적인 경우에 있어서는 물리적 환경에 내재된 별도의 의도 또는 목적을 염두 할 필요는 없을 것이다.

설계되어 있다는 점에 주목해야 한다. 즉 인터넷은 최종 이용자에서 다른 최종 이용자까지 무수한 지점들을 연결시킨다는 이상에 입각하여 설계되었으며, 인터넷이라는 혁신적 발전도 바로 이러한 원칙에 근거를 두었기에 가능한 것이었다. 그러나 각종 통제 및 이윤 창출을 위하여 이 네트워크 공간의 규약인 프로토콜(protocol)과 그 구조는 충분히 변경 가능하고, 그러한 개입의 여하에 따라 인간의 행위는 규제를 받게 된다. 즉 네트워크 공간은 용이하게 변경 및 개입이 가능하며, 그러한 개입은 기본적으로 단대단 원칙이 가지는 개방성과 연결성을 일부 차단함으로써 이루어진다.

상호 연결 및 개방되어 있는 환경에서의 인위적인 통제와 개입은 그 환경적 특성으로 인하여 역설적이게도 의도한 바와는 달리 과도하고 광범위한 통제에 도달할 가능성이 높다. 따라서 이러한 개입에 있어서는 세심한 주의가 필요하다. 또한 보다 근원적으로는 네트워크 아키텍처의 규제 방향성을 유도할 수 있는 헌법 가치적 지향점 설정을 사회적 담론 과정에서 사전에 명확히 할 필요가 있다.

현재 한국사회의 정보통신 기술의 활용 상황과 현실을 감안할 때, 다소 정도의 차이는 있을지라도, 입법적 개선이 필요하다는 사실에 대해서는 충분한 공감대가 형성되어 있다고 평가할 수 있다. 그렇다면 그것은 어떠한 변화여야 하는가?

필자는 입법적 개선의 필요성을 인정한다고 할지라도, 이를 과거와 같이 법문의 일의적 변경 및 개념 재설정을 통하여 단기간 내에 해결할 수 없을 것이라고 판단한다. 입법의 문제에 있어서는 입법자들의 입법 단계에서의 형량 문제뿐만 아니라, 입법 결과로 탄생한 법(령) 등의 해석·집행·적용 과정에서의 형량 문제도 고려하여야 한다. 특히 해석·집행·적용 과정에서의 형량 논의를 피할 수 없는 것은, 어떠한 실정법 규정이건 간에 해석이 필요할 수밖에 없다는 다소 법이론적인 논의는 별론으로 하더라도, 그러한 형량에 있어 현장 전문성이 법의 운용에 있어 요구되기 때문이다.[29] 다른 영역의 법률들도 마찬가지이겠지만, 정보

통신분야와 같은 전문적 기술 이해가 요구되는 규제 영역의 경우 더욱
더 그러한 현장 전문성이 필요하다고 할 수 있을 것이다. 이러한 측면에
서 모든 사항들을 입법을 통해 해결하기보다는 해석적 운용이 가능한
영역에 있어 현장 전문성을 투영[30]할 수 있는 자율규제적 방안들을 선제
적으로 모색해 보는 단계적 접근이 중요하다고 판단한다.

IV. 결론을 대신하여

우리 「헌법」 제37조 제2항이 상정하고 있는 기본권 제한입법의 법리
에 의하면 기술적 아키텍처라는 특수성을 가지는 게임 관련 산업영역도
확장 추세에 있는 영향력 등을 감안한다면 충분히 규제의 대상이 될 수
있는 것은 당연하다. 그러나 무턱대고 규제 입법을 서두르거나 선제적
인 예방보다는 기술 응용과 사회 내 자율적 개선을 유도할 수 있는 입법
정책의 운영이 필요하다. 즉 게임 및 그 산업 영역에 대한 규제 대안을
모색함에 있어서는 다소 전략적인 입장을 견지해야 한다.

현재와 같은 디지털 전환의 맥락은 규범적인 측면에서 그 불확실성을

29_ 특히 이와 관련해서는 "코드(CODE)"라는 용어의 중의적 의미를 강조하면서, 규범적
규제요인과 더불어 기술적 차원의 규제요인도 고려해야 한다는 레식(Lawrence
Lessig)의 주장을 음미해 볼 필요가 있다. Lawrence Lessig, *Code: And Other Laws of
Cyberspace, Version 2.0* (Basic Books, 2006); 김정오 역, 『코드 2.0』(나남, 2009),
139면 이하 참조. 또한 이와 관련해서는 다소 초기의 논의라고는 할지라도 라이덴버
그(Joel R. Reidenberg)의 정보법(lex informatica) 논의도 참조할 수 있을 것이다.
Joel R. Reidenberg, "Lex Informatica: the Foundation on Information Policy Rules
in Cyberspace through Technology", *Texas Law Review* 76, 1998도 참조해 볼 수 있
을 것이다.

30_ 급속한 기술적 변화와 현장 전문성을 반영하기 위한 입법전략으로 위임입법 등의 방
식도 고려해 볼 수 있을 것이지만, 이 또한 의회에서 제정한 법률과 마찬가지로 실정
규정에 기반한 적용상 일반성과 형식성을 가지고 있는 것이기 때문에, 궁극적으로 현
대적인 개인정보 보호 문제 해결을 위한 대안으로서 기능하는 데 역부족인 측면이 있
다. 다만 자율규제적 접근방식을 통해 정립된 구체적 판단기준들을 추후 법률뿐만 아
니라 이러한 위임입법에 반영하는 것은 크게 무리가 없을 것이라고 판단한다.

더욱 높여 주고 있는 상황이기 때문에, 이와 관련한 법적 규제를 단편적으로 강화하게 되면 새로운 변화에 대응할 수 있는 사회의 자체적인 역량을 퇴보시킬 뿐만 아니라, 결국 사회 내 개인들은 자신들의 실질적 행위를 규제하는 아키텍처의 의미를 이해하기보다는 편의적인 법적 규율을 선호하게 될 것이다. 이는 더 나아가 기술의 창의적 발전보다는 법적 형식과 요건에의 부합성을 중시하게 되어, 네트워크가 가지고 있던 개방성과 연결성이라는 이점을 몰각시키는 결론에 도달하게 된다.

사실 현실적으로 보자면, 자율규제라는 용어의 의미가 좀 모호한 측면이 있는 것이 사실이다. 그러나 자율규제는 말 그대로 스스로 자체적인 규율을 행사하거나 그렇게 하도록 유도하는 것을 의미하는 것이지, 어떠한 규율적 개입을 배제해야 한다는 의미가 아니다. 사안에 처한 개인 및 집단의 자체적인 판단 및 대응, 그리고 그 과정을 통해 네트워크 사회의 규범적 지향점을 형성해 나가는 것이 자율규제가 가지는 진정한 의미이다. 이러한 자율규제는 매우 빠른 변화와 발전 양성을 보이는 네트워크 환경에서 불가피하게 증가할 수밖에 없는 규범적 공백에 효과적으로 대응할 수 있는 방안이라고 할 수 있다.

이러한 자율규제적 대응이 선행되고 그 과정에서 규범적 대응의 지향점에 어느 정도의 컨센서스가 구축되고 나서야 비로소 국가의 입법 개입이 필요한 것인지를 판단할 수 있을 것이다. 단순히 역기능이 존재한다는 사실만으로 자율적 대응의 기회를 박탈하는 것은 사실상 규범적 지향에 대한 공감대 형성의 기회를 배제하는 것과 다르지 않다.

오히려 지금 국가 및 입법자들이 해야 하는 작업은 기술과 시장의 정확한 변화의 맥락이 무엇인지를 차분히 추적해 가면서, 다층적인 영향력에 관한 정보를 수집하는 것이다. 이러한 작업이 전제되어야만, 국가 및 입법자들은 불가피하게 법적 규제가 필요하다고 판단하게 될 때 가장 최적화된 입법대안을 제시할 수 있게 될 것이다. 법적 개입의 필요성에 대한 명확한 근거와 설득 없이 표면적인 역기능을 이유로 만들어지는 법적 규제는 말 그대로 표면적인 현상만을 규율하게 될 뿐이다.

자율규제와 소비자법적 보호의 함의*
─ 게임, 특히 웹보드게임의 분야에 있어서 ─

심우영

Ⅰ. 들어가는 말

2015년을 기준으로 우리나라는 중국, 미국, 일본에 이어 국가별 게임 수익 4위에 해당하는 게임산업 강국이며, 게임산업 역시 콘텐츠산업에 있어서 55%가 넘는 수출비중을 차지하는 중요산업 중의 하나이다. 하지만 아이러니하게 최근 게임업체 수는 2010년 2만여 업체에서 1만 4천여 업체로 30% 가까이 감소하였으며(2014년 기준), 이 중에서도 웹보드게임 분야에 있어서는 2012년과 비교하였을 때 3년 만인 2015년에 5,000억원의 매출감소가 나타나는 등의 위기론이 대두되고 있다.[1] 이러한 위기의 원인에는 여러 가지의 복합적인 사항이 있겠지만, 다른 나라들에 비해 강력하고 엄격한 규제 행위도 이러한 위기의 한 원인이라 할 수 있다. 특히 2011년에 사회적으로 뜨거운 이슈가 되었던 강제적 셧다운 제

---

* 본고는 2017년 3월 31일 국회의원회관에서 개최된 "웹보드게임 소비에 대한 보호 어디까지?"를 주제로 한 토론회에서 발표한 논문을 보완·수정한 것이다. 의미 있는 토론과 많은 조언을 해 주신 분들, 익명의 심사위원들께 감사의 말씀을 전한다.

1_ http://www.dt.co.kr/contents.html?article_no=2015122202101431102001(최종방문일: 2017년 3월 31일) 참조.

도나, 2014년에 도입된 웹보드게임 규제는 우리나라 게임산업 성장에 큰 영향을 미쳤다고 할 수 있다.

국내 게임산업은 정부가 게임산업을 문화 사업으로 인식한 이래, 2006년에 「게임산업진흥에 관한 법률」을 제정하는 것을 시작으로 하여 본격적인 진흥과 활성화가 가능할 것이라 예상되었다. 그러나 법안이 시행되기 전에 '바다이야기' 사건이 사회적 이슈로 나타나고 게임산업에 대한 인식은 게임의 창의성과 다양성을 위한 자율의 활성화보다 통제나 규제가 보다 중요하게 여겨지게 되었다.[2] 이는 현재 시행되고 있는 (강제적, 선택적) 셧다운 제도나 웹보드 게임규제 외에도 쿨링오프제나 청소년 이용게임물에 대한 사후 심의제, 게임중독법, 강제적 셧다운제 강화 및 게임업체 매출 1% 징수 등의 규제도입이 시도되었다는 사실에서 미루어 짐작할 수 있다. 그럼에도 불구하고, 위 규제들의 실효성 여부[3]와 정부의도와는 다르게 게임산업이 위축되고 있다는 지적, 국제적으로도 게임시장에 대한 규제패러다임이 변화하고 있다는 점에서 엄격한 정부규제가 과연 효과적, 효율적인가에 대한 의문이 제기되었다. 이에 따라 일방적인 정부의 규제정책보다 기술발달과 시장경제의 주축인 사업자가 규제형성의 주체로 떠오르기 시작하였으며, 이들이 행하는 자율규제방식이 타당하다는 지적이 설득력을 얻기 시작하고, 중요한 사회적 이슈로 논의되고 있다.

이에 본 논문에서는 정부가 게임산업 시장을 규제하는 것으로 달성하고자 하는 사회·정책적 목적이 과연 소비자인 게임 이용자의 권리를 진정으로 보호하는 데 효율적이고 적합한가의 여부를 검토해 볼 필요가

2_ '바다이야기' 사건 외에도 온라인게임에 빠져 갓난아이를 방치해 아사하게 한 부부 사건과 같이 게임과 관련한 일련의 사회적 이슈는 게임에 대한 부정적 여론과 함께 게임중독 및 이용 제한에 대한 논의를 촉발하고, 소위 4대중독(술, 도박, 마약, 게임)으로까지 지정되면서 국가가 관리해야 하는 대표적인 영역으로 인식되었다.

3_ 특히 강제적 셧다운제의 경우 실효성이 없음이 이미 태국(2003년 도입, 2005년 폐지), 중국(2007년 도입, 2008년 폐지)을 통해 증명되었음에도 불구하고 우리 게임산업분야에 있어서는 여전히 유효하고 중요한 규제부분으로 인식되고 있다.

있다는 점에서, 우선 규제의 개념과(Ⅱ), 규제형태(정부, 공동, 자율)를 살펴보고(Ⅲ), 자율규제가 가지는 정당성 및 특징(Ⅳ)을 바탕으로, 구체적 사례적용으로서 게임분야에서의 자율규제가 가지는 소비자법적 함의(Ⅴ)를 검토한다.

Ⅱ. 규제의 개념

규제의 의미에 대해서는 시대별, 사회별로 약간의 차이가 있다. 그러나 일반적인 또는 강학상의 규제는 중립적인 권력적 실체가 상대방의 특정 선택행위를 의도적으로 제약하는 것 또는 어떤 목표와 관련하여 일정한 규범에 따라 상대방의 특정 선택행위를 감독, 통제하는 것을 의미하거나,[4] 개인이나 집단의 행동 내지는 형태를 변화하게 하는 것을 목적으로 하는 정부의 정책수단 또는 간섭으로 본다.[5] 그러나 사회가 복잡, 다단해지고 변화와 발전 속도가 빨라지면서, 규제의 개념과 행위주체에 대한 전환이 나타나기 시작하였다. 이에 전통적인 규제와 새롭게 변화된 규제의 의미를 살펴보면 다음과 같다.

1. 전통적 의미

전통적 형태의 규제로서 명령·통제식 규제는 규제자가 어떠한 행위는 금지되고 어떠한 행위는 인정되는지 등의 규칙을 정하고, 피규제자가 이러한 규칙여부를 제대로 준수하는지 감시, 통제하는 것을 의미한다. 즉 전통적 의미의 규제는 규제자의 강제적 제재를 통한 집행으로서, 정부(내지는 국가)가 규제자로서 독점적인 명령·통제권을 가지고, 피규제자는 이에 순응하여 정책이 진행되는 단순한 인과관계만을 형성한다.

4_ 김영훈, 「규제행정의 이론과 실제」(선학사, 1995), 12면 참조.

5_ 이민영, "인터넷 자율규제의 법적 의의", 저스티스 통권 제116호(2010.4), 136면 참조.

그러나 이러한 전통적인 규제는 (i) 해당 규제 사안에 대한 규제자의 불충분한 지식으로 인한 지식·정보의 실패가 발생하게 되고, 이는 (ii) 불필요하게 복잡하고 경직된 규제자의 규제행위(과잉규제)에 따른 규제도구의 실패, (iii) 적합하지 않은 규제집행으로 인한 이행실패, (iv) 규제자와 피규제자의 담합으로 인한 실패(포획이론) 등의 문제점으로 이어지면서, 새로운 형태의 규제 필요성이 요구되기 시작했다.[6]

2. 새로운 규제

전통적인 규제의 문제점 및 한계를 극복하기 위해 나타난 새로운 규제형태는 정부가 일방적인 규제자라는 패러다임에서 정부와 사회, 사회와 시장, 시장과 정부와의 관계를 고려하는 관계패러다임으로 변하였다.[7] 즉 정부가 개별적이고 다양한 관점에서 시장과 함께 규제활동을 조절·제어하는 보다 유연한 규제형태가 나타나게 된 것이다. 이에 따르면, 규제라는 동일한 용어를 사용하지만, 전통적인 규제와는 달리 일방적으로 정부가 시장을 규제하는 것이 아니라, 정부는 시장이 자율적으로 운영될 수 있게 지원·부양하기만 한다. 그리고 부정적인 내·외부 요소로 인해 시장의 자율적 기능이 위험에 처하거나, 이러한 요소로 시장이 실패하게 되는 경우에만 비로소 제어행정을 통해 시장에 근접하여 회복시킨다는 것이다.

3. 규제의 범위

일반적, 포괄적인 의미로서 전통적 규제는 정부가 규제자로서 개인

6_ 전통적 규제에서 나타난 문제점에 대해서는 홍성수, "규제학 ─ 개념, 역사, 전망", 안암법학 제26호(2008.4), 385면 이하 참조.

7_ 전통적 규제국가의 명령·통제 패러다임의 변화에 대하여는 성봉근, "제어국가에서의 규제", 공법연구 제44집 제4호(2016.6), 231면 이하 참조.

및 법인 등의 활동에 개입하여 특정목적(규제목적)을 달성하는 것을 의미한다. 그러나 정부의 개입은 매우 광범위하게 해석될 여지가 있기 때문에, 그 규제강도 여부에 따라 협의의 규제와 광의의 규제로 다시 구별할 필요가 있다.[8]

협의의 규제는 정부가 특정영역을 설정하고, 해당 행위를 영위하고자 하는 피규제자에게 일정한 요건을 지정하여 이에 대한 준수여부에 따라 그 행위를 허용하거나 동의 또는 수인하는 것으로 적법, 적합한 규제활동을 하는 것을 의미한다. 즉, 자율규제기구가 행하는 규제활동이나 규제자로서 정부가 행하는 일상적인 정책활동으로서 민간에 영향을 미치는 모든 규제활동은 협의의 규제에 해당하지 않는 것이다.

반대로 광의의 규제는 정부가 규제자로서 행하는 모든 정책활동뿐만 아니라, 정부가 승인한 민간기구에 의해 이루어지는 규제행위에 이르기까지 그 범위를 확장한 것으로 이해할 수 있다. 이러한 의미에서 광의의 규제는 어떤 사건에 대해 영향을 미치는 의도적인 행위라고 정의되기도 하는데, 이는 결국 규제의 기준을 정하고 그 기준을 따르는지 감시하고 그것을 처벌하는 모든 체제로 보는 것이다. 법률의 형태가 대표적이라 할 것이며 대부분의 정부 간행물들 역시 정부규제의 핵심이 될 것이나, 이 외에도 국가법이 아닌 비공식적 규칙 역시 규제에 포함되는 것으로 본다.[9]

그러나 최광의의 규제개념으로서 어떤 사건의 흐름에 영향을 미치는 모든 체계를 규제로 보는 견해도 있다.[10] 이에 따르면 규제를 정의하는 데 있어서 규칙에 근거한 체계나 규제의 의도성, 감시와 집행체계 등은 더 이상 필수적인 요소에 해당하지 않으며, 피규제대상이나 규제의도가 없는 규제자의 간접적인 행위까지 전부 포함된다. 따라서 규제기구의

8_ 이에 대해서는 최승필, "규제완화에 대한 법적 고찰 — 인·허가 및 신고, 등록제도와 네거티브 규제를 중심으로", 공법학연구 제12권 제1호(2011.2), 317-318면; 이혁우, "규제의 개념에 관한 소고", 행정논총 제47권 제3호(2009.2), 338-339면 참조.

9_ 이에 대해서는 홍성수, 전게논문, 381면 참조.

10_ 이에 대해서는 홍성수, 전게논문, 382면 참조.

의도하지 않은 효과나 시장의 구조적 효과, 인터넷의 구조, 법적 도그마틱의 간접적이고 의도하지 않은 효과뿐만 아니라 문화나 사회규범의 사회적 효과 등이 모두 규제영역에 포함된다.

4. 검 토

규제란 피규제자가 행하는 어떠한 행위에 영향을 미치는 의도적인 규제자의 행위라고 정의할 수 있고, 규제제도란 이러한 규제의 기준을 정하고 그 기준을 따르는지 감시하며, 필요한 경우에 피규제자를 처벌하는 모든 체계라 할 것이다. 따라서 정부(국가)나 공공기관에 의해 집행되는 법, 이들이 발행하는 공적 문서가 대표적인 규제제도라 할 수 있고, 정부나 공공기관이 대표적인 규제 주체가 된다. 그러나 규제의 개념이나 규제제도, 행위 주체가 정부행위, 정부규칙에만 한정되면, 실제 사회경제질서에 영향을 미치는 여러 요소들이 간과되어 균형있는 통찰이 불가능하게 되고 효율적인 규제활동이 저해될 수 있다. 따라서 정부규제뿐만 아니라, 피규제자를 규제하는 비공식적인 규칙 역시 일종의 규제제도로 이해하여야 한다. 또한 정부나 공공기관뿐만 아니라 정부로부터 규제기관으로 인정받은 기구(기관) 내지 피규제자의 자체적, 자율적인 규제형성기구도 규제 주체로 보아야 할 것이다.[11]

Ⅲ. 규제모델의 형태

규제모델은 규제를 만들어 내는 주체 또는 이를 행사하는 주체, 즉 규제자가 정부(국가)인가, 민간인가, 혹은 정부와 민간 모두인가에 따라 정부규제, 자율규제, 공동규제로 구분할 수 있다.

11_ 다만, 규제를 사건의 흐름에 영향을 주는 모든 요소들을 다 포함하는 것은 지나치게 넓게 이해하는 것으로 적절한 균형이 요구된다는 견해로 홍성수, 전게논문, 382면 참조.

1. 정부규제

(1) 개 념

정부규제란 공공행정이 공익실현을 위하여 일정한 규범에 따라 상대방의 사적 행위를 감독, 통제하는 것[12] 또는 바람직한 경제사회의 구현을 위하여 정부가 시장에 개입해서 사업자뿐만 아니라 개인의 행위까지 제약할 수 있는 것[13]을 말한다.

다만 이와 관련하여, 규제행위는 행정주체가 특정한 행정목적을 달성하기 위하여 피규제자인 행정객체의 일정분야에 대한 진입제한 내지는 활동통제를 의미하는 것이고, 따라서 정부규제보다는 행정규제라는 용어가 더 보편적이라고 해석하는 견해도 있다.[14] 이에 따르면 정부규제는 행정으로만 한정되며, 행정주체가 일방적으로 규제를 행하고 모든 책임을 담당하면서 시장과의 관계에서 강한 규제를 행사할 수 있게 된다.[15]

또한 위 견해와는 달리, 정부는 법체계를 보호하는 궁극적인 책임이 있고 법적 조치만을 취할 뿐이며, 규제의 권한은 사법당국에 있다는 점에서 정부규제를 단순히 행정규제로 축소하지 않는 견해도 있다.[16]

뿐만 아니라, 정부규제라는 용어에 대한 직접적인 정의를 하고 있는 것은 아니지만, 규제의 전통적 형태인 명령·통제식 규제를 국가의 법적 규칙에 의한 규제 형태라고 보는 견해도 있다.[17] 이에 따르면 명령·통제식 규제는 국가가 어떤 행위가 금지되고 허용되는지에 대한 규칙을 정하고 규칙준수여부를 감시하고 강제적 제재를 통해 집행을 하는 특징을 가진다.

12_ 김영훈, 전게서, 12면 참조.
13_ 최병선, 「정부규제론: 규제와 규제완화의 정치경제」(법문사, 2003), 18-27면 참조.
14_ 이러한 정의로 이민영, 전게논문, 137면 참조.
15_ 성봉근, 전게논문, 239면 참조.
16_ 이러한 견해에 대해서는 황승흠, "인터넷 콘텐츠 규제에 있어서 법제도와 사업자 자율규제의 결합에 관한 연구", 공법학연구 제9권 제4호(2008.11), 265면 참조.
17_ 이러한 견해에 대해서는 홍성수, 전게논문, 383면 참조.

우리 법령에 정부규제에 대한 정의 내지 규정은 존재하지 않는다. 다만, 행정규제기본법 제2조 제1항 제1호는 국가나 지방자치단체가 특정한 행정 목적을 실현하기 위하여 국민의 권리를 제한하거나 의무를 부과하는 것으로서 법령 등이나 조례·규칙에 규정되는 사항을 행정규제라고 명시하고 있다.[18]

각각의 견해에 있어서 차이는 있으나 종합하면 정부규제란, 정부가 공권력을 바탕으로 하여 민간의 자유로운 활동을 특정한 방향으로 강제하는 것이라고 정의할 수 있다.

(2) 규제대상

정부규제는 규제 대상에 따라 경제적 규제와 사회적 규제로 구분될 수 있다.

경제규제란 시장이 가지는 본래의 기능이 실현되지 않아 발생한 문제를 해결하기 위해 규제가 불가피하게 요구되는 경우에 행해지는 것으로, 이때의 규제대상은 특정 산업으로 제한된다.[19] 보통 신규사업의 진입 및 퇴출, 요금결정, 시장범위를 다루고 있는바, 법령에 따라 정부가 특정업종에 대한 시장진입의 허용여부, 설비, 제품, 수량, 가격 등에 대한 경쟁제한조치 및 그 대상조치 모두를 포함한다.

그러나 정부규제가 특정 산업에만 국한하여 행사되지는 않는다. 정부규제는 소비자가 구매하는 재화와 용역의 안전성 및 품질, 판매자가 공여하는 정보의 정확성, 생산과 연관되어 나타나는 사람과 환경의 영향의 문제에 이르기까지 다양한 분야와 규제내용이 존재할 수 있고, 이러한 분야에 미치는 정부개입을 사회규제라고 한다.[20] 이러한 사회규제는

18_ 다만, 행정기본법상 행정규제 개념과 유사하게, 특정한 행정목적을 달성하기 위해 국가 또는 지방자치단체가 공권력으로 국민의 권리를 제한하거나 의무를 부과하는 것이 정부규제라고 보는 견해도 있다; 현대호, 「자율규제 확대를 위한 법제개선 연구[Ⅰ]」 (한국법제연구원 연구보고, 2010.4), 19면 참조.

19_ 김영훈, 전게서, 13면 참조.

20_ 김영훈, 전게서, 82면 참조.

주로 경제활동에 뒤따르는 부수적 작용인 물리적 위험이나 장애의 제거 뿐만 아니라, 교육, 고용에서의 차별, 종교, 예술활동, 종족, 성에 관계되는 관행 등으로까지 확대된다.

보통 규제 대상에 있어서는 경제에 대한 규제주의적 개입과 회사나 소비자와 같은 경제적 행위자에 초점을 맞추는 경향이 있으나, 규제정책은 경제에 한정되지 않고 그 이외의 다양한 영역에서 다루어지는 것이다.[21]

2. 공동규제

(1) 개 념
1) 국제기구상의 공동규제 개념
경제협력개발기구(OECD)는 공동규제를 협력적 공동규제로 이해하면서, 사적 당사자가 법률의 범위 내지 법적인 근거 내에서 스스로 규제하는 활동을 하는 것이라고 본다.[22] 또한 유럽경제사회위원회(EESC)는 공동규제를 "공동체의 입법기관에 의하여 통과된 법이 입법기구에 의하여 정의된 목적 달성을 해당 분야에서 승인된 당사자(예컨대 경제운영자, 사회적 파트너, 비정부기구 또는 협회)에게 맡기는 메커니즘"으로 정의하고 있다.[23]

2) 우리나라에서의 공동규제 개념
우리나라에서는 공동규제시스템을 협력적 공동규제체계[24] 또는 정부영역과 민간영역이 상호 협력하는 규제시스템[25]으로 보고 있다. 정부와

21_ 이러한 예로 불법행위법, 형법, 국제법 등 각 법률에서도 규제대상을 다루고 있을 뿐만 아니라, 친밀성의 영역, 재생산영역, 사이버공간, 정부, 의회 등에도 규제대상이 존재한다; 홍성수, 전게논문, 381면 참조.

22_ OECD Report, Alternatives to Traditional Regulation, 2016.3, p.35.

23_ European Economic and Social Committee, The Current State of Co-Regulation and Self-Regulation in the Single Market, EESC Pamphlet Series, 2005, p.11.

24_ 최경진, "인터넷과 자율규제", 스포츠와 법 제16권 제2호(2013.5), 195면 참조; 이에 따르면 바람직한 규제체계로 협력적 공동규제체계를 언급하면서 기본적인 방향에 대해 제시하고 있으나, 구체적인 설계에 대한 연구는 추후 논의되어야 한다고 보고 있다.

민간의 공동규제시스템을 자율규제와 사실상의 동의어로 보는 이러한 견해는 민간영역에서 규제필요성을 자각하여 스스로 규제하는 것도 가능하겠지만, 이러한 자발적 자율규제는 단지 이상적인 것에 불과할 뿐이고, 법제도와 전적으로 무관한 자발적인 순수 자율규제는 현실적으로는 불가능하다고 본다.[26]

한편, 공동규제라는 용어를 사용하지 않지만 강한 행정규제와 약한 자율규제의 절충형에 해당하는 규제된 자기규제라는 것으로 공동규제를 설명하는 견해도 있다.[27] 이에 따르면 정부규제와 자율규제의 중간정도에서 시장의 자율기능을 확보해 주는 것이 적절한 시장의 성격이나 상황을 만드는 것이고, 행정주체와 시장이 상호 소통하면서 규제의 기준이나 규제행위 등에 대하여 결정하게 되는바, 그것이 바로 규제된 자기규제라는 것이다. 즉, 규제된 자기규제하에서 정부는 시장에서 행해지는 자율규제가 제대로 이루어지고 있는가의 여부를 감독하면서 최소한도의 규제를 하는 절충적 입장으로, 규제기준의 타당성이나 운영의 적정성에 대해 보고받고 감시, 평가한다. 그리고 그 결과 자율규제가 제대로 이루어지지 않는 경우에는 자율규제에 대한 위임을 최소화하거나 철회하고, 필요에 따라서는 자율규제단체를 교체하거나, 자율규제기준에 대한 시장과 공동으로 수정작업을 하여 시장을 제어한다.[28]

(2) 분 류

공동규제를 분류함에 있어서 그 기준을 정부규제(법적 규제)와 자율규

25_ 황승흠, 「인터넷 자율규제와 법」(커뮤니케이션북스, 2014), 24-25면 참조.

26_ 이러한 견해에 대해서는 황승흠, 전게논문, 263면 참조. 이와 유사하게 자율규제는 완전한 자유로서 국가로부터 벗어나 국가의 영향과는 아무런 관계없이 존재하는 것이 아니라, 그 반대로 국가가 해결하여야 하는 공적 과제를 위하여 국가에 의해 선택·이용되는 정책적 수단이라는 견해로 이민영, 전게논문, 139면 참조.

27_ 이 견해에 대한 소개로는 성봉근, 전게논문, 239-240면 참조.

28_ 이는 행정주체나 시장 등의 서로 다른 규제자들이 상호작용을 통해 각각을 규제하는 방식으로 이를 메타규제라고 하기도 한다; 성봉근, 전게논문, 239면 참조.

제가 결합되는 경우에 자율규제 주체의 자율성이 어느 정도인가로 판단하는 견해가 있다.[29] 이에 따르면, (ⅰ) 명령적 자율규제(mandated self-regulation), (ⅱ) 승인적 자율규제(sanctioned self-regulation), (ⅲ) 조건부 강제적 자율규제(conditional enforced self-regulation), (ⅳ) 자발적 자율규제(voluntary self-regulation)로 분류된다.[30]

이와 달리, 공동규제를 광의로 이해하여, 공적 목적이나 공익 달성을 위하여 고안된 협조적 형태의 규제라고 이해하려는 견해도 있다.[31] 이에 따르면 협조는 공공기관과 시민사회 간에 이루어지는 관계를 의미하고, 이러한 광의의 정의를 통해서 세계 각국의 다양한 법규정의 관점에서 정치적, 행정적 목적을 추구하는 데 사용되고 있는 다양한 형태의 공동규제를 포괄할 수 있다고 한다. 이러한 광의개념의 정의를 통해, 공공기관과 민간분야의 요소가 어느 정도로 결합하는지에 따라 다양한 공동규제 형태가 나타날 수 있다.

3. 자율규제

(1) 개 념

자율규제에 대한 인식과 규제 근거는 근대에서부터 찾을 수 있다. 근

29_ 이러한 견해에 대해서 자세한 문헌으로는 이민영, 전게논문; 황승흠, 전게논문의 내용을 참조.

30_ (ⅰ) 명령적 자율규제는 민간영역이 정부가 정의한 범주 안에서 스스로 규범을 만들고 이에 강제하도록 요구받는 방식으로서 정부가 가장 적극적으로 개입하는 방식이다. (ⅱ) 승인적 자율규제는 정부의 승인하에 민간영역 자신이 스스로를 규제하는 방식이다. (ⅲ) 조건부 강제적 자율규제는 민간영역이 스스로 규제를 형성하고 이에 따를 의무를 부과하지만, 만약 이를 위반하면 법에서 정해진 규제를 강제당하는 방식이다. (ⅳ) 자발적 자율규제는 정부의 적극적인 개입이 없는 형태의 방식이다. 이와 같은 분류는 프라이스와 버헐스트(Price & Verhulst)에 따른 구분으로서 이러한 구분이 자율규제의 현실적인 측면을 잘 드러내고, 법제도와 자율규제의 결합양상에 대한 분석틀에 잘 들어맞는다고 평가하는 견해로 황승흠, 전게논문, 266-267면 참조.

31_ 최유성 외, "공동규제(Co-regulation) 활용방안에 관한 연구", KIPA 연구보고서(2008-02), 44면 참조.

대 경제학에 가장 큰 영향을 끼친 애덤 스미스는 자신의 저서인 국부론에서 자본주의 시장 메커니즘을 의미하는 '보이지 않는 손'을 언급하고, 시장의 자유로운 기능과 경쟁원리에 기반한 자유주의경제 사상의 시초를 제공하였다. 그럼에도 불구하고, 자율규제를 정의함에 있어서 공동규제와 구분하여 단독으로 정의내리는 문헌은 많지 않으며, 일반적으로는 공동규제를 분류함에 있어서 정부(법)와의 관계를 통해 발생하는 규제형태의 하나로서 파악하고 있다. 즉, 공동규제에 있어서 정부(법)의 영향이 전혀 미치지 않는 형태가 자율규제에 해당하게 되는 것이다.

이러한 관점에서 자율규제는 공동규제의 부종에 해당한다고 볼 수도 있으나, 자율규제를 기본적으로 순수한 민간영역에서 자율적으로 이루어지는 규율에 해당하는 것이고 여기에서 그 나름의 의미나 의의를 찾을 수 있다는 견해도 있다.[32] 이 견해에 따르면 자율규제는 그 자체로서의 역할이 존재하는 것은 물론이고, 자율규제와 정부규제가 결합된 공동규제의 바람직한 역할을 구체화하기 위해서 자율규제는 순수한 민간영역의 자율적·자발적 규제를 의미한다고 본다. 즉 전통적인 정부규제에 민간영역이 적극적으로 참여하고, 정부가 이에 대한 적극적 협력과 지원을 하여 공적 규제의 합리성과 효율성을 증진시키는 규제방식으로서의 자율규제 개념과는 구별하는 것이다.

또한 규제 주체(규제자)가 누구인지로 구분하여, 행정청이 일방적으로 규제하는 것인지, 행정과 시장 또는 국가와 사회가 상호 협조 및 협동으로 행하는 규제인지에 따라 자율규제를 정의내리는 견해도 있다.[33] 이에 따르면, 규제자가 누구인지에 의해 (ⅰ) 강한 행정규제, (ⅱ) 약한 자율규제, (ⅲ) 중간영역의 메타규제인 규제된 자기규제로 구분될 수 있는데,

---

32_ 이러한 견해로 최경진, 전게논문, 184면 참조.
33_ 성봉근, 전게논문, 238-240면 참조. 그 밖에 규제집행에 있어서 정부와 민간의 협력 정도에 따라 (ⅰ) 규제된 자율규제(regulated self-regulation), (ⅱ) 협력적 공동규제(co-regulation), (ⅲ) 심사받은 자율규제(audited self-regulation), (ⅳ) 자율규제(self-regulation)로 구분할 수 있다고 소개하는 문헌으로 이민영, 전게논문, 139-140면 참조.

(i) 강한 행정규제는 전통적인 규제개념으로서 행정주도의 고권적인 규제로서 명령·통제 형식의 규제에 해당하고(정부규제), (ii) 약한 자율 규제는 사회와 시장 내에서의 자율규제를 말하며, 시장의 관계에서 약한 규제에 해당한다. 또한 (iii) 중간영역의 메타규제인 규제된 자기규제는 행정주체와 시장이 상호 소통하면서 자율규제의 기준이나 행위 등에 대하여 규제하는 것(공동규제)을 말한다. 그리고 여기서 말하는 약한 자율 규제가 가지는 의의는 시장의 자율기능이 제대로 작동할 때에는 시장에게 공익 달성의 부담과 책임을 시장에게 일임하는 것이 거리의 원칙과 비례의 원칙에 비추어 타당하다는 것이다. 따라서 신고만 있으면 규제를 풀어 준다든가, 사업자들 사이의 협약을 스스로 준수하면 되거나, 사업자 단체가 자치규약을 자치법으로 제정하여 준수하게 하거나, 자율기준 위반에 따른 제재를 설정하게 하는 등 다양하게 활용될 수 있다.[34]

이 외에도 유럽경제사회위원회(EESC)는 자율규제를 "경제 운영자, 사회적 파트너, 비정부기구 또는 협회가 유럽수준(실천강령 또는 부문별협약)에서 서로 자신들을 위한 공통의 지침을 채택할 가능성"으로 정의하고 있다.[35]

(2) 시장에 의한 조정

자율규제의 개념과 유사한 것으로 시장에 의한 조정을 들 수 있다.[36] 이는 시장에서 자율적으로 모든 활동이 행해지는 것을 의미하나, 아직은 시장 구성원 사이에 스스로의 규율의사는 존재하지 않는 단계이다. 그 결과 독과점이나 소비자에 대한 정보제공에 있어서의 비대칭성, 전문성여부에 따른 불균형 등의 문제가 나타나고, 시장실패로도 이어질 수도 있다. 따라서 시장에 의한 조정이 가능하기 위해서는 소비자가 시

34_ 성봉근, 전게논문, 239면 참조.

35_ European Economic and Social Committee, *op. cit.*, p.11.

36_ 이하의 내용은 Spindler/Thorun, Die Rolle der Ko-Regulierung in der Informations-gesellschaft, MMR-Beilage 6/2016, S.9 참조.

장경제체제하에서 경쟁력 있는 상품과 용역에 자유롭게 접근할 수 있어야 하고, 가장 선호하는 것과 일치하는 공급을 선택할 수 있다는 전제가 뒷받침되어야 한다. 이로 인해 소비자는 특정한 상품의 구매나, 소비의 포기행위 또는 제공자를 변경하는 등의 선택으로서 소비자주권(Konsumentensouveränität)을 행사할 수 있으며, 기업은 소비자의 요구에 부응하는 경우에는 그에 따른 보상을 받거나, 반대의 경우에는 시장에서 배제될 수도 있다.

IV. 자율규제의 정당성 여부와 특징

1. 자율규제의 정당성 여부

(1) 보충성의 원칙 - 사적 자치의 가능

보충성의 원칙은 본래 정부의 개입은 사회적 또는 사적인 힘으로 목적하는 바를 달성할 수 없는 경우에만 비로소 가능하다는 것을 의미하고, 개인이나 단체의 이익추구는 공동체의 구성원에게 중대한 불이익을 초래하지 않는 범위 내에서 인정된다는 것을 내포한다. 따라서 보충성의 원칙에 따르면, 원칙적으로 일단은 사인 내지 지방자치단체의 자율에 맡기고 심각한 폐해가 발생할 우려가 있을 경우에만 비로소 국가의 개입이 정당화되는 것이다. 즉, 어떤 사회에서 발생하는 문제점들은 우선적으로 사적 자치를 통해 해결하여야 하며, 이러한 사적 자치의 구현은 필연적으로 구성원 간의 자율적인 규제형성 및 그 효과의 준수라는 것이 요구될 수밖에 없다.

헌법재판소 역시 헌법 제10조 혹은 제119조 제1항을 근거로 하여 사적 자치의 원리를 헌법상의 원리로 선언하고 있으며, 보충성의 원리에 입각한 사적 자치의 존중은 자유민주주의 국가에서 존중되어야 하는 중요한 원칙임을 확인하고 있다.

이에 따르면 "자유민주주의국가에서는 각 개인의 인격을 존중하고 그 자유와 창의를 최대한으로 존중해 주는 것을 그 이상으로 하고 있는 만큼 기본권주체의 활동은 일차적으로 그들의 자결권과 자율성에 입각하여 보장되어야 하고 국가는 예외적으로 꼭 필요한 경우에 한하여 이를 보충하는 정도로만 개입할 수 있고, 이러한 헌법상의 보충의 원리가 국민의 경제생활영역에도 적용됨은 물론이므로 사적 자치의 존중이 자유민주주의국가에서 극히 존중되어야 할 대원칙임은 부인할 수 없다"고 판단하였다.[37] 이어서 "사적 자치의 원칙은 헌법 제10조의 행복추구권 속에 함축된 일반적 행동자유권에서 파생된 것으로서 헌법 제119조 제1항의 자유시장 경제질서의 기초이자 우리 헌법상의 원리'라고 판단하였으며,[38] '헌법 제119조 제1항은 사유재산제도와 사적 자치의 원칙 및 과실책임의 원칙을 기초로 하는 자유시장경제질서를 기본으로 하고 있다"고 선언하고 있다.[39]

이를 종합하면, 사회적·경제적으로 전 분야에 있어서 사적 자치는 구성원들 사이에 자율적인 규제활동을 통해 구체화될 수 있고, 이러한 자율규제는 자기결정을 바탕으로 하는 사법의 이념을 통해 개인의 독립성을 향상시킬 수 있을 뿐만 아니라 사회에 대한 규율을 소규모의 단위에서 맡도록 함으로써 국가가 개입해야 할 필요성을 축소시켜, 지나친 국가의 개입으로부터 개인의 자유와 권리를 보호할 수 있는 것이다.

(2) 비례성의 원칙

보충성의 원리는 국가와 민간 사이에 공적 과제를 분담하는 것에 관한 중심원칙의 하나로서, 궁극적으로 사인을 위한 기본권적인 권리의 유보와 국가에 의한 사회적인 목표의 수행 사이에 균형을 잡아 주는 기능을 하는 것으로 볼 수 있기 때문에, 정부의 시장개입에 대한 정당화 근

37_ 헌법재판소 1989.12.22. 88헌가13 참조.
38_ 헌법재판소 2007.10.25. 2005헌바96 참조.
39_ 헌법재판소 1998.8.27. 96헌가22 참조.

거로 인정될 수도 있다.[40] 그러나 반대로 입법자가 보다 적극적으로 자유를 목적으로 하는 입법을 해야 하는 것을 의미하고, 이는 곧 자율규제에 대한 진흥과 관리를 해야 하는 것으로 이해할 수 있다. 이에 따라 입법자의 규제 형성은 단순히 민간의 자치를 우위에 놓는 것에서 한 걸음 더 나아가, 공적 이해관계가 존재하기 때문에 규제가 필수적인 것으로 여겨지는 곳에서도 자율규제를 지원하는 입법모델을 개발해야 한다.[41]

물론 이 경우에 정부규제가 필수적인지 여부를 판단해야 하는 문제가 발생하는데 여기에서 보충성의 원리와 비례의 원칙의 연관성을 생각해 볼 수 있다.

비례의 원칙은 무엇보다, 하나의 국가적 행위(정부규제)는 추구하기 위한 목적을 달성하기 위하여 꼭 필요한 것이어야 한다는 것을 요구한다. 이러한 국가적 행위는 (ⅰ) 추구하기 위한 목적을 위해 반드시 적합한 방법이어야 하고, (ⅱ) 행위 목적과 수단의 관계가 합리적인가를 판단함에 있어서, 적절한 수준을 넘어 과도하게 국가의 개입행위가 있어서는 안 되며, (ⅲ) 국가는 동일한 효과를 거둘 수 있는 다른 방법이 있다면 이 방법을 따라야 한다. 자유권을 제한하기 위한 판단기준으로서 비례의 원칙은 보충성의 원리에 따라 사적 자치를 제한하는 경우에도 마찬가지로 적용된다고 할 수 있다. 즉, 입법자는 보충성의 원리를 적용하여 규제적 개입을 결정하는 경우에도 그 필요성의 판단을 비례의 원칙에 따라야 하고, 이는 자율규제의 경우에도 준수되어야 한다.

40_ 정극원, "헌법상 보충성의 원리", 헌법학연구 제12권 제3호(2006.9), 188-189면 참조.
41_ 이러한 견해로 Alexander Roßnagel, Handbuch Datenschutzrecht: Die neuen Grundlagen für Wirtschaft und Verwaltung, Verlag. C. H. Beck, 2003, 132면 참조; 이에 따르면, 현대적 의미에서 자율규제는 단순히 행위의 기준을 제정하고, 이에 따른 구성원 사이의 자기 책임을 넘어서는 것으로서 일종의 공적 과제에 해당한다고 본다, 즉, 자율규제는 구성원 사이에 공동으로 사회적 책임을 실현하기 위한 수단으로 기능하게 되는 것이다.

(3) 기본권의 실현

자율규제는 개인의 자유와 권리라는 측면에서 기본권적인 자유행사로서 파악될 수 있으며, 정부는 이를 보호하여야 한다. 자율규제는 정부의 결정 대신에 기본권을 매개로 자치적인 자기결정을 가능하게 하는바,[42] 만약 정부가 개인이나 단체에게 자율규제에 참여하도록 간섭하는 것이 개인이나 단체에게 부담으로 작용하면 이는 직업수행의 자유 또는 결사의 자유를 제한하는 것으로도 해석할 수 있다.

2. 특징 및 장점

(1) 자율규제 주체와 객체의 동일성

자율규제가 정부규제와 동일하게 대외적인 규제로서 행위자를 규율할 수 있는 정당성을 가지기 위해서는 먼저 규제의 주체와 객체가 동일하여야 한다. 즉 자율규제의 핵심은 규제를 받고자 하는 주체들이 자신들의 행위기준을 스스로 기초하고 결정할 수 있는 가능성을 부여할 수 있는가의 여부이다. 그리고 이러한 자율규제의 내용은 주로 법령을 비롯한 공서양속 및 신의칙의 준수, 거래관계의 적정성을 통하여 사업자의 건전화와 질서를 유지하기 위한 내용이 포함되어야 한다.

(2) 공익성(공공성)

자율규제는 기본적으로 당사자 사이의 사적 자치를 가능하게 하고 일정한 법률관계의 발생을 목적으로 하고 있기 때문에, 민법상 일반규정으로 명시된 유효한 법률관계 규정에 영향을 받을 수밖에 없다. 따라서 민법 제103조에 따른 반사회적 법률행위나, 제104조에 따른 불공정한 법률행위 등의 규정에 따라 자율규제의 내용이 형성되어야 한다.[43]

42_ Alexander Roßnagel, *op. cit.*, 394면 참조.
43_ 특히 이러한 공익성, 공공성과 관련하여 자율규제로 인해 기업이 시장에 제공하는 공유재의 경우에는 좀 더 강화된 기준이 요구된다 할 것이다. 그리고 강화된 기준의 내

(3) 효율성

정부의 입장에서 첫 번째로, 자율규제 방식은 정부규제보다 적은 규제비용으로 규제목적을 달성할 수 있는 경제적 효율성을 가진다. 왜냐하면 정부규제는 공무원이 규제활동을 행하는 직접적인 주체가 되기 때문에 기본적으로 조세에 의해 조달되는 비용으로 인적·물적 자원을 사용, 조달해야 하는 데 반해, 자율규제는 사업자 내지는 단체 구성원이 규제활동 비용을 부담하기 때문이다.[44]

두 번째로 규제생성 및 적용과 그 행사의 신속성이라는 효율을 고려하였을 때, 자율규제는 입법절차에 장시간이 소요되는 정부규제보다 자유롭기 때문에 입법자의 부담이 경감된다.[45] 특히 중대한 보호법익에 대한 긴급한 침해가 발생하는 경우에 법률유보의 제약으로부터 원칙적으로 자유롭기 때문에 정부가 일시적으로 자율규제를 이용하여 잠정적인 대응을 할 수 있다는 긍정적인 점도 있다.[46]

세 번째로 규제하는 분야의 효율성 측면에서 언론분야와 같이 정부구제가 헌법적 이유로 부담되는 경우나, 첨단 산업과 같이 정부가 직접적으로 규제행사를 하는 데 있어서 원활한 대응을 할 수 없는 경우에도 자

용으로는 (ⅰ) 공유재 이용자의 경계를 명백히 하고, (ⅱ) 공유재의 유지 및 이용문제를 해결하기 위한 규칙은 구체적인 지역의 현지 조건에 부합해야 하며, (ⅲ) 공유재를 함께 사용하고 운영규칙의 영향을 받는 개인과 전문가 등 다양한 이해관계 당사자들이 운영규칙을 결정하고 수정하는 집합적 선택과정에 참여할 수 있는 제도적 장치가 마련되어야 할 뿐만 아니라, (ⅳ) 공유재의 이용 상황을 감시하는 장치가 존재해야 하고, (ⅴ) 운영 규칙을 위반하는 경우 점진적으로 가중되는 제재 및 (ⅵ) 공유재 사용자 간의 갈등을 해소할 수 있는 장치가 존재해야 하고, (ⅶ) 공유재를 이용하는 공동체의 자치조직권이 공식적으로 보장되어야 할 것이다; 이에 관한 논문으로는 최성락, 이혜영, 서재호, "한국 자율규제의 특성에 관한 연구 ― 자율규제 유형화를 중심으로", 한국공공관리학보 제21권 제4호(2007.12) 참조.

44_ 渋谷光子, "法規制と自主規制", 時の法令 No.1139, 2면 참조; 原田大樹, 「自主規制の公法學的研究」(有斐閣, 2007), 237면 참조.

45_ 이에 관해서 입법을 위한 실험의 단계로 자율규제가 적용될 수 있다고 보는 견해도 있다; 原田大樹, 前揭書, 238면 참조.

46_ Manuel Puppis, Patrick Donges(Hrsg.), Selbstregulierung und Selbstorganisation, IPMZ·ZIK, Universität Zürich, 2004, 58면 참조.

율규제가 정당화될 수 있다.[47]

네 번째로 국제적 규제의 적용 효율성 측면에서 자율규제는 충분히 그 필요를 충족시킬 수 있다. 특히 현대 사회는 정보화 사회로서 인터넷이 국제 사회에서 차지하는 비중은 날로 증가하고 있고, 개별 국가 내지는 정부가 통일성이 요구되는 국제적 규제를 이끌어 낸다는 것은 쉽지 않다.[48] 그러나 자율규제는 국제적 규제형성에 있어서 입법자의 공간적 관할경계에 얽매이지 않으므로, 국가나 정부의 틀 안에서 파악되지 않는 규제활동이 가능하다.[49] 즉, 사회적 영역의 자율규제는 정치적 영역에서 나타나는 난점을 극복하고 문제를 해결할 수 있는 가능성을 가지며 영토의 경계를 넘어 법이 동화될 수 있는 계기를 마련할 수 있다.[50]

다섯 번째로 규제의 수용 효율성에 있어서 자율규제는 해당 분야에서 구성원들이 스스로 신뢰하여 따르는 전문적인 표준이 규범화되어 규제

47_ 정부규제가 적합하지 않은 분야로, 표현의 자유 또는 학문의 자유와 관련되는 영역에서는 민주주의의 기초적 요소로서의 지위에 비추어 정부규제는 회피되고 대신 자율규제가 중요한 수단으로 등장할 수 있으며, 정부가 규제방안으로서 자율규제를 선택하면 규제활동에 대한 국가의 정치적 책임이 경감되는 것과 함께 피규제자와의 거리를 확보할 수 있기 때문에 국가가 피규제자의 포로가 되는 것을 방지할 수 있다. 특히 후자의 경우에, 규제에 관한 포로이론(capture theory)에 따르면 행정규제는 단순히 공익을 위한 것이 아니라 오히려 규제받는 산업의 요구에 따라 그 이익을 위하여 필요한 것인데 시간이 경과함에 따라 규제를 담당하는 행정부처는 점차 당해 산업의 지배를 받게 된다고 한다; 박세일, 「법경제학」(박영사, 2007), 714면 참조.

48_ Dieter Klumpp, Herbert Kubicek, Alexander Roßnagel(Hrsg.), Next Generation Information Society? Notwendigkeit einer Neuorientierung, Talheimer, 2003, 430~431면 참조; 이에 따르면, 인터넷 규제와 같이 국가주권의 영역을 초월하여 대응해야 하는 필요가 빈번해지는 반면에, 이를 제어할 수 있는 세계적 차원의 입법기관은 결여되어 있고, 특히 문화적, 법률적 차이가 존재하는 가운데 규제 필요성 및 내용의 일치를 이끌어 내는 것은 쉽지 않고 이러한 상황을 고려하지 않은 통일성은 바람직하지도 않다고 보면서, 자율규제의 필요성을 인정하고 있다.

49_ Jens Walterman, Marcel Machill(eds.), Protecting Our Children on the Internet: Toward a New Culture of Responsiblity, Bertelsmann Foundation Publishers, Gutersloh, 2000, 191면 참조.

50_ 이에 따라 자율규제는 정보사회에서 광범위하게 발생하고 있는 국제적인 문제를 극복할 수 있는 거의 유일한 수단이라고 본다; Alexander Roßnagel, *op. cit.*, 407면 참조.

하는 것이기 때문에 보다 쉽게 받아들여질 수 있다. 고권적인 법의 명령을 통한 외부적 규제는 수범자의 이익에 전적으로 배치되는 내용을 포함하게 될 소지가 크며 이러한 규제는 이를 회피하기 위한 행위나 역반응으로서 규범에 대한 저항을 불러일으키게 되는데, 자율규제는 과도한 규제가능성에 대한 의심에서 발생하는 산업 위축을 방지하고 특정영역에서 규제에 대한 신뢰를 강화하여 준수 가능성을 높이게 된다.[51]

(4) 효과성

자율규제는 당해 문제를 누구보다 잘 파악하고 있는 전문가가 규제를 제정하고 행사하기 때문에 규제목적이나 취지에 반하는 행위를 보다 잘 파악할 수 있으며, 효과적이고 현실적인 해결이 가능하다. 또한 자율규제를 행하는 주체는 관련 영역에서 우수한 전문성과 기술적 지식 및 혁신적인 가능성을 가지고 있는 자이기 때문에, 이들이 효과적으로 작용하면 업무의 질적 향상에 직업적 관심이 반영되어 규제 측면에서 높은 기준이 유지될 수 있다.[52]

뿐만 아니라 효율성의 연장선에서 자율규제는 현실상황에 따라 규제하고자 하는 내용을 개별화하는 것이 가능하기 때문에 정부규제보다 큰 규제목적 달성의 적합성이 인정되며, 이를 통해 각 산업분야가 가진 추진력이나 특수한 복잡성 등도 보다 잘 참작할 수 있어 규제의 효과성도 높다.[53]

51_ Wolfgang Hoffmann-Riem, Modernisierung von Recht und Justiz: Eine Heraus-forderung des Gewährleistungsstaates, Suhrkamp, 2001, 34면 참조. 뿐만 아니라, 보다 높은 수용성을 통해 넓은 의미에서 그 실행비용의 감소도 달성할 수 있다; Alexander Roßnagel, *op. cit.*, 406-407면 참조.

52_ Manuel Puppis, *op. cit.*, 58면 참조.

53_ Alexander Roßnagel, *op. cit.*, 185면 참조.

3. 검 토

　규제형태와 개념(II.의 부분) 및 자율규제의 정당성여부(III.의 부분)에서 기술한 바를 바탕으로 하여, 각각의 규제형태가 가지는 장·단점과 어떠한 경우에 보다 효율적이고 적합한 규제가 적용가능한지에 대해 살펴보면 다음과 같다.

　먼저 정부규제는 다른 형태의 규제보다 높은 민주적 정당성을 가지며, 모든 사업영역을 대상으로 한 광범위한 규제행위가 가능하다. 이는 정치적·사회적으로 민감한 논란이 되는 주제에 대해서도 다른 규제형태보다 보다 수월하게 규율할 수 있는 가능성이 있다는 것으로 연결된다. 또한 규제사항을 위반하였을 경우에 공정하고 합리적인 제제수단이 존재한다는 것은 큰 장점에 해당한다.

　다만 정부규제의 규제사항 결정과정에 있어서 경직성과 장기성은 적절하고 효율적인 시기에 규제가 행해져야 한다는 규제신속성에 반할 수 있으며, 이는 규제를 철폐하거나 변경하여야 하는 경우에도 동일한 문제점으로 나타날 수 있다. 특히 기술발전과 사회의식의 빠른 변화에 대응하지 못하여 규제품질이 저하되거나, 사업영역에 요구되는 구체적인 규제제공의 가능성이 제한될 수 있다. 또한 일방적으로 행해지는 정부규제행위는 고권행위로서 피규제자들의 자발적인 규제 참여를 이끌어내지 어렵고 규제내용에 대한 저항 가능성도 지적할 수 있다.

　다음으로 자율규제(공동규제를 포함하여)는 정부규제보다 개별적인 사업영역에 적합한 규율내용을 찾을 수 있는 가능성이 더 높다. 이는 곧 분쟁이 발생한 경우에 보다 적합한 규율에 따른 효율적인 해결책을 제시할 수 있으며, 만약 그러하지 못한 경우라도, 해결책 제시 및 규제목적 달성을 위한 규제변경의 유연성과 신속성이 보장된다고 할 수 있다. 그리고 이러한 유연성과 신속성은 피규제자의 규제촉진과 자발적인 협력으로서 가능하게 되는 것이다. 또한 정부입장에서도, 자율규제를 통해 사업자 스스로 규제내용이나 적용의 타당성을 판단하게 하여, 보다 적절하고 효율적인 정부규제를 위한 실험으로 자율규제를 둘 수 있다.

V. 자율규제와 소비자법적 함의

1. 소비자법 목적의 변화

소비자에 대한 보호나 권리증진에 관한 전통적인 의미는 소비자는 기업이 제공하는 상품이나 용역에 대한 정보가 부족하고, 시장에 대한 영향력이나 지배력이 기업보다 약하며, 기업의 행위에 의해 결정권이 좌우되는 열등한 위치에 있으므로, 이러한 비대등성을 완화, 극복하는 데있었다. 즉 비대칭에 기인하여 발생하는 여러 가지 문제를 정부가 법과제도 등을 통해 시장에 직·간접적으로 개입하여 사적 자치와 시장경제가 원활하게 운영되지 못하는 경우를 해소하고 시장의 기능을 보완하는역할을 담당한 것이다.

이에 따라 1980년에 소비자 보호 관련 기본법이라 할 수 있는 「소비자보호법」이 제정된 것을 기점으로 하여, 1986년에 「약관의 규제에 관한 법률」, 1991년에 「할부거래에 관한 법률」과 「방문판매 등에 관한 법률」, 1999년에 「표시·광고의 공정화에 관한 법률」, 2002년에 「전자상거래 등에서의 소비자보호에 관한 법률」이 제정되었다. 이후 2006년에소비자보호법을 「소비자기본법」으로 전면개정하는 것으로, 소비자정책의 방향을 소비자보호에서 실질적인 소비자의 주권 실현 내지는 소비자의 권익증진으로 전환하였다.[54] 즉 초창기에 소비자 관련 법들은 정부의정책상의 목적 달성을 위해 부수적으로 소비자보호를 규정하였으나, 이

54_ 이러한 소비자법의 변화에 대한 자세한 문헌으로는 김도년, "소비자관련 입법 동향", 월간소비자정책동향(2015.10); 고형석, "소비자기본법의 평가와 과제", 저스티스 통권 제120호(2012.12); 김성천, "소비자정책의 최근 동향 — 2004년과 2005년을 중심으로", 소비자정책교육연구(2005) 참조.

후에는 한발 더 나아가 소비자의 이익에 관한 입법으로, 또 소비자의 권익을 보호하는 조항을 명기하는 것으로, 다시 직접적으로 소비자의 권리는 보호하고 권장하는 형태로 차츰 발전한 것이다.

특히 2006년에 전면 개정되고 현재까지 8차례에 걸쳐 일부 개정된 소비자기본법은 소비자의 권익을 증진하기 위하여 소비자의 권리와 책무, 국가·지방자치단체 및 사업자의 책무, 소비자단체의 역할 및 자유시장경제에서 소비자와 사업자 사이의 관계를 규정함과 아울러 소비자정책의 종합적 추진을 위한 기본적인 사항으로 규정되고 있다. 이는 종전에 시장경제체제에서 사업자와 비교하였을 때 상대적인 약자로서 소비자를 보호하려는 소극적 태도에서 시장경제의 한 주체로서 소비자를 사업자와 대등한 지위에 위치하게 하고, 소비자의 권익을 증진하고 소비생활을 향상하는 것으로 경제활성화의 달성을 목표로 하는 적극적 태도로 변경된 것이다. 단순한 소비자보호에서 소비자의 권리와 이익을 증진하는 개념으로 입법의 목적을 전환하는 것으로 소비자에게는 권리신장에 부응하여 스스로의 책무를 강조하고 합리적인 선택과 소비행위를 할 것이 요구되게 되었으며, 이러한 전환은 소비자로 하여금 시장에서 자유롭게 계약을 체결하고 그 책임을 부담하는 것으로 구체화되고, 궁극적으로는 사법의 대원칙으로서 사적 자치의 실현에 보다 다가서는 것이라 할 것이다.

2. 자율규제와 소비자의 권리보호 — 계약자유의 원칙에 근거하여

(1) 계약자유원칙의 개념과 법적 근거

계약의 기본 개념은 대립하는 당사자 사이에 합치된 의사표시에 의해 일정한 법률효과를 발생하게 하는 것이다. 즉 양 당사자가 각자 자신의 지위에서 계약 상대방에 주장할 수 있는 권리(이익 발생의 여부)와 부담해야 하는 의무(책임 발생의 여부)를 고려하여 합의에 이르게 되면 계약이 체결되고, 합의에 이르지 못하면 계약이 체결되지 않게 되는 것이다.[55]

이러한 계약자유의 원칙은 인격의 자유로운 표현이자, 자기결정을 통해 자기이익에 대한 자유로운 판단을 가능하게 한다.[56] 또한 자본주의 경제체계하에서 계약자유의 원칙은 개인의 이익창출을 위한 경쟁행위를 조장하고, 이에 따른 시장의 활성화를 통해 사회 전체가 발달하는 것을 가능하게 하는 것이다.[57]

계약자유의 원칙의 내용은 기본적으로 계약을 체결할 것인가 하지 않을 것인가 하는 일차적인 것 외에 자유롭게 계약의 내용을 결정하거나 방식을 선택하는 것도 포함된다. 물론 계약의 내용을 결정함에 있어서는 법률상의 강행법규나 공서양속에 반하는 내용을 포함하는 계약은 인정되지 않아 법률효과가 발생하지는 않는다.

사법, 특히 민법상의 대원칙으로 계약자유의 원칙은 민법전에 일반적인 규정으로 명시되어 있는 것은 아니나, 제105조에서 법률행위의 당사자가 선량한 풍속 기타 사회질서에 관계없는 규정과 다른 의사를 표시한 때에는 그 의사에 의한다고 하여 간접적으로 인정하고 있고, 제103조의 반사회적 법률행위의 금지규정은 계약자유의 원칙을 전제로 한 것이라 볼 수 있다.[58]

55_ 이러한 합의에 기초하여 계약체결자유의 원칙의 정당성을 인정하는 견해로, Schmidt Rimpler, Grundfragen einer Erneuerung des Vertragsrechts, Archiv fur Civiliststische Praxis 147, 1941, S.130 참조.

56_ 인격의 자유에서 계약자유의 근거를 찾는 견해로, Wolf Manfred, Rechtsgeschaftliche Entscheidungsfreiheit und vertraglicher Interessenausgleich, 1970, S.19 참조; 이에 따르면 계약의 당사자들은 그 스스로 자신의 욕구와 관계를 가장 잘 이해하는 존재이며, 국가에 의한 권력적 규율은 사회 구성원 간의 개개 법률관계의 다양성 때문에 비효과적이라고 본다.

57_ 이에 라드브루흐는 계약의 자유와 사적 소유권이 결합하는 것이 자본주의체제의 법적 기초라고도 하였다.

58_ 다만 비교법적으로 프랑스민법은 적법하게 체결된 합의는 이를 성립시킨 당사자 사이에 있어서는 법이 될 수 있다는 내용의 규정을 두고 있으며, 스위스 민법 역시 계약의 내용은 법률의 범위 내에서 자유롭게 정할 수 있다는 규정을 명시하고 있다.

(2) 자율규제와 소비자의 권리보호의 관계

자율규제와 소비자의 권리보호 관계에 있어서는 외국의 경우를 살펴볼 필요가 있다. 외국의 경우에는 이른바, 소비자보호 자율규제를 운영하고 있으며, 이러한 자율규제 시행의 대표적인 국가는 미국이라 할 수 있는바, 미국에서의 자율규제는 사업자가 정부와 결합하지 않고 순수한 사업자 자율에 의한 자율규제의 형태를 보이고 있다. 물론 이러한 자율성은 운영여부에 따라 성공과 실패의 명암이 엇갈리기도 하지만, 비교적 성공적으로 평가되는 자율규제로 국가 광고 부문 자율규제, 오락소프트웨어 등급위원회 자율규제, 어린이 음식 및 식음료 광고 자율규제, 전자상거래 자율규제 프로그램을 들 수 있다.[59]

영국 역시 소비자가 신뢰를 바탕으로 하여, 상품을 선택하는 적절한 능력을 보유할 때 비로소 시장이 가장 효율적으로 운영될 수 있다는 기본 개념을 전제로 하여 소비자보호 자율규제로써 소비자보호 자율규약을 운영하고 있다. 이를 위해 영국 공정거래위원회는 자율규약 보호제도로써 소비자보호 자율규약 승인제도(CCAS: Consumer Codes Approval Scheme)를 운영하여 자율규약 참여에 대해 공식적인 승인을 하였으며, 자체 조사에 있어서도 규율 승인 전에는 61%였던 소비자만족도가 승인 후 97.8%로 대폭 상승했음을 강조하였다.[60]

일본의 경우에, 일본공정거래위원회는 경제환경의 급격한 변화에 따른 정부대응의 신속성 결여와 식품·자동차 분야에 있어서 빈번한 소비자의 피해발생 등으로 사업자에 대한 소비자와 사회의 신뢰 손상을 회복하고자 사업자의 자발적인 윤리점검 및 문제의 사전예방, 재발방지책 강구 등을 위한 노력으로 자주행동기준을 운영하고 있다. 이러한 사업자의 자주행동기준지침제정 및 활용은 종전 법령에 근거한 정부규제나

59_ 이에 관한 자세한 사항은 송순영, "사업자의 소비자보호 자율규제 발전방향", 소비자문제연구 제40호(2011.10), 123면 이하 참조.

60_ 이에 관한 자세한 문헌으로는 문태현, "영국의 소비자보호 자율규약 승인제도", 월간 소비자정책동향(2008.8) 참조. 다만 영국 공정거래위원회인 OFT는 2014년 폐지되고, 현재 CMA라는 기구로 그 기능이 이관되었다.

사업자의 자체적인 대응과는 달리, 구체적인 경영대책과 방향을 공개하여 소비자가 사업자를 믿고 상품과 서비스를 선택, 평가할 수 있다는 데의의가 있다.

이러한 외국의 소비자보호 자율규제의 동향이 시사하는 바는 결국, 위에서 기술한 자율규제의 장점 및 특징으로 귀결된다. 구체적으로는 사적 자치의 극대화로서 효율적으로 시장체계가 작동되는 것에 기여하고, 이는 정부의 규제행위에 따른 부담을 감소시키면서 규제목적을 달성하는 데 효과적일 뿐만 아니라, 보다 높은 소비자의 권리를 보장하는 것에 있다.

이러한 자율규제에 의한 소비자의 권리보장은 정부가 규제로써 보호하는 것보다 더 높은 규제기준을 스스로 제공하는 것으로 나타날 수도 있으며, 소비자의 불만이나 분쟁해결에 있어서 정부규제보다 효과적이고 효율적인 기준을 제시하는 것으로 나타날 수 있다.

우리나라 역시 사업자와 공정거래위원회의 협력하에 관련법에 근거한 자율규제를 행하고 있는바, 대표적인 것으로 경제법 영역에서의 독점금지 및 공정경쟁규약(독점규제 및 공정거래에 관한 법률 제23조 제5항), 소비자법 영역에서의 자율규약(전자상거래 등에서의 소비자보호에 관한 법률 제23조, 방문판매 등에 관한 법률 제35조), 언론법 영역에서의 신문·방송 등에 대한 자율규제(표시·광고의 공정화에 관한 법률 제14조, 제14조의 2) 외에 정보법 영역에서의 인터넷 자율규제, 환경법 영역에서의 자발적 환경협약, 교육법 영역에서의 교육참여자의 자율협약, 원자력법 영역에서의 원자력 안전 규제에 있어서 민간규격의 채용 등으로 나타나고 있다. 특히 최근에는 새로운 산업분야로 떠오르고 있는 게임산업분야에 있어서도 자율규제의 형태가 인정되고 있다(게임산업진흥에 관한 법률 시행령 제17조 [별표2]).[61] 이에 따르면 게임제공업자는 게임과몰입의 방지를 위하여

61_ 다만 게임산업분야에 있어서 정부의 자율규제의지가 진정한 시장친화와 사업자 및 소비자의 권익보호를 위한 자율규제인지에 대해서는 의문이다. 일례로 문화체육관광부는 2014년에 게임산업진흥에 관한 법률 시행령을 개정함에 있어서 웹보드게임에 대

이용자 보호방안을 수립하여야 하며, 이러한 보호방안을 위해 게임이용자보호센터를 설립하고 자율규제를 통한 산업활성화를 모색하고 있다.

3. 게임산업분야에 있어서 자율규제와 소비자의 권리보호

게임산업은 현대 문화산업분야의 핵심 중의 하나로서, 정부는 「게임산업진흥에 관한 법률」을 통해 산업을 육성하고 문화적 가능성을 증진할 수 있게 토대를 마련하고 있다. 게임산업진흥에 관한 법률은 게임산업분야의 역량 강화뿐만 아니라, 게임산업의 관리와 게임유통, 정책방향, 게임문화시설 설치에서 게임과몰입의 예방 및 이용자 권익보호에 이르기까지 전반적인 사항을 규정하고 있다.

이에 따라 수립되는 정책은 당연히 게임산업분야의 질서와 문화적 위상에 결정적인 영향을 미치는 것은 자명하나,[62] 과연 정부 주도의 게임정책이 게임산업 시장의 이익을 보호하고 소비자의 권리를 보호하는 데 적절한지에 관해서는 의문이다.

일례로 청소년의 게임과몰입 방지를 위한 셧다운제는 우회가능성이

한 사행성 근절을 위해 결제 한도와 1회 베팅한도 등을 제약하는 등 고강도 규제를 시행하였고 그 결과 관련한 사업성이 현저히 약화되었다. 이러한 규제 여파로 관련 사업자의 영업은 사업 영속성이 위협받을 만큼 기울었으며, 결국 사업의 폐지나 서비스의 종료 등으로 인해 게임소비자의 선택권 및 게임여가활동도 제한되게 되었다. 이후 2016년에 월 결제한도의 상한, 배팅한도의 증가, 특정상대 선택 제약 폐지, 본인인증 횟수 감소 등의 완화된 규제로 개정하고, 새롭게 사업자로 하여금 이용자보호방안의 수립 규정을 두었다(이에 관해서는 http://www.dt.co.kr/contents.html?article_no=2016012902101831102001 참조, 최종방문일: 2017.3.23.). 그러나 사업자에게 강구되는 보호방안은 게임소비자의 과몰입을 방지하는 제한적인 자율규제가 인정될 뿐이며, 사업자와 게임소비자를 위한 전반적인 웹보드게임시장에 있어서 자율규제의 인정은 아니라 할 것이다. 위 규제에 대한 타당성 및 자율규제성 여부에 관해서는 향후의 연구과제로 남겨 두기로 한다.

62_ 일례로 최근 게임산업분야에서 가장 큰 이슈가 되고 있는 확률형 아이템에 대한 규제정책을 들 수 있다. 이에 관해서는 http://www.munhwa.com/news/view.html?no=2017030701032003018001(최종방문일: 2017년 3월 31일) 참조.

많고, 실제 이용시간 감소에 영향을 미치지 않아 실효성이 떨어진다는 지적을 받았으며, 게임중독이라는 사회적 프레임을 확산시켰다는 점에서 장기적인 시장 성장을 방해하였다는 우려도 있다.[63]

또한 웹보드 게임분야에 있어서 정부가 규제하고자 하는 사항은 웹보드 게임이 가지는 유사사행성으로 인한 과소비와 중독을 방지하는 것에 있는데, 이 또한 과소비와 중독의 상관관계,[64] 소비자, 특히 성인의 소비에 대한 정부관여가 타당한지에 대해서는 생각해 볼 필요가 있다. 물론 과소비행태는 지양되어야 할 것이나, 이는 정부의 명령지시적 규제로 해결될 문제는 아니며,[65] 합리적인 소비가 가능하게 유도하는 것이 선행되어야 한다. 또한 이러한 유도에는 시장구성원인 사업자의 자발적이고 주체적인 관여가 반드시 요구된다. 즉 사업자는 자율적으로 소비자로 하여금 합리적인 결정을 할 수 있는 충분한 정보를 제공하고, 발생할 수 있는 문제에 대해 충분히 고지하여 자발적인 동의에 따라 거래관계를 형성하여야 한다. 이러한 소비자의 자발적인 거래관계형성은 결국 현대 소비자법에서 지향하는 자기책임과도 상통하게 되는 것이다.

또한 자율규제의 장점인 효율성과 효과성에 비추어 보았을 때도, 소비자가 쉽게 불만을 표시할 수 있고, 언제든지 대체재를 취할 수 있는 가능성이 있는 게임산업분야는 정부가 특별한 규제비용을 투입하지 않더라도 동일한 규제효과를 시장에서 달성할 수 있다.

63_ 이에 관해서는 성욱준, "게임 셧다운제 정책이 청소년의 게임사용시간에 미치는 효과 연구", 사회과학연구 제30집 제2호(2014.5), 233-256면 참조.

64_ 특히 게임산업진흥에 관한 법률 시행령 제17조에 따른 별표 2 서식은 이용자 보호 및 과몰입을 방지하는 규정에 해당하는바, 이에 따르면 게임사업자로 하여금 단순히 이용자의 결제금액, 결제사항, 손실여부만을 가지고 이용자의 접근을 제한하게 하여 과소비, 과몰입으로부터 이용자를 보호하게 규정하고 있다. 그러나 접속시간이나 이용자의 게임행태에 대한 전반적인 고려 없이 일괄적으로 '과도한 결제ㆍ소비 = 과몰입ㆍ중독(우려)'으로 판단하는 것이 타당한지는 의문이다.

65_ 성인의 과소비행태에 대해 국가가 관여하는 것이 타당한지에 대한 판례로, 헌재 1998.10.15., 98헌마168 결정 참조.

VI. 결 론

현대사회는 시장 지향적이고 공정한 경쟁을 통해 사회구성원의 이익을 최대한 창출하는 것을 목표로 하고 있다. 이에 따라 정부 역시 종전의 획일적인 정부규제위주의 정책에서 정부, 시장, 민간의 사회구성원이 상호 협력하는 것으로 문제의 해결 방법을 모색하는 공동규제의 형태나 시장경제의 신뢰성 증대와 시장중심주의에 따라 자율규제에 대한 요구가 증가하고 있다. 이른바 자율규제는 일반적으로 규제의 중심이 정부였던 과거의 규제독점주의에서 다수의 사업자가 규제의 중심이 되는 규제다원주의로 전환되는 과정에서 바람직한 규제방법으로 인식되고 있는 것이다.

특히 과학기술과 정보통신산업의 급격한 발전으로 인해 발생하는 다양한 문제들은 정부가 보유하거나 인지하고 있는 정보부족 내지는 경직성으로 인해 효율적, 효과적인 해결방안이 될 수 없을 수 있다. 결국 이러한 문제들은 정부가 일방적으로 해결하기보다는 모든 사회 구성원들이 상호 유기적인 협력 체제를 마련하여 공조하는 것으로 보다 실질적인 해결성과를 거둘 수 있을 것이다.

따라서 이러한 소비자보호 자율규제의 움직임은 결국, 소비자를 진정으로 보호하고 권익을 증진하기 위해서 정부규제가 행해지기 전에 먼저 시장으로 하여금 자율규제를 형성할 수 있게 장려하는 것에 있다. 또한 현재 행해지고 있는 규제의 경우에는 일정부분 자율규제를 허용함으로써 시장에서 발생한 소비자의 불만이나 분쟁의 해결의 효율성과 신속성을 기대하는 것에 있다.

이와 관련하여 현재 논의되고 있는 소비자보호 자율규제에 관해서는 아직 논의가 충분히 축적되었다고는 볼 수 없고, 이에 따라 지속적인 연구가 요구되며 본 논문 또한 이 점에 있어서 충분히 논증하지 못한 부분에 대해서는 향후의 연구과제로 남겨 두기로 한다.

참고문헌

김영훈, 「규제행정의 이론과 실제」(선학사, 1995).

박세일, 「법경제학」(박영사, 2007).

최병선, 「정부규제론: 규제와 규제완화의 정치경제」(법문사, 2003).

현대호, 「자율규제 확대를 위한 법제개선 연구[Ⅰ]」(한국법제연구원 연구보고, 2010.04).

황승흠, 「인터넷 자율규제와 법」(커뮤니케이션북스, 2014).

고형석, "소비자기본법의 평가와 과제" 저스티스 통권 제120호(2012.12).

김도년, "소비자관련 입법 동향", 월간소비자정책동향(2015.10).

김성천, "소비자정책의 최근 동향 ― 2004년과 2005년을 중심으로 ―", 소비자정 책교육연구(2005).

문태현, "영국의 소비자보호 자율규약 승인제도", 월간소비자정책동향(2008.8).

성봉근, "제어국가에서의 규제", 공법연구 제44집 제4호(2016.6).

성욱준, "게임 셧다운제 정책이 청소년의 게임사용시간에 미치는 효과 연구", 사 회과학연구 제30집 제2호(2014.5).

송순영, "사업자의 소비자보호 자율규제 발전방향", 소비자문제연구 제40호 (2011.10).

이민영, "인터넷 자율규제의 법적 의의", 저스티스 통권 제116호(2010.4).

이혁우, "규제의 개념에 관한 소고", 행정논총 제47권 제3호(2009.2).

정극원, "헌법상 보충성의 원리", 헌법학연구 제12권 제3호(2006.9).

최경진, "인터넷과 자율규제", 스포츠와 법 제16권 제2호(2013.5).

최성락, 이혜영, 서재호, "한국 자율규제의 특성에 관한 연구 ― 자율규제 유형화 를 중심으로", 한국공공관리학보 제21권 제4호(2007.12).

최승필, "규제완화에 대한 법적 고찰 ― 인·허가 및 신고, 등록제도와 네거티브 규제를 중심으로", 공법학연구 제12권 제1호(2011.2).

최유성 외, "공동규제(Co-regulation) 활용방안에 관한 연구", KIPA 연구보고서 (2008-02).

홍성수, "규제학 — 개념, 역사, 전망", 안암법학 제26호(2008.4).

황승흠, "인터넷 콘텐츠 규제에 있어서 법제도와 사업자 자율규제의 결합에 관한 연구", 공법학연구 제9권 제4호(208.11).

European Economic and Social Committee, The Current State of Co-Regulation and Self-Regulation in the Single Market, EESC Pamphlet Series, 2005.

OECD Report, Alternatives to Traditional Regulation, 2016.3.

Alexander Roßnagel, Handbuch Datenschutzrecht: Die neuen Grundlagen für Wirtschaft und Verwaltung, Verlag. C. H. Beck, 2003.

Dieter Klumpp, Herbert Kubicek, Alexander Roßnagel(Hrsg.), Next Generation Information Society? Notwendigkeit einer Neuorientierung, Talheimer, 2003.

Jens Walterman, Marcel Machill(eds.), Protecting Our Children on the Internet: Toward a New Culture of Responsiblity, Bertelsmann Foundation Publishers, Gutersloh, 2000.

Manuel Puppis, Patrick Donges(Hrsg.), Selbstregulierung und Selbstorganisation, IPMZ · ZIK, Universität Zürich, 2004.

Schmidt Rimpler, Grundfragen einer Erneuerung des Vertragsrechts, Archiv fur Civiliststische Praxis 147, 1941.

Spindler/Thorun, Die Rolle der Ko-Regulierung in der Informationsgesellschaft, MMR-Beilage 6/2016.

Wolfgang Hoffmann-Riem, Modernisierung von Recht und Justiz: Eine Herausforderung des Gewährleistungsstaates, Suhrkamp, 2001.

Wolf Manfred, Rechtsgeschaftliche Entscheidungsfreiheit und vertraglicher Interessenausgleich, 1970.

原田大樹, "自主規制の公法學的研究"(有斐閣, 2007).

渋谷光子, '法規制と自主規制', 時の法令 No.1139.

온라인게임 결제한도 제한에 의한 게임소비자 보호의 허와 실*

－Lessig와 Sunstein의 간접규제사고를 기초로 하여－

서종희

Ⅰ. 들어가는 말

국내 유통 게임 심의를 담당하는 게임물등급위원회(게임물관리위원회 전신)는 2006년 온라인 게임 심의에서 '온라인 게임 결제 한도 규제'를 적용했다. 심의 기준에 따라 만 18세 이상 게임은 월 30만 원, 만 18세 미만 게임은 월 5만 원으로 결제 한도가 정해졌다. 2009년에는 물가상승률을 반영해 결제 한도가 성인 등급 50만 원, 청소년 이용가 등급 월 7만 원으로 상향됐다. 이러한 온라인 게임 결제한도 제한은 건강한 게임 생태계 분위기 조성과 사용자 보호를 목적으로 한다. 그런데 이 규제는 법령상의 규제가 아닌 영상물등급위원회와 한국게임산업협회(구 한국인터넷디지털엔터테인먼트협회) 및 게임사가 임의로 정한 규제이다. 예컨대 결제 한도를 초과하는 게임은 등급을 받지 못해[1] 게임사는 게임을 출시할

---

* 이 논문은 2019년 4월 23일 한국소비자법학회 10주년 기념행사 학술대회에서 발제한 글을 수정·보완하여 일감법학 제44호에 수록될 예정입니다.
1_ 심의를 담당하는 게임물관리위원회는 결제한도를 설정하지 않은 게임물에 대해서는 등급분류를 거부한다.

수 없었으며 이에 게임사는 자율규제(?)라는 미명하에 온라인 게임의 등급심사를 받기 위해 스스로 결제한도를 제한하였다. 게임사가 결제한도를 제한하여 게임물관리위원회로부터 등급심사를 받아 게임을 출시한 경우, 게임사는 온라인 게임을 운영하면서 제출한 결제 한도를 준수한 영업을 하거나 이용자의 결제 금액을 관리하여야 한다. 이를 위반한 경우 게임사는 과태료를 납부하거나 영업정지 처분까지 받을 수 있다.[2] 이와 같은 방식으로 사업자 및 이용자의 자기결정권을 제한하고 있는 '온라인 게임 결제 한도 규제'는 10년 넘게 이어졌으나 2019년 6월에 폐지되었다.[3] 그러나 이러한 규제는 언제든지 다시 등장할 수 있으며, 법에 의하지 않은 이러한 규제에 의해 게임소비자의 기본권이 제한되어도 괜찮은 것인지에 대해서는 여전히 몇 가지 의문이 존재한다. 첫째, '온라인 게임 결제 한도 규제'를 어떠한 규제로 보아야 하는가? 둘째, 이 규제의 목적이 게임소비자를 보호하기 위한 사회적 규범의 실현이라고 하는데, 그 사회적 규범은 무엇이며 이는 어떻게 형성된 것인가? 셋째, 이러한 규제는 법에 의한 규제가 아닌데, 이러한 규제는 어떠한 방법에 의해 통제되는가? 본고에서는 이러한 질문에 대한 해답을 찾기 위해 먼저 미국에서 논의되었던 간접규제와 자유주의적 간섭주의(Libertarian Paternalism)에 대해 분석하고(II), 이를 전제로 '온라인 게임 결제 한도 규제'의 문제점을 분석해 본 후(III), 글을 마치고자 한다(IV).

2_ 이러한 이유에서 '온라인 게임 결제한도 규제'는 실질적으로는 강력한 규제라 할 수 있다.

3_ 2019년 6월 26일 문체부는 제18차 경제활력대책회의에서 온라인게임 결제한도에 대해 법적 근거가 없다는 이유로 웹보드게임과 청소년의 결제한도를 제외한 온라인게임의 한도 폐지를 밝혔다. 그러나 이러한 규제는 언제든지 다시 쉽게 등장할 수 있다. 그 이유는 그 규제의 모습이 법령상의 규제가 아닌 소위 '그림자 규제' 또는 '간접규제'였기 때문이다. 따라서 향후에도 이런 식의 간접규제가 게임시장에 재등장하지 않도록 계속적으로 지켜보아야 할 것이다.

II. 간접규제란 무엇인가?

1. 간접규제와 자유주의적 간섭주의(Libertarian Paternalism)

Lawrence Lessig은 우리의 행동을 규제하는 규제 장치(regulator)로 법률, 시장, (사회)규범, 구조라는 네 가지를 든다.[4] 특히 Lessig은 그중 법률이 나머지 세 가지에 큰 영향을 미친다는 점에 주목한다. 즉 그는 법률이 시장의 모습을 바꾸고 사회규범 및 구조를 통제하는 능력을 가지고 있다고 보며, 실제로 그 능력을 행사하고 있다고 논한다. 한편 Lessig은 법에 의해 수범자인 국민의 행동을 금지하거나 의무를 부여하는 방식의 규제를 「직접규제(direct regulation)」로 보며, 법에 의해 시장 등에 영향력을 행사하여 통제하여 이러한 방식으로 사인의 행동을 규제하는 것을 간접규제(indirect regulation)로 본다. Lessig은 공적 규제에 있어서 직접규제가 여전히 주요한 역할을 담당하고 있으나, 최근에는 간접규제의 비중도 커지고 있다는 점에서 간접규제에 대해 주목해야 한다고 보며, 국가는 직접규제와 간접규제의 적절한 조합을 통해 사인을 통제한다고 본다. 특히 최근에는 국가가 자유주의적 간섭주의(Libertarian Paternalism)라는 방법으로 간접규제를 활용하고 있는데 이는 행동경제학 및 소비심리학 등을 통해 소비자 등의 행동에 관여한다. 예컨대 "소비자는 합리적이지도 이성적이지도 않다"는 행동경제학의 사고에 입각하여 사인의 행동에 대한 국가의 개입을 일정한도로 허용하자는 것이다.[5] 단기적인 이익에 현혹되어

4_ Lawrence Lessig, CODE version 2.0, Ch. 7(2006).

5_ 즉 이는 국가가 소비자를 합리적으로 유도하여 올바른 소비생활을 유도하고자 하는 사상이라고 할 수 있다. Richard H. Thaler, Cass R. Sunstein 등의 행동경제학자들이 지대한 공헌을 하였다. 흥미롭게도 2015년 9월 미국의 오바마 전 대통령은 「미국 국민을 더욱 훌륭히 섬기기 위한 행동과학적 지견의 활용」이라는 타이틀의 대통령령에 서명하였다. Exec. Order No. 13, 707, 80 Fed. Reg. 56365(Sep. 18, 2015). 이는 행동경제학적인 지견을 통해 미국 국민의 취업, 교육, 건강 증진, 합리적인 소비생활 등을

장기적인 손실 등을 판단하지 못하거나 자신의 능력을 과대평가하여 인생을 허비하는 자들에게 국가의 개입을 통해 올바른 방향으로 유도하자는 것이다.[6] 다만 자유주의적 간섭주의 또한 국가의 개입은 사인의 행동을 금지하거나 의무를 부여하는 방법이 아니라 사인에게 선택의 최종결정권을 행사할 수 있도록 유도한다는 것이다. 즉 국가는 어떠한 선택을 하도록 강제하지 않으나 선택 구조를 조작함으로써 다수의 인간의 행동을 국가가 원하는 방향으로 이끄는 것을 목표로 한다. 예컨대 자유주의적 간섭주의(Libertarian Paternalism)를 통한 국가의 개입은 소비자에게 정보를 제공하거나 선택지를 제시하시거나 초기설정(default)의 고안 등을 통해 소비자가 올바른 선택을 할 수 있도록 하는 구조(선택 구조, choice architecture)를 만들어 주는 형태로 나타난다. 그러나 이러한 규제의 모습은 외견상 개인의 자유를 보장한 것처럼 보이지만 궁극적으로 개인의 자유를 침해하는 수단이 될 수도 있다. 요컨대 소비자나 개인이 국가에 의해 [그렇게 되도록 조작함으로써] 조성된 환경을 적극적으로 거부하지 않는 한, 국가는 의도한 것처럼 우리의 행동을 드러나지 않게 확률적으로 조작해 나갈 수 있다. 이는 명백히 직접규제와는 다른 모습으로 우리의 자유를 침해한다. 이런 이유에서 우리는 눈에 보이는 직접규제보다는 이렇게 교묘하게 자신의 자유나 자기결정에 영향을 미치는 간접규제의 모습에 더 주의를 기울여야 하며,[7] 그러한 규제에 의해 실질적으로 자기 결정

유도할 수 있다는 사고를 전제로 하며, 이를 통해 미국 정부의 활동이 바람직한 결과를 가져올 것이라는 긍정적인 전망을 하고 있다. 이러한 미국 정부의 정책은 위에서 말하는 간접규제를 표방한 것으로 볼 수 있을 것이다.

6_ 이 사상은 인간의 합리성을 한정적으로 파악하고, 인간이 실수를 범하기 쉬운 영역에 있어서의 국가 개입을 허용한다는 점에서 간섭주의적이나, 그 한편으로는 최종적인 선택의 자유를 소비자 개인에게 보장한다는 점에서 자유주의적이라 할 수 있다. 이러한 국가 개입의 모습이 앞서 소개한 Lessig의 주장에서 말하는 '구조에 의한 간접규제'이다.

7_ 법률에 의한 직접규제는 이미 위헌법률심판 등에 의해 규율되는 데 반하여 이러한 간접규제는 통제방법이 애매하다는 문제가 있다. 오야 다케히로(大屋雄裕)의 사고에서 이러한 문제의식을 확인할 수 있다. 大屋雄裕,「柔らかく確率的な支配」, ビジネス・ロー・ジャーナル八九号, 2015, 13頁.

권이 침해되는 것을 막아야 한다. 이에 이하에서는 간접규제의 이론적 특징 및 그것이 가지는 문제점 등을 분석해 보고자 한다.

2. 간접규제와 관련되어 주장된 이론들에 대한 분석

(1) Lessig의 사고에 대한 이해

1) 시카고학파의 분열(?)

사회규범에 의한 규제를 포함한 국가의 간접규제의 전개에 대한 연구는, 미국 시카고학파의 법과 경제학의 연구의 한 분야로서 발전해 왔다. Lessig 또한 시카고학파 중 한 명이며, 이하에서 논의하고자 하는 법과 사회규범의 관계를 둘러싼 논의를 이해하기 위해 이하에서는 시카고학파의 사고를 기초로 Lessig의 주장을 분석해 보고자 한다.

Lessig에 의하면, 시카고학파에 공통하는 문제의식은 「제약의 다양성 강조와 합리적 선택의 관점에서의 그 이해」이다.[8] 즉, 법 이외에도 다양한 방법으로 우리의 행동은 제약을 받고 있음을 지적하는 것이다.[9] 이 학파는 그러한 다양한 규제 장치를 합리적 선택이론이라는 도구를 이용하여 고찰해 나간다. 예컨대 합리적 선택이론이란 근대 경제학의 주류인 방법론 중 하나로, 개인이나 기업과 같은 경제주체가 행동을 선택할 때에 당해 행동에 의해 초래되는 편익과 비용을 올바르게 계산하고, 그 계산의 결과에 따라 가장 큰 이익을 취할 수 있다고 판단되는 행동을 실제로 선택한다는 전제하에 구축된 사회이론이다. 인간은 감정에 휩쓸리

8_ Lawrence Lessig, The New Chicago School, 27(3) The Journal of Legal Studies 661(1998), 665.

9_ 이 「규제」에는 통상 상정되는 이상으로 다양한 것이 포함된다. 예를 들어 Lessig은 구조에 의한 규제 중 하나로 「중력」을 든다. Lessig, 27(3) J. LEGAL STUD. 661, 679. 자연법칙 또한 우리의 세계를 형성하는 하나의 구조라는 것이다. 이러한 접근은 종래의 규제가 법과 관련하여서만 언급되었던 것과 대극을 이룬다. 우리의 자유로운 행동을 방해하는 것은 우선 모두 규제로 이해하고, 그 규제의 강도나 그것이 실현하는 이익, 그것으로의 국가의 관여 정도 등을 고려해 나가는 것이 이 학파에 특징적인 연구 방법이다.

지 않으며 어디까지나 계산에 의거하여 언제나 자신이 취하는 이익이 최대치가 되는 선택을 행하는 「합리적」인 인간상이 상정된다. 그러한 전제를 공유하며 시카고학파의 연구자들은 경제학의 지견을 적극적으로 받아들여 자연인이나 단체의 행동을 분석하여 그러한 행동과 법의 관계를 해명해 왔다. 그러나 이러한 공통의 학문적 특징을 가지는 시카고학파 안에서도 다양한 종류의 규제의 취급 방법에 따라 크게 두 그룹으로 나눌 수 있다고 한다. 특히 두 그룹은 법규제를 얼마나 중요시하는지에 있어서 큰 차이를 보인다. 이 구별은 시기적인 구분과도 어느 정도 대응하므로, Lessig은 이를 「新/舊시카고학파」라 명명하였다.

가. 舊시카고학파의 특징

舊시카고학파의 특징은 법규제를 중요시하지 않는 자세이다. 법규제가 기타의 다른 규제와 비교하여 우월적인 지위에 있지 않다는 것이다. 오히려 그 규제는 거칠며(crude), 그에 대한 사람들의 반응도 느리며 개입은 다루기가 힘들고(clumsy) 종종 예상에 반하는 효과를 초래하므로[10] 법에 의한 규제는 다른 방법에 의한 규제(자율규제 포함)로 실현하는 것이 효율적이라고 본다.[11]

10_ 이를 정부실패(government failure)라고 하며, 경쟁의 제한으로 인한 시장의 실패에 따라 발생하는 자원배분의 효율성 상실하는 자중손실(dead weight loss)이 이에 해당한다. Erin Ann O'hARA, "OPTING OUT OF REGULATION—A public choice analysis of contractual choice of law, 53(3) Vanderbilt Law Review 1561(2000), 1561 ff.

11_ Lessig, 27(3) J. LEGAL STUD. 661, 665. 구체적으로 ROBERT C. ELLICKSON, ORDER WITHOUT LAW: HOW NEIGHBORS SETTLE DISPUTES(1991)참조. 참고로 Posner는 Lessig 등과 동일하게 新시카고학파에 속하는 학자임에도 다음과 같은 세 가지 이유에서 국가·법에 의한 사회규범으로의 영향력 행사에 부정적이다. 이 부정론은 Lessig의 사회적 의미론을 비판하는 문맥에서 이루어진 것이나, 그의 비판은 사회규범론 일반을 향해 있다고 보아도 무방할 것이다. 첫째, 사회적 의미를 변경하거나 유지하고자 하는 정부의 노력의 결과는 예측이 불가능하다. 정부가 원하는 방향으로 사회적 의미를 변경할 수 있는지는 다분히 우연에 의존한다. 사회적 의미의 변화를 시도하는 법이 당해 의미를 더욱 강화하는 방향으로 움직일지도 모르며, 그 반대 또한 가능하다는 것이다. 둘째, 국민과의 관계에 있어서 사회규범을 더욱 좋은 방향으로 변화시키는 인센티브를 정부가 가지고 있지 않다. 셋째, 정부 자원을 불필요한 경쟁에 소모한다. Lawrence Lessig, The Regulation of Social Meaning, 62 University of Chicago Law

나. 新시카고학파의 특징

新시카고학파는 법규제의 중요성을 인정한다. 그들은 법이 다른 수단으로 대체될 수 있다고 보지 않으며, 여전히 효과적인 규제 장치로서 기능함을 승인한다. 나아가 그들은 법이 여타 규제 장치에 대해 영향을 준다고도 주장한다. 간단한 예를 들더라도, 정부에 의한 광고 캠페인의 전개에 의해 특정한 사안에 대한 우리의 인식이 달라지며(사회규범으로의 영향), 건축기준법에 의해 건물의 설계는 제약을 받으며(구조로의 영향), 조성금이나 세제에 의해 상품의 가격이 크게 변동된다(시장으로의 영향). 법이외의 규제 장치는 법으로부터 독립하여 존재하는 것이 아니라, 오히려 법의 창조물의 일부일 수 있다는 것이다. 따라서 국가가 규제를 실현함에 있어 품어야 할 물음은 「법이냐 그 외의 것이냐」가 아니라 일정한 제약은 어느 정도 법에 의해 초래된 것인가 혹은 법은 어느 정도 기타 규제 장치에 영향을 주는가가 되어야 한다고 본다.[12] 즉 新시카고학파는 다양한 규제 장치의 상호관계에 대해, 법이 기타의 다른 규제 장치에 비해 영향력을 가지고 있어 우월할 수 있다는 가능성을 인정한다. 이에 新시카고학파의 최종 목적은 법과 기타의 다른 규제 장치의 최상의 안배를 찾는 데 있다고 할 수 있을 것이다. Lessig을 비롯하여 Sunstein 등이 新시카고학파에 해당하므로 본 연구 또한 주로 이들의 주장을 살펴보고자 한다.

2) Lessig의 사회규범론

Lessig이 전개한 사회규범론은 사실상 사회규범에 주목하지 않는다. 오히려 그가 분석의 중심 개념으로 든 것은 「사회적 의미 social meaning」이다.[13] Lessig은 본인이 주장한 사회적 의미를, 「특정한 콘텍스트(context)에 있어서의 다양한 작위, 부작위, 지위에 부착하는 기호론적 내용」이라

Review 943(1995), 978 ff.; R. A. Posner, 'Social Norms, Social Meaning, and the Economic Analysi33s of Law', 27 Journal of Legal Studies 553(1998), 554 ff.

12_ Lessig, 27(3) J. LEGAL STUD. 661, 672.

13_ Lessig, 62 U. CHI. L. REV. 943, 943 f.

정의한다.[14] 예컨대 어떠한 자가 특정한 행동을 취하는 경우에 그 행동에 대해 사회가 내리는 평가가 사회적 의미라는 것이다. 보통의 인간은 스스로의 행동이나 지위를 함에 있어 사회가 자신을 어떻게 바라볼지를 의식하므로 사회의 구성원이 자신의 행동을 바라보는 시선이 그 사람의 행동에 적지 않은 영향을 준다. 즉 Lessig은 "사람들은 자신의 행위를 보고 주위에서 가능한 한 좋은 평가를 내릴 수 있도록, 또는 가능한 한 나쁜 평가를 내지리 않도록 행동하며, 이와 같은 사회적 의미가 인간의 행동을 제약하거나 조장하는 기능을 한다"고 본다.[15]

특히 Lessig의 사회적 의미에 관한 정의의 포인트는 「특정 콘텍스트에 있어서」에 있다. 사회의 평가는 어떠한 사회적 룰(≒사회규범)의 준수·일탈에 의해 기계적으로 도출되는 것이 아니라, 그에 구체적인 상황을 적용시켜야 비로소 명확해진다. Lessig에 의하면, 어떠한 사물의 의미는 그 사물 그 자체에 의해서만 구성되지 않는다. Lessig은 그 의미를 발하는 기준점이 되는 사물을 「토큰 token[16]」이라 부르고, 그 토큰이 놓인 상황, 즉 콘텍스트에 적용시켜야 비로소 그 사물의 의미를 이해할 수 있다고 본다. 요컨대 그는 인간의 행위를 토큰, 그 행위가 행해진 상황을 콘텍스트로 보고, 그 쌍방을 함께 고려함으로써 당해 행위의 사회적 의미를 파악할 수 있다고 본다. 이를 전제로 Lessig은 인간의 행위가 사회적 의미로부터 영향을 받는다면,[17] 그 사회적 의미를 이용하고자 하는 이가 반드시 등장할 것이며 대표적으로 정부가 이에 해당한다고 본다.[18] 특히 Lessig은 이하의 구체적 사례를 통해 사회적 의미를 이용한

14_ Lessig, 62 U. CHI. L. REV. 943, 951.

15_ Lessig, 62 U. CHI. L. REV. 943, 958 ff.

16_ Lawrence Lessig, Plastics: Unger and Ackerman on Transformation, 98 Yale Law Journal 1173(1989), 1176에서 그는 토큰을 의미의 상징으로 보고 있으며, 눈짓, 제도, 실천, 행위 등이 이에 해당한다고 본다.

17_ 어떠한 행위를 부끄러워해야 할 행위라고 비판하는 것은, 당해 행위에 부착한 사회적 의미를 이용함으로써 그 행위가 그 이상 행해지는 것을 억제하거나 그러한 행위를 취한 인간의 사회적 신용을 손상시키는 효과를 가진다.

18_ Lessig, 62 U. CHI. L. REV. 943, 957.

정부의 통제방법을 소개한다.

가. 미국 남부에 있어서의 결투의 관행에 대한 통제

Lessig은 미국 남부에서 행해진 결투의 관행을 폐지하기 위해 주정부가 사용한 규제방법에 주목한다.[19] 미국 남부 지역에는 장기간에 걸쳐 결투의 전통이 유지되었다. 이는 공식적인 장소에서 불명예를 입은 자가 그를 행한 자에게 결투[20]를 신청, 그 결과에 따라 어느 쪽이 옳았는지를 가리는 것이었다. 일반서민층에서는 쇠퇴하였으나, 엘리트층에서는 뿌리 깊게 잔존해 있었다. 그들에게는 결투에 참가하는 것 자체에 큰 가치가 있었다. 「결투행위」라는 토큰에 「미국 남부의 엘리트층」이라는 콘텍스트를 적용시켜 도출되는 결투행위의 사회적 의미는 「스스로를 지키는 정당한 행위」로 받아들여진 것이었다. 즉 결투는 그들에게 있어 명예의 원천이었던 것이다. 이러한 전통은 최악의 경우 당사자의 죽음을 초래하므로 주정부는 당해 행위를 멈추고자 하였다. 주정부의 첫 번째 대책은 결투행위를 법적으로 금지하는 것이었다. 그러나 엘리트층에서의 결투행위는 여전히 계속되었다. 그 이유는 결투는 「스스로를 지키는 칭송받아 마땅한 행위」라는 사회적 의미가 뿌리 깊게 남아 있었기 때문이다. 그와는 반대로 「결투의 거부」라는 토큰에 「미국 남부의 엘리트층」이라는 콘텍스트를 적용시켜 확인된 사회적 의미는 「겁쟁이」였다. 즉 법이 금지하였다는 이유로 상대가 신청한 결투를 거부하는 행위는 엘리트층에서 경멸의 대상이 되어 이는 참기 어려운 정신적 고통을 초래하였다. 이에 주정부의 법에 의한 결투의 금지는 결투행위를 억제하기는커녕 오히려 강화시킨 측면이 있었다. 결국 이를 막기 위해서 주정부는 다른 방법으로서 결투에 참가한 자의 공직 취임을 사실상 인정하지 않겠다는 대책을 마련하였다. 사실 엘리트층은 공직에 취임하는 것 혹은 공적인 일에 봉사하는 것을 스스로의 의무라고 여기고 있었는데 만약 자신이 결투에 참가하여 스스로 자신의 신분상의 의무에 해당하는 공직에 취임할 수

19_ Lessig, 62 U. CHI. L. REV. 943, 968-972.

20_ 총을 빨리 쏘는 자가 이기는 형식의 결투이다.

없게 된다면 그들에게 심각한 타격이 발생한다고 보았다. 한편 이 공직으로부터의 배제라는 규제는 엘리트층에게 「겁쟁이」라는 평가 없이 결투를 거부할 수 있는 이유(「내가 결투를 거부하는 것은 겁쟁이라서가 아니라 스스로의 의무인 공직 활동이 불가능해지기 때문이다」)를 제공하였다. 이렇게 결투의 거부라는 행위에 부착해 있던 「겁쟁이」라는 종래의 사회적 의미가 완화·소멸되자 결투의 발생은 점차 감소해 갔으며 주정부의 시도는 성공하였다. 이와 같이, 정부는 사회적 의미를 통제하는 경우가 있으며 그를 통해 사인의 행동을 바람직한 방향으로 이끌 수 있다.

나. 사회적 의미 구축의 모습·방법

Lessig은 정부가 사회적 의미에 영향을 주는 것을 사회적 의미의 「구축 construction」이라 부른다. 이에는 두 가지 모습이 있다. 하나는 공격적 구축(offensive construction)으로, 사회규범을 새로이 만들거나 기존의 사회규범의 내용을 변경하는 것이다. 다른 하나는 방어적 구축(defensive construction)으로, 기존의 사회규범의 내용을 유지·강화하는 것이다.[21] 한편 그는 이러한 사회규범의 구축을 이루는 네 가지 방법을 제시하고 있다.[22] 이는 먼저 기호론적 기법(semiotic techniques)과 행동적 기법 (behavioral techniques)으로 크게 이분할 수 있다.[23] 기호론적 기법에는 ① 관련성의 부여(tying)와 ② 불명료화(ambiguation)가 있다. ①은 어떠한 행위 A에 특정한 내용의 사회적 의미 X를 결부함으로써 행해진다. ②는 특정한 사회적 의미 X가 이미 부착해 있는 행위 A에 별개의 사회적 의미 Y를 충돌시켜 A와 X의 연결을 끊음으로써 행해진다. 행동적 기법에는 ③ 억제(inhibition)와 ④ 의식(ritual)이 있다. ③은 어떠한 행위를 제한·금지함으로써 당해 행위에 의해 유지·조장되었던 사회규범을 바

21_ Lessig, 62 U. CHI. L. REV. 943, 968-972.

22_ Lessig, 62 U. CHI. L. REV. 943, 1008-1014.

23_ 전자는 캠페인의 전개와 같은 방법에 의해 행위에 부착하는 의미 그 자체의 구축을 도모하는 것이며, 후자는 사인의 행동을 금지·의무 부여 등에 의해 규제한 결과, 사회적 의미의 구축이 부수적으로 이루어지는 것이다.

꾸는 것이다.[24] ④는 어떠한 행위를 행하도록 강제하고 반복하여 결과적으로 그 행위에 부착한 사회적 의미를 강화하는 것이다.

(2) Sunstein의 사고에 대한 이해

Cass R. Sunstein은 「사회규범」에 착목하여 논의를 전개한다.[25] 그의 논문에서는 사회규범 외에 사회적 역할(social role), 사회적 의미(social meaning)를 정의하고 있다. 그는 사회규범을 「무엇을 해야 하는가, 또는 무엇을 해서는 안 되는가를 명확히 하는 사회적 태도」로 [26], 사회적 역할을 「특정한 역할에 부착한 그 마땅한 자세」로 정의한다.[27] 한편 그는 사회적 의미를 「사회규범에 의해 부여된 개인의 태도나 코미트먼트 (commitment)」라고 정의한다.[28]

Sunstein는 모든 행위에는 표시적 차원(expressive dimension)이 존재한다고 본다. 예컨대 국기를 소각하는 행위가 단순히 물건을 태우는 것으로 평가되지 않고 그 국가에 대한 반발·항의를 나타내는 것과 동일한 방법으로 인식되듯이, 모든 행위에 대해서도 이러한 인식이 작용한다고 논한다. 그는 이러한 행위의 표시가 관련된 사회규범이나 행위자에 부착한 사회적 역할에 따라 평가된 결과가 사회적 의미가 된다고 이해한다.[29]

24_ 그 예로 미국에 있어서의 인종분리정책의 금지를 들 수 있다.

25_ Cass R. Sunstein, Social Norms and Social Roles, 96 Columbia Law Review 903(1996).

26_ Sunstein, 96 COLUM. L. REV. 903, 914.

27_ Sunstein, 96 COLUM. L. REV. 903, 914.

28_ Sunstein, 96 COLUM. L. REV. 903, 925.

29_ Lessig이 콘텍스트성에 무게를 두는 반면, Sunstein은 사회규범의 적용이라는 측면을 강조하는 것으로 보인다. 그러나 Sunstein도 인간의 행동과 사회규범의 관련성을 고찰할 때에 실제로는 콘텍스트를 고려하며, Lessig 또한 사회적 의미의 정의에 「작위, 부작위, 지위」를 들며 Sunstein이 논하는 사회규범이나 사회적 역할에 주의를 기울인다. 요컨대 강조점을 두는 방법에 차이가 있을 뿐이다.

1) 선호와 사회규범

Sunstein은 인간이 왜 사회규범에 따르는가를 고찰하기 위해 종전의 「선호」 개념의 해체를 시도한다. 그는 선호에는 두 가지 이해(사고)가 존재한다고 논한다.

하나는 선호를 선택에 나타난 결과라고 보는 사고이다. 이러한 사고는 인간이 어떠한 선택을 하는 것은 그것이 그 사람의 선호를 충족시키기 때문이라고 이해한다. 그러나 그 사고에는 난점이 있다고 Sunstein은 분석한다. 선택만을 선호의 기준으로 파악하는 경우에는 「선택」에만 착목하면 족하므로, 그것은 결국 「선호」라는 개념의 불필요성을 의미한다. 또한 선호와 선택을 동일시해도 좋은지에 대해서도 의문을 제기한다.

"어떠한 선택은 반드시 당사자가 원했던 것이 아니라 마지못해 혹은 어쩔 수 없이 이루어진 것일지도 모른다. 선호와 선택을 동일시할 경우 그 선택이 형성된 배경을 고찰할 수 없게 된다."

요컨대 사회규범과 행동의 관계를 탐구하는 Sunstein은 어떠한 자의 선택이 무엇을 원하여 이루어진 것인지를 구체적으로 분석할 필요가 있으므로, 선호와 선택을 동일시하지 않고 분리한다.

또 다른 이해는 선호와 선택을 별개의 개념으로 보고 후자를 지탱하고 설명하는 것이 전자라고 본다. 이 사고의 장점은 선호 개념을 이용해 실증적으로 분석하여 인간의 선택의 배경에 있는 동기를 설명할 수 있다는 점에 있다. 그러나 Sunstein은 이 사고에도 단점이 있다고 한다. 행동의 동기 분석에 이용하기에 「선호」라는 개념이 정돈되어 있지 않다는 것이다. 어떠한 선택을 행하는 동기는 다양한 요소에 의해 구성되므로, 이를 「선호」라는 하나의 개념으로 나타내는 것은 불가능하며, 더욱 구체적인 개념을 이용하지 않으면 동기를 올바르게 분석할 수 없다는 것이다.

결국 Sunstein에게 있어 선호라는 개념은 지나치게 불분명하고 불필요한 개념이다. 그는 「선호」라는 개념을 폐기하고 그 대신 구체적인 분석에 필요한 몇 가지 개념을 제시한다.[30] 그 새로운 개념으로서 그는 「고유가치, intrinsic value」, 「여론가치, reputational value」, 「자아개념, self-conception」이라는 세 가지를 제시한다. 고유가치란, 어떠한 선택지가 「재미있고, 분명하고(illuminating), 유쾌하고(pleasant), 흥미로운지」와 관계된다.[31] 어떠한 선택지의 고유가치가 여타 선택지의 그것보다 높은 경우, 인간은 그 선택지를 골라 행동할 것이다. 그러나 행동은 고유가치에 의해서만 결정되지 않는다. 그 선택지가 주위 사람들로부터 어떠한 평가를 받을지(여론가치), 그러한 선택지를 선택함으로써 자신이 더욱 훌륭한 존재가 될 수 있는지(자아개념)에도 의존한다.[32] 이에 Sunstein은 어떠한 선택을 할 때의 동기란 이처럼 복합적이기 때문에 「선호」만으로는 이러한 개인의 행동선택을 논할 수 없다고 본다. 즉 세세하게 나누어진 분석 개념에 의해 비로소 행동의 동기를 실증적으로 분석할 수 있다. 이 세 가지 개념 중 여론가치와 자아개념은 사회규범과 밀접하게 관련되어 있다. 어떠한 행동의 선택지가 어떠한 여론가치를 가지는지는 당해 행동에 관한 사회규범에 의해 결정되는 바가 크기 때문이다. 사회적으로 칭송받을 행위라면 인간이 그것을 행하는 인센티브가 될 것이며, 반대로 사회적으로 비난받을 행동이라면 인간이 이를 행하는 데 있어 억제의 역할을 할 것이다. 사회규범이 여론가치를 창출하고, 여론가치가 개인의 행동의 선택에 영향을 준다면, 사회규범은 인간의 행동을 규제한다고 할 수 있을 것이다. 또한 자아개념은 여론가치에 영향을 받는다. 자신이 어떠한 사람이고 싶은지를 구상하는 것은, 타자로부터 어떻게 보이고 어떻게 평가받고 싶은지와 밀접한 관련을 가진다. 그렇다면 결국 자아개념도 사회규범으로부터 영향을 받으며, 행동의 선택에 있어 사회규범이 적지

30_ Sunstein, 96 COLUM. L. REV. 903, 938-939.

31_ Sunstein, 96 COLUM. L. REV. 903, 916.

32_ 예컨대 텔레비전을 볼 때 인간은 그 텔레비전 방송이 재미있기 때문에 볼지도 모른다. 그러나 그와는 별개로 그 방송을 시청하는 것이 주위로부터 높은 평가를 받거나, 그 시청행위가 자아개념을 강화한다는 관점에서 유익하다는 이유에서 보는 경우도 있을 것이다.

않은 영향을 준다는 점을 이를 통해서도 명확히 알 수 있다.[33] 이를 통해 Sunstein은 사인의 행동에 영향을 주는 사회규범이라는 규제 장치의 중요성을 재확인한다.

2) 국가의 사회규범에 대한 영향력 행사

Sunstein은 국가를 사회규범을 변화시키는 역할을 하는 「규범 기획자, norm entrepreneur」로 본다. Sunstein은 개인에게 발생하는 위험을 방지하기 위해 정부가 정보 제공이나 설득, 경우에 따라서는 경제적 인센티브의 부여나 행동 강제에 의해 행동을 억제해야 한다고 논한다. 이와 같은 정부의 활동을 통해 무익하고 위험한 여론가치를 산출하는 사회규범은 변경되어야 한다는 것이다.[34] Sunstein은 한 예로서 카스트(caste) 문제의 해결을 든다:[35]

"일정한 차별행위가 법적으로 금지되는 경우도 있다. 그러나 그것만으로는 충분치 않으며, 문제의 진정한 해결을 위해서는 차별하는 자의 의식부터 근본적으로 바꿔 나갈 필요가 있다. 이는 법에 의한 차별행위의 직접규제만으로는 어려울 것이다. 오히려 요구되는 것은 그러한 차별의 배경을 형성하는 사회규범이나 사회적 의미의 변혁이다. 그러한 변혁이 있어야만 평등한 사회를 실현할 수 있는 것이다. 여기에 국가가 사회규범으로의 영향력 행사에 적극적으로 나설 근거가 존재한다. 그러한 차별을 조장하는 사회규범을 변화시키는 활동을 국가가 행함으로써 차별의 관행을 근본부터 해결해 나갈 필요가 있는 것이다."

그리고 Sunstein이 가장 무게를 두는 것을 「법의 표시기능 expressive function of law」이다. 그에 의하면, 「그들[법]은 선과 악을 얼마나, 그리고 어떻게 평가해야 하는가에 대한 「언명을 창출한다」. …가장 간결하게 말해, 그들은 기존의 규범[사회규범, 사회적 역할, 사회적 의미]을 변

33_ Sunstein, 96 COLUM. L. REV. 903, 939-941.
34_ Sunstein, 96 COLUM. L. REV. 903, 961-962.
35_ Sunstein, 96 COLUM. L. REV. 903, 962-964.

화시키고, 그로써 행동에 영향을 주기 위해 만들어진 것이다」.[36] 요컨대 Sunstein은, 법에는 어떠한 메시지를 발하는 표시적 측면이 있으며, 이것이 사회규범에 영향을 준다고 본다. 이러한 이해를 전제로 그는 「표시적인 정당화를 수반하는 법은 그것이 실제로 사회규범에 영향을 주고 그를 적절한 방향으로 움직일 것이라는 이유에 의해 가장 설득력 있게 옹호된다」고 이해한다.[37]

(3) 이노우에 다쓰오(井上達夫)의 질서의 트리아데(Triade)

법규제 이외의 것을 새로이 「간접규제」로 파악하는 것은 우리의 「자유」라는 개념에도 적지 않게 영향을 준다. 규제란 전형적으로는 자유를 제약하는 것이라고 생각되고 있기 때문이다. 실제로 법 이외의 존재가 우리의 자유를 제약할 수 있다는 점, 또한 그러한 존재가 일정 정도 실재하기 때문에 우리의 자유가 실효적으로 보장된다. 즉 간접규제는 양면성을 가진다.[38] 일본의 학자 이노우에 다쓰오(井上達夫)는 자유를 보장하는 질서에 있어, 「결국 필요한 것은 국가·시장·공동체라는 세 가지 질서형성장치를 병존시켜 상호의 「견제와 균형(checks and balances)」이 유지되는 것」이라 결론짓는다. 이 세 가지의 질서형성장치를 통한 자유의 질서 구상을 이노우에(井上)는 「질서의 트리아데」라 명명하였다.[39]

"국가의 조직적 폭력과 집권화가 잉태하고 있는 위험에 대해, 분산적 결정 시스템으로서의 시장과 분권적 질서로서의 공동체가 자유의 보호막이 된다. 공

36_ Sunstein, 96 COLUM. L. REV. 903, 964.

37_ Sunstein, 96 COLUM. L. REV. 903, 964.

38_ 일본의 학자 중에는 공리주의의 제창자 Jeremy Bentham은 〈금지·의무 부여→제재〉라는 직접규제 이외에, 교시·교육 등을 통해 간접적으로 인간의 행동을 지도하는 입법 구상(간접 입법)을 제시하였다는 점을 강조하면 간접규제가 오래전부터 제창된 것으로 본다. 安藤馨, 「功利主義者の立法理論」井上達夫編『立法学の哲学的再編』, 〈立法学のフロンティア(一)〉, ナカニシヤ出版, 2014, 89頁 이하.

39_ 井上達夫, 『自由論』, 岩波書店, 2008, 16頁, 45~59頁.

동체의 사회적 전제(專制)에 대해서는, 국가는 인권의 보장과 법의 지배라는 원리에 의해, 시장은 공동체 밖에서의 생활 기회의 제공에 의해 자유를 구제한다. 시장에 있어서의 경제 권력의 전제(專制)와 착취에 대해서 국가는 독점규제와 사회보장에 의해, 공동체는 계약과는 이질적인 호혜성의 원리에 의거한 상호 부조에 의해, 개인의 자유를 임금노예가 될 자유나 아사(餓死)할 자유 이상의 것으로 격상시킨다."

이노우에(井上)는 세 가지의 질서형성장치 중 하나가 과도하게 비대해져 그 이외의 장치를 압박하는 상황을 「전제(專制)의 트리아데」라 부르며 경계하였으며, 개인의 자유가 보장되기 위해서는 세 가지 질서유지 장치의 병존이 필요하며, 이는 상호의 견제와 균형에 의해 달성될 수 있다고 본다. 이노우에(井上)에 의한 질서의 트리아데론은 Lessig이 제시한 새로운 규제 장치와 동일하다고 판단된다. 즉 국가·시장·공동체에 의한 질서 구상을 각각 법·시장·사회규범에 의한 규제에 대응시킬 수 있다. 법이 여타 규제 장치에 영향을 준다는 주장이 자유의 문제와 밀접하게 관련되어 있음을 이노우에(井上)의 주장에서도 읽어 낼 수 있다.

3. 간접규제가 가지는 전제(專制)의 위험성

(1) 밀(John Stuart Mill)과 토크빌(Alexis de Tocqueville)의 사고

일찍이 John Stuart Mill과 Alexis de Tocqueville은 법률이 아닌 것(사회규범과 유사한 것)에 의한 자유의 침해에 대해 주의할 필요가 있음을 강조하였다. Mill이나 Tocqueville이 제시한 사회규범과 비슷한 것은 「관행」이 되기도 하고 「여론」이 되기도 하나, 여기에서 중요한 것은 그러한 비-법적인 사실 또한 때로는 법적 규제·제재보다 과혹한 형태로 우리의 행동을 제약한다는 것이다.[40]

40_ 참고로 오쿠다이라 야스히로(奧平康弘)는 일본에서 문제되고 있는 혐오표현과 관련하여 '문화력'이라는 것에 의한 사회통제의 필요성을 강조하였는데, Mill 등과 다른 점

먼저 Mill의 경우 『자유론』, 그리고 그에서 제시한 자유주의의 원류를 이루는 하나의 사고인 타자 위해의 원리(The Harm Principle)를 통해 확인할 수 있다. 먼저 Mill은 사회규범과 비슷한 것에 의한 자유의 침해를 논하였다:[41]

"생각이 깊은 이들은 사회 스스로가 폭군인 때에는 … 포학(暴虐)수행이 (정치적) 공무원의 손에 의해 행해질 수 있는 행위에만 한정되지 않음을 깨달았다. 사회는 자신의 명령을 스스로 집행할 수 있으며, 실제로 집행하고 있다. 그리고 만약 사회가 올바르지 못한 명령을 내리거나 적어도 간섭해서는 안 되는 사항에 대해 명령을 내린다면, 사회는 다양한 정치적 압제(壓制)보다도 더욱 공포에 떨어야 할 사회적 포학을 수행하게 될 것이다. 왜냐하면 사회는 뿌리 깊이 개인 생활의 세부에 침투하여 영혼 그 자체를 노예화 시키므로 개인이 이에서 벗어나기 매우 어렵기 때문이다. … 형법 등의 법률 이외의 방법에 의해 사회는 자신의 의사와 관습을, 그 사상과 관습에 반대하는 시민에 대해서도, 행위의 준칙으로서 강제하려 한다. 또한 자신의 관행과 조화되지 않는 모든 개인의 개성의 발전을 방해하고, 가능한 경우 이와 같은 개성의 형성 그 자체를 저지하고, 모든 인간의 성격이 사회의 성격을 모범으로 하여 형성되어야 함을 강제하려고 한다."

Mill에 지대한 영향을 받았다고 일컬어지는 Tocqueville 또한 법 이외의 규제에 대해 주의해야 한다고 본다. 민주주의에 있어서의 「다수자의

은 그가 문화력의 긍정적 효과에 주목한 점이다. 奧平康弘, 「《インタビュー》法規制はできるだけ慎重にむしろ市民の「文化力」で対抗すべきだろう」, Journalism 2013年 11月号, 102頁. 다만 오쿠다이라(奧平)는 문화력에는 「권력과 관련한 법률의 모습이 당연히 포함될 수밖에 없다」고 서술하고 있어 순수하게 국가로부터 독립된 '문화력'만으로 볼 수는 없을 것이다. 참고로 駒村圭吾, 「意味の秩序と自由」, 曽我部真裕・赤坂幸一編, 『憲法改革の理念と展開(下)—大石眞先生還暦記念』, 信山社, 2012, 171頁에서도 법률 이외의 것에 의한 간접규제의 긍정적인 점에 주목한다.

41_ 존 스튜어트 밀 지음(서병훈 옮김), 자유론, 책세상, 2005를 참조하였으며, 명확하지 않다고 판단되는 부분은 필자가 원문을 보고 일부 수정하였다.

전제(專制)」라는 그의 유명한 주장 속에서 확인할 수 있다:[42]

"국왕이 가지는 힘은 물리적인 힘일 뿐이므로 신민의 행위를 규제하더라도 그 의지에는 작용할 수 없다. 그러나 다수자에게는 물리적이고 정신적인 힘이 있어 이것은 국민의 행위뿐만 아니라 의지에도 작용하여 행동을 방해하며 행동의 의욕을 빼앗는다."

(2) 新시카고학파 및 이노우에(井上)의 사고로부터의 시사점

이노우에(井上)가 지적하는 것처럼 전체주의적 전제(專制)로의 경계심을 품고 있어야 한다. 이를 통해서 우리는 강대한 국가가 법을 이용하여 또는 경우에 따라서는 법의 근거 없이 통제경제나 계획경제에 의해 시장을 파괴하고, 다양한 중간단체를 파괴하거나 실질적으로 국가조직의 하부 구조에 두는 것을 막을 수 있다. 국가의 행위는 법을 통해 이루어지는 것이 기본이다. 그리고 법이 여타 규제 장치에 영향을 준다면, 본래 과대한 법규제로부터의 도피처 등의 역할을 해야 하는 시장이나 공동체(사회규범)가 법과 일체화되어 우리의 자유를 제약하게 될 것이다. 또한, 新시카고학파가 지적한 것처럼 법 이외의 (간접)규제는 그야말로 간접적이기 때문에 종래 고려되어 온 법규제의 통제시스템을 통해 견제당하지 않는다. 법의 직접규제에 대응해온 종래의 시스템(위헌법률심판제도)으로는 사회규범 등을 매개로 한 법의 영향력 행사를 정확하게 포착할 수 없으며, 그 영향력 행사를 통제하는 것 또한 불가능할 것이다.

이노우에(井上)가 논하는 바와 같은 자유의 실효적 보장을 위한 질서의 구축과 함께 간접규제 장치에 대한 법의 영향력 행사를 통제하는 이론의 구축도 필요하며, 新시카고학파가 이러한 문제의식을 가지고 시도한 해결책을 살펴보는 것은 큰 의미가 있을 것이다. 요컨대 新시카고학파 및 이노우에(井上)의 주장을 통해 확인할 수 있는 것은 '법 이외의 규제 장치

42_ 알렉시스 드 토그빌 지음(은은기 옮김), 미국의 민주주의, 계명대학교 출판부, 2013 참조.

를 현재화시켜 분석을 시도하는 것은 자유의 실효적 보장을 위한 구체적 조건이 어떠한 것인지, 그 조건은 어느 경우에 충족되는지 등에 대해 몇 가지 유익한 시사점을 찾을 수 있다는 사실이다(이하 Ⅲ. 참조).

Ⅲ. 온라인 게임 결제한도 제한이라는 간접규제 무엇이 문제인가?

1. 간접규제의 통제의 필요성

Lessig을 포함한 新시카고학파의 문제의식은, 종래의 법에 의한 직접규제와는 상이한 새로운 규제의 형태를 유형화하고 정리하여, 여러 규제 장치로의 영향력을 가진다고 여겨지는 법에 의한 간접적인 규제방법을 폭로하는 것이었다. 물론 그들은 효과적인 구제의 실행을 위해 법 이외에 의한 규제가 가지는 긍정적인 기능을 인정하면서도 그러한 법 이외의 규제가 과도해지지 않도록 적절한 통제를 도모하는 것을 지향하였다.

한편 현대 국가에 있어서 국가의 부정·부당한 자유로의 개입을 배제하는 역할을 최종적으로 담당하고 있는 것은 헌법일 것이다. 이는 통치기구의 설계에 있어서 여러 국가조직으로의 권한 배분을 결정하여 그 권한일탈행위를 금지하고, 언뜻 권한에 포함되는 행위로 보이더라도 내용적으로 사인으로의 개입이 금지되는 사항에 대해 열거함으로써, 우리의 자유를 보장한다. 그렇다면 새로운 규제의 형태에 대해서도 헌법학적 고찰, 그리고 그 통제 중 하나로서의 헌법적 통제가 시도되어야 함이 마땅할 것이다. 헌법의 권력 제한의 역할을 직접규제에 머물게 두는 것은, 국가권력이 이른바 그 퇴로를 통해 활발한 규제활동을 하는 데 일조하게 만든다. 특히 간접규제가 통치기법 중 하나가 된 현대에 있어서는 그러한 규제를 통제하기 위한 이론적 설명이 요구되고 있다. 그런 의미에서 Lessig의 다음과 같은 지적은 매우 중요하다:[43]

"시장, 규범 또는 구조를 통해 간접적으로 초래되는 그러한 규제(제한) 또한 위헌이라 판단하여야 할 것인지에 대해 우리는 더욱 올바른 이해를 위해 노력해야 할 것이다.

즉 Lessig은 국가에 의한 사회규범의 구축을 헌법적으로 통제하는 이론을 개발해야 한다고 보았다. 그의 주장을 더욱 깊이 이해하기 위해 Lessig의 논문에서 예시되었던 구걸규제의 사례를 먼저 소개하기로 한다.[44]

종래 뉴욕 주에서는 구걸행위에 대해 형사벌이 과해졌다.[45] 그러나 법원은 이 규정이 아메리카 합중국 수정 헌법 제1조에서 보호하는 언론의 자유를 침해한다고 보았다.[46] 위 판결에 의하여 구걸행위 또한 미국 수정헌법 제1조의 언론의 자유에 의한 보호를 받는 행위에 해당하여 뉴욕 주는 당해 행위를 법으로 규제할 수 없게 되었다. 그러나 뉴욕 주는 구걸행위에 대한 규제를 포기하지 않았다. 다른 수단을 사용하여 이를 억제하고자 하였다. 뉴욕 주가 생각한 것은 구걸행위 자체를 금지하는 것이 아니라 구걸에 응하는 자를 감소시키면 된다는 발상에 입각한 것으로, 그 실시 방법은 구걸의 대응에 관한 대규모의 캠페인을 전개하는 것이었다. 지하철 승객을 대상으로 다음과 같이 제언하였다.

"구걸에 응하는 행위는 그들을 돕는 일이 아닙니다."

구걸행위에 응하는 것은 언뜻 그들을 돕는 것처럼 보이나 실제로는 그렇지 않다. 도움을 받음으로써 그들은 구걸을 반복하게 되고 그러한 생활에 익숙해진다. 그들을 진정으로 돕는 일은 구걸을 거부하고 그들

43_ Lessig, 27 J. LEGAL STUD. 661, 668.

44_ Lessig, 62 U. CHI. L. REV. 943, 1039 ff.

45_ N.Y. Penal Law §240. 35(1)(McKinney 1989)

46_ Loper v. New York City Police Department, 999 F2d 699(2d Cir. 1993).

이 그러한 상황으로부터 벗어날 인센티브를 부여하는 것이다. 이러한 내용을 담은 캠페인이 실행된 것이다. 이 캠페인의 효과에 의해 사람들의 구걸행위에 대한 사고가 변화하였다. Lessig이 사용하는 토큰과 콘텍스트의 적용을 통해 사회적 의미를 고찰해 보면, 「구걸에 응하지 않는 것」이라는 토큰이 「캠페인 전의 뉴욕 주」라는 콘텍스트를 적용시켜 도출되는 사회적 의미는, 냉정하고 인색하고 배려가 부족하다는 것이었다. 많은 사람은 구걸하는 사람에 대해 동정의 마음을 가지며, 구걸행위에 응하지 않는 것에 대한 죄의식을 가지고 있어 자신이 무언가를 해야 한다는 책임감이나 의무감을 느끼고 구걸에 응했던 것이다. 그런데 뉴욕주의 캠페인에 의해 그 사회적 의미가 변화하였다. 「구걸에 응하지 않는 것」이라는 토큰에 「캠페인 후의 뉴욕 주」라는 콘텍스트를 적용시켜 도출되는 사회적 의미는, 거부행위가 구걸행위를 행하는 사람들을 돕는다는 것이었다. 이러한 사회적 의미가 새롭게 형성되면, 사람들은 구걸을 거부할 때에 소위 주위의 시선을 신경 쓸 필요가 없어져 당당하게 거부할 수 있게 된다. 나아가 이전과는 정반대로 구걸에 응하는 행위에 대한 사회적 의미가 부정적인 것이 될 가능성도 있게 된다. 결국 이러한 뉴욕주의 캠페인에 의해 구걸에 응하는 자의 수는 감소하였다. 구걸이 어려운 환경이 조성되었기 때문에 당연히 그 공간에서 구걸행위를 하고자 하는 이는 감소하였다. 직접규제를 금지당한 뉴욕 주의 제2의 시책(간접규제)이 보기 좋게 성공한 것이다.

그러나 Lessig은 이 구걸규제의 사례를 언급하며, 정부에 의한 사회적 의미 구축의 위험한 측면을 지적하고, 그에 대해 법학적인 고찰을 행하지 않았던 종전의 학설을 비판한다:[47]

"구걸행위는 그 당부는 제쳐두더라도 판례에 의해 인정된 헌법상 보호를 받는 행위이다. 그리고 구걸을 직접 금지하는 형법의 규정도, 구걸에 응하는 자를

47_ Lessig, 62 U. CHI. L. REV. 943, 1040-1041.

감소시키고자 하였던 주의 캠페인도, 모두 표적으로 삼은 것은 구걸행위이다. 그럼에도 불구하고 전자는 헌법상의, 나아가 언론의 자유라는 미국에 있어서 강력한 보호가 부여되는 권리를 침해한다는 이유에서 배제되는 한편, 후자는 그러한 검토조차 이루어지지 않은 채 법학의 고찰 대상이 아니라고 여겨진다."

즉 Lessig은 이러한 불균형에 주의를 기울여야 한다고 논한다. 참고로 낙태를 반대하는 보수주의자들이 법적인 규제가 허용되지 않자 낙태비용을 보험혜택을 받지 못하도록 하는 방법으로 낙태에 대한 규제를 해왔는데, 이러한 규제방법 또한 간접규제의 모습이라고 할 수 있으며 Lessig이 주장한 것과 같은 비판을 받았다. [48]

2. 간접규제의 통제 메커니즘(mechanism)

(1) 新시카고학파가 주장한 메커니즘

Lessig은 간접규제의 통제 메커니즘의 부재라는 문제를 해결하기 위해 Barnette 판결이 제시한 anti-orthodoxy principles[49]를 주목한다.[50]

"만약 우리의 헌법이라는 성좌 속에 항성이 있다면, 그것은 공무원이 그 지위의 높고 낮음을 불문하고, 정치, 내셔널리즘, 종교, 그 외의 의견에 관한 사안(matters of opinion)에 대해 무엇이 정통한 것인지 정할…수 없다는 것이다."[51]

---

[48]_ Adam Sonfield. Restrictions on Private Insurance Coverage of Abortion: A Danger to Abortion Access and Better Health Coverage, 21 Guttmacher Policy Review 29(2018), 29 ff.

[49]_ 이는 '정통성 정립 금지의 원칙'으로 의역할 수 있으나, 이하에서는 원어 그 자체가 가지는 전달력이 더 강하다는 판단되어 원어를 그대로 사용하기로 한다.

[50]_ West Virginia St. Bd. of Educ. v. Barnette, 319 U.S. 624, 642(1943).

[51]_ If there is any fixed star in our constitutional constellation, it is that no official, high or petty, can prescribe what shall be orthodox in politics, nationalism, religion, or other matters of opinion, or force citizens to confess by word or act their faith therein. If there are any circumstances which permit an exception, they

Lessig은 정부에 의한 사회규범의 구축은 이 anti-orthodoxy principles 와 관련하여 문제가 되는 경우가 있다고 생각한다. 즉, 간접규제는 정부 가 암묵적으로「무엇이 정통하고 무엇이 이단인지를 국민들에게 확립시 킬 수 있다는 것이다」.[52] 요컨대 이러한 규제를 통해 정부는 사회적 의미 를 그들이 원하는 방향으로 구축함으로써 어떠한 행위가 바람직한지 혹 은 그렇지 않은지를 그들이 결정할 수 있으며, 그에 의해 사람들의 행동 을 법적 제재 없이 통제할 수 있게 된다. Lessig은 이런 방식의 규제에 문 제를 제기한 것이다. 물론 모든 간접규제가 이러한 anti-orthodoxy principles를 위반한 것으로 보아 금지하자는 것은 아닐 것이다. 예컨대 미국 남부의 결투의 예를 떠올려보면 알 수 있듯이, 사회적 의미의 구축 은 효과적인 통치기법으로서 우리의 복리를 증대시키는 경우도 있다. Lessig은 오히려 anti-orthodoxy principles를 정부가 정통이란 무엇인지 를 수정할 수 없음을 의미하는 것으로 보지 않고 정통에 관한 규제 (regulation of the orthodox)를 적절한 곳으로 인도하도록 유도하는 것으로 이해한다.[53]

Sunstein은 국가에 의한 사회규범의 구축의 한계로서 두 원리를 명시 하고 있다. 첫째, 그는 국가는 불필요하고 비효율적인 사회규범을 구축 해서는 안 된다고 주장한다.[54] 예를 들어, 미성년자의 흡연에 낙인이 찍 히도록 사회규범을 바꾸었더라도, 반대로 흡연행위가 대담하고 매력적 인 것으로 비추어져 당초의 목적에 반하여 미성년자의 흡연을 조장하는 경우가 있는데 그 경우에 정부의 시도는 실패로 돌아갈 것이라고 한다. 이러한 이유에서 그는 사회규범의 구축은 목적에 적합한 효과를 실제로 얻을 수 있는지를 신중하게 재고하여 행해져야 한다고 본다. 둘째, 그는 사회규범의 구축에 있어 개인의 권리를 침해해서는 안 된다고 본다.[55]

---

do not now occur to us.

52_ Lessig, 62 U. CHI. L. REV. 943, 1039.

53_ Lessig, 62 U. CHI. L. REV. 943, 1036.

54_ Sunstein, 96 COLUM. L. REV. 903, 965-966.

55_ Sunstein, 96 COLUM. L. REV. 903, 966-967.

예를 들어, 인종적 소수자를 이급시민(second-class citizenship)으로 격하하는 사회규범을 형성하는 것은 시민 간의 평등을 침해하기 때문에 안 된다는 것이다. 즉 그는 「국가는 더욱 좋은 사회의 실현을 위한 사회규범의 관리(norm management)를 해야 하는 것이지 권리를 침해해서는 안 된다」고 본다.[56]

(2) 우리법상의 규제통제의 모습

규제의 타당성 검토는 실효성, 비용편익 분석 등의 사실적 · 실증적 측면의 검토와 더불어 규제의 명확성, 비례성(목적의 정당성, 수단의 적정성, 침해의 최소성—대상 범위의 최소화와 더불어 기본권을 덜 침해하는 대안 존재가능성 검토 포함—, 법익의 균형성) 등의 헌법적 · 규범적 측면의 검토가 요구된다.[57] 이런 이유에서 행정규제기본법 제5조[58]에서도 규제는 실효성이 있어야 하고 그 대상과 수단을 필요 최소한으로 설정함에 있어 객관성 · 투명성 및 공정성이 확보되어야 한다는 점을 강조한다. 요컨대 행정규제기본법은 무엇보다도 규제를 마련함에 있어 국민의 자유와 창의를 존중하고 그의 본질적 내용을 침해하여서는 안 된다고 하여 규제대상의 기본권에 대한 제한에 있어 한계를 분명히 하고 있다.[59] 그런데 온라인

56_ 같은 맥락에서 그는 개인의 자율이나 복리(well-being)를 침해하는 사회규범을 구축해서는 안 된다고 본다. Sunstein, 96 COLUM. L. REV. 903, 947 ff.

57_ 법률에 의한 기본권제한의 한계에 대해서는 허영, 한국헌법론(신정 제13판), 박영사, 2000, 277면 이하 참조.

58_ 제5조(규제의 원칙) ① 국가나 지방자치단체는 국민의 자유와 창의를 존중하여야 하며, 규제를 정하는 경우에도 그 본질적 내용을 침해하지 아니하도록 하여야 한다.

② 국가나 지방자치단체가 규제를 정할 때에는 국민의 생명 · 인권 · 보건 및 환경 등의 보호와 식품 · 의약품의 안전을 위한 실효성이 있는 규제가 되도록 하여야 한다.

③ 규제의 대상과 수단은 규제의 목적 실현에 필요한 최소한의 범위에서 가장 효과적인 방법으로 객관성 · 투명성 및 공정성이 확보되도록 설정되어야 한다.

59_ 정책학에서는 정책평가를 수행함에 있어 일단 목표를 분명히 설정하고 그에 따라 ① 정책의 목표 대비 효과 및 정책과 목표달성의 인과관계를 평가(효과성 평가)하고, ② 정책의 직접적 비용이나 부작용 등의 사회적 비용까지도 고려하여 정책효과가 이러한 비용을 상쇄시킬 만큼 큰 것인가를 평가(능률성 평가)하고, ③ 정책효과와 비용의 사

게임 결제한도 제한이라는 규제는 직접규제가 아닌 간접규제이므로 이러한 한계로부터 자유로울 수 있다는 점에서 문제가 될 수 있다. 이러한 문제의식을 가지고 온라인 게임 결제한도 제한이라는 규제를 규범적인 측면에서 검토해 본다면 간접규제가 직접규제의 통제시스템으로부터의 우회로로 악용될 수 있다는 것을 확인할 수 있을 것이다(이하 Ⅲ. 3. 참조).

3. 온라인 게임 결제한도 제한이라는 간접규제의 통제 어떻게 할 것인가?

우리 정부는 게임소비자를 보호를 목적으로 온라인 게임 결제한도 제한이라는 간접규제를 하였는데, 이러한 간접규제가 가지는 문제점을 소비자가 가지는 자기결정권의 침해에 초점을 맞추어 분석해 보면 다음과 같다.

(1) 과소비 및 사행성 방지

온라인 게임 규제는 헌법이 보장하는 사업자의 직업 수행 자유(영업 자유)를 침해하고, 게임 이용자의 자기 선택권 및 일반적 행동 자유권 등을 침해하고 있다고 볼 수 있다. 게임소비자의 과소비를 억제하기 위한 이런 식의 간접강제는 문제가 없는가? 과소비 억제라는 공공재를 해결하는 데 있어 국가의 관여가 적절한 것인지를 우리의 헌법재판소가 판단한 사례를 확인하면 다음과 같다. 가정의례에관한법률 제4조 제1항 제7호 위헌확인 결정(1998. 10. 15. 98헌마168)에서 사건법률(가정의례에관한법률—1993. 12. 27. 법률 제4637호로 전문개정된 것) 제4조는 허례허식행위의 금지라는 제목으로 제1항에서 가정의례(家庭儀禮)에 있어서 특정한 행위들

회집단 간 지역 간 배분 등이 공정한 지를 평가(공평성 평가)해야 한다고 강조한다. 정책평가 기준으로는 정책목표의 달성도, 정책의 능률성·공평성, 정책대상 집단의 만족도, 정책대상 집단에 대한 대응성, 다른 정책에 대한 대응성(외부효과)을 삼는다. 정책학의 관점에서는 규제(정책) 검토 혹은 평가에 있어 헌법적·규범적 평가가 등한시 되어있는데 행정규제기본법에서는 이 부분도 엄밀하게 살펴볼 필요가 있다고 강조한다.

을 대통령령이 정하는 행위를 제외하고는 금지하고 있는데, 그중 제7호에서는 경조기간(慶弔期間) 중의 주류 및 음식물 접대를 금지하고 있었다. 이 조항은 가정의례에 관하여 과소비를 하는 양태를 억제하기 위한 목적을 가지고 있었다. 이에 대해 헌법재판소가 "결혼식 등의 당사자가 자신을 축하하러 온 하객들에게 주류와 음식물을 접대하는 행위는 인류의 오래된 보편적인 사회생활의 한 모습으로서 개인의 일반적인 행동의 자유 영역에 속하는 행위이므로 이는 헌법 제37조 제1항에 의하여 경시되지 아니하는 기본권이며 헌법 제10조가 정하고 있는 행복추구권에 포함되는 일반적 행동자유권으로서 보호되어야 할 기본권"이라고 판단하였다. 즉 헌법재판소 전원재판부는 하객들에 대한 접대와 관련된 소비의 행태는 개인의 자기결정권에 따라 이루어져야 하고 이는 헌법상의 기본권 문제이므로 국가가 명령지시적 규제를 통해 이에 간여해서는 안 된다는 중요한 결정을 내렸다.

물론 이러한 헌법재판소 결정례를 과소비에 대한 사회적 방관의 용인으로 보아서는 안 될 것이다. 즉 헌재의 결정은 과소비를 방관하자는 것은 아니고 합리적 소비를 유도하는 사회적 노력이 필요하다는 점에 초점을 맞춘다. 요컨대 중요한 점은 합리적 소비에 대한 정부, 국가, 명령지시적 통제가 아닌 사회의 자발적인 노력이 필요하다는 부분이다. 합리적 소비에 대한 유도에 있어 정부보다는 일반 사회, 특히 소비대상 물건을 생산하는 업체의 자발적이고 주체적인 관여가 중요하다. 이러한 소비의 합리화를 위해서 사회, 업계가 노력할 부분은 다른 것이 아니라 소비자가 합리적 소비결정을 할 수 있도록 소비대상 물건에 대한 충분한 정보를 제공하는 것이 핵심이라 할 수 있다. 다양한 캠페인 등도 고려할 수 있지만 기본적으로 합리적 소비를 위해 사회가 행할 수 있는 것은 충분한 고지에 입각한 자발적 동의에 따른 구매를 유도하는 것이며 이를 위해서는 재화와 서비스에 대한 충분한 정보의 제공이 필요하다. 과소비 문제에 대한 국가의 개입이 적절한 목적을 갖출 수 있는지 상당히 의심스럽다. 가정의례준칙 사건 판결에서 헌법재판소가 소비행태에 대한 국가의 간섭의 위헌성을 확인했다는 점은 이를 방증한다. 그리고 지금까지 취미활동에서 개인이 돈을 얼마만큼 소비할지에 대한 규제를 했던 적이 있는가? 온라인게임 결제한도 제한 규제는 소비자를 보호한다는 미명하에 그만큼 소비자의 자유를 제한한다.

한편 모든 온라인 게임이 아니지만 일부 게임이 가지는 사행성(?)을 방지하기 위해 게임의 결제한도를 제한한 것으로 볼 수도 있다. 이를 통해 게임 이용자의 재산적 손해 및 중독에 의한 손해를 미연에 방지할 수도 있을 것이다. 그런 의미에서 이러한 제한은 소기의 목적을 달성할 수 있을 것이다. 그런데 기본적으로 목적의 정당성(실체적 합리성)은 입법부의 폭넓은 재량이 인정된다는 점에서 대부분의 규제에 있어 목적의 정당성은 충족된다고 볼 수 있다.[60] 그러나 모든 이용자를 구별 없이 일률적으로 통제하는 방법이 타당한지는 별개의 문제이다.

(2) 자기결정권 침해
1) 자기결정과 사적 자치

개인과 개인 사이의 법률관계에 있어 자기결정권의 존중은 사적 자치의 원칙을 통해 실현된다. 우리 헌법은 사적 자치의 원칙을 법질서의 기본으로 삼고 있으며 이 원칙은 민법·상법 등의 사법 분야에서 실현되고 있다. 사적 자치의 원칙은 개인이 법질서의 한계 내에서 자기의 의사에 기하여 법률관계를 스스로 형성할 수 있다는 원칙을 말한다. 사적 자치는 헌법 제10조와 제37조 제1항에 의하여 헌법상 보장되며 헌법 제23조, 제15조 등 개별적인 기본권들에 의하여 보충되는 것으로 이해된다. 이러한 사적 자치의 원칙은 '자기결정의 원칙'과 '자기책임의 원칙'을 내용으로 한다. 즉 자기가 결정하고 그 결정한 결과에 대하여는 본인 스스로 책임을 져야 한다는 것을 뜻하며 따라서 사적 자치의 원칙은 본인 스스로를 지배하는 '자기지배의 원칙'이라고도 한다. 헌법 제10조의 행복

60_ 헌법재판소에서도 동성혼 및 호주제 정도만 입법 목적의 정당성을 부인하였을 뿐이다. 즉, 대부분의 위헌법률들도 최소한 목적의 정당성은 인정받았다.

추구권에서 파생되는 '자기 결정' 내지 '일반적 행동자유권'은 이성적이고 책임감 있는 개인의 자기 운명에 대한 결정·선택을 존중하되 그에 대한 책임은 스스로 지는 것을 그 내용으로 한다. 이러한 헌법상의 자기책임의 원리는 자기결정권의 한계와 관련하여 개인이 적극적으로 책임을 지는 근거로서 기능하는 동시에 소극적으로 자기가 결정하지 않은 것과 결정할 수 없는 부분에 대해서는 책임을 지지 않는다는 책임의 한계 원리로서 작용을 한다.[61] 또한 '자기책임의 원칙'이란, 개인이 타인에게 준 손해에 대하여는 그 행위가 위법하며 이와 동시에 고의 또는 과실이 있는 경우에만 책임을 진다는 원칙을 말한다. 즉 개인은 자기의 고의 또는 과실에 의한 행위에 대해서만 책임을 지고 타인의 행위에 대해서는 책임을 지지 않는다는 원칙이다. 민법은 제390조, 제750조를 비롯한 여러 규정에서 이 원칙을 규정하며 이 원칙이 두드러지게 나타나는 영역은 불법행위의 분야라 할 수 있다. 이러한 자기책임의 원칙을 인정하면 개인은 자기의 행위에 대해서만 주의를 하면 책임을 지지 않기 때문에 자기책임의 원칙은 개인의 행동의 자유를 보장하는 역할을 한다.[62]

2) 계약의 본질적인 내용에 대한 통제와 자기결정권의 침해

본인이 자율적 판단능력을 가지고 있다면 국가의 개입은 원칙적으로 타당하지 않으며, 예외적으로 본인의 이익(인간의 존엄 등)을 위하여 자기결정의 제한이 가능할 뿐이다. 이러한 이유에서 우리 헌법 또한 자율적 판단능력을 가진 개인을 전제로 하기 때문에 온전한 판단능력이 있는 개인의 자기결정권에 국가가 개입하는 것을 원칙적으로 허용하지 않는다.[63] 그렇다면, 과소비 및 사행화(?) 방지를 위한 현행 온라인게임 결제

61_ 헌법재판소 2009. 6. 25. 선고 2007헌마40 결정; 헌법재판소 2013. 5. 30. 선고 2011헌바360, 2012헌바56 결정(병합).

62_ 계약체결에 있어 계약당사자 스스로 경험 등을 통해 스스로 사적 자치를 실현할 수 있도록 하는 것이 궁극적으로는 자기책임 및 자기결정의 진정한 보장이라고 할 수 있다. Lorenz Kähler, Begriff und Rechtfertigung abdingbaren Rechts, 2012, S. 261 ff.

63_ 다만 예외적으로 인간의 존엄이나 생명에 반하거나 선량한 풍속을 위반하는 자기결정에는 일정한 제재(制裁)가 필요하기 때문에 국가의 개입이 정당화될 뿐이다. 이런

한도 제한은 소비자의 헌법상 자기결정권 및 사적 자치와 어떠한 긴장 관계를 가지고 있는가?

계약의 자유는 계약의 체결 및 내용적 형성에 관한 "법적·형식적 계약자유"와 그 기초를 이루는 결정의 형성을 위한 "사실상·실질적 계약자유"로 분류할 수 있다. 전자는 "형식적 자기결정의 자유"로, 후자는 "실질적 자기결정의 자유"로 일컬을 수도 있다. 계약을 스스로 체결하였다면 이는 형식적으로는 계약자유의 행사라고 할 것이다. 그런데 형식적 계약의 자유는 그 자체가 자기목적이 될 수 없고, 당사자의 실질적 자기결정을 보장하려는 데에 있다. 여기의 실질적 자기결정은 계약의 당사자가 계약의 내용을 흥정함으로써 그 형성에 영향을 미칠 수 있음을 전제로 한다. 그렇다면 온라인 게임의 경우에는 이용자의 실질적 자기결정이 보장되지 않았기 때문에 규제를 한 것으로 볼 수 있는가? 자기결정은 자기책임을 전제로 한다. 그래서 계약상의 리스크(특히 채무불이행에 있어서)를 감수하여야 하는 자는, 설령 그것을 알지 못하였고 또 자신을 열악한 상황에 놓이게 하더라도 그 결과를 원칙적으로 스스로 감수하여야 한다. 그러한 자를 그의 부주의로부터 보호하는 것은 지나친 후견주의적 발상이다. 요컨대 이용자가 온라인 게임 서비스 제공과 관련된 거래조건에 대하여 자기결정에 의하여 반응할 수 있는 진정한 행위선택지를 가진다면 내용통제는 불필요할 것이다. 예컨대 대법원 2014.4.10. 선고 2012다54997 판결은 "일반적으로 매매거래에서 매수인은 목적물을 염가로 구입할 것을 희망하고 매도인은 목적물을 고가로 처분하기를 희망하는 이해상반의 지위에 있으며, 각자가 자신의 지식과 경험을 이용하여 최대한으로 자신의 이익을 도모할 것으로 예상되기 때문에, 당사자 일방이 알고 있는 정보를 상대방에게 사실대로 고지하여야 할 신의칙상 의무가 인정된다고 볼 만한 특별한 사정이 없는 한, 매수인이 목적물의 시가를 묵비하여 매도인에게 고지하지 아니하거나 혹은 시가보

이유에서 선량한 풍속은 대부분의 국가에서 사적 자치의 제한사유로서 인정된다. Hein Kötz, Europäisches Vertragsrecht, Band Ⅰ, 1996, S. 235 f.

다 낮은 가액을 시가라고 고지하였다 하더라도, 상대방의 의사결정에 불법적인 간섭을 하였다고 볼 수 없으므로 불법행위가 성립한다고 볼 수 없다. 더구나 매수인이 목적물의 시가를 미리 알고 있었던 것이 아니라 목적물의 시가를 알기 위하여 감정평가법인에 의뢰하여 감정평가법인이 산정한 평가액을 매도인에게 가격자료로 제출하는 경우라면, 특별한 사정이 없는 한 매수인에게 평가액이 시가 내지 적정가격에 상당하는 것인지를 살펴볼 신의칙상 의무가 있다고 할 수 없고, 이러한 법리는 법적 성격이 사법상 매매인 공유재산의 매각에서도 마찬가지이다."라고 보고 있다. 요컨대 우리의 생활경험칙상 고객은 계약체결 시에 거의 항상 재화의 품질과 가격에 대해서만 주목하고 부수적인 계약내용에 대하여는 별다른 생각을 하지 않으나 계약에 관한 주된 급부라 할 수 있는 금전의 지출에 대해서는 주의를 기울이며 이에 대해서는 충분한 자기결정의 기회가 보장된다고 할 수 있다.[64] 요컨대 게임의 경우에는 이용자 본인이 지불할 가격이 얼마인지를 정확히 인식할 수 있으며, 그 지불금액을 통해 본인이 취득하는 반대급부가 무엇인지를 정확히 인지할 수 있다. 이용자 본인이 그 이용내용을 결정한다는 점을 감안하면, 계약의 본질적 내용이라 할 수 있는 이용자가 지출할 수 있는 가격에 대한 한도까지 설정하고 있는 것은 자기결정권의 보호라기보다는 국가의 후견권남용으로 볼 여지가 있다.

64_ Horst Eidenmüller, Der homo oeconomicus und das Schuldrecht—Herausforderungen durch Behavioral Law and Economics, JZ 2005, 216, 222; Patrick C. Leyens/Hans-Bernd Schäfer, Inhaltskontrolle allgemeiner Geschaftsbedingungen—Rechtsokonomische Uberlegungen zu einer einheitlichen Konzeption von BGB und DCFR, AcP 210(2010), 771, 788; Lars Leuschner, Gebotenheit und Grenzen der AGB-Kontrolle—Weshalb M&A-Verträge nicht der Inhaltskontrolle der §§ 305 ff. BGB unterliegen, AcP 207(2007), 491, 504 f.

IV. 맺음말

민법은 성인인 경우에는 그 자가 성년후견이나 한정후견 심판을 받은 경우 등에 한하여 그 자의 선택권을 제한하여 보호한다. 중독의 위험이 있는 이용자를 보호하기 위한 정책은 당연히 필요하지만 일률적으로 그들의 의사결정의 내용 자체를 제한하는 것은 문제가 있다. 취약한 존재 (중독의 위험이 있는 자 또는 중독된 자)의 보호는 개별적으로 이루어져야 할 문제이므로 이를 위해 게임 이용자 전부를 통제해서는 안 된다. 국가가 성인의 선택권을 일률적으로 제한하는 것은 후견권의 남용이라고 볼 수 있으며 온라인 게임의 성인 이용자들을 모두 보호해야 하는 잠재적인 취약계층으로 치부한다는 점에서 문제가 있다. 더욱이 위 규제의 모습이 법령상의 규제가 아닌 한국게임산업협회 및 게임사가 임의로 정한 규제(소위 '그림자 규제' 또는 '간접규제')라는 점에 주의를 요한다. 법령이 아닌 게임물관리위원회의 등급심사로 성인 이용자의 자기결정권 등을 제한하는 것은 매우 큰 문제점을 안고 있기 때문이다. 권력분립과 법의 지배 원리에 입각한 근대법치국가의 이념에서는 국민의 권리·의무에 관한 모든 법규가 국민의 대표기관인 국회에 의하여 제정된 형식적 법률일 것을 요구한다. 이러한 이유 때문에 원칙상 입법권의 복위임이 금지되어 위임입법은 인정되지 않는다. 그렇다면 게임물관리위원회의 등급심사를 통한 게임이용자의 권리제한은 어떠한가? 게임 내용과 무관한 구매 한도의 설정이 등급심사 평가항목에 포함된 것도 이해하기 힘들지만 이러한 규제에 대한 근거 법령이 전무하다는 점이 더 문제된다. 국가의 규제는 지켜야 하는 의무가 부여되는 만큼 그 목적이 명확해야 하며 사회에 미치는 부작용과 산업에 가해지는 피해 정도 등을 종합적으로 예측하여 결정되어야 하며, 규제가 이루어지더라도 법이 정한 범위에서 강제되어야 한다. 게임물등급위원회는 게임산업법 및 게임물관리위원회 등급분류기준에 게임 결제 한도가 포함되어 있지 않음에도 불구하고 등급 분류 신청 절차에서 결제 한도 규제를 강제하여 실질적으로 등급 분류 기준과 연계시켰다. 법령에 의한 규제가 아님에도 불구하고 국민의 기본권을 제한하는 이런 식의 규제방식인 간접규제는 우회적으로 사인의 행동을 제약하는 수법으로서 법에 의한 규제에 비해 사법부나 헌법재판소의 법적 통제에서 자유로울 수 있으면서도 더 강한 정책적인 강제력을 지닌다. 간접규제가 확산되고 있는 현대 국가에 있어서 이러한 이른바 우회적으로 사인의 행동을 제약하는 수법이 고안되고 있다. 필자는 그러한 수법 중 하나가 온라인 게임의 결제한도 제한이라고 본다. 그런데 만약 이러한 간접규제가 법규제가 아니라는 이유로 법학의 논의의 도마 위에조차 오르지 못한다고 한다면, 국가가 법적 통제의 울타리에서 벗어나 우리의 자유를 쉽게 제약할 수 있게 될 것이다. 그러한 국가의 과도한 개입을 억제하기 위해서는 법 이외의 규제인 간접규제에 대해서도, 우리는 법학적 고찰의 손을 뻗어 그를 실체적으로 통제하는 원리를 창출해 낼 필요가 있다. 본고에서 소개한 Lessig와 Sunstein 등이 제시한 간접규제의 통제방법이 하나의 참고할 만한 지표가 될 것이다.

〈후 기〉

본고의 발표 당시에는 온라인 게임 결제한도 제한이 있었으나, 본고 발표 이후인 2019년 6월 26일 문체부는 제18차 경제활력대책회의에서 온라인게임 결제한도에 대해 법적 근거가 없다는 이유로 웹보드게임과 청소년의 결제한도를 제외한 온라인게임의 한도제한규제를 폐지하였다. 이에 발표당시의 논문을 이에 맞게 수정하였다. 발표당시 토론자로서 좋은 의견을 주신 아주대학교의 윤태영 교수님과 경기대학교의 김세준 교수님께 감사의 마음을 전한다.

참고문헌

1. 국내문헌

존 스튜어트 밀 지음(서병훈 옮김), 자유론, 책세상, 2005.

알렉시스 드 토그빌 지음(은은기 옮김), 미국의 민주주의, 계명대학교 출판부, 2013.

허영, 한국헌법론(신정 제13판), 박영사, 2000.

2. 외국문헌

Horst Eidenmüller, Der homo oeconomicus und das Schuldrecht — Herausforderungen durch Behavioral Law and Economics, JZ 2005, 216 ff.

Lorenz Kähler, Begriff und Rechtfertigung abdingbaren Rechts, 2012.

Hein Kötz, Europäisches Vertragsrecht, Band I, 1996.

Lawrence Lessig, The Regulation of Social Meaning, 62 University of Chicago Law Review 943(1995).

Lawrence Lessig, Plastics: Unger and Ackerman on Transformation, 98 Yale Law Journal 1173(1989).

Lawrence Lessig, CODE version 2.0, Ch. 7(2006).

Lawrence Lessig, The New Chicago School, 27(3) The Journal of Legal Studies 661(1998).

Lars Leuschner, Gebotenheit und Grenzen der AGB-Kontrolle — Weshalb M&A-Verträge nicht der Inhaltskontrolle der §§ 305 ff. BGB unterliegen, AcP 207(2007), 491 ff.

Patrick C. Leyens/Hans-Bernd Schäfer, Inhaltskontrolle allgemeiner Geschaftsbedingungen — Rechtsokonomische Uberlegungen zu einer einheitlichen Konzeption von BGB und DCFR, AcP 210(2010), 771 ff.

Erin Ann O'hARA, "OPTING OUT OF REGULATION — A public choice analysis of contractual choice of law, 53(3) Vanderbilt Law Review 1561(2000).

R. A. Posner, "Social Norms, Social Meaning, and the Economic Analysis of Law", 27 Journal of Legal Studies 553(1998).

Adam Sonfield. Restrictions on Private Insurance Coverage of Abortion: A Danger to Abortion Access and Better Health Coverage, 21 Guttmacher Policy Review 29(2018).

Cass R. Sunstein, Social Norms and Social Roles, 96 Columbia Law Review 903(1996).

駒村圭吾,「意味の秩序」と自由」, 曽我部真裕・赤坂幸一編,『憲法改革の理念と展開(下)—大石眞先生還暦記念』, 信山社, 2012.

大屋雄裕,「柔らかく確率的な支配」, ビジネス・ロー・ジャーナル八九号, 2015.

井上達夫,『自由論』, 岩波書店, 2008.

安藤馨,「功利主義者の立法理論」井上達夫編『立法学の哲学的再編』,〈立法学のフロンティア(一)〉, ナカニシヤ出版, 2014.

奥平康弘,「《インタビュー》法規制はできるだけ慎重にむしろ市民の「文化力」で対抗すべきだろう」, Journalism 2013年 11月号.

온라인게임 결제한도 제한과 사적 자치의 한계[*]
─규범적 평가 및 법 경제학적 평가를 중심으로─

서종희

Ⅰ. 들어가는 말

한국은 전 세계적으로 전례가 없는 규제(소위 '갈라파고스 규제[1]')를 하고
있다. 즉 게임이용자가 동일한 게임 내에서 결제할 수 있는 한도를 일정
금액(50만 원)으로 제한하고 있다(이하 '온라인 게임 결제한도 제한 규제'로 칭
함). 이 제한에 의해 게임 이용자는 현금 및 신용카드 등으로 동일 게임
을 하면서 한 달간 지출할 수 있는 금액이 50만 원으로 제한된다.[2] 온라
인 게임 결제한도 제한은 건강한 게임 생태계 분위기 조성과 사용자 보
호를 목적으로 한다. 그런데 이 규제는 법령상의 규제가 아닌 영상물등
급위원회와 한국게임산업협회(구 한국인터넷디지털엔터테인먼트협회) 및 게
임사가 임의로 정한 자율(?)규제이다.[3] 결제 한도를 초과하는 게임은 게

---

 * 이 논문은 2019년 2월 22일 한국재산법학회 동계학술대회에서 발제한 글을 수정·보
완하여 재산법연구 제36권 제3호에 수록될 예정입니다.

 1_ 세상과 단절되어 독특한 동·식물 구성을 이룬 갈라파고스 제도(Galapagos islands)
처럼, 변화하는 국제정세와 동떨어진 특정지역에만 있는 규제를 뜻하는 말이다.
 2_ 참고로 미성년자는 월 7만 원으로 결제가 제한된다.
 3_ 요컨대 국내 유통 게임 심의를 담당하는 게임물등급위원회(게임물관리위원회 전신)
는 2006년 온라인 게임 심의에 '온라인 게임 결제 한도 규제'를 적용했다. 심의 기준에

임물관리위원회로부터 게임등급을 받지 못해[4] 게임을 출시할 수 없었으며, 온라인 게임을 운영하면서 결제 한도 제한을 위반하거나 결제 금액을 관리하지 않는 게임사는 과태료를 납부해야 하거나 영업정지 처분까지 받을 수 있다.[5] '온라인 게임 결제 한도 규제'가 10년 넘게 이어지고 있는 시점에서 본고에서는 온라인 게임의 결제한도 규제의 타당성 여부를 규범적 측면(II)과 법 경제학적 측면(III)에서 검토해 본 후, 맺음말에 갈음하여 온라인 게임 결제한도 규제방향을 제시해 보고자 한다(IV).

II. 온라인 게임 결제한도 규제모델에 대한 규범적 평가

과소비 방지 및 이용자의 게임 과몰입 예방이라는 목적으로 시작된 온라인 게임 결제한도 제한은 목적의 정당성은 차치하더라도 직·간접적으로 헌법이 보장하는 사업자의 직업 수행의 자유(영업 자유)를 침해하고, 게임 이용자의 일반적 행동 자유권 등을 침해할 여지가 있다. 더 나아가 이 규제는 국내 업체에만 적용되고 해외에 서버를 둔 해외 업체에는 적용되지 않는다는 점 등에서 실효성에 의문이 든다. 이에 이하에서는 게임 이용자의 일반적 행동 자유권을 중심으로 온라인 게임 결제한도 제한 규제에 대한 규범적 평가를 시도해 보고자 한다.

1. 소비자의 과소비 방지(?)를 위한 정부역할의 한계

지금까지 취미활동에서 과소비를 막기 위해 **성인이 지출할 수 있는 돈**

따라 만 18세 이상 게임은 월 30만 원, 만 18세 미만 게임은 월 5만 원으로 결제 한도가 정해졌다. 2009년에는 물가상승률을 반영해 결제 한도가 성인 등급은 50만 원, 청소년 이용가 등급은 월 7만 원으로 상향됐다.

4_ 즉 심의를 담당하는 게임물관리위원회는 결제한도를 설정하지 않은 게임물에 대해서는 등급분류를 거부하였다.

5_ 이에 '온라인 게임 결제한도 규제'는 실질적으로 강력한 규제라 할 수 있다.

의 범위를 간접적으로라도 제한했던 적이 있었는가? 즉 과소비 억제를 위해 정부가 관여할 수 있는 한계는 어디까지인가? 일찍이 우리 헌법재판소는 과소비 억제라는 공공재를 해결하는 데 있어 국가의 관여가 적절한 것인지를 판단한 적이 있다. 예컨대 가정의례에관한법률 제4조 제1항 제7호 위헌확인 결정(1998. 10. 15. 98헌마168)에서 헌법재판소는 "사건법률(가정의례에관한법률 - 1993. 12. 27. 법률 제4637호로 전문개정된 것) 제4조는 허례허식행위의 금지라는 제목으로 제1항에서 가정의례(家庭儀禮)에 있어서 특정한 행위들을 대통령령이 정하는 행위를 제외하고는 금지하고 있는데, 그중 제7호에서는 경조기간(慶弔期間) 중의 주류 및 음식물 접대를 금지하고 있었다. 이 조항은 가정의례에 관하여 과소비를 하는 양태를 억제하기 위한 목적을 가지고 있었다."고 본 후, "결혼식 등의 당사자가 자신을 축하하러 온 하객들에게 주류와 음식물을 접대하는 행위는 인류의 오래된 보편적인 사회생활의 한 모습으로서 **개인의 일반적인 행동의 자유 영역에 속하는 행위이므로 이는 헌법 제37조 제1항에 의하여 경시되지 아니하는 기본권이며 헌법 제10조가 정하고 있는 행복추구권에 포함되는 일반적 행동자유권으로서 보호되어야 할 기본권**"이라고 판단하였다.[6] 즉 헌법재판소는 하객들에 대한 접대와 관련된 **소비의 행태는 개인의 자기결정권에 따라 이루어져야 하고 이는 헌법상의 기본권 문제이므로 국가가 명령지시적 규제로 간섭해서는 안 된다**고 판단하였다.[7] 헌법재판소가 소비행태에 대한 국가의 간섭의 위헌성을 확인하고 과소비 문제에 대한 국가의 개입의 문제점을 지적한 점은 감안하면, 온라인게임 결제한도 제한 규제는 소비자를 보호한다는 미명하에 소비자의 지출에

6_ 즉 사적 자치는 헌법 제10조와 제37조 제1항에 의하여 헌법상 보장되며 헌법 제23조, 제15조 등 개별적인 기본권들에 의하여 보충된다고 할 수 있다.

7_ 헌법재판소 결정례는 과소비에 대한 사회적 방관이 아니라 합리적 소비를 유도하는 사회적 노력이 필요하다는 점에 초점을 맞춘다. 중요한 점은 합리적 소비에 대한 정부, 국가, 명령지시적 통제가 아닌 사회의 자발적인 노력이며, 합리적 소비를 위해 사회가 행할 수 있는 것은 재화와 서비스에 대한 충분한 정보를 제공하여 이용자들이 자발적으로 결정할 수 있도록 도와주는 것이다.

대한 자기결정권 및 사적 자치를 침해하고 있다고 볼 수 있다.

(1) '사적 자치'와 '자기결정 · 자기책임'

사적 자치의 원칙은 개인이 법질서의 한계 내에서 자기의 의사에 기하여 법률관계를 스스로 형성할 수 있게 하여, 개인과 개인 사이의 법률관계에 있어 자기결정권의 존중은 이러한 사적 자치의 원칙을 통해 실현된다고 할 수 있다.

사적 자치의 원칙은 '자기결정의 원칙'과 '자기책임의 원칙'을 내용으로 한다.[8] 즉 헌법 제10조의 행복추구권에서 파생되는 '자기결정' 내지 '일반적 행동자유권'은 이성적이고 책임감 있는 개인의 자기 운명에 대한 결정 · 선택을 존중하되 그에 대한 책임은 스스로 지는 것을 그 내용으로 한다. 자기책임의 원칙은 자기결정권의 한계와 관련하여 개인이 적극적으로 책임을 지는 근거로서 기능하는 동시에 소극적으로 자기가 결정하지 않은 것과 결정할 수 없는 부분에 대해서는 책임을 지지 않는다는 책임의 한계 원리로서 작용을 한다.[9] 따라서 경제적으로 위험하고, 불리한 내용을 선택할 수 있는 자유까지도 사적 자치에 의해 존중되어야 한다.[10]

(2) 사적 자치와 계약자유의 원칙

사적 자치를 실현하는 대표적 수단은 계약이며,[11] 이런 이유에서 사적

8_ 사적 자치는 법질서 내에서 당사자의 의사를 기초로 자기책임 아래 사적 법률관계를 스스로 형성할 수 있게 한다. 이런 이유에서 사적 자치의 원칙을 본인 스스로를 지배하는 '자기지배의 원칙'이라고도 부른다.

9_ 헌법재판소 2009. 6. 25. 선고 2007헌마40 결정; 헌법재판소 2013. 5. 30. 선고 2011헌바360, 2012헌바56 결정.

10_ 계약체결에 있어 계약당사자 스스로 경험 등을 통해 스스로 사적 자치를 실현할 수 있도록 하는 것이 궁극적으로는 자기책임 및 자기결정의 진정한 보장이라고 할 수 있다. Lorenz Kähler, Begriff und Rechtfertigung abdingbaren Rechts, 2012, S. 261 ff.

11_ 계약은 사적 자치를 실현해나가는 데 불가결한, 이른바 사적 자치를 가장 강하게 지원하는 제도라고 볼 수 있다. 이러한 해석은 山本敬三,「現代社会におけるリベラリズ

자치의 원칙은 계약자유의 원칙으로 불리기도 한다. 계약은 "둘 이상 당사자의 합치하는 의사표시를 요건으로 하는 법률행위"이다.[12] 계약당사자의 의사표시의 합치는 "법적으로 강제 가능한 합의(a legally enforceable agreement)"[13] 또는 "법적 강제력이 있거나 법적인 의무를 발생시키는 것으로 인정되는 합의(an agreement which is legally enforceable or legally recognized as creating a duty)"[14]를 의미한다. 즉 계약은 이미 자기결정의 표현이므로 당사자가 그에 합의한 것만으로 충분히 정당화된다.[15] 합의된 것에 대해 법적 효력을 부여하고자 하는 당사자의 의사적 행위와 그러한 효력을 확인하는 실정법규범에 의해, 계약은 법적으로 유효한 구속력을 갖게 된다.[16] 이에 객관적으로 부당해 보이는 계약도 합의에 의한 정당화로 각 당사자에게 권리와 의무를 발생시키며,[17] 그러한 의도를

ムと私的自治―私法関係における憲法原理の衝突 (2)―」, 論叢 133卷 5号(1993), 4-5頁.
같은 맥락에서 星野英一, 「現代における契約」, 『民法論集 第3卷』, 有斐閣, 1972, 14頁에서는 권리의무의 발생이나 법률제도를 관계당사자의 의사로 설명하고자 하는 '계약주의(contractualism)'가 사적 자치의 결과물이라고 설명하고 있으며, 이러한 사고가 20세기부터 일반화되었다고 본다.

12_ 양창수/김재형, 계약법(중판), 박영사, 2011, 3면. 같은 맥락에서 김준호, 계약법, 법문사, 2012, 1면에서는 "사법상의 일정한 법률효과의 발생을 목적으로 하는 당사자의 합의"로 정의한다.

13_ Jill Poole, Textbook on Contract Law, 7th ed., 2004, p. 2.

14_ P. S. Atiyah, An Introduction to the Law of Contract, New York: Oxford University Press, 5th ed., 1995, p. 37.

15_ Gerhard Wagner, Zwingendes Vertagsrecht, ZEuP 2018, 821 f.

16_ 대륙법계에서는 이를 '자기결정의 이론'이라고 하며, 영미법계에서는 이를 '약속이론'으로 칭한다. K. Larenz, Die Methode der Auslegung des Rechtsgeschäfts, 1966, S. 69; 김준호, 앞의 책, 3면; 양창수/김재형, 앞의 책, 14면; Poole, op. cit., p.10ff.; 이은영, 채권각론, 박영사, 2005, 21-30면. 영미법계의 신뢰이론에 대한 소개는 고영남, "고전적 계약법이론의 한계에 관한 연구―영미법의 신뢰이론을 중심으로", 고려대학교 박사학위논문, 2000/12 참조. 참고로 일본에서 계약의 구속력에 대한 근거로 법규설, 합의설, 신뢰설 등이 주장되고 있다. 倉田卓次監, 要件事実の証明責任 契約法 (上), 西神田編集室, 1993, 29面 이하; 磯村保, ドイツにおける法律行為解釈論について-信頼責任論への序章的考察 (1)-(4), 神戸法学雑誌 第27卷 第3号, 第28卷 第2号, 第30卷 第3・4号, 1977~1981 참조. 참고로 加藤雅信等編, 〈民法學說百年史〉之序章, 三省堂, 1999, 100頁 이하에서는 磯村保 학설의 의미를 밝히고 있다.

존중하는 것이 계약자유의 원칙을 보장하는 것이다. 소유권을 비롯한 재산의 귀속과 관련한 여러 제도도 사적 자치가 실효적으로 실현되기 위한 장치라고 볼 수 있으며, 계약법은 당사자가 스스로 규율하지 않는 부분을 보충하기 위해 마련된 임의법에 불과하다고 볼 수 있다.[18] 한편 계약을 체결한 당사자는 체결된 계약대로 이행해야 하며, 국가는 계약대로의 이행을 강제하는 역할을 담당하게 된다.[19]

(3) 자기결정권의 제한

자율적 판단능력을 가진 개인의 자기결정권에 국가가 개입하는 것을 원칙적으로 허용하지 않는다. 다만 자기결정권은 절대적인 권리가 아니므로 경우에 따라서는 일정한 제한이 가능하다. 먼저 사적인 사항에 관한 자기결정이라 하더라도 그것이 타인을 해하는 경우 또는 선량한 풍속에 반하는 경우에는 제약을 받게 된다.[20] 한편 자기결정권은 본인의 자율적인 판단능력을 전제로 하므로, 그 전제가 결여되거나 불충분한 경우에는 자기결정의 내재적 한계에 의해 제한될 수 있다. 개인은 자기의 의사에 기해서만 법률관계를 형성할 수 있고 자신의 행위가 어떠한 의미인지를 인식하는 경우에만 자신의 의사에 기한 결정으로서 존중되기 때문이다. 따라서 타인에게 위해를 가하지 않더라도 본인(미성년자나 판단능력이 결여된 고령자 등)의 이익을 위하여 국가는 예외적으로 본인의 의사에 반하여 후견적으로 자기결정에 제한을 가할 수 있다. 그렇다면 온라인게임 결제한도 제한 규제는 게임이용자의 자기결정권을 제한할 만한 정당화 사유를 충족한 것으로 볼 수 있는가? 이에 대해서는 이하

17_ 대법원 1991. 11. 12. 선고 91다10732 판결 등 다수. Wagner, ZEuP 2018, 821.

18_ 송덕수, 민법총칙(제4판), 박영사, 2018, 31면.

19_ 현재 대부분의 국가는 19세기 근대민법의 원칙 중 하나인 '계약자유의 원칙'에 의해 국가의 간섭 없이 당사자가 계약에 의하여 자신의 법률관계를 형성할 수 있다. 국가는 체결된 계약을 인정하고 법적으로 실행할 의무를 진다. 양창수/김재형, 앞의 책, 12면.

20_ 선량한 풍속은 대부분의 국가에서 사적 자치의 제한사유로서 인정된다. Hein Kötz, Europäisches Vertragsrecht, Band Ⅰ, 1996, S. 235 f.

(Ⅱ. 2.)에서 상세히 검토하기로 한다.

2. 온라인게임 결제한도 제한 규제의 정당화 근거

개인의 자기책임 및 자기결정을 토대로 한 사적 자치 및 개인의 의사 결정의 자유를 제한하는 경우에는 실체적 정당화사유가 있어야 한다.[21] 일반적으로 개인(특히 소비자)의 계약내용결정의 자유를 제한하는 정당화 의 근거(규제의 목적)로는 여러 가지가 있으나 **온라인게임 결제한도 제한 규제의 정당화 사유로서는** ① 정보비대칭 등으로 발생한 시장실패의 교 정, ② 역학적 불균형으로부터의 소비자 보호를 들 수 있을 것이다.

(1) 시장실패의 교정

George A. Akerlof에 의하면, 정보비대칭은 계약체결시점에 당해 계약 의 체결과 내용에 대하여 의미를 가지는 제반 사정이 당사자에게 불평등하 게 분배되는 상황을 초래하고, 그러한 정보비대칭으로 인하여 전형적으로 시장의 실패가 발생하게 된다.[22] 정보비대칭 내지 정보불균형 이외에도 거 래비용, 시장지배력에 의해서도 시장실패(Market Failure, Marktversagen)를

21_ 김상중, "계약체결 이전 단계의 정보제공의무", 고려법학 제56호, 2010, 22면; 권영준, "계약법의 사상적 기초와 그 시사점: 자율과 후견의 관점에서", 저스티스 제124호, 2011, 179면.

22_ George Akerlof, The Markt for "Lemons": Quality Uncertainty and the Markt Mechanism, 84 Quarterly Journal of Economics 488(1970), 488 ff. 즉, 중고차 시장에 "좋은 차"와 "나쁜 차"가 나온 경우, 판매업자는 중고차의 품질을 잘 알고 있음에 반하 여 구매자는 그러한 정보를 갖지 못하기 때문에 품질을 구별할 수 없다. 구매자는 그 에게 제안된 중고차의 품질을 적절히 평가할 수 없으므로, 겉만 멀쩡한 중고차를 비싼 값에 사는 낭패를 겪기 쉽다. 속아 산 적이 있는 사람들은 중고차 시장을 찾지 않고 아 는 사람을 통해 품질이 담보되는 중고차를 사려 들고, 좋은 차의 소유자는 제값을 받 지 못하기 때문에 아는 사람을 통해 팔려고 든다. 결국 중고차 시장에 양질의 매물은 사라지고 저질의 매물들만 남게 된다. 종국적으로 정보비대칭은 중고차 거래를 전적 으로 마비시키는 완전한 시장실패를 초래하게 된다. 즉 이로 인하여 악화(惡貨)가 양 화(良貨)를 구축(驅逐)하는 레몬시장(lemon market)의 문제가 발생하게 된다.

초래하는데, 일부 견해는 이를 교정하기 위해 자기결정권의 제한이 필요하다고 본다.[23] 이 견해는 정보비대칭 등으로부터 발생하는 시장실패를 교정하기 위해 제품 및 서비스의 품질이 악화되는 것을 막기 위하여 통제 및 규제의 필요성을 강조한다.[24] 그런데 온라인 게임 결제한도 제한 규제는 제품이나 서비스의 품질개선에 대한 부분이 아니라 서비스 자체를 못하게 하여 종국적으로 게임시장의 실패를 초래할 수 있다. 요컨대 이 규제를 통해 시장실패가 치유되는 게 아니라 오히려 시장실패를 만들고 있다.

(2) 역학적 불균형으로부터의 약자(소비자) 보호

Gierke는 계약의 자유는 "강자의 손에서는 강력한 무기이고 약자의 손에서는 무딘 도구"라고 지적함으로써, 계약의 자유와 당사자 사이의 역학적 불균형의 문제를 해결할 필요성을 강조하였다.[25] 즉 이 견해는, 당사자들이 대등한 교섭력을 가지는 경우에 한하여 계약의 정당성 내지 자기결정이 보장되는데 역학적 불균형이 존재하는 곳에서는 어느 당사자가 그의 계약의 자유를 일방적으로 관철할 위험이 있으므로, 계약자유의 원칙은 제한될 필요가 있다고 본다.[26]

1) 게임이용자가 경제력의 불균형으로부터 보호되어야 할 자에 해당하는가?

계약당사자의 경제적 불균형은 한편으로는 경제적 약자인 당사자가 경제적 강자인 당사자와는 달리 구체적인 계약체결에 임하여야 하는 상황으로부터 도출된다고 할 수 있다. 즉, 경제적 약자인 당사자는 그의

23_ Hein Kötz, Der Schutzzweck der AGB-Kontrolle—Eine rechtsökonomische Skizze, JuS 2003, 209, 210.

24_ Hugh Collins, REGULATING CONTRACTS, 1999, p. 230; Michael Adams, "Ökonomische Analyse des AGB-Gesetzes—Verträge bei asymmetrischer Information—", BB 1989, 781 = Ökonomische Theorie des Rechts, 2. Aufl., 2004, S. 127 ff.; Akerlof, 84 Q. J. Econ. 488(1970) 참조.

25_ Otto von Gierke, Die Soziale Aufgabe des Privatrechts, 1889, S. 28 f.; 김진우, "약관 내용통제의 정당화사유", 법학연구 제71호, 2012, 264면 이하 참조.

26_ 주택임대차보호법이나 상가건물임대차보호법이 전형적으로 약자인 임차인을 보호하기 위해 마련된 강행법이라고 할 수 있다.

수요를 만족시키기 위하여 경제적 강자인 당사자와 계약체결을 강하게 원하는 반면, 경제적 강자인 당사자는 그 계약을 반드시 체결할 필요가 없다는 점에서 약자는 결과적으로 불리한 계약을 체결할 수밖에 없으므로 이를 보호할 필요가 있다는 것이다. 그러나 게임의 이용자들은 실질적으로 경제적 약자로 볼 수도 없을 것이며, 강자(?)인 사업자와의 계약체결이 강제되는 것도 아니며, 사업자가 오히려 고객과의 계약체결을 강하게 요구하고 있다고 볼 수도 있다.

2) 게임이용자는 정보의 열위 등에 의한 상황적 불균형으로부터 보호되어야 할 존재인가?

계약상대방의 (정보적 측면에서의) 상황적 열위가 내용 통제 및 규제의 원인이라고 볼 수도 있다. 즉, 사업자는 장래 체결하고자 하는 계약에 대하여 시간을 가지고 그의 이익을 충분히 고려하여 서비스를 제공하는 데 반하여, 그 상대방은 흥정할 여지를 갖지 못한 채 즉흥적으로 단순히 그것을 수용하거나 계약체결을 포기할 수밖에 없기 때문에 이용자를 보호할 필요가 있다. 그러나 역학적 불균형은 다양한 원인을 가질 수 있을 뿐만 아니라 항상 당사자 일방만이 우위에 있다고 보기 어렵다. 물론 정보나 협상력 등과 관련하여 사업자와 소비자 사이에 구조적인 비대칭이 존재할 수 있으나 현대사회에서 소비자는 누구나 될 수 있는 사회적 역할(지위)에 불과하다는 점에서 경제적 불균형과 역학적 불균형은 일반적인 소비자가 아닌 개별 당사자로서의 소비자에 초점을 맞추어야 한다. 요컨대 일반적으로 소비자가 평균적 사업자에 비하여 인적 및 물적 자원 측면에서 상대적으로 열위에 있는 점은 부정할 수 없으나 경우에 따라서는 계약체결에 있어서 경제력과 교섭력의 우열을 운운하기 곤란하거나 심지어 사업자보다 경제력과 교섭력이 강한 계약상대방에 의하여 계약이 체결되는 경우도 있을 수 있다.[27] 따라서 소비자라는 이유만으로 약자로서 보호되어야 한다는 논리는 받아들이기 어렵다.

27_ 예컨대 경제적 강자가 지적 능력이 더 뛰어난 소비자와 계약을 체결하는 경우도 있다.

3. 온라인 게임 결제한도 제한 규제방식은 적절한가?

현행 온라인 게임 결제한도 제한 규제방식은 모든 이용자를 구별 없이 일률적으로 통제하는 방법이라고 할 수 있다. 그런데 이러한 방식의 내용통제 방법은 그 형식여하를 불문하고 다음과 같은 문제가 있다.

(1) 게임이용자를 구별하지 않는 규제방법의 문제점

결제한도를 제한하는 규제는 실체적 정의를 실현하기 위한 규제라는 점에서 절차적 정의실현을 위한 규제방법과의 차별화가 필요하다. 예컨대 정보적 열위에서 오는 상황적 불균형이라면 절차적 방법을 보장하여 그 상황적 불균형은 보완할 수 있는 절차적 정의가 문제되는 경우이므로 그 문제는 사업자의 정보제공의무를 통해 일률적으로 해결하면 된다.[28] 즉 이 경우에는 소비자의 개별적 특수성을 고려할 필요 없이 모든 소비자에게 일률적으로 적용되는 방법에 의해 충분히 그 목적을 달성할 수 있다. 그런데 온라인 게임의 경우에는 사업자 측에서 정보적 우위를 누린다고 할 수도 없다. 설사 있다 하더라도 사업자와 고객 사이의 (체계적) 정보 비대칭을 교정하기 위한 방법으로는 정보제공을 통해 고객의 정보탐색비용을 줄여주는 방법으로 피해를 최소화할 수 있을 것이며, 이 방법을 통해 고객의 상품선택은 최적화될 것이며 사업자들 간 급여(Leistung)경쟁이 촉진될 수 있다(이른바 market discipline).

그런데 결제한도를 제한하는 규제는 거래내용 자체에 대한 제한이라는 점에서 실체적 정의를 실현하기 위한 규제라 할 수 있다. 이러한 내용 자체에 대한 규제는 시장메커니즘을 보완하는 데 그치지 않고 교정까지 한다는 점에서 개별당사자의 특수성을 고려해야 한다. 즉 성인이 한 달에 얼마를 지출할 수 있는가라는 것에 대한 통제는 내용통제로서 평균적 소비자가 아닌 개별당사자로서의 소비자보호 문제로 접근해야

28_ 요컨대 계약에 기한 급여나 반대급여에 관한 정보부족으로 인하여 발생하는 불합리한 결과는 정보제공의무가 적절한 해결책이 될 수밖에 없을 것이다.

한다.[29] 평균적 소비자를 보호하기 위해 내용을 일률적으로 통제하는 것은 개별당사자로서의 소비자가 가지는 자기결정권을 박탈한다고 볼 수 있다. 따라서 역학적 불균형에 대한 보호라는 미명하에 게임이용자를 일괄적으로 통제하는 것은 타당하지 않다.[30] 이는 오히려 행정편의주의를 위한 것이며, 이는 오히려 역학적인 우위에 있는 국가행정기관에 의한 사적 자치의 침해라고 할 수 있다.

(2) 계약의 본질적 급부라 할 수 있는 가격(지출범위)을 제한하는 것의 문제점

소비자 및 이용자가 "합리적인 무시(rationaler Ignoranz)"를 할 수밖에 없는 경우에 일반적으로 내용 통제의 정당화는 인정된다. 그런데 만약 이용자가 서비스 제공자의 급부 내용 및 자신의 반대급부에 대하여 관심을 두는 것이 합리적이라고 할 수 있는 경우에는 내용 통제는 불필요할 것이다.[31] 즉 주된 급부나 반대급부(주로 대금)에 대하여는 내용통제는 원칙상 인정하지 않는 것이 타당하다.[32]

29_ Matteo Fornasier, Freier Markt und zwingendes Vertragsrecht, 2013, S. 123 f.

30_ 대금에 대한 통제는 폭리행위(민법 제104조)나 신의칙(민법 제2조)의 엄격한 요건 아래서만 허용된다고 할 것이다. 이는 경쟁을 기초로 한 사적 자치의 근간을 유지하기 위해서이다.

31_ Horst Eidenmüller, Der homo oeconomicus und das Schuldrecht—Herausforderungen durch Behavioral Law and Economics, JZ 2005, 216, 222; Patrick C. Leyens/Hans-Bernd Schäfer, Inhaltskontrolle allgemeiner Geschaftsbedingungen—Rechtsökonomische Uberlegungen zu einer einheitlichen Konzeption von BGB und DCFR, AcP 210(2010), 771, 788; Lars Leuschner, Gebotenheit und Grenzen der AGB-Kontrolle—Weshalb M&A-Verträge nicht der Inhaltskontrolle der §§ 305 ff. BGB unterliegen, AcP 207(2007), 491, 504 f. 심지어 최근에는 자기결정이라는 것 또한 사적 자치의 영역에 속하는 것으로서 사실상 강제 또는 합리적 무신경(rationale Apathie des Opfers)로 발생하는 결과는 본인이 책임져야 한다는 주장이 강하게 제기되고 있다는 점을 재고할 필요가 있다. Horst Locher, "Begriffsbestimmung und Schutzzweck nach dem AGB-Gesetz", JuS 1997, 389, 390; Mathias Habersack/Jan Schürnbrand, "Unternehmenskauf im Wege des Auktionsverfahrens aus AGB-rechtlicher Sicht", in: FS Canaris, 2007, S. 359 f., S. 370.

32_ 고객이 어떤 가격으로 물품이나 용역의 구매를 원하는지를 법관이나 행정기관으로 하여금 결정토록 하는 것은 사적 자치의 원칙 및 경쟁을 기초로 한 시장경제의 원리와

참고로 대법원 2014.4.10. 선고 2012다54997 판결은 "일반적으로 매매거래에서 매수인은 목적물을 염가로 구입할 것을 희망하고 매도인은 목적물을 고가로 처분하기를 희망하는 이해상반의 지위에 있으며, 각자가 자신의 지식과 경험을 이용하여 최대한으로 자신의 이익을 도모할 것으로 예상되기 때문에, 당사자 일방이 알고 있는 정보를 상대방에게 사실대로 고지하여야 할 신의칙상 의무가 인정된다고 볼 만한 특별한 사정이 없는 한, 매수인이 목적물의 시가를 묵비하여 매도인에게 고지하지 아니하거나 혹은 시가보다 낮은 가액을 시가라고 고지하였다 하더라도, 상대방의 의사결정에 불법적인 간섭을 하였다고 볼 수 없으므로 불법행위가 성립한다고 볼 수 없다. 더구나 매수인이 목적물의 시가를 미리 알고 있었던 것이 아니라 목적물의 시가를 알기 위하여 감정평가법인에 의뢰하여 감정평가법인이 산정한 평가액을 매도인에게 가격자료로 제출하는 경우라면, 특별한 사정이 없는 한 매수인에게 평가액이 시가 내지 적정가격에 상당하는 것인지를 살펴볼 신의칙상 의무가 있다고 할 수 없(다)."고 본다. 요컨대 생활경험칙상 고객은 계약체결 시에 거의 항상 재화의 품질과 가격에 대해서만 주목하고 부수적인 계약내용에 대하여는 별다른 생각을 하지 않으나 계약에 관한 주된 급부라 할 수 있는 금전의 지출에 대해서는 주의를 기울이며 이에 대해서는 충분한 자결결정의 기회가 보장된다고 할 수 있다.

그런데 온라인 게임 결제한도 제한은 합리적인 무시에 대한 통제가 아니라 합리적인 관심이 필요한 영역에 대한 통제라 할 수 있다. 게임의 경우에는 이용자 본인이 지불할 가격이 얼마인지를 정확히 인식할 수 있으며, 그 지불금액을 통해 본인이 취득하는 반대급부가 무엇인지를 정확히 인지할 수 있다. 이처럼 게임 이용자 본인이 그 이용내용을 결정한다는 점을 감안하면, 계약의 본질적 내용이라 할 수 있는 (이용자가 지출할 수 있는) 가격에 대한 한도까지 설정하고 있는 것은 국가의 후견권

조화를 이룰 수 없기 때문이다.

남용으로 볼 여지가 있다.

(3) 현대적 의미의 스트룰드부르그(Struldbrug)의 등장(?)

미성년자나 도박중독자, 고령자 등과 같이 자율적 판단능력을 충분히 갖추고 있지 않은 경우에는 그들의 자기결정권을 제한할 수 있다. 이에 미성년자에는 민법 제5조에 의해 일률적으로 법정대리인의 동의 없이 이루어진 법률행위를 취소할 수 있도록 하고 있다. 그러나 성인은 다르다. 성인은 일괄적으로 판단할 수 없을 정도로 다양한 스펙트럼을 가진다. 따라서 성인소비자를 미성년자와 같이 획일적으로 보호하는 것은 성인의 개인차를 무시하는 것으로서 적절하지 않다.[33] 이에 민법은 성인의 경우에 그 정도에 따라 성년후견, 한정후견, 특정후견의 심판을 받은 피후견인도 제한능력자로서 보호한다.[34] 중독의 위험이 있는 이용자를

---

[33]_ 미성년자의 획일적 보호의 필요성에 대해서는 Karl Larenz/Claus-Whlhelm Canaris, Lehrbuch des Schuldrechts, Zweiter Band: Besonderer Teil, 2. Halbband, 13.Aufl., 1994, S. 312 f. 참조.

[34]_ 각 후견의 핵심요건을 비교하면, 성년후견은 질병, 장애, 노령, 그 밖의 사유로 인한 정신적 제약으로 사무를 처리할 능력이 '지속적으로 결여된 사람'에 대한 것이고(민법 제9조 제1항), 한정후견은 이보다는 정도가 낮아 이러한 사무처리능력이 '부족한 사람'에 대한 것이고(민법 제12조 제1항), 특정후견은 이보다 더욱 정도가 낮아 '일시적 후원 또는 특정한 사무에 관한 후원이 필요한 사람'에 대한 것이다(제14조의2 제1항). 이러한 요건에 해당하는 자는 가정법원의 당해 후견개시의 심판을 받아서 각각 피성년후견인, 피한정후견인, 피특정후견인이 된다. 제한능력자들에게 취소권을 부여하는 제도는 사적 자치의 원칙이라는 민법의 기본이념, 특히 자기책임의 원칙의 구현을 가능케 하는 도구로서 인정된다. 즉 제한능력자들은 자기행위에 대한 완전한 책임을 감당하기에는 정신적·사회적 능력이 부족하다는 것을 감안한 것이다. 이 제도로써 거래의 안전을 희생시키게 된다 하더라도 제한능력자를 보호하고자 하는 것이다. 또한 법정성년후견제도는 정신적 능력을 제약요건으로 하고 있지만, 모든 유형의 제도 이용자에게 잔존능력을 인정한다. 특히 피한정후견인 및 피특정후견인은 가정법원으로부터 후견개시의 심판을 받더라도 원칙적으로 행위능력을 가지며, 피성년후견인의 경우 종전의 금치산자 제도와는 달리 자신의 신상에 관한 사항에 대해서는 상태가 허락하는 범위에서 단독으로 결정할 수 있도록 하고 있다. 또한 일상생활에 필요하고 그 대가가 과도하지 않은 법률행위, 즉 후견인의 대리권 및 한정후견인의 동의가 필요한 행위의 범위에 관해서 가정법원의 결정권을 인정해 주는 등 종전의 행위무능력제도

보호하기 위한 정책은 당연히 필요하지만 일률적으로 그들의 내용결정을 제한하는 것은 문제가 있다. 요컨대 성인을 일괄적으로 보호하는 것이 타당하지 않는 것처럼, 온라인 게임 이용자를 일괄적으로 보호하는 것은 타당하지 않다. 취약한 존재(중독의 위험이 있는 자 또는 중독된 자)를 개별적으로 보호해야 할 문제이지 이용자 전부에 대한 후견적인 존재로 국가가 역할을 할 필요가 없다. 만약 국가가 일률적으로 후견적인 입장을 취한다면, 온라인 게임의 이용자들을 모두 보호해야 하는 취약계층으로 치부하는 것이며, 이는 Swift의 걸리버 여행기에 등장하는 스트룰드부르그(Struldbrug)[35]의 현대적인 변용이라고 볼 수도 있다.

4. 권력분립원칙 및 법의 지배에 대한 위반

권력분립과 법의 지배 원리에 입각한 근대법치국가의 이념에서는 **국민의 권리·의무에 관한 모든 법규가 국민의 대표기관인 국회에 의하여 제정된 형식적 법률일 것을 요구한다.** 이러한 이유 때문에 원칙상 입법권의

보다 탄력적으로 운용하고 있다.

35_ 작가 Swift는 걸리버가 Laputa라는 여행지에서 만나는 'Struldbrug'를 통해 인간에게 있어서 가장 큰 공포인 늙음과 죽음으로부터 벗어나는 것에 대해 의문을 제기하고 유한한 생명을 너머 불사의 존재가 되고자 하는 인간적인 열망을 다룬다. 영원히 살 수 있다는 Struldbrug의 이야기를 들은 걸리버는 흥분하여 불사의 존재들이 행복할 것이라고 생각한다. 그러나 이들은 축적된 인간의 지혜를 가지고 있으며 초월적인 세계관을 가지고는 있지만 사회에서 부러움이나 존경의 대상과는 거리가 멀다. 즉 오히려 Laputa 사회에서 Struldbrug는 멸시의 대상이 될 뿐이다. 그들은 죽지는 않지만 계속 늙어가는 존재이며, 이로 인하여 치매 및 만성질환의 병을 가진 존재로서 사회적인 부담으로서 이해된다. 더 나아가 이들은 자의적이 아닌 타의에 의해 일정 나이가 되면(80세), 죽은 것으로 간주되어 80세 이후에는 어떠한 법적 거래(신용거래, 토지매입, 임대차 등)를 할 수도 없으며 법의 보호대상에서 제외된다(the status of an accursed outsider). 또한 이들이 부부인 경우에는 부부 모두가 80세 이상이 되는 시점에 혼인이 종료되게 된다. 요컨대 이 불사의 존재들은 스스로 행복하지도 않고, 사회에 유익하지도 않다. 그들은 인간적인 공포와 질병에서 해방된 존재가 아니며, 아무리 오래 살아도 자유로운 정신을 소유하지는 못하고 오히려 사회에 짐이 될 뿐이다. Earnest Tuveson(ed.), Swift: A Collection of Critical Essays, Englewood Cliffs, 1964, pp. 21 ff.

복위임은 금지되며, 즉, 위임입법[36]은 인정되지 않는다. 그러나 현대복지 국가에서는 국가기관(대법원 등)의 독립성과 전문성을 보장할 필요가 있게 되었으며, 공공복리의 지향에 따른 행정기능의 확대·강화에 부응하기 위하여 위임입법을 예외적으로 인정하지 않을 수 없게 되었다.[37] 그러나 위임입법은 입법권은 국회에 속한다는 권력분립의 원리와 국가권력의 행사는 국회가 제정한 법률에 근거하여야 한다는 법치주의의 원리에 대한 예외라는 점에서 남용되어서는 안 된다. 이에 위임입법은 국회의 입법권의 본질적 내용을 침해하지 않는 한도에서 인정되며, 법률로써 개별적·구체적으로 위임된 범위 내에서만 허용된다.[38] 예컨대 대통령령으로 정할 사항에 관한 법률의 위임은 구체적으로 범위가 정해져 있어야 하므로, 그 위임 규정의 내용과 취지 등으로부터 위임의 목적·내용·범위와 그 위임에 따른 행정입법에서 준수하여야 할 목표·기준 등의 요소가 미리 파악될 수 있도록 규정되어야 하며, 이러한 위임이 있는지 여부는 위임 규정의 형식과 내용 외에 해당 법률의 전반적인 체계와 취지·목적 등도 아울러 고려하여 판단하여야 한다.[39] 또한 헌법 제75조에 의하면 대통령령은 법률에서 구체적으로 범위를 정하여 위임받은 사항과 법률을 집행하기 위하여 필요한 사항에 관하여 발하는 것이므로, 이는 모법인 법률이 위임한 사항이나 법률이 규정한 범위 내에서 법률을 현실적으로 집행하는 데 필요한 세부적인 사항만을 규정할 수 있을 뿐, 법률의 위임 없이

36_ 위임입법이란 입법부 이외의 국가기관이 본법에서 위임된 범위 내에서 법령을 정립하는 것이다. 이는 입법기관인 국회가 아닌 다른 국가기관에 의한 법규의 정립을 총칭하는 것을 말한다. 일반적으로 행정기관과 지방자치단체가 법률의 위임에 의하여 일반적·추상적 규범을 정립하는 것이며, 이를 가리켜 행정입법이라고 한다. 대통령 명령을 '시행령', 국무총리 및 부총리, 장관명령을 '시행규칙'이라 한다.

37_ 특히 행정활동의 고도화에 따른 전문적·기술적 입법사항의 증대, 행정현상의 변화를 반영하기 위한 탄력적 입법의 필요, 지방별·분야별 특수한 사정의 고려, 긴급 시에 대처하기 위한 광범위한 수권의 요구 등의 이유로 행정입법은 당연한 것으로 받아들여지게 되었으며, 그 범위와 대상이 날로 늘어나고 있다.

38_ 위임입법은 위헌 또는 위법의 명령·규칙심사제도 등에 의한 규범통제(헌법 제107조 제2항)를 받는다.

39_ 대법원 2000. 10. 19. 선고 98두6265 전원합의체 판결.

법률이 규정한 개인의 권리·의무에 관한 내용을 변경·보충하거나 법률에 없는 권리제한 사유를 추가로 규정할 수는 없다.[40]

그렇다면 게임물관리위원회의 등급심사를 통한 권리의 제한은 타당한가? 게임 내용과 무관한 구매 한도 금액이 등급심사 평가항목에 포함된 것도 이해하기 힘들지만 너욱 납득이 어려운 부분은 해당 규제에 대한 근거 법령이 전무하다는 점이다. 국가의 규제는 지켜야 하는 의무가 부여되는 만큼 그 목적이 명확해야 한다. 또한 사회에 미치는 부작용과 산업에 가해지는 피해 정도 등을 종합적으로 예측하고 법이 정한 범위에서 강제되어야 한다. 이러한 관점에서 봤을 때 온라인게임 월 결제한도는 명백하게 규제 법정주의의 원칙에 반하는 규제다. 요컨대 게임산업법 및 게임물관리위원회 등급분류기준에 게임 결제 한도 규제에 관한 법적 근거는 없음에도 등급 분류 신청 절차를 통해 결제 한도 규제를 강제하고 실질적으로 등급 분류 기준과 연계하는 점은 법률 유보 원칙을 위반하는 사항이다.

III. 온라인 게임 결제한도 규제모델에 대한 법경제학적 평가

입법을 함에 있어서는 일반적으로 비용추계분석이 이루어져야 한다.[41]

40_ 대법원 1995. 1. 24. 선고 93다37342 전원합의체 판결.

41_ 국회법 제79조의2(의안에 대한 비용추계 자료 등의 제출) ① 의원이 예산 또는 기금상의 조치를 수반하는 의안을 발의하는 경우에는 그 의안의 시행에 수반될 것으로 예상되는 비용에 대한 국회예산정책처의 추계서 또는 국회예산정책처에 대한 추계요구서를 아울러 제출하여야 한다. 다만, 국회예산정책처에 대한 비용추계요구서를 제출한 경우에는 제58조 제1항에 따른 위원회의 심사 전에 국회예산정책처의 비용추계서를 제출하여야 한다.

② 위원회가 예산 또는 기금상의 조치를 수반하는 의안을 제안하는 경우에는 그 의안의 시행에 수반될 것으로 예상되는 비용에 대한 국회예산정책처의 추계서를 아울러 제출하여야 한다. 다만, 긴급한 사유가 있는 경우 위원회의 의결로 이를 생략할 수 있다.

③ 정부가 예산 또는 기금상의 조치를 수반하는 의안을 제출하는 경우에는 그 의안의 시행에 수반될 것으로 예상되는 비용에 대한 추계서와 이에 상응하는 재원조달방안에

이는 입법의 경제적 효율성을 확보하기 위해 필요한 조치라고 할 수 있으며 종국적으로 입법을 통해 예상되는 성과에 비하여 과도한 비용이 소요되는 입법을 저지할 수 있는 수단이 된다.[42] 그런데 게임물등급관리위원회의 등급심사에 의한 소비자 결제한도의 제한은 법령이 아니라는 점에서 교묘하게 이러한 비용추계분석을 회피하는 우회라고 볼 수 있다.

1. 비용편익분석: 파레토 최적 및 잠재적 파레토 개선

비용편익 분석을 하는 경우에는 이익과 비용을 비교할 수 있는 객관적인 기준 내지 공통의 기준분모가 없다(이른바 통약불가능성,[43] incommen-

---

관한 자료를 의안에 첨부하여야 한다.

④ 제1항부터 제3항까지의 규정에 의한 비용추계 및 재원조달방안에 대한 자료의 작성 및 제출절차 등에 관하여 필요한 사항은 국회규칙으로 정한다.

행정규제기본법 제7조 제1항 제4호에서도 규제영향분석으로 '규제의 시행에 따라 규제를 받는 집단과 국민이 부담하여야 할 비용과 편익의 비교 분석'을 작성하도록 하고 있다.

42_ Gunnar Janson, Ökonomische Theorie des Rechts, Berlin 2004, S. 132; Erik Gawel, 'Ökonomische Effizienzanforderungen und ihre juristische Rezeption', in id.(Hrsg.), Effizienz in Umweltrecht, 2001, S. 230. 이는 위헌법률을 평가하는 경우에 판단하는 법익의 균형성과 밀접한 관련성을 가진다. 예컨대 어떤 법률로 인하여 얻는 이익이 그로 인한 기본권 제한이라는 비용을 능가할 때에는 그 법률은 위헌의 소지가 있다. OECD는 2007년 규제의 질을 높이기 위해 '규제의 질에 관한 원칙'(principles of regulatory quality)을 마련하였다. 동 원칙에서 규제수립 시, 준수해야 할 요건으로 ① 목적 달성을 위해 최소한의 규제가 요구되며, 규제준수를 위해 최소한의 부담이 요구됨, ② 규제는 문제 해결에 효과적이어야 하며, 최소한의 비용으로 목적을 달성할 수 있는 효과적인 방법이어야 함, ③ 새로운 규제는 기존 규제와 일관성을 가져야 함, ④ 규제는 유연하게 규정되어야 하며, 지속해서 개선·향상되어야 함, ⑤ 규제는 투명하고, 이해관계자가 쉽게 접근할 수 있어야 함, ⑥ 규제과정은 이해관계자의 의견 반영 등 개방성과 신뢰성의 문화를 촉진해야 함, ⑦ 규제는 헌법과 법의 요구사항을 준수해야 함, ⑧ 규제는 적정한 목표로 설정되고, 강제력을 가져야 한다고 규정하고 있다. 즉, 규제는 투명한 규제수립 과정을 통해 피규제자에게 최소한의 부담을 주는 방식으로 법적 범위 내에서 수립되어야 한다. 유럽연합의 입법 규제 방식 또한 이를 전제로 이루어진다. Stphane Jacobzone(ed.), "Indicators of Regulatory Management Systems", OECD Working Papers on Public Governance 2007/4(2007), p. 8.

43_ 토마스 쿤은 자신의 유명한 저서 〈과학혁명의 구조〉에서 정상과학이 다른 이론과 충

surability)는 문제가 발생한다. 통약불가능의 문제를 객관적으로 누구나 동의할 수 있게 해결할 방법은 없겠지만, 법적 판단을 위해서는 법익의 고량(考量)은 불가피하다. 우선 상충되는 법익이 동일한 종류의 것일 때에는 통약 불가능성의 문제는 어느 정도 회피할 수 있을 것이며, 비용-편익 분석을 위하여 비교형량하여야 하는 법익이 반드시 금전적으로 평가될 필요도 없다는 점에서 통약불가능성이 비용편익분석을 불가능하게 하는 것은 아니다. 즉 게임사 및 게임이용자들은 온라인게임 결제한도 제한규제에 의해 발생한 산업발전 및 시장서비스의 질적·양적 저하를 보여 줄 수 있는 데이터 분석을 통해서 간접적으로 통약불가능성을 극복할 수 있을 것이다.

경제학에서는 정책결정이나 소비자 선택에 따른 선호에 따라 효용함수(utility function)를 도출한다. 효용함수는 더 높은 선호에 더 큰 숫자를 대응시킨다. 예를 들어 소비자가 소비할 수 있는 상품이 두 가지이고 이두 가지의 소비량이 x와 y라고 하면 효용 u는 효용함수를 이용하여 u=f(x,y)로 표시될 수 있다. 이런 소비함수를 시각적으로 나타내는 효과적인 방법이 바로 무차별지도(indifference map)이다. 이 무차별지도의 예는 다음과 같다(그림 1 참조). 이 그림에는 여러 개의 무차별곡선(indifference curves)들이 그려져 있다. 각 무차별곡선은 소비자에게 동일한 효용을 주는 x와 y의 조합들이다. 환언하면 소비자는 무차별곡선 위의 소비조합들을 모두 동일한 정도로 선호한다는 뜻이다. 무차별곡선은 원점에서 멀리 위치할수록 높은 효용을 나타낸다. 이에 의하면 그림 1에서 무차별곡선 U1의 효용수준은 무차별곡선 U0의 효용수준보다 높다. 예컨 내 u=f(xo,yo)과 u=f(x1,y1)의 효용은 같으나, x의 소비량이 줄어든 반면에 y의 소비량이 늘게 된다.

돌하면서 새로운 이론으로 나아가는 과정을 패러다임의 전환이라는 용어로 설명한 바 있다. 이때 두 이론 간에는 절대 비교를 할 수 있는 척도가 존재하지 않는데 이를 통약 불가능성(incommensurability)이라고 부른다.

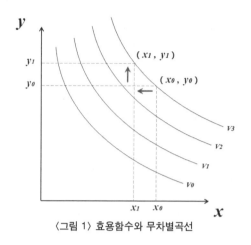

〈그림 1〉 효용함수와 무차별곡선

x와 y를 이익집단의 이익 효용함수로 대체하여 살펴보면 다음과 같다 (그림 2 참조).

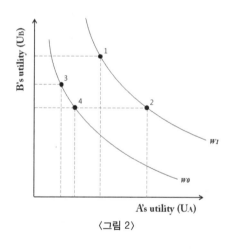

〈그림 2〉

1점과 2점은 효용이 같고, 3점과 4점은 효용이 같으나, 1점과 2점에 비하여 3점과 4점은 효용이 작다. 그중 1점은 3점과 4점에 1점은 파레토 최적[44]이라고 할 수 있다. 즉, 1점은 A집단과 B집단 모두에게 가장 이익이되어, 1점을 선택하는 정책 및 입법은 만장일치로 찬성하는 결과를 가져올 것이다. 어떤 입법에 있어 피해의 최소성을 충족시킨다는 것은 파레토 기준을 만족시킨다는 의미를 가진다. 즉 입법적 규제는 기본권 등을 덜 제한하는 방법으로 입법 목적을 달성하는 것이 가능하다면, 이는 누구도 더 불리하게 만드는 것은 아니기 때문이다.[45] 반면에 2점은 4점에 비하여 파레토 최적이라고 할 수 있으나, 2섬은 3점에 비하여는 파레토 최적이 아니다. 왜냐하면 3점에서 2점으로 이동하면, B집단의 이익이 줄어드는 손해가 발생하기 때문이다. 다만 2점이 3점보다 효용이 크다는 점에서 비용-편익분석에 의하면 2점을 선택하는 것이 합리적이다.

(1) 잠재적 파레토 개선

〈그림 2〉에서 3점을 포기하고 2점을 선택하는 것이 비용-편익분석에 따르면 타당하지만, 제한당하는 사람에게 보상이 주어지는 것도 아니므로 이러한 경우에는 파레토 기준은 충족시키지 못한다. 그렇다고 2점에 대한 선택을 포기하는 것은 합리적이라고 할 수 없다. 요컨대 2점을 선택하는 것은 잠재적 파레토 개선(potential Pareto improvement)을 의미하며, 즉 만장일치로 찬성하는 선택은 불가능하지만, 칼도-힉스 기준을 충족시킨다는 점에서 2점을 선택하는 것이 타당하다고 할 수 있다(그림 3 참조).[46] 칼도-힉스 기준은 실질적인 보상이 아니더라도 그러한 가능성만 있으면 개선으로 볼 수 있다는 점에서, 잠재적 파레토 개선은 이론적으로나 실증적으로 문제가 있을 수 있다. 그러나 잠재적 파레토 개선은 정책의 후생적 영향을 분석하기 위해서는 불가피한 비용-편익 분석이라고 할 수 있다. 요컨대 이 기준은 비용보다 편익이 크다면, 그러한 정책은

44_ 프랑스의 경제학자 파레토의 이름을 딴 파레토 효율성은 경제학에서 가장 많이 사용되는 효율성 개념이다. 미시경제학의 일반균형론에서 주로 사용되는 개념으로, 간단히 "파레토 개선이 불가능한 상태"를 파레토 효율 혹은 파레토 최적(Pareto optimum)이라고 부른다. 경제가 파레토 최적을 달성하게 되면 자원을 낭비 없이 효과적으로 사용하고 있다고 할 수 있다.

45_ Janson, a.a.O., S. 132; Gawel, a.a.O., S. 228.

46_ Gawel, a.a.O., S. 230 f.

선택할 가치가 있다고 본다. 실제로 그 손해에 대한 보상이 이루어질 것인지의 문제는 정책 결정 이후의 문제에 불과하다.

(2) 음의 외부효과

실질적인 보상이 없는 경우에는 그 정책결정에 의해 발생하는 비용의 증가는 음의 외부효과(negative externality)[47]라고 할 수 있다. 요컨대 국가가 정책을 결정하면서 무시되는 비용은 음의 외부효과가 된다. 생각건대 온라인게임 결제한도를 제한하는 경우에는 사업자의 영업의 자유를 침해하여 사업자의 영업손실을 발생시킨다는 점, 온라인 게임 이용자의 자기결정권을 침해할 수 있다는 점에서 결제한도를 제한하는 정책보다는 결제한도를 제한하지 않는 것이 비용-편익 분석에 의하면 더 타당하다고 할 수 있다.[48]

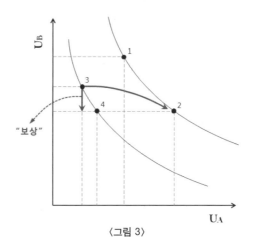

〈그림 3〉

47_ 외부효과란 경제활동에 직접 참여하는 중개인의 행위가 다른 중개인의 생산과 소비의 선택의 가능성에 직접적으로 영향을 미치는 경우를 의미한다. Bernard Salanié, Microeconomics of Market Failures, 2000, p. 89.
48_ 향후 게임사 등은 객관적인 데이터(영업손실 및 이용자의 게임이탈 등)를 통해 규제에 의해 발생하는 비용증가 등을 정부기관 등에 제시할 필요가 있다.

2. 외부효과의 내부화(internalization of externalities)

　기업은 생산량을 결정함에 있어 외부효과에 따른 비용을 0(zero)으로 생각한다. 완전경쟁시장[49]을 전제로 한 〈그림 4, 5〉[50]를 보면 알 수 있듯이 기업이 만일 개별 한계비용인 PMC(Private Marginal Cost)[51]를 판단의 기준으로 삼으면 생산량은 q_1으로 결정되게 된다.[52] 반면에 기업이 사회적 한계비용인 SMC(Social Marginal Cost)를 기준으로 판단하면 생산량은 q_2가 된다. 〈그림 5〉에서 보면 알 수 있듯이 생산량이 많아질수록 외부성도 증가하게 된다. 음의 외부성이 증가하게 되면 개별적 한계비용과 사회적 한계비용의 격차(㉠)가 커져서 그만큼의 피해가 발생하게 된다. 따라서 음의 외부성으로 인하여 발생한 피해를 줄이기 위해서는 음의 외부성을 유발하는 자에게 개별 한계비용으로 생산량을 판단하게 하는 것이 아니라 사회적 한계비용으로 생산량을 결정하도록 해야 한다. 이것을 흔히 음의 외부효과의 내부화라고 한다.[53] 불법행위법은 이러한 음의 외부효과를 내부화하는 중요한 역할을 담당한다.[54] 또한 〈그림 4〉를

49_ 완전경쟁시장이란 수많은 수요자와 공급자가 존재하고 공급자들이 공급하는 물건이 거의 동일한 시장을 말한다(N. Gregory Mankiw, Essentials of economics, 김경환/김종석 역, 교보문고, 2005, 330면).

50_ 이하에서 이용되는 평면좌표 함수에서 특별한 언급이 없는 한 q(Q)축은 생산량을 의미하며, p(P)축은 가격을 의미한다.

51_ 개인 한계비용(한계비용=총비용의 변화량/산출량의 변화량)을 의미한다. 즉 산출량이 한 단위 증가함에 따라서 변화되는 총비용의 변화량을 의미한다(N. Gregory Mankiw, 앞의 책, 317면).

52_ 총이윤이 가장 크기 위한 생산량은 MR(Marginal Revenue: 한계수입)과 한계비용(MC)이 같게 되는 곳에서 생산량이 결정된다(N. Gregory Mankiw, 앞의 책, 335면). 더욱이 완전경쟁시장에서는 가격 P가 불변이므로, 생산량을 한 단위씩 증가하면 총수입은 P만큼 증가한다. 따라서 경쟁시장의 기업에 있어서 한계수입은 그 재화의 가격과 같다((MC=P). N. Gregory Mankiw, 앞의 책, 332면.

53_ Robert D. Cooter & Thomas Ulen(한순구 역), 「법경제학」, 경문사, 2009, 50면.

54_ 외부효과를 내부화하는 방법으로는 발생한 손해에 대해 손해배상책임을 인정하는 방법, 그와 동시에 입증책임의 전환이나 무과실책임을 인정하는 방법, 징벌적 손해배상을 인정하는 방법 등이 있을 것이다.

보면 음의 외부효과로 인하여 기업에 발생하는 이익은 (ⓛ+ⓒ)이기 때문에 이를 감안하여 법적인 방법으로 이를 내부화시켜야 할 것이다.[55]

일반적으로 음의 외부효과의 내부화는 불법행위법에 의해 이루어진다.[56] 그런데 불법행위법에서는 비용의 최소화라는 관점에서 구체적으로 외부효과의 내부화를 모색한다는 점,[57] 과실책임을 원칙으로 한다는 점

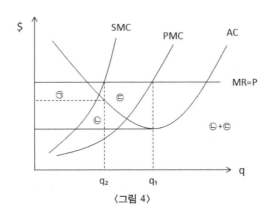

〈그림 4〉

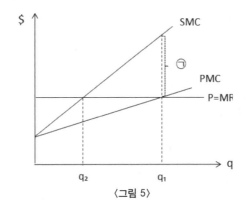

〈그림 5〉

55_ 발생하는 이윤은 [가격(P) X 생산량(q)]으로 계산하면 된다.

56_ Robert D. Cooter & Thomas Ulen(한순구 역), 법경제학, 50면; Reinhard Ellger, Bereicherung durch Eingriff, Jus Privatum 63 Mohr Siebeck 2002, S. 442.

57_ Guido Calabresi, "Some Thoughts on Risk Distribution and the Law of Tort", 70 Yale Law Journal 499(1961), 499 ff.

에서 모든 외부효과가 내부화되는 것은 아니므로 현대에는 기금(fund)에 의한 보상제도 및 자율규제를 통해 이러한 내부화를 시도하기도 한다.

결제한도를 제한하여 얻는 것이 〈그림 2, 3〉에서 3점에 해당한다면, 결제한도를 제한하지 않아서 얻는 효용은 〈그림 2, 3〉에서 2점에 해당한다고 할 수 있다. 그러나 과몰입 게임이용자들의 보호가 2점을 선택함으로 인하여 간과될 수 있다는 점에서 이로 인하여 발생하는 비용의 증가는 보상을 통해 개선되어야 할 것이며, 그 보상의 방법은 외부효과의 내부화를 통해 이루어질 것이다. 그렇다면 본고에서 다루고 있는 게임이용자의 결제한도를 제한하지 않아서 발생하는 음의 외부효과는 어떠한 방법으로 내부화가 가능하겠는가? 보상제도가 마련되어 있다면 그 방법이 대표적인 음의 외부효과의 내부화가 될 것이다. 현행법상 불법행위 손해배상제도가 내부화 수단이 될 것이지만, 민법 제750조 등은 과실책임이라는 점에서 위험책임을 인정하는 방법 등을 모색할 필요가 있을 것이다. 다만 주의할 부분은 〈그림 3〉의 3점에서 2점으로 가면서 발생한 손실에 대한 보상액이 3점에서 2점으로 가면서 증가한 A집단의 이익보다 커서는 안 된다는 것이다. 그렇게 되면 오히려 3점보다 2점의 효용이 크다고 할 수 있는 전제가 잘못 되기 때문이다. 따라서 3점에서 2점으로 수정됨에 의하여 발생한 손실(비용)을 어떻게 내부화할 것인지는 중요한 문제라고 할 수 있다.

(1) 위험책임의 도입(?)

민사책임의 기본원칙인 과실책임은 피해자가 가해자의 귀책사유를 증명해야 하는데, 피해자가 현실적으로 이를 입증하기란 대단이 어렵다. 이에 피해자 구제를 위해서는 손해에 대한 증명책임을 전환하거나 무과실의 위험책임을 인정할 필요가 있다. 주의할 점은 위험성은 위험책임뿐만 아니라 과실책임에서도 중요한 역할을 한다는 점이다. 즉 구체적인 상황이 위험하면 할수록, 요청되는 주의의 정도도 높아지기 때문에 위험성의 정도에 따라서는 위험성은 과실책임에서도 중요한 요소이다. 이러한 이유 때문에 대부분의 법체계에서는 다소 강도 높은 위험이 문제되는 경우에는 (위험)보유자의 과실행위를 전제로 책임을 부과하면서도 보유자가 자신에게 귀책사유가 없다는 사실을 증명하게 하여, 보유자는 추정된 유책성에 의해 책임을 진다.[58] 반면에 고도의 위험원이 존재하는 경우에는 보유자의 과오행위와 관계없이 그에게 엄격책임이 인정된다.[59] 게임이라는 것 자체가 게임의 특수성에 의해 이용자가 중독에 빠질 수 있다는 잠재적 위험성은 인정할 수 있으나 그 위험성이 고도로 위험한지 여부는 현재 시점에서는 불분명하다고 할 수 있다. 요컨대 사업자에게는 최소한 위험방지요청(Gefahrsteuerungsgebot)으로서 그 위험을 현실화시키지 않도록 기대가능한 예방조치를 해야 하는 의무가 있다고 할 수 있다.[60]

다만 사업자 스스로가 게임에 중독되어 피해를 보고 있는 이용자를 고려하여 스스로 위험책임을 부담한다면 이는 전체적으로 기업의 윤리책임에 의한 위험책임화를 이끌어 이용자 보호와 산업 발전을 동시에 실현할 수 있을 것이다. 이런 이유에서 유럽연합은 산업발전의 동력을 위해 행정규제를 지양하면서 대신 이를 통해 발생할 수 있는 피해의 구제는 무과실의 「위험책임 접근방식」[61] 또는 「위험관리 접근방식」(Risk

---

58_ B. A. Koch/Koziol, in: B. A. Koch/Koziol(Hrsg), Unification of Tort Law: Strict Liability, 2002, pp. 432 ff.

59_ 과실책임과 위험책임은 엄밀하게 말해 대립하는 것이 아니라 양자의 관계는 유동적이라 할 수 있다. Erwin Deutsch, Gefährdungshaftung und Verschuldenshaftung, JBI 1981, 449, 450; H. Koziol, Bewegliches System und Gefährdungshaftung, in: F. Bydlinski/krejci/Schilcher/Steininger(Hrsg), Das Bewegliche System im Geltenden und künftigen Recht, 1986, S. 51 ff.

60_ 타인에게 위험을 발생시키는 활동을 시작하거나 또는 그와 같은 상태를 만드는 자가 제3자에게 손해를 주지 않도록 필요한 보호조치 내지 안전조치를 해야 할 주의의무를 부담한다. Maximilian Fuchs/Werner Pauker, Delikts- und Schadensersatzrecht, 2012, S. 95 ff.; Wolfgang Thiele, Leistungsstörungen und Schutzpflichtverletzung, Zur Einordnung der Schutzpflichtverletzungen in das Haftungssystem des Zivilrechts, JZ 1967, 649 ff.; 공순진, "보호의무위반에 기한 계약체결상의 과실책임", 재산법연구 제7권 제1호, 1990, 123면 이하 참조.

Management Approach) 중 어느 하나를 선택하여 해결하고 있다.[62] 더 나아가 위험책임을 지는 사업자가 책임보험에 가입하는 것이 모든 잠재적 피해자가 스스로 손해보험에 가입하는 것보다 저렴한 가격으로 효율적으로 손해를 분산시킬 수 있다는 점을 감안하면,[63] 사업자에게 책임보험 제도에 가입하는 것을 강제하는 것도 하나의 방법이 될 수 있을 것이다.

(2) 이용자보호기구를 통해 이용자의 자기제한 유도

스스로 계약의 구속력으로부터 벗어나는 자기 결정, 즉 자기제한 (Selbstsperre)에 의해서 통제가 이루어져야 한다. 온라인 게임 또한 자기 제한에 의해 이용자 스스로를 보호할 필요가 있다. 2016년도에 게임문화재단 산하의 통합 이용자보호기구인 "게임이용자보호센터(Game User Care Center: 'GUCC')[64]에서는 이용자 보호를 위한 가이드라인(총 11개 조문) 에서는 게임물 이용제한 제도를 두고 있다. 즉 동 <u>가이드라인은 게임과 몰입 방지 등을 위하여 1년 이상의 기간을 정하여 게임 이용자의 게임물 이용을 제한함을 내용으로 한다</u>(제5조 제1항). 그 구체적인 내용은 내부 통제기준에 포함시켜서 정하도록 하고 있고(제5조 제2항) 가이드라인에 서는 게임물 이용제한을 신청할 수 있는 자가 명시적으로 규정되어 있다. 게임에 대한 이용제한을 신청할 수 있는 자격이 부여된 자로는 1) 게

61_ 대법원 2016. 5. 19. 선고 2009다66549 전원합의체 판결은 "사회에 위험을 야기시킨 사람은 그 노출된 위험에 의하여 타인이 피해를 입지 않도록 그 위험을 제거하여야 하고 그 위험의 노출·방치로 인하여 피해를 입은 사람에 대하여 배상책임을 진다는 이른바 위험책임은 일반적으로 통용되는 불법행위 이론"이라고 한다.

62_ European Parliament resolution of 16 February 2017 with recommendations to the Commission on Civil Law Rules on Robotics (2015/ 2103(INL)), Liability No. 53.

63_ 효율성인 측면에서의 책임보험자의 주체를 판단하는 것에 대해서는 V. Bar, Gemeineuropäisches Deliktsrecht Ⅰ, 1996, S. 146; MünchKommBGB/Wagner, 6. Aufl., 2013, § 828 Rn. 20. 참조.

64_ 「게임산업 진흥에 관한 법률」(이하 '게임산업법') 제28조 및 같은 법 시행령 제17조 별표 2 제8호 '사'목에서 온라인(웹보드)게임 이용자를 보호하고 그 권익을 보장하기 위하여 게임제공업자에게 이용자보호방안을 수립하도록 개정하였다. 이를 이행하기 위해 GUCC가 설립되었다. http://www.gucc.or.kr.

임 이용자 본인, 2) 그 배우자 및 직계 존·비속, 3) 그 법정대리인 또는 기타 이에 준하는 자, 4) 게임물관리위원회 위원장 또는 이용자보호기구의 장 등으로 정하고 있다. 그 신청은 문서(전자문서 포함)를 통하여 하도록 하고 있다. 더 나아가 게임제공업자는 게임물 이용제한 기간이 경과한 경우 이를 해제하는 절차를 마련하도록 규정하고 있다(제5조 제3항). 향후 이러한 이용자 보호를 위한 게임제한 가이드라인이 실질적인 효과가 창출될 것인지에 대해서는 다양한 측면에서 재검토가 이루어져야 할 것이지만, 최소한 이 가이드라인에 의해 사업자의 이용자 보호에 대한 책임은 강화되었다고 평가할 수 있다.

IV. 맺음말

정부는 게임산업의 발전과 이용자 보호라는 두 이익 사이에 균형추(counterbalance)역할을 담당한다고 할 수 있다. 따라서 정부입법에 의한 선택은 그를 통해 비용이 증가하는 집단에서 관용할 수 있는 합리적이고 타당해야 할 선택이어야 한다.[65] 이러한 이유에서 각국은 입법(특히 규제입법)을 함에 있어 일반적으로 비용추계분석을 하고 있으며(OECD 국가 및 EU의 기본적인 입장이다), 우리의 경우에도 국회법 제79조의2가 이를 반영하고 있다. 그런데 현행 온라인 게임 결제한도 규제는 어떠한가? 위임입법의 한계를 벗어난 것인지를 차치하고라도 지금의 통제방법은 몇 가지 문제점이 있다.

첫째, 게임이용을 통해 반사적으로 피해를 보는 집단을 보호한다는 미명하에 게임산업을 저해하며, 정상적으로 게임을 이용하는 다수의 게임이용자에 대한 자기결정권을 제한하는 문제점이 있다.

65_ 이성적인 사람들이 견해대립이 발생하는 경우 다원주의 사회가 유지되기 위해서는 이성적 불합치를 관용을 취하는 것으로 해결할 수 있다. John Rawls, Political Liberalism, 1996, p. 58.

둘째, 비용편익 분석에 의하더라도 일괄적으로 모든 이용자를 제한하는 방법보다는 게임의 이용에 대해서는 가능한 한 자율규제에 맡기고, 그로 인하여 발생하는 외부효과는 민사적인 책임강화(위험책임 인정, 책임보험 강제가입, 기금형성)를 통해 해결하는 것이 바람직하다.

셋째, 일괄통제 방식은 재고가 필요하다. 물론 중독에 빠지거나 과소비를 하게 되는 이용자를 보호하기 위한다는 점에서 목적의 정당성은 인정될 수 있을지라도, 그 방법에 있어서 지금의 일괄적인 통제방법은 행정편의를 고려한 통제 시스템이라는 오해를 불러일으킬 수 있다는 점에서 정당성 측면에서 약하다.

마지막으로, 시장실패를 치유하기 위한 통제가 오히려 시장의 실패를 초래한다면, 이는 정부실패를 방증한다고 할 수 있다는 점에서 재고가 필요하다. 완전경쟁시장이 파레토 효율적이라는 사실에도 불구하고 현대 국가 중 온전히 시장원리에만 기반하여 경제를 운용하는 국가는 없다. 현실에서는 완전경쟁시장이 존재하지 않고 시장의 실패가 나타나기 때문이다. 완전경쟁시장이 성립되기 위해서는 몇 가지 조건이 필요한데(종종 이 사실을 잊어버리는 사람들이 많다) 이것을 만족시키지 못하는 상태를 시장실패(market failure)라고 한다. 시장실패의 원인으로 거론된 것들은 1) 불완전경쟁(독점이나 과점 등이 발생한다, 흔히 규모의 경제와 관련된다), 2) 공공재(public goods)의 존재, 3) 외부성의 존재, 4) 불확실성, 5) 비대칭 정보[66] 등이다. 이러한 이유들로 인해서 시장실패가 발생하고 이것이 정부가 시장에 개입해야 하는 이유가 되지만, 그렇다고 정부의 개입이 꼭 파레토 효율성을 도출한다고 볼 수는 없다. 경우에 따라서는 정부에 의한 개입이 너무 비효율적이고 무능하기 때문에, 오히려 정부의 개입이

66_ 도덕적 해이나 역선택은 비대칭 정보로 인해 발생하는데, 이 둘은 시장 실패를 불러오는 주요 원인이 된다. 흔히 금융위기에 대한 금융기업들의 도덕적 해이가 자주 신문에 언급되는데, 정부의 개입으로 인해서 오히려 도덕적 해이가 발생하게 되는 특이한 사례라고도 할 수 있다. 국가는 경제주체들의 도덕적 해이나 역선택을 방지하기 위한 규제나 제도를 마련하고 시행한다(비대칭정보 혹은 불완전정보 문제를 해결하기 위한 방법은 국가의 개입이 아닌 민간 부문의 자체적인 노력에 의해서도 마련되고 있다).

문제를 악화시킨다고 주장한다. 이른바 정부실패(government failure)가 발생한다는 것이다. 기본적으로 정부의 개입은 민간 부문의 자유로운 의사결정을 교란시켜 효율성에 나쁜 영향을 주게 된다. 여기에 정부실패까지 겹치게 되면 사회후생에 더욱 큰 악영향을 미치게 된다. 대표적으로 자중손실(dead weight loss)[67]을 고려할 수 있다.[68] 최소한 지금처럼 일률적으로 온라인 게임의 결제한도를 제한하는 통제방식은 게임산업계의 양적·질적 저하를 가져왔다는 점에서 정부실패로 보여질 수 있으며, 과몰입 이용자 및 과소비 이용자를 보호한다는 목적의 정당성은 다른 방법(민사책임 강화 등)으로 충분히 해결할 수 있다.

〈후 기〉

본고의 발표 및 제출 이후인 2019년 6월 26일 문체부는 제18차 경제활력대책회의에서 온라인게임 결제한도에 대해 법적 근거가 없다는 이유로 웹보드게임과 청소년의 결제한도를 제외한 온라인게임의 한도 폐지를 밝혔다. 그러나 이러한 규제는 언제든지 재등장할 수 있다는 점에서 본고에서의 검토는 여전히 의미가 있을 것으로 판단된다.

67_ 경쟁의 제한으로 인한 시장의 실패에 따라 발생하는 자원배분의 효율성 상실을 말한다. 자중은 원래 차량자체의 중량이란 뜻으로서, 아무 것도 싣지 않아도 그 무게는 나가게 되므로 총 운반가능 중량에서 빠져야 되는 무게가 된다. 경제학에서는 이러한 자중의 개념을 시장실패로 인한 자원배분의 비효율성을 설명하는 데 사용하고 있다. 특히 정부 개입으로 인한 자중손실은 보통 조세에서 대표적으로 나타나며 이러한 자중손실을 초과부담이라고 부르기도 한다. 조세의 초과부담은 '조세로 인해 정부로 이전된 구매력을 초과하는 납세자 구매력의 상실분'이라고 할 수 있다. 납세자의 구매력의 상실이라는 개념은 앞서 설명한 소비자 잉여의 상실과 거의 비슷한 개념이라고 할 수 있다. 그런데 조세로 인한 납세자의 구매력의 상실은 모두가 정부로 이전되지 않고 그중 일부만이 이전되는데 이처럼 정부로 이전된 구매력을 초과하는 납세자의 구매력의 상실분을 초과부담 혹은 자중손실이라고 한다. 예를 들어 정부가 어떤 재화에 물품세를 부과할 경우 납세자는 100원 만큼의 구매력을 잃는데 정부가 징수하는 세액은 60원에 그친다고 하면 차액 40원은 경제 내의 누구에게도 이전되지 않고 증발되는 것이다.

68_ Erin Ann O'hARA, "OPTING OUT OF REGULATION—A public choice analysis of contractual choice of law, 53(3) Vanderbilt Law Review 1561(2000), 1561 ff.

참고문헌

1. 국내문헌

공순진, "보호의무위반에 기한 계약체결상의 과실책임", 재산법연구 제7권 제1호, 1990.

권영준, "계약법의 사상적 기초와 그 시사점: 자율과 후견의 관점에서", 저스티스 제124호, 2011.

김상중, "계약체결 이전 단계의 정보제공의무", 고려법학 제56호, 2010.

김준호, 계약법, 법문사, 2012.

김진우, "약관 내용통제의 정당화사유", 법학연구 제71호, 2012.

송덕수, 민법총칙(제4판), 박영사, 2018.

양창수/김재형, 계약법(중판), 박영사, 2011.

이은영, 채권각론, 박영사, 2005.

Robert D. Cooter & Thomas Ulen(한순구 역), 법경제학, 경문사, 2009.

N. Gregory Mankiw, Essentials of economics, 김경환/김종석 역, 교보문고, 2005.

2. 외국문헌

Michael Adams, "Ökonomische Analyse des AGB-Gesetzes—Verträge bei asymmetrischer Information—", BB 1989, 781 ff.

George Akerlof, The Markt for "Lemons": Quality Uncertainty and the Markt Mechanism, 84 Quarterly Journal of Economics 488(1970).

P. S. Atiyah, An Introduction to the Law of Contract, New York: Oxford University Press, 5th ed., 1995.

V. Bar, Gemeineuropäisches Deliktsrecht Ⅰ, 1996.

Guido Calabresi, "Some Thoughts on Risk Distribution and the Law of Tort", 70 Yale Law Journal 499(1961).

Hugh Collins, REGULATING CONTRACTS, 1999.

Erwin Deutsch, Gefährdungshaftung und Verschuldenshaftung, JBI, 1981, 449 ff.

Horst Eidenmüller, Der homo oeconomicus und das Schuldrecht— Herausforderungen durch Behavioral Law and Economics, JZ 2005, 216 ff.

Reinhard Ellger, Bereicherung durch Eingriff, Jus Privatum 63 Mohr Siebeck 2002.

European Parliament resolution of 16 February 2017 with recommendations to the Commission on Civil Law Rules on Robotics (2015/ 2103(INL)).

Matteo Fornasier, Freier Markt und zwingendes Vertragsrecht, 2013.

Maximilian Fuchs/Werner Pauker, Delikts- und Schadensersatzrecht, 2012.

Erik Gawel, 'Ökonomische Effizienzanforderungen und ihre juristische Rezeption', in id.(Hrsg.), Effizienz in Umweltrecht, 2001.

Otto von Gierke, Die Soziale Aufgabe des Privatrechts, 1889.

Mathias Habersack/Jan Schürnbrand, "Unternehmenskauf im Wege des Auktionsverfahrens aus AGB-rechtlicher Sicht", in: FS Canaris, 2007.

Stphane Jacobzone(ed.), "Indicators of Regulatory Management Systems", OECD Working Papers on Public Governance 2007/4, 2007.

Gunnar Janson, Ökonomische Theorie des Rechts, Berlin, 2004.

Lorenz Kähler, Begriff und Rechtfertigung abdingbaren Rechts, 2012.

B. A. Koch/H. Koziol, in: B. A. Koch/Koziol(Hrsg), Unification of Tort Law: Strict Liability, 2002.

H. Koziol, Bewegliches System und Gefährdungshaftung, in: F. Bydlinski/ krejci/Schilcher/Steininger(Hrsg), Das Bewegliche System im Geltenden und künftigen Recht, 1986.

Hein Kötz, Europäisches Vertragsrecht, Band Ⅰ, 1996.

Hein Kötz, Der Schutzzweck der AGB-Kontrolle—Eine rechtsokönomische Skizze, JuS 2003, 209 ff.

K. Larenz, Die Methode der Auslegung des Rechtsgeschäfts, 1966.

Karl Larenz/Claus-Whlhelm Canaris, Lehrbuch des Schuldrechts, Zweiter Band: Besonderer Teil, 2. Halbband, 13.Aufl., 1994.

Lars Leuschner, Gebotenheit und Grenzen der AGB-Kontrolle—Weshalb M&A-Verträge nicht der Inhaltskontrolle der §§ 305 ff. BGB unterliegen, AcP 207(2007), 491 ff.

Patrick C. Leyens/Hans-Bernd Schäfer, Inhaltskontrolle allgemeiner Geschaftsbedingungen—Rechtsokonomische Uberlegungen zu einer einheitlichen Konzeption von BGB und DCFR, AcP 210(2010), 771 ff.

Horst Locher, "Begriffsbestimmung und Schutzzweck nach dem AGB-Gesetz", JuS 1997, 389 ff.

MünchKommBGB/Wagner, 6. Aufl., 2013, § 828.

Erin Ann O'hARA, "OPTING OUT OF REGULATION—A public choice analysis of contractual choice of law, 53(3) Vanderbilt Law Review 1561(2000).

Jill Poole, Textbook on Contract Law, 7th ed., 2004.

John Rawls, Political Liberalism, 1996.

Bernard Salanié, Microeconomics of Market Failures, 2000.

Wolfgang Thiele, Leistungsstörungen und Schutzpflichtverletzung, Zur Einordnung der Schutzpflichtverletzungen in das Haftungssystem des Zivilrechts, JZ 1967, 649 ff.

Earnest Tuveson(ed.), Swift: A Collection of Critical Essays, Englewood Cliffs, N.J., Prentice-Hall, 1964.

Gerhard Wagner, Zwingendes Vertagsrecht, ZEuP 2018, 821 ff.

加藤雅信等編,〈民法學說百年史〉之序章, 三省堂, 1999.

山本敬三,「現代社会におけるリベラリズムと私的自治—私法関係における憲法原理の衝突 (2)—」, 論叢 133巻 5号, 1993.

星野英一,「現代における契約」,『民法論集 第3巻』, 有斐閣, 1972.

倉田卓次監, 要件事実の証明責任 契約法 (上), 西神田編集室, 1993.

게임과 관련된 자율규제 모델 해외 사례*

—일본의 확률형 아이템 및 미국의 DFS(Daily Fantasy Sports) 사례를 중심으로—

서종희

Ⅰ. 들어가는 말

21세기 인터넷의 발달과 스마트폰 사용자의 증가에 따라 국내 온라인 및 모바일 게임 시장은 지속적으로 성장하고 있다. 이에 게임이 가지는 부정적 측면을 어떻게 통제할 것인지가 사회적으로 큰 문제가 되었다. 즉 사행성이 있는 게임이나 과몰입이 문제되는 게임(확률형 게임 아이템,[1] 판타지 스포츠 게임[2])을 어떠한 규제법리를 통해 게임 이용자를 보호할 것

---

* 본 논문은 2017년 국회의원 나경원·한국외국어대학교 법학연구소 공동주최 세미나에서 발표한 논문을 수정·보완한 글이다. 좋은 지적을 해 준 익명의 심사자들 및 논문 작성에 많은 도움을 준 한종현 변호사에게 감사드린다.

1_ 확률형 아이템은 게임 내의 아이템 중 하나로서, 미리 설정된 일정확률로 얻을 수 있는 아이템이다. 예컨대 게임이용자가 캡슐 등과 같은 아이템을 취득한 후, 캡슐 등의 개봉을 통해 내용물을 확인할 수 있는 아이템이 이에 해당하며, 더 나아가 일정 아이템의 성능을 업그레이드하기 위해 필요한 아이템(Enchant)이 확률에 의해 결정되는 경우가 이에 해당된다. 구체적인 유형으로 황승흠·신영수, "확률형 게임아이템 규제의 접근방식: 일본의 '콘푸가챠' 규제방식과의 비교를 중심으로", 스포츠와 법 제17권 제2호, 2014.5, 242면 이하에서는 '뽑기형', '열쇠형', '강화형'으로 나눈다.

2_ 판타지 스포츠(Fantasy sports, 이하 'FS'로 칭하기로 함)는 게임의 한 유형이다. 이 게임의 이용자는 가상의 매니저 또는 구단주가 되어 현실의 프로 스포츠 리그에서 활동하는 실제 선수의 명단을 모아 가상의 팀을 만든다. 이때 각 이용자들은 모두 동일한

인지가 문제되고 있다. 예컨대 확률형 아이템이 존재하는 게임이 이용자들의 과소비 및 사행성을 조장함에도 불구하고 현행법상 이를 규제할 근거규정이 없어[3] 이에 대한 규제의 필요성이 제기되었고, 이에 법률개정을 통해 이를 규제(정부규제)할 것인지 자율규제를 통해 이 문제를 해결할 것인지가 문제되고 있다.[4] 참고로 일본은 확률형 게임 아이템을 「부당경품류 및 부당표시방지법」(이하 '경품표시법'으로 인용하기로 함)으로 규율하고 있으며, 일본온라인게임협회에 의한 자율규제도 동시에 이루어지고 있다. 또한 국내에서는 판타지 스포츠 게임(데일리 판타지 스포츠 게임 포함)에 대한 별다른 논의가 없으나, 미국은 이 게임이 도박에 해당하는지, 더

액수의 '연봉상한'이라는 제한을 받아, 그 한도 내에서 선수를 뽑아 자신의 팀을 구성하여야 한다. 예컨대 연봉 상한이 200억 원이라면, 게임 이용자의 가상 팀 소속 선수들이 현실로 갖는 연봉의 총합은 200억 원을 넘을 수 없다. 이와 같이 게임이용자가 가상 팀을 만들고 나면, 가상 팀에 편입된 선수가 현실 세계에서 실제로 활약하는 성적을 다시 선수별로 모아 가상 팀의 성적을 계산하여 사용자끼리 팀 성적을 겨루고, 시즌이 끝나면 가장 높은 실적을 거둔 참가자에게 상금을 제공한다. 여기서 성적계산시스템은 전체 가상 리그를 조정하고 관리하는 리그 커미셔너 내지는 딜러가 수동으로 계산할 수 있을 만큼 단순하거나, 프로 스포츠의 실제 결과를 추적하는 컴퓨터 프로그램 등을 사용하는 등 다양한 방식으로 구성할 수 있다. 야구를 예로 들면, 보통 안타, 타점, 득점, ERA 등 각종 스탯을 경기 단위로 집계해 점수화한 후 팀의 총점을 매긴다. 이 점수를 기반으로 각 리그별 팀의 순위를 누적된 점수에 따라 매길 수도 있고, 리그 참가 팀을 1:1로 붙여 경기당 승패를 나누는 방식으로 운영할 수도 있다. 전자를 로티서리(rotisserie), 후자를 헤드-투-헤드(head-to-head)라고 부른다.

3_ 사행성게임물의 경우에는 게임산업진흥에 관한 법률에 의해 제한을 받으나 확률형 아이템이 존재하는 게임은 '보상의 환전가능성'을 인정하기 어렵기 때문에 동법이 적용되지 않을 것이다. 김정환·오광균·장한별, "청소년 보호를 위한 게임물(확률형 아이템)의 합리적 규제 방안", 법학연구 제15집 제3호, 2012.11, 225면.

4_ 규제 주체인 정부가 규율을 위해 법 등을 개정하는 경우는 정부규제로 볼 수 있는 반면에, 피규제자가 주체가 되어 스스로를 규율하기 위하여 합의를 통해 일정한 규정을 마련하였다면 이는 자율규제로 볼 수 있을 것이다. 참고로 2015년 3월 9일에 정우택 의원 포함 10인의 국회의원들이 게임산업진흥에 관한 법률을 개정하여 확률형 아이템의 확률을 공개하도록 하는 안을 발의하였는데, 이는 정부규제의 한 형태라고 볼 수 있을 것이다. 일부 견해는 게임물 등급분류제도를 활용하여 확률형 아이템 규제의 실효성을 높일 수 있다고 본다. 한종현, "확률형 아이템 규제 법안에 관한 연구 — 게임산업진흥에 관한 법률 일부개정법률안을 중심으로", LAW & TECHNOLOGY 제11권 제5호, 2015.9, 94면 이하 참조.

나아가 이 게임을 법률개정을 통해 규율('정부규제')할 것인지에 대한 논의가 오래전부터 있었다.

현시점에서 우리는 국내 사행성 게임 등을 규율하는 방법을 모색하기 위해서 정부규제와 자율규제 중 하나를 선택해야만 한다. 어떠한 선택을 할 것인지는 다양한 요소를 고려해야 할 것이지만, 최소한 '관용의 원칙'에 의해 해결하는 것이 타당할 것이다.[5] 이에 본고에서는 비교법적 검토를 위해 일본과 미국에서 게임과 관련된 규제문제를 어떻게 해결하였는지를 확인해 본 후(Ⅱ, Ⅲ),[6] 우리에게 시사하는 바를 간단히 고찰해 보면서 글을 마치고자 한다(Ⅳ).

Ⅱ. 일본의 확률형 게임아이템 자율규제 배경 및 모습

1. 확률형 게임아이템에 대한 법적 규제

일본 내에서도 확률형 아이템에 해당하는 가챠(ガチャ)[7]는 이용자들이 확률을 모르는 상태에서 필요한 아이템을 획득할 때까지 구매행위를 계속할 수 있다는 점에서 과소비를 조장하고 사행성을 띠고 있다는 비판

5_ 소위 '관용의 원칙'은 어떤 선택을 옳고 그름이 아니라 사회적 허용가능성으로 접근하는 방식이라 할 수 있다. 즉 이 원칙은 선택에 의해 당사자 일방은 받아들일 수 없다고 하더라도, 사회가 허용할 수밖에 없는 관용의 범위 안에 들어오는 행위들은 감수해야 한다고 본다. 확률형 아이템과 관련하여 일부 견해는 도박과 게임에 허용될 수 있는 합리적인 소비허용기준을 제시하여 각각 관리하고 통제하는 것이 사회적으로 허용될 수 있는 방법이라고 본다. 정해상, "확률형 게임아이템에 관한 사행성 규제의 한계", 법학논총 제21권 제2호, 2014, 143면 이하. 즉, 이 견해는 사행성 해소가 아니라 과소비의 적절성에 초점을 맞추는 것이 사회적인 관용을 유도할 수 있다는 입장으로 보인다.

6_ 확률형 게임 아이템은 일본이 선구적이라는 점, 데일리 판타지 스포츠는 미국에서 가장 많이 이용되고 있다는 점에서 이들 나라의 규제방법 등을 살펴보는 것은 우리에게 시사하는 바가 클 것으로 예상된다.

7_ 우리말로는 '뽑기'라고 번역되지만, 일본에서는 가챠를 확률형 아이템을 의미하는 단어로 사용한다.

을 받고 있다.[8] 특히 일본에서 확률형 아이템은 '경품표시법[9]'에 의하여 규제가 이루어지고 있다. 예컨대 일본 소비자청은 2012년 5월 18일, 소셜 게임 등의 '콘푸가챠(コンプガチャ)'[10]가 경품표시법의 제한을 받는다고 보았으며, 특히 이는 '카드 맞추기(カード合わせ)'에 해당된다는 입장을 표명하면서 이를 위반하는 경우에는 처벌된다고 천명하였다.[11] 즉 '콘푸가챠'는 ① 고객유인성, ② 거래부수성, ③ 경제상의 이익의 요건을 모두 갖추고 있어 경품표시법 제2조 제3항[12]에서 규정하고 있는 '경품류'에 해당하며,[13] 뽑기에 대한 표시 및 광고 등에 관하여는 경품표시법 제2조 제4항[14]에서 규정하고 있는 '표시'에 해당한다고 본다. 이러한 소비자청의 해석에 의하면 확률형 아이템에 관하여는 아래와 같이 크게 3가지의 법적 규제를 받게 된다.[15]

8_ 황승흠·신영수, 앞의 논문, 244면에서도 과소비 및 사행성의 문제를 지적한다.

9_ 이하 경품표시법의 조문의 내용은 http://www.caa.go.jp/policies/policy/representa tion/fair_labeling/ 참조하였음.

10_ 컴플리트(complete)와 가챠(ガチャ)의 합성어이다.

11_ http://www.caa.go.jp/adjustments/hakusyo/2013/honbun_6_column.html; 황승 흠·신영수, 앞의 논문, 247면.

12_ 경품표시법 제2조 제3항: 이 법에서 "경품류"는 고객을 유인하기 위한 수단으로 그 방법의 직·간접성을 불문하고, 추첨의 방법에 의하는지 여부에 관계없이, 사업자가 자기가 공급한 상품 또는 용역의 거래(부동산에 관한 거래를 포함한다)에 부수하여 상대방에게 제공하는 물품, 금전 기타 경제상의 이익으로서 내각 총리대신이 지정하는 것을 말한다.

13_ 콘푸가챠가 경품에 해당한다고 보는 것에 대해서는 이견이 없으나, 일반 유료가챠의 경우에는 이용자가 얻은 경제적 이익이 거래 자체에서 발생한다는 점에서 경품에 해당한다고 보기 어렵다는 해석이 가능하다.

14_ 경품표시법 제2조 제4항: 이 법에서 "표시"는 고객을 유인하기 위한 수단으로서 사업자가 자기의 공급 상품 또는 용역의 내용 또는 거래 조건 기타 이러한 거래에 관한 사항을 광고 또는 기타의 방법으로 표시하는 것을 의미하며, 이는 내각 총리대신이 지정한다.

15_ 경우에 따라서는 총리대신에 의하여 경품의 제공이 제한되거나 금지될 수 있다. 경품표시법 제3조: 총리대신은 부당한 고객의 유인을 방지하고 일반소비자에 의한 자주적이면서 합리적인 선택을 확보하기 위하여 필요가 있다고 인정될 때에는 경품류 가격의 최고액 또는 총액, 종류 또는 제공의 방법, 그 밖에 경품류의 제공에 관한 사항을 제한하거나 경품류의 제공을 금지할 수 있다.

(1) 카드 맞추기의 금지

현상(顯賞)경품제한 고시 제5항에서는 두 종류 이상의 모양을 가지고 있는 아이템·카드·캐릭터 중 다른 모양을 가진 특정의 조합을 달성했을 때, 특별한 아이템이나 능력·캐릭터 등을 '경품으로' 제공하는 것을 전면적으로 금지하고 있다.[16] 이에 일본 소비자청은 '콘푸가챠'의 일부가 이러한 카드 맞추기에 해당한다고 보았다.[17]

【카드 맞추기의 예】 유료 뽑기로 아이템 A, 아이템 B, 아이템 C를 모두 모으면 아이템 X를 얻을 수 있는 경우[18]

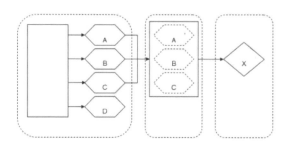

(2) 우량오인표시의 금지

경품표시법에서는 품질·규격 등에 대하여 실제의 것보다 더 우량한 것으로 표시하여 부당하게 소비자를 구매에 이르게 하는 표시를 금지하고 있다(경품표시법 제4조 제1항 제1호). 예를 들어 "S등급 이상 확정 뽑기!"라

16_ 경품이 되는 '경제상의 이익'에는 아이템(도형, 이미지가 있는 것)뿐만 아니라 게임 내에서 사용되는 파라미터(수치)의 상승 등의 '일반적으로 경제적 대가를 지불해서 취득하는 것'도 포함한다.

17_ 이에 일본소비자청은 2012년 현상경품제한고시 운용기준을 발표하면서 콘푸가챠가 카드 맞추기에 해당함을 명확하게 규정하였다. 즉 현상경품제한고시 운용기준은 "휴대전화단말기나 컴퓨터 등을 통해 제공되는 인터넷 게임 중, **우연성**에 의해 제공되는 **특정한 2 이상의 다른 종류의 유료** 아이템 등을 모은 이용자에 대하여, 게임상에서 사용할 수 있는 아이템 등 기타의 **경제상의 이익을 제공**하는 때"는 카드 맞추기에 해당한다고 규정하고 있다.

18_ 유료 뽑기로 아이템 A와 아이템 B를 모은 경우 아이템 B가 소멸하고 A만이 남아 A의 공격력이 증가하는 경우에도 카드 맞추기에 해당된다.

고 광고하여 판매했던 아이템이, 실제는 '더 좋은 등급인 SS등급은 나오지 않고, S등급만 나오는 경우'나, 유료 뽑기로 인하여 획득한 캐릭터의 실제 능력이 표기와 다른 경우에는 우량오인표시에 해당할 가능성이 있다.

(3) 유리오인표시의 금지

경품표시법은 가격 기타의 거래조건에 대하여 실제의 것보다 더 유리하게 보이도록 하여 일반 소비자를 오인시켜, 부당하게 소비자를 구매에 이르게 하는 표시를 금지한다(경품표시법 제4조 제1항 제2호). 예를 들어 "ㅇㅇㅇ이 이렇게나 잘 뽑힙니다!" 등의 광고를 통하여 마치 좋은 ㅇㅇㅇ 아이템이 잘 뽑힐 것 같은 표시를 해 놓고, 실제로는 소비자가 원하는 아이템이 전혀 뽑히지 않는 경우에 유리오인표시로 인정될 가능성이 있다.

2. 일본온라인게임협회의 자율규제 가이드라인[19]

일본온라인게임협회(이하 'JOGA'로 칭하기로 함)에서는 이러한 법적 규제에 대응하기 위한 자율규제의 한 형태로, 2016년 4월 아래와 같은 가이드라인(랜덤형 아이템 제공 방식을 이용한 아이템 판매의 표시 및 운영 가이드라인)을 발표하였다.[20] 특히 경품표시법을 준수하기 위해 카드맞추기를 엄격하게 금하고 있으며,[21] 게임 이용자 보호를 위해 아이템 확률을 공개하고 있다.

19_ http://www.japanonlinegame.org/pdf/JOGA20160401.pdf. 참조. 국내 문헌 중에는 이에 대한 소개가 아직 없는 것으로 판단되어 이하 상세히 소개하고자 한다.

20_ 더 나아가 JOGA는 온라인게임의 비즈니스 모델 기획 설계 및 운용 가이드라인을 제공하여 JOGA 가맹점 사업자들의 비즈니스 모델 설계의 기준까지 제시하고 있다.

21_ 참고로 일본 게이오 대학 경제학부 교수인 田中辰雄(다나카 타츠오)는 콘푸가챠를 경품으로 보고, 경품표시법에 의해 제한하는 것은 게임산업 자체를 본질적으로 침해하는 행위에 해당할 수 있다는 비판을 가하고 있으나(http://ascii.jp/elem/000/000/701/701017/), 일본 내에서는 곰푸가챠는 엄격하게 카드맞추기에 해당하여 경품표시법을 위반한 것이므로 제재가 필요하다고 본다. 이에 JOGA 또한 게임사들에게 이를 엄격히 준수하도록 하고 있다.

(1) 뽑기페이지에 아래와 같은 정보의 게재

① 이용자가 획득할 수 있는 모든 유료 뽑기 아이템 품목

② 유료 뽑기로 희귀 아이템을 제공하는 경우, 해당하는 희귀 아이템 품목

③ 수량한정 또는 기간한정으로 유료 뽑기 아이템을 제공하는 경우, 그 제공수
량 또는 제공기간 등

④ 판매하는 뽑기 아이템의 제공 비율 등을 이벤트로 변경하는 경우, 당해 변
경의 조건과 변경의 정도[22]

⑤ 특정의 유료 뽑기 아이템의 제공비율을 올리는 등으로 비교대상표시를 행
하는 경우, 비교대상이 되는 유료 뽑기의 명칭 및 발매기간 등

⑥ 중복해서 동일의 유료 뽑기 아이템을 취득할 수 있는 가능성 및 기타 조건
등

⑦ 유료 뽑기에 대하여 오류가 발생했을 경우, 그 해당 사실

(2) 유료 뽑기의 설정에 대하여

① 유료 뽑기 아이템의 금액설정과 추정이득금액 · 제공비율의 표시

유료 뽑기로 희귀아이템을 제공하는 경우, 다음 중 어느 하나를 준수한다.

a. 어느 하나의 뽑기로 희귀 아이템을 얻을 때까지의 추정 금액 상한은 유료
뽑기 1회 결제 금액의 100배 이내로 한다. 해당 상한을 초과할 경우, 뽑기
페이지에 추정금액과 배율을 표시한다.

b. 뽑기를 통해 하나의 희귀 아이템을 얻을 때까지의 추정 금액 상한은 50,000
엔 이내로 하고, 상한을 초과할 경우 뽑기 페이지에 추정 금액을 표시한다.

c. 뽑기 희귀 아이템의 제공 비율의 상한과 하한을 표시한다.

d. 뽑기 아이템의 종류마다 그 제공비율을 표시한다.

② 제공하는 뽑기 아이템의 가치

유료 뽑기 내용은 다음 중 하나를 준수해야 한다.

a. 유료 뽑기 1회 이용 시 제공되는 뽑기 아이템의 가치는 유료 뽑기 1회 가격

22_ 이벤트 개시일 전일까지 표시할 것을 권장하고 있다.

과 같거나 그 이상이어야 한다.

b. 유료 뽑기 10회 이용 시 제공되는 뽑기 아이템의 제공비율 기대치의 가치
는 유료 뽑기 10회 액수와 동등 또는 그 이상이어야 한다.

c. 유료 뽑기의 이용 금액의 합계가 5,000엔인 경우 유료 뽑기에서 제공되는
뽑기 항목 제공 비율의 기대치의 가치는 5,000엔과 동등 또는 그 이상이어
야 한다.

③ 아무런 뽑기 아이템이 제공되지 않을 수 있는 유료 뽑기는 제공하지 않는
다.[23]

(3) 유료 뽑기의 운용에 관한 사항

① 제공비율변경 시의 사전고지

뽑기 아이템의 제공비율은 사전 고지 없이 변경하지 못한다. 단, 긴급을 요하
는 경우에는 그러하지 아니하나, 그 경우에도 변경의 가능성이 발생한 시점부
터 가급적 빨리 그 사실을 고지하는 등의 노력을 해야 한다.

② 유료 뽑기의 운용책임자의 설치의무

a. 운용책임자는 유료 뽑기를 제공하기 전에 해당 유료 뽑기에 대한 뽑기 아이
템의 제공비율을 승인하는 동시에, 해당 승인의 사실을 서면 등에 의하여
기록하는 제도를 사내에 구축한다.

b. 운용책임자는 해당 뽑기가 설정한 대로 적절하게 가동됨을 확인하고, 서면
등에 의하여 확인의 결과 등을 기록하는 제도를 사내에 구축한다.

③ 제공비율의 변경을 용이하게 하지 아니하는 시스템의 설계

유료 뽑기에 대하여 뽑기 아이템의 제공비율이 간단하게 변경되지 않도록, 시
스템 설계에 유의를 해야 한다.

(4) 금지사항

① 유료 뽑기의 이용 조건이나 아이템 항목의 내용과 관련하여 사실과 상이한

23_ 예: "꽝"이나 "다음 기회에".

표시 또는 실제보다 현저히 우량·유리, 기타 이용자에게 오인될 우려가 있는 표시를 하여서는 아니된다.

② 유료 뽑기에 대하여 경품표시법 제3조 및 현상경품제한고시 제5항을 위반하는 일체의 서비스를 제공해서는 안 된다.

(5) 내부감사에 관한 사항

① 본 가이드라인이 적절히 운용될 수 있도록 감사를 실시한다.

② 감사는 유료 뽑기의 운용을 담당하는 부서와 독립된 기관에서 한다.

③ 감사 결과 부적절한 사실이 발견된 경우, 각 사업자는 즉시 개선을 도모함과 동시에 재발 방지책을 정비할 책임을 진다.

3. 2016년 '*グランブルーファンタジー*(그랑블루 판타지)' 사태

2016년 일본 Cygames社에서 서비스하고 있는 '그랑블루 판타지'라는 게임의 이용자들이 회사가 공개한 뽑기 확률에 문제가 있음을 지적하면서 사회적으로 주목을 받게 되었다.

(1) 간단한 사실관계

Cygames社는 신년 뽑기 이벤트로 'SS 레어'라는 그룹의 아이템 약 100종류의 출현율을 그룹 전체에서 "평소 3%였으나 6%로 올렸다" 등으로 광고하였으나 아이템 자체의 출현율은 표시하지 않았다. 특히 문제가 됐던 것은 신규 한정 캐릭터로, 이용자 중 한명이 이 아이템을 얻기 위하여 약 2270회(68만 엔 상당)에 걸쳐 뽑기를 하는 모습을 동영상 사이트에 게시하였고, 이로 인해 "정말로 아이템 출현율을 올렸는가"라는 의구심과 함께 "표시에 문제가 있는 것은 아닌가" 등의 문제가 제기되었다. 이에 약 2천 명의 이용자들이 소비자청에 이에 대한 조사를 요구하는 진정서를 제출하였다.[24]

(2) 게임사의 자율적 시스템 수정 및 일본소비자청의 판단

위 논란으로 인하여 Cygames社는 2016년 3월 10일부터 뽑기에서 나오는 개별 아이템의 확률을 표기하기로 했으며, 확률업 이벤트 때 실제 확률이 얼마인지도 표기하기로 하였다. 실제로 그 이후 Cygames社는 이를 표기하였다.[25] 더 나아가 Cygames社는 JOGA의 자율규제 가이드라인을 수용함과 동시에 ① 한 뽑기 이벤트 기간 동안 300회의 뽑기 횟수가 누적될 경우 운영측이 지정한 일부 장비를 교환으로 받을 수 있는 시스템과 ② 캐릭터·무기가 중복으로 떴을 경우 고가치 아이템으로 교환 가능한 시스템을 마련하여, 고액을 지출한 이용자를 구제하기 위한 시스템을 마련하였다. 소비자청은 Cygames社로부터 상황을 청취하고 자료를 분석한 후, SS 레어 그룹의 각 아이템은 설정된 확률대로 출현했고 그룹 전체에서 출현율이 6%에 도달했다는 것 등을 확인한 후, "표시와 설정에 허위는 없으며, 우량·유리 오인이라는 부당 표시에 해당되지 않는다"고 판단하였다.

4. 향후 전망

일본 게임사는 자율규제로서 확률형 아이템과 관련된 정보의 비대칭성을 해결하기 위하여 자율적으로 확률을 공개하고 있으며, 사행성이라는 비판을 고려하여 이용자가 지급한 비용 이상의 대가성을 부여하고 있다. 이에 일본의 소비자청 또한 이러한 자율적인 규제방안에 대해 호의적인 입장을 보이고 있으며, 카드맞추기 등 현행법을 위반하지 않는 한 행정규제를 시양하고 있다고 할 수 있다. 그러나 일본의 경우에 최근

24_ 이와 별개로 신규 캐릭터 없이는 게임의 특정 이벤트 진행이 불가능하다는 점을 이유로, 일부는 Cygames社가 경품표시법이 절대적으로 금지하고 있는 '카드 맞추기'를 시도한 것이 아니냐는 의견을 제시하였다.

25_ 이후에도 Cygames社는 '그랑 블루 판타지'에서 아이템의 출현 확률을 별도로 표시하기 시작하였는데 그중 0.007%라는 확률표시에 사회적인 비난의 목소리가 컸다. http://granbluefantasy.jp/pages/?p=12312/

들어 유료 뽑기 과정을 보여 주는 것이 인터넷 방송에서 하나의 컨텐츠로 자리 잡고 있으며, 게임 자체에도 유료 뽑기 과정을 실시간 방송 혹은 동영상 녹화할 수 있게 하는 기능을 넣고 있다. 따라서 게임사의 확률 조작에 대한 논란은 앞으로도 빈번하게 발생할 것으로 보이며, 게임사가 내부적으로 이 부분을 계속적으로 해결하지 않는 한 이용자와 게임사 간의 신뢰관계의 균열을 가져오게 되어 자율규제는 실패할 것이다.[26]

III. 미국의 데일리 판타지 스포츠(DFS) 자율규제 배경 및 모습

1. 데일리 판타지 스포츠(Daily Fantasy Sports)의 이용실태

2010년을 기준으로 미국은 약 3천만 명 이상이 FS를 하고 있으며,[27] 판타지 풋볼 월드 챔피언십(World Championship of Fantasy Football)과 같은 일부 판타지 스포츠 대회는 수천 달러의 참가비(entrance fees)[28]를 이용자들에게 부담시키고 있으며,[29] 우승 상금은 $300,000에 달한다.[30]

보통 판타지 스포츠는 한 시즌 전체를 경기 기간으로 두고 이루어지기 때문에,[31] 기간이 매우 길어서 이를 단축시키고자 게임의 시간단위를

26_ 특히 확률이란 것이 무한 반복했을 때를 전제로 한다는 점에서(대수의 법칙, law of large numbers), 이에 대한 신뢰성을 어떻게 확보할 것인지는 매우 어려운 문제라 할 수 있다.

27_ Gene Wang, Fantasy Football Gets Benched, WASH. POST, May 29, 2011, at D3.

28_ 최저 $0.25에서 최고 $10,600의 참가비가 지급되고 있다고 한다. Fanduel, 2015 N.Y. Misc. LEXIS 4521, at 12-13.

29_ 이 참가비를 통해 DFS 사업자는 막대한 이익을 창출하고 있다. Jonathan Bass, Flushed From The Pocket: Daily Fantasy Sports Businesses Scramble Amidst Growing Legal Concerns, 69 SMU L. Rev. 501(2016), 506.

30_ Marc Edelman, "A Short Treatise on Fantasy Sports and the Law: How America Regulates its New National Pastime", 3 Harv. J. Sports & Ent. L. 1(2012), 3. 한편 블룸버그 스포츠와 같은 다른 비즈니스 벤처 기업은 판타지 참가자에게 "분석 도구" 및 "전문가의 조언"을 판매한다.

1주일(weekly) 또는 1일(daily)로 하는 옵션을 넣는 것도 가능하다. 특히 후자를 데일리 판타지 스포츠(Daily Fantasy Sports, 이하 'DFS'로 칭하기로 함) 라고 부른다.[32] 미국의 경우 유료 DFS 이용자 수는 2011년을 기준으로 약 17,250명, 2012년 약 69,000명, 2013년 약 205,000명, 2014년 약 1,426,000명으로 매년 증가하고 있으며, 이를 기반으로 사업규모 또한 폭발적으로 증가하였다.[33] DFS 사업은 (1) 게임 자체를 인터넷으로 즐길 수 있게 됨으로써 과거와는 달리 시공간적 제약을 비교적 적게 받게 되었다는 점, (2) 인터넷을 통해 선수들의 성적을 즉각 확인하고 이를 DFS 게임 시스템에 바로 반영할 수 있게 된 점에서 성공을 거두었다고 한다. 반면에 이러한 특성 때문에, 기존의 판타지 스포츠와는 다르게 DFS는 게임의 시간적 단위가 비교적 짧아 그만큼 게임의 회전이 빈번하게 일어나게 되고, 따라서 이용자가 돈을 딸 기회나 잃을 위험이 증가하게 되었다는 점에서 사회적으로 사행성 문제가 제기되면서, 일각에서는 DFS를 인터넷 도박에 해당한다고 비판하기도 하였다.[34]

2. DFS와 소비자보호의 문제

(1) 이용자의 재산 보호
DFS 회사의 채무불이행 내지 파산 등의 위험으로부터 DFS 이용자들

31_ Definitions of the Various Fantasy Sports Leagues, Sports Fanatics Fantasy Baseball, (Dec. 26, 2002), http:// www.sportfanatics.net/Articles/General/Types_Of_Fantasy_Sport_Leagues.htm.

32_ Erica M. Boos, "Fraudduel and Draftkrooks: Chance or Skill?", 12 DePaul J. Sports L. & Contemp. Probs. 83(2015), 84. 양자의 차이점에 대해서는 Jeffrey C. Meehan, "The Predominate Goliath: Why Pay-to-Play Daily Fantasy Sports are Games of Skill Under the Dominant Factor Test", 26 Marq. Sports L. Rev. 5(2015), 12 ff. 참조.

33_ "Daily Fantasy Sports: Industry Trends, Legal and Regulatory Issues, and Policy Options". Congressional Research Service. February 24, 2016. p.3.

34_ Marc Edelman, "Navigating the Legal Risks of Daily Fantasy Sports: A Detailed Primer in Federal and State Gambling Law", 2016 U. Ill. L. Rev. 117, 126 ff.

을 어떻게 보호할 수 있는지가 문제된다. 이와 관련하여 DFS 회사들은 현재 연방차원에서나 대부분의 주에서 법적 규제를 받고 있지는 않으나, 대부분의 DFS 회사들은 FSTA(Fantasy Sports Trade Association)의 회원으로서, 협회가 선도하는 업계표준을 준수하기로 자율적인 동의를 하였다.[35] FSTA 표준 중 하나는, DFS 기업이 고객 예치금을 회사의 일반운영 계좌에서 분리할 것을 요구하고 있으며,[36] 대표적인 DFS 사업자인 FanDuel과 DraftKings 또한 고객 계좌로부터 예치된 금액을 지정된 용도로만 사용하는 정책을 준수한다고 공개적으로 밝히고 있다.[37] 이러한 공개 성명서 및 자발적인 업계 표준에 명시된 소비자 보호 규정이 실질적으로 법적 구속력을 갖고 강제력을 갖는지는 분명하지 않다. 더욱이 이용자들은 자신이 이용하는 기업이 업계 표준을 준수하고 있는지 등을 실질적으로 판단하기도 어려울 것이다. 물론 각 FS 사업자는 이용자가 판타지 스포츠 경기에 참가하기 위한 조건으로 약관에 동의할 것을 요구하고 있는데,[38] 이 약관은 DFS 사업자와 이용자 사이에 일반적인 계약관계를 형성한다고 할 수 있다. 약관의 내용은 회사마다 다르고, 일부 사업자는 파산 등의 경우에 이용자의 법적 구제수단에 대해 모호한 입장을 취하기도 한다. 예컨대 (1) 고객자금 또는 고객예치금 등을 모호하게 정의한다거나, (2) 연방 또는 주 정부에 의해 보험에 가입한 금융기관에 고객이 돈을 예금하지 않게 한다거나, (3) 독립적인 제3자가 고객계좌를 관리하거나 보유하도록 요구하지 않는다거나, (4) 약관에 고객과 DFS 사업자 사이에 신탁 또는 신탁유사의 법률관계가 창설되지 않는다

35_ http://fsta.org/about/fsta-paid-entry-contest-operatorcharter/

36_ http://fsta.org/about/fsta-paid-entry-contest-operatorcharter/

37_ Chris Grove, "A Call For All Daily Fantasy Sports Operators To Increase Transparency Regarding Player Funds," Legal Sports Report, October 15, 2015, http://www.legalsportsreport.com/5105/dfs-player-funds/.

38_ "FanDuel Terms of Use," last updated November 17, 2015, https://www.fanduel.com/terms; DraftKings "Terms of Use," last updated February 3, 2016, https://www.draftkings.com/help/terms.

고 명시적으로 규정하거나, (5) DFS 회사가 언제든지 어떤 이유로든 약관을 일방적으로 수정할 수 있다고 규정하거나, (6) 고객이 회사의 "영업에 불리하다고 간주하는 활동에 종사하는 경우"와 같이 비정형적인 이유로 상금이나 포인트의 지급을 거부할 수 있도록 동의하게[39] 하거나, (7) DFS 운영자가 약관 조항을 위반하여 고객의 계정을 취소한 경우에 고객이 자금을 회수할 수 있는 권리를 규정하지 않거나, (8) 면책조항을 포함하는 등 독소조항을 통해 고객보호를 회피하고 있다. 설사 법적으로 고객의 자금이 완벽하게 보호된다고 하더라도 현실적으로 DFS 회사가 파산한 경우에는 고객의 자금회수에 상당한 기일이 걸릴 것으로 예상된다.[40]

(2) 미성년자 등의 보호

미국의 각 주는 카지노 도박 및 경마·경륜 등의 베팅에 참여할 수 있는 최소 연령을 정하고 있으며, 같은 맥락에서 매사추세츠주는 20세 미만인 자가 DFS 게임에 참가하는 것을 금지할 것을 제안한 바 있다.[41] 일부 DFS 운영자는 미성년자가 계좌를 생성한 것으로 의심되는 이유가 있을 경우 그에게 신분증 사본을 제공하도록 요청하고 있으며, 특히 DraftKings는 신규 이용자에게 생년월일을 고지하도록 하고 있다. 그러나 인터넷으로 진행되는 DFS는 비대면거래라는 특성 때문에 연령 제한을 적용하기가 현실적으로 매우 어려울 것이다.

39_ "FanDuel Terms of Use," last updated November 17, 2015, https://www.fanduel.com/terms.

40_ Will Hobson, "DraftKings, FanDuel FBI Investigation Could Freeze Daily Fantasy Players' Money for Years," Washington Post, October 20, 2015 https://www.washingtonpost.com/news/sports/wp/2015/10/20/draftkings-fanduelfbi-investigation-could-freeze-daily-fantasy-players-money-for-years/

41_ Office of the Attorney General of Massachusetts, "Daily Fantasy Sports, Draft Regulations 940 C.M.R. 34.00," November 19, 2015, http://www.legalsportsreport.com/6385/massachusetts-ag-dfs-regulation/

(3) 내부정보 이용의 문제

2015년 가을, FanDuel 및 DraftKings의 직원들이 다른 DFS 사이트에서 많은 상금(약 $350,000)을 수령한 것으로 밝혀지면서 미국 내에서는 DFS에 대한 규제의 필요성이 강하게 제기되었다.[42] 즉 DFS 이용자들이 자신의 팀을 꾸리는 데 사용한 내셔널 풋볼 리그(National Football League)의 선수들에 대한 비공개 정보를 FanDuel 및 DraftKings의 직원들이 이용한 것이 문제가 되었다.[43] 이에 일부 연방 하원의원(하킴 제프리, Hakeem Jeffries)은 위의 행위가 연방거래위원회법(Federal Trade Commission Act)상의 "불공정행위 또는 기망행위"에 해당하는 개인정보의 오남용에 해당하는지를 조사하도록 연방거래위원회(FTC)에 요청했다.[44] 이 사건 이후 FanDuel과 DraftKings는 직원들이 다른 DFS 사이트에서 DFS 게임을 하지 못하게 금지하였으나,[45] 매사추세츠 주 법무장관은 DFS 직원이나 운

42_ Travis Waldron, New Self-Regulatory Body Will Oversee Daily Fantasy Sports Companies, Huffington Post(Oct. 27, 2015), http://www.huffingtonpost.com/entry/fantasy-sports-regulation_us_562fd988e4b0c66bae59e6cf.; Joe Drape & Jacqueline Williams, Scandal Erupts in Unregulated World of Fantasy Sports, N.Y. TIMES(Oct. 5, 2015), https://perma.cc/868Q-MLMX; Randolph Andrew Scott, "Updating Your Fantasy Lineups and the Federal Law: The Case for Federal Regulation of Daily Fantasy Sports", 47 Seton Hall L. Rev. 603(2017), 642 ff.

43_ Joe Drape & Jacqueline Williams, "In Fantasy Sports, Signs of Insiders' Edge," New York Times, October 11, 2015; Des Bieler, "Insider-Trading Scandal Rocks Daily Fantasy Sports Industry," Washington Post, October 5, 2015.

44_ Joe Drape & Jacqueline Williams, Fantasy Sports Said to Attract F.B.I. Scrutiny, N.Y. Times(Oct. 14, 2015), http://www.nytimes.com/2015/10/15/sports/draftkings-fanduel-fbi-investigation.html?rref=collection%2Fnewseventcollection%2Fsports-betting-daily-fantasy-games-fanduel-draftkings [https://perma.cc/4HD2-YW5N]; Letter from Senator Robert Menendez and Representative Frank Pallone to Edith Ramirez, Chairwoman, FTC, October 6, 2015, http://www.menendez.senate.gov/imo/media/doc/Daily%20Fantasy%20Sports%20Games.pdf

45_ Sarah E. Needleman & Sharon Terlep, "FanDuel, DraftKings Ban Employees From Playing Daily Fantasy Contests for Money," Wall Street Journal, October 7, 2015; FanDuel, "Statement to Our Users," October 7, 2015, https://newsroom.fanduel.com/2015/10/07/statement-to-the-press/

영자가 DFS 경기 플랫폼에서 출전하는 것을 금지하는 규정을 제정할 것을 주장하였다.[46]

(4) 과몰입에 의한 중독방지

DFS 이용자가 집, 사무실, 기숙사 또는 기타 여러 위치에서 언제든지 DFS에 참여할 수 있기 때문에, 이용자 중 일부는 자신의 욕구를 통제하지 못할 가능성이 있다.[47] 도박중독 문제에 관한 전국협회(National Council on Problem Gambling: NCPG)는 2015년 10월 8일, DFS에 참여하는 사람들이 도박중독 문제를 일으킬 위험이 높고 실제로 도박중독에 빠졌다는 내용의 결의안을 채택한 바 있다. 이에 NCPG는 DFS 사업자에게 NCPG 가이드라인을 기반으로 도박 관련 소비자 보호를 위해 노력할 것을 권고함[48]과 동시에 미성년자 또는 게임중독으로 어려움을 겪고 있는 자들에게는 게임 광고를 지양할 것을 권고하였다.[49] 매사추세츠 주 법무장관이 제안한 DFS 규정에 따르면, DFS 운영자는 주 정부의 "신뢰할 만한 광고" 규정을 준수하고, 미성년자, 학생 또는 학교 또는 대학 환경에 대한 묘사를 광고에 사용하지 못하도록 하고 있다. 또한 출판매체(예: 인쇄물, 텔레비전, 인터넷 및 스마트폰 응용프로그램)의 광고에는 중독문제가 있는 사람이 이용할 수 있는 지원책에 대한 정보가 포함되거나, 그러한 정보에 대해 신뢰할

46_ 또한 그는 "다른 사람을 대리하여 경기에 참가할 수 없다"는 규정의 신설을 주장하기도 하였다. Draft Regulations 940 C.M.R. 34.12(1).

47_ Stop Predatory Gambling, "Use Promo Code INEQUALITY, Inside Online Fantasy Sports Gambling and the Misleading, Unfounded Lobbying Push for 'Government Regulation,'" November 2015, p.15, http://stoppredatorygambling.org/wp-content/uploads/2015/11/2015-Report-on-Online-Fantasy-Sports-Gambling.pdf

48_ National Council on Problem Gambling(NCPG), "Resolution of the NCPG Board of Directors Regarding Fantasy Sports," press release, October 8, 2015, http://www.ncpgambling.org/wp-content/uploads/2015/10/NCPG-Fantasy-Sports-Resolution-Oct-2015.pdf

49_ NCPG, "Fantasy Sports Consumer Protection Guidelines," December 4, 2015, p.4, http://www.ncpgambling.org/wp-content/uploads/2014/04/Fantasy-Sports-Consumer-Protection-Guidelines-Final-December-4-2015.pdf

만한 출처로 소비자를 직접 안내할 것을 의무화하고 있다.[50]

(5) 관할문제

만약 주 정부가 DFS를 규제하면, 운영자는 이용자들의 위치에 대해 확실하게 알 수 있어야 한다. 이는 DFS가 도박으로 규정된다고 해도 마찬가지이다. 왜냐하면 불법 인터넷 도박 규제법(Unlawful Internet Gambling Enforcement Act: UIGEA)의 규정은 베팅이나 내기가 연방 또는 주 법률에 따라 불법인 장소에서, 인터넷을 사용하여 합법적인 주에서의 도박게임에 참가하는 것도 금지하고 있기 때문이다.[51] 인터넷 포커와 같은 일부 도박 사업체는 현재 게임(즉 인터넷 도박)이 합법인 관할 지역에 이용자가 있는지 확인하기 위해 지리적 위치 확인 기술을 사용하고 있는데, 동일한 기술이 DFS에 적용될 수 있을 것이다. DraftKings는 최근 인터넷 프로토콜(IP) 주소와 GPS(Global Positioning System) 데이터를 분석하고, 소프트웨어를 사용하여 사용자 위치를 추적하는 GeoComply와의 계약을 발표하여 이 문제에 대비하였다.[52]

3. DFS는 도박인가?

DFS가 도박이라면, DFS는 ① 불법 인터넷 도박 규제법(Unlawful Internet Gambling Enforcement Act),[53] ② 프로 및 아마추어 스포츠 보호에

50_ Draft Regulations 940 C.M.R. 34.07(1), (2). (4)

51_ Federal Deposit Insurance Corporation (FDIC), Unlawful Internet Gambling Enforcement Act Examination Guidance and Procedures, Unlawful Internet Gambling Enforcement Act of 2006, Overview, FIL-35-2010, June 30, 2010, p.1, https://www.fdic.gov/news/news/financial/2010/fil10035a.pdf

52_ Steve Ruddock, "What Kind of Geolocation Methods Are Daily Fantasy Sports Sites Using, and How Effective Are They?," Online Poker Report, October 19, 2015, http://www.onlinepokerreport.com/18535/dfs-gelocation-questions/

53_ 불법 인터넷 도박 규제법(이하 "UIGEA")은 해외의 인터넷 도박업체들이 미국 소비자들에게 서비스를 제공하는 경우에 발생하는 문제점에 대응하기 위하여 2006년 시행되

관한 법률(Professional and Amateur Sports Protection Act),[54] ③ 연방 유선통신법(Interstate Wire Act of 1961),[55] ④불법 도박 영업법(Illegal Gambling Business Act)[56]의 제한을 받게 된다.[57] 미국 내에서도 DFS를 도박으로 볼

었다. 이 법은 불법 인터넷 도박 서비스를 제공하는 회사의 자금조달 흐름을 규제함으로써 불법도박에 대한 해결책을 모색한다. 특히 UIGEA는 "베팅 또는 내기를 포함한 도박사업에 종사하는" 모든 사람들이 수표, 신용카드 수수료, 전자지불방식 내지 이와 유사한 지불방식을 통해 불법 인터넷 도박과 관련된 급부를 수령하는 것을 금지한다. UIGEA는 "베팅 또는 내기"라는 용어를 다음과 같이 정의한다: "타인과의 경연, 스포츠 이벤트 또는 우연한 경기의 결과에 대해 가치 있는 무언가를 걸거나 잃는 것으로서, 당사자 사이에서는 그로 인해 누군가가 그 결과에 대한 이익을 얻는다고 이해하고 있거나 그렇다고 합의한 것". 이 조항에서 규정하는 '우연성' 때문에 인터넷 포커가 제한을 받고, 스포츠 경기를 기반으로 한 복권 역시 금지된다. 그러나 UIGEA에 따르면 판타지 스포츠에 참여하는 것은 도박을 구성하는 '베팅이나 내기'에 해당하지 않는다. 이를 가리켜 '판타지 스포츠 예외조항'이라고 한다. 다만 다음과 같은 조건을 만족해야 한다(31 U.S. Code § 5362): (1) 우승한 참가자에게 주어지는 모든 보상은 게임이나 경연에 앞서 참가자들에게 미리 확립되고 사전에 고지되며, 참가자의 수나 참가자가 지급하는 모든 금액에 의해 그 가치가 결정되지 않을 것(즉 게임 도중 진행되는 베팅에 의해 우승금이 결정되지 않을 것), (2) 모든 우승 결과는 참가자의 상대적인 지식과 기술을 반영하며, 여러 실제 스포츠 경기 또는 다른 이벤트에서 개인 — 스포츠 이벤트의 경우 선수 — 의 성과에 대한 누적된 통계 결과에 의해 주로 결정될 것, (3) 어떤 우승 결과도 (a) 현실 세계에서의 단일한 팀 또는 여러 팀들의 실제 성적과 승점분포 등의 성과를 기반으로 하지 않으며, (b) 동시에 실제 스포츠 경기 또는 이벤트에서 개인 선수 한 명의 성과(활약상)만 놓고도 산정되지 않을 것.

54_ 1992년에 제정된 '프로 및 아마추어 스포츠 보호를 위한 연방법'(이하 PASPA)은 일반적으로 주 정부가 아마추어 또는 프로 운동선수 1인 또는 수인이 참가하는 경기에서 도박을 후원, 운영, 광고, 홍보, 허가 또는 면허하는 것을 금지한다. 또한 "법률 또는 정부기관 사이의 협약에 따라" 모든 사람이 그러한 도박을 후원, 운영, 광고 또는 홍보하는 것을 금지한다(PASPA 발효 당시 네바다, 오레곤, 델라웨어, 몬태나 주와 같이 스포츠 도박을 허용하는 주를 위한 예외조항을 두고 있다).

55_ 1961년 연방 유선통신법은 베팅 또는 도박 관련 정보를 전송하기 위해 도박 사업자가 각 주간 설치된 유선통신망 시설을 사용하는 것을 금지한다. 유선통신법 위반자에 대하여 2년 이하의 징역 또는 범죄와 관련된 이익 또는 손실의 2배 이하 또는 250,000 달러 (법인의 경우 50만 달러 이하)의 벌금형을 선택하거나 병과할 수 있다. 유선통신법은 주법에 따라 도박이 허용되는지 여부와 관계없이 적용된다.

56_ 이 법은 일일 총 수익이 2,000달러 미만인 도박 행위를 면제하고 있다는 점에서 결과적으로, 포섭범위가 매우 좁다고 할 수 있다. Marc Edelman, 3 Harv. J. Sports & Ent. L. 1(2012), 36.

것인지에 대해서는 견해가 나뉜다. 일반적으로 도박인지 여부는 ①
input(비용 투입),[58] ② chance(우연성), ③ prize(보상) 요건을 모두 갖추었
는지에 따라 결정한다.[59] DFS의 경우에는 참가비를 받고 있다는 점에서
input 요건은 갖추었다고 할 수 있으며,[60] 우승상금을 받게 된다는 점에
서 prize(보상) 요건 또한 갖추었다고 할 수 있다. 문제는 chance(우연성)
요건을 갖추었는지이다.[61] 이에 대한 판단은 대단히 어렵다고 할 수 있
다. 왜냐하면 DFS는 우연을 기반으로 한 요소와 기술을 필요로 하는 요
소가 혼재되어 있어서, 이를 도박으로 분류할 것인지를 판단하기가 애
매하기 때문이다.[62] DraftKings의 CEO Jason Robins조차도 이 서비스를

57_ Marc Edelman, 3 Harv. J. Sports & Ent. L. 1(2012), 34 ff.; Erica M. Boos, 12
DePaul J. Sports L. & Contemp. Probs. 83(2015), 84 f.; Marc Edelman, 2016 U. Ill.
L. Rev. 117, 135 ff.; Nicole Davidson, "Internet Gambling: Should Fantasy Sports
Leagues Be Prohibited?", 39 San Diego L. Rev. 201(2002), 212 ff. 참조. 이외에도 저
작권법의 규제를 받게 되며, 퍼블리시티권과 관련된 논의에 대해서는 Risa J. Weaver,
"Online Fantasy Sports Litigation and the Need for a Federal Right of Publicity
Statute", 2010 Duke L. & Tech. Rev. 2, 5 ff. 참조.

58_ 영미법상으로는 약인(consideration)으로 볼 수 있을 것이다.

59_ Anthony Cabot & Louis Csoka, "Gaming Law Symposium Fantasy Sports: One
Form of Mainstream Wagering in the United States", 40 J. Marshall L. Rev.
1195(2007), 1203; Jonathan Bass, 69 SMU L. Rev. 501(2016), 510.

60_ 2007년 Humphrey v. Viacom, inc ⋯ 소송에서 뉴저지 지방법원의 Dennis M.
Cavanaugh 판사는 유료 판타지 스포츠 대회에서 "참가비"를 가리켜 베팅비용 대신 게
임 참가에 필요한 비용으로 구별한 바 있는데, 그 이유를 그는 플레이어가 게임에 참
가할 때 참가비를 '조건 없이' 지급해야 하고, 그와 같은 판타지 스포츠에서 보상은 (참
가비의 납입여부와는 별도로) 사전에 미리 결정되어 있으며 장차 지급될 것이 보장되
기 때문이라고 이해한다. "New York judge denies DraftKings, FanDuel restraining
order request". ESPN.com. Retrieved November 17, 2015. http://www.espn.com/
chalk/story/_/id/14148242/newyork-judge-denies-draftkings-fanduel-restraining-ord
er-request

61_ 일부 견해는 DFS가 산업경제에 미치는 효과를 고려하고 세수확보차원에서 도박으로
보는 것에 대해 신중해야 한다는 점을 강조하기도 한다. Meddy, Jordan, "Switch
Hitters: How League Involvement in Daily Fantasy Sports Could End the Prohibition
of Sports Gambling", 10 Brook. J. Corp. Fin. & Com. L. 605(2016), 628 ff.

62_ "Commentary: Skill and knowledge are key players in fantasy sports". Times-Union.
Albany. December 1, 2015. Retrieved December 2, 2015, http://www.timesunion.co

"카지노와 거의 동일"하다고 설명하고, DFS의 개념을 종래 판타지 스포츠와 온라인 포커의 교차점으로 설명했으며, '베팅'이나 '(내기를) 걸다'와 같은 도박지향적인 용어를 사용한 바 있다.[63]

(1) DFS는 우연에 지배되는가? 기술적 요소에 지배되는가?

우연에 의한 지배라는 개념은 우승 결과를 결정하는 데 우연이라는 요소가 얼마나 비중을 차지해야 하는지가 명확하지 않다는 한계가 있어, 각 주마다 어떤 게임이 기술게임인지 우연게임(도박과 거의 구별되지 않음)인지를 구별하는 데 있어 다양한 기준을 적용한다. 대부분의 주에서 이 구별은 기술기반 요소가 우연기반 요소보다 우월한지, 우연기반 요소가 게임의 결과에 우발적인 영향을 미치는지 여부에 따라 결정된다. 일부 주는 엄격한 기준에 따라 어떤 결과가 그저 우연적인 요소에 영향을 받거나, '도박 본능'에 호소하는 게임은 기술기반 요소의 존재 여부와 관계없이 도박으로 간주하기도 한다.[64][65]

---

m/tuplus-opinion/article/Commentary-Skill-and-knowledge-are-key-players-666386 4.php

63_ "DraftKings CEO Described Site As A Casino, Called It Betting". Deadspin. Gawker Media. Retrieved October 19, 2015, http://deadspin.com/draftkings-ceo-described-site-as-a-casino-called-it-be-1737195689?utm_campaign=socialflow_deadspin_faceb ook&utm_source=deadspin_facebook&utm_medium=socialflow

64_ 예컨대 일리노이주에서는 "기술, 속도, 힘 또는 지구력에 의해 결정되는 선의의 경쟁이 이루어지는 대회"에서 "실제 참가자"가 아닌 사람이 현금으로 한 게임은 도박을 구성한다.

65_ 2015년, 캐나다 게임 협회(Canada Gaming Association)는 온타리오주 알코올 및 게임위원회 의장을 지낸 Don Bourgeois에게 DFS의 합법성에 대한 인터뷰를 한 바 있다. 그는 인터뷰에서 DFS가 캐나다 법률에 의하면 우연성이 더 강한 게임으로 분류될 것이라는 의견을 밝혔다. 그 이유로 캐나다 형법은 기술적 요소와 우연적 요소가 혼재된 게임을 우연성이 더 강한 게임으로 분류한다는 것을 들었다. 그러나 캐나다 당국은 DFS 서비스에 대해 아직 검토한 바 없다. 역사적으로, 정부는 실제 현실에서 운영되는 불법도박만을 대상으로 삼아 규제하였다. "Daily fantasy sports gaming illegal in Canada, trade group says". TSN.ca. Bell Media. Retrieved November 12, 2015, http://www.tsn.ca/talent/daily-fantasy-sports-gaming-illegal-in-canada-trade-group-says-1.392182

(2) 검 토

먼저 플레이어들이 전체 시즌을 통틀어 가상 팀을 운영하는 것이 아니라 하나의 특정 경기 단위로 개별 운동선수의 성적을 두고 내기하는 것은 본질적으로 도박에 가깝다고 보는 견해가 있다.[66] 즉 이 견해는 DFS는 통상의 판타지 스포츠에 비하여 기술보다는 운의 요소가 강할 수 있다는 점에서 도박이라고 본다. 반면에 단 하루만 가상의 팀을 운영한다거나 한 순간의 선수 성적을 목표로 삼는다 하더라도 이는 스포츠에 대한 지식과 이해를 요구하는 기술적 요소를 필요로 하는 활동이며,[67] 각 플레이어들은 연봉상한이라는 제한을 받기 때문에 적합한 선수를 고르는 것도 하나의 능력이라는 견해도 있다. 즉 이 견해는 우연보다는 플레이어의 능력에 의해 게임의 승패가 결정된다는 점에서 DFS를 기술게임(skill-game)으로 분류하기도 한다. 즉 이 견해는 DFS는 게임 참가자들의 통계해석, 게임에 대한 지식, 개별 선수의 경기에 영향을 미치는 다른 요인을 관찰하는 모든 것이 운이 아닌 기술에 지배되는 게임이라고 본다.[68] 특히 이 견해는 최고의 분석가조차도 시장을 이길 수 없는 주식 시장과 비교해 보면 DFS는 더 많은 시간을 할애하는 숙련된 플레이어가 다른 플레이어보다 지속적으로 좋은 성적을 거둔다는 점에서 기술적 게임이라고 본다.

66_ Jonah Ottley, "Fantasy Sports and Gambling: Drawing a Line in the Sand between Pete Rose's Gambling and Daily-Play Fantasy Sports", 42 N. Ky. L. Rev. 549(2015), 570에서는 DFS는 기술적 게임이기보다는 온라인 포커 게임과 비슷하다는 점을 강조한다.

67_ Randolph Andrew Scott, 47 Seton Hall L. Rev. 603(2017), 636 ff.

68_ N. Cameron Leishman, "Daily Fantasy Sports as Game of Chance: Distinction Without a Meaningful Difference?", 2016 B.Y.U. L. Rev. 1043(2016), 1079 ff.; Nathaniel J. Ehrman, "Out of Bounds?: A Legal Analysis of Pay-to-Play Daily Fantasy Sports", 22 Sports Law. J. 79(2015), 113 f.

4. Fantasy Sports Control Agency(FSCA)에 의한 자율규제

일부 견해는 DFS는 이미 미국의 지배적인 산업으로 성장하였으므로, 이를 규제 프레임 안으로 끌어들이는 것은 불가능하다고 평가하기도 한다.[69] 그러나 DFS가 가지는 문제점 등을 감안하여 사회적으로 이에 대한 통제의 필요성을 강하게 제기하면서 연방차원의 규제의 필요성을 제기하기도 한다.[70] 더욱이 최근에는 DFS의 직원들이 내부 정보를 이용하여 폭리를 취하면서 DFS의 문제점이 드러나면서 이에 대한 연방차원의 통제의 필요성이 강하게 주장되었다.[71] 일부 견해는, 규제의 필요성 및 자율규제가 가지는 한계를 인정하면서도, DFS의 문제는 외부의 문제가 아닌 내부의 문제라는 점을 감안하여 가장 효율적인 통제는 전문가라고 할 수 있는 DFS 사업자들에 의한 자율규제라는 점을 강조한다.[72] 자율규제는 자칫 블랙박스와 같이 이용자, 규제 당국 또는 기타 이해 관계자에게 완전히 불투명하다는 점에서 한계가 있을 수 있으나[73] 현실적으로

69_ Garrett Greene, "When Fantasy Becomes Reality: Attempts to Regulate the Highly Unregulated Daily Fantasy Sports Industry", 47 St. Mary's L.J. 821(2016), 854.

70_ 도박은 아니지만, 중독성 등의 위험이 있어 연방차원의 규제가 필요하다는 주장이 있다. Randolph Andrew Scott, 47 Seton Hall L. Rev. 603(2017), 650 ff.; Jennifer A. Mueller, "The Best Defense Is a Good Offense: Student-Athlete Amateurism Should Not Become a Fantasy", 2009 U. Ill. J.L. Tech. & Pol'y 527, 560.

71_ 이를 감안하여 자체적으로 대책을 마련하겠다는 주장이 제기되었다. Travis Waldron, New Self-Regulatory Body Will Oversee Daily Fantasy Sports Companies, Huffington Post(Oct. 27, 2015), http://www.huffingtonpost.com/entry/fantasy-sports-regulatio n_us_562fd988e4b0c66bae59e6cf

72_ Patrick Feeney, "Turning Fantasy into Regulatory Reality: A New Approach to Daily Fantasy Sports Law", 40 Colum. J.L. & Arts 105(2016), 138 ff. 특히 Feeney는 "뉴욕과 매사추세츠와 같은 법 규정에 의한 새로운 규제가 종국적인 해결책은 되지 않는다"고 본다.

73_ Patrick Feeney, 40 Colum. J.L. & Arts 105(2016), 127 ff. 자율규제의 한계는 Andrew F. Braver, "Baseball or Besoburo: The Implications of Antitrust Law on Baseball in American and Japan", 16 N.Y.L. Sch. J. Int'l & Comp. L. 421(1996), 422 ff. 참조.

DFS 산업을 보호하면서 이용자 보호를 동시에 실현할 수 있는 방법이라고 평가하기도 한다.

(1) FSCA(Fantasy Sports Control Agency)의 설립

DFS 업체들은 소비자 보호문제를 해결하고 공정성과 투명성을 강화하기 위한 정책을 자체적으로 실시하였다. 대표적으로 게임참가 한도, 게임 외부 스크립트의 작동 배제, 베테랑 수준 이용자들의 별도 분류, 이용자 상호 간의 차단 시스템, 초보자 수준 리그의 신설 등이 이에 해당한다.

한편 2015년 10월, DraftKings, FanDuel, Yahoo Fantasy Sports, ESPN, CBS Sports Digital과 같은 주요 업체들을 포함한 300개 이상의 회사가 속한 Fantasy Sports Trade Association(FSTA: 1999년 설립)는 자율규제를 위해 Fantasy Sports Control Agency(FSCA)를 설립하기로 하였다.[74] 즉 협회는 모든 회사들에게 적용되는 표준, 내부통제, 감사정책, 집행방안 등을 개발하기로 합의하였다.[75] 협회는 이를 위해 세스 해리스(Seth Harris) 前 노동부장관을 FSCA의 총책임자로 임명했다. 취임한 해리스는 "통제 기관이 사업자의 부정직하거나 불공정한 행동을 막을 것이라고 확신하고 있다"고 말하였다.[76] 이러한 이유에서 DraftKings와 FanDuel은 모두 협회설립을 강력히 지지하였다.[77]

(2) 자율규제방안

FSTA가 FSCA를 통해 이루려는 주요 목표와, 그에 대하여 FSCA가 제

74_ http://fsta.org/fantasy-sports-trade-association-appoints-former-acting-u-s-secretary
-of-labor-seth-d-harris-to-spearhead-fantasy-sports-control-agency/

75_ http://fantasysportscontrol.com/

76_ 그는 이로 인하여 중재에 소모되는 비용을 절감할 수 있다고 본다. Darren Rovell, FSTA Appoints Seth D. Harris to Create Fantasy Sports Control Agency, ESPN(Oct. 27, 2015), http://espn.go.com/chalk/story/_/id/13986375/fantasy-sports-trade-association-appoints-seth-d-harris-create-fantasy-sports-control-agency

77_ 궁극적으로는 정부에 의한 통제 법안이 마련되는 것을 피하기 위한 자구책이라 할 수 있다. Erica M. Boos, 12 DePaul J. Sports L. & Contemp. Probs. 83(2015), 103.

시하는 구체적인 방안은 다음과 같다.

1) 표 준

판타지 스포츠 업계의 투명성, 진실성, 윤리적 차원에서의 기준을 확립한다.[78] 표준은 다음과 같은 사항을 포함한다.

① Know your customer(KYC): 각 주의 법률 및 적용가능한 다른 표준의 준수를 확보하기 위하여, 이용자의 신원과 연령을 확인한다.

② 게임이 정직하고 공정하게 진행될 것을 보장해야 하며, 내부정보를 이용하거나 사전에 공개되지 않은 보도사항 또는 정보를 이용하는 것을 금지한다.

③ 이용자들의 계좌는 회사의 계좌와 분리되어야 하며, 플레이어들은 자신의 돈을 출금할 때 아무런 지장이 없어야 한다. 또한 회사들은 상금을 지급할 능력을 증명해야 한다.

2) 기업통제 및 절차

모든 FSTA 회원사는 FSCA의 표준을 따를 것이 요청되며, 모든 회원사는 중역(senior leader) 한 명을 지정하여 준수현황을 감독하고 내용을 회사 내 임원들에게 보고해야 한다.

3) 감사정책 및 절차

회사의 준수 여부를 측정하기 위한 적절하고도 규칙적인 감사 절차를 시행한다.[79] 다음과 같은 사항들이 검토될 수 있다.

① FSCA의 표준 준수여부를 감독할 독립적인 감독자를 선임하여 그에게 매년 감사를 맡기고, FSCA의 검토를 받는 방안

② FSCA는 무작위로 회사를 선정하여 감사하며, 당해 회사는 감사대상인 표준의 준수여부를 입증하는 방안

③ FSCA가 매년 모든 회사를 감사하는 방안

4) 집행방안

FSCA의 가이드라인을 준수하는 회사와 준수하지 않는 회사를 공개적으로 발표하고, 별도의 인센티브를 부여하는 시스템을 개발한다.[80]

78_ http://fantasysportscontrol.com/about-us/fsca-standards/

79_ http://fantasysportscontrol.com/about-us/fsca-auditing-requirements/

① 인증마크: 감사를 통해 FSCA의 표준을 모두 준수하는 것으로 확인된 회원 사에게 인증마크를 부여하여 플레이어들에게 공시한다. 등급별 분류가 가능하다(골드, 실버, 브론즈 등).

② FSTA와 FSCA는 플레이어들로 하여금 정직하고 공정한 것으로 밝혀진 게임을 제공하는 곳에서만 이용할 수 있도록 독려하는 메시지를 전달한다. 미디어 파트너, (현실)리그 등 다른 수단을 통해 이 메시지를 전달한다.

③ 벌칙: 지속적 및/또는 심각한 위반자에 대해서는 FSTA가 이용정지 내지 추방 등 제재를 가한다.

④ 표준 준수에 대하여 정부 차원에서 인센티브를 제공한다.

⑤ (현실)리그의 지지를 통해 인증제도의 시행에 도움을 얻는다.

⑥ 주요 회사의 참여로 업계 나머지 회사들의 인증제도 참여를 독려한다.

5. 향후 전망

DFS는 도박과의 경계선이 명확하지 않아 이에 대한 규제의 필요성은 더 크다고 할 수 있다.[81] 이러한 이유 때문에 미국 내에서 DFS에 관한 규제 문제는 여전히 논쟁 중이고, DFS 산업의 잠재적인 미래는 불확실하고 위험하다고 할 수 있으며,[82] 아직까지도 이 문제는 해결의 기미를 보이지 않는다. 다만 미국에서 DFS는 빠른 속도로 계속 성장할 것으로 기대되는 산업이기 때문에 DFS를 규제하여 산업 자체를 사장시켜서는 안 된다는 입장에서 DFS 사업자들의 자율규제를 통한 문제해결을 지켜본 후, 주정부 및 연방차원의 규제여부를 판단하자는 의견이 지배적이라고 판단된다. 향후 FSCA에 의한 자율규제가 어떠한 형태로 운용되어 성공을 거둘지 귀추가 주목된다.

80_ http://fantasysportscontrol.com/about-us/fsca-enforcement/
81_ Erica M. Boos, 12 DePaul J. Sports L. & Contemp. Probs. 83(2015), 104.
82_ Marc Edelman, 2016 U. Ill. L. Rev. 117, 149.

IV. 우리에게 주는 시사점 — 맺음말에 갈음하여

게임산업은 계속 성장할 것으로 기대된다. 그러나 게임은 사행성, 중독성 등의 문제점을 동시에 가지고 있다는 점에서 이용자들의 보호가 문제되며, 이를 어떻게 규율할 것인지가 어려운 과제라고 할 수 있다. 이에 본고에서는 일본과 미국에서는 사회적으로 문제가 된 게임을 어떻게 규제하고 있는지를 살펴보았다. 양 국가는 정부규제에 앞서 자율규제를 통한 해결을 권장하는 것으로 보인다. 게임이 가져오는 부작용은 게임의 특성 및 내부에서 발생하는 문제이므로 그 내부를 들여다볼 수 있는 업체들이 스스로 자율규제하는 것이 게임산업의 쇠퇴를 최소화하면서도 소비자의 보호에 충실할 수 있다는 점에 초점을 맞춘 것으로 평가된다.[83] 일본과 미국이 자율규제와 정부규제 중 자율규제를 선택하였지만 이는 방법론적으로는 게임산업의 발전과 게임이용자보호를 위한 "중용의 모색(Die Suche nach der Mitte)"을 실현하였다고 평가할 수 있다. 그러나 더욱 더 중요한 것은 게임사업자와 이용자 간 또는 게임사업자와 관계기관의 신뢰형성[84]이라고 할 수 있을 것이다. 미국이 DFS 업체들의 자율규제를 선호하는 이유는 이미 Entertainment Software Rating Board(ESRB)[85]이라는 자율규제기관의 실효성 있는 제한을 경험하였기 때문이라고 평가된다.[86] 같은 맥락에서 일본 소비자청 또한 JOGA의 자율규제를 통한 노

83_ 오늘날 규제와 관련된 중요한 정보의 대부분이 피규제자의 지배하에 있는 경우가 많아 피규제자가 규제회피를 위해 노력하는 경우에는 규제가 무력화될 수 있다는 점에서 자율규제가 효율성의 측면에서도 바람직하다고 할 수 있다. 同旨: 김정환·오광균·장한별, 앞의 논문, 230면; 김윤명, "확률형 게임아이템의 법률 문제", 법학논총 제38권 제1호, 단국대학교 법학연구소, 2014, 354면 이하.

84_ 게임사업자 스스로 사회적 책임의식을 가지고 이용자 보호에 최선을 다하고 있다는 것에 대한 신뢰라고 할 수 있다.

85_ 이는 Entertainment Software Association(ESA)에서 설립한 멀티플레이형(interactive) 오락 소프트웨어 산업과 관련된 자율규제 기관이다.

86_ 예컨대 ESRB는 컴퓨터 및 비디오 게임 업계에 도입된 등급, 광고 지침 및 온라인 개

력을 신뢰하고 있으며, 이에 현행법을 준수하는 한 별도의 규제법안 마련에는 소극적인 모습을 취하고 있다. 이는 향후 우리 게임산업의 자율규제의 하나의 모델이 될 것이라고 생각된다. 국내 게임사들은 정부규제에 대한 불만을 제기하기에 앞서 어떠한 방법의 자율규제를 통해 사회와 정부에 신뢰를 부여할 것인지를 진지하게 고민해야 할 것이며,[87] 정부 또한 게임사들의 자율적인 규제에 의해 문제를 해결할 수 있는 기회를 제공해야 할 것이다.

인 정보 보호 규정을 독자적으로 적용하고 시행하고 있으며, 소비자가 구매 결정을 내릴 수 있도록 비디오 및 컴퓨터 게임 콘텐츠에 대한 정보를 제공하고 있다. https://www.out-law.com/page-5810. ESRB는 북미 게임사 및 소매업계의 자발적인 준수를 유도하고 있으며, 실제로 대부분의 상점들은 ESRB 최고 등급을 지닌 게임을 구입할 때 고객이 사진 신분증을 제시하도록 요구하고 등급이 매겨지지 않은 게임을 취급하지 않는다. 또한 주요 콘솔 제조업체는 ESRB 등급이 없는 경우 본사 콘솔용 게임에 대한 라이선스(licence)를 부여하지 않으며, 콘솔 제조업체 및 대부분의 상점에서는 ESRB가 성인용(AO등급)으로 평가한 게임을 취급하지 않고 있다. 요컨대 소비자 및 소매인들의 ESRB 시스템에 대한 높은 인지도, 기관의 소매인 및 게임제조업자에 대한 지속적인 규정 준수 감독 노력으로 연방 통상위원회(Federal Trade Commission)는 ESRB를 엔터테인먼트 분야에서 "가장 강력한" 자율 규제 기관으로 성공적으로 평가하고 있으며, 이러한 이유에서 규제법안 마련의 필요성을 느끼지 않고 있다.

87_ 김정환·오광균·장한별, 앞의 논문, 230면에서는 협회의 소극적인 자세가 자율규제의 실패의 원인임을 지적한다.

참고문헌

김윤명, "확률형 게임아이템의 법률 문제", 법학논총 제38권 제1호, 단국대학교 법학연구소, 2014.

김정환 · 오광균 · 장한별, "청소년 보호를 위한 게임물(확률형 아이템)의 합리적 규제 방안", 법학연구 제15집 제3호, 인하대학교 법학연구소, 2012.11.

정해상, "확률형 게임아이템에 관한 사행성 규제의 한계", 법학논총 제21권 제2호, 조선대학교 법학연구소, 2014.

한종현, "확률형 아이템 규제 법안에 관한 연구 ─ 게임산업진흥에 관한 법률 일부개정법률안을 중심으로 ─", LAW & TECHNOLOGY 제11권 제5호, 2015.9.

황승흠 · 신영수, "확률형 게임아이템 규제의 접근방식: 일본의 '콘푸가챠' 규제방식과의 비교를 중심으로", 스포츠와 법 제17권 제2호, 2014.5.

Bass, Jonathan, "Flushed From The Pocket: Daily Fantasy Sports Businesses Scramble Amidst Growing Legal Concerns", 69 SMU L. Rev. 501(2016).

Boos, Erica M., "Fraudduel and Draftkrooks: Chance or Skill?", 12 DePaul J. Sports L. & Contemp. Probs. 83(2015).

Boswell, Jon, "Fantasy Sports: A Game of Skill That Is Implicitly Legal under State Law, and Now Explicitly Legal under Federal Law", 25 Cardozo Arts & Ent. L.J. 1257(2008).

Braver, Andrew F., "Baseball or Besoburo: The Implications of Antitrust Law on Baseball in American and Japan", 16 N.Y.L. Sch. J. Int'l & Comp. L. 421(1996).

Cabot, Anthony & Louis Csoka, "Gaming Law Symposium Fantasy Sports: One Form of Mainstream Wagering in the United States", 40 J. Marshall L. Rev. 1195(2007).

Davidson, Nicole, "Internet Gambling: Should Fantasy Sports Leagues Be Prohibited?", 39 San Diego L. Rev. 201(2002).

Edelman, Marc, "A Short Treatise on Fantasy Sports and the Law: How

America Regulates its New National Pastime", 3 Harv. J. Sports & Ent. L. 1(2012).

Edelman, Marc, "Navigating the Legal Risks of Daily Fantasy Sports: A Detailed Primer in Federal and State Gambling Law", 2016 U. Ill. L. Rev. 117(2016).

Ehrman, Nathaniel J., "Out of Bounds?: A Legal Analysis of Pay-to-Play Daily Fantasy Sports", 22 Sports Law. J. 79(2015).

Feeney, Patrick, "Turning Fantasy into Regulatory Reality: A New Approach to Daily Fantasy Sports Law", 40 Colum. J.L. & Arts 105(2016).

Greene, Garrett, "When Fantasy Becomes Reality: Attempts to Regulate the Highly Unregulated Daily Fantasy Sports Industry", 47 St. Mary's L.J. 821(2016).

Leishman, N. Cameron, "Daily Fantasy Sports as Game of Chance: Distinction Without a Meaningful Difference?", 2016 B.Y.U. L. Rev. 1043(2016).

Meddy, Jordan, "Switch Hitters: How League Involvement in Daily Fantasy Sports Could End the Prohibition of Sports Gambling", 10 Brook. J. Corp. Fin. & Com. L. 605(2016).

Meehan, Jeffrey C., "The Predominate Goliath: Why Pay-to-Play Daily Fantasy Sports are Games of Skill Under the Dominant Factor Test", 26 Marq. Sports L. Rev. 5(2015).

Mueller, Jennifer A., "The Best Defense Is a Good Offense: Student-Athlete Amateurism Should Not Become a Fantasy", 2009 U. Ill. J.L. Tech. & Pol'y 527(2009).

Ottley, Jonah, "Fantasy Sports and Gambling: Drawing a Line in the Sand between Pete Rose's Gambling and Daily-Play Fantasy Sports", 42 N. Ky. L. Rev. 549(2015).

Scott, Randolph Andrew, "Updating Your Fantasy Lineups and the Federal Law: The Case for Federal Regulation of Daily Fantasy Sports", 47 Seton Hall L. Rev. 603(2017).

Wampler, Jay R., "Every Time I Call It a Game, You Say It's a Business, Every

Time I Say It's a Business, You Call It a Game", 42 N. Ky. L. Rev. 529(2015).

Weaver, Risa J., "Online Fantasy Sports Litigation and the Need for a Federal Right of Publicity Statute", 2010 Duke L. & Tech. Rev. 2(2010).

http://www.japanonlinegame.org/pdf/JOGA20160401.pdf.
http://www.caa.go.jp/policies/policy/representation/fair_labeling/
http://www.caa.go.jp/adjustments/hakusyo/2013/honbun_6_column.html/
http://ascii.jp/elem/000/000/701/701017/

자율규제기관인 GUCC와 자율규제로서의 「이용자보호방안 가이드라인」의 의의와 한계*

이병준

I. 들어가며

정보통신사회로 접어들면서 어떻게 하면 이를 더 적합하게 규제할 것 인지에 관하여 다양한 규제방식과 규제내용에 관하여 논의가 진행되고 있다. 이 중 특히 새롭게 논의되고 부각되고 있는 규제방식이 사업자 내 지 사업자단체에 의한 자율규제이다.[1] 이러한 자율규제수단의 중요성은 정보통신사회의 특성으로 인하여 더욱 그 효용성이 부각되고 있는 실정 이고 다양한 정보통신 분야에서 법적 규제의 대안으로서 아니면 법적 규제와 함께 효율적이며 적합한 규제모델로 자율규제 수단이 논의되고 있다.[2]

---

* 이 글은 외법논집 제41권 제1호, 2017에 게재된 것을 수정한 것임.

1_ 자율규제수단의 정의 및 유형에 관하여 중요한 문헌으로 송순영, "사업자의 소비자보 호 자율규제 발전방향", 『소비자문제연구』, 제40호(2011); 현대호, "자율규제 확대를 위한 법제개선 연구[I]", 『한국법제연구원 연구보고』(2010).

2_ 정보통신사회에서 자율규제수단에 관한 중요 문헌으로 최경진, "인터넷과 자율규제", 『스포츠와 법』, 제16권 제2호(2013); 이민영, "인터넷 자율규제의 법적 의의", 『저스티 스』, 통권 제116호(2010); 황승흠, "인터넷 콘텐츠 규제에 있어서 법제도와 사업자 자 율규제의 결합에 관한 연구", 『공법학연구』, 제9권 제4호(2008); 윤종수, "인터넷 산업

온라인 게임분야도 예외는 아니며 자율규제 필요성에 관한 논의가 진행되고 있다.[3] 그런데 아직 법률에서 직접 사업자에게 자율규제수단을 수립할 것을 권장하거나 의무를 부과하는 내용의 규정은 많지 않다. 오히려 정부에서 자율규제수단이라고 하여 각종 지침, 가이드라인, 표준약관, 표준계약서 등을 제정하고 고시하고 있는 상황이다. 이러한 가운데 「게임산업진흥에 관한 법률」(이하 '게임산업법') 제28조 및 같은 법 시행령 제17조 별표 2 제8호 '사'목에서 웹보드게임[4] 이용자를 보호하고 그 권익을 보장하기 위하여 게임제공업자에게 이용자보호방안을 수립하도록 개정하였다. 이 이용자보호방안은 바로 사업자에게 자율적인 규제수단을 마련할 것을 요구하고 있는 것이다. 물론 해당 규정은 그 내용과 방식에 대하여 구체적으로 규정함이 없이 열어 두고 있는 상태이지만, 해당 규정의 내용 및 도입된 배경 등이 사업자에게 일정한 방향성을 제시하여 주고 있다.[5]

이를 이행하기 위하여 2016년도에 게임문화재단 산하의 통합 이용자보호기구인 "게임이용자보호센터(Game User Care Center: GUCC)"[6]가 설립되었고[7] 이러한 규정내용을 이행하기 위하여 2016년 말에 「이용자보호방안 가이드라인」을 제정하고 2017년도 초부터 이를 시행하고 있다. 이 글은 이러한 GUCC와 「이용자보호방안 가이드라인」의 법적 성격 및 내용을 소비자법적 관점에서 비판적으로 고찰함을 그 목적으로 한다.[8]

에 대한 법적 규제 및 활성화 방안", 『저스티스』, 통권 제121호(2010). 이와 관련하여 참조할 만한 보고서로 Spindler/Thorun, Die Rolle der Ko-Regulierung in der Informationsgesellschaft, MMR-Beilage 6/2016.

3_ 게임등급분류와 관련하여 황승흠, "온라인 게임산업의 자율규제 문제", 『LAW & TECHNOLOGY(서울대학교 기술과법센터)』, 제2권 제4호(2006).

4_ 온라인 보드게임으로서 PC 내지 모바일기기의 화면으로 구현되는 바둑, 장기, 고스톱, 포커 등의 게임을 말한다.

5_ 이에 관하여 자세한 것은 아래 III. 1. (1) 참조.

6_ http://www.gucc.or.kr.

7_ '민·관·산·학 참여 … 게임이용자보호센터 출범' 2016.7.20.자 한국스포츠경제 기사.

8_ 본 논문은 2017년 3월 31일 국회의원회관에서 한국외국어대학교 법학연구소 소비자법센터의 주관으로 "웹보드게임 소비에 대한 보호 어디까지?"를 주제로 한 1차 세미나

이를 위하여 자율규제기구로서의 GUCC의 구체적인 내용과 자율규제기구로서 성과가 있기 위한 전제조건들을 살펴보고(II), 이용자보호방안 가이드라인의 내용을 구체적으로 살펴본 다음(III), 그 내용 중에서 가장 중요하게 생각되는 게임물 이용제한 제도에 관하여 비판적으로 고찰해 보고자 한다(IV).

II. 자율규제기구로서의 GUCC

1. GUCC의 개관

GUCC는 그 자체 소개자료에 의하면 "게임의 비정상적 이용 및 과몰입으로 인한 피해로부터 이용자를 보호해야 할 필요성이 대두됨에 따라 업계 자율규제에 대한 사회적 우려를 해소하고, 비판적 감시기능을 활성화하기 위하여 설립"되었다. 사회적 신뢰를 확보하고 건강한 게임문화 조성에 기여하기 위하여 민·관·산·학·시민사회단체 등이 참여하는 통합 솔루션을 제공하는 것을 목적으로 한다. 이를 통하여 게임과몰입 방지 및 피해구제, 환전 등 불법 이용 모니터링, 게임이용자의 권익 보호, 게임산업에 대한 부정적 인식이 개선될 것으로 기대하고 있다.

구체적인 추진과제로 설정하고 있는 것은 (1) 통합민원 대응, (2) 모니터링 운영, (3) 게임과몰입 방지, (4) 법·제도 연구이다. 구체적인 내용은 다음과 같다.

의 후속 연구에 해당한다. 1차 세미나의 내용에 관하여 심우영, "자율규제와 소비자법적 보호의 함의 – 게임, 특히 웹보드게임의 분야에 있어서", 『외법논집』, 제41권 제2호(2017); 서종희, "게임과 관련된 자율규제 모델 해외 사례 – 일본의 확률형 아이템 및 미국의 DFS(Daily Fantasy Sport) 사례를 중심으로", 『외법논집』, 제41권 제2호(2017); 백주선, "게임법상 웹보드게임에 대한 법적 규제와 자율규제", 『한국외국어대학교 법학연구소 소비자법센터 제9회 세미나 발표자료집』(2017) 참조.

통합 민원 대응	모니터링 운영
● 웹보드게임 민원 상담 ● 접수 민원 데이터 축적/관리 ● 이용자 및 사업자 간 중재 및 조정	● 불법게임물신고 사이트 운영 ● 불법환전 신고 포상금 지급 ● 행정처분 및 수사 의뢰
게임 과용 관리	법·제도 연구
● 게임 과용 상담 안내 ● 수준별 이용제한, 환불 진행 검토 　(별도 심의) ● 게임 과용 예방 관련 사업 지원, 홍보	● 게임 자율규제 정책 연구 ● 산업 진흥 정책방안 및 이용자 연구 ● 규제개선 정책방안 연구 ● 기타 운영성과 보고서 발간 등

2. 자율규제기구인 GUCC의 성격

(1) 자율규제기구의 의의

GUCC는 업계에서 자율적으로 설립한 자율규제기구(self-regulatory organization, Selbstregulierungsorganisation: SRO)[9]에 해당한다. 자율규제기구는 집단적 방식에 의하여 규범이나 원칙을 제정함으로써 일정한 산업을 규제하기 위하여 만들어진 단체를 말한다. 이러한 자율규제기구에 관련 주체들이 모여서 일정한 규제내용을 제정하고 그 준수여부를 모니터링한다. 더 나아가 경우에 따라서는 구성원들의 행위를 통제하기 위하여 해당 규제내용을 강제하기도 한다.[10] 인터넷 업계에서 활동하고 있는 대표적인 자율규제기구로서 한국인터넷자율정책기구(Korea Internet Self-governance Organization: KISO)가 있다.[11] 그리고 GUCC도 본 가이드라인이 웹보드게임에 한정되어 있는 것이기는 하지만, 기구 자체는 온라인게임업계 전반의 자율규제기구에 해당한다.[12]

9_ Berndt/Hoppler, Whistleblowing – ein integraler Bestandteil effektiver Corporate Governance, BB 2005, 2623 ff.

10_ Omarova, 159 U Pa L Rev 411, 421.

11_ www.kiso.or.kr.

12_ 2017년 6월에 GUCC는 넥슨, 넷마블 게임즈, 엔씨소프트와도 자율규제 준수 협약을 체결하였다(http://www.gucc.or.kr/boad/bd_news/1/egoread.asp?bd=1&typ=0&va

이러한 자율규제기구는 한국인터넷기업협회,[13] 한국게임산업협회,[14] 한국보드게임산업협회[15]와 같은 사업자단체와 구분되어야 한다. 자율규제기구에서는 업계에서 요구되는 자율규제수단을 만들고 준수여부를 감독하며 강제력을 부여하는 역할을 함에 반하여 사업자단체는 관련 사업자들이 모인 이익단체로서 해당 사업의 이익을 대변하여 정책을 수립하고 입법에 반영하며 산업발전을 도모하는 각종 사업을 수립·수행하는 역할을 한다. 간혹 사업자단체에서도 자율규제수단을 제정하여 집행하기도 하며 자율정책기구로서의 역할을 하는 경우도 있지만, 위의 예에서 볼 수 있듯이 사업자단체가 직접 하지 않고 독립적인 자율정책기구를 설립함으로써 자율규제기구의 실효성과 독립성을 확보하는 것이 일반적이다.

(2) 독립적인 외부기관으로서의 자율규제기구의 장단점

이러한 자율규제기구는 사업자 자신의 사업영역 내에서 만든 것이 아니라, 조직 밖에 독립적으로 설립한 기구에 해당한다. 이와 같은 독립적인 자율규제기구는 다음과 같은 장단점이 있다고 한다.[16]

대표적인 장점으로 생각할 수 있는 것은 업계를 대표하는 자율규제기구의 설립을 통하여 더 많은 정보의 교류가 이루어질 수 있다는 것이다. 또한 업계에서 발생하는 표준적인 행위, 위반 내지 불법행위가 더 빠르게 인식될 수 있으며, 이에 대하여 공동의 대응방안을 마련함으로써 기업 내의 관련부서에서 빠른 대응이 이루어질 수 있다는 장점이 있다. 또한 자율규제기구가 사업자와 관련 감독기관의 연결고리역할을 할 수 있고 사업자를 대표하여 이익을 대변함으로써 사업자의 익명성을 유지하

---

l=0&itm=&txt=&pg=1&seq=35).

13_ www.kinternet.org.

14_ www.gamek.or.kr.

15_ www.boardgame.or.kr.

16_ Weber-Rey, Whistleblowing zwischen Corporate Governance und Better Regulation, AG 2006, 409.

는 데 도움이 될 수 있다.

그 반면에 단점으로 생각할 수 있는 것으로는 자율규제기구의 설립으로 감독기관과 사업자 사이에 추가적인 기구를 설정함으로써, 비록 사업자가 스스로 자초한 것이기는 하지만, 일정한 관료적 구조가 만들어질 수 있다는 점이다. 또한 정보가 외부로 전달됨으로써 사업자는 자신의 평판에 상당한 타격을 입을 수도 있다.[17]

GUCC는 자율규제기구가 갖는 장점들을 다양하게 활용하고 있다. 우선 게임사업자와 독립한 지위에서 자율규제기구로서의 위상을 정립하고 감독기구인 문화체육관광부와 게임물관리위원회와 업무협약[18] 등을 통하여 연계를 도모하고 있다. 더 나아가 게임사의 다양한 정보를 모니터링을 통하여 수집하고 이를 통하여 발견된 문제점을 평가함으로써 공동의 대응노력을 할 것을 계획하고 있다. 또한 제3의 기관으로서 사업자들이 설정하여 준수하여야 할 자율규제수단을 직접 제정하는 한편, 그 정당성을 마련 및 주장하고 있으며 그 준수여부까지 감독하는 역할을 하고 있다.

더 나아가 자율규제기구가 사적인 기구이기는 하지만 정부로부터 승인을 받고 일정한 범위 내에서 감독을 받는다면 그 정당성이 더 높아질 수 있다. 이러한 차원에서 GUCC는 게임문화재단의 지점(분사무소) 형태로 설립되어 있고 게임문화재단이 주무부처인 문화체육관광부의 감독을 받고 있는 상황이다. 따라서 GUCC도 게임문화재단을 통해 간접적으로 문화체육관광부의 감독을 받고 있는 지위에 있는 것으로 볼 수 있다.[19]

17_ 그리고 고객의 개인정보보호에 있어서도 문제가 생길 수 있다. 즉 기업 밖 외부 기관인 자율규제기구에게 고객관련 정보를 전달하는 것이 당연히 적법한 것이 아니고 고객의 동의를 사전에 받은 경우에만 가능하므로 적어도 개인정보보호법상 문제가 발생하지 않도록 계약법적으로 정당성을 확보하고 위법한 개인정보침해가 일어나지 않도록 주의를 기울어야 한다.

18_ 게임물관리위원회와는 2016년 11월에 업무협약을 맺었다(http://www.gameculture. or.kr/intro/org.php).

19_ 세미나에서 이경민 GUCC센터장은 조심스럽게 규제기관으로부터 정당성확보에 더 노력해야 한다고 주장하였다.

3. 자율규제기구로서의 성공요인

자율규제기구는 전 세계적으로 많은 사업영역에 다양하게 존재한다. 그렇다고 하여 모든 자율규제기구가 성공적으로 자율규제를 마련하고 실행하고 있는 것은 아니다. 따라서 성공적인 자율규제기관이 갖추어야 할 몇 가지 요소를 기존에 존재하고 있는 자율규제기구의 경험을 통하여 제시하려고 한다.

(1) 신뢰할 수 있는 강제수단의 확보

성공적인 자율규제기구가 기본적으로 갖추어야 할 요소는 마련된 자율규제수단을 강제할 수 있는 권한을 갖는 것이다. 현대적 자율규제기구에서는 자율규제수단에 대한 강력한 집행수단과 이행준수(compliance) 메커니즘을 갖추고 감사하고 벌칙을 부과할 수 있는 권능을 부여받음으로써 준사법기관으로서의 역할까지 한다.

이와 관련하여 흥미로운 연구가 화학약품 산업과 관련하여 주목을 끌고 있다. 해당 연구에서는 자율규제에 대한 강제력을 자율규제기구에서 행사하지 못하여 자율규제가 결국 실패한 사례가 대상이 되었다.[20] 이러한 경우 자율규제기구의 회원인지 여부가 해당 자율규제준수 여부와 직접적인 관련성이 없어서 오히려 자율규제기구의 회원인 자들이 비회원인 경우보다 자율규제 내용을 더 늦게 반영한다는 경험적 연구가 있다.

(2) 정당성의 확보

자율규제의 성공요인으로서 중요한 것은 독립성과 회원에 대한 효과적이고 강력한 통제를 통한 정당성 확보이다. 만약 자율규제기구가 정당성을 확보하지 못하여 신뢰할 수 없거나 효과적이지 못한 것으로 판단된다면 정부의 규제기관, 일반 시민 또는 관련 당사자들이 규제수단

20_ Andrew A. King and Michael J. Lennox, Industry Self-Regulation without Sanctions: The Chemical Industry's Responsible Care Program, 43 Acad Mgmt J 698, 709(2000).

의 적절성 내지 타당성을 의문시하고 이에 도전하는 행동을 할 가능성이 있다. 따라서 자율규제기관이 정당성을 확보하기 위해서는 초기단계부터 명확한 객관성과 집행력을 갖출 필요가 있다. 이를 위해서 강력한 집행력을 증명하거나 정부와의 관계를 객관화하는 가시적인 활동이 필요하다.

4. 자율규제기구로서의 GUCC에 대한 잠재적 평가

자율규제기구인 GUCC는 성공적인 안착을 위하여 다양한 노력을 하고 있는 것으로 보인다. 그 정당성 확보를 위하여 관련 기관인 문화체육관광부와 '게임물등급위원회'와의 연계를 도모하고 있는 한편 법무부와도 업무협약을 맺었다. 그리고 객관적인 자율규제의 설정기관으로서 위상을 수립하기 위하여 전문가 및 게임물관리위원회 등으로 "이용자보호방안 협의체"를 구성하여 이용자보호방안 가이드라인을 제정하고 그 제정과정을 상세히 담은 연구보고서를 홈페이지에 공개하였다.[21] 따라서 GUCC에서는 그 정당성 확보를 위하여 많은 노력을 기울이고 있는 것으로 보인다. 정당성 확보는 초기단계부터 매우 중요하므로 이러한 GUCC의 태도는 매우 적절한 것으로 평가된다.

하지만 GUCC는 자율규제 수단에 대한 강제력 및 집행력 확보 측면에서는 아직 미흡하다고 볼 수 있다. 비록 모니터링을 하여 자율규제 준수 여부에 대하여 다양한 정보를 수집하고 있고 이를 이용자보호방안 운영보고서에 담아서 2017년 3월부터 매월 홈페이지에 공개하고 있기는 하다. 하지만 이용자보호 가이드라인에 대한 협약사의 준수의무가 부과되어 있더라도 이를 제대로 이행하지 않으면 협약사와의 협약을 해지할 수 있을 뿐 이를 직접 강제할 수 있는 방안을 마련하고 있지 않다. 단지 위반 협약사를 고발하거나 신고할 수 있는 등 간접적 수단만 이용할 수

21_ http://www.gucc.or.kr/boad/bd_news/1/egoread.asp?bd=3&typ=0&val=0&itm=&txt=&pg=2&seq=9

있다. 앞으로 GUCC에서 적극적으로 협약사가 가이드라인을 이행할 수 있도록 강제하는 방안을 확보하는 것이 자율규제기구로서의 성공여부를 가늠하는 잣대가 될 것이다.

III. 「이용자보호방안 가이드라인」의 법적 성격과 내용

1. 가이드라인의 제정근거

(1) 근거규정

「게임산업진흥에 관한 법률」(이하 '게임산업법') 및 동법 시행령(이하 '시행령') 제17조 별표 2 제8호 '사'목(이하 '사목')에서 게임제공업자에게 게임 과몰입(과용) 방지를 위한 이용자 보호방안(이하 '이용자보호방안')을 수립할 의무를 부과하고 있다.

> 게임산업법 시행령 제17조 별표 2 (2016.3.22. 개정) 제8호 「정보통신망 이용 촉진 및 정보보호 등에 관한 법률」 제2조 제1항 제1호의 정보통신망을 통하여 베팅이나 배당의 내용을 모사한 카드게임이나 화투놀이 등의 게임물(이하 이 호에서 "게임물"이라 한다)을 제공하는 게임제공업자는 다음 각 목의 사항을 준수하여야 한다.
> <u>사. 게임제공업자는 게임 과몰입 방지를 위한 이용자 보호방안을 수립해야 한다.</u>

즉 게임산업법 제28조에서 게임물 관련사업자의 준수사항 중 시행령으로 위임한 사항을 구체적으로 별표를 통하여 정하고 있는데 해당 제8호에서 특별히 '정보통신망을 통하여 베팅이나 배당의 내용을 모사한 카드게임이나 화투놀이 등의 게임물을 제공하는 게임제공업자'에게 준수할 사항을 상세히 규정하고 있다. 게임산업법 시행령 별표 2 제8호는 고스톱 및 포커류 등 웹보드게임에 대한 사행화[22] 방지를 위한 목적을 가지고 규정된 입법이라고 할 수 있다.[23] 그런데 이러한 게임의 사행화는 게임 과몰입(과용)의 문제와 재산 손실 등의 부작용을 낳을 수 있기 때문에 본 규정에서 이를 방지하기 위하여 게임제공업자에게 일정한 규제를 가하고 있는 것이다. 이 중 사목에서 위 규정을 두어 자율규제수단을 제정할 것을 촉구하고 있다. 법 제28조 제8호의 경우 별도의 형사제재가 규정되어 있지 않고 사목 외의 가목 내지 바목 위반의 경우에도 모두 형사제재는 부과되고 있지 않다. 다만 포괄적으로 준수사항의 위반에 대하여 영업정지를 명하거나 허가·등록취소 또는 영업폐쇄를 명할 수 있도록 규정하여(게임산업법 제35조 제2항 제5호) 사목도 이에 포함되어 있다.

22_ 웹보드 게임제공사업자는 게임머니를 판매하지만 현금과 등가로 교환하거나 재산상 이익으로 전환할 의무를 부담하지 않는다. 하지만 게임머니가 게임제공사업자와 상관없이 게임서비스 밖에서 현실적으로 거래되는 경우(Real Money Trade 내지 Trading: RMT) 사행화의 가능성이 존재하는 것이다. 즉 대부분의 웹보드게임이 갖는 특징은 게임은 기본적으로 무료이고 기본적인 게임머니가 무료로 제공되나, 게임머니가 있어야 게임을 진행할 수 있으므로 게임머니가 부족하게 되면 부분유료화 모델에 따라 이를 구매해야 한다는 점에 있다. 게임머니를 회사가 환전해 주는 것이 금지되어 있으나, 다양한 이유로 게임 밖에서 게임머니의 환전이 이루어질 필요가 있으므로 사행화가 이루어지게 되는 것이다. 하지만 권현호 교수는 웹보드게임에서 게임결과물의 환전방식에 따라 '등가성 게임', '환가성 게임', '거래성 게임', '무가성 게임'으로 나누고[이와 같은 구분을 하는 문헌으로 김종일, 『온라인 포커게임의 사행성 규제에 관한 연구』, 서울대학교 석사학위논문(2013) 참조] 우리나라 웹보드게임을 '거래성 게임'으로 설명하는 한편, 약관에서 사업자가 거래를 금지하고 있으므로 사행성 자체는 없다고 보고 있다[권현호, "해외 웹보드게임의 게임결과물 환전 방식에 관한 연구", 『한국컴퓨터게임학회논문지』, 27권 2호(2014), 133면].

23_ 이를 본격적인 사행산업 규제에 해당한다고 평가하는 견해(게임이용자보호센터, 이용자보호 가이드라인[2016] [백주선 변호사의 검토 의견서 부분], 19면)도 있지만, 사행화 방지와 사행산업 규제는 엄격히 구분해야 할 것이다. 사행산업에서는 현금이나 환급 가능한 물품으로 베팅을 하거나 배당을 하는 것이지만, 고스톱·포커류의 웹보드게임에서는 이와 같은 내용을 모사한 것에 불과하므로 엄연히 사행산업은 아닌 것이다. 다만 일부 이용자가 불법적인 방법으로 게임머니 등을 거래한다면 이는 해당 게임을 사행적 목적을 위하여 게임을 이용하는 것이라고 할 수 있다[같은 취지로 황성기, "온라인 웹보드게임의 사행성 규제의 헌법적 한계 — 도박과 게임의 개념본질적 구분을 중심으로", 『경제규제와 법』, 제4권 제2호(2011), 53면].

하지만 사목에 대한 위반행위가 영업정지를 명하거나 허가·등록취소 또는 영업폐쇄를 할 정도로 위법성이 크지 않음을 감안하면 이 규정에 기하여는 자율규제수단을 이행하지 않더라도 이와 같은 행정처분을 할 수 없는 것으로 해당 규정을 제한 해석해야 할 것으로 생각된다. 따라서 사목의 위반에 대하여 제재규정이 없는 것으로 해석할 수 있고 자율규제수단임을 감안하면 이와 같은 해석을 해야만 해당 규정이 적절한 의미를 갖게 될 것이다.

(2) 사목 규정의 도입배경

게임산업법 시행령 별표 2 제8호의 규제내용이 실제로 웹보드게임의 사행화 방지목적에는 부합하여 그 목적은 달성하였지만, 과도한 규제내용으로 인하여 게임이 갖는 재미가 감소하여 이용자들의 급감, 사업자의 수익감소에 따른 산업경쟁력 약화라는 부작용도 낳았다.[24] 이에 따라 관련 사업자들이 해당 법적 규제의 부당성을 지적하면서 논의되었던 내용이 바로 자율규제의 도입이었다. 법적 규제로 규정되어 있는 배팅 한도, 손실한도(이용한도)의 내용을 자율규제의 내용으로 전환하려고 시도하였다. 그러한 가운데 이러한 규제 내용이 법적 규제로서 풀리지 않을 것으로 예상되자 그 대안으로 "책임게임제도"[25]가 논의되기도 하였다.[26]

24_ 예컨대 게임상대방 선택을 금지하는 랜덤매치 규제는 (1) 새로운 매칭시스템에 대한 개발자들의 창의력을 침해하며, (2) 이용자들의 게임에 대한 재미를 반감시키며, (3) 국내 게임산업이 글로벌 트랜드에 부합하는 서비스를 제공하는 것을 저지한다는 지적이 있다[권민석, "게임이용 상대방 선택금지 규제가 개발 및 이용에 미치는 영향에 관한 연구", 『한국컴퓨터게임학회논문지』, 제26권 3호(2013), 175면 이하]. 그 밖에 이 규제내용을 비판적으로 분석하면서 문제점을 지적한 문헌으로 김지훈, "웹보드 게임에서의 1회 베팅한도 규제에 대한 검토", 『한국컴퓨터게임학회논문지』, 제26권 3호(2013), 155면 이하; 이승훈, "웹보드게임 1일 10만원규제한도의 문제점에 대한 연구", 『한국컴퓨터게임학회논문지』, 제26권 3호(2013), 165면 이하; 박지환, "웹보드 게임 매회 본인인증 규제안에 대한 헌법적 검토", 『한국컴퓨터게임학회논문지』, 제26권 3호(2013), 197면 이하 참조.
25_ 책임게임제도라고 하는 것은, 해외의 '책임도박시스템'을 참조하여 이용자가 자기 통제 아래 게임을 이용할 수 있도록 하는 제도를 말한다(한국인터넷디지털엔터테인먼트

그런데 결국은 법적 규제 내용 중에서 게임물 이용자 1명이 게임물을 이용하기 위한 가상 현금, 게임 아이템 등의 1개월 간 구매 한도를 종전 30만 원에서 50만 원으로 인상하는 등 일부규제만 조금 완화하는 방향으로 변경하면서 이용자보호방안 수립의 내용을 담은 사목의 규정을 신설한 것이다.

별표 2 제8호 사목은 명시적으로 '게임 과몰입 방지'만을 이용자 보호방안의 목적으로 언급하고 있다. 그런데 이용자보호방안의 마련을 위하여 GUCC에서 제정한 가이드라인에서는 앞의 연구한 책임게임제도라는 연혁을 가지고 있어서 이러한 이용자보호방안의 내용을 '책임게임제도의 도입'으로 이해하고 본 가이드라인을 마련하고 있다.[27] 이에 따라 전체적으로 보면 책임게임제도를 효과적으로 도입하기 위한 규정으로 가이드라인이 만들어졌다.

2. 법적 성격: 자율규제수단으로서의 가이드라인

(1) 강제력 없는 자율규제수단

통상 가이드라인이라고 하는 것은 일정한 규정내용에 대한 해석 내지 행위지침을 그 수범자에게 비구속적으로 준수해야 할 사항으로 정하여 주는 역할을 한다. 이에 따라 GUCC에서 마련한 가이드라인 제정보고서에서도 이 가이드라인을 법적 구속력이나 강제력이 없는 자율규제수단으로 이해하고 있다.[28] 통상적인 의미에서의 가이라드인과 마찬가지로 관계 법령에서 요구하는 이용자보호방안에 대한 구체적인 기준을 제시함으로써 게임물 이용자 및 게임제공업자 등이 관계 법령을 해석·적용

협회, 게임법 시행령 웹보드게임 규제 정책 제언 보고서, 2015, 12면).

26_ 한국인터넷디지털엔터테인먼트협회, 게임법 시행령 웹보드게임 규제 정책 제언 보고서, 12-14면 참조.

27_ 게임이용자보호센터, 이용자보호 가이드라인(2016)(백주선 변호사의 검토 의견서 부분), 19면.

28_ 게임이용자보호센터, 이용자보호 가이드라인(2016), 11면 및 37면.

하는 데 지침을 마련하는 자발적인 준수를 목적으로 하는 자율규제수단으로 이해하고 있는 것으로 보인다.

여기서 법적 구속력이나 강제력이 없다고 하는 것은 바로 규제기관에 의하여 일정한 내용의 강제와 그 준수여부에 대한 강제가 없다는 것을 의미한다. 하지만 자율규제기구에서 제정한 가이드라인이 자율규제수단으로 이해되더라도 해당 자율규제기구와 이를 준수하기로 하는 사업자 사이에 강제력이 당연히 존재하지 않는 것은 아니다. 즉 자율규제기구에서 제정한 자율규제 내용에 스스로 구속되겠다고 약속하는 것은 가능한 것이다. 즉 법적 구속력이나 강제력이 없다는 것일 뿐인 것이다. 이러한 측면에서 본 가이드라인이 GUCC와 이를 준수하기로 한 사업자 사이의 구속력이 존재하는지 여부 및 준수하지 않았을 때 그 준수를 독려 내지 강제할 수 있는 방안이 존재하는지는 주의 깊게 살펴보아야 한다. 왜냐하면 이러한 자율규제수단에 대한 준수여부 확보가 자율규제기구인 GUCC에서는 그 성공적인 위상 수립과 관련하여 매우 중요한 의미를 가질 것이기 때문이다.

(2) 명령된 자율규제수단

자율규제수단은 다양한 형태로 나타날 수 있다. 즉 자율적 규제수단이 갖는 자율성, 신뢰성, 집행가능성, 그리고 정부개입의 정도에 따라 매우 다양한 형태로 나타날 수 있다. 예컨대 Julia Black은 자율규제를 자율규제 주체의 자율성이 어느 정도인가에 따라 다음과 같이 네 가지 유형으로 구분하고 있다.[29] (1) "자발적 자율규제(voluntary self-regulation)"는 직접적이거나 간접적인 정부의 개입이나 지시사항이 없는 상태에서 이루어지는 자율규제를 말한다. (2) "억압적 자율규제(coerced self-regulation)"는 정부규제

---

[29]_ Julia Black, Decentering Regulation: Understanding the Role of Regulation and Self-Regulation in a 'Post-Regulatory' World, 54 Current L Probs 103, 118(2001). 이와 같은 분류를 따르는 우리 문헌으로 이민영, 전게논문; 황승흠, 전게논문; 심우영, 전게논문, 14면 참조.

에 대한 두려움으로 인하여 업계 스스로 규칙을 제정하여 시행할 때 존재하는 자율규제 방식이다. (3) "승인된 자율규제(sanctioned self-regulation)" 체제하에서는 사업자들이 정부의 승인하에 자율규제를 하게 된다. (4) 마지막으로 "명령된 자율규제 또는 위임된 자율규제(mandated self-regulation)"는 정부가 자율규제의 범위 내지 내용을 넓게 설정해 준 상태에서 사업자로 하여금 자율규제의 내용을 마련하여 시행할 것을 요구한 경우에 이루어진다. 이러한 기준으로 보았을 때 GUCC에서 제정한 이용자보호 가이드라인은 명령된 자율규제에 해당한다. 즉 법률규정에서 과몰입 방지라는 목적으로 자율규제를 하도록 사업자에게 위임하고 있는 것이다.

(3) 완전한 자율규제수단?

자율규제는 또한 신뢰성 획득의 방법, 규정의 정밀함 그리고 형식 등에 따라 차이가 난다. "부분적 자율규제(partial self-regulation)"에서는 사업자 측에서 규정내용의 제정만을 담당하고 그 집행은 행정관청 내지 시장에서 담당한다.[30] 그 반면에 "완전한 자율규제(full self-regulation)"는 사업자 측에서 규정내용의 제정 및 집행 모두를 담당하는 경우에 존재하게 된다.[31] 본 분류상 GUCC에서 제정한 이용자보호 가이드라인에 대한 강제수단을 완전히 확보하지 못하고 있지만 앞으로 강제수단을 마련하여 완전한 자율규제를 추구해야 하는 과제임은 이미 앞에서 밝혔다.

만약 강제수단을 확보하려고 한다면 다음과 같은 과정을 생각해 볼 수 있다. 예컨대 이용자보호방안 가이드라인에 위반에 대한 제재규정을 두는 것이다. 이러한 방식은 제재규정의 법적 구속력을 계약법적으로 확보하는 방법이다. 이러한 제재규정에 따라 자율규제기구인 GUCC는 구체적인 사안에서 위반행위를 한 해당 사업자에 대하여 제재를 부과할

30_ Saule T. Omarova, Wall Street as Community of Fate: Toward Financial Industry Self-Regulation, 159 U Pa L Rev 411, 424(2011); Abraham L. Newman and David Bach, Self-Regulatory Trajectories in the Shadow of Public Power: Resolving Digital Dilemmas in Europe and the U.S., 17 Governance 387, 390(2004).

31_ Omarova, 159 U Pa L Rev at 424; Newman and Bach, 17 Governance at 390.

것이고 이때 해당 사업자가 제재를 받은 것에 순응하면 완전한 자율규제가 이루어졌다고 볼 수 있을 것이다. 만약 이러한 재제에 순응하지 않으면 계약 해지 등을 통하여 자율규제 준수협약을 위반하였다는 이유로 제명하는 절차를 취해야 한다.

3. 가이드라인의 내용

가이드라인의 구체적인 내용은 GUCC에서 만든 보고서에서 '업무편람' 형식으로 설명되어 있으므로[32] 이를 참조하면 될 것이다. 여기서는 대략적인 내용만을 파악하는 선에서 내용을 정리해 보았다.

(1) 가이드라인의 체계

2016년 11월에 제정된 가이드라인은 조문형식으로 규정되어 있어 총 11개의 조문으로 되어 있다. 기본적인 목적 조항(제1조)을 담고 있어서 가이드라인이 제정된 법적 근거와 그 목적을 선언하고 있다. 그리고 총칙적 규정으로서 용어의 정의(제2조)와 적용범위(제3조)에 관하여 규정하고 있다.

이용자보호와 관련한 실질적 보호 제도의 내용은 가이드라인 제4조에서 제8조까지이다. 즉 이용자보호책임자(제4조), 게임물 이용의 자기제한(제5조), 모니터링(제6조), 게임과몰입 예방 및 관리(제7조), 민원처리 및 분쟁조정(제8조) 등이 실질적으로 이용자 보호를 위하여 가이드라인에서 생각하고 있는 이용자보호 제도이다. 마지막으로 가이드라인은 이행실적보고(제9조), 이용자보호기구(제10조), 보호방안의 평가 및 보고(제11조) 등에 관하여 규정하고 있다.

(2) 개념정의와 적용범위

본 가이드라인에서는 게임물, 게임제공업자, 보호방안, 이용자보호책

32_ 게임이용자보호센터, 이용자보호 가이드라인(2016), 33면 이하.

임자, 관계기관, 내부통제기준, 이용자보호기구에 관한 정의규정을 두고 있다(제2조 제1항). 그리고 그 적용범위를 고스톱, 포커 등 베팅이나 배당의 내용을 모사한 게임물에 한정되는 것으로 규정하고 있다(제3조).

(3) 이용자 보호 내용

1) 이용자보호책임자를 통한 보호방안의 수립 및 운영

이용자 보호방안의 준수 여부를 점검하고 내부통제기준을 마련하기 위한 목적으로 게임제공업자는 임원 등을 이용자보호책임자로 지정해야 한다(제4조 제1항). 지정된 이용자보호책임자는 내부통제기준과 연계하여 보호방안을 수립하고 그 운영을 위하여 다음의 업무를 수행하여야 한다. 즉 1) 모니터링 계획의 수립·시행, 2) 게임과몰입 예방 및 관리 계획의 수립·시행, 3) 민원처리 및 분쟁조정 절차의 수립·시행, 4) 보호방안 이행, 실태조사 및 실적보고 반기별 1회 시행, 5) 기타 관계기관이 이용자보호를 위해 필요하다고 판단하여 요청하는 업무 등이다(제4조 제6항).

2) 게임물 이용의 제한

게임물 이용제한 제도는 게임과몰입 방지 등을 위하여 1년 이상의 기간을 정하여 게임 이용자의 게임물 이용을 제한함을 내용으로 한다(제5조 제1항). 그 구체적인 내용은 내부통제기준에 포함시켜서 정하도록 하고 있고(제5조 제2항) 가이드라인에서는 게임물 이용제한을 신청할 수 있는 자가 명시적으로 규정되어 있다. 이용제한을 신청할 수 있는 자로는 1) 게임 이용자 본인, 2) 그 배우자 및 직계 존·비속, 3) 그 법정대리인 또는 기타 이에 준하는 자, 4) 게임물관리위원회 위원장 또는 이용자보호기구의 장 등으로 정하고 있다. 그 신청은 문서(전자문서 포함)를 통하여 하도록 하고 있다. 더 나아가 게임제공업자는 게임물 이용제한 기간이 경과한 경우 이를 해제하는 절차를 마련하도록 규정하고 있다(제5조 제3항).

3) 게임물의 비정상적인 이용에 대한 모니터링

더 나아가 게임제공업자에게 게임물의 비정상적인 이용에 대한 제재기준을 마련하고 관계법령 준수 여부 등에 대한 모니터링 계획을 수립·시행할 의무를 부과하고 있다(제6조 제1항). 또한 제공업자는 관계기관의 요청이 있는 경우 관계기관과 합동으로 모니터링을 실시할 수 있으며 기술적 조치사항을 포함하여 그 결과를 관계기관에 알릴 의무를 부과하고 있다(제6조 제2항).

4) 게임과몰입의 예방 및 관리

게임과몰입을 예방하고 관리하기 위하여 게임제공자에게 게임과몰입 위험군 설정기준을 마련하고 이에 기하여 경고, 이용내역 통보, 이용차단 조치 등의 단계별 예방 및 관리 계획을 수립·시행할 의무를 부과하고 있다(제7조). 위험군 설정기준은 이용시간, 결제금액, 제재 이력 등을 고려하여 마련하도록 하고 있다(제7조 제1항).

(4) 이용자보호 관련 절차적 규정 등

그 밖에 민원처리 및 분쟁조정(제8조), 이행실적보고(제9조), 이용자보호기구(제10조), 보호방안의 평가 및 보고(제11조)에 관한 규정을 두고 있어서 피해구제와 감독 및 자율규제기구인 GUCC를 설치할 수 있는 법적 근거 등을 마련하고 있다.

IV. 가이드라인의 한계 및 문제점

1. 가이드라인이 가지고 있는 한계

(1) 엄격한 법적 규제하에서 갖는 자율규제의 한계

이용자보호방안 가이드라인은 과몰입 방지라는 법정화된 목적을 가지고 있다. 그런데 별표 2 바목 앞에 규정되어 있는 다양한 법적 규제로 인하여 사업자 내지 사업자를 위하여 본 가이드라인을 마련한 GUCC에서는 이용자보호방안에 대한 다양한 내용의 선택 가능성이 존재하고 있었던 것은 아니다. 즉 강력한 내용의 법적 규제가 존재하는 한도에서는 자율규제 수단의 형성범위는 상당한 한계를 가지고 있다고 말할 수 있다. 이러한 측면에서 규제기관에서는 별표 2 제8호상의 규제를 설정함에 있어서 좀 더 탄력성을 가지고 사업자가 자율규제수단인 이용자보호방안을 마련할 수 있도록 규제 내용을 완화할 필요가 있었다고 생각된다.

이와 같은 규제 내용의 완화가 이루어지지 않은 상태에서 과몰입 방지라는 목적을 가지고 생각할 수 있는 자율규제 내용은 규정 내용 안에서 추가로 할 수 있는 내용이 없고 그 대안으로 추가된 내용일 수밖에 없을 것이다. 따라서 이러한 고민 끝에 가이드라인이 자율규제의 내용으로 도입한 것이 바로 '책임게임제도'인 것이다. 즉 다시 말하면 별표 2 제8호 사목은 단지 과몰입 방지라는 목적만 설정하고 법률규정상으로는 사업자에게 이용자보호방안을 마련함에 있어서 상당한 자율을 주고 있는 것처럼 보이지만, 실상 앞에서 설정하고 있는 다양하면서 과도한 규제내용으로 인하여 사업자가 생각할 수 있는 자율규제 내용이 많지 않았을 것이다. 이러한 측면에서 책임게임제도는 현행 규정내용의 한계로 인하여 가이드라인의 내용으로 생각할 수 있는 최선의 제도라고 생각된다.

(2) 과몰입방지를 위하여 책임게임제도의 도입이 갖는 한계

책임게임제도는 사행산업에서 시행하고 있는 책임도박제도를 참고하여 도입한 것이라고 볼 수 있다.[33] 하지만 웹보드 게임은 그 자체로 사행산업이 아니므로 책임게임제도 도입이 원칙적으로 필요하지 않다. 왜냐하면 사행적 게임이 갖는 도박으로서의 과몰입 문제가 원칙적으로 발생할 여지가 없기 때문이다. 또한 현재 시행령 별표 2 제8호에 정해진 규제 내용을 엄격하게 준수한다면 게임의 사행화와 과몰입의 문제는 원칙적으로 일어나지 않을 것이다. 현 규정내용 자체가 과몰입방지를 목적

---

[33] 카지노에서 출입제한과 관련된 대법원의 전원합의체판결과 그에 대한 평석으로 이현경, "자기책임의 원칙과 카지노 사업자의 보호의무", 『법경제학연구』, 제12권 제2호 (2015), 105면 이하 참조. 출입제한제도와 관련하여 최민수, "독일법상 카지노 출입제한에 관한 소고", 『비교사법』, 제21권 제2호(2014), 93면 이하 참조.

으로 마련된 규제이기 때문이다.

만약 현행법하에서 사행화에 따른 과몰입의 문제가 일어난다면 원칙적으로 해당 게임 이용자는 법적 규제의 내용을 회피하여 게임을 하는 자이거나 실제로 이러한 피해를 보지 않았는데 마치 이러한 피해를 보고 있는 것처럼 주장하는 악성 민원을 제기하고 있는 이용자에 불과할 것이다. 만약 법적 규제의 내용을 회피하여 게임을 하고 있는 이용자라면 보호의 대상이 되는 것이 아니라, 처벌의 대상이 되는 것이 맞다. 그리고 악성 민원을 제기하고 있는 자라면 그 주장의 진실성이 결여되어 있기 때문에 또한 보호필요성이 없을 것이다. 따라서 현행법하에서는 게임의 사행화에 따른 과몰입의 문제는 원칙적으로 일어나지 않는 것이 맞다. 다만 예외적으로 일반 게임이 갖는 성인 게임 이용자의 과몰입 가능성은 현재 상태에서도 존재할 수 있으므로 극소수의 이용자를 보호하기 위하여 게임제공업자에게 이와 같은 과몰입에 따른 보호방안을 마련하도록 법률에서 요구하고 있는 것이다. 이러한 제한된 이용자보호를 위하여 사업자에게 이용자보호방안을 마련하도록 하고 있는 것이 현재 시행령 별표 2 제8호 사목의 규정 내용인 것이다.[34]

2. 가이드라인의 반영 방법과 관련된 문제점

(1) 반영방법으로서의 내부통제기준의 부적합성

GUCC에서 제정한 가이드라인은 구체적으로 게임회사들이 게임에 반영해야만 게임회사와 고객 사이에 실질적인 효력을 가지게 된다. 가이드라인에서는 그 반영방식을 포괄적으로 규정하고 있지 않고 부분적으로 개별적인 규정에서 정하고 있다. 예컨대 게임물 이용의 자기제한과

34_ 세미나에서 이경민 GUCC센터장은 이 규정이 정상적 이용자보호를 목적으로 하고 있는 것인지 아니면 불법적 내지 비정상 이용자의 보호를 목적으로 하고 있는지를 고려해 볼 필요가 있다고 주장하였다. 필자의 시각에서는 아주 소수의 정상적 이용자를 그 대상으로 하며 반사적으로 다수의 불법적 내지 비정상 이용자도 보호를 받는다고 보인다. 앞으로 이 부분에 대한 더 자세한 연구가 있어야 한다고 생각된다.

관련된 규정에서는 내부통제기준에 반영하도록 하고 있고(제5조 제2항), 게임과몰입 예방 및 관리와 관련하여서는 각 위험군에 대해 경고, 이용내역 통보, 이용차단 조치 등의 단계별 예방 및 관리 계획을 수립·시행하여야 한다고만 규정하고 있다(제7조 제2항). 그리고 정의규정에서 내부통제기준을 보호방안과 관련한 게임제공업자의 약관, 운영정책, 윤리규정 등을 말한다고 정하고 있다(제2조 제1항 제6호).[35]

일반적으로 기업 내의 내부통제기준이라고 함은 기업내부업무를 내부적으로만 통제하기 위한 기준에 불과하다. 따라서 기업 내에서 자기를 구속하는 효력만 갖는다. 내부통제기준은 원칙적으로 제3자에 대하여 효력을 갖지 않는 것이 원칙이다. 따라서 내부통제기준은 운영정책, 윤리규정 등을 의미하는 것으로 통상 보아야 하나, 가이드라인은 이를 넘어서 약관도 내부통제기준의 범위 안에 포함시키고 있다.

게임물 이용의 자기제한 제도는 게임이용자의 게임이용행위를 제한하거나 이용권 자체를 일정기간 박탈하는 것을 그 내용으로 하므로 이러한 규정내용은 이용자인 제3자의 권리를 제한하는 내용을 담고 있다. 따라서 본 규정 내용은 법령에 따른 효력으로서 당연히 게임이용자에게 적용되거나 해당 게임이용자의 동의를 얻어서 계약법적으로 그 정당성을 확보해야만 그 효력을 계약상대방인 이용자에게 주장할 수 있다.

법률규정에 해당 내용이 없고 이는 자율규제 수단으로 정해진 내용이므로, 결국에는 계약법적 정당성을 얻는 방법밖에 없다. 특히 다수 게임이용자와 계약을 체결하는 것을 목적으로 해당 규정을 만들 것이므로, 결국 약관에 해당 내용을 반영할 수밖에 없다. 따라서 다른 내부통제기준인 운영정책, 윤리규정은 그 형식만을 가지고는 계약법적 정당성을 획득하기 힘들다.

35_ 나아가 구체적인 규정 내용에 관한 해설을 제공하는 업무편람에서는 내용통제기준에 해당 내용을 반영하는 것을 넘어서 "이용자가 자기제한조치를 쉽게 이용할 수 있도록 안내(링크, 팝업, 배너 등) 하는 것이 바람직합니다"라고 추가로 정하고 있다[게임이용자보호센터, 이용자보호 가이드라인(2016), 44면].

(2) 사이버 가택권의 인정을 통한 정당화 가능성

약관에 반영되지 않았지만 독일 판례와 학설에서 부분적으로 인정하고 있는 "사이버 가택권(virtuelles Hausrecht)"[36]에 기한 조치에 해당하는 것으로 볼 수 있다면 약관에 근거가 없더라도 사업자가 마련한 일방적인 규정내용이 정당화될 수 있는 가능성이 있다.

1) 사이버 가택권의 유래와 긍정설의 입장

이와 같은 "사이버 가택권"은 주택에 대한 가택권에서 유래한 개념이다. 통상의 가택권은 소유권을 근거로 한 방해배제청구권(독일 민법 제1004조, 민법 제214조)을 그 근거로 한다.[37] 원칙적으로 소유자는 자신의 소유물을 자유롭게 사용·수익·처분할 수 있는 권능이 있으며, 이에 따라 제3자의 침해에 대하여 가택권을 근거로 타인의 침해를 제거하거나 방지할 수 있다. 그러나 이러한 권리의 행사는 제3자의 권리를 제한하거나 침해하지 않는다는 전제하에서만 가능하다. 자신의 소유인 집의 출입과 관련하여 소유자는 누가 출입할 수 있는지를 자유롭게 결정할 수 있으나, 예컨대 일반 대중에게 공개된 사업장이고 이를 통하여 모든 고객에 대하여 일정한 서비스를 제공하겠다는 의사를 표현한 경우에는 아무리 사업자의 소유에 속하는 건물이더라도 가택권을 자의적으로 행사할 수 없다. 이처럼 특별한 검증절차 없이 일반인 모두에게 제한 없이 통행권을 인정하였다면 해당 통행권을 누리고 있는 고객이 특별히 사업에 방해가 되는 행위를 하지 않은 한 고객의 통행권을 박탈할 수 없다.[38] 모순된 행위금지원칙[39]의 관점에서 보았을 때 제한 없는 통행권을 인정

36_ 이에 관하여 자세한 것은 Conraths/Krüger, Das virtuelle Hausrecht des Online-Spiel-Betreibers — Wirksame Rechtsschutzmöglichkeit für Online-Spiel-Anbieter abseits des Vertragsrechts, MMR 2016, 310 ff.; Maume, Bestehen und Grenzen des virtuellen Hausrechts, MMR 2007, 620 ff. 참조. 우리 문헌 중 공법상의 가택권에 관한 논의를 진행하고 있는 문헌으로 김성태, "공법상 가택권", 『홍익법학』, 제13권 제4호 (2012), 553면 이하 참조.

37_ 우리 학설과 판례는 명예·신용과 같은 인격권에 관하여 유추적용을 인정하고 있다 [예컨대 이영준, 『물권법』, 전정신판(2009), 566면].

38_ BGH, NJW 1994, 188 f.

하였다면 소유자인 사업자가 고객의 통행권한에 대하여 가택권을 자의적으로 행사하는 것이 금지되어야 한다는 것이다.[40]

만약 사업자가 자신의 채팅 서비스를 인터넷을 통하여 무료로 모든 이용자들에게 공개하였고 특별한 이용권부여에 제한이 가해지지 않았으며 약관처럼 구속력이 있는 계약조건에 고객의 동의를 받지 않았다면[41] 고객에게 발생한 이용권한은 앞의 통행권한과 동일한 범위에서 인정될 수 있다. 따라서 이러한 경우 사업자에게는 고객의 이용권한을 자의적으로 통제할 수 있는 권한이 가택권을 통하여 근거지워지지 않는다. 만약 사업자가 자신의 가택권을 자의적으로 행사하는 경우에 이는 모순된 행위금지의 원칙(제2조)에 기하여 그 효력이 정당화될 수 없다. 다만 고객이 (1) 사업자의 영업질서를 방해하거나, (2) 정상적인 이용방법이 아닌 다른 방법으로 이용한 경우에는 예외적으로 질서유지권이 인정될 수 있다고 한다.[42] 즉 이러한 2가지 경우에는 예외적으로 사이버 가택권의 행사가 정당화될 수 있다고 한다.

2) 사이버 가택권을 부정하는 견해

그에 반하여 "가상공간에 대한 가택권"이 인정될 수 없다는 견해도 있다.[43] 가택권은 토지나 건물에 대하여 인정되나, 인터넷 서비스에 대하여 이와 같은 동일한 이해관계가 당사자 사이에 존재하는 것으로 볼 수 없다고 한다. 가택권은 누구에 의해서도 침해될 수 있는 토지 또는 건물

39_ 모순된 행위금지의 원칙이라고 함은 자신의 선행된 행위와 모순되는 후행행위는 허용되지 않는다는 것을 의미한다. 이러한 원칙은 신의성실 원칙의 파생원칙으로 학설과 판례에서 받아들여지고 있다[이에 관하여 자세한 것은 이은영, 『민법총칙』, 제5판 (2009), 90면 이하 참조].

40_ Christensen, Taschenkontrolle im Supermarkt und Hausverbot, JuS 1996, 873 f.

41_ 구체적인 사안에서는 채팅예절(Chattiquette)을 지킬 것을 약속하였지만, 이러한 행위수칙을 통하여 어떠한 구속력 있는 조치를 할 수 있는 근거가 마련되었다고 보기 어렵다고 판단하였다.

42_ OLG Köln, Beschluss vom 25. 8. 2000-19 U 2/00, MMR 2001, 52; LG Bonn, Urteil vom 16. 11. 1999-10 O 457/99, MMR 2000, 109. 이러한 판례 입장에 찬성하는 견해로 Bräutigam/Rücker/Schapiro, *Rechtshandbuch E-Commerce*, 2017, S.560(Rn. 17).

43_ OLG Frankfurt/M., Urteil vom 5.3.2009-6 U 221/08, MMR 2009, 400.

의 소유자 내지 점유자가 갖는 절대적 권리를 보호하는 권리이다. 그에 반하여 인터넷에서 서비스를 제공하고 있는 사업자는 이용자들의 자유로운 접근을 기술적으로 차단하거나 계약을 통하여 일정한 조건하에서만 이용할 수 있도록 합의할 수 있다. 이러한 제한조치를 사업자가 사용하지 않고 이용자들에게 해당 서비스를 자유롭게 이용할 수 있도록 하였다면 질서유지권한을 근거로 이용자의 이용권에 대하여 제한조치를 취할 수 없다고 한다. 이에 따라 명확하게 약관에 어떠한 이용자의 행위가 사업자의 영업권을 침해한다고 규정하고 있지 않은 한 가택권만을 근거로 해당 이용자의 이용권을 일방적으로 제한하는 것은 이용자의 이용권을 지나치게 침해하는 행위라고 보는 것이다.

3) 본 가이드라인에 대한 적용가능성

본 논문에서 게임사업자에게 가상공간에 대한 가택권이 인정될 수 있는지 여부에 관하여 더 자세히 논하려고 하지 않는다. 왜냐하면 과몰입 현상을 보이는 게임이용자가 게임사업자의 영업을 방해하는 행위를 하는 것은 아니기 때문이다. 따라서 가택권을 인정하고 있는 긍정설에 근거해서도 해당 질서유지권이 인정되기 위한 요건이 충족되지 않기 때문에 해당 조치가 정당화되기는 어려울 것이다. 따라서 결국에는 약관에 해당 내용을 담을 수밖에 없다고 생각된다.

다만 가이드라인의 규정 내용 중 비정상적인 행위에 대한 제재기준과 그에 따른 제재수단에 대해서 사업자의 영업권 침해를 이유로 한 가택권을 인정한다면 해당 규정내용을 약관에 담지 않더라도 그 정당성이 인정될 여지가 있을 것이다. 즉 게임물을 이용하는 동안 발생하는 짜고 치기, 해킹, 게임머니 환전, 불법 프로그램 이용, 결제 도용 등의 비정상적 이용행위[44]에 대하여는 가택권이 인정될 여지가 있을 것이다. 그에 따라 일방적으로 정한 제재기준과 그에 대한 제재수단으로서의 경고, 게임머니 회수, 이용정지, 수사의뢰 등도 가택권의 일환으로 인정될 여

44_ 게임이용자보호센터, 이용자보호 가이드라인(2016), 45면.

지가 있는 것이다. 하지만 가택권을 인정하지 않는 반대견해에 따르면 충분히 사업자가 약관에 해당 규정내용을 담고 이용자의 동의를 받은 상태에서 이러한 내용을 시행할 수 있는 상황에 있으므로 가택권을 인정하지 않더라도 사업자는 충분한 보호를 받을 수 있다고 한다. 따라서 사업자가 가택권 인정에 대한 논란을 불러일으키지 않고 해당 조치에 법적 근거를 마련하려고 한다면 이와 관련된 내용을 약관에 담고 그 내용에 대한 동의를 고객으로부터 받는 것이 필요하다.

(3) 약관의 규정 방식과 그 내용

책임게임제도를 담고 있는 사업자의 규정은 내부통제기준이 아니라, 약관의 형식을 가져야만 한다.[45] 약관이 효력이 가지려고 한다면 약관의 내용이 게임이용계약의 내용으로 편입되어야 한다. 그러기 위해서는 사업자는 약관의 편입절차를 취해야 한다. 즉 고객에게 명시·설명의무를 다한 상태에서 약관의 편입에 대한 동의를 얻어야 한다(약관규제법 제3조). 책임게임제도 자체에 관한 규정을 이용약관에 규정하지 않고 게임의 운영정책에 규정하고 있더라도 그 운영정책에 관하여 약관에서 계약내용의 일부로 적시하고 있거나 게임 이용화면에서 개별적으로 동의서를 띄워 놓는 방법으로 개별적인 고지 후 이용하도록 하는 방법으로 계약의 내용으로 편입을 할 수 있을 것이다.[46]

45_ 온라인 게임과 약관규제법의 문제를 다른 문헌으로 신영수, "온라인게임 이용약관 관련 판례의 동향 및 쟁점 분석", 『IT와 법연구』, 제5집(2011), 155면 이하 참조.

46_ 대법원 2010. 10. 28. 선고 2010다9153 판결: 웹사이트에서 다중 이용자 온라인 롤플레잉 게임(MMORPG: Massively Multiplayer Online Role Playing Game)인 '리니지(Lineage) I ' 인터넷 게임 서비스를 제공하는 사업자가 게임 약관 및 통합서비스 약관에서 게임의 운영정책을 약관 내용의 일부로 규정하고 따로 그 운영정책을 공지하고 있어 운영정책이 적법하게 약관의 일부가 되었으며, 위 사업자가 개별 이용자의 게임 이용 시 화면에 이용자 동의서를 띄워 놓는 방법으로 운영정책의 내용을 개별적으로 고지한 후 위 게임을 이용하도록 하였으므로, 위 게임이용자들은 그 동의서의 내용에 동의한 사실을 추단할 수 있으므로 운영정책이 편입된 위 게임 약관에 동의한 것으로 보아야 한다.

또한 책임게임제도를 정하고 있는 규정내용은 명확성을 가져야 한다. 규정내용이 명확하지 않다면 해당 규정을 근거로 고객에게 불이익하게 해당 규정내용을 주장하지 못할 수 있다. 왜냐하면 약관규제법 제5조 제2항에서 약관의 내용이 불명확하게 규정된 경우에는 고객에게 유리하게 해석해야 한다고 규정하고 있어서 해당 규정을 제대로 적용하지 못할 가능성이 있기 때문이다.[47]

3. 책임게임제도의 내용이 갖는 문제점

게임이용계약은 기본적으로 약관규제법에 기한 내용통제를 받는다.[48]

47_ 이와 관련한 판례사안에서 인터넷 게임 서비스 이용자가 자신의 계정을 이용하여 3회에 걸쳐 게임 내에서 통용되는 화폐 아이템을 현금으로 구입하는 현금거래행위를 한 사안에서 게임 이용약관 및 운영정책에서 '아이템 현금거래행위에 대하여 최초 1회 적발이라고 하더라도 해당 계정으로 과거 현금거래를 한 사실이 추가 확인되는 경우 등에는 해당 계정에 대한 영구이용제한의 조치를 받을 수 있고, 2회 적발 시 적발된 계정의 영구이용정지가 가능하다'고 규정하고 있다. 그런데 현금거래행위가 게임회사에 의하여 한꺼번에 적발되었음에도, 해당 게임회사가 이용자의 계정에 대하여 영구이용정지조치를 취하였는데, 약관 해석에서 작성자 불이익의 원칙상 게임회사로서는 위 규정에 근거하여 이용자의 해당 계정에 대한 영구이용정지조치를 취할 수 없다고 판단한 적이 있다(대법원 2011.8.25. 선고 2009다79644 판결. 이 판결에 대한 평석으로 이병준, "서비스이용자의 위반행위에 대한 제재와 불명확조항해석의 원칙 ─ 대법원 2011.8.25. 선고 2009다79644 판결", 『민사판례연구』, 제35권(2013), 349면 이하 참조).

48_ 대법원 2010.10.28. 선고 2010다9153 판결: 다중 이용자 온라인 롤플레잉 게임(MMORPG: Massively Multiplayer Online Role Playing Game)인 '리니지(Lineage) I' 인터넷 게임 서비스 이용자가 자동사냥 프로그램 등 금지된 소프트웨어를 사용하여 3개 이상의 보유 계정에 대하여 영구이용중지 조치를 당한 경우 그 이용자가 보유한 모든 계정에 관하여 이용계약을 해지할 수 있도록 한 위 게임 약관 및 운영정책의 조항은, 게임 이용자의 정당한 이익과 합리적 기대에 부합되지 아니하는 것으로 평가하기 곤란하므로, 위 조항이 계약의 목적을 달성할 수 없을 정도로 계약에 따르는 본질적 권리를 제한하는 조항이라거나 상당한 이유 없이 사업자가 이행하여야 할 급부를 일방적으로 중지할 수 있게 하는 조항 또는 법률의 규정에 의한 해제권, 해지권의 행사요건을 완화하여 고객에 대하여 부당하게 불이익을 줄 우려가 있는 조항 등 약관의 규제에 관한 법률이 규정하고 있는 불공정한 약관이라고 볼 수 없고, 그 위반행위의 정도에 비하여 지나치게 가혹한 제재를 가하는 것으로서 비례의 원칙에 어긋난다

이용계약의 근간이 되는 약관규정에 사업자가 해당 이용계약의 계약기간, 해지 내지 해제가능성 내지 제재가능성을 근거지우는 규정을 두어서 이용자의 권리를 제한하고 있기 때문이다. 따라서 이하에서는 책임게임제도의 내용이 약관규제법상의 내용통제 관점에서 문제가 되지 않는지에 관하여 살펴보려고 한다.

(1) 책임게임제도의 내용분석

책임게임제도는 게임과몰입 예방 및 관리를 목적으로 하는 조치이고, 경고, 이용내역 통보 등의 단계별 조치와 게임이용제한제도 등으로 이루어져 있다. 그리고 이러한 단계별조치가 이루어지는 것의 전제조건으로 게임과몰입 위험군이 설정되어야 한다(제7조 제1항). 업무편람에서 제시하고 있는 단계별 관리조치의 세부내용에 따른다면 (1) 1단계 ▷ 게임이용 과다에 따른 피해예방 경고, (2) 2단계 ▷ 예방경고 빈도 상향 및 이용내역 확인에 대한 링크 제공, (3) 3단계 ▷ 2단계와 동일한 예방경고 및 과몰입 예방안내 페이지 링크 제공 또는 과몰입 테스트 시행 후 게임 진행, (4) 4단계 ▷ 3단계와 동일한 노출 및 이용자 상담 지원 및 차단권고, 사업자 주도 또는 이용자 자가 차단신청으로 정해져 있다. 4단계까지의 조치는 주로 정보제공 및 검사 진행 등으로 이용자의 권리를 보장하기 위한 조치이고 그 침해정도도 크지 않아서 문제될 것이 없다. 결국 문제가 되는 것은 게임물 이용의 자기제한과 관련된 규정(제5조)이다.

책임게임제도를 도입한 게임물 이용의 자기제한에 관한 규정은 기본적으로 1년 이상의 기간을 정하여 게임이용자의 게임물 이용을 제한하는 조치를 그 내용으로 한다. 그리고 그 신청권자의 범위는 이용자 자신을 포함하여, 게임이용자의 배우자, 직계 존·비속, 법정대리인 또는 기타 이에 준하는 자 및 게임물관리위원회 위원장 또는 이용자보호기구의 장으로 규정하고 있다(제5조 제1항).

고 볼 수도 없다.

(2) 약관규제법에 기한 내용통제상 문제될 수 있는 규정내용

책임게임제도 자체의 내용은 과몰입의 상태에 있는 이용자를 보호하기 위한 조치로서 그 타당성이 인정될 수 있다. 다만 약관규제법상 문제가 될 수 있는 내용은 신청권자의 범위이다. 해당 규정 내용은 행위능력이 결여되어 있는 성년자를 보호하기 위한 성년후견제도[49]에서 신청권자의 범위에 관한 규정과 흡사하다. 물론 책임게임제도도 과몰입상태에 있는 성년자를 보호하기 위한 목적을 갖고 있다는 측면에서는 성년후견제도의 목적과 유사하다. 즉 성년후견제도가 질병, 장애, 노령, 그 밖의 사유로 인한 정신적 제약으로 사무를 처리할 능력이 부족하거나 지속적으로 결여된 사람을 보호하기 위한 제도라는 측면에서 과몰입 상태에 있는 이용자를 보호하는 것과 그 목적에서 유사하다. 그리고 성년후견제도에서 그 신청권자의 범위도 본인, 배우자, 4촌 이내의 친족, 미성년후견인, 미성년후견감독인, 한정후견인, 한정후견감독인, 특정후견인, 특정후견감독인, 검사 또는 지방자치단체의 장으로 규정되어 있다는 측면에서 비슷하다(민법 제9조 제1항 및 제12조 제1항 참조).

하지만 민법에 규정되어 있는 성년후견제도는 법령에 그 근거가 있을 뿐만 아니라 공익을 실현한다는 측면에서 이와 같은 역할을 수행하는 검사나 지방자치단체의 장 등이 신청권자의 범위에 포함되더라도 문제가 없다. 하지만 본 가이드라인상 규정된 책임게임제도는 법령상의 근거가 없고 자율규제수단의 내용으로 약관에 규정된 것이다. 따라서 본인 및 대리인이 아닌 제3자에게 과몰입을 이유로 한 본인의 이용권 제한을 신청할 수 있는 권리가 부여되는 것이 약관규제법상 정당성을 담보할 수 있는지가 문제될 수 있다.

게임이용계약은 기본적으로 게임사업자의 플랫폼을 통하여 게임을 이용할 수 있는 계속적 계약관계를 그 내용으로 하므로 그 해지를 신청하지 않으면 영구적이라는 측면에서 게임이용제한조치는 계약법적으로는

49_ 이에 관하여 자세한 것은 김형석, "민법 개정안에 따른 성년후견법제",『가족법연구』, 제24권 2호(2010), 111면 이하 참조.

이용계약의 해지에 해당한다. 따라서 게임이용조치의 해지를 계약의 당사자가 아닌 제3자가 신청할 수 있는지와 연관하여 검토할 필요가 있다.

이러한 측면에서 보았을 때 책임게임제도는 약관규제법 제9조 제2호(내지 제6조 제2항 제3호)를 위반하여 무효일 수 있다. 우선 본 규정은 "사업자에게 법률에서 규정하고 있지 아니하는 해제권 또는 해지권을 부여하여 고객에게 부당하게 불이익을 줄 우려가 있는 조항"에 해당할 수 있다. 책임게임제도는 이용자 본인이 게임이용을 제한할 수 있는 권한을 부여할 뿐만 아니라, 타인에게도 이러한 권한을 부여하고 있다. 즉 자기제한과 타인제한을 동시에 규정하고 있다. 업무편람에서 하고 있는 자기제한과 타인제한의 구분은 올바르지 않은 것으로 보인다. 그 내용을 살펴보면 자기제한을 게임물 이용자 본인, 배우자 또는 직계혈족이 게임제공업자에게 게임과몰입 등을 이유로 이용제한조치를 요청하는 경우로 정의하고 있고 타인제한은 게임제공업자가 내부통제기준에 의하여 자체적으로 제한하거나 게임물관리위원회 또는 이용자보호기구 등의 요청에 의하여 이루어지는 제한으로 정하고 있다.[50] 그런데 제한을 신청하는 본인의 입장에서 보았을 때 본인 또는 그 대리인만이 본인을 위하여 의사표시를 하는 자에 속하므로 그 한도에서만 자기제한으로 보는 것이 타당할 것이다. 그 밖의 경우에는 본인의 의사와 상관없이 제한조치를 신청하는 자에 해당하므로 모두 타인제한에 해당한다. 즉 게임제공업자, 게임물관리위원회 또는 이용자보호기구는 물론 업무편람상 자기제한의 범주에 포함되어 있는 배우자 또는 직계혈족 모두 본인의 의사와 상관없이 제한조치를 신청할 수 있는 자에 해당한다. 이러한 측면에서 보았을 때 본 규정을 통하여 타인에게 해지할 수 있는 권리가 부여되어 이용자의 권리를 부당하게 침해할 여지가 있는 것이다.

다만 본 규정은 해당 약관을 당연히 불공정한 절대적 무효조항으로 다루는 것이 아니라 '부당하게 불이익'을 주는 경우에만 불공정한 것으

50_ 게임이용자보호센터, 이용자보호 가이드라인(2016), 44면 참조.

로 실질적인 판단을 요하는 상대적 무효조항을 규율하고 있다. 그런데 게임물 이용제한과 관련된 규정 내용을 보면 엄격한 절차에 기하여 이용자의 보호를 위한 신청이 이루어지도록 제도가 설계되어 있고 본인의 이익을 위하여 이러한 조치가 이루어진다는 측면을 감안하면 '부당하게 불이익'을 주지 않은 것으로 볼 수 있으므로 본 규정을 위반하지 않은 것으로 볼 여지도 크다. 따라서 이용자가 부당하게 게임이용제한을 당하였다고 생각된다면 충분히 약관규제법상 불공정한 조항에 기초하여 게임이용이 제한되었다고 주장할 여지는 있으나, 사업자가 이와 관련된 요건과 절차를 엄격하고 명확하게 규정하고 있다면 게임이용제한 조치가 이용자 보호를 위한 목적을 가지고 있는 만큼 부당하게 불이익한 조항이 아닐 수 있는 여지가 충분히 있을 것이다.

V. 나가며

1. 현행법상 평가

게임산업법 시행령 제17조 별표 2 제8호 사목은 게임제공업자에게 게임과몰입 방지를 위한 이용자보호방안을 수립할 것을 요청하고 있다. 이에 따라 자율규제수단을 마련하기 위하여 GUCC가 자율규제기구로서 설립되었고 이용자보호방안 가이드라인도 자율규제수단으로 제정·시행되었다. 자율규제기구인 GUCC는 그 정당성 확보를 위하여 가이드라인상으로는 이용자보호기구로 규정되어 그 설립근거를 마련하는 한편 사업자 및 관계기관으로부터 독립성을 유지한 채 자율규제기구가 갖추어야 할 내용을 충분히 확보하기 위하여 노력하고 있는 것으로 보인다. 하지만 가이드라인을 강제할 수 있는 집행력을 형식적으로 갖추고 있지 못하고 있으므로 집행력을 확보하여 앞으로 강력한 자율규제기구로서의 모습을 갖추어 가는지가 본 기구의 성패를 좌우할 것으로 보인다.

이용자보호방안 가이드라인은 강한 법적 규제하에서 나올 수밖에 없는 한계를 가지고 있지만, 그 한계 안에서 차선을 찾은 책임게임제도를 그 주된 내용으로 한다. 본 논문에서는 이러한 규정 내용을 분석한 결과 내부통제기준으로 정하는 것은 부족하고 약관의 내용으로 책임게임제도의 내용을 반영하여 명확히 그 형식을 갖추어야 하고 약관의 내용으로서 계약에 편입하는 절차를 거쳐야만 해당 규정내용을 이용자에게 주장할 수 있다는 점을 지적하였다. 가이드라인에서 제시하고 있는 그 밖의 내부통제기준인 운영정책, 윤리규정을 담는다면 그 명칭과 상관없이 약관으로 내용을 간접적으로 편입하거나 별도로 이용자로부터 동의를 받아서 계약내용으로 편입하는 방법이 절차적으로 요구된다.

또한 책임게임제도의 내용은 이용자의 게임이용권을 제한하는 내용을 담고 있고 실질적으로는 이용계약의 해지라는 내용을 가지고 있으므로 해당 규정이 약관규제법상 문제가 없는지 살펴보았다. 자기제한의 경우에는 큰 문제가 없으나, 본인 내지 그 대리인이 아닌 사업자 내지 제3자가 신청권자로 규정되어 있어서 그 규정이 명확하고 엄격한 요건과 절차로 규정되어 있지 않다면 약관규제법 제9조 제2호에 위반될 여지가 있음을 지적하였다. 하지만 이러한 내용을 갖추고 있다면 기본적으로 책임게임제도가 본인의 이익보호를 목적으로 설정된 제도라는 측면에서 해당 규정이 부당하게 불리하지 않을 여지도 있다는 점을 지적하였다. 따라서 이용자보호방안 중에서 게임이용제한조치에 관한 규정을 만들 때에는 해당 규정이 적용될 수 있는 요건과 절차를 엄격하고 명확하게 만들 필요가 있다. 그렇지 않는다면 이용권을 제한당한 이용자와의 소송에 휘말릴 수 있고 경우에 따라서는 해당 규정이 약관규제법상 무효로 판단되어 해당 게임이용제한조치가 부적법한 것으로 평가될 여지도 있다.

2. 입법론적 개선사항

입법론적으로는 이와 같은 자율규제수단을 위임하는 규정을 두었고 이에 기하여 자율규제기구와 자율규제수단이 마련되어 시행되고 있다면 입법자는 기존의 법적 규제를 완화하는 방향으로 그 법적 규제수준을 선회할 필요가 있다. 특히 사업자가 다양한 방향으로 자율규제수단을 창의적인 방법으로 구성할 수 있도록 여지를 만들어 줄 필요가 있을 것이다. 현행 규제수준이 과도하게 강하다는 비판이 많고 규제목적은 달성하였으나, 그 규제수준이 너무 강하고 규제내용에 대한 규제효과를 명확히 분리할 수 없다는 등의 문제점이 주장되고 있는 상황에서 법적 규제와 자율규제 수단의 적절한 수위조절을 통한 공동규제가 이루어질 필요가 있을 것이다.

참고문헌

권민석, "게임이용 상대방 선택금지 규제가 개발 및 이용에 미치는 영향에 관한
  연구", 『한국컴퓨터게임학회논문지』, 제26권 3호(2013).

권현호, "해외 웹보드게임의 게임결과물 환전 방식에 관한 연구", 『한국컴퓨터게
  임학회논문지』, 27권 2호(2014).

김성태, "공법상 가택권", 『홍익법학』, 제13권 제4호(2012).

김종일, 『온라인 포커게임의 사행성 규제에 관한 연구』, 서울대학교 석사학위논
  문(2013).

김지훈, "웹보드 게임에서의 1회 베팅한도 규제에 대한 검토", 『한국컴퓨터게임
  학회논문지』, 제26권 3호(2013).

김형석, "민법 개정안에 따른 성년후견법제", 『가족법연구』, 제24권 2호(2010).

박지환, "웹보드 게임 매회 본인인증 규제안에 대한 헌법적 검토", 『한국컴퓨터
  게임학회논문지』, 제26권 3호(2013).

백주선, "게임법상 웹보드게임에 대한 법적규제와 자율규제", 『한국외국어대학
  교 법학연구소 소비자법센터 제9회 세미나 발표자료집』(2017).

서종희, "게임과 관련된 자율규제 모델 해외 사례 ─ 일본의 확률형 아이템 및 미
  국의 DFS(Daily Fantasy Sport) 사례를 중심으로", 『외법논집』, 제41권 제2호
  (2017).

송순영, "사업자의 소비자보호 자율규제 발전방향", 『소비자문제연구』, 제40호
  (2011).

신영수, "온라인게임 이용약관 관련 판례의 동향 및 쟁점 분석", 『IT와 법연구』,
  제5집(2011).

심우영, "자율규제와 소비자법적 보호의 함의 ─ 게임, 특히 웹보드게임의 분야
  에 있어서", 『외법논집』, 제41권 제2호(2017).

윤종수, "인터넷 산업에 대한 법적 규제 및 활성화 방안", 『저스티스』, 통권 제
  121호(2010).

이민영, "인터넷 자율규제의 법적 의의", 『저스티스』, 통권 제116호(2010).

이병준, "서비스이용자의 위반행위에 대한 제재와 불명확조항해석의 원칙 ─ 대

법원 2011. 8. 25. 선고 2009다79644 판결",『민사판례연구』, 제35권(2013).

이승훈, "웹보드게임 1일 10만원규제한도의 문제점에 대한 연구",『한국컴퓨터 게임학회논문지』, 제26권 3호(2013).

이영준,『물권법』, 박영사, 전정신판(2009).

이은영,『민법총칙』, 박영사, 제5판(2009).

이현경, "자기책임의 원칙과 카지노 사업자의 보호의무",『법경제학연구』, 제12 권 제2호(2015).

최경진, "인터넷과 자율규제",『스포츠와 법』, 제16권 제2호(2013).

최민수, "독일법상 카지노 출입제한에 관한 소고",『비교사법』, 제21권 제2호 (2014).

현대호, "자율규제 확대를 위한 법제개선 연구[I]",『한국법제연구원 연구보고』 (2010).

황성기, "온라인 웹보드게임의 사행성 규제의 헌법적 한계 ─ 도박과 게임의 개 념본질적 구분을 중심으로",『경제규제와 법』, 제4권 제2호(2011).

황승흠, "온라인 게임산업의 자율규제 문제",『LAW & TECHNOLOGY(서울대학 교 기술과법센터)』, 제2권 제4호(2006).

_____, "인터넷 콘텐츠 규제에 있어서 법제도와 사업자 자율규제의 결합에 관한 연구",『공법학연구』, 제9권 제4호(2008).

Berndt/Hoppler, "Whistleblowing ─ ein integraler Bestandteil effektiver Corporate Governance", BB 2005, 2623 ff.

Black, Julia, "Decentering Regulation: Understanding the Role of Regulation and Self-Regulation in a 'Post-Regulatory' World", 54 Current L Probs 103(2001).

Bräutigam/Rücker/Schapiro, *Rechtshandbuch E-Commerce*(2017).

Christeng, "Taschenkontrolle im Supermarkt und Hausverbot", JuS 1996, 873 f.

Conraths/Krüger, "Das virtuelle Hausrecht des Online-Spiel-Betreibers ─ Wirksame Rechtsschutzmöglichkeit für Online-Spiel-Anbieter abseits des Vertragsrechts", MMR 2016, 310 ff.

King, Andrew A./Michael J. Lennox, "Industry Self-Regulation without Sanctions:

The Chemical Industry's Responsible Care Program", 43 Acad Mgmt J 698 (2000).

Maume, "Bestehen und Grenzen des virtuellen Hausrechts", MMR 2007, 620 ff.

Newman, Abraham L./David Bach, "Self-Regulatory Trajectories in the Shadow of Public Power: Resolving Digital Dilemmas in Europe and the U.S.", 17 Governance 387(2004).

Omarova, Saule T., "Wall Street as Community of Fate: Toward Financial Industry Self-Regulation", 159 U Pa L Rev 411(2011).

Spindler/Thorun, "Die Rolle der Ko-Regulierung in der Informationsgesellschaft", MMR-Beilage 6/2016.

Weber-Rey, "Whistleblowing zwischen Corporate Governance und Better Regulation", AG 2006, 409.

3장

온라인게임과 법적 규제

게임물 등급분류 제도의 문제점 및 개선의 방향*

김종일

Ⅰ. 서 언

첨단 정보통신기술의 발달과 그에 따른 인터넷 환경의 급속한 변화, 유무선 단말기기 관련 기술의 고도화, 소셜 네트워크(SNS) 등의 활성화에 따른 뉴미디어의 등장 등은 우리 사회에서 게임을 제공하고 이용하는 양상에 있어서도 급격한 형태의 변화를 가져왔다. 특히 1인이 1기기 혹은 다(多)기기 시대의 도래와 함께 등장한 이른바 '글로벌 모바일 게이밍 현상'[1]은 한국과 같이 반드시 법정기구에 의해 사전등급분류를 거친 게임만을 이용에 제공토록 법제화하고 있는 정책에 큰 도전으로 다가온다. 예를 들어 폭력성의 수준이 성인용인 게임물을 성인이 이용하는 것과 관련하여 미국, 유럽, 일본과는 달리 한국에서는 게임물관리위원회의 사전등급분류 절차를 거쳐서 청소년이용불가라는 등급을 부여받은

---

* 이 연구논문은 연구자의 서울대학교 법학박사학위논문(2017.8)인 "게임의 법적 규제에 관한 연구―「게임산업진흥에 관한 법률」을 중심으로"의 내용 중 일부분을 수정·보완한 것임을 밝혀 둡니다.

1_ '글로벌 모바일 게이밍 현상'이란 세계 각지에서 동일하게 출시된 모바일 게임을 전 세계인이 시간과 장소에 구애받지 않고 이용하는 현상을 의미한다.

이후에야 성인이 이용할 수 있게 되며 이러한 절차를 위반할 경우 당해 게임물을 이용에 제공하는 게임사업자는 5년 이하의 징역 또는 5천만 원 이하의 벌금이라는 법정형에 처해지게 된다. 반면 미국, 유럽, 일본 에서는 모바일 게임이 유통되는 애플앱스토어나 구글플레이가 자체적 으로 정하고 있는 기준에 따라 연령을 구분하여 제공하면 충분하며, 이 를 그르친다고 하여 정부가 행정적 · 형사적 불이익을 부과하지 않는다. 동일한 게임의 이용과 제공에 있어서 유독 한국에서만 엄격한 규제가 등급분류 제도라는 이름으로 존재하는 것이다.

한국의 게임물 등급분류 제도는 10여 년 전 이른바 '바다이야기 사태' 라는 격변을 거쳐 급격히 변모한 성격이 짙고, 사전등급분류 원칙은 게 임산업법이 등급분류 기관의 권한 강화를 지향함에 따라 게임물에 대한 사전 · 사후적 관리를 총체화하는 방향으로 확장하여 왔다. 본 연구에서 는 이러한 사전 · 사후적 관리의 기제로 활용되어 온 등급재분류, 등급 거부, 등급취소 등의 절차와 이를 위반한 경우의 벌칙 등을 구체적으로 살펴, 특히 현행 등급분류 제도가 등급분류 기관의 권한남용 가능성 측 면 및 창작과 표현의 제약 측면에서 어떠한 문제점을 가지고 있는지 살 피고자 하며, 현행 등급분류 제도의 변화 발전을 꾀하기 위해서 개선되 어야 할 방향을 제안하고자 한다.

II. 게임물 등급분류 제도와 사전등급분류 원칙

1. 게임물 등급분류 제도의 의의

게임물의 제작부터 이용자의 이용에 이르기까지의 과정에서 게임물 의 등급분류 제도는 게임의 이용자에의 이용 제공 전(前) 단계에서 이루 어지는 대표적인 게임물의 내용에 대한 사전적 규제라고 할 수 있다. 그 리고 게임물이 이용에 제공된 이후 단계에서도 등급분류를 받은 게임물의 내용이 수정되는 등의 경우에는 등급의 재분류가 이루어질 수 있으므로, 게임물의 등급분류 제도는 게임물에 대한 대표적인 규제적 제도의 하나로 파악될 수 있을 것이다. 특히 게임물의 등급분류 제도는 후술하는 바와 같이 등급분류가 이루어지지 않은 게임물의 경우에는 이용자의 이용에의 제공이 원천적으로 불허[2]되고, 등급분류를 받고 이용자의 이용에 제공된 경우에도 일정한 경우 해당 게임물에 대한 등급분류의 취소 등이 이루어지는 경우 사후적으로 게임물의 공급과 이용을 차단하는 효과를 가져오는 점에서 게임산업법상 게임물의 공급자와 이용자 모두에게 매우 강력한 효과를 가져오게 되는 제도라고 할 것이다.

게임물 등급분류 제도는 해당 게임물이 게임산업법상 규정되어 있는 이용자의 연령에 맞게 제작되었는지를 확인하는 것을 내용으로 하는데, 사전에 등급을 확인하도록 함으로써 연령에 부적절하게 게임물을 제공하는 사업자를 제재하고, 그를 통하여 이용자에게 적합한 게임물을 제공하도록 하는 것을 목적으로 하고 있다.[3] 즉, 동 제도는 청소년 보호를 목적으로 하는 연령에 기초한 규제 체계이지만, 그 목적은 규제에만 있는 것은 아니고, 해당 연령층에 적합한 정보를 제공하고자 하는 것을 취지로 하여 도입된 제도이다.[4] 헌법재판소 역시 게임물 등급분류 제도를 게임물의 내용에 따라 이용연령을 제한함으로써 국민의 문화생활 및 정서생활에 미치는 악영향을 방지하고, 게임물의 질적 향상을 도모하기 위한 것으로 파악하고 있다.[5] 이러한 점은 게임물관리위원회의 「등급분류 규정」에 있어서도 명확하게 드러나고 있는데, 등급분류의 기본정신

2_ 이 점에서 게임 창작자에 대하여는 창작의 단계에서 사후적으로 등급분류가 불허되는 경우 사전적 창작 금지와 다를 바 없는 효과를 가져오는 것으로도 파악할 수 있을 것이다.

3_ 김윤명, "게임산업법 발전을 위한 게임산업법 개선방안", 「법학평론」, 서울대학교, 2015, 322면.

4_ 문기탁, "게임법상 등급분류거부제도의 위헌성에 대한 연구", 「한국컴퓨터게임학회논문지」 26권 3호, 한국컴퓨터게임학회, 2013, 222면.

5_ 헌재 2002.10.31. 2000헌가12.

과 관련하여 "등급분류를 함에 있어 게임물의 윤리성·공공성을 확보하고, 사행심 유발 또는 조장을 방지하며, 청소년을 보호하고 불법게임물의 유통을 방지"함을 규정하고 있다.[6]

2. 게임물 등급분류 기관

국내에서 유통되는 게임물의 등급분류 업무는 과거 공연윤리위원회를 시작으로 하여 한국컴퓨터게임산업중앙회와 한국공연예술진흥협의회를 거쳐 영상물등급위원회로 이관되어 왔다. 게임산업이 고부가가치의 차세대 핵심 문화산업으로 인식됨에 따라 2006년 게임산업법이 제정된 후 동법에 따라 게임물등급위원회가 신설되어 게임물의 등급분류와 사후관리 업무를 수행해 왔는데, 2013년 게임산업법의 개정을 통하여 게임물등급위원회는 폐지되고 게임물관리위원회[7]가 새롭게 설립되어 현재에 이르기까지 게임물의 등급분류와 사후관리 업무를 담당하고 있다.[8]

게임물관리위원회는 게임물의 등급분류에 관한 사항 및 게임물의 등급분류에 따른 제작·유통 또는 이용제공 여부의 확인 등 등급분류의 사후관리에 관한 사항에 관하여 심의·의결한다.[9] 그 밖에 현재 지난

6_ 「등급분류 규정」 제2조.

7_ 게임물관리위원회는 위원장 1인을 포함한 9명 이내의 위원으로 구성되며, 위원장은 위원 중에서 호선되어 위원회를 대표하고 위원회의 회의를 소집하여 의장이 된다. 임기 3년으로 재임기간 동안 위원회의 이사로 활동하는 위원은 문화예술·문화산업·청소년·법률·교육·언론·정보통신 분야 또는 비영리단체에서 활동하는 사람으로서 게임산업과 아동·청소년에 대한 전문성과 경험이 있는 사람 중 대통령령으로 정하는 단체의 장이 추천하는 사람을 문화체육관광부장관이 위촉하는 절차에 따라 임명되게 된다. 그런데 선임 가능한 위원 및 추천단체와 관련하여, 비영리단체의 경우 그에 해당하는 단체가 매우 광범하고, 비영리단체라 하더라도 특정한 이익을 목적으로 하여 설립된 경우가 있을 수 있으므로, 경우에 따라서는 특정한 소수의 이익 등을 목적으로 의견을 제시하는 경우가 있을 수 있다. 이러한 문제의 발생 가능성을 고려한다면 향후 해당 규정을 '공공의 이익을 목적으로 하여 설립된 비영리단체'로 그 범위를 한정할 필요성이 있다고 할 것이다.

8_ 게임물관리위원회, 「2016 게임물 등급분류 및 사후관리 연감」, 20면.

2014년 5월 출범한 민간 심의기구인 게임콘텐츠등급분류위원회[10]는 등급분류와 관련한 일부 업무를 위탁받고 있다.[11]

3. 사전등급분류의 원칙과 등급분류 기관

(1) 사전등급분류의 원칙

게임물을 유통시키거나 이용에 제공하게 할 목적으로 게임물을 제작 또는 배급하고자 하는 자는 해당 게임물을 제작 또는 배급하기 전에 게임물관리위원회 또는 게임산업법 제21조의2 제1항에 따라 지정을 받은 사업자로부터 그 게임물의 내용에 관하여 등급분류를 받아야 한다.[12] 따라서 원칙적으로 유통 및 이용에 제공되는 게임물은 모두 등급분류의 대상이라 할 수 있다. 다만, ① 중앙행정기관의 장이 추천하는 게임대회 또는 전시회 등에 이용·전시할 목적으로 제작·배급하는 게임물, ② 교육·학습·종교 또는 공익적 홍보활동 등의 용도로 제작·배급하는 게임물로서 대통령령이 정하는 것, ③ 게임물 개발과정에서 성능·안전성·이용자만족도 등을 평가하기 위한 시험용 게임물로서 대통령령이 정하는 대상·기준과 절차 등에 따른 게임물의 경우에는 등급분류의 대상이 아니다.[13] 그런데 어떠한 게임물이 게임산업법상 등급분류의 예외적 사항에 해당하는지 여부를 확인하기 위해서는 필연적으로 해당 예외 규정에의 적용 여부가 확인되어야 할 것이므로, 이와 같은 점을 고려한다면 '사실상' 모든 게임물이 등급분류 제도의 적용대상이라고 파악할 수 있을 것이다. 등급분류 실무상 등급분류의 대상이 되는 게임물은 ①

9_ 「게임산업진흥에 관한 법률」 제16조 제2항 제1호 및 제4호.

10_ 이와 같은 민간 심의기구와 관련하여서는 특히 기구의 객관성과 공정성의 확보가 중요함이 강조되고 있다(이승훈, "표현의 자유를 제약하는 게임물관리위원회의 심의실무 사례연구", 「한국컴퓨터게임학회지」 28권 4호, 한국컴퓨터게임학회, 2015, 76면).

11_ 「게임산업진흥에 관한 법률」 제24조의2.

12_ 「게임산업진흥에 관한 법률」 제21조 제1항 본문.

13_ 「게임산업진흥에 관한 법률」 제21조 제1항 단서.

개인용 컴퓨터(PC) 게임물(PC에서 구동되는 게임물), ② 비디오 게임물(게임 이용을 주된 목적으로 하는 기기에서 구동되는 게임물), ③ 모바일 게임물(모바일 기기에서 작동하는 게임물), ④ 아케이드 게임물(게임산업법 제2조 제6호의 규정에 의한 게임제공업용 게임물), ⑤ 기타게임물로 구분되고 있다.[14] 그리고 게임물의 등급은 '전체이용가', '12세이용가', '15세이용가', '청소년이용불가'의 4가지로 구분[15]되고 있다.[16]

(2) 게임물관리위원회의 등급분류

게임물관리위원회는 게임물의 윤리성 및 공공성을 확보하고 사행심 유발 또는 조장을 방지하며 청소년을 보호하고 불법 게임물의 유통을 방지함을 목적[17]으로 하여 설립된 법인으로 게임물의 등급분류에 관한 사항을 심의·의결하는데,[18] 동 위원회는 등급분류를 신청한 게임물에 대하여 '사행성게임물' 여부를 확인하여야[19] 한다.[20]

14_ 「등급분류 규정」 제4조.

15_ 「게임산업진흥에 관한 법률」 제21조 제2항.

16_ 현행 게임산업법은 "이용가(可)"의 표현을 사용하고 있음에도 불구하고, 법률상 문언에 있어서는 그 내용을 설명하며 '이용할 수 없는'이라는 표현을 사용하고 있는데, 이를 "이용가"의 표현에 맞추어 '이용할 수 있는'으로 문언을 정비하는 것이 적정하다고 할 것이다.

17_ 「게임산업진흥에 관한 법률」 제16조 제1항.

18_ 「게임산업진흥에 관한 법률」 제16조 제2항 제1호.

19_ 이와 관련하여, 후술하는 여러 등급분류 세부기준 중 '사행성 여부의 확인'은 특히 법률에 별도로 규정되어 있는데, 이는 게임물의 등급분류에 있어 해당 사항이 특히 중요하게 고려되어야 함을 강조하고자 하는 입법자의 의지로 파악할 수 있을 것이다. 그러나 "사행성게임물"의 개념은 게임의 개념 본질에 적합하지 아니한 개념으로서 게임산업법에서 규정될 성질의 내용이 아니라 할 것이고, 동 규정은 동법의 입법 직후 크게 논란이 된 바 있는 이른바 '바다이야기 사건' 등 사회적 일탈현상의 억지라는 특별한 고려를 반영한 것으로 파악할 수도 있을 것이므로, 개념적 오류와 변화한 현실적 상황 등을 고려한다면 그와 관련한 사항을 특별히 법률상 규정할 필요성이 있는지 등 적정성 여부에 대하여 재검토가 이루어질 필요가 있다고 할 것이다.

20_ 「게임산업진흥에 관한 법률」 제21조 제4항.

(3) 게임콘텐츠등급분류위원회의 등급분류

게임콘텐츠등급분류위원회는 「게임산업진흥에 관한 법률」 제24조의 2에 따라 문화체육관광부장관의 지정을 통하여 게임물의 등급분류와 관련한 업무의 수행을 위하여 게임물관리위원회로부터 일정한 기간[21]의 범위 내에서 업무를 위탁받은 법인이다.

게임콘텐츠등급분류위원회는 '청소년이용불가 게임물'을 제외한 '전체이용가 게임물', '12세이용가 게임물', '15세이용가 게임물'을 대상으로 하여, ① 등급분류 결정, ② 게임물의 내용 수정 신고 수리, 등급 재분류 대상 통보 및 조치, ③ 등급심사에 필요한 자료의 제출 요구, ④ '사행성 게임물'에 해당되는 게임물을 제외한 게임물에 대한 등급분류 거부결정, ⑤ 등급분류 결정 관련 서류의 교부, ⑥ 등급분류 결정 취소의 업무를 수행한다.[22]

(4) 자체등급분류사업자의 등급분류

문화체육관광부장관은 일정한 요건을 갖춘 사업자를 대상으로 심사절차를 거쳐 자체적으로 등급분류를 할 수 있는 사업자(이하 '자체등급분류사업자'라 함)를 3년 이내의 기간을 정하여 지정할 수 있다.[23] 자체등급분류사업자는 스스로 제작한 게임물과 게임물을 제공하거나 중개하는 계약(가입자 정보만을 공유하는 계약은 제외)을 맺고 서비스하는 게임물(「클라우드 컴퓨팅 발전 및 이용자 보호에 관한 법률」 제2조 제3호의 클라우드컴퓨팅서비스로 제공되는 게임물 포함)에 대하여 등급분류를 할 수 있다.[24] 다만, '청소년이용불가 게임물'에 해당하거나 청소년게임제공업[25]과 일반게임제공업[26]

21_ 문화체육관광부장관은 등급분류 업무의 위탁기간이 만료하기 6개월 전에 그 업무수행이 적정한지 여부를 평가하여야 하고(「게임산업진흥에 관한 법률」 제24조의2 제2항), 게임물관리위원회는 평가에서 적정판정을 받은 경우 5년 이내의 기간을 정하여 업무를 재위탁할 수 있다(「게임산업진흥에 관한 법률」 제24조의2 제3항).

22_ 「게임산업진흥에 관한 법률」 제24조의2 제1항.

23_ 「게임산업진흥에 관한 법률」 제21조의2 제1항.

24_ 「게임산업진흥에 관한 법률」 제21조의2 제3항 본문.

에 제공되는 게임물에 대하여는 등급분류를 할 수 없다.[27] 자체등급분류
사업자는 등급분류의 결정 및 통보와 등급분류를 받은 게임물의 내용이
수정된 경우에 있어 내용 수정 신고의 수리, 등급 재분류 대상 통보 및 조
치에 관한 등급분류 업무를 수행한다.[28]

4. 자율규제로서의 해외 게임등급분류 제도와의 비교

(1) 미국의 ESRB

미국은 비영리 민간자율기구인 ESRB(Entertainment Software Rating Board)
가 게임물의 등급을 심의하고 있다. 동 기구는 1994년 ESA(Entertainment
Software Association)에 의하여 설립되었다. ESRB는 상호작용적 오락소프
트웨어산업을 위해 만들어진 자율규제기구로서, 컴퓨터게임과 비디오게
임에 적용되고 있는 등급분류에 관한 규칙을 제정하고 집행하는 역할을
한다. ESRB는 컴퓨터게임이나 비디오게임 안의 콘텐츠에 대한 간결하고
공정한 정보를 제공하는데, 이를 통해 소비자 특히 부모들이 게임을 구매
함에 있어 유용한 정보를 얻을 수 있도록 하고자 한다.[29]

ESRB는 3종류의 자율규약을 공개하고 있으며 이 규약들은 등급분류와
관련한 ESRB의 집행력의 근거가 된다. 먼저 Principles and Guidelines
for Responsible Advertising Practices[30]는 등급분류 받은 게임물에 대한

25_ '청소년게임제공업'이란 공중이 게임물을 이용할 수 있도록 게임물을 제공하는 영업
　　중 일정한 물리적 장소에서 필요한 설비를 갖추고 게임물을 제공하는 영업으로서, 등
　　급분류된 게임물 중 전체이용가 게임물을 설치하여 공중의 이용에 제공하는 영업을
　　말한다(「게임산업진흥에 관한 법률」 제2조 제6호의2 가목).

26_ '일반게임제공업'이란 공중이 게임물을 이용할 수 있도록 게임물을 제공하는 영업 중
　　일정한 물리적 장소에서 필요한 설비를 갖추고 게임물을 제공하는 영업으로서, 등급
　　분류된 게임물 중 청소년이용불가 게임물과 전체이용가 게임물을 설치하여 공중의 이
　　용에 제공하는 영업을 말한다(「게임산업진흥에 관한 법률」 제2조 제6호의2 나목).

27_ 「게임산업진흥에 관한 법률」 제21조의2 제3항 단서.

28_ 「게임산업진흥에 관한 법률」 제21조의2 제4항.

29_ http://www.esrb.org/ratings/ratings_guide.aspx

30_ 이 자율규약은 아래 웹페이지에서 전문을 제공하고 있다.

등급표시 및 광고와 관련한 사항을 정하고 있으며 Advertising Review Council(ARC)에 의해 집행이 관리되는 구조이다. 다음으로 ESRB Retail Council "Ratings Education and Enforcement Code"[31]는 등급분류 받은 게임물을 유통하는 소매상에 대한 교육 및 집행 관련 사항을 정하고 있으며 ESRB Retail Council(ERC)에 의해 집행이 관리되는 구조이다. 또한 ESRB Website Council "Code of Conduct"[32]도 존재한다. 이는 게임관련 언론, 게임전시회사, 게임전문웹페이지 등이 게임관련 정보를 제공할 때 등급표시나 설명과 관련하여 준수해야 할 사항을 정하고 있으며 ESRB Website Council(EWC)에 의해 집행이 관리되고 있다.

ESRB의 경우 초기에는 비디오게임에 집중되어 있었는데, 최근에는 온라인게임, 모바일게임, IPTV 제공 게임 등도 등급분류의 대상으로 하고 있다. 등급의 강제성과 관련하여 ESRB는 전적으로 자율적인 조직이므로 게임업체가 반드시 등급분류를 받아야만 하는 의무는 없으나, 미국의 게임 도·소매상들이 등급을 받지 않은 게임은 판매를 하지 않기 때문에 거의 모든 게임업체들이 자발적으로 등급분류를 받고 있다.[33]

(2) EU의 PEGI

PEGI(Pan European Game Information)는 유럽의 부모들이 컴퓨터 게임을 구매하는 데 있어 결정을 돕기 위함을 목적으로 하여 지난 2003년 조직되었다.[34] PEGI는 산업 및 이용자 추세의 변화를 이유로 하여 조직되

---

http://www.esrb.org/ratin gs/principles_guidelines.aspx

31_ 이 자율규약은 아래 웹페이지에서 전문을 제공하고 있다.
https://esrbstorage.blob.core.windows.net/esrbcontent/retailers/downloads/erc_code_06-21-06.pdf

32_ 이 자율규약은 아래 웹페이지에서 전문을 제공하고 있다.
https://esrbstorage.blob.core.windows.net/esrbcontent/ratings/downloads/ewc_code.pdf

33_ 김민규·홍유진·박태순, "세계 게임 심의제도의 추세 및 함의", 「2009 KOCCA FOCUS(하권)」09-11(통권 제11호), 한국콘텐츠진흥원, 2009, 144면.

34_ http://www.pegi.info/en/index/id/28/

었는데, 컴퓨터게임과 콘솔게임이 유럽 전역에서 수백만 명의 이용자를 가진 커다란 레저시장으로 성장하였고, 게임이용자의 평균 연령이 23세를 넘게 되었으며 그에 따라 18세를 넘은 성인들을 대상으로 하는 성인용 게임이 많이 나오게 되었는데, 이 때문에 대부분의 게임이 청소년용으로 만들어진다고 생각하는 일반적인 소비자들이 혼란을 겪게 되었다. 그러한 상황 속에서 18세 미만의 청소년들을 보호하기 위해서 ISFE(Interactive Software Federation of Europe)는 전 유럽에서 통용되는 단일한 연령등급 시스템을 만들고자 하였는데, 이는 이미 유럽은 단일한 게임시장으로서 단일한 등급시스템을 적용해야 한다는 논리가 불가피했기 때문이기도 하였다. PEGI의 설립 시에는 유럽의 16개 국가에서 통용되었는데, 이후 30개국[35]으로 그 범위가 확대되었다.

PEGI는 Code of Conduct[36]를 인터넷홈페이지에 공개하고 있으며 이 자율규제 규약은 등급분류와 관련한 PEGI의 집행력의 근거가 된다. 이 규약은 PEGI의 업무범위와 목적과 등급분류 절차를 소개하고 있으며, ESRB가 공개하고 있는 3종류의 자율규약의 내용들에 담겨 있는 내용들처럼 협약자와 유통상과의 관계나 표시 또는 광고 등의 방법 기타 의무사항을 기술하고 있다.

PEGI의 등급분류는 모든 포맷과 플랫폼을 대상으로 하고 있음을 표방하고 있는데, 최근에는 온라인게임은 물론 모바일게임에 이르기까지 그 대상을 확대하고 있다. 등급분류의 강제성과 관련하여 PEGI의 등급

35_ 현재 Austria, Denmark, Hungary, Latvia, Norway, Slovenia, Belgium, Estonia, Iceland, Lithuania, Poland, Spain, Bulgaria, Finland, Ireland, Luxembourg, Portugal, Sweden, Cyprus, France, Israel, Malta, Romania, Switzerland, Czech Republic, Greece, Italy, the Netherlands, Slovak Republic, the United Kingdom의 30개 국가에서 PEGI의 등급분류 시스템이 적용되고 있다.

36_ 이 자율규약의 정식 명칭은 "Code of Conduct for the European Interactive Software Industry Regarding Age Rating Labelling, Promotion and Advertising of Interactive Software Products and Maintenance of Safe Online Gameplay"이며 아래 웹페이지에서 전문을 제공하고 있다.
http://www.pegi.info/en/index/id/1185/media/pdf/372.pdf

분류는 몇몇 국가에서는 법률적인 지원을 받지만, 많은 경우 그렇지 않은 자발적인 시스템이다. 하지만 실질적으로는 대부분의 게임 소매회사들이 회사의 정책상 PEGI의 등급을 강제적인 것으로 취급하고 있다고 한다. PEGI의 경우 초기에는 7개의 내용정보를 지니고 있었으나, 온라인게임이 차지하는 비중이 높아지며, 현재에는 온라인 이용이 가능함을 알려주는 내용정보를 포함하여 8개의 내용정보가 있다.

(3) 일본의 CERO

일본 컴퓨터 게임회사들의 협회인 CESA(Computer Entertainment Software Association)는 등급분류에 대한 정부나 시민단체의 여론이 높아진 데따라 2002년 6월 특정비영리법인인 CERO(Computer Entertainment Rating Organization)를 출범시켰다. CERO는 선진적인 등급분류 형태인 미국 ESRB의 등급분류를 상당 부분 기초로 하여 구성되었는데, 일반 시민이 게임을 선택함에 있어 필요한 정보를 제공하고 청소년의 건전한 성장을 도모하고 사회윤리 수준의 제고를 도모함을 그 목적으로 한다.[37]

CESA는 자율규약(コンピュータエンターテインメントソフトウェア倫理規定)[38]에서 기본이념, 차별적 표현 및 명예훼손적 표현, 교육에 관련된 표현, 성적 표현, 반사회적 표현, 폭력 및 범죄에 관한 표현 등에 관한 조항을 두고 있고, 구체적인 실시와 후속조치에 대해서는 CERO 倫理規定[39]에 구체적인 사항을 위임하면서 "CERO 윤리규정 위반은 특별한 사정이 없는 한, 본 윤리 규정 위반으로 간주"함을 명시하고 있다. 한편 CESA는 18세 이상 등급 게임의 광고와 관련하여서는 청소년 보호를 위하여 '18才以上のみ対象'家庭用ゲームソフトの広告等ガイドライン[40]이라는 별도의 자율

37_ http://www.cero.gr.jp/e/outline.html
38_ 이 자율규약은 아래 웹페이지에서 전문을 제공하고 있다.
　　http://ethics.cesa.or.jp/regulation.html
39_ 이 자율규약은 아래 웹페이지에서 전문을 제공하고 있다.
　　http://www.cero.gr.jp/regulation.pdf
40_ 이 자율규약은 아래 웹페이지에서 전문을 제공하고 있다.

규약을 만들어 운영하고 있다.

(4) 국제등급분류연합(IARC) [41]

과거의 게임물의 유통은 직접적으로 저장매체 등의 유통을 통하여 이루어졌다고 할 수 있는데, 현재는 인터넷을 통하여 게임물의 구입 등 유통이 가능한 형태로 발전해 왔다. 이와 같은 디지털 유통의 규모는 물리적 형태의 유통 규모를 이미 추월한 것으로 파악되고 있으며, 게임물의 유통에 있어서는 인터넷 플랫폼을 통하여 세계 전역에 글로벌한 형태로 유통되는 형태[42]가 증가하고 있다. 이러한 유통방식의 변화가 북미, 유럽 등 국가에서 게임물의 등급정보의 제공과 관련하여 인터넷을 통하여 유통되는 수많은 게임물이 등급정보가 없는 채로 유통되거나, 각각의 플랫폼 사업자가 자체적으로 설정한 등급을 표시함에 따라 동일한 게임이라도 상이한 등급을 가지게 되는[43] 등의 문제가 발생하게 되었다. 디지털 유통을 통해 공급되는 게임물이 증가할수록 이용자들이 적절한 등급정보를 제공받는 것이 어려워짐에 따라 기존의 방식과는 다른 등급분류 시스템의 도입이 필요하게 되었고, 이러한 문제점에 대응하기 위하여 해외의 주요 등급분류기관인 ESRB, PEGI, USK가 연합하여 IARC(International Age Rating Coalition)를 조직하게 되었는데, 이는 등급분류기관의 연합체로서 독자적인 등급분류기관은 아니고, 등급분류기관과 사업자의 양자 간 참여를 전제로 운영되는 구조[44]를 취하고 있다.[45]

---

https://www.cesa.or.jp/uploads/cm-guide01.pdf

41_ 게임물관리위원회, 「2016 게임물 등급분류 및 사후관리 연감」, 198-199면.

42_ 대표적으로 애플 앱스토어, 구글 플레이스토어, MS 엑스박스라이브, 소니 플레이스테이션스토어, 밸브 스팀 등을 예로 들 수 있다.

43_ 이와 같은 문제가 발생하게 된 것은 기존 소매점에 유통하기 위해서는 ESRB나 PEGI 등의 각 등급분류기관으로부터 등급분류를 받아야 하였으나, 인터넷으로 유통하는 경우에는 해당이 되지 않는 것을 그 이유로 하고 있다.

44_ 현재 IARC에 참여하고 있는 등급분류기관(Participants)은 미국의 ESRB, 유럽의 PEGI, 독일의 USK, 호주의 ACB, 브라질의 ClassInd의 5개 기관이고, 등급분류 시스템을 적용하고 있는 플랫폼 사업자(Participating Storefronts)는 Google Play, Nintendo

IARC는 디지털 방식으로 유통되는 게임물이 기존 패키지 형식의 게임물과 마찬가지로 공인된 등급정보와 함께 제공될 수 있도록 디지털 유통사업자에게 등급분류 솔루션을 제공하고 있다.[46] IARC의 등급분류 시스템은 디지털 유통 게임물의 특성상 수많은 게임물이 글로벌한 형태로 유통될 수 있는 점을 고려하여 제작되었는데, 향후 게임의 글로벌 유통이 보편화되고 플랫폼 단위의 유통이 증가함에 따르는 국제적 협력의 중요성으로 인하여 향후 세계 각국의 참여율이 증가할 것으로 예측되고 있다.[47]

(5) 주요 외국 제도의 시사점

이상에서 살펴본 것과 같이 주요 외국의 등급분류제도는 게임물의 제작 이후 공급에 제공되기까지의 단계에서 게임물의 이용자 혹은 소비자로 하여금 그 게임물의 내용에 관한 정보를 제공하는 것을 주된 목적으로 하고 있음을 알 수 있다. 즉, 등급분류를 통하여 게임물의 정보 제공 기능을 강화하는 경향을 보이고 있고, 이는 게임에 대한 정보를 제공함으로써 소비자나 게임의 이용자들이 적절하게 게임을 이용할 수 있도록 돕는 것에 보다 주안점을 두고 있는 것이다.[48]

주요 외국의 게임에 대한 자율심의 체계와 국내의 심의 체계는 다음과 같은 점에서 상당한 차이점을 보이고 있는 것으로 파악된다.[49]

---

e Shop, Oculus Store, Windows Store가 있다(https://www.globalratings.com/about.aspx 참조).

45_ 우리 게임물관리위원회의 경우, 지난 2016년 6월 IARC와 각국 게임물등급분류기관과의 정보교류 강화 및 글로벌 유통 게임물의 등급분류에 있어서의 합리적인 관리방안의 모색을 목적으로 하여 업무협약을 체결한 바 있다["게임위, 국제등급분류연합과 업무협약 체결", 지디넷코리아 기사(http://v.media.daum.net/v/20160616164959165), 2016.6.16. 참조].

46_ IARC의 등급분류 절차에 관하여는 https://www.globalratings.com/how-iarc-works.aspx 참조.

47_ https://www.globalratings.com/about.aspx

48_ 김민규·홍유진·박태순, 앞의 보고서, 182면.

49_ 이승훈, 주) 10의 논문, 77면.

첫째, 우리의 경우 법률상 제도에 기반하는 정부 주도형의 심의체계를 가지는데, 이는 정부가 주도하는 구조이고 민간기구의 자율적 심의는 보조적인 수단에 그치고 있다. 해외에서는 민간이 담당하고 있는 심의, 분쟁의 조정 등에 관한 역할까지 우리의 경우에는 주무부처인 문화체육관광부와 게임물관리위원회가 직·간접적으로 해당 업무를 수행하고 있다.

둘째, 우리의 경우 업계와 사회단체 등 민간 영역이 통합된 자율심의 협의체가 존재하지 않는다. 최근 들어 민간 심의기구인 게임콘텐츠등급분류위원회가 출범하였으나, 해당 기구는 보다 정확히 판단하자면 정부정책의 결과물이고 사실상 보조적 행정기구라고도 할 수 있으므로, 효율적이고 순수한 의미의 자율심의를 위해서는 관련 주체들의 이해와 협력을 바탕으로 하는 민간 주도의 체계가 형성될 필요가 있다.

셋째, 무엇보다도 주요 외국의 등급분류제도와 우리 등급분류제도의 가장 큰 차이점은 아래에서 장을 달리하여 살펴보는 바와 같이 우리의 경우 등급분류 제도의 운용 및 관리 전반에 걸쳐 높은 법정형에 기반한 형사적 제재 규정이 존재하고 있는 점이라고 할 것이다.[50]

50_ 우리와 같이 '국가 강제 제삼자 등급분류'에 해당하는 것으로 파악되는 호주도 등급분류미필 게임을 제공하거나 유통하는 경우에 '1년 이하'의 징역형에 처할 수 있도록 규정하고 있음에 반해, 우리는 같은 사유에 대해 '5년 이하'의 징역형에 처할 수 있다. 또한 우리 게임산업법의 실무는 등급분류 과정에서의 절차 위반이나 법령상의 표시의무 위반에 대해서도 3년 이하의 징역, 2년 이하의 징역, 1년 이하의 징역 등에 처할 수 있음에 비해, 호주의 등급분류 제도에서는 이러한 위반 사항에 대해 징역형을 규정하고 있지 않다.

Ⅲ. 등급분류의 사전·사후적 관리(재분류, 거부, 취소, 벌칙 등)

1. 등급의 재분류

(1) 이의신청을 통한 등급의 재분류[51]

게임물관리위원회 또는 등급분류기관의 등급분류 결정이나 등급분류 거부결정에 대하여 이의가 있는 자는 그 결정의 통지를 받은 날부터 30일 이내에 구체적인 사유를 명시하여 게임물관리위원회에 이의를 신청하여 등급분류를 다시 받을 수 있는데,[52] 게임물관리위원회는 이의신청 사유를 심사하여 신청에 이유가 있는 경우에는 신청서 접수일부터 15일 이내에 등급분류를 다시 하여 그 결과를 신청인 또는 대리인에게 통지하게 되고, 이유가 없는 경우에는 이유 없음을 통지하게 된다.[53]

(2) 직권등급재분류

게임물관리위원회는 자체등급분류사업자가 등급분류한 게임물이 '청소년이용불가 게임물'에 해당하거나 등급분류 거부 대상이 된다고 판단하는 경우, 문화체육관광부장관의 요청 또는 직권으로 등급분류 결정을 할 수 있다.[54] 그에 따라 등급분류 결정을 한 경우 게임물관리위원회는 그 사실을 자체등급분류사업자에게 통보하게 되고,[55] 자체등급분류사업

51_ 이와 관련하여 아래에서 살펴보는 바와 같이 등급분류 위원의 주관적인 가치에 따른 등급결정이 이루어질 수밖에 없는 현행의 구조하에서 일관성을 천명하고 있는 것은 스스로 따를 수 없는 원칙을 규정함에 지나지 않고, 이의신청에 따른 재등급분류 절차를 통하여 등급이 변경되는 경우에는 게임물관리위원회 스스로 객관성을 담보하지 못하는 모순적인 결과가 발생하게 되고, 이와 같은 점이 이의신청을 통한 재등급분류 절차가 형식적 절차로서 역할을 할 수밖에 없게 되는 문제가 발생할 수 있음이 지적되고 있다(김윤명, 앞의 논문, 325면).

52_ 「게임산업진흥에 관한 법률」 제23조 제1항.

53_ 「게임산업진흥에 관한 법률」 제23조 제2항.

54_ 「게임산업진흥에 관한 법률」 제21조의8 제1항.

자는 통보를 받은 날부터 지체 없이 그에 따른 조치를 취해야[56] 한다.[57]

(3) 등급조정조치

자체등급분류사업자가 등급분류한 결과가 등급분류기준에 현저히 위배되거나 자체등급분류사업자 간의 등급분류결과가 상이한 경우, 게임물관리위원회는 자체등급분류사업자에게 등급을 조정하도록 요구할 수 있고,[58] 자체등급분류사업자는 그에 따른 조치를 하여야[59] 한다.[60]

(4) 내용 수정에 따른 등급의 재분류

등급분류를 받은 게임물의 내용을 수정한 경우에는 24시간 이내에 그 사실을 게임물관리위원회에 신고해야 하는데, 게임물관리위원회는 신고된 내용이 해당 게임물의 등급 변경을 요할 정도로 수정된 경우에는 신고를 받은 날부터 7일 이내에 등급 재분류 대상임을 통보하게 된다. 이 경우 등급 재분류 대상임을 통보받은 게임물은 새로운 게임물로 간주하여 게임물관리위원회 규정이 정하는 절차에 따라 새로이 등급분류를 받도록 조치되게 된다.[61] 등급분류 변경을 요할 정도의 수정에 해당하면서 새로이 등급분류를 받지 않거나 등급분류를 받은 내용과 다르게 제공할 경우[62] 게임물관리위원회는 직권으로 조사하거나 게임물제공업

55_ 「게임산업진흥에 관한 법률」 제21조의8 제2항.

56_ 자체등급분류사업자가 조치를 이행하지 않는 경우 문화체육관광부장관은 그 시정을 명할 수 있다(「게임산업진흥에 관한 법률」 제21조의8 제4항).

57_ 「게임산업진흥에 관한 법률」 제21조의8 제3항.

58_ 「게임산업진흥에 관한 법률」 제21조의9 제1항.

59_ 자체등급분류사업자가 조치를 이행하지 않는 경우 문화체육관광부장관은 그 시정을 명할 수 있다(「게임산업진흥에 관한 법률」 제21조의9 제3항).

60_ 「게임산업진흥에 관한 법률」 제21조의9 제2항.

61_ 「게임산업진흥에 관한 법률」 제21조 제5항.

62_ 등급을 받은 내용과 다른 내용의 게임물을 유통 또는 이용에 제공하는 경우 2년 이하의 징역 또는 2천만 원 이하의 벌금에 처해지고(「게임산업진흥에 관한 법률」 제45조 제4호), 특히 게임제작업이나 게임배급업의 등록을 한 자의 경우 영업정지 혹은 영업폐쇄의 행정처분을 받을 수 있다(「게임산업진흥에 관한 법률」 제35조 제1항 제5호).

자 또는 게임물배급업자의 신청에 따라 등급을 재분류할 수 있다.[63]

그런데 이와 같은 행정처분의 적정성에 대하여는 많은 의문이 제기되고 있다. 게임물만의 고유한 특성을 반영하여 형성된 법체계로서의 현행 게임산업법은 게임물과 게임산업의 특성이 고려되지 않았던 과거 「음반·비디오물 및 게임물에 관한 법률」의 규정체계에서 일부분이 분리되어 현재에까지 이르고 있는 것으로 평가할 수 있는 규정들이 존재하고 있음으로 인하여 법률의 체계적 해석과 적용에 있어 혼란을 가져옴과 동시에 관련 규정의 적용에 있어서도 여러 문제점을 드러내고 있다. 특히 영업정지 등 행정처분과 관련하여, ① 현행 게임산업법은 해당 처분의 효력이 미치는 범위인 정지되는 영업의 범위를 명확히 규정하고 있지 않음으로 인하여, 영업정지의 처분이 (1) (게임과 무관한 영업을 포함하여) 모든 영업을 정지하라는 것인지, (2) (게임과 관련한 영업에 한하여) 영업을 정지하라는 것인지 또는 (3) 문제가 된 해당 게임의 (이용자 제공) 영업을 정지하라는 것인지가 불명한 점, ② 현행 게임산업법이 게임물과 관련한 영업의 형태에 있어 일정한 물리적 장소의 필요성이 전제되는 경우와 그렇지 않은 경우를 구분하고 있음에도 불구하고, 영업정지 등 행정처분에 있어 영업상 물리적 장소의 필요성 여부를 불문하고 무조건적으로 동일하게 적용 가능한 것으로 파악하는 태도가 타당한 것인지의 여부, ③ 관련기관의 지적에 따라 즉시 위반행위를 시정한 경우에도 영업정지 처분이 부과되는 경우 행정목적의 실현과 관련하여 목적 실현과 수단 사이의 합리적 비례관계의 유지라는 측면에서 '비례의 원칙'을 고려할 때, 달성하고자 하는 목적이 실현되었음에도 불구하고 행정처분이 이루어지게 되는 현행 관련규정의 적정성 여부가 문제된다고 한다. 따라서 이러한 문제점을 내포하고 있는 규정들은 게임산업법의 체계적 해석과 적용에 있어 혼란을 야기하고 있으므로, 규범의 명확성을 확보하고 체계적 정합성을 제고할 수 있도록 빠른 시일 내 정비가 필요함이 지적되고 있다(정정원, "「게임산업진흥에 관한 법률」의 개정 필요성 및 개정방안 소고(小考)", 「다시쓰는 대한민국 게임강국 프로젝트 2. 흑역사(黑歷史) 10년의 극복방안」[주관: 게임물관리위원회] 자료집, 2017, 55-58면]. 특히 위의 ③의 문제점과 관련하여, 현행 게임산업법은 게임사업자가 일정한 법적 의무를 이행하지 않은 경우 등에 있어 사업자로 하여금 스스로 시정할 수 있는 기회를 전혀 부여하지 않고 곧바로 영업폐쇄 또는 영업정지 행정처분을 명할 수 있도록 규정하고 있는데, 이는 경우에 따라서는 해당 사업자에게 지나치게 가혹하고, 사업자에 대한 영업정지 행정처분의 효과가 해당 사업자의 게임물을 이용하는 수많은 소비자들에게도 즉각적으로 영향을 미치게 되는 점 및 영업정지 행정처분 전 사업자에게 시정의 기회가 부여되어 있는 다른 법률과의 체계를 고려할 때 상당한 수준으로 균형을 잃은 규정 체계로 파악할 수 있을 것이다. 따라서 사업자의 의무 이행을 통하여 달성하고자 하는 목적과 그 수단으로서의 행정처분의 필요성을 비교형량하여, 일정한 경우에는 영업정지 행정처분 전 신속하게 사업자 스스로 의무의 이행이나 위반행위의 시정 등이 이루어질 수 있는 기회를 부여하는 것이 법률 목적을 보다 실효적으로 달성하고 동시에 소비자의 이익을 보호함에 있어 적정하다고 할 것이므로, 위반행위의 태양과 경중 등을 고려하여 '영업정지 행정처분 전 시정조치'와 같은 제도의 도입이 필요하다고 할 것이다.

2. 등급분류 거부

게임물관리위원회는 ① 「사행행위 등 규제 및 처벌특례법」, 「형법」 등 다른 법률의 규정 또는 게임산업법에 의하여 규제 또는 처벌대상이 되는 행위 또는 기기에 대한 등급분류의 신청, ② 정당한 권원을 갖추지 아니하였거나 거짓 그 밖의 부정한 방법의 등급분류 신청, ③ 사행성게임물에 해당되는 게임물에 대한 등급분류의 신청의 경우에 있어 등급분류를 거부할 수 있다.[64][65] 그리고 등급분류를 받은 게임물이 등급분류 거부 대상에 해당하는 사실을 알게 되면 게임물관리위원회는 지체 없이 등급분류 결정을 취소하여야 한다.[66] 이러한 등급분류 거부 제도는 특히 사행성게임물에 해당하는 경우 등급분류를 거부할 수 있도록 하여 해당 게임물이 시장에서 유통되지 않도록 하여 사행성게임물을 근절함을 그 목적으로 하는 것으로 파악되고 있다.[67] 이 점은 2007년 게임산업법의 개정에 있어 사행성게임물의 개념 정의와 그에 해당하는 경우 해당 게임물에 대하여 등급분류를 거부할 수 있는 규정을 신설하며, 그 개정이유에서 "사행성게임물의 확산과 게임제공업소의 경품용 상품권의 불법 환전 등에 따른 사행심 조장 등으로 도박중독자가 양산되고 사행성 PC방 등으로 사행행위가 확산됨에 따라, 사행성게임물을 정의하고, 게임물 등급분류를 세분화하여 사후관리를 강화하며, 사행성게임물에 해당되는 경우 등급분류를 거부할 수 있도록 하여 시장에서 유통되지 않도록 … 사행성게임물을 근절하고 건전한 게임문화를 조성하려는 것"이라고 명시하여 밝혔던 점에서도 그 취지가 드러나고 있다.

63_ 「게임산업진흥에 관한 법률」 제21조 제6항.

64_ 「게임산업진흥에 관한 법률」 제22조 제2항.

65_ 동 규정은 등급분류 거부가 가능한 사유를 제한적으로 열거하는 방식을 취하고 임의적 거부의 형식으로 그 문언을 구성하고 있으나, 그와 같은 사유가 존재하는 경우에는 해당 게임물에 대한 필요적 등급분류 거부가 이루어지고 있는 것으로 파악할 수 있다.

66_ 「게임산업진흥에 관한 법률」 제22조 제4항.

67_ 문기탁, 앞의 논문, 217면.

사행성게임물에 대한 등급분류 거부 제도에 대하여는 해당 게임물이 그 운영의 방식에 비추어 사행행위의 수단이 되는 경우에는 등급분류의 단계에서 사행성게임물로 결정하겠다는 입법적 취지를 가진 것으로서, 이는 게임물의 내용에 대한 심사가 아니라 게임의 운영 등 기술적 요소에 대한 심사에 따른 것이므로 헌법상 허용되지 않는 검열에 해당하지는 않는다고 파악하는 견해가 있다.[68] 이와 달리 등급분류가 거부된 게임물의 경우에는 그 유통이 금지되므로 등급분류 거부 제도는 운용의 조건과 방식에 따라서는 헌법상 금지되는 사전적 검열에 해당될 수도 있다는 의문이 제기되기도 한다.[69]

　게임산업법은 원칙적으로 사행성게임물 그 자체에 대하여는 어떠한 법적 효과를 규정하고 있지 아니한데, 이는 단지 사행성게임물은 게임물에 해당하지 않으므로[70] 게임산업법의 적용대상이 아니기 때문이라는 점을 고려할 때,[71] 해당 게임물에 대한 '사행성 확인'의 절차를 거치고 이 절차 속에 법령에 근거하여 의무적으로 제출된 게임물에 대한 내용과 운영방식이 모두 검토가 되어 등급분류 거부 결정이 내려진 이후에는 게임산업법이 정하고 있는 여러 가지 법적 효과가 발생하게 되는 점에

68_ 황승흠·정성재, "사행성게임물 등급분류거부제도의 검열 해당 여부", 「게임법제도의 현황과 과제」, 박영사, 2009, 141면.

69_ 문기탁, 앞의 논문, 216면.

70_ 「게임산업진흥에 관한 법률」 제2조(정의) 이 법에서 사용하는 용어의 정의는 다음과 같다.

1. "게임물"이라 함은 컴퓨터프로그램 등 정보처리 기술이나 기계장치를 이용하여 오락을 할 수 있게 하거나 이에 부수하여 여가선용, 학습 및 운동효과 등을 높일 수 있도록 제작된 영상물 또는 그 영상물의 이용을 주된 목적으로 제작된 기기 및 장치를 말한다. 다만, 다음 각 목의 어느 하나에 해당하는 것을 제외한다.

가. 사행성게임물

나. 「관광진흥법」 제3조의 규정에 의한 관광사업의 규율대상이 되는 것

다. 게임물과 게임물이 아닌 것이 혼재되어 있는 것으로서 문화체육관광부장관이 정하여 고시하는 것

71_ 이정훈, "온라인 웹보드게임 규제정책과 형사처벌의 한계", 「중앙법학」 제15권 제2호, 중앙법학회, 2013, 184면.

서, 게임산업법이 정하고 있는 사행성게임물에 대한 법적 효과는 등급분류 거부 결정이 있어야만 비로소 발생하는 것이라 할 것이다. 따라서 사행성게임물에 대한 등급분류 거부 제도는 원칙적으로 게임산업법을 적용할 필요가 없는 사행성게임물에 대하여 게임산업법상의 법적 효과를 발생시키기 위한 일종의 법적 장치로 파악할 수 있을 것이다.[72] 이와 같은 점에서 등급분류 거부 제도는 한국 게임산업 규제의 정점에서, 특히 게임의 사행성 규제와 관련하여 가장 큰 위력을 발휘하고 있는 것으로 평가되는 것이다.

3. 등급분류 취소

등급분류를 받은 게임물이라 하더라도 일정한 경우에는 그 등급분류가 취소될 수 있는데, 이는 단순히 수익적 행정행위의 취소로만 파악하기에는 그 제도가 가지는 의미가 매우 무거운 것으로 파악할 수 있다. 게임물관리위원회는 게임물의 등급분류 취소결정을 한 경우 이를 자체등급분류사업자에게 지체 없이 통보하여야 하고,[73] 자체등급분류사업자는 통보를 받은 날부터 지체 없이 그에 따른 조치를 취해야[74] 하는데,[75] 이 과정에서 그 게임물은 등급분류를 받지 않은 상태로 전환되게 되므로 해당 게임물의 전면적 유통 금지의 효과가 발생할 뿐만 아니라 계속적 계약관계 속에서 게임을 이용해 온 게임이용자에 대한 환불과 배상 등의 다양한 법률상 문제가 수반되게 된다. 특히 현행 게임산업법은 등급분류를 받은 게임물이 「사행행위 등 규제 및 처벌 특례법」, 「형법」 등 다른 법률의 규정 또는 게임산업법에 의하여 규제 또는 처벌대상이 되

72_ 황승흠, "2007년 개정 게임산업진흥법상 사행성게임물제도의 의의와 법적 성격", 「공법학연구」 제8권 제4호, 한국비교공법학회, 2007, 321-322면.

73_ 「게임산업진흥에 관한 법률」 제21조의8 제2항.

74_ 자체등급분류사업자가 조치를 이행하지 않는 경우 문화체육관광부장관은 그 시정을 명할 수 있다(「게임산업진흥에 관한 법률」 제21조의8 제4항).

75_ 「게임산업진흥에 관한 법률」 제21조의8 제3항.

는 행위 또는 기기인 경우, 정당한 권원을 갖추지 아니하였거나 거짓 그 밖의 부정한 방법으로 등급분류를 신청한 경우, 사행성게임물에 해당되는 게임물인 경우로서 원칙적으로 등급분류 거부 대상인 경우에는 지체 없이 등급분류 결정을 취소하도록 규정[76]함으로써, 등급분류 취소 제도가 상당한 수준으로 확장되어 운용될 수 있는 여지를 두고 있는 것으로 파악할 수 있다.[77]

이와 같은 등급분류의 취소는 실체적 이유에 근거한 등급분류 취소와 절차적 이유에 근거한 등급분류 취소로 구분할 수 있는데,[78] 실체적 이유와 관련하여서는 현행의 모든 법령의 위반 여부에 대한 판단을 사법기관이 아닌 게임물관리위원회가 판단하게 된다는 점에서, 절차적 이유와 관련하여서는 거짓 그 밖의 부정한 방법으로 등급분류를 신청하였는지 여부에 대하여 게임물관리위원회가 자의적으로 사유의 해당 여부를 확장하여 해석할 수 있다는 점에서 각각 그 남용 등의 우려가 발생하게 되는 것이다.[79] 한편, 자체등급분류사업자는 청소년이용불가 게임물의 등급분류 권한이 없으므로, 자체등급분류사업자가 등급분류한 게임물이 청소년이용불가 게임물에 해당하는 경우 또는 자체등급분류사업자가 등급분류한 게임물이 게임산업법 제22조제2항에 따른 등급분류 거부 대상이 된다고 판단하는 경우, 게임물관리위원회가 문화체육관광부장관의 요청 또는 직권으로 자체등급분류사업자의 등급분류 결정을 취소

76_「게임산업진흥에 관한 법률」제22조 제4항.

77_ '임의적 등급분류 거부'와 결부시켜 '필요적 등급분류 취소'를 규정하면서, 등급분류 거부 사유로 현행의 모든 법령의 위반을 규정하고 있음으로 인하여, 등급분류를 받은 게임물의 경우에도 언제든지 게임물관리위원회가 해당 게임물에 대한 어떠한 법령의 위반을 인지하면 지체 없이 그 게임물은 등급분류 취소 가능성이라는 엄중한 법적 위기에 처하게 되는바, 이는 게임물관리위원회에 게임물의 등급분류를 받은 게임사업자의 법적 안정성을 흔들 수 있는 매우 강력한 권한을 부여하고 있는 것으로 볼 수 있는 것이다.

78_ 문기탁, "게임물 등급분류 결정의 취소에 관한 연구", 「한국컴퓨터게임학회논문지」 제27권 제1호, 한국컴퓨터게임학회, 2014, 161-170면.

79_ 이와 관련한 상세는 후술하는 현행 등급분류제도의 문제점에서 상술하기로 한다.

할 수 있다.[80]

4. 등급분류 위반 게임물 제공의 효과

등급분류를 받지 않고 게임물을 유통하거나 등급분류를 받은 후 등급 구분에 위반하여 게임물을 유통하는 등 등급분류를 위반하는 행위에 대하여는 형사처벌뿐만 아니라 영업폐쇄·영업정지 등 행정처분이 부과된다.[81] 등급을 받지 않은 게임물을 유통 또는 이용에 제공하거나 유통·이용을 위하여 진열·보관하는 경우 5년 이하의 징역 또는 5천만 원 이하의 벌금에 처해지고,[82] 등급을 받은 내용과 다른 내용의 게임물을 유통 또는 이용에 제공하거나 유통·이용을 위하여 진열·보관하는 경우 2년 이하의 징역 또는 2천만 원 이하의 벌금에 처해지게 되며,[83] 등급을 받은 게임물을 등급구분을 위반하여 이용에 제공하는 경우 1년 이하의 징역 또는 1천만 원 이하의 벌금에 처해지게 된다.[84] 등급분류 위반의 효과가 이처럼 형사처벌 위주로 규정이 된 것은 게임 규제가 사행성 규제와 혼입된 연혁적 이유가 크다. 오랫동안 사행기구가 게임의 외관을 갖고 게임제공업소에서 제공되었다는 이유로 엄중한 사행성 규제를 게임 규제에 도입해 온 것인데, 게임기기가 설치되는 물리적 장소에 대한 규제 집행을 강화해서 해결해야 할 문제를 사전등급분류제도를 통해서 해결하려고 하니 법정형을 높여 위하효과를 강조하는 방식의 입법이 이루어진 것으로 평가될 수 있겠다. 프로그래밍을 통해 만들어 낸 소프트웨어가 단지 게임물이라는 이유만으로, 등급분류라는 행정 절차를

80_ 「게임산업진흥에 관한 법률」 제21조의8 제1항.

81_ (상영)등급분류제도가 시행되고 있는 영화, 비디오물 역시 게임물과 마찬가지로 등급 구분을 위반하여 이용에 제공하는 등의 행위를 하는 경우 형사처벌 및 행정처분이 부과된다(「영화 및 비디오물의 진흥에 관한 법률」 제6장 참조).

82_ 「게임산업진흥에 관한 법률」 제32조 제1항 제1호 및 제44조 제1항 제2호.

83_ 「게임산업진흥에 관한 법률」 제32조 제1항 제2호 및 제45조 제4호.

84_ 「게임산업진흥에 관한 법률」 제32조 제1항 제3호 및 제46조 제3호.

반드시 사전에 거치지 않은 것이 5년 이하 징역, 5천만 원 이하 벌금이라는 형사벌을 받아야 마땅할 정도의 법익이 사회적으로 침해된 것인지, 당해 소프트웨어 개발자에게 그 정도에 마땅한 도덕적 비난가능성이 있는 것인지 의문이 아닐 수 없다. 등급분류를 받지 않고 영화를 상영하면 3년 이하의 징역 또는 3천만 원 이하의 벌금에 처해지는[85] 상영등급분류제도의 경우와 비교된다.[86]

한편 게임산업법상 사행성게임물에 해당되어 등급분류가 거부된 게임물을 유통시키거나 이용에 제공하는 경우 또는 유통·이용제공의 목적으로 진열·보관하는 경우 5년 이하의 징역 또는 5천만 원 이하의 벌금에 처해지게 된다.[87] 그리고 게임제작업[88] 또는 게임배급업[89]의 등록을 한 자가 등급을 받지 않은 게임물의 유통·이용 등 행위를 하는 경우, 등급을 받은 내용과 다른 내용의 게임물의 유통·이용 등 행위를 하는 경우, 등급구분을 위반하여 이용에 제공하는 경우, 게임산업법상 사행성게임물에 해당되어 등급분류가 거부된 게임물의 유통·이용 등 행위

85_ 「영화 및 비디오물의 진흥에 관한 법률」 제29조 제3항, 제94조 제1호.

86_ 규제법에 있어서의 이러한 벌칙의 양을 정량화하고 비교하는 것과 관련하여서는, 전통적인 범죄가 도덕적 비난을 표현함에 핵심이 있음에 비해 규제법의 핵심 관심사는 공익에 해를 끼치는 영향을 고려하여 위반행위를 시정하는 데에 있으므로, 벌칙의 양을 정당화하는 근거는 억지력에 있다는 견해가 있다. Karen Yeung, "Quantifying Regulatory Penalties: The Australian Competition Law Penalties in Perspective", *Melbourne University Law Review*, 23(1999), p.460. 이 견해에 따르면 "규제 위반에 대한 억지를 정당화하는 제재의 양은 우선은 가해자와 다른 사람들이 법을 위반하는 것을 막을 만큼 충분히 높게 설정되어야 한다. 그러나 불균형을 일으킬 정도의 벌칙을 부과할 것을 요구한다면 억지의 목표는 형벌이 범죄에 부합해야 한다는 도덕률을 제시해야" 하는데, 사행성게임물 유통에 대한 벌칙이 별도로 존재하고 있는 상황에서 영화의 등급분류미필과 게임의 등급분류미필을 달리 취급할 도덕률이 존재하는지 의문이다.

87_ 「게임산업진흥에 관한 법률」 제32조 제1항 제4호 및 제44조 제1항 제2호.

88_ '게임제작업'이란 게임물을 기획하거나 복제하여 제작하는 영업을 말한다(「게임산업진흥에 관한 법률」 제2조 제4호).

89_ '게임배급업'이란 게임물을 수입(원판수입 포함)하거나 그 저작권을 소유·관리하면서 게임제공업을 하는 자 등에게 게임물을 공급하는 영업을 말한다(「게임산업진흥에 관한 법률」 제2조 제5호).

를 하는 경우, 시장·군수·구청장(자치구의 구청장)으로부터 영업폐쇄 또는 6월 이내의 기간의 영업정지를 명받을 수 있다.[90] 그 밖에 등급구분 중 '12세이용가 게임물'과 '15세이용가 게임물'의 등급구분을 위반하여 게임물관리위원회로부터 시정조치를 받고 해당 조치를 이행하지 않은 상태로 게임물을 제공하는 경우에는 1천만 원 이하의 과태료에 처해지게 된다.[91]

IV. 현행 등급분류 제도의 문제점

1. 사행성 기준의 자의적(恣意的) 적용 가능성

우선 등급분류 거부 제도의 실제적 운용에 있어서는 등급분류를 신청한 게임물의 사행성 판단과 관련하여 등급분류기관의 해당 기준의 자의적 적용 가능성의 문제가 발생할 수 있다.[92] 게임물관리위원회는 게임물의 등급분류 신청이 있는 경우 해당 게임물에 대하여 사행성게임물 여부

90_ 「게임산업진흥에 관한 법률」 제35조 제1항 제5호.

91_ 「게임산업진흥에 관한 법률」 제48조 제1항 제7호의2.

92_ 이와 관련한 대표적 사례는 다음과 같다. 2010년 2월 온라인 스포츠 경기 베팅 게임을 제작한 회사가 등급분류 신청을 하였는데, 동 게임에 대하여 사행성 게임임을 이유로 하여 등급분류가 거부되었다. 이에 해당 회사는 행정법원에 등급분류거부결정취소 행정소송을 제기하였고, 행정법원은 같은 해 9월 '등급분류거부취소' 판결을 하였으며, 이후 진행된 항소심에 있어서도 해당 판결의 태도는 유지되었고, 2012년 대법원은 "이 게임은 사행성게임물 또는 사행행위법상 사행성 유기기구로 볼 수 없을 뿐 아니라 투표권(복권)을 발행하지 않으므로 게임산업법과 국민체육진흥법에 반하지 않는다"고 판단하며 "해당 등급분류거부 결정은 위법"하다고 판시하였다. 이와 같은 대법원의 확정판결에도 불구하고 이후 신청된 등급분류에 있어서는 해당 게임물에 대한 사행성 논란은 지속되었으며, 등급분류기관은 저작권 등을 이유로 하여 장기간 등급분류가 이루어지지 않았다. 동 사례는 해당 게임물이 사행성게임물에 해당하지 않는다는 대법원의 판결에도 불구하고 등급분류기관이 게임물의 사행성 여부를 자의적 기준으로 판단하여 등급분류를 거부한 사례인 것으로 평가되고 있다(문기탁, 주) 4의 논문, 218면).

를 확인해야 하고,[93] 사행성 확인 기준 등에 관하여 필요한 사항은 게임 산업법 시행규칙에서 정하고 있다.[94] 이에 따르면 사행성 확인 기준은 게임물의 이용 결과 재산상 이익 또는 손실을 줄 수 있는지 여부로 하고, 재산상 이익 또는 손실을 줄 수 있는지 여부의 구체적인 기준에 관하여는 게임물관리위원회의 규정으로 정하고 있는데 그 내용은 ① 게임물 이용에 사회통념상 과다한 비용이 소요되는지 여부, ② 게임물 이용을 통하여 획득한 유·무형의 결과물이 환전되거나 환전이 용이한지 여부, ③ 재산상 이익 또는 손실을 줄 수 있도록 게임물을 개조·변조하는 것이 용이한지 여부를 고려하도록 하고 있다.[95] 따라서 현행의 게임물 등급분류제도는 게임물의 "사행성" 확인을 통하여 게임물의 등급분류 자체를 거부할 수 있는 형태로 운용되고 있는 것으로 파악할 수 있는 것이다.

이 점에서 등급분류기준상 사행성게임물 확인기준은 위임입법의 한계를 일탈한 것은 아닌지 여부가 문제될 수 있다. 현행 게임산업법은 게임의 이용과 유통 등에 관한 기본적 원칙과 내용을 담고 있으므로 게임에 관한 한 다른 법률에 우선하여 적용되는 기본법적 지위를 가지는 것으로 파악되는데,[96] 현재 사행성게임물 여부를 판단하는 데 있어 그 기준은 게임물관리위원회의 「등급분류 규정」에 규정되어 있고, 동 규정은 게임산업법의 하위 규정이므로 원칙적으로 사행성게임물에 해당하는지 여부는 상위 법령인 게임산업법 제2조의 사행성게임물에 해당하는지 여부에 따라 판단되어야만 하기 때문이다. 즉 「등급분류 규정」에 규정되어 있는 등급분류 거부 사유로서의 사행성게임물 판단은 게임산업법 제2조의 해석에 따라야 하고, 게임물관리위원회가 게임산업법에 따라 부여받고 있는 권한은 어떠한 게임물이 게임산업법 제2조의 사행성게임물에 해당하는지 여부만을 판단하여 등급분류를 거부하는 것뿐이고 게임

93_「게임산업진흥에 관한 법률」제21조 제4항.

94_「게임산업진흥에 관한 법률」제21조 제7항.

95_「게임산업진흥에 관한 법률 시행규칙」제8조 제3항.

96_ 이정훈, "사행성게임물에 대한 형사책임 — 입법연혁을 중심으로", 「중앙법학」제8집 제4호, 중앙법학회, 2006, 49면.

산업법에 위반되는 규정의 제정이 가능한 것은 아니므로, 「등급분류 규정」이 게임산업법 제2조에 저촉되는 내용을 규정하고 있다면 이는 그 자체로 위임을 통한 수권의 범위를 일탈한 규정으로서 그 자체 무효로 판단하여야 하기 때문이다.[97] 따라서 현행 「등급분류 규정」에 따른 사행성게임물 확인 기준은 게임산업법 제2조에 규정되어 있는 "사행성게임물"의 해석 범위를 벗어났다고 할 수 있고, 등급분류기관이 해당 규정에 근거하여 등급분류 거부 결정을 내리는 경우 그는 명백하게 재량을 일탈한 것이라고 보아야 할 것이다.[98]

2. 등급분류 거부·취소 제도의 남용 가능성

현행 등급분류 거부 제도는 게임산업법에 의하여 규제 대상이 되는 행위나 기기 등에 대한 등급분류 신청의 경우에 등급분류를 거부할 수 있도록 규정하고 있다.[99] 동 규정은 지난 2013.5.22. 개정을 통하여 신설되었는데, 범위의 확장과 관련하여 이는 명백하게 게임물관리위원회가 게임산업법을 위반하는 모든 사유에 대하여 등급분류 거부 결정을 하겠다는 취지로 해석되는 것으로 이해되고, 등급분류제도를 남용하는 대표적인 모습으로도 이해되고 있다.[100] 예컨대 게임사업자가 게임물의 내용 수정신고를 게을리하는 경우, 고의·과실을 인정하기 어려운 알 수 없는 기술적 문제의 발생 등으로 인하여 해당 게임물의 이용자 제공 서비스에 있어 문제가 발생한 경우, 등급구분이나 내용정보에 대한 단순한 표시의무의 위반 등에 있어서도 해당 게임물에 대하여 등급분류 거부 처분이 이루어질 수도 있는 것이다.

97_ 문기탁, "스마트폰용 게임콘텐츠 개발 활성화를 위한 규제 개선방안 – 게임산업관련 제도의 문제점을 중심으로", 「법학연구」, 제51권 제4호, 부산대학교 법학연구소, 2010, 208면.

98_ 문기탁, 주) 4의 논문, 220면.

99_ 「게임산업진흥에 관한 법률」 제22조 제2항.

100_ 김윤명, 앞의 논문, 330면.

게임산업법상의 모든 법 위반 사유가 등급분류 거부 대상에 해당할 수 있다는 의미로 해석되는 점에서 이는 과도한 규제라는 문제뿐만 아니라, 나아가 등급분류 거부의 판단은 결국 게임물관리위원회의 재량사항이므로 자칫 게임물관리위원회에 의한 권한 남용 혹은 등급분류 거부 제도의 오용 가능성에 대하여도 우려를 가지게 하는 것이다.[101] 등급취소는 '임의적'인 것이 아니고 '필요적'인 것으로 규정되어 있는데, 예컨대, 게임물의 내용정보의 표시와 관련하여 게임산업법 시행령상 규정된 크기를 위반하였다는 사소한 잘못이 게임물의 이용 제공 도중 발견된 경우에도 필요적으로 해당 게임물의 등급분류가 취소되게 되는 것이다. 등급취소를 문언적으로만 해석한다면 현재 이용자의 이용에 제공되고 있는 게임물 중 상당수는 등급취소에 이르게 될 수도 있는 것이다. 그리고 이와 같은 형태로 등급분류 거부 제도가 운영되는 경우, 이는 기본적으로 법률이 가져야 하는 규범 수명자의 예측가능성을 확보할 수도 없을뿐더러 법적 안정성도 확보하기 어려우므로, 만약 게임물관리위원회가 동 규정을 남용할 경우 사업자가 이용에 제공하고 있는 해당 게임물의 서비스 제공에 중대한 영향을 가져오게 될 것이라는 점에서도 문제라고 할 것이다.[102]

이러한 게임물관리위원회의 권한 남용의 가능성은 '절차적 하자를 이유로 한 등급분류 취소'에서 특히 두드러지게 나타난다고 할 수 있다. 현행의 모든 법령위반이라는 실체적 하자를 게임물관리위원회가 스스로 판단하여 게임물의 등급분류를 취소하는 것은, 다른 법령의 소관 관청과의 협조와 상호 견제를 통하여 그 권한의 남용이 일정 부분 통제될 수 있는 가능성이 열려 있다고 할 수 있다. 그러나 '절차적 하자'에 대한 판단은 오직 게임물관리위원회만이 그를 판단한다는 점에서 동 제도상 권한의 남용 가능성이 크게 우려되는 것이다.[103] 현실적으로는 사행성게임물

101_ 이상정·김윤명, 「주해 게임산업진흥에 관한 법률」, 세창출판사, 2014, 323-324면.
102_ 김윤명, 앞의 논문, 331면.
103_ 절차적 하자를 이유로 한 등급분류 취소와 관련하여, "부정한 방법을 써서 등급분류

이나 법령 위반 등 실체적 사유가 충분하지 않은 경우, 서류제출의 미비 혹은 서류내용과 게임물 내용의 사소한 차이의 존재 등을 심의절차에 있어서의 위계로 판단하여 해당 게임물의 등급분류가 취소되기도 한다.[104]

3. 내용수정에 따른 등급재분류의 문제점

게임물의 내용수정에 따른 등급의 재분류와 관련하여서는 다음과 같은 점이 문제된다고 할 수 있다. 게임산업법은 등급분류를 받은 게임물과 다른 내용의 게임물을 유통 또는 이용에 제공하는 경우, 그를 게임물의 유통질서를 저해하는 행위로 파악하고, 그와 같은 행위에 대하여 2년 이하의 징역 또는 2천만 원 이하의 벌금형에 처하도록 규정하고 있다.[105] 그런데 등급분류 후 수정에 따라 신고를 요하는 '게임물의 내용'의 범위가 상당한 수준으로 명확하지 않는 점이 문제의 발단이 되는 것이다. 게임산업법은 게임물의 내용에 대하여는 특별한 정의 규정을 두고 있지 않고, '게임물내용정보'를 "게임물의 내용에 대한 폭력성·선정성(煽情性) 또는 사행성(射倖性)의 여부 또는 그 정도와 그 밖에 게임물의 운영에 관한 정보"[106]로 규정하고 있어서 해석상 게임물의 '내용'에는 '게임물의 운영에 관한 정보' 역시 포함된다고 할 것인데, 이와 같은 운영에 관한 정보의 범위를 어느 정도까지 인정할 수 있을 것인가와 관련한 해석의 문제가 있는 것이다.

이와 관련하여 최근 대법원은 "게임물의 내용 구현과 밀접한 관련이

신청을 하는 바람에 … 당해 게임물이 사행성게임물임을 가려낼 수 없는 경우에 … 이 등급분류결정을 취소할 수 있는 법적 근거를 마련한 데 그 의의가 있다"고 제한적으로 해석함으로써 등급분류 취소 제도의 남용 가능성을 차단하고자 한 사례로는, 서울행정법원 2008.12.10. 선고 2008구합22525 판결 참조.

104_ 문기탁, 주) 78의 논문, 168면.

105_ 「게임산업진흥에 관한 법률」 제32조 제1항 제2호 및 「게임산업진흥에 관한 법률」 제45조 제4호.

106_ 「게임산업진흥에 관한 법률」 제2조 제2호.

있는 게임물의 운영방식을 등급분류신청서나 그에 첨부된 게임물내용 설명서에 기재된 내용과 다르게 변경하여 이용에 제공하는 행위가 게임 산업진흥에 관한 법률 제32조 제1항 제2호에서 정한 '등급을 받은 내용 과 다른 내용의 게임물을 이용에 제공하는 행위'에 해당"한다고 판시[107] 한 바 있다.[108] 앞서 언급한 것과 같이 현실적으로 최근 이용에 제공되는 게임물의 경우에는 이용자의 편의 등을 위하여 매우 빈번하게 업데이 트, 이용자를 대상으로 하는 이벤트의 개최 등이 이루어지고 있는데, 이 와 같은 대법원의 태도에 따르면 게임물의 모든 업데이트 등이 내용정 보의 변경에 해당하는 것으로 판단할 수도 있게 될 것이다.

한편 게임물관리위원회에 의한 등급의 재분류가 확정되기 전까지 게 임사업자가 수정된 내용으로 해당 게임물을 제공할 때, 경우에 따라서 는 그러한 게임물의 제공행위가 불법게임물의 유통행위로 판단될 수 있 는 가능성이 존재하게 된다. 즉, 등급이 재분류되는 경우, 위원회에 의 한 재분류 결정이 확정되기 전까지의 게임사업자의 해당 게임물 제공행 위는 이용 제공 시의 등급 표시와 관련한 법률 규정의 적용에 있어 유동 적이고 불확정한 상태에 놓일 수밖에 없게 되는데, 이를 법위반행위로

107_ 대법원 2014.11.13. 선고 2013도9831 판결.

108_ 동 사례는 피고인 갑 주식회사의 게임 부문 대표인 피고인 을이 특정 게임물을 제공 하는 온라인 게임포털을 운영하면서 게임물내용설명서의 기재 내용과 달리 '선물하기 기능'과 '광고 방식(CPA)'을 통하여 이용자들로 하여금 위 게임물에 구매한도를 초과 한 금액을 제한 없이 투입할 수 있도록 하여 게임산업법 위반으로 기소된 사안에서, 위 게임물에 이용자가 투입할 수 있는 금액을 일정한 한도로 제한한 구매한도는 이용 자가 게임 내에서의 승패에 따라 잃을 수 있는 게임머니의 한도를 정한 것으로서, 게 임의 실행 단계에서는 이용자가 베팅할 수 있는 게임머니 또는 이용자가 참가할 수 있 는 게임의 횟수를 제한하는 효과가 있는 점, 위 게임물은 사행성이 강한 고스톱과 포 커 등을 모사한 게임물로서 게임의 승패에 따른 게임머니의 득실이 누적된 상태로 반 복적으로 게임이 진행되는 점, 이와 같은 게임의 방법과 진행 과정 등에 비추어 구매 한도가 단순히 게임의 준비절차에만 관련되어 있다고 볼 수는 없는 점 등을 종합할 때, 위 구매한도는 게임물 자체의 내용 구현과 밀접한 관련이 있는 운영방식으로서 등 급분류의 대상이 되는 게임물의 내용에 해당함에도, 이와 달리 보아 피고인들에게 무 죄를 인정한 원심판결에 게임산업법이 정한 '게임물의 내용'에 관한 법리오해의 위법 이 있다고 한 사례이다.

파악하게 되는 경우에는 해당 게임사업자에 대하여 영업정지 등 제재가 행하여질 수 있게 되는 것이다. 그러나 이와 같은 결과는 행정기관의 판단이 이루어지기 전의 유동적 상태에 대하여 법률이 정하는 바에 따라 행위한 — 법률 위반의 고의·과실이 없는 — 게임사업자에게 책임을 묻게 되는 매우 불합리한 결과가 발생하는 점에서 상당한 문제점을 가진다고 할 수 있으므로, 게임물관리위원회의 등급 재분류 등의 판단이 이루어지기 전까지의 수정된 내용의 게임물의 이용 제공행위는 법률 위반행위가 아님을 명확하게 밝힐 수 있도록 관련 규정을 법률상 신설할 필요성이 있다고 할 것이다.

V. 등급분류제도 개선의 방향성 제언

1. 등급 '규제' 패러다임의 전환

현행 등급분류제도의 필요성은 긍정될 수 있으나, 해당 제도의 목적을 충실하게 반영하여 운용될 수 있도록 제도 기저에 존재하는 패러다임의 전환이 필요하다고 할 것이다. 헌법상 '인간의 정신적·창조적 활동영역'으로 정의되는 '문화'와 관련하여, 문화국가의 실현을 위하여 국가는 문화의 다원성을 구현할 수 있도록 적극적인 문화정책을 펼쳐야 하고, 문화에 대한 국가적 개입은 최소한에 그쳐야만 한다.[109] 게임은 다양한 요소가 종합된 예술의 형식으로 파악되는 문화의 일종으로 그에 대한 규제가 이루어지는 경우에는 해당 규제가 미치는 영향에 대하여도 고려와 검토가 필요하다고 할 것이다. 특정한 형태의 서비스를 제한한다는 것은 그를 통해 얻을 수 있는 경험을 원천적으로 차단하는 결과를 가져오기 때문이다.

109_ 성낙인, 「헌법학」 제16판, 법문사, 2016, 299-300면.

우리의 게임물 등급분류제도는 시장에서 필요성에 따라 자발적으로 형성된 것이 아니라 국가가 설계한 공적 시스템으로서, 국가가 법률상 근거 아래 등급분류를 설계하고, 관련기관의 구성에 있어서도 영향을 미치며, 결과적으로 등급분류를 받지 못한 게임은 이용자에의 제공이 원천적으로 불가능하므로 강력한 수준으로 강제성을 가진다. 그리고 게임콘텐츠등급분류위원회나 자체등급분류사업자의 등급분류의 경우에도 최종적으로는 공적 기구인 게임물관리위원회의 판단으로 해당 등급분류가 번복될 수 있는 점에서 행정기관성이 부각되기에 시각에 따라서는 검열의 범주에 포섭되는 것으로 이해할 수도 있고,[110] 그로 인해 표현의 자유를 위축시킬 수도 있게 되는 것이다. 즉, 등급분류제도의 취지는 연령을 고려하여 각 이용자에게 적합한 게임 콘텐츠를 만들고 제공하는 것임에도 불구하고, 현재의 게임물 등급분류제도는 게임물을 ― 전면적으로 ― 관리하는 것에 주안점을 두고 있으므로 이는 주객이 전도된 상황이라고 볼 수도 있는 것이다.[111]

이러한 점들을 고려한다면 자율규제 범위의 확대 역시 필수적이라고 할 수 있다.[112] 현재 게임콘텐츠등급분류위원회가 민간 영역에서 게임물에 대한 등급분류를 실시하고 있는데, 이는 이상적·본래적 의미의 자율규제로 진행되는 과정에 있어 과도기적 측면에서는 긍정적일 수 있으나, 해당 기구는 공무의 일부만을 수탁받아 업무를 수행하고 있으므로 그 기계적 업무 수행의 주체만 공적 영역에서 민간 영역으로 옮겨간 것일 뿐 제도의 법적 효과는 동일하므로 공적인 규제제도가 그대로 유지

110_ '검열'은 행정권이 주체가 되어 표현행위를 사전적으로 금지하는 것임을 고려한다면, 게임물 등급분류의 경우 표현행위의 전후 단계 모두에서 제약을 가할 수 있는 점에서 오히려 검열보다 광범한 형태의 규제적 측면을 가진다고도 할 수 있을 것이다.

111_ 이승훈, 주) 10의 논문, 80-81면.

112_ 이와 관련하여 국가 주도의 사전적 등급분류 영역에 대한 전반적인 분석을 통하여 민간으로 등급분류를 이양함으로써 국가 주도의 사전적 등급분류의 적용 영역을 최소화하여야 함이 지적되고 있다(박한흠, "게임물 자체등급분류제도의 입법과정 연구: 글로벌 해외 게임사의 국내 서비스 차단 사례를 중심으로", 「한국지방정부학회 2015년도 춘계학술대회 자료집」, 660면).

되고 있는 것으로 보아야 할 것이다. 따라서 현행의 위탁과 같은 형태가 아닌 순수 민간의 영역에서 재량에 따라 게임물에 대한 자율적인 등급의 분류가 이루어지도록 함으로써 표현의 자유에 따른 창작의 위축을 방지할 수 있도록 하여야 할 것이다. 자율적 규제의 활성화에 있어 정부는 자율규제에 대한 사회적 합의에 있어서의 조정자적 역할을 하여야 할 것이고, 관련 정책의 입안과 집행 및 필요한 각종 지원을 할 필요가 있는 것이다.[113]

2. 등급분류제도 변화·발전의 의미

게임물의 등급분류제도와 관련하여 산업적 발달에 따른 콘텐츠에 대한 문화적 이해도의 성숙과 시민사회의 성숙에 따라 심의제도의 선진화가 뒷받침되어야 하고, 산업과 문화의 발달에 따라 심의제도의 발전이 따르기도 하지만 심의제도 자체에서 능동적으로 산업 및 문화 발달을 견인할 수 있는 가능성을 찾을 수도 있다고 바라보는 시각이 있다.[114] 표현의 자유와 창작의 자유에 대하여 허용 가능한 체제, 인식, 문화적 이해도의 수준들은 국가와 사회에 따라 차이를 보이게 되므로 게임물에 대한 심의제도 역시 각국은 해당 국가의 상황에 적합한 심의제도를 구비하고 있는 것으로 평가할 수 있는 것이다. 이러한 이해는 심의제도가 상황의 변화에 발맞추어 변화해야 함을 의미하는 것으로서, 산업의 발달에 따른 게임에 대한 문화적 이해도의 성숙과 시민사회의 성숙에 따른 심의제도의 선진화가 뒷받침되어야 하는 것이다. 우리의 경우에도 게임산업과 게임 문화의 규모가 급속도로 성장하면서 영화, 비디오물 등에 부수하여 심의하던 상황에 한계를 느끼고 독자적인 형태의 게임물 심의를 위하여 게임물등급위원회(현 게임물관리위원회)가 등장한 바 있다. 게임산업의 규모가 커졌다는 것은 그만큼 해당 산업을 향유하는 사람들이

113_ 이승훈, 주) 10의 논문, 81면.
114_ 김민규·홍유진·박태순, 앞의 보고서 131면.

증가하였음을 의미하는 것이고 그에 따라 문화적 이해도도 커졌음을 의미한다고 할 수 있다. 그와 같은 점에서 우리의 경우 사회 환경 및 상황의 변화에 따라 심의제도를 적절하게 개선, 개혁시킨 사례에 해당하는 것으로 평가할 수 있다고 한다.[115]

3. 사행성 차단 도구로서의 사전 등급분류 제도의 한계

우리의 심의 체계에 대하여는 정부의 제도적 개입 수준이 매우 높은 법률 중심의 규제 체계로 평가되고 있다. 주요 외국의 등급분류 체계와 비교하여 볼 때, 정부기구에 대한 의존이 과도한 구조로 정부는 결국 콘텐츠와 유통의 두 가지 측면에 동시에 ― 그리고 전면적으로 ― 개입하고 있고, 그로 인해 관련된 사회적 쟁점이 발생할 때마다 문화산업 진흥, 표현의 자유, 정부규제 등의 문제가 복잡한 형태로 사회적 이슈로 등장하고 여론화되고 있다.[116] 현행의 게임물 등급분류제도는 게임물의 내용정보를 소비자에게 제공하고 그를 통하여 연령에 적합한 게임물의 이용을 통한 청소년의 보호라는 기능에 앞서 ― 아래에서 보다 상세하게 살펴보게 되는 ― 이른바 '사행성게임물'이라는 개념에 기초하여 '사행성'의 유무를 ― 게임물의 공급 전(前) 단계에서는 그 판단이 불가능함에도 불구하고 ― 사전적으로 판단하고 등급분류 절차에의 편입 자체를 가로막는 형태로 운용되고 있는 것으로 평가할 수 있을 것이다. 현재 영화, 비디오물, TV 프로그램 등의 콘텐츠에 있어서도 등급분류가 이루어지고 있지만,[117] 게임은 상호작용성의 측면에서 다른 콘텐츠와 큰 차별성을 가지

115_ 김민규·홍유진·박태순, 앞의 보고서, 186-187면.

116_ 이승훈, 주) 10의 논문, 77면.

117_ 영상물 등의 등급분류와 관련하여, 영화, 비디오 등 영상물의 연령별 등급분류(전체관람가, 12세이상관람가, 15세이상관람가, 청소년관람불가, 제한상영가) 업무를 담당하고 있는 영상물등급위원회는, 기존 등급분류 기준의 구체적 내용이 다소 포괄적이고 모호하며, 사회적 흐름과 변화를 반영하지 못한다는 지적이 제기되어 온 바 있는데, 이에 지난 2016년 10월 등급분류 원칙에는 전체적인 맥락과 메시지의 의미를 고려

는 특성을 지니고 있다고 할 것이다. 이 점은 게임의 등급분류에 있어서는 공급 전 단계에서 모든 것을 처리할 수 있는 것이 아님을 여실히 드러낸다고 할 것이다. 게임은 공급 이후에서야 비로소 그 이용자의 상호작용으로 인하여 사행적 이용 등의 문제가 발생하는 것을 인지할 수 있게 되기 때문이다. 이런 점에서 사전등급 분류를 통해 사행성을 규제하겠다는 것은 제도를 '검열'로서 운용하지 않는 한 허구에 가까운 것이다.

그렇다면 향후 우리의 게임물 등급분류제도 역시 주요 해외의 등급분류제도와 같이 게임물 내용정보의 소비자 제공 및 연령에 적합한 게임물의 제공이라는 제도 본연의 목적에 충실할 수 있도록 제도 운용의 적정성에 초점을 맞추어야만 할 것이다. 다시 말해 게임물에 대한 등급분류제도 역시 게임문화와 게임산업의 지속적인 발전을 목표로 존재하는 것으로 파악되어야 할 것이므로 그와 같은 발전을 이끌어 낼 수 있는 형태로 변화하고 개선되어야만 하는 것이다.

4. 자율·자체 등급분류의 확장

나아가 궁극적으로 게임물에 대한 현행의 사전적 법정 등급분류제도는 민간자율형 등급분류제도로 그 형태가 변화되는 것이 타당하다고 할 것이다. 이러한 민간자율형의 등급분류 제도는 개별 콘텐츠의 특성을 고려한 콘텐츠 중심의 등급분류, 선정성·폭력성 등으로부터 청소년 이용자를 보호할 수 있는 보완조치의 완비 등을 고려한 형태로 재구성될 필요가 있는 것이다.

자체등급분류 가능한 범위와 관련하여, 청소년 이용불가 게임물을 포함한다 하더라도 문제가 발생할 가능성이 없다고 할 것이다. 불법 게임물의 유통 등에 대한 책임은 자체등급분류사업자에게 있고 그로 인한 지

하도록 개선하고, 고려요소별 세부기준에 있어서도 달라진 시대상을 반영하고 추상적이고 포괄적인 내용을 가능한 이해하기 쉽도록 개선한 바 있다["영등위, 기준 명확화로 등급분류 공감대 넓힌다", 영상물등급위원회 보도자료(2016.9.29. 배포) 참조].

정의 취소 등 불이익은 이미 법률상 규정되어 있으므로 효율적인 자율적 등급분류가 가능할 수 있으며, 현행 제도상 자체등급분류사업자에 대한 엄정한 사후적 관리 및 법 위반 시의 제재 등이 존재하고 있으므로 그에 따른 사회적 감시 역시 효과적으로 기능할 수 있기 때문이다. 이는 청소년 이용불가 게임물을 자체 등급분류하고 있는 해외의 경우, 예컨대 애플, 구글 등 사업자의 경우 IARC의 기준에 따라 청소년 이용불가 등급을 포함하여 자체적인 등급분류를 하고 있음에도 불구하고 그로 인한 사회적인 문제가 제기된 적이 없는 점에서도 알 수 있다고 할 것이다.[118]

성인을 대상으로 하는 게임물 등에 대한 청소년의 노출 가능성은 청소년이용불가 등급에 대한 자체등급분류를 확장한다고 해서 현행의 청소년이용불가 등급에 대해서는 자체등급분류를 허용하고 있지 않고 있는 게임산업법에 의한 보호의 수준보다 저하되지는 않는다고 할 것이다.[119] 즉, 자체등급분류를 청소년이용불가 등급으로 확장한다 하더라도 청소년 보호에 있어서는 어떠한 영향을 미치지는 않는다고 할 수 있는 것이다.[120] 문제의 소재는 게임물의 등급분류 이후 이용자의 이용 단계

118_ 우리의 경우에도 제도적으로 이미 참고할 만한 사례가 있다고 할 것이다. 「청소년 보호법」에 따른 청소년유해매체물의 자율규제 제도(「청소년 보호법」 제11조 참조)에서 볼 수 있듯 민간의 자율적인 판단에 따른 자율규제 제도가 이미 존재하고 있으며, 인터넷 콘텐츠의 경우 지난 10여 년의 기간 동안 서비스의 제공 플랫폼에 대한 사회적인 감시와 자정적 노력으로 성공적으로 운영되고 있다고 할 것이다.

119_ 현재 자체등급분류사업자가 청소년에게 부적절한 게임을 가령 12세이용가 등급으로 자체등급분류 하는 일은 빈번하게 발생할 수 있는 일이라 할 수 있다. 이와 같은 문제를 원천적으로 봉쇄할 수는 없으므로 현행 게임산업법은 청소년의 보호를 위하여 게임물관리위원회로 하여금 등급의 직권 재분류를 할 수 있도록 제도적 안전장치를 두고 있는 것이다.

120_ 기실 게임물관리위원회의 게임물 등급의 직권 재분류에 직면하는 것은 게임사업자에게도 상당한 위험과 비용을 수반하는 것이라 할 수 있다. 만일 어떠한 게임사업자가 자체등급분류의 결과 12세이용가 등급으로 게임물의 서비스를 하던 중 청소년이용불가 등급으로 직권 재분류되는 경우, 해당 게임사업자는 12세에서 18세 사이 연령대의 이용자를 모두 해당 게임의 이용에서 배제시켜야 하고, 그에 따른 다양한 문제의 발생을 감수하여야 하는 위기에 처하게 되는 것이다. 따라서 현실적으로는 이와 같은 점이 위험성으로 작용하게 되기 때문에 게임사업자에 있어서도 자체등급분류의 과정에서

에서 적합한 연령에 따라 제공되지 않는 지점에 있는 것이고, 이러한 문제는 등급분류의 단계에서 발생하는 것은 아니라고 할 것이다. 특히 청소년 보호의 측면에 있어서도 불법게임물 혹은 성인을 대상으로 하는 게임물에 청소년이 노출되는 것은 청소년 이용불가 등급에 대한 자율적 등급분류와는 무관하다고 할 것이다. 문제의 발생은 등급분류 후 개별 콘텐츠의 이용의 단계에서 발생하는 것이다. 또한 현행의 부분적·제한적 자체등급분류제도는 현재 전체 게임물의 약 36%에 달하는 청소년 이용불가 게임물에 대한 자체등급분류가 불가능하므로 해당 제도의 장점을 살릴 수 없는 기형적인 제도로 기능하게 될 수도 있는 것이다.[121]

VI. 결 어

등급분류제도의 필요성과 관련하여, 사회적 현실에 적합한 제도는 비단 추상적이거나 이념적인 논리 속에서만 도출될 수 없으므로, 외부에서 바라보기에는 억압적인 검열 제도를 도입하고 있다고 하더라도, 그 제도가 당해 사회의 체제와 역사적 맥락 속에서는 적절한 제도일수도 있다는 점이 고려되어야 한다는 견해도 있다.[122] 그러나 이와 같은 시각에 대하여는 선뜻 동의하기 어렵다고 할 것이다. 어떠한 제도가 합리적 시스템으로 작용하기 위해서는, 무엇보다도 우선하여 그 사회의 체제와 맥락에서 적절하기 위해서는 그 사회 구성원들의 헌법적 가치에 기반을 둔 사회적 합의를 바탕으로 하여 제도의 필요성과 적정성이 긍정되어야 한다. 헌법상 허용되지 아니하는 검열에 가까운 방식으로 운용되는 제

낮은 연령대의 등급을 부여하는 것이 반드시 유리한 것만은 아니라고 할 수 있게 된다. 즉, 낮은 연령대로의 등급 부여는 만약 등급의 직권 재분류가 이루어지는 경우에는 역으로 더욱 큰 충격을 가져오게 되는 것이다.

121_ 결국 현행의 게임물 등급분류제도는 우리 사회가 게임을 바라보는 제도적 시각의 이면에 존재하는 '국가 주도 필요성의 잔영(殘影)'이라고도 할 수 있는 것이다.

122_ 김민규·홍유진·박태순, 앞의 보고서, 133면.

도를 단지 역사적 맥락이라든지 사회 현실 적합성이라는 막연함에 기대어 적정성과 타당성 여부를 논의할 수는 없는 것이다. 다시 말해 '청소년보호' 등 제도를 통해 달성하고자 하는 목적과 관련하여 현행 등급분류 제도의 필요성이 충분하게 긍정될 수 있다 할지라도, 제도의 실제적 운용에 있어서 자의적인 형태의 운용으로 인하여 제도를 통하여 달성하고자 했던 목적과는 상이하게 창작과 혁신의 저해나 이용과 제공에 있어서의 원천적 봉쇄라는 결과를 발생시키고 있다면 시급히 개선책 마련이 필요하게 되는 것이다.

본고에서 살핀 바와 같이 한국의 게임물 등급분류 제도는 당초 도박금지영역에 존재하던 금지규범이 음비게법에 따라 사행성기준이라는 명목으로 등급분류 제도에 혼입되면서부터[123] 강력한 게임 통제 수단으로서 재탄생했고, 법정사전등급분류를 담당해 온 기관은 사회 문제 해결을 위해 '강력한 게임 규제'를 천명할 필요가 있을 때마다 청소년보호라는 명목으로 이러한 규제들을 체계에 맞지 않게 전이시켜 온 것이다. 결국 한국의 게임물 등급분류 제도는 적정 연령 정보 제공이라는 세계 흐름에 발맞추지 못하고, 사회적 불안감 해소를 위해 형사처벌에 기반한 도박규제를 게임규제에 편입시킨 기형적인 형태를 취하게 된 것이라 평가 내릴 수 있겠다. 이로 인해 빈번해진 자의적 규제는 명확하고 합리적인 사유가 아닌 막연한 불안감에 기하여 게임물의 제작 및 시장 진입을 원천적으로 차단하는 수준에까지 이르렀으며, 검열 논란은 더욱 증폭되고 있다.[124]

123_ 도박규제가 등급분류 규제로 전이하는 이러한 현상은 음비게법과 게임산업법에 걸쳐 아케이드게임 등급분류뿐만 아니라 온라인게임 등급분류에도 항상 함께 발생하였다. 온라인게임과 아케이드게임이 동일한 법령에서 동일한 등급분류 조항의 적용을 받고 있기 때문이다.

124_ 앞서 소개한 대법원 2014.11.13. 선고 2013도9831판결은 "구매한도는 … 게임물의 내용에 해당함"이라는 점을 명확히 하고 있는데, 이는 다시 등급분류 거부 제도의 사전검열 해당 여부의 논란을 가속시킬 것으로 보인다. 왜냐하면 그동안 규제당국은 등급분류 거부 제도는 게임물의 '내용'에 대한 심사가 아니라 '운영방식'에 대한 심사임을 이유로 사전검열에 해당하지 않는다는 논리 기반하에 있었고, 대표적인 등급분류 거

게임산업법상의 게임물 등급분류제도는 '게임산업 진흥'과 '청소년 보호'라는 두 가지 가치를 적절하게 조화시키는 것을 목적으로 하여 마련된 제도로서, 게임에 대한 규제방식 중 게임의 내용을 심의함에 그 초점을 두는 제도이다.[125] 즉, 등급분류제도의 취지는 이용자의 선택성을 높이고 내용에 있어서 연령대별로 청소년 보호를 위한 게임물에 대한 통제를 하도록 하는 데 있고, 이러한 과정을 통하여 '게임산업 진흥 및 청소년 보호'의 원칙을 지켜 나가게 되는 것이다.[126] 만일 여기에서 더 나아가 게임이 원인으로 거론되는 모든 사회문제를 오직 사전등급분류 제도와 등급분류 기관의 엄격한 법집행으로 모조리 해결해 내겠다는 불가능한 목표를 설정하는 순간, 한국의 등급분류 제도는 글로벌 수준과는 동떨어진 검열 패러다임 속에 갇혀 버리게 되는 것이다. 우리의 게임물 등급분류 제도가 기존의 패러다임을 극복하고 해외의 등급분류제도와 같이 적정 연령 정보 제공이라는 제도 본연의 목적에 충실하게 운영될 수 있도록 자율·자체 등급분류를 확장해 나아갈 때 산업의 발달에 따른 게임에 대한 문화적 이해도의 성숙과 시민사회의 성숙이 동시에 뒷받침되어야 하는 이유는 바로 여기에서 기인하는 것이다.

부 심사 기준으로 기능했던 '구매한도의 적정성 여부'는 '운영방식'에 대한 것으로 치부되어 왔기 때문이다. 그런데 상기 대법원 판결은 이와는 정반대의 입장, 즉 구매한도가 '내용'에 해당한다는 입장을 제시한 것이다.

125_ 조재현, "게임내용 및 게임시간 규제의 헌법적 정당성에 관한 고찰", 「동아법학」 제64호, 동아대학교 법학연구소, 2014, 153면.

126_ 김윤명, "게임물 등급분류제도의 문제점 및 개선방안", 「디지털재산법연구」 제9권, 2010, 154면.

참고문헌

게임물관리위원회, 「2016 게임물 등급분류 및 사후관리 연감」, 2017.

성낙인, 「헌법학」 제16판, 법문사, 2016.

이상정·김윤명, 「주해 게임산업진흥에 관한 법률」, 세창출판사, 2014.

김민규·홍유진·박태순, "세계 게임 심의제도의 추세 및 함의", 「2009 KOCCA FOCUS(하권)」09-11(통권 제11호), 한국콘텐츠진흥원, 2009.

김윤명, "게임물 등급분류제도의 문제점 및 개선방안", 「디지털재산법연구」 제9권, 2010.

_____, "게임산업법 발전을 위한 게임산업법 개선방안", 「법학평론」, 서울대학교, 2015.

문기탁, "스마트폰용 게임콘텐츠 개발 활성화를 위한 규제 개선방안 – 게임산업 관련 제도의 문제점을 중심으로", 「법학연구」, 제51권 제4호, 부산대학교 법학연구소, 2010.

_____, "게임물 등급분류 결정의 취소에 관한 연구", 「한국컴퓨터게임학회논문지」 제27권 제1호, 한국컴퓨터게임학회, 2014.

_____, "게임법상 등급분류거부제도의 위헌성에 대한 연구", 「한국컴퓨터게임학회논문지」 26권 3호, 한국컴퓨터게임학회, 2013.

박한흠, "게임물 자체등급분류제도의 입법과정 연구: 글로벌 해외 게임사의 국내 서비스 차단 사례를 중심으로", 「한국지방정부학회 2015년도 춘계학술대회 자료집」, 2015.

이승훈, "표현의 자유를 제약하는 게임물관리위원회의 심의실무 사례연구", 「한국컴퓨터게임학회지」 28권 4호, 한국컴퓨터게임학회, 2015.

이정훈, "사행성게임물에 대한 형사책임 – 입법연혁을 중심으로", 「중앙법학」 제8집 제4호, 중앙법학회, 2006.

_____, "온라인 웹보드게임 규제정책과 형사처벌의 한계", 「중앙법학」 제15권 제2호, 중앙법학회, 2013.

정정원, ""「게임산업진흥에 관한 법률」의 개정 필요성 및 개정방안 소고(小考)",

「다시쓰는 대한민국 게임강국 프로젝트 2. 흑역사(黑歷史) 10년의 극복방안」 (주관: 게임물관리위원회) 자료집, 2017.

조재현, "게임내용 및 게임시간 규제의 헌법적 정당성에 관한 고찰", 「동아법학」 제64호, 동아대학교 법학연구소, 2014.

황승흠, "2007년 개정 게임산업진흥법상 사행성게임물제도의 의의와 법적 성격", 「공법학연구」 제8권 제4호, 한국비교공법학회, 2007.

황승흠 · 정성재, "사행성게임물 등급분류거부제도의 검열 해당 여부", 「게임법 제도의 현황과 과제」, 박영사, 2009.

Karen Yeung, "Quantifying Regulatory Penalties: The Australian Competition Law Penalties in Perspective", Melbourne University Law Review, 23(1999).

게임산업법상 사행성게임물 제도의 문제점에 관한 소고(小考)*

김종일

I. 서 론

　규제와 형사처벌에 관한 논의를 할 때 맞닥뜨리게 되는 두 개의 극단적 시선이 존재한다. 하나는 윌리엄 블랙스톤의 유명한 격언 "열 명의 범죄자를 놓치더라도, 한 명의 무고한 사람을 희생시켜서는 안 된다"이고, 또 다른 하나는 니콜라이 예조프의 "무고한 열 사람을 희생시키더라도, 한 명의 스파이를 놓쳐서는 안 된다"류의 시선이다. 형법의 해석론이나 행정규제기본법의 구체적인 조항을 거론하지 않더라도 근대법학의 일반적인 시선은 전자를 금과옥조로 여기는 것이지만, 게임산업의 규제를 둘러싼 법령해석에 있어서 한국의 규제 당국의 시선은 후자에 머물러 있다는 느낌을 떨쳐 내기가 힘들다. 이를 상징적으로 보여 주는 것이 바로 「게임산업진흥에 관한 법률」(이하 '게임산업법'이라 함)이 규정하고 있는 '사행성게임물' 제도 및 이에 관한 규제 당국의 법령해석의 사례들이다. 당국이 목표하고자 하는 '금지'를 달성하기 위해 '사행성게임물'의 정의 조항에

---

* 이 연구논문은 연구자의 서울대학교 법학박사학위논문(2017.8)인 "게임의 법적 규제에 관한 연구 ─「게임산업진흥에 관한 법률」을 중심으로"의 내용 중 일부분을 수정·보완한 것임을 밝혀 둡니다.

대한 해석의 왜곡을 가한다든지, 형사법이나 행정법의 해석에 있어서 대체적으로 지양되는 집행기관 편의적 해석을 일관한다든지, 신청인의 구체적인 사정을 정밀하게 고려하지 않고 쉽사리 일반조항으로의 도피를 선택한다든지 하는 사례의 전형들이 사행성게임물 제도를 둘러싸고 지속되고 있다. 본 연구에서는 이에 대한 대표적인 사례 두 가지를 분석하면서 사행성게임물 제도의 운용 간에 나타나는 해석상의 문제지점들을 도출해 나갈 것이다. 이에 앞서 사행성게임물 규제의 작동 구조에 대한 해석의 방법에 대해서도 논구할 것이다. 다음으로 사행성게임물 제도가 어떠한 입법연혁을 통하여 현행 게임산업법에 도입되기에 이르렀는지 살펴본다. 규제 당국이 사행성게임물 제도의 활용을 통해 어떠한 금지의 목적을 달성하고자 하는지 살피기 위함이다. 규제 집행의 현실과 입법 연혁을 거쳐, 본 연구에서는 현행 사행성게임물 제도의 문제점과 관련하여 제도 도입에서의 문제점, 제도 운영에서의 문제점, 제도 자체의 개념 모순을 검토하고자 한다. 마지막으로 본고는 유사 해외 사례를 검토하면서 도박규제와 게임규제의 구분 입법, 사행적 게임이용 영역에 대한 구분의 이론적 의미를 살펴보고 결론적으로 사행성게임물 정의를 게임산업법에서 삭제하는 방안을 제안하고자 한다.

II. 게임산업법상 사행성게임물 제도

1. 사행성게임물 제도의 내용과 구조

게임산업법은 일정한 경우를 제외하고 게임물을 유통시키거나 이용에 제공하게 할 목적으로 게임물을 제작 또는 배급하고자 하는 자는 해당 게임물을 제작 또는 배급하기 전에 그 게임물의 내용에 관하여 등급분류를 받도록 규정하고 있으므로,[1] 규범의 적용대상으로서의 ― 즉, 법률에 따라 허용되는 ― 게임물은 등급분류를 받은 이후 유통, 이용에의 제공이 가능하게 된다. 현행 게임산업법은 '게임물'과 '사행성게임물'에 대한 정의규정을 두고 있다. 이 중 게임물은 그 개념의 정의를 내린 후 그에 해당하지 않는 것을 해당 개념에서 제외하는 방식을, 사행성게임 물은 그에 해당하는 것을 구체적으로 열거하는 방식을 취하고 있는데, '사행성게임물'은 등급분류 등을 필요로 하는 규범이 허용하고 있는 '게임물'의 대상에 포섭되지 않음을 명백히 하고 있다.[2] 따라서 현행 법률의 규정상 허용되지 않는 '사행성게임물'에 포섭되기 위해서는 "일정한 유

1_「게임산업진흥에 관한 법률」제21조(등급분류) ① 게임물을 유통시키거나 이용에 제공하게 할 목적으로 게임물을 제작 또는 배급하고자 하는 자는 해당 게임물을 제작 또는 는 배급하기 전에 위원회 또는 제21조의2 제1항에 따라 지정을 받은 사업자로부터 그 게임물의 내용에 관하여 등급분류를 받아야 한다. 다만, 다음 각 호의 어느 하나에 해당하는 게임물의 경우에는 그러하지 아니하다.
1. 중앙행정기관의 장이 추천하는 게임대회 또는 전시회 등에 이용 · 전시할 목적으로 제작 · 배급하는 게임물
2. 교육 · 학습 · 종교 또는 공익적 홍보활동 등의 용도로 제작 · 배급하는 게임물로서 대통령령이 정하는 것
3. 게임물 개발과정에서 성능 · 안전성 · 이용자만족도 등을 평가하기 위한 시험용 게임물로서 대통령령이 정하는 대상 · 기준과 절차 등에 따른 게임물
2_「게임산업진흥에 관한 법률」제2조(정의) 이 법에서 사용하는 용어의 정의는 다음과 같다.
1. "게임물"이라 함은 컴퓨터프로그램 등 정보처리 기술이나 기계장치를 이용하여 오락을 할 수 있게 하거나 이에 부수하여 여가선용, 학습 및 운동효과 등을 높일 수 있도록 제작된 영상물 또는 그 영상물의 이용을 주된 목적으로 제작된 기기 및 장치를 말한다. 다만, 다음 각 목의 어느 하나에 해당하는 것을 제외한다.
  가. 사행성게임물
  나.「관광진흥법」제3조의 규정에 의한 관광사업의 규율대상이 되는 것
  다. 게임물과 게임물이 아닌 것이 혼재되어 있는 것으로서 문화체육관광부장관이 정하여 고시하는 것
1의2. "사행성게임물"이라 함은 다음 각 목에 해당하는 게임물로서, 그 결과에 따라 재산상 이익 또는 손실을 주는 것을 말한다.
  가. 베팅이나 배당을 내용으로 하는 게임물
  나. 우연적인 방법으로 결과가 결정되는 게임물
  다.「한국마사회법」에서 규율하는 경마와 이를 모사한 게임물
  라.「경륜 · 경정법」에서 규율하는 경륜 · 경정과 이를 모사한 게임물
  마.「관광진흥법」에서 규율하는 카지노와 이를 모사한 게임물
  바. 그 밖에 대통령령이 정하는 게임물

형에 해당할 것"과 "게임의 결과에 따라 이용자에게 재산상 이익이나 손실을 줄 것"이라는 두 가지 요건을 필요적으로 갖추어야만 한다.

그럼에도 불구하고, 게임물 등급분류의 현실에 있어서는 법률이 예정하고 있는 사행성게임물의 구체적 유형 예시에만 해당하는 경우에 있어서도 재산상 이익의 득실 유무에 무관하게 '사행성'[3]을 이유로 하여 해당게임물의 등급분류가 거부되는 경우가 대다수인 것으로 파악되고 있다.[4] 사행성게임물이라는 문구만을 두고 본다면, 마치 '사행적인 성격'을 겸비하고 있는 '게임물'인 것처럼 해석될 소지가 있으나, 사실상 사행성게임물은 '표현물'로서의 게임물이 아니라, 불법으로 평가되는 하나의 '도박수단' — 혹은 '사행행위 수단' — 이라고 파악하여야 할 것이다.[5] 게임물

3_ '사행성'과 관련하여, 현행 게임산업법은 청소년게임제공업의 전체이용가 게임물에 대하여 제공 가능한 대통령령으로 정하는 범위 내의 경품을 제외하고, 게임물 관련사업자의 준수사항으로 경품의 제공을 금지하고(「게임산업진흥에 관한 법률」 제28조 제3호), 이를 위반한 경우 5년 이하의 징역 또는 5천만 원 이하의 벌금에 처하고, 영업 폐쇄나 6월 이내 기간의 영업정지 역시 부과할 수 있도록 규정하고 있다. 이와 같은 규정의 기저에는 '경품의 제공으로 인한 사행성 조장의 가능'이라는 인식이 존재하고 있는 것으로 볼 수 있을 것이다. 그런데 우리 법제상 사업자의 소비자에 대한 경품의 제공과 관련하여, 사업자가 부당하게 경쟁자의 고객을 자기와 거래하도록 유인하려는 목적의 경품류 제공행위를 예방하기 위해 제정되었던 「경품류 제공에 관한 불공정거래행위의 유형 및 기준 지정고시」는 규제완화의 취지에 따라 공개현상경품에 대한 규제 및 소비자경품에 대한 규제를 담은 조항이 차례로 폐지된 바 있고, 2016.7.1.에는 마침내 소비자현상경품에 대한 규제도 소비자 인식 제고, 경품 제공을 통한 불공정거래행위 발생 가능성이 현저히 감소한 현실 반영, 다양한 마케팅 수단의 활용을 통한 기업 간 경쟁 활성화를 이유로 하여 전면적으로 폐지된 바 있다. 이러한 사회적 인식의 전환 등을 고려한다면, 특히 게임물 관련사업자에 대하여서만 소비자에 대한 경품의 제공이 '사행성'을 가진다고 판단할 합리적 이유를 찾기 어렵다고 할 것이다. 나아가 경품 제공의 일반적인 금지 규정은 사업자 간 경쟁을 제한하고 오히려 소비자 이익이 저해되는 결과를 가져오는 문제가 발생하고 있으므로, 사업자 간 경쟁 활성화를 유도하고 소비자의 이익을 증진시키기 위해서는 동 규제의 폐지를 검토하는 것이 타당하다고 할 것이다.

4_ 일례로, 재산상 이익의 득실이 전혀 이루어지지 않음에도 불구하고 가령 토끼와 거북이가 경주하는 게임에 대하여 경마를 모사한 게임인 것만을 이유로 하여 해당 게임물의 등급분류가 거부될 수 있음이 지적되고 있다[이승훈, "게임산업 정책 10년과 규제의 구조", 「다시 쓰는 대한민국 게임강국 프로젝트」(2017.2.17. 개최) 자료집, 26면].

이라는 표현을 사용하고는 있지만 본질적으로 게임물이 아닌 것이다.[6]

게임산업법 제22조 제2항은 게임물관리위원회가 ①「사행행위 등 규제 및 처벌특례법」(이하 '사특법'이라 함), 「형법」등 다른 법률의 규정 또는 게임산업법에 의하여 규제 또는 처벌대상이 되는 행위 또는 기기에 대한 등급분류의 신청, ② 정당한 권원을 갖추지 아니하였거나 거짓 그 밖의 부정한 방법의 등급분류 신청, ③ 사행성게임물에 해당되는 게임물에 대한 등급분류의 신청의 경우에 있어 등급분류를 거부할 수 있도록 규정하고 있다.[7][8] 그리고 동조 제4항은 게임물관리위원회가 등급분류를 받은 게임물이 등급분류 거부 대상에 해당하는 사실을 알게 되면 지체 없이 등급분류 결정을 취소하여야 함을 규정하고 있다.[9]

2. 게임물등급분류 거부처분의 법적 근거

게임산업법 제22조 제2항을 좀 더 구체적으로 분석하여 본다. 이 조항은 등급분류 거부처분의 대상을 기재하고 있는데 이를 포괄주의로 해석하기보다 열거주의로 해석하는 것이 일반적이다. 즉, 등급분류 거부의 대상은 다음과 같이 3가지로 열거되는 것이다. 첫째, 사특법, 형법 등 다른 법률의 규정 또는 이 법에 의하여 규제 또는 처벌대상이 되는 행위 또는 기기, 둘째, 정당한 권원을 갖추지 아니하였거나 거짓 그 밖의 부정한 방법으로 등급분류를 신청한 경우, 셋째, 사행성게임물이다. 등급분류

5_ 황승흠 · 정성재, "사행성게임물 등급분류거부제도의 검열 해당 여부", 「게임법제도의 현황과 과제」, 박영사, 2009, 134면.

6_ 황성기, "온라인 웹보드게임의 사행성 규제의 헌법적 한계 — 도박과 게임의 개념본질적 구분을 중심으로", 「경제규제와 법」 제4권 제2호, 서울대학교 공익산업법센터, 2011, 51면.

7_ 「게임산업진흥에 관한 법률」 제22조 제2항.

8_ 동 규정은 등급분류 거부가 가능한 사유를 제한적으로 열거하는 방식을 취하고 임의적 거부의 형식으로 그 문언을 구성하고 있으나, 그와 같은 사유가 존재하는 경우에는 해당 게임물에 대한 필요적 등급분류 거부가 이루어지고 있는 것으로 파악할 수 있다.

9_ 「게임산업진흥에 관한 법률」 제22조 제4항.

신청의 절차적 문제점을 차치하여 두고, 또한 사행성게임물 유통이 형법에 의하여 규제 또는 처벌의 대상이 되는 행위에 해당한다는 점을 고려한다면, 결국 게임물등급분류 거부처분의 법적 근거는 상기 세 가지 열거 사항 중 첫째의 해석에 전면적으로 기대게 된다. 차례로 살핀다.

사특법상 규제 대상인 사행행위는 사특법 제2조 제1항 제1호에 여러 사람으로부터 ① 재물이나 재산상의 이익(재물 등)을 모아 ② 우연적 방법으로 득실을 결정하여 ③ 재산상의 이익이나 손실을 주는 행위로 규정되어 있다. 마찬가지로 사행행위영업은 사특법 제2조 제1항 제2호에서, '복권발행업(가목)' ① 특정한 표찰을 이용하여 ② 여러 사람으로부터 재물 등을 모아 ③ 추첨 등의 방법으로 ④ 당첨자에게 재산상의 이익을 주고 ⑤ 다른 참가자에게 손실을 주는 행위를 하는 영업, '현상업(나목)' ① 특정한 설문 또는 예측에 대하여 ② 그 답을 제시하거나 예측이 적중하면 이익을 준다는 조건으로 ③ 응모자로부터 재물 등을 모아 ④ 그 정답자나 적중자의 전부 또는 일부에게 재산상의 이익을 주고 ⑤ 다른 참가자에게 손실을 주는 행위를 하는 영업, 및 '그 밖의 사행행위업(다목)'으로 규정되어 있다.[10] 또한 사특법은 사행행위영업에 이용되는 기계, 기판, 용구 또는 컴퓨터프로그램("사행기구")을 제작·개조하거나 수리하는 영업을 사행기구 제조업(제2조 제1항 제3호)으로 정하고 있으며, 사행기구를 판매하거나 수입하는 영업을 사행기구 판매업(제2조 제1항 제4호)으로 정하여 규제하고 있다.

이와 함께 사특법은 제30조에서 처벌대상으로 투전기 또는 사행성 유

10_ 이 다목은 대통령령에 위임하고 있는데 각각 아래와 같다. '회전판돌리기업(시행령 제1조의2 제1호)' ① 참가자에게 금품을 걸게 한 후 ② 그림이나 숫자 등의 기호가 표시된 회전판이 돌고 있는 상태에서 화살 등을 쏘거나 던지게 하여 ③ 회전판이 정지되었을 때 그 화살 등이 명중시킨 기호에 따라 당첨금을 교부하는 행위를 하는 영업, '추첨업(제2호)' ① 참가자에게 번호를 기입한 증표를 제공하고 ② 지정일시에 추첨 등으로 당첨자를 선정하여 ③ 일정한 지급기준에 따라 당첨금을 교부하는 행위를 하는 영업, '경품업(제3호)' ① 참가자에게 등수를 기입한 증표를 제공하여 ② 당해 증표에 표시된 등수 및 당첨금의 지급기준에 따라 ③ 당첨금을 교부하는 행위를 하는 영업.

기기구를 이용한 사행행위를 하는 영업과, 사행행위업, 사행기구 제조업, 사행기구 판매업을 영위하면서 규제를 위반하는 행위를 규제하고 있다. 여기서 사행성 유기기구는, 기계식 구슬치기 기구와 사행성 전자식 유기기구 등 사행심을 유발할 우려가 있는 기계·기구 등을 의미하는데(제2조 제1항 제6호), 이와 관련하여 대법원은 이것이 재산상 이익 제공을 전제로 하는 유기기구를 의미하는 것이라 해석하고 있다.[11]

이어서 게임산업법상 규제 또는 처벌 대상이 되는 행위는 아래와 같이 파악된다고 할 것이다. 먼저 사행성 조장의 금지이다. 게임머니의 화폐단위를 한국은행에서 발행되는 화폐단위와 동일하게 하는 등 게임물의 내용구현과 밀접한 관련이 있는 운영방식 또는 기기·장치 등을 통하여 사행성을 조장하지 아니할 것은 게임산업법 제28조 제2호의2에 규정되어 있으며, 동조 제3호는 경품 등을 제공하여 사행성을 조장하지 아니할 것을 규정하고 있다. 다음으로 게임물을 통하여 획득한 유무형의 결과물을 환전, 환전알선, 재매입하는 영업도 게임산업법 제32조 제1항 제7호에 의해 형사처벌의 대상이 되고 있다. 사행성게임물(제2조 제1호의2)에 해당되면 게임물의 유통 등 이용에의 제공이 금지되는바, 일응 사행성게임물 해당 여부는 결국 게임산업법상 규제 또는 처벌 대상이 되는 행위에 해당하게 될 것인데, 이와 관련하여 법원은 게임산업법 제2조 제1호의2에서 제한적으로 열거한 내용 또는 방법에 의하여 이루어져야 할 뿐만 아니라, "게임의 결과에 따라 게임기기 또는 장치에 설치된 지급장치를 통하여 게임이용자에게 직접 금전이나 경품 등의 재산상 이익을 제공하거나 손실을 입도록 만들어진 게임기기 또는 장치"라든지(대법원 2009도12117 판결), "게임기기 자체에서 게임결과에 따라 직접 금전이나 경품 등이 배출되지 아니하고 게임결과인 점수만 누적될 뿐인 이 사건 게임물은 사행성 게임물이라고 할 수 없음"이라든지(대법원 2009도

11_ 대법원 2012.6.28. 선고 2011두11815 판결 — "이 사건 게임물은 게임의 결과에 따라 재산상의 이익을 제공하는 것이 아니고 게임머니를 현금으로 환전할 수도 없으므로 게임산업법상 사행성게임물 또는 사특법상 사행성 유기기구로 볼 수 없다."

11666 판결), "게임머니는 재산상의 이익에 해당하지 않고 현금으로 환전할 수 없는 이상 사행심을 유발하는 정도는 현저하게 약화될 수밖에 없으며, 사행성 게임물에 해당하지도 않음"(서울고법 2010누35687 판결) 등의 판시를 통해, 게임 결과물로서의 '재산상의 이익 또는 손실'이라는 요건도 반드시 갖출 것을 요하는 것으로 파악된다.

요컨대, 어떠한 게임물에 대한 게임산업법상의 사행성 규제가 법령의 테두리 내에서 집행되고 있는지를 검토하기 위해서는, 게임물 자체가 사특법이 규제하는 사행행위나 사행행위영업에 해당하는지, 게임산업법 제28조에서 열거하는 방식으로 사행성을 조장하는지, 게임산업법 제2조 제1호의2에서 열거하는 유형의 게임물이면서 동시에 재산상 이익 또는 손실을 주는지를 살펴야 하는 것이다.[12] [13]

12_ 게임물을 통하여 획득한 유무형의 결과물을 환전, 환전알선, 재매입하는 영업도 게임산업법 제32조 제1항 제7호가 형사처벌의 대상으로 규정하고 있으나, 이는 엄밀히 게임물 자체의 사행성 판단의 문제라기보다 게임물을 사행적으로 이용하는 행위로 논리적으로 구분하는 것이 바람직하다.

13_ 한편, '형법 기타 다른 법률상 규제 또는 처벌대상'과 관련하여 게임물관리위원회의 등급분류 심의기준 제25조 제2항 제2호 이하에서는 아래와 같이 대한민국의 주요 법령을 나열하고 있다. 게임산업법 제22조 제2항 및 제4항의 문리해석상, 게임물관리위원회는 등급분류 시 ─ 사행성과 무관하게 ─ 대한민국의 모든 법령의 준수 여부를 판단하고, 사후에 사소한 위반사실이라도 발견되면 필요적으로 등급분류를 취소해야 하는 비대칭적인 권한을 게임산업법으로부터 부여받고 있는 것으로 이해된다.

• 「형법」에 의하여 규제 또는 처벌대상이 되는 경우
• 「저작권법」에 의하여 규제 또는 처벌대상이 되는 경우
• 「정보통신망 이용촉진 및 정보보호 등에 관한 법률」 등에 정의된 이용자 실명인증 절차를 충분히 갖추지 아니한 경우 또는 규제대상이 되는 경우
• 「전자금융거래법」 등에 의하여 이용금액결제의 실명확인절차가 충분치 않거나 기타 규제대상이 되는 결제수단을 사용하는 경우
• 「주민등록법」에 의하여 규제 또는 처벌대상이 되는 경우
• 「전자서명법」에 의하여 규제 또는 처벌대상이 되는 경우
• 「전자상거래 등에서의 소비자보호에 관한 법률」에 의하여 규제 또는 처벌대상이 되는 경우
• 「청소년보호법」, 「청소년의 성보호에 관한 법률」 등에 의하여 규제 또는 처벌대상이 되는 경우

3. 사행성게임물 제도의 법령해석 사례 분석

(1) 카지노모사게임 규제의 비판적 검토

1) 카지노모사게임 규제의 개요

카지노모사게임은 산업계에서는 소셜게임 내지 소셜카지노라는 명칭으로 불리기도 한다. 바카라, 블랙잭, 룰렛, 슬롯머신 등 주로 카지노에 있는 게임을 구현하고 있는데, '베팅'을 내용으로 하는 경우가 많으며 베팅에 사용되는 게임머니의 환전 및 현물 교환 불가를 전제로 하기에 온라인카지노와 개념적으로 엄격히 구분된다.[14] 그럼에도 불구하고 '카지노'라는 용어가 가진 부정적 이미지로 인해, '모사게임' 즉 카지노를 단지 외형적으로 모사만 했을 뿐이라는 실체, 다시 말해 도박에 해당하지 않고 '게임'에 해당할 뿐인 실체는 대한민국 내에서 부정적 이미지에 묻혀 버렸고, 급기야 세계 다른 나라에서는 존재하지 않는 국내에서만 특유한 강력한 규제가 형성되어 있다.

카지노모사게임과 관련하여 게임물관리위원회의 실무는 아래 사항들을 충족하는 조건으로 — 등급분류 거부처분 대신에 — '청소년이용불가 등급분류'를 결정하는 것으로 파악된다. 첫째, 네트워크를 통한 이용자 간 게임 연동이 없어야 함. 둘째, 이용자 순위에 따른 보상 지급이 없어야 함. 셋째, 유료화 불허(웹보드게임과 같은 간접충전 방식도 불가함). 다시 말해 상기 요건 불충족 시 등급분류는 진행되지 않으며, 등급분류를 받지 않은 게임물은 이용에 제공될 수 없게 된다. 결과적으로 국내에서 이용에 제공되는 카지노모사게임은 상기 규제 각 항목의 기계적 해석에 따라, ① 다중이 게임자체로 경쟁 못 하는 1인용 게임이어야 하고, ② 1인용 게임으로 각각 얻은 점수끼리도 서로 경쟁 못 하도록 순위에 따른 유인을 제거하여야 하고, ③ 1인용으로 얻은 게임점수 자체에도 어떠한

14_ 한편 게임의 구조 측면에서 볼 때 카지노모사게임은 컴퓨터가 딜러를 하고 이를 중심으로 이용자들이 플레이어 역할을 하는 'E2Ps[환경(컴퓨터) 대 사람들] 구조'라는 측면에서 'P2P[사람 대 사람] 구조'인 고스톱·포커류의 게임과도 엄밀히는 구분된다.

효용을 느끼지 못하도록 유료화를 포함할 수 없도록 되어 있다. 문제는 카지노모사게임에 대한 이러한 규제를 위해 별도의 법령이 마련되어 있지 않다는 점이다. 그렇다면 게임산업법의 체계적 해석의 지평에서는 이러한 카지노모사게임에 대한 규제가, 게임물등급분류 거부처분의 법적 근거가 되는 일반조항으로서의 사행성게임물 제도의 연장선에서 고안된 것이 아닌지 검토될 필요가 있는 것이다. 따라서 앞서 살핀 바와 같이, 게임물 자체가 사특법이 규제하는 사행행위나 사행행위영업에 해당하는지, 게임산업법 제28조에서 열거하는 방식으로 사행성을 조장하는지, 게임산업법 제2조 제1호의2에서 열거하는 유형의 게임물이면서 동시에 재산상 이익 또는 손실을 주는지, 다른 법률에 의한 규제 또는 처벌대상에 해당하지는 않는지 차례로 살핌으로써, 카지노모사게임에 관한 규제가 사행성게임물 제도라는 법령의 테두리 내에서 위법하지 않게 집행되고 있는지를 검토한다.

　2) 사특법상 규제 또는 처벌 대상이 아님

　먼저 카지노모사게임은 사특법상 사행행위영업, 사행기구 제조업, 사행기구 판매업의 요건을 충족하지 않는다. 카지노를 모사하였을 뿐 모사게임에서 구현된 게임머니는 환전 불가능한 것이므로 사특법상 사행행위 등이 요건으로 하는 재산상 손익에 해당하지 않기 때문이다.

　또한 같은 이유로 카지노모사게임은 사행성 유기기구에 해당하지 않음은 명백하다. 그런데 심의 실무상 게임물관리위원회는 이를 사행성 유기기구로 취급하는 듯한 심의 실무 선례를 축적하고 있는 것으로 파악된다. 예를 들어 2010년 12월 9일 자 게임물등급위원회 Q&A에서는 "슬롯머신, 구슬치기류(릴, 파친코, 룰렛 등 모사게임), 레이스류(경마, 경륜, 경정 등 모사게임) 장르는 사행성 유기기구로 판단되어 과도한 사행심 조장 방지 등을 위해 등급분류의 대상으로 삼고 있지 않습니다"라고 언급된 바 있으며, 2011년 9월 15일 자 게임물등급위원회 Q&A에서도 "슬롯머신 모사 게임물은 … 부분유료화게임물인 경우 … 등급분류거부될 수 있는 사항"이라고 언급된 바 있다. 게임물관리위원회의 심의실무가 게임머니와 관련된 어떠한 직·간접 충전 방식의 유료화도 허용하지 않고 있는 점 또한 이처럼 사행성 유기기구로 취급하는 듯한 전례의 연장에서 있는 것으로 유추 가능한데, 이는 "(스포츠게임의 결과 예측, 게임머니를 베팅하고 배당을 획득하는 온라인 게임인) 게임물은 게임의 결과에 따라 재산상의 손익을 제공하는 것이 아니므로 사특법상 사행성 유기기구로 볼 수 없음"이라고 밝힌 우리 법원의 태도(대법원 2011두11815 판결)에 명백히 반하는 법령 해석이라 할 것이다.

3) 게임산업법상 규제 또는 처벌 대상이 아님

먼저 카지노모사게임은 사행성게임물에 해당하지 않는다. 우리 법원은 "게임머니는 재산상의 이익에 해당하지 않고 현금으로 환전할 수 없는 이상 사행심을 유발하는 정도는 현저하게 약화될 수밖에 없으며, 사행성게임물에 해당하지도 않음"이라든지(서울고법 2010누35687 판결), "게임머니를 현금으로 환전할 수도 없다면 사행심을 유발할 우려가 없다"라든지(대법원 2011두11815 판결), 앞서 제시한 대법원 2009도12117 판결 및 2009도11666 판결 등에서도 일관되게 설시된 바 있다.

또한 카지노모사게임은 게임산업법이 규정하는 사행성 조장에 해당하지 않는다. 게임물의 '사행성'을 확인하여(제21조 제7항), 사행성게임물을 게임산업법의 적용대상에서 제외하고 있는 게임산업법의 체계상, 사행성게임물이 아닌 게임물 그 자체는 사행성이 없다는 것이 게임산업법의 취지이다. 따라서 '사행성 조장' 금지는 등급분류를 받은 게임물을 사용하여 사행성을 조장하는 것을 금지하는 것으로 보아야 하는 것이고, 논리적으로 등급분류를 마치지 않은 심의실무 과정에서 검토되는 본 카지노모사게임 규제는 '사행성 조장'에 관한 규제의 적용대상이 아닌 것이다.

한편 게임물관리위원회 등급분류 규정 제18조 제6호는 게임산업법 제2조 제1호의2 가목부터 바목까지 해당하는 게임물 중 "온라인 게임물로서 베팅의 수단으로 사용되어 승패의 결과로 이용자 간 이체될 수 있는 게임머니를 현금으로 직접 구매 가능한 경우" 사행성게임물로 확인할 수 있다고 규정하고 있다. 이것 또한 카지노모사게임 규제에 대한 합법적인 논거가 되지 못한다. 상위법령에 위배되기 때문이다. 체계적 지위를 검토해 볼 때, 게임산업법 제21조 제7항에 따라 시행규칙에 위임되고 다시 게임물관리위원회의 등급분류 규정으로 규정된 사행성 확인 기준이라는 것은, 상위법령인 게임산업법 제2조가 사행성게임물을 정의하면서 개념 요소로 '재산상의 이익 또는 손실'을 필수적으로 요하고 있음에 비추어 볼 때, 동법 시행규칙 제8조 제3항이 사행성 확인의 구체적 기준을 게임물관리위원회가 ① 게임물 이용에 사회통념상 과다한 비용이 소요되는지 여부, ② 게임물 이용을 통하여 획득한 유·무형의 결과물이 환전되거나 환전이 용이한지 여부, ③ 재산상 이익 또는 손실을 줄 수 있도록 게임물을 개조·변조하는 것이 용이한지 여부 등을 고려하여 정하도록 한 것은 행정입법의 위임범위를 넘어선 것으로 보아야 할 것이기 때문이다. 다시 말해 상위법령이 '재산상의 이익 또는 손실'을 'and' 요건으로 하고 있음에도, 등급분류 규정에서는 이 요건을 충족하지 않는 게임물에서도 단지 게임머니를 구매할 수 있다는 이유만으로 사행성 게임물로 확인할 수 있게 되는 것이므로 이는 위임 일탈이라고 파악되는 것이다.

4) 다른 법률에 의한 규제 또는 처벌대상에 해당하지 않음

카지노모사게임은 형법상 도박개장죄에 해당하지 않는다. 구 형법상 도박죄는 '재물로써' 도박을 한 경우를 규정하였지만 현행 형법상 도박죄는 '재물로써' 요건을 삭제하였다.[15] 이는 판례상 과거에도 재산상 이익을 객체로 한 도박 처벌이 인정되던 것을 반영한 것인데, 재물 또는 재산상의 이익을 지급하지 않는 카지노모사게임은 개념 자체로 도박에 해당하지 않는다고 할 것이다.

또한 「관광진흥법」상 카지노업에 해당하지 않는다. 「관광진흥법」 제3조 제1항 제5호는 전문 영업장을 갖추고 주사위·트럼프·슬롯머신 등 특정한 기구 등을 이용하여 우연의 결과에 따라 특정인에게 재산상의 이익을 주고 다른 참가자에게 손실을 주는 행위 등을 하는 업을 '카지노

15_ 삭제 이유는 도박의 객체에 재물뿐만 아니라 재산상의 이익도 포함시키기 위함인 것으로 기재된 바 있다[형법일부개정법률안(의안번호 1143) 제안이유 중].

업'이라고 정의하고 있다. 역시 카지노모사게임은 재산상의 이익이나 손실을 주지 않는다는 점에서 「관광진흥법」의 적용 대상이라고 할 수도 없다.

(2) 경마모사게임 규제의 비판적 검토

1) 경마모사게임 규제의 개요

경마모사게임과 관련하여서는 게임물관리위원회 등급분류거부 사례 (2014년 등급분류연감)에 비교적 구체적으로 제시되어 있다. 당해 등급분류 거부된 경마모사게임은 게임 내에서만 이루어지는 가상의 경마경기의 결과를 예측하고 적중자에게 게임머니를 지급하는 것을 내용으로 하고 있었으며 게임머니를 무료로 충전하는 구조로 되어 있었다. 이런 측면에서는, 카지노모사게임의 경우 게임머니의 충전이 무료일 때에는 (1인용게임이고 순위에 대한 보상이 없다면) 청소년이용불가 등급분류를 받을 수 있도록 규제가 해석되고 있음에 견주어 볼 때, 경마모사게임에 대한 규제가 카지노모사게임에 대한 규제보다 좀 더 강한 수준으로 규제 해석이 이루어지고 있다고 여겨지기도 한다. 2014년 등급분류연감에 따르면 〈그림 1〉의 경마모사게임은 게임산업법 제2조 제1호의2에 따라 「한

〈그림 1〉 경마모사게임에 대한 게임물관리위원회의 등급분류거부 사례[16]

16_ 게임물관리위원회, 「2014 게임물 등급분류 및 사후관리 연감」, 2015, 96면. https://www.grac.or.kr/Board/CaseBookView.aspx?cbid=7&type=view

국마사회법」에서 규율하는 경마와 이를 모사한 게임물에 해당한다는 이유로 등급분류거부가 되었다.

2) 경마 등을 모사하는 경우에도 한국마사회법상 처벌대상이 아님

먼저 한국마사회법상 경마란, 기수가 기승한 말의 경주에 대하여 승마투표권을 발매하고 승마투표 적중자에게 환급금을 지급하는 행위(제2조 제1호)로 엄격히 정의되고 있다. 동법 제48조는 금지되는 행위로 경마시행, 마사회 시행 경주에 관하여 승마투표 비슷한 행위를 하게 하여 적중자에게 재물 또는 재산상의 이익을 지급하는 행위, 외국에서 개최되는 말의 경주에 대한 위 행위, 위 행위들을 위하여 마권이나 이와 비슷한 것을 발행하는 시스템을 설계·제작·유통·공중에 제공하는 행위를 규정하고 있는데, 이를테면 국내 또는 외국에서 개최되는 '말의 경주' 결과를 근거로 재물 또는 재산상의 이익을 제공하는 경우를 금지하는 것이 규제의 취지라고 할 것이다.

문리해석상 동법 제48조 제3항은 제1항 또는 제2항의 행위를 전제로 하고, 제1항의 '경마' 및 '마사회가 시행하는 경주'의 개념과 승마투표의 개념은 제2조의 정의를 따르는 것이므로, 한국마사회법이 제48조에서 금지하는 행위로서의 경마시행이나 승마투표 등의 개념이 가상의 온라인경마를 소재로 한 게임물에 해당하지 않음은 비교적 명백하다고 할 것이다.

또한 '재물 또는 재산상의 이익' 요건이 없음에도 경마모사에 해당한다는 이유로 등급분류거부를 하는 것은 게임산업법 제2조 제1호의2, 제22조 제2항, 제21조 제7항, 시행규칙 제8조 제3항의 문리해석에도 위반한다고 볼 것이다.

3) 국민체육진흥법상 체육진흥투표권(스포츠토토) 관련 규정 위반이 아님

국민체육진흥법은 스포츠토토 유사행위를 금지하고 있는데(제26조 제1항), 이는 체육진흥투표권 수탁사업자 아닌 자가 체육진흥투표권 또는 이와 비슷한 것을 발행하고 적중자에게 재물이나 재산상의 이익을 제공하는 것, 정보통신망을 이용하여 체육진흥투표권이나 이와 비슷한 것을 발행하는 시스템을 설계·제작·유통 또는 공중에 제공하는 것을 그 행

위 태양으로 한다. 또한 체육진흥투표권 비슷한 것을 발행하는 시스템 설계 제작 등도 금지되고 있다(제26조 제2항).

규정 취지상 그 시스템은 재물이나 재산상의 이익 제공과 연계되어 있어야 한다고 보아야 할 것이다. 그렇지 않더라도, 이 규정은 스포츠 경기의 결과를 예측하고 적중자를 선정하는 시스템에 한정하여 적용하는 것이 타당할 것이고, 이를 가상의 경마 경기의 결과를 예측한 적중자에게로 넓혀 적용하는 것은 문리해석의 범위를 넘어서는, 허용되지 않는 유추해석에 해당한다고 할 것이다.

(3) 소 결

게임물의 사행성과 관련한 국내 규제의 전형을 보여 주는 대표적 두 가지인 카지노모사게임 규제와 경마모사게임 규제 사례들을 통해, 이른바 사행성게임물 제도로 통칭되고 있는 게임산업법상 사행성 규제체계가 작동하는 방식을 엿볼 수 있다. 일견 사행성게임물의 정의에 해당하는지 여부를 살피는, 즉 게임산업법 제2조 제1호의2라는 정의 조항에 대한 치밀한 문리해석의 장이 펼쳐질 것이라는 예상과는 달리, 현실적으로 게임산업법을 집행하는 규제 당국은 게임물의 외양이 사행적인 형태를 띠기만 하여도 그 실질이 재산상 이익 또는 손실을 주는지 여부를 엄격하게 판단하지 않고 오직 '금지'라는 정책 목표를 향해 무리한 법령해석을 추진하는 입장을 견지하여 온 것으로 파악된다. 법원은 사행성에 대한 일관되고 엄격한 잣대로 이를 해석하고 판단의 기준을 제시하여 왔으나 이에 아랑곳 않고 규제 당국은 번번이 이에 어긋나는 사례를 누적해 가고 있는 것이다. 카지노모사게임 규제 사례와 경마모사게임 규제 사례를 통해 볼 때, 사행성게임물 제도로 통칭되는 규제 정책은 제도의 형성과정에서 노정된 다양한 '금지'의 정책목표가 존재하였고 이것이 입법의 공간에서 임기응변식으로 발현되었음을 미루어 짐작할 수 있다. 장을 바꾸어 이를 검토한다.

Ⅲ. 사행성게임물 제도의 입법과정과 문제점

1. 사행성 규제 관련 게임산업법의 입법연혁

일반적으로 현재의 게임산업법은 이전의 법을 이어받아 성립하고 발전한 것으로 파악되고 있는데, 그와 관련하여 밀접한 연관이 있는 제반의 법체계는 통상 '게임법제'로 지칭되고 있다.[17] 입법연혁의 분석에 있어 분석의 주제로서 '게임과 사행행위의 분리', '영업장소 규제', '등급분류', '게임산업 및 문화의 진흥'의 각각의 등장과 변화를 고려하고, 그 단계별 시기를 '유기장업 관리체제(1973~1999)', '게임물 관리체제(1999~2006)', '게임산업 진흥체제(2006~현재)'의 3단계로 구분하여 각 시기별 분석 주제의 등장과 변화를 복합적으로 고려하면 규제의 입법연혁을 다음과 같이 살펴볼 수 있게 된다.[18]

(1) 유기장업 관리체제 시기

게임법제의 태동기로서 유기장업 관리체제는 1973.10.16.의 개정「유기장법 시행규칙」에 최초로 규정된 '전자유기시설'로 그 막을 연 것으로 평가되고 있다. 「유기장법」은 1981.4.13. 그 법명을 「유기장업법」으로 변경하였고, 1984.7.20.에는 「유기장업법 시행령」의 개정을 통하여 유기기구 심의제도가 도입된 바 있는데, 이후 동법은 1986.5.10. 제정된 「공중위생법」으로 흡수되었고, 1990.1.13.의 개정을 통하여 유기기구 검사제도로의 전환이 이루어졌다.

17_ 황승흠, "한국 게임법제의 역사와 전망", 「게임법제도의 현황과 과제」, 박영사, 2009, 3면.

18_ 황승흠, 위의 논문, 3-4면. 동 견해에 따르면, 게임과 사행행위 분리 문제와 영업장소 규제의 문제는 모든 입법단계에서 나타나는 주제이지만, 등급분류의 문제는 '게임물 관리체제' 이후에 중심주제로 등장하고 게임산업 및 문화의 진흥 문제는 '게임산업 진흥체제' 이후에 등장하는 주제라고 한다(황승흠, 위의 논문, 4면).

「공중위생법」상 처음 규정되기 시작한 전자유기장업은 성인용 전자유기장업과 청소년용 전자유기장업으로 나뉘었는데,[19] 성인용 전자유기장업은 유기장업의 일종인 당구장업과 함께 18세 미만의 자의 이용이 제한되었는데, 성인전용유기장업소가 아닌 유기장업소에서는 성인전용유기장업소에만 설치·사용할 수 있는 유기기구를 설치·사용할 수 없었다. 이후 1995.12.29. 법률 제5100호로 개정된 「공중위생법」은 성인전용전자유기장업소에만 설치되던 기계식유기기구가 사행행위에 사용될 우려가 있다는 이유로 유기장업 중 18세 미만의 자의 이용을 규제하는 영업에 관한 종전의 규정을 폐지함으로써 성인전용유기장 영업이 금지되었고, 그에 따라 1996.6.29. 「공중위생법시행령」의 개정을 통하여 종전에 성인용 전자유기장업과 청소년용 전자유기장업으로 구분되던 것을 컴퓨터게임장 단일 명칭으로 변경하였다.

(2) 게임물 관리체제 시기

유기장업 관리체제는 1999년 「공중위생법」의 폐지와 함께 제정된 「음반·비디오물 및 게임물에 관한 법률」(이하 '음비게법'이라 함)을 통하여 게임물 관리체제로 전환이 이루어진 것으로 평가되어진다. 음비게법은 「공중위생법」상 사용되던 유기기구의 개념 대신 '게임물'의 개념을 도입하였고, 컴퓨터게임장업을 게임제공업이란 명칭으로 규정하였으며, 영상물 콘텐츠로서의 게임물에 대하여 등급분류제도를 적용하여 등급분류를 받은 게임물에 한하여 유통과 제공이 허용되었다.

당시 게임물의 등급은 전체이용가, 12세이용가, 18세이용가로 분류되었고, 그중 전체이용가 또는 18세이용가에 한하여 게임장에서 제공될 수 있었는데, 게임물 중 사행성이 지나친 경우 사용불가로 결정하여 등급분류대상에서 배제되었다. 게임제공업은 종전의 허가제에서 등록제로 바뀌었고, 문화관광부령이 정하는 시설을 갖추고 문화관광부장관,

---

19_ 당시 전자유기장을 포함한 유기장업은 보건사회부령이 정하는 시설 및 설비를 갖추고 시장·군수·구청장의 허가를 받아야 했다.

시장·군수·구청장에게 등록하도록 하였는데, 게임장은 18세이용가 등급의 게임물도 오락제공할 수 있는 종합게임장[20]과 전체이용가 등급의 게임물에 한하여 오락제공할 수 있는 그 밖의 게임제공업소로 구분되었다. 이후 동법은 2001.5.24.의 전문개정을 통하여 기존 시행령을 통하여 규율되던 경품제공행위에 대한 규율을 폐지하였고, 문화관광부장관의 고시로 '지나치지 않은' 사행성을 확대하는 방향으로 변화하였다.

(3) 게임산업 진흥체제 시기

이후 2006.4.28. 게임산업법이 제정[21]되며 게임산업 및 문화진흥 체제의 도입이 이루어지며 게임산업 진흥체제가 시작되었는데, 동법을 통하여 게임물의 등급분류를 전담하는 기관으로서 게임물등급위원회가 설치된 바 있다. 그러나 동법은 그 시행일 전 사회적 논란의 중심으로 등장한 바 있는 이른바 '바다이야기 사건'으로 인하여 즉각적으로 개정논의에 돌입하였고, 2007.1.19. '게임'과 '사행행위'의 분리에 초점을 맞추고 사행성 방지를 위하여 게임영업에 대한 규제의 강화와 경품규제의 강화 및 환전업금지조항의 신설 등을 주요 내용으로 하는 개정이 이루어졌다.

20_ 종합게임장의 경우 시·도지사로부터 지정을 받아야만 가능하였고, 종합게임장에 설치하는 18세이용가 등급의 게임물은 일정비율로 제한되었으며(음비게법 제21조 제1항), 18세이용가 게임물과 그 외의 게임물은 분리·관리하여야 했다(음비게법 제21조 제3항). 그리고 종합게임장에서 설치할 수 있는 18세이용가 등급의 게임물은 100분의 50의 범위 안에서 문화관광부장관이 고시로 정하였고, 종합게임장의 지정을 받은 자는 종합게임장 안의 18세이용가 게임물의 이용 장소에 "18세미만 이용불가"라는 표시를 하고 연소자가 이를 이용하지 못하도록 하여야 했다(음비게법 시행령 제28조 제3항 및 제4항).

21_ 게임산업법의 제정과 관련하여 그 제정의 주목적이 (음비게법상) 법률체계의 분리였으므로 기존의 게임물에 관한 규제체계의 골격은 기본적으로 유지된 것으로 파악되고 있다(황승흠, 위의 논문, 19면). 그러나 게임산업법은 후술하는 바와 같이 그 제정 이유에서도 명확하게 밝히고 있는 것처럼 종래 음비게법상 게임물의 특성이 제대로 반영되지 못하였던 점을 고려하여 단행의 별도 입법이 이루어진 것인바, 이러한 점을 생각한다면 게임물에 관한 규제체계의 골격 역시 게임물의 특성을 충실하게 고려할 수 있는 방향으로 전면적 쇄신이 이루어져야만 했을 것이다.

2. 제도 도입에서의 문제점

통상 이른바 '바다이야기'[22]로 알려져 있는 아케이드 게임에 있어 게임의 결과에 따른 상품권 등 경품의 지급이 사회적 이슈로서의 게임물의 사행화 가능성에 대한 논란을 불러온 것으로 파악할 수 있을 것이다. 이와 같은 문제의 발생에 따른 사회적 논란은 게임산업법의 제정 후 시행 전 개정이라는 결과를 가져온 바 있다. 이후 아케이드 게임류에 있어서의 경품 관련 사항이 깊이 있는 검토가 이루어지지 않은 채로 온라인게임에 있어서의 게임 아이템에 대한 논란으로 확산되었다.[23] 그런데 법률이 허용하지 않는 형태로 개·변조된 해당 기기들은 이미 게임물이 아닌 ─ 역시 법률상 적법한 절차를 거쳐야만 공급 가능한 ─ 사행성 유기기구에 유사한 것이다. 이러한 점은 전연 고려되지 않은 채 막연한 형태의 법률이 허용하는 콘텐츠 및 기기의 이용자에 의한 불법적 이용의 가능성에 집중하여 현재와 같은 기묘한 형태로 게임의 사행성 논란이 이루어져 온 것으로 파악할 수 있을 것이다.

현행과 같은 게임의 규제는 게임을 둘러싼 다양한 가치 변화와 긴장의 야기와 충돌 등이 과거 '바다이야기 사건'에서 보듯이 'game'과 'gambling'이 구분되지 못하고 게임만의 가치를 확보하지 못한 상황에서 불완전한 제도화가 진행됨으로써, 게임에 대한 개념과 가치가 영화나 음악 등의 다른 문화콘텐츠에 비하여 체계화를 갖추지 못하고 여전히 흩어져 있는 개념들을 통하여 임의적·전략적으로 활용되었음을 그 원인으로 하는 것으로 분석되기도 한다.[24] 그러나 'game'과 'gambling'은 그

22_ 이는 과거 영상물등급위원회의 심의 절차에 따라 등급분류가 이루어진 법령상 허용되는 게임물이었으나, 불법적인 기기의 개·변조를 통하여 사회문제의 중심으로 등장한 바 있다.

23_ 김윤명, "게임아이템 환전금지 규정에 대한 비판적 고찰", 「경희법학」 제46권 제2호, 경희대학교 법학연구소, 2011, 125면.

24_ 홍유진, "게임법이 지향하는 가치 유형", 「게임법제도의 현황과 과제」, 박영사, 2009, 41면.

각각의 의미에서 전적으로 구별되는 개념이고,[25] '(게임을 통하여 얻어지는) 즐거움'과 같은 게임 특유의 가치가 반드시 어떠한 개념적 체계화를 통하여 획득되어야만 하는 것은 아니라고 할 것이다. 오히려 서로 다른 이질적 개념임에도 불구하고 '게임'이라는 다소 부정적 어감을 갖고 있는 '언어적 표현' 그 자체에 천착하여 — 마치 게임에는 도박과 사행의 세계와 연결되는 관문이 있을 거라는 막연한 인식을 바탕으로 — 규제의 대상으로만 조명하려 하였고, 그와 같은 그릇된 인식을 바탕으로 게임을 대하는 프레이밍(framing)이 규제의 형성과 강화로 이어졌다고 분석하는 것이 보다 적정하다고 할 것이다.

3. 제도 운영에서의 문제점

게임제작업자 등이 어떠한 게임물을 사행성게임물이 아니라고 판단하여 그에 대한 등급분류를 신청함에는 아무런 장애가 없다. 게임물과 사행성게임물의 법적 구분은 궁극적으로 사법부가 하여야 하며, 이와 같은 고도의 법률적 판단을 일반국민이 하여야 할 필요는 없는 것이다. 그러나 이러한 주관적 판단에도 불구하고 어떠한 게임물이 객관적으로 사행성게임물에 해당하는지 여부에 관한 문제는 별개로 남아 있다. 따라서 등급분류기관은 등급분류를 신청한 게임물에 대하여 사행성게임물 여부를 확인하여야 한다. 게임물관리위원회의 사행성게임물 확인은 게임물과 게임물이 아닌 것을 구별하는 것이다. 즉 사행성게임물의 확인은 게임물이 아니라는 것을 확인하는 것이므로 등급분류의 적용대상이 아니라는 것을 확인하는 의미를 가지는 것이다.[26]

25_ 양 개념은 그 논의의 평면을 전적으로 달리하는 것임에도 불구하고, 개념적 오(誤)인식이 만연하게 이루어지고 있는 점에서 문제점을 가지는 것이다[정정원, "성인의 게임 이용 제약에 대한 제도적 분석", 「제5회 대한민국 게임포럼」(2016.6.28.) 자료집, 한국게임학회, 38-39면].

26_ 황승흠, "2007년 개정 게임산업진흥법상 사행성게임물제도의 의의와 법적 성격", 「공법학연구」 제8권 제4호, 한국비교공법학회, 2007, 320면.

또한 게임물관리위원회가 게임물에 대하여 등급분류를 하고 그 과정에서 사행성의 유무에 대하여 판단하였다고 하더라도, 이와 같은 게임물관리위원회의 등급분류 결정이나 등급분류 거부 결정에 대하여 이의를 신청하거나 행정소송을 제기할 수 있는 점에 비추어 볼 때, 게임물관리위원회의 판단은 중간적 판단에 불과하고, 사행성게임물 여부에 대한 최종적인 판단은 법원에 맡겨져 있는 것이라고 할 것이므로, 게임물관리위원회가 어떠한 게임물에 대하여 사행성이 없다고 판단하였더라도 법원은 그 게임물의 사행성게임물 해당 여부를 다시 판단할 수 있다고 할 것이다.[27] 즉 어떠한 게임물의 사행성 여부의 판단은 사법적 판단인 것이고 이는 법원이 독자적으로 결정할 수 있는 것이다.[28] 어떠한 게임물이 사행성게임물에 해당하는지 여부는 게임물관리위원회가 자의적으로 판단할 사항이 아니라 사법부의 게임산업법 제2조에 대한 해석을 통하여 정해질 사항인 것이다.[29]

다시 말해 게임산업법 제21조 제4항에 따른 사행성 여부의 확인과 같은 조 제7항에 따른 사행성 확인 기준은 게임산업법 제2조가 규정하고 있는 사행성게임물의 정의 개념에 충실하게 일관되게 해석되어야만 하는 것이고, 현행과 같이 게임산업법의 위임의 한계를 일탈하면서 사행성게임물의 정의에 부합하지 않는 방식으로 위법한 형태로 운영되어서는 안 되는 것이다. 게임산업법 제21조 제7항에 따른 사행성 확인 기준은 별도로 사행성게임물의 개념을 창설하는 기준으로 정립되어서는 안 되고 그 개념에 충실하게 사행성의 여부를 확인하는 구체적인 방법과 절차에 대하여 그를 구체화할 수 있는 형태로 만들어져야만 하는 것이다.[30]

27_ 김용찬, "도박·도박개장죄, 사행행위 등 규제 및 처벌특례법위반죄 및 게임산업진흥에 관한 법률위반죄의 관계에 대한 고찰", 「저스티스」 통권 제113호, 한국법학원, 2009, 171면.

28_ 문기탁, "게임법상 등급분류거부제도의 위헌성에 대한 연구", 「한국컴퓨터게임학회 논문지」 26권 3호, 한국컴퓨터게임학회, 2013, 221면.

29_ 문기탁, 위의 논문, 223면.

30_ 문기탁, 위의 논문, 221면.

4. 소결: 개념 모순에 기반한 제도

게임산업법의 적용대상으로서의 '게임물'은 그 개념 본질적으로 법률이 금지하지 않는 어떠한 것임을 전제로 하는 개념이라 할 것이다. 현행 법률은 '사행성게임물'에 해당하기 위해서는 어떠한 것이 "그 결과에 따라 재산상 이익 또는 손실을 주는 것"이어야 함을 명백하게 밝히고 있다. 해당 표현은 그 문언상 '사행성' + '게임물'의 구조적 형태를 취하고 있는 것으로 파악할 수 있으므로,[31] 동법상 허용되는 게임물이라 하더라도 본질적으로 '사행성'을 갖추게 되면 법률의 적용대상에서 이탈하게 되는 것이다.

그렇다면 '사행성'은 무엇을 본질로 하는 것인가? 문언적으로 '사행(射倖)'이란 '요행을 바람'의 의미를 가지므로 '사행성'은 '(특히 재산성의 측면에서) 요행을 바라는 성질'로 그 의미를 파악할 수 있을 것이다. 게임에 있어서 '사행성'을 사행성의 모사와 실제로 경제적 재화의 이동의 문제로 나누어 살피는 견해가 있는데, 그에 따르면 경제적 재화가 실제로 오고 가는 게임은 산업적 비즈니스 모델의 문제로 파악하고 있다.[32] 그런데 이와 같은 '경제적 재화의 이동'은 단독으로는 현행의 우리 게임산업법 체계에서는 고려될 여지가 없다고 할 수 있다. 현행 체계상 '사행성'은 '일정한 유형 해당성'과 '재산상 이익 득실 발생'이라는 두 가지 개념적 표지를 반드시 갖추어야만 한다. 따라서 양자의 개념 표지 중 어느 하나라도 충족하지 못하는 경우에는 동법에 따른 '사행성게임물'이라는 개념

31_ '사행성게임물'의 표현은 법률상 금지의 대상이 아닌 '(허용되는) 게임물'의 이용을 통하여 법률상 금지되는 재산상 이익이나 손실의 발생이 가능할 수 있음을 전제하는 의미를 내포하게 되는 점에서 그 문언적 표현에 있어서도 문제점을 여실히 드러내고 있다. 특히 사행성게임물에 있어 사용되고 있는 '게임'의 표현은 ― 법률이 원칙적으로 허용하고 있는 ― '게임'의 개념 본질에 포섭될 수 있는 것이 아니므로 잘못된 표현이라고 할 것이다.

32_ 박태순, "온라인게임 등급분류의 추세 및 현안", 「게임법제도의 현황과 과제」, 박영사, 2009, 102-104면.

으로 파악할 수는 없게 되는 것이다. 그럼에도 불구하고 일정한 유형의 게임물에 해당하기만 하면 등급분류가 거부되는 것은 게임물을 합리적 이유 없이 차별적으로 취급하는 것으로서 게임물 제공자에게 규제로 작용할 뿐만 아니라 궁극적으로는 게임이용자의 게임선택권 역시 제한되는 결과를 초래하게 되는 점에서 문제라고 할 것이다.[33]

그런데 사행성의 개념 표지 중 '재산상 이익 득실 발생'과 관련하여 살핀다면, 우연성을 가진 어떠한 행위를 통하여 재산상 이익의 득실이 발생하는 경우라면, 그러한 행위는 이미 형법이 금지하고 있는 도박의 죄의 구성요건 등에 포섭되는 행위라고 할 것이다. 따라서 게임을 참칭하여 금지되는 도박행위 등에 사용되는 '게임물과 유사한 어떠한 것'은 이미 법률이 허용하고 있는 게임물의 개념에 포섭될 수 없는 법률상 금지의 대상인 별개의 개념으로 파악하여야만 할 것이다.[34]

한편 이러한 '사행성'의 존재 여부의 확인과 관련하여 게임산업법 시행규칙은 법률이 정하고 있는 '재산상 이익의 득실 발생'을 넘어 '재산상 이익의 득실 발생 가능성'으로까지 그 범위를 확대하고 있다.[35] 이는 법률이 예정하고 있는 범위를 넘어서는 판단기준을 규정하고 있는 것인데, 이와 같은 규정 형식은 당초 법률이 사행성게임물의 개념 정의를 하위법령에 위임하지 않고 법률에 직접 명시한 이유가 사법적 개념에 해당하는 사행성의 존재 여부를 파악함에 있어 행정부의 자의적 기준 설정을 금지하고자 함에 있는 것으로 파악되는 점을 고려할 때 상당한 문제점을 가지고 있다고 할 것이다.[36]

33_ 정정원, "성인의 게임이용 제약에 대한 제도적 분석", 「제5회 대한민국 게임포럼」 (2016.6.28. 개최) 자료집, 41면.

34_ 즉, 현행 법률상 사행성게임물의 이용행위는 근원적으로 도박행위 또는 금지되는 사행행위와 동일한 의미를 가지는 것으로 파악되게 될 것이다.

35_ 「게임산업진흥에 관한 법률 시행규칙」 제8조(등급분류기준) ③ 법 제21조 제7항에 따른 사행성 확인 기준은 법 제2조 제1호의2 각 목의 어느 하나에 해당하는 게임물에 대하여 그 이용 결과 재산상 이익 또는 손실을 줄 수 있는지 여부로 한다.

36_ 고학수, "게임물 내용규제 시스템에 관한 법경제학적 검토", 「한국게임법과정책학회 제4회 세미나」(2015.4.3. 개최) 자료집 참조.

요컨대 현행의 사행성게임물 개념은 본질적으로 전혀 다른 대상에 대해 형태의 유사 가능성을 이유로 하여 개념 내재적 오류를 가진 표현을 사용함으로써 허용과 금지의 경계를 흐트러뜨린 것이다. 그로 인해 연쇄적인 인식의 오류가 유발됐고, 관련 논의에서 "게임은 사행적이다"라는 '프레이밍(framing)'이 이루어져 왔으며, 게임을 둘러싼 여러 주체들 사이에 반목과 갈등의 골이 깊어지는 원인으로 작용하는 것이다.[37]

IV. 제도 개선의 방향성

1. 유사 해외 사례 검토

ESRB의 경우 과거 내용정보에 'Gaming'이나 'Gambling'과 같은 요소를 두어 사행성에 대한 고려를 하고는 있었지만, 실질적으로는 그와 같은 내용정보를 부착한 사례를 찾아보기 어려운 유명무실한 것이었다. 그런데 최근 ESRB는 사행성 관련 내용정보를 'real gambling'과 'simulation gambling'으로 구분하고, 'simulation gambling'은 많은 게임에 부착하고 있다.[38] 이러한 추세는 유럽의 등급분류기구인 PEGI나 일본의 등급분류기구인 CERO에서도 보이고 있고, 사행성 관련 내용정보를 부

37_ "게임물 사행성, 이해와 해법", 디지털 타임스 2017.4.30. 기사(http://news.naver.com/main/read.nhn?mode=LSD&mid=sec&sid1=102&oid=029&aid=0002400402) 참조.
38_ 논리적 순서로는 여기서 'real gambling'으로 구분되는 경우, 그다음으로 미국에서의 불법 온라인도박의 규제와 관련하여 2006년 제정된 UIGEA의 적용 여부가 관할과 집행기관을 달리하여 고려될 것이다. 이러한 UIGEA를 통한 불법 온라인도박 규제의 취지를 긍정하는 견해로는 Conon, J. "Aces and eights: Why the Unlawful Internet Gambling Enforcement Act resides in "dead man's" land in attempting to further curb online gambling and why expanded criminalization is preferable to legalization." *The Journal of Criminal Law and Criminology*, 99(4), (2009), pp.1157-1194. UIGEA의 문제점을 지적하는 견해로는 Alexander, G. "US on Tilt: Why the Unlawful Internet Gambling Enforcement Act Is a Bad Bet." *The. Duke L. & Tech. Rev.*, (2008), pp.1-19.

착한 게임들의 사례 또한 빈번히 보고되고 있다. 이에 대하여 온라인게임 등을 통한 상호작용적 사행성 게임들이 활성화되면서, 사행성 게임에 대한 경각심이 높아져서 나타난 현상이라는 견해가 있다. 이 견해는 기존의 이용자 간 상호작용이 불가능하던 비디오게임이나 PC 패키지 게임에서는 사행성의 문제가 그다지 크지 않아 도박성이 높은 사행성 게임을 모사하더라도 혼자서 이용하다 마는 것으로서 경제적으로나 사회적으로 문제가 발생할 소지가 매우 적었으나, 네트워크 기능을 통하여 이용자 간의 사행성 게임 이용이 가능해지면서 그에 대한 사회적 우려가 증대한 것으로 보인다고 한다.[39]

그러나 이와 같은 분석은 게임과 게임이 아닌 것에 대한 혼동으로 인한 것으로 보아야 할 것이다. ESRB의 내용정보로서의 'real gambling'과 'simulation gambling'의 구분은 우리에 있어서는 도박 혹은 사행행위가 가능한 것과, 그를 모사하여 만들어졌을 뿐 그에 해당하지 않는 것을 구분한 것으로 보아야 할 것이다. 즉, 도박성을 가지는 경우에는 게임이 아닌 점을 고려할 때, 네트워크 기능을 통한 게임의 사행적 이용 가능에 대한 우려 등은 이와 같은 잘못된 인식을 기반하고 있는 것으로 보아야 할 것이다. 허용되는 '게임'에 대하여는 게임의 제공 이후 이용자의 이용행위를 통하여 비로소 법률이 허용하지 않는 결과가 발생하는 것이므로, 게임의 공급 이전 단계에서는 그 자체 게임이 아닌 '도박'에 소용되는 것을 제작하는 경우를 제외하고는 일반적으로 금지되는 이용자의 이용행위란 있을 수 없기 때문이다.

2. '게임', '사행' 및 '사행적 이용'의 구분

일반적으로 '사행성 규제'라고 지칭되는 규제들은 크게 두 가지를 축으로 입법화된 것으로 파악할 수 있는데, 하나는 '게임'과 '사행'의 구분

39_ 김민규 · 홍유진 · 박태순, "세계 게임 심의제도의 추세 및 함의", 「2009 KOCCA FOCUS(하권)」09-11(통권 제11호), 한국콘텐츠진흥원, 2009, 183면.

이라는 명제에 따라 도입된 '사행성게임물' 개념이고, 다른 하나는 게임물의 사행화를 방지한다는 취지로 도입된 '게임 결과물 환전업 금지'이다. 그러나 상술한 바와 같이 '사행성게임물'의 개념은 해당 용어 자체가 서로 모순적인 두 단어의 결합으로 이루어져 있고, 상당한 기간 동안 판례를 통해 일관된 해석[40]이 이루어지고 있는 현재에 있어서도 여전히 '사행성게임물'의 개념은 왜곡 적용되어 강력한 규제의 근거로서 작용하고 있는 한계적 상황은 반복되고 있는 것으로 파악할 수 있다. 특히 판례는 게임산업법상 게임물에서 제외되는 '사행성게임물'을 해석함에 있어 「사행행위 등 규제 및 처벌 특례법」의 적용대상인 사행기구와는 법률의 적용의 측면에서도 구별됨을 명확히 한 바 있고,[41] 스포츠 경기의 결과에 대한 예측을 바탕으로 게임머니를 베팅하는 온라인게임 서비스가 재산상 이익이나 손실을 이용자에게 제공하지 않는다는 점에서 「국민체육진흥법」을 위반하는 사행행위와도 구분된다[42]는 점 역시 명확하게 밝힌 바 있다.

한편 게임물의 사행화 방지라는 명목하에 도입된 '게임 결과물 환전업 금지' 역시 그 도입의 취지가 재검토될 필요가 있다. 엄밀히 말해 게임의 '사행화 방지'라는 명목은 적절하지 않다고 생각된다. 즉, 게임 이용 계약을 벗어나 게임을 도박의 수단으로 악용하는 게임이용자의 일탈행위로 인해 당해 게임 자체가 도박기구 혹은 사행성 유기기구로 변모한다고 볼

40_ "게임산업법의 적용대상이 되는 게임물에서 제외되는 '사행성 게임물'이라 함은 게임의 진행이 게임산업법 제2조 제1호의2에서 제한적으로 열거한 내용 또는 방법에 의하여 이루어져야 할 뿐만 아니라, 게임의 결과에 따라 게임기기 또는 장치에 설치된 지급장치를 통하여 게임이용자에게 직접 금전이나 경품 등의 재산상 이익을 제공하거나 손실을 입도록 만들어진 게임기기 또는 장치를 의미한다"(대법원 2010.1.28. 선고 2009도12650 판결 등 참고).

41_ 이를 보다 상술하여 도식화하여 구분하면 〈표 1〉과 같다.

42_ "이 사건 게임물은 게임의 결과에 따라 재산상 이익을 제공하는 것이 아니고 게임머니를 현금으로 환전할 수도 없으므로 게임산업법상의 사행성게임물 또는 사행행위법상의 사행성유기기구로 볼 수 없을 뿐만 아니라, 그 게임방법이 국민체육진흥법에 의한 체육진흥투표권 발행과 유사하다고 볼 수 없다"(대법원 2012.6.28. 선고 2011두11815 판결).

〈표 1〉 사행성 관련 게임산업법과 사행행위특례법 적용 국면의 비교[43]

게임산업법		사행행위특례법
"게임기기 자체에서 게임결과에 따라 직접 금전이나 경품 등을 배출하는" 것	행 위	"게임제공업자가 시상을 하거나 경품을 주는 등의 방법으로 재산상 이익을 주는" 것
사행성게임물	규 정	사행기구
게임물관리위원회가 심의를 통해 사전에 확인할 수 있는 것	본 질	경찰이 단속을 통해 사후에서야 확인할 수 있는 것
등급분류기관의 역할	규제기관	수사기관의 역할
이를 경찰이 사후 단속하면 비효율	비용편익분석	이를 게임물관리위원회가 사전에 확인하면 비효율
게임산업법	적용법령	사행행위특례법

수는 없기 때문이다. 이는 마치 프로야구 경기가 「국민체육진흥법」에 따라 운영되는 스포츠토토의 대상이므로 프로야구 경기의 사행화에 대한 우려를 이유로 하여 프로야구에 강력한 규제를 적용하여야 한다는 식의 해석이 타당하지 않음과 동일하다고 할 것이다. 다시 말해 '사행화 방지'가 아니라 '사행적 이용 방지'가 좀 더 정확한 시각이다. 특히 '게임 결과물 환전업 금지' 규정과 관련한 판례의 태도를 살펴보면, 해당 규제의 도입 당시 논의된 사행화 방지의 명목은 법원의 엄격한 판단에 따라 제한·축소적으로 해석되고 있음을 엿볼 수 있다.[44]

43_ 고학수, "게임물 내용규제 시스템에 관한 법경제학적 검토", 「한국게임법과정책학회 제4회 세미나 자료집」, 한국게임법과정책학회, 2015.

44_ 대법원 2009.12.24. 선고 2009도7237 판결에서 법원은, 리니지의 아덴이 게임산업법 시행령 제18조의3 제1호 후문의 '우연적인 방법으로 획득된 게임머니'에 해당하지 않는다고 함으로써 게임산업법 제32조 제1항 제7호 게임 결과물 환전업 금지에 대한 신중한 적용을 피한 것으로 보인다. 이권호, "MMORPG 게임머니 환전행위는 합법", 법률신문 2010.1.21. 기사(https://www.lawtimes.co.kr/Legal-Info/Cases-Commentary-View?serial=916).

3. 사행성게임물 개념의 삭제

생각건대 사행성의 존재 여부 판단을 위한 '재산상 이익 득실 발생'이라는 규범적 개념 표지는 사전적 판단에 있어서는 필연적으로 불명확성을 가질 수밖에 없다고 할 수 있다. 따라서 아무리 판단의 기준을 구체화·세분화하여 설정한다 하더라도 사전적 판단의 단계에서는 명확한 판단이 이루어지기 어렵다고 할 것이고, 결국 게임물의 제공 이후 사후적 단계에서야 비로소 명확하게 사행성의 존재에 대한 판단이 가능하게 된다고 할 것이다. 또한 — 해당 개념의 적정성 여부를 떠나 금지의 목적만을 고려하더라도 — '사행성게임물'의 개념은 그 자체가 이미 도박이나 사행행위 등에 대한 금지와 규제를 목적[45]으로 하는 형법, 사특법 등 형사법의 영역을 통하여 충실하게 규제되고 있다고 할 수 있으므로,[46] 이를 게임산업과 게임문화 등에 관한 사항을 규정하고 있는 게임산업법에서 중복하여 규정하여야만 하는 어떠한 논리적 당위성이나 필요성을 찾아보기 어렵다고 할 것이다.

도박 내지 사행산업과 게임은 엄연히 구분되어야 함에도 불구하고 도박에 대한 규제수단을 게임산업에 대한 규제수단으로 활용하고자 하는 것은 체계 정당성의 원리에도 위배되는 것이다.[47] 따라서 이와 같은 점들을 총합적으로 고려할 때, 현행 게임산업법상 '사행성게임물'의 개념은 빠른 시일 내 동법의 개정을 통하여 삭제하는 것이 타당한 논리적 귀

45_ 「사행행위 등 규제 및 처벌 특례법」 제1조(목적) 이 법은 건전한 국민생활을 해치는 지나친 사행심(射倖心)의 유발을 방지하고 선량한 풍속을 유지하기 위하여 사행행위 관련 영업에 대한 지도와 규제에 관한 사항, 사행행위 관련 영업 외에 투전기(投錢機)나 사행성(射倖性) 유기기구(遊技機具)로 사행행위를 하는 자 등에 대한 처벌의 특례에 관한 사항을 규정함을 목적으로 한다.

46_ 이러한 점을 고려한다면 규범논리상 현행 법률상의 '사행성게임물' 해당 여부의 판단은 행정기관보다는 사법기관을 통하여 이루어지게 하는 것이 보다 적정하다고 할 수 있을 것이다.

47_ 김지훈, "웹보드 게임에서의 1회 베팅한도 규제에 대한 검토", 「한국컴퓨터게임학회 논문지」 제26권 제3호, 한국컴퓨터게임학회, 2013, 163면.

결이라 할 것이다. 그와 더불어 — 비록 현행 규정이 개념논리적 오류를 내재하고 있음은 별론으로 하더라도 — '사행성'의 판단에 있어 필수적인 두 가지 개념 표지를 모두 충족하는 것이 아님에도 불구하고 현행 규정상의 일정한 유형에 해당하는 것만을 이유로 하여 게임물의 이용 제공에 필수적인 등급분류가 거부되어서도 안 된다고 할 것이다.[48]

4. 소결: 사전검열과 합헌적 규제 사이

사행성게임물 개념이 게임산업법에서 삭제되더라도 여전히 게임물관리위원회는 제22조 제2항에 따라 사특법과 형법의 규제나 처벌 대상이 되는 행위 등 다른 법률 위반을 근거로 사행적인 콘텐츠나 기기를 등급분류 거부처분을 함으로써 이들이 이용에 제공되는 것을 차단할 수 있다. 앞서 여러 차례 살펴본 사행성 개념과 관련한 우리 법원의 일관된 판시에 비추어 볼 때도, 이러한 방식에 의한 사행적 콘텐츠나 기기에 대한 유통 차단에 법적 공백이 발생하지 않는다. 기존에 게임물관리위원회가 게임심의에 당면하여 "사행성 우려, 사행화될 우려"가 있다고 판단하는 상황에서 사행성게임물 제도에 빈번히 의지하면서 면밀한 법적 판단을 회피하던 심의 관행은 이로써 사라질 것으로 예상된다. 만일 이러한 심의 관행이 사라지게 될 것을 사행성게임물 개념 삭제에 따른 '법적 공백'이라고 평가 내린다면, 이는 지난 10여 년 동안 사행성게임물 제도가 그 법적 공백을 메꾸어 왔던 방식, 즉 표현물의 출시 전에 제출 의무를 부과하고 행정기관이 허용하는 표현물만을 출시토록 하면서 위반 시 고도의 패널티를 부과하는 방식이 존재하여 왔음을 자인하게 되는 것이다.

본 연구의 앞부분에서 분석했던 사례인 카지노모사게임과 경마모사게임 등의 사행행위 모사게임이 등급거부를 당하는 사례도 줄어들 것으로 예상할 수 있다. 물론 이런 사행행위 모사게임이 사특법이나 형법 등

48_ 같은 취지: 안길한, "게임산업 재도약 — 해외사업자가 지적하는 전봇대 규제 토론문", 「2016년 한국게임학회 추계학술대회 논문집」, 515면.

다른 법률을 위반하는 합리적인 의심이 있다면 게임물관리위원회는 여전히 스스로 판단하여 등급거부를 할 수 있을 것이다. 그러나 만일 다른 법률 위반에 대한 합리적인 의심이 발생하지 않고 단순한 의심만이 존재하는 상황이라면, 게임물관리위원회는 이를 사행산업통합감독위원회(이하 '사감위'라 함)에 문의하여 '다른 법률 위반' 여부에 대한 의견 회신을 받으면 될 것이다. 게임물이 사특법이나 형법을 위반하는 것이라면 이미 그 게임은 '불법사행산업'에 해당하는 것이므로 사행산업통합감독위원회법(이하 '사감위법'이라 함)에 따른 사감위의 업무범위에 속하는 것이므로,[49] 이러한 게임물에 대해 게임물관리위원회가 사감위에 질의를 한다면 사감위는 사행성 관련 전문 정부기구로서 이에 회신을 할 권한을 보유하고 있으며, 이와 관련하여서는 별도의 사감위법 개정이 필요하지 않다고 사료된다.[50]

사감위뿐만 아니라 사특법 및 형법과 관련한 수사를 담당하는 검찰 ·

49_ 사행산업통합감독위원회법 제2조(정의) 이 법에서 사용하는 용어의 정의는 다음과 같다.
  1. "사행산업"이라 함은 다음 각 목의 규정에 따른 것을 말한다.
    가. 카지노업:「관광진흥법」과「폐광지역개발 지원에 관한 특별법」의 규정에 따른 카지노업
    나. 경마:「한국마사회법」의 규정에 따른 경마
    다. 경륜 · 경정:「경륜 · 경정법」의 규정에 따른 경륜과 경정
    라. 복권:「복권 및 복권기금법」의 규정에 따른 복권
    마. 체육진흥투표권:「국민체육진흥법」의 규정에 따른 체육진흥투표권
    바. 소싸움경기:「전통 소싸움경기에 관한 법률」에 따른 소싸움경기
  3. "불법사행산업"이란 다음 각 목의 어느 하나에 해당하는 행위를 업으로 하는 행위를 말한다.
    가. 제1호 각 목의 법률에서 해당 사행산업과 관련하여 금지 또는 제한하는 행위
    나.「게임산업진흥에 관한 법률」에 따른 사행성게임물을 이용하여 사람들이 사행행위를 할 수 있게 서비스를 제공하는 행위
    다.「정보통신망 이용촉진 및 정보보호 등에 관한 법률」에 따른 정보통신망을 통하여 사람들이 사행행위를 할 수 있게 서비스를 제공하는 행위(제1호에 따른 사행산업 및「사행행위 등 규제 및 처벌 특례법」에 따른 사행행위영업은 제외한다)
50_ 그러나 현실적으로 이는 정부부처 간 업무조정이 필요한 영역이며, 문화체육관광부와 사감위 간에 이와 관련한 업무협의는 수반되어야 하는 것이다.

경찰의 입장에서도 게임물관리위원회가 사특법 및 형법의 위반여부에 관련한 질의를 하는 경우에 신속한 회신을 통해 '다른 법률 위반' 여부를 확인해 주는 정부부처 간 업무협의가 필요할 것이다. 지난 10여 년간 우리 법원이 일관되게 사특법의 영역과 게임산업법의 영역을 구분하여 왔음에도 단지 '게임'에 관한 업무라는 이유로 아케이드게임의 사특법 위반 사례들을 검찰·경찰이 아니라 게임물관리위원회가 스스로 법적 판단을 하여 규제토록 하였던 그간의 업무분장 현실에 대해, 이제는 "이것이 사특법 및 형법의 영역이니 게임물관리위원회가 법률위반 여부를 질의하면 검찰·경찰이 이에 신속히 회신해 주어야 한다"라고 선언해야 할 상황이 도래해야 하는 것이다. 이렇듯 사감위 및 검찰·경찰의 업무 협의가 제대로 다시 이뤄진다면 게임 사행성의 논의는 비로소 게임산업법과 사특법과 형법이 각자의 법영역별로 조화로운 체계에 따라 효율적인 해결책의 마련이 가능할 것으로 판단된다. 예를 들어 각주 4)와 같은 사례에서 게임물관리위원회의 심의 실무는, 토끼와 거북이가 달리는 게임이 다른 법률 위반의 의심이 있다면 사감위 내지 검찰·경찰에 의견 조회를 하고, 의견이 조회될 동안은 그것을 제외해 놓고 심의를 진행해 놓은 후에, 나중에 회신이 왔을 때 '다른 법률 위반'이라는 결과가 나오면 그때 등급취소를 하면 되는 것이다(게임산업법 제22조 제4항).

V. 결 론

여전히 게임산업법상 사행성게임물 제도의 개선 논의에는 심각한 수준의 우려가 뒤따른다. 대다수의 우려는 온라인게임이든 아케이드게임이든 일단 유통되고 나면 문제들을 주워 담기가 불가능하다는 것이다. 따라서 사전에 유통의 길목에서 정부기관이 규제로 틀어막지 않으면 다시 10여 년 전과 같은 바다이야기 광풍이 몰아닥칠 것이라는 불안감이다. 한편으로는 사전검열 금지라는 헌법상 원칙이 강조되면서도 다른 한편으로는, 사행성게임물 제도 개선으로 인해 지난 10여 년간 사전검열(에 준하는 수준으)로 작동해 오던 사행물에 대한 규제체계가 망가지는 것이 아닐까 하는 복잡한 심리의 표출인 것이다.

이와 관련하여 근사한 대안적 논의 구도를 제시해 줄 만한 헌법재판소 결정이 있다. 게임산업진흥에 관한 법률 시행령 별표2 제7호 위헌확인 사건(2012헌마1029, 2014.9.25, 전원재판부) — 이른바 '점수보관증' 사건 — 에서 헌법재판소가 "아케이드 게임은 온라인 게임과 달리, 이용자가 익명성을 전제로 공중에 개방된 장소에서 게임을 하므로 게임 결과물이 점수보관증을 통해 외부로 유출되기 쉽고, 이용자가 게임점수를 당일 게임 이용시간 동안에만 사용할 수 있음이 전제되어 있다. 그러므로 이 사건 별표가 온라인 게임과 아케이드 게임을 다르게 취급하는 것에 합리적 이유가 있어 청구인들의 평등권을 침해하지 아니한다"고 판시하면서, 이는 "게임물의 사행적 이용행위에 대한 게임제공업자의 개입가능성이 상대적으로 크되 게임물 이용의 연속성이 상대적으로 작은 아케이드 게임의 특성을 고려한 것"이라고 밝힌 점에 주목할 필요가 있다.[51] 즉 게임을 둘러싸고 발생하고 있는 여러 가지 사회 문제들의 종류와 그 강약은 '게임물 자체로 인한 것'과 '게임 장소에서의 게임제공업자의 개입을 통한 것'에 따라 크게 달라질 수 있음을 시사하고 있는 것이다. 그것이 전자에 의한 것이라면 이는 게임물관리위원회를 중심으로 한 게임물등급분류시스

51_ 기술적으로 온라인게임은 개발단계에서 심의를 통과하고 제공단계에서 사행요소를 추가하면, 게임물관리위원회가 감독 및 민원을 통해 이를 발견 시 당해 회사에 대한 서버폐쇄 및 영업정지 등 일련의 중앙집중적인 신속조치로 위법의 확산을 차단할 수 있다. 반면 아케이드게임은 개발단계에서 심의를 통과하고 제공단계에서 사행요소를 추가하면 이미 그때는 전국 각지의 게임장으로 유통이 된 상태이므로 수백 수천 개의 게임장을 대상으로 적절한 조치를 한다는 것이 사실상 불가능에 가깝다. 그래서 고육책으로, 제공단계에서의 불법 개변조를 막기 위해 그 이력이 추적되는 OIDD(불법개변조의 이력을 체크할 수 있는 장치) 장착을 게임산업법상 의무화하였으나 이것 역시 게임장에서의 업주가 기기를 변조하지 않고 사행성조장하는 행위는 통제하기 어렵다. 바로 이런 지점에서 헌법재판소는 온라인게임과 아케이드게임에 대한 다른 규제시스템을 거론한 것으로 보인다.

템을 통해 사전적 방식의 문제 해결이 효과적일 것이고, 만일 후자에 의한 것이라면 이는 사행성게임물 제도와 같은 등급분류심의와 관련한 것이라기보다 아케이드 게임장, 즉 게임이 이루어지는 '장소'에 대한 별도의 규제체계를 통해서야 비로소 해결되는 문제라는 점을 구분 지을 수 있는 것이다. 다시 말해 후자의 영역에 관련한 문제를 해결하기 위한 취지로 제아무리 게임물사전등급분류 규제를 극도로 강화하더라도 이는 다른 영역에 관한 것으로, 실효성 없는 규제만 양산될 뿐이라는 혜안을 갖게 해 준다.

이러한 시선을 바탕으로 현행 게임산업법의 게임 '장소'에 대한 규제를 살펴보면 고작 제28조에서 사업자 준수사항으로 지극히 편면적인 규제 항목만 몇 가지 나열되어 있는 것을 발견할 수 있다. 반면 바다이야기 사태 이후 지난 10여 년간 사태 재발을 방지하기 위해 사행성게임물 제도를 중심으로 사전등급분류 규제 체계가 갈수록 강화되어 왔음을 확인할 수 있는데, 이것이 과연 아케이드게임 문제 해결을 위한 규제의 실효적 작동에 얼마나 효율적이었는지 반문해 볼 필요가 있는 것이다. 상기 헌법재판소 결정은 이에 대한 혜안을 준다. 아케이드게임 장소에서 발생하는 사회적 문제들의 대부분은 게임물 자체가 아니라 '게임장'에서 제공업자의 개입에 의해서 발생했다는 사실을 고려한다면, 현행 게임산업법의 입법 태도는 장소에 대해 지나치게 무사 안일한 태도로 규제하면서, 어차피 사후적으로 불법 개변조될 것을 통제하지도 못할 아케이드 '게임물 자체'에 대한 검열의 문턱만 높여 놓은 양상인 것이다. 다시 말해 10년 넘게 문제의 본질인 '장소'를 제대로 꿰뚫지 못하고 엉뚱하게 '게임물 자체'에 초점을 맞추면서 급기야 사전등급분류기관이 검열에 준하는 수준으로 규제하는 역할만을 강조해 온 것이며 그 중심에서 사행성게임물 제도가 작동하고 있는 것이 한국적 규제의 현실이라고 할 것이다. 이를 극복하고 게임에 관한 규제를 새로운 차원에서 개선시키는 훌륭한 계기를 마련하기 위해서는 든든한 '장소' 규제가 게임산업법에서 뒷받침되어야 한다. 이를테면 현행 게임산업법 제28조에 대한 보강이 이루어져서 든든한 장소 규제가 입법되고, 게임 장소를 중심으로 인적·물적 설비에 대한 사전인가와 사후관리 시스템이 입체적으로 체계화되고 나면, 현재와 같이 게임물관리위원회가 게임물에 대한 심의를 진행할 때 장소에서의 사행화 우려까지 포함하여 사전에 사행성게임물 제도로 봉쇄하는 구조는 비로소 지양될 수 있는 것이다.

참고문헌

1. 국내문헌

게임물관리위원회, 『2014 게임물 등급분류 및 사후관리 연감』, 2015.

고학수, "게임물 내용규제 시스템에 관한 법경제학적 검토", 『한국게임법과정책
학회 제4회 세미나』(2015.4.3. 개최) 자료집.

김민규 · 홍유진 · 박태순, "세계 게임 심의제도의 추세 및 함의", 『2009 KOCCA
FOCUS(하권)』09-11(통권 제11호), 한국콘텐츠진흥원, 2009.

김용찬, "도박 · 도박개장죄, 사행행위 등 규제 및 처벌특례법위반죄 및 게임산업
진흥에 관한 법률위반죄의 관계에 대한 고찰", 『저스티스』 통권 제113호, 한
국법학원, 2009.

김윤명, "게임아이템 환전금지 규정에 대한 비판적 고찰", 『경희법학』제46권 제2
호, 경희대학교 법학연구소, 2011.

김지훈, "웹보드 게임에서의 1회 베팅한도 규제에 대한 검토", 『한국컴퓨터게임
학회논문지』제26권 제3호, 한국컴퓨터게임학회, 2013.

문기탁, "게임법상 등급분류거부제도의 위헌성에 대한 연구", 『한국컴퓨터게임
학회논문지』26권 3호, 한국컴퓨터게임학회, 2013.

박태순, "온라인게임 등급분류의 추세 및 현안", 『게임법제도의 현황과 과제』, 박
영사, 2009.

안길한, "게임산업 재도약 ― 해외사업자가 지적하는 전봇대 규제 토론문", 『2016
년 한국게임학회 추계학술대회 논문집』.

이승훈, "게임산업 정책 10년과 규제의 구조", 『다시 쓰는 대한민국 게임강국 프
로젝트』(2017.2.17. 개최) 자료집.

이정훈, "온라인 웹보드게임 규제정책과 형사처벌의 한계", 『중앙법학』제15권
제2호, 중앙법학회, 2013.

정정원, "성인의 게임이용 제약에 대한 제도적 분석", 『제5회 대한민국 게임포럼』
(2016.6.28.) 자료집, 한국게임학회.

홍유진, "게임법이 지향하는 가치 유형", 『게임법제도의 현황과 과제』, 박영사,
2009.

황성기, "온라인 웹보드게임의 사행성 규제의 헌법적 한계 — 도박과 게임의 개
  념본질적 구분을 중심으로",『경제규제와 법』제4권 제2호, 서울대학교 공익
  산업법센터, 2011.

황승흠, "2007년 개정 게임산업진흥법상 사행성게임물제도의 의의와 법적 성
  격",『공법학연구』제8권 제4호, 한국비교공법학회, 2007.

_____, "한국 게임법제의 역사와 전망",『게임법제도의 현황과 과제』, 박영사,
  2009.

황승흠·정성재, "사행성게임물 등급분류거부제도의 검열 해당 여부",『게임법
  제도의 현황과 과제』, 박영사, 2009.

2. 국외문헌

Alexander, G., "US on Tilt: Why the Unlawful Internet Gambling Enforcement
  Act Is a Bad Bet." The. Duke L. & Tech. Rev., 2008.

Conon, J., "Aces and eights: Why the Unlawful Internet Gambling
  Enforcement Act resides in "dead man's" land in attempting to further curb
  online gambling and why expanded criminalization is preferable to
  legalization." The Journal of Criminal Law and Criminology, 99(4), 2009.

게임산업진흥에 관한 법률 시행령 별표2 제8호(웹보드 게임 사행화 방지조치제도)에 대한 전문가 검토의견서*

이헌욱 · 이정훈 · 백주선 · 박종현

Ⅰ. 검토 배경

'게임산업진흥에 관한 법률 시행령'(이하 시행령) 제25조 제2항에 의하면 "문화체육관광부장관은 「정보통신망 이용촉진 및 정보보호 등에 관한 법률」 제2조 제1항 제1호의 정보통신망을 통하여 베팅이나 배당의 내용을 모사한 카드게임이나 화투놀이 등의 게임물을 제공하는 게임제공업자의 준수사항을 규정한 별표 2 제8호에 대하여 2016년 2월 23일까지 그 타당성을 검토하여 폐지, 완화 또는 유지 등의 조치를 하여야 한다"고 하여 시행령 별표2 제8호[1]에 대한 기한 내 평가를 의무화하였다.

---

* 이 글은 2016년 초에 진행된 게임산업진흥에 관한 법률 시행령 별표2 제8호에 대한 규제일몰평가 과정에서 제출된 의견서입니다. 그에 따라 이 글에서 다루고 있는 법령 내용은 당시의 법령임을 확인합니다.

1_ 시행령 별표 2 제8호 「정보통신망 이용촉진 및 정보보호 등에 관한 법률」 제2조 제1항 제1호의 정보통신망을 통하여 베팅이나 배당의 내용을 모사한 카드게임이나 화투놀이 등의 게임물을 제공하는 게임제공업자는 다음 각 목의 사항을 준수하여야 한다.

가. 게임물 이용자 1명이 게임물을 이용하기 위한 가상현금(캐쉬 등을 말한다. 이하 이 호에서 같다), 게임아이템 등의 1개월간 구매(다른 게임물 이용자로부터 증여 등을 통하여 받는 것을 포함한다)한도가 30만원을 초과할 수 없도록 하여야 한다.

나. 게임물 이용자 1명이 1회 게임에 사용할 수 있는 게임머니가 가목에 따른 구매한

이에 소위 웹보드 게임 사행화 방지조치제도(이하 웹보드 시행령)에 대한 타당성을 검토하여 제도의 폐지, 완화, 유지 등의 조치를 하기 위하여 관련 전문가 및 각계의 의견을 취합할 논의의 장이 필요하게 되었다.

합당한 공적 토의를 위하여 다양한 의견의 개진이 가능해야 함은 마땅하지만 기한 내 효과적인 의견수합을 위해 참여자들의 공통된 인식이 논의의 출발점으로 놓일 필요가 있었다. 이에 전문가들 및 논의 참여자들은 웹보드 시행령의 기본적인 정책 목표는 웹보드 게임의 과도한 이용이나 불법환전을 통한 사행화 방지에 있다는 점과 웹보드 시행령이 웹보드 게임 업체의 직업 수행을 제한하거나 매출을 감소시키거나 혹은 웹보드 게임 이용자의 게임문화향유권을 침해하는 것을 의도하지 않는다는 점을 분명히 구분·인식해야 한다는 공통된 합의에 이르게 되었다. 그리고 이러한 인식을 바탕으로 당해 시행령의 ① 폐지, ② 폐지 후 신설(사행화 방지에 효과적인 새로운 시스템 도입), ③ 완화(웹보드 시행령 조항별 조정), ④ 유지 혹은 유지와 더불어 해석기준 수정 등 가능한 모든 대안을 검토하기로 하였다.

도 규모에 따라 지급될 수 있는 게임머니(게임물 이용자 1명이 가목의 한도까지 가상현금, 게임아이템 등을 구매하는 때 지급될 수 있는 게임머니 총량의 최저치를 기준으로 한다. 이하 이 호에서 같다)의 10분의 1을 초과할 수 없도록 하여야 한다.
다. 게임물 이용자 1명의 게임머니가 게임을 통하여 1일 동안(같은 날 오전 0시부터 24시 사이를 말한다) 가목에 따른 구매한도 규모에 따라 지급될 수 있는 게임머니의 3분의 1을 초과하여 감소한 경우(게임을 통하여 획득하거나 상실한 게임머니를 합산한 결과, 같은 날 처음 게임을 시작하기 전에 비하여 게임머니가 가목에 따른 구매한도 규모에 따라 지급될 수 있는 게임머니의 3분의 1을 초과하여 감소한 경우를 말한다) 그 당시 진행되고 있는 게임이 종료된 이후부터 24시간 동안 해당 게임물 이용자에 대하여 게임 이용을 제한하여야 한다.
라. 게임물 이용자가 게임이용의 상대방을 선택할 수 없도록 하여야 한다. 다만, 무료로 제공하는 별도의 게임머니만을 사용하는 경우는 예외로 한다.
마. 게임물 이용자가 게임을 이용할 경우 베팅을 자동으로 할 수 없도록 하여야 한다.
바. 「전자서명법」 제2조 제10호의 공인인증기관, 그 밖에 본인확인서비스를 제공하는 제3자 또는 행정기관에 의뢰하거나 대면확인 등을 통하여 게임물 이용자가 본인임을 확인할 수 있는 수단을 마련하고, 분기마다 게임물 이용자에 대하여 본인 확인을 하여야 한다.

II. 검토 방향

시행령 제25조 제2항에서 의무화하고 있는 부분은 웹보드 시행령에 대한 규제 타당성 심사와 그에 따른 후속 조치라고 정리할 수 있다. 결국 논의를 통해 시행 중인 웹보드 시행령의 타당성을 평가하고 그에 정합된 조치(안)가 함께 제시되어야 한다. 논의의 기본을 이루는 것은 웹보드 시행령의 타당성 검토라 할 수 있는데「행정규제기본법」에서 정의하는 '규제영향분석'은 규제 타당성 검토에 관한 언급을 하고 있다. 즉 법 제2조 제1항 제5호에 따르면 "'규제영향분석'이란 규제로 인하여 국민의 일상생활과 사회 · 경제 · 행정 등에 미치는 여러 가지 영향을 객관적이고 과학적인 방법을 사용하여 미리 예측 · 분석함으로써 규제의 타당성을 판단하는 기준을 제시하는 것을 말한다"고 한다. 물론 규제영향분석은 규제시행에 있어 사전적으로 수행되어야 하지만, 웹보드 시행령 관련 논의에 있어서는 규제 시행 사후적으로 규제의 폐지 · 완화 · 유지를 논의하기 위하여 자체심사로서 타당성 검토를 통해 이루어진다는 특징을 가진다.

타당성을 검토하는 기준은 행정규제기본법에서 제시된 규제의 원칙을 참조하여 생각해 볼 수 있다. 법 제5조[2]에 따르면 규제는 실효성이 있어야 하고 그 대상과 수단을 필요 최소한으로 설정함에 있어 객관성 · 투명성 및 공정성이 확보되어야 한다. 무엇보다도 규제를 마련함에도 불구하고 국민의 자유와 창의를 존중하고 그의 본질적 내용을 침해하여서는 안 된다고 하여 규제대상의 기본권에 대한 제한에 있어 한계를 분

2_ 제5조(규제의 원칙) ① 국가나 지방자치단체는 국민의 자유와 창의를 존중하여야 하며, 규제를 정하는 경우에도 그 본질적 내용을 침해하지 아니하도록 하여야 한다.
② 국가나 지방자치단체가 규제를 정할 때에는 국민의 생명 · 인권 · 보건 및 환경 등의 보호와 식품 · 의약품의 안전을 위한 실효성이 있는 규제가 되도록 하여야 한다.
③ 규제의 대상과 수단은 규제의 목적 실현에 필요한 최소한의 범위에서 가장 효과적인 방법으로 객관성 · 투명성 및 공정성이 확보되도록 설정되어야 한다.

명히 하고 있다. 그리고 법 제7조[3]에서는 규제영향분석 및 자체심사에 있어 고려사항을 열거하고 있는데 규제의 폐지·완화·유지를 중점적으로 논의하게 될 웹보드 시행령 검토에 있어서는 규제 목적의 실현 가능성, 규제 내용의 객관성·명료성과 더불어 규제 외의 대체 수단 존재 여부 및 기존규제와의 중복 여부, 규제의 시행에 따라 규제를 받는 집단과 국민이 부담하여야 할 비용과 편익의 비교 분석을 중점적으로 고려할 필요가 있다.

결국 규제 타당성 검토는 실효성, 비용편익 분석 등의 사실적·실증적 측면의 검토와 더불어 규제의 명확성, 비례성(목적의 정당성, 수단의 적정성, 침해의 최소성 — 대상 범위의 최소화와 더불어 기본권을 덜 침해하는 대안 존재가능성 검토 포함 —, 법익의 균형성) 등의 헌법적·규범적 측면의 검토가 요구된다.[4] 따라서 검토에 있어서는 사실적 차원과 규범적 차원의 검토

3_ 제7조(규제영향분석 및 자체심사) ① 중앙행정기관의 장은 규제를 신설하거나 강화(규제의 존속기한 연장을 포함한다. 이하 같다)하려면 다음 각 호의 사항을 종합적으로 고려하여 규제영향분석을 하고 규제영향분석서를 작성하여야 한다.
1. 규제의 신설 또는 강화의 필요성
2. 규제 목적의 실현 가능성
3. 규제 외의 대체 수단 존재 여부 및 기존규제와의 중복 여부
4. 규제의 시행에 따라 규제를 받는 집단과 국민이 부담하여야 할 비용과 편익의 비교 분석
5. 규제의 시행이 「중소기업기본법」 제2조에 따른 중소기업에 미치는 영향
6. 경쟁 제한적 요소의 포함 여부
7. 규제 내용의 객관성과 명료성
8. 규제의 신설 또는 강화에 따른 행정기구·인력 및 예산의 소요
9. 관련 민원사무의 구비서류 및 처리절차 등의 적정 여부

4_ 정책학에서는 정책평가를 수행함에 있어 일단 목표를 분명히 설정하고 그에 따라 ① 정책의 목표 대비 효과 및 정책과 목표달성의 인과관계를 평가(효과성 평가)하고, ② 정책의 직접적 비용이나 부작용 등의 사회적 비용까지도 고려하여 정책효과가 이러한 비용을 상쇄시킬 만큼 큰 것인가를 평가(능률성 평가)하고, ③ 정책효과와 비용의 사회 집단 간 지역 간 배분 등이 공정한지를 평가(공평성 평가)해야 한다고 강조한다. 정책 평가 기준으로는 정책목표의 달성도, 정책의 능률성·공평성, 정책대상 집단의 만족도, 정책대상 집단에 대한 대응성, 다른 정책에 대한 대응성(외부효과)을 삼는다. 정책학의 관점에서는 규제(정책) 검토 혹은 평가에 있어 헌법적·규범적 평가가 등한시되

가 모두 요구된다. 즉 1) 각 목의 도입 목적에 따른 시행령 적용 결과 및 성과는 무엇인가?(실효성 판단), 2) 시행령 적용이 정상 이용자의 불편을 초래한 부분이 있는가?(편익 분석), 3) 시행령의 내용이 명확하고 법체계에서 정합성을 이루는가?(명확성·체계정합성 판단), 4) 시행령이 과잉규제를 하고 있는가?(헌법적 비례성·최소침해성 판단) 등에 대하여 검토할 필요가 있다.

III. 규제 타당성 검토의 주요 내용

1. 실효성 검토

웹보드 시행령의 실효성을 평가하기 위해 먼저 살펴볼 것은 동 시행령의 목표가 어느 정도 달성되었는지이다. 사행성의 억제 부분에 대한 실증적 판단은 상당히 난해하지만 불법환전의 감소에 대해서는 나름의 판단이 가능하다. 게임 내에서 행해지는 불법환전과 관련된 비정상적 행태, 즉 게임 내 불법환전 및 머니 매매 홍보, 짜고치기 등에 대한 모니터링 및 단속과 불법환전 관련 신고건수에 대한 조사를 통하여 이러한 판단이 가능하다. 관련 업체들과 게임물관리위원회의 조사에 따르면 먼저 웹보드 게임 내 짜고치기는 주요 3사 통합 2012년 45만 건에서 동 시행령 시행 후 2014년 10만 건 이하로 감소하였다. 게임 내 머니 매매 홍보의 경우도 2012년 20만 건에 이르던 것이 2014년에는 거의 5만 건까지 감소하였다. 그리고 불법환전 신고건수도 2012년 2,420건에 이르던 것이 2014년에는 61건으로 감소하였고 2015년 상반기에는 1건에 불과하다.

시행령의 별표2 제8호의 6개의 규제가 종합적으로는 실효성을 보이는 것으로 판단되지만 규제 타당성의 면밀한 검토 차원에서 각 목이 어

어 있는데 행정규제기본법에서는 이 부분도 엄밀하게 살펴볼 필요가 있다고 강조한다.

떠한 실효성을 보이는지에 대해서도 검토가 필요하다. 규제 타당성 검토의 또 다른 중요 과정인 편익분석이나 최소침해성 검토의 과정에서 주목하게 되는 부분은 지금의 규제가 실효성만을 강조하여 과잉적으로 마련되었는지, 또는 규제 대상의 기본권 혹은 이익을 더욱 보호하면서도(규제를 완화하면서도) 유사한 효과를 낼 수 있는지에 대한 것이다. 특히 여러 규제가 동시에 입안·집행되어 특정한 효과를 내는 상황에서는 어떠한 규제가 어떠한 효과를 내는지를 분명히 밝혀야 각 규제의 과잉성 혹은 최소침해성 여부를 판단할 수 있을 것이다. 그런데 시행령 별표2 제8호는 6개의 서로 다른 규제가 합쳐진 것으로 각 규제에 대한 타당성을 정확하게 평가하기 위해서는 이들 규제들을 분리해서 실효성을 판단하는 것도 요구된다.

문제는 시행령 별표2 제8호의 가 목 내지 바 목의 규제에 있어 실효성을 각기 살펴보는 것이 난해하다는 점이다. 월 구매한도 30만 원으로 규제한 가 목의 경우 시행령 시행 전 업계에서 자율적으로 규제하고 있던 사항이므로 가 목이 불법환전 감소나 사행성 억제에 어떠한 효과를 냈는지를 인과적으로 판단하기 어려울 것이다. 마찬가지로 자동베팅을 금지한 마 목의 경우 기존 규제인 관계로 실효성 판단이 어렵다.

다음으로 기존의 규제와 유사한 혹은 기존의 규제를 약간 변형한 규제들도 실효성 판단이 쉽지 않다. 1일 손실한도 및 그에 따른 24시간 이용제한을 설정한 다 목의 경우 기존에 업계에서 자율적으로 시행하던 게임이용시간제한과 유사한 형태의 규제이므로 이 또한 실효성 판단이 어렵다. 특히 다 목의 경우에 규제 당국은 현실적으로 1일 손실한도 범위 내에서의 이용이 정착되었다는 효과에 주목한 반면 업계는 실제 이용제한이 된 대상자가 존재하지 않고 여러 우회 가능성이 존재하고 있음을 들어 실효성에 의문을 제기한 바 있는데, 이러한 논란의 원인은 다목 규제가 지나치게 획일적인 방식으로 설계되어 있고 해석상 여러 논란이 있을 정도로 규정 문언이 불명확한 측면이 있기 때문인 것으로 보인다.[5] 그리고 본인확인에 관한 바 목의 경우에도 이미 업계에서는 1년에 1회 본인확인을 하는데 그것이 단순히 1년에 4회로 늘었다고 하여 불법환전을 예방하는 실효성이 급증하였다고 판단하기는 어려울 것이다. 오히려 결제 시마다 본인확인과 동일한 절차를 하고 있어 사행성이나 불법환전 억제를 위한 본인확인은 지속적으로 이루어지고 있으므로 분기별 본인확인이 어떠한 효과를 냈는지를 판단하는 것은 불가능하다.

이런 상황에서는 결국 신설 규제라 할 수 있는 나 목과 라 목이 실효성을 보인 것으로 추정할 수 있다. 1회 베팅한도를 정한 나 목의 경우 고액판 형성을 억제하는 효과를 내어 사행성이나 불법환전 감소에 영향을 줄 수 있다. 또한 상대선택금지를 정한 라 목의 경우도 환전상과의 게임 내에서 불법환전을 어렵게 함으로써 실효성이 있다고 보인다. 다만 라 목의 경우 이를 우회하는 방법이 있을 수 있다. 게임 내 트래픽 원활화를 위하여 웹보드 게임을 비롯하여 모든 온라인 게임 내에는 채널을 마련하고 있는데 소수가 들어 있는 채널을 활용하여 랜덤매칭이라는 시스템을 극복하고 환전상과 접촉할 수도 있는 것이다. 그에 따라 실효성에 의문을 제기하는 견해도 있다.

결국 개별 규제의 측면에서 살펴보는 경우 나 목 정도가 시행령의 목적달성에 있어 실효성을 갖는 것으로 보인다. 다만 나 목은 가 목의 월 구매한도 금액의 일정비율로 1회 베팅한도를 정하였으므로 가 목과 결합하여 시행될 수 있다는 측면에서, 나 목에 대한 실효성 논의는 가 목과 나 목을 병합하여 살펴볼 수밖에 없을 것이다. 그 외의 실효성이 분명하지 않은 규제에 대해서는 타당성 검토에 있어 다른 항목들 검토를 통하여 규제 존속이 필요한지 여부를 결정하고 대안을 고려할 필요가 있다.

5_ 획일적 규제를 통하여 규제 목적을 달성하는 것이 가능할지라도 획일적 규제 때문에 발생하는 불필요한 규제비용이 증가하게 되어 이러한 규제가 합리적인지 의문이 제기되는 상황인바, 획일적 규제를 탈피하여 게임 이용자가 스스로 책임이용한도를 설정토록 하고 이를 철저히 감독하는 정교하고 세련된 규제 방식의 도입을 통해서 규제의 합리성을 제고할 수 있게 될 것이다.

2. 편익 분석

편익 분석에 있어서는 규제가 아무리 실효성이 있더라도 이를 통한 사회적 비용 발생이 상당하고 규제 대상에 지나친 불이익을 야기한다면 이러한 규제는 타당성을 갖추지 못하다는 평가를 할 수 있다. 즉 규제에 따른 불이익이 상당하고 이것이 규제의 과잉으로 인한 결과라면 규제는 타당하지 못하다고 보아야 한다.

시행령 별표2 제8호의 시행 이후 웹보드 게임 주요 3사는 상당한 범위에서 이용자 및 매출 감소를 경험하고 있다. 대체로 35에서 50%가량 이용자가 감소하였으며 그에 따라 매출은 70에서 75%나 감소한 상황이다. 결제금액 구간별 이용자 감소를 살펴보면 5만 원 미만 소액결제자나 25만 원 이상 고액결제자도 비슷한 수준에서 감소추이를 보였다. 즉 비즈니스 측면에서 웹보드 게임회사들에 상당한 불이익을 야기하고 있다.

게다가 이 규제가 가지고 온 사회적 이익에 대해서도 냉정한 평가가 필요해 보인다. 웹보드 게임 내에서 환전을 막고 사행성을 억제하겠다는 정책목표는 어느 정도 달성한 것으로 추정되기는 하지만, 모든 규제는 우회의 방법이 마련되기 마련이고 다른 영역에서 사행성 유발이 이루어질 수 있기 때문이다. 웹보드 게임 내에서 고액방이나 폐인이 줄어들어 보이지만 오히려 모니터링이 불가능한 불법게임이나 해외게임에서 이들이 여전히 존속하고 있다면 사회 전체적으로는 전혀 이익이 없는 규제가 될 수도 있다. 따라서 이익을 면밀하게 평가하기 어려운 규제에 있어 그것이 과잉규제인지 여부, 혹은 편익 분석을 하는 경우에는 규제로 인한 불이익이 사회적으로 감내할 만한 것인지를 검토해야 한다. 웹보드 게임의 주요 3사는 국내 게임산업을 사실상 이끌고 있는 주요 회사들로 그들은 단순히 웹보드 게임만을 운영하는 것이 아니라 다양한 장르의 게임을 개발하고 서비스하고 있다. 신성장동력으로 최고의 부가가치를 지니고 청년고용을 선도하는 게임사들에게 웹보드 시행령은 매출 등에 있어 상당한 타격을 주었고 그에 따라 산업 내 재투자 등이 위축되었다. 이러한 산업적 불이익 또한 규제의 과잉성을 판단함에 있어 중요한 지표가 될 것이다.

나아가 게임이용자에게 야기하는 불이익, 불편 혹은 권리침해에 대하여도 고려할 필요가 있다. 웹보드 게임을 일종의 놀이라고 보면 이의 수행은 행복추구권의 실현이므로 이에 대한 최대한 보장이 전제되어야 한다. 획일적인 결제금액 제한이나 이용시간 제한 등은 이용자들의 자유를 상당히 억제할 수 있다. 특히 현재 시행령의 월 구매한도를 모두 구매하는 이용자가 30만 원 모두를 게임에서 소비하는 시간이 평균 17.5일에 불과한 현실에서 거의 보름 동안 게임이용을 못하게 되는 다수의 이용자들의 불편은 상당한 것이다.

게다가 라 목의 경우는 이용자에게 지나친 불편을 초래하는 것이라 볼 수 있다. 라 목에서는 어떠한 경우에도 웹보드 게임 내 상대방 선택이 금지된다. 환전상과의 일대일 접촉을 통해 게임 머니 거래가 이루어진다는 점에서 상대방 선택 금지 규제의 이유는 충분하다. 하지만 이 규제하에서는 친목을 위해 지인들과 게임방을 만들어서 사교적으로 게임을 수행하려는 선의의 이용자들의 자유도 완전히 제한된다는 문제가 있다. 사행성을 스스로 경계하고 지인들과 사교적 환경에서 웹보드 게임을 이용하는 자들까지도 잠재적 불법환전 거래자로 취급하여 상대방 선택을 하지 못하도록 한 부분은 이용자에게 지나친 불편을 야기하는 것이다.

그리고 분기별 본인인증을 의무화한 바 목의 경우에도 이 규제가 추구하는 사회적 이익보다 훨씬 더 많은 불편·불이익을 초래한다. 일단 정상적으로 게임을 향유하는 이용자에게 신원 확인을 지속적으로 요구하는 것은 이들을 잠재적 범죄자로 취급하는 것과 다를 바 없으며 게임 이용에 있어 죄책감을 유발시킬 수 있다. 실제로 시행령 이후 본인확인 기록이 전무한 이용자는 최소 12%에서 최대 22.5%에 이르는 데 비해 본인확인 기록이 있는 이용자 중 차기 본인확인 미이행자가 최소 40.2%에서 최대 76%에 이르고 있다. 즉 본인확인제도로 인하여 본인확인이 가능한 정상적인 게임이용자들의 상당수가 게임을 이탈하고 있으며 본인

확인 횟수가 증가함에 이탈율은 증가하는 것으로 보인다. 또한 개인정보에 대한 민감성이 높아진 우리 사회에서 개인정보 집적을 통한 본인확인은 사회적 위험 요소가 될 수 있기 때문에 이를 필요범주 내에서 최소화하여 진행할 필요가 있다.

3. 명확성 · 체계정합성 판단

기본적으로 규제는 수범자들의 자유와 권리를 제한할 수 있기 때문에 명확한 표현으로 마련되어야 한다. 규제 내용이 불명확할 경우 집행권력의 자의적인 법(령)적용이 있을 수 있고 그에 따라 규제에 대한 신뢰성은 감소하고 권리침해성은 증가할 것이다. 또한 규제는 법체계의 다른 규제들과 비교하였을 때 과잉적이면 아니 되며 정합적인 맥락에서 마련되어야 한다.

명확성과 관련하여서는 나, 다 목의 경우 가 목의 월 구매한도 내에서 구입하여 지급된 게임 머니의 비율을 기준으로 베팅한도와 1일 손실한도를 정하고 있어 수범자들이 일반적으로 이해하기가 난해한 부분이 있다. 이러한 규정해석의 난해함을 극복하기 위하여 이 시행령 내용에 대해 해석기준이 존재하는데, 해석기준에 따라 시행령이 운영되고 있다는 사실은 오히려 시행령 자체가 객관적 명확성이 낮다는 것을 방증한다고 볼 수도 있다.

또한 시행령 규제의 구조적 측면에서 체계정합성 문제도 검토해 볼 수 있다. 일단 가 내지 바 목의 규제들을 전체적으로 보았을 때 체계 내 다른 규제들과 비교하여 지나치게 돌출적인 혹은 과도한 규제인지를 평가해 볼 수 있다. 게임산업진흥에 관한 법률 제28조에 의하면 이상의 규제들을 준수하지 않는 경우 게임사들에게는 시장 · 군수 · 구청장에 의하여 6개월 이내의 기간을 정하여 영업정지나 영업폐쇄 명령이 내려질 수 있다. 그런데 게임물관리위원회도 그 위반에 대하여 등급분류 거부나 등급분류 결정 취소를 할 수 있다. 기업에 대한 최근의 행정제재들이 기업의 경쟁력을 유지하며 건전한 기업운영을 도모한다는 차원에서 금전적 제재수단을 활용하는 방식으로 진행되고 있음에도 불구하고 웹보드 시행령 규제들은 이러한 흐름에 역행하여 사업수행을 금지하는 규제를 두고 있다. 게다가 같은 위반사안에 이중 제재를 가능하게 한다는 점도 문제가 될 수 있다.

또한 각 목에 있어 불법성을 비교하더라도 규제는 체계정합성을 상실한 것으로 보인다. 규제취지의 관점에서 월 구입(결제)한도를 규제한 가 목이나 1회 베팅한도를 규제한 나 목의 경우는 사행성 억제와 직결될 수 있는 규제의 양태를 가진다. 하지만 다 목의 경우에는 1일 손실한도와 이용시간 제한을 통하여 일견 사행성 억제를 위한 규제양태 같지만, 이 내용은 오히려 청소년보호법의 셧다운제를 성인에게 적용하는 모습으로 웹보드 게임 중독을 규제하는 모습을 띠고 있다. 라 목이나 마 목의 경우 상대방 선택 제한과 자동베팅진행을 금지하여 궁극적으로는 사행성과 불법환전 억제의 효과를 도모하는 것으로 이해될 수 있지만 규제의 기본 내용은 게임진행(이용)방식에 대한 일반적 규제로 가, 나 목과 같은 차원에서, 다시 말하자면 위반 시 동일한 제재가 부여되는 식으로 다루어지기에는 무리가 있어 보인다. 실제로 게임산업진흥에 관한 법률 제44조 내지 제48조에서는 사행성 조장과 관련된 사업자 준수사항의 위반행위와 게임이용방식에 대한 사업자 준수사항 위반행위에 대해 서로 다른 수준에서 제재를 가하고 있다. 물론 유사한 행태에 대하여 다른 법률에서의 처벌의 정도를 고려하여 게임법의 처벌 수준이 정해졌겠지만 이러한 게임법의 기본적 관점·입장은 당연히 시행령 별표2 제8호의 각 목에 대한 제재 수준에서도 반영될 필요가 있다. 그리고 바 목의 경우에는 사실 그 규제 자체의 해석으로 사행성 억제의 효과를 찾기는 어려우며 본인 확인을 통한 접근 통제, 게임이용방식 규제 정도에 머무르고 있어 더욱 가, 나 목과 같은 수준의 비중을 갖는 규제라 할 수 없다.

결국 사행성과 직결되는 베팅(금액 및 베팅도구 구매)부분에 대한 규제인 나 목 및 베팅을 위한 게임머니의 월 구매한도를 정한 가 목과 게임이용

방식에 대한 규제들인 라 내지 바 목을 동일한 비중의 규제로 혹은 동일한 제재 대상인 규제 내용으로 설정하는 것은 무리가 있어 보인다.

4. 헌법적 비례성(최소침해성) 판단

(1) 시행령 별표2 제8호 각 목별 검토

모든 규제는 대상자의 기본권을 침해할 수 있는 가능성이 있기 때문에 규제가 합헌적인 수준에서 기본권을 제한하는지를 살펴볼 필요가 있다. 헌법재판소가 규제의 합헌성을 판단함에 있어 일반적으로 사용하는 심사기준은 비례의 원칙(과잉금지의 원칙)이다. 이에 의하면 규제의 목적이 정당하고 그 수단이 적정해야 하며 규제가 야기하는 침해가 최소적이어야 하며 규제로 인한 사회적 이익과 침해되는 법익이 적절하게 균형을 이루어야 한다. 이 중 규제로 인한 침해가 최소적이며 침해 최소적인 대안이 없어야 한다는 기준(침해 최소성 기준)은 규제 타당성을 평가하는 데 있어 중요한 의미를 가진다. 입안되고 시행되는 규제와 동일한 효과를 내면서 규제 대상자들의 권리·이익은 더욱 보호해 주는 대안이 존재할 수 있다면 현재의 규제의 타당성은 감소할 수밖에 없기 때문이다.

월 구매한도를 30만 원으로 설정한 것이 규제의 비례성을 갖춘 최소침해적인 것인지에 대한 판단에 있어서는 우선 2000년 이후 국내 소비자물가상승률은 평균 2.87%이나 웹보드게임의 구매한도는 2000년대 초반부터 30만 원 한도액이 지속 유지되고 있다는 점에 주목할 필요가 있다. 일반적인 물가상승률을 전혀 반영하지 않은 채 획일적인 금액규제를 하는 것은 이용자 입장에서는 게임이용의 자유를 상당히 제한하는 규제인 것이다. 게다가 일반 온라인게임의 경우 50만 원을 월 구매한도로 적용하고 있으며 오픈마켓을 통한 자율심의가 이루어지는 모바일게임의 경우에는 별도의 구매한도도 존재하지 않는다. 나아가 웹보드게임 결제에 가장 빈번하게 이용되는 휴대폰 소액결제마저도 30만 원에서 50만 원으로 한도가 상향되었다는 점은 현재 구매한도가 실제 경제적 여건과는 괴리가 있는 지나치게 낮은 수준이며 게임이용자의 게임이용권을 지나치게 침해하는 것이라 판단할 수 있다.

경제적 변화를 반영하지 못하였다는 점에서 가 목이 문제가 된다면 그와 결부되어 있는 나 목과 다 목도 조정이 필요할 수 있다. 특히 다 목의 경우에는 중독예방을 위해 이용시간 제한을 하는 등 성인에 대한 후견주의를 취하고 있다는 점에서 최소침해적인 규제인지 의문시된다. 게다가 투입금액을 기준으로 하는 규제는 이미 가 목과 나 목에 충분히 반영되어 있기 때문에, 다 목이 비록 이용시간 제한을 다루고 있지만 결국 가 목과 나 목에 포섭될 수 있는 중첩적 규제라 할 수 있다.

게임이용(진행)방식에 관한 규제들인 라 내지 바 목의 경우 이용자의 불편을 최소화하면서 규제목적을 달성할 수 있는 방법이 없는지, 보다 세부적으로 말하자면 규제목적 달성에 방해를 주지 않는 범위에서 규제 원칙에 일정한 예외를 두어 이용자의 권리를 보장할 수 없을지 살펴볼 필요가 있다. 라 목의 경우는 최소침해성 판단 기준에 의하면 문제가 있는 것으로 보인다. 어떠한 예외 없이 게임 내 상대방 선택을 금지하는 것은 사교적으로 게임을 이용하는 자들의 권리·자유를 침해하는 것이라 할 수 있다. 또한 대전을 원치 않는 타 이용자와의 게임을 회피할 선택권을 보장할 필요가 있다. 이용자와의 만남에 대한 선택권을 근본적으로 부정하는 것은 네트워크 기반 게임의 게임성마저 부인하는 것이므로 상대방 선택을 허용하여 권리침해성을 낮출 필요가 있다. 다만 불법환전 억제라는 규제 목적을 달성하기 위하여 불법환전행위를 하는 것으로 의심되는 이용자에 대한 감시와 제재를 강화하는 방안을 모색할 필요가 있다.

마 목의 경우에도 원칙적으로 모든 자동베팅진행을 금지한 것은 지나친 규제로 보일 수 있다. 수회의 베팅이 연속되는 웹보드 게임에 있어 모든 베팅 진행을 자동으로 하는 것은 게임성을 파괴하고 오로지 게임을 사행행위로 활용하는 것으로 평가될 가능성이 크므로 금지할 필요가 있을 것이다. 하지만 낮은 금액에서 시작되는 초기의 몇 번의 베팅에 대해서는 이용자의 게임이용의 편의성을 도모하기 위해 이용자 설정으로 자동진행이 가능하게 할 필요도 있다. 그러한 자동진행을 허용하더라도 그것이 이용자의 조작 없이 게임의 결과가 결정되는 것은 아니므로 게임성이 파괴되는 것은 아니고 사행성 조장은 다른 항목의 규제조치에 의하여 억제될 수 있으므로 이용자에게는 일정 부분 게임이용방식에 있어 자유를 부여하는 것이 될 수 있다.

바 목의 경우에도 이용자로 하여금 연 4회 본인인증을 받도록 하는 것은 과도한 규제일 수 있다. 기존의 연 1회 본인인증을 하는 것과 연 4회 본인인증을 하는 것이 효과에 있어 어떠한 차이를 내는지 실증적으로 증명이 어려운 상황에서 기존보다 네 배에 이르는 불편을 초래하여 이용자들의 많은 불만이 제시되고 있다는 점은 규제가 갖는 과잉성을 드러낸다. 개인정보의 지나친 수집 등을 억제하기 위한 정부의 입장을 고려하더라도, 그리고 청소년보호법상의 청소년유해매체물 제공 시 연 1회 본인확인을 하고 있으며 금융거래시에도 공인인증서 유효기간을 1~2년으로 하고 있다는 점에서 형평성을 고려하더라도 연 4회 본인인증은 사업자나 이용자 모두에게 과도한 부담을 부여하는 것으로 보인다.

(2) 책임게임을 통한 규제 침해의 최소화 가능성 검토

게임산업법 시행령 별표2 제8호는 온라인 웹보드 게임에 대하여 본격적인 사행산업 규제 방식을 도입한 것이라고 평가할 수 있다. 왜냐하면 베팅규제, 배당규제, 손실한도 규제 등은 본격적인 사행산업 규제에 해당하기 때문이다. 이러한 규제 시행으로 온라인 웹보드 게임의 사행화를 방지한다는 규제 목적은 어느 정도 달성한 것으로 보이지만, 규제에 따른 산업 위축 및 매출 감소 등 규제비용 또한 크게 증가한 것으로 판단된다. 따라서 온라인 웹보드 게임의 사행화 방지라는 규제 목적을 달성하면서도 게임산업 위축 및 매출 감소 등 규제비용을 최소화할 수 있는 대체규제가 있다면 대체규제를 도입하는 규제 개선 방안을 모색하는 것이 비례의 원칙에 부합하는 규제를 마련하는 길일 것이다. 이를 위해서는 단순히 기존 규제들에 대한 평가를 넘어 새로운 관점에서 새로운 틀을 제공하는 가능성도 배제하여서는 아니 될 것이다.

사행산업 규제방식에 있어서 선진 외국의 법제는 대체로 전자카드 제도 등을 통하여 자율적으로 베팅한도, 손실한도(이용한도) 등을 정하는 방식을 보다 선호하는 것으로 보인다. 즉 '책임도박시스템'을 수립하여 과도한 사행성을 통제하여 사행화로 인한 부작용을 최소화하고 있다. 따라서 시행령 별표2 제8호의 획일적 규제에서 보다 세련된 선진 규제방식으로 전환하는 방안을 검토할 필요가 있다.

참고로 선진 규제방식을 채택하고 있는 뉴저지 도박규제법을 살펴볼 수 있다. 뉴저지 도박규제법에서 핵심은 지나친 사행성 조장을 억제하면서도 개인의 자유, 책임에 대한 침해를 최소화하는 방법, 즉 책임도박제에 있다. 즉 예치한도, 지출한도, 시간한도 등 책임도박한도를 스스로 설정하고 그에 따른 접속제한과 자발적 차단이 가능하도록 하여 이용자의 선택에 따른 이용자보호장치를 마련한 것이다. 국가가 특정 금액, 시간 등을 획일적으로 정해 통제하는 것이 아니라 개인의 개별적 상황이나 특성에 맞게 자율적인 통제가 가능하도록 시스템을 마련한 것이다. 그와 더불어 스스로 통제가 안 되는 자들에 대해서는 문제도박자 상담 및 치유 시스템을 마련하고 과도한 사행심 유발행위 모니터링 시스템 구축을 하여 제도의 다각화를 통한 목적달성을 꾀하였다.

호주 정부는 인터랙티브 도박법(Interactive Gambling Act 2001)을 마련하였는데 도박자들의 자율성에 전적으로 의존하여 도박을 억제하는 방식을 떠나 일정 부분 도박자들의 자율성을 존중하고 국가(혹은 규제정책)가 자율성 유지를 도와주는 방식으로 도박억제 효과를 내려 하였다. 도박자들이 자신의 한계를 결정하게 하는 것을 '사전 제한 설정'이라고 하였는데 이에는 일정 기간 동안 소비한 시간에 대한 한도(예: 한 판, 하루, 일주일, 한 달), 시간 관리 프로그램처럼 언제 집으로 가야 할지, 언제 다른 일을 해야 할지 알려 주는 방식, 어느 정도의 획득 후에 도박 행위 중지(예: $20, $50, $250), 도박 강도 제한, 도박 중 휴식, 승리, 패배, 기간별 소비시간을 담은 사용자 정보를 화면에 표시하는 것 등이 포함되었다. 이는 보다 유연한 사전 제한 설정 체계를 통해 도박자들이 자신의 도박을 중지하기보다는 제어할 수 있는 역량을 제공하는 것이 필요하다는 발상에서 비롯된 제도이다.

IV. 제도에 대한 조치 관련 제언

1. 부분 수정 안

(1) 시행령 별표2 제8호 본문

> 「정보통신망 이용촉진 및 정보보호 등에 관한 법률」 제2조 제1항 제1호의 정보통신망을 통하여 베팅이나 배당의 내용을 모사한 카드게임이나 화투놀이 등의 게임물을 제공하는 게임제공업자는 다음 각 목의 사항을 준수하여야 한다. 다만, 무료로 제공하는 별도의 게임머니만을 사용하는 경우는 예외로 한다.

현재의 본문을 그대로 유지하되 현재 라 목의 단서 부분인 무료제공 게임머니에 대한 예외 부분을 가 내지 바 목 전반에 적용시키는 것을 분명히 하기 위하여 그 위치를 본문 후단에 위치시킨다.

(2) 가 목

> 게임물 이용자 1명이 게임물을 이용하기 위한 가상현금(캐쉬 등을 말한다. 이하 이 호에서 같다), 게임아이템 등의 1개월간 구매(다른 게임물 이용자로부터 증여 등을 통하여 받는 것을 포함한다)한도가 50만원을 초과할 수 없도록 하여야 한다.

월 구매한도에 대한 제한은 사행성 방지를 위해 마련된 규제로 시행령 시행 이전부터 업계도 자율적으로 실시해 오고 있었다. 다만 이용자가 게임이용을 충분히 하기에 부족한 월 구매한도 액수가 문제되고 있으며 그동안의 물가상승률이 전혀 반영되지 않은 채 오랫동안 30만 원에 한도가 묶여 있었다. 따라서 웹보드를 제외한 일반 온라인게임이나 휴대폰 소액결제의 월 구매한도 50만 원과의 형평성을 고려하여 기존 30만 원의 월 구매한도를 50만 원으로 상향한다.

(3) 나 목

게임물 이용자 1명이 1회 게임에서 사용할 수 있는 게임머니가 가목에 따른 구매한도 규모에 따라 지급될 수 있는 게임머니(게임물 이용자 1명이 가목의 한도까지 가상현금, 게임아이템 등을 구매하는 때 지급될 수 있는 게임머니 총량의 최저치를 기준으로 한다. 이하 이 호에서 같다)의 10분의 1을 초과할 수 없도록 하여야 한다.

사행성 방지와 직결되며 실효성을 가지는 규제로 평가받는 나 목의 경우는 기존 규제의 유지가 필요하다. 다만 가 목의 월 구매한도가 상향됨에 따라 나 목에서의 1회 이용한도도 역시 해석상 증가하게 될 것이다.

(4) 다 목

게임물 이용자가 스스로 게임이용을 통제할 수 있도록 1일 손실한도와 1일 시간한도를 정할 수 있게 하여야 한다. 게임물 이용자의 게임머니가 게임을 통하여 1일 동안(같은 날 0시부터 24시까지를 말한다) 1일 손실한도를 초과하여 감소한 경우 그 당시 진행되고 있는 1회 게임이 종료된 이후부터 해당 게임물 이용자에 대하여 해당일의 게임 이용을 제한하여야 한다. 게임물 이용자가 스스로 사전에 1일 시간한도를 설정한 후 1일 동안 이를 초과하여 게임을 이용한 경우에도 같다. 게임물 이용자가 설정한 1일 손실한도 또는 1일 시간한도를 상향하기 위해서는 바 목의 본인확인을 통한 신청이 있고 신청 후 24시간 이상이 경과하도록 하여야 한다.

다 목의 경우 지나친 획일성 및 규제 해석상 논란이 발생하면서 이행상의 우회가능성이 노출된 바 있고, 중독예방이라는 목적을 두어 체계정합성에 어긋난다는 지적과 더불어 성인의 이용시간도 규제당국이 정한다는 후견주의에 입각한 규제라는 점에서 그 타당성에 대한 의심이 제기될 수 있다.

따라서 다 목을, 게임 이용자 스스로 한도를 설정토록 하고 게임제공
업자가 이 한도를 준수토록 하는 방식으로 전환함으로써 규제의 획일성
을 유연화하고 지나친 후견주의적 성격을 제거한다면 규제의 합리성을
제고할 수 있을 것이며, 한편으로 1일 게임머니 감소 한도 이외에도 1일
게임이용 시간 한도 또한 설정할 수 있도록 함으로써 중독방지를 위한
목표에 기존보다 한층 더 나아갈 수 있을 것으로 사료된다.[6]

(5) 라 목

> 삭제 및 책임게임시스템으로 대체

현재 시행령의 라 목은 전 세계 게임산업뿐만 아니라 사행산업에서도
유례를 찾아볼 수 없는 규제로, 환전의 사전 예방적 차단이라는 취지에도
불구하고 이용자들의 불편민원이 지속적으로 증가하고 이용자 트래픽이
감소하는 부작용이 발생하고 있다. 더욱이 채널 등을 통하여 이 규제를
우회하는 방법이 존재할 수 있으며 여전히 불법환전의 가능성이 있다는
지적도 있는바, 이처럼 불법환전을 차단하기 위한 핵심적 규제로 마련된
라 목에 대한 이러한 상반된 평가는 결국 이용자의 편의를 전혀 도모하지
않는 유례 없는 규제를 만들면서도 그 규제 목적과 방법을 분명히 하지 않

6_ 이하에서 기존 시스템의 새로운 대안으로 제시할 책임게임시스템의 경우 자기 출입
제한, 자기 한도설정, 제3기관에 의한 모니터링을 그 핵심 요소로 하는데, 자기 한도설
정 부분은 비록 강제적이지만 현재 시행령 규정의 가 내지 다 목이 수행하고 있다고
평가할 수 있다. 책임게임시스템의 요소 중 자기 출입제한과 제3기관에 의한 모니터
링은 게임 바깥의 시스템의 개편으로 규제가 준수될 수 있지만 '자기 한도설정'은 게임
내부 시스템의 개편이 필연적으로 수반되는 규제이므로 같은 성격의 가 목 및 나 목에
이어 현행과 같이 다 목에 위치 지어지는 것이 적절해 보인다. 다 목의 부분 수정을 통
해 시행령 규제는 기존의 감소한도를 획일적으로 설정하는 수준에서 한층 더 나아가
시간한도 설정까지도 포괄하게 됨으로써 성인의 게임 과몰입 방지를 위한 최적의 게
임시스템 운용을 꾀할 수 있도록 보완되는 것이다.

아 규제를 회피할 수 있는 여지를 주었기 때문인 것으로 보인다.

따라서 라 목에 대하여는 삭제를 제안하며, 환전 차단과 관련한 대안으로서 '사 목' 이하에서 신설하는 책임게임시스템으로 보완하여 규제 목적과 방법을 분명히 할 것을 제안한다.

(6) 마 목

> 게임물 이용자가 게임을 이용할 경우 베팅을 자동(1회 게임에서 승패가 결정될 때까지 베팅이나 포기를 결정하기 위한 선택을 하는 등 게임물 이용자의 개입이 전혀 없이 게임이 진행되는 경우를 말한다)으로 할 수 없도록 하여야 한다.

기존 자율규제의 내용이기도 한 베팅자동진행금지 규제는 베팅자동진행이 빠른 시간 내에 고액의 베팅이 반복될 수 있다는 우려에 기반을 둔 것이다. 그 근거는 충분하지만 수회의 베팅 중 베팅금액이 적은 초기의 몇 회 정도의 베팅에 대해서까지 원칙적으로 자동진행을 금지한 것은 이용자의 원활하고 편의적인 게임이용을 과도하게 제한할 가능성이 있다. 따라서 이 부분을 보완하기 위하여 현재의 시행령의 기본 내용을 유지하되 '자동'의 의미를 부가한다. 모바일 게임의 확산 및 모바일 게임에서 게임의 일부를 자동으로 진행하는 방식이 확산되고 있는 추세를 고려하였다.

(7) 바 목

> 「전자서명법」 제2조 제10호의 공인인증기관, 그 밖에 본인확인서비스를 제공하는 제3자 또는 행정기관에 의뢰하거나 대면확인 등을 통하여 게임물 이용자가 본인임을 확인할 수 있는 수단을 마련하고, 매년 1회 이상 게임물 이용자에 대하여 본인 확인을 하여야 한다.

게임이용방식에 대한 규제인 바 목의 경우 분기별 본인인증은 사업자나 이용자에게 과도한 불편을 초래하고 개인정보수집 및 활용의 최소화라는 정부의 정책기조와 충돌할 소지가 있다. 일반적인 통례에 따라 연

1회 본인확인의무로 수정한다.

2. 책임게임시스템 도입 안

(1) 서 설

웹보드 게임이용에 있어 월간 구매 한도, 1회 게임당 손실한도, 1일 손실한도 등을 법령에서 정한 획일적인 기준에 의하여 규제하는 현재의 규제방식은 장기적인 관점에서는 전면적인 개선이 필요해 보인다. 상술하였듯이 이미 외국에서는 선진 사행규제 체계를 구축하여 이용자가 자기 통제 아래 게임을 이용할 수 있도록 국가, 사회 및 사업자가 같이 협력하는 방식을 채택하고 있다. 이러한 소위 책임도박시스템을 우리의 웹보드 게임에 적용하여 '책임게임시스템'을 구현하는 것은 의미 있는 작업이 될 것이다.

책임게임시스템은 이용자가 게임 이용을 자발적으로 통제할 수 있는 시스템을 구현하고, 사회적 감시망을 통해 모니터링하며, 이상 징후 발생 시 심의기구에서 관리할 수 있는 3단계 시스템을 마련하는 것이 중요하다. 그러한 관점에서 책임게임시스템을 시행령 별표2 제8호에 구현하는 안을 마련해 본다. 안은 두 가지로 하나는 게임물관리위원회(국가)가 관리주체가 되는 경우, 다른 하나는 업계(사업자)가 관리주체가 되는 경우를 상정하여 마련된 것이다. 이러한 안들은 현재의 시행령에 대한 부분 수정안에 추가하여 마련된 것이므로 시행령의 기본취지도 병행하며 개인이 자율적으로 웹보드 게임이용을 통제할 수 있는 기회 또한 제공하는 데 초점을 두고 있다. 다만 책임게임시스템 안에서는 부분 수정안 중 라 목은 삭제하는 것을 전제로 한다. 라 목이 의도하는 환전금지는 책임게임시스템의 일부로 짜고치기, 몰아주기, 속임수 등 환전으로 연결될 수 있는 행위를 하는 게임 이용자에 대한 차단 조치를 하도록 사업자에게 의무를 부과하는 방식으로 전환하는 것이 타당하기 때문이다. 두 안에서는 관리 주체를 누구로 설정하는가 하는 차이로 인하여 1안의 차 자 목이 2안에는 존재하지 않는 정도의 차이만 존재한다. 두 안 모두 게임과몰입 의심이용자 보고, 이용제한 제도 및 그에 대한 이용자 고지 의무, 이용제한 기간 및 그에 대한 해지, 분쟁조정절차 및 기준 구축 등을 주요 내용으로 한다.

(2) 게임물관리위원회를 관리주체로 하는 1안

사. 게임물 이용자의 승패, 손익, 상대방, 이용시간, 판수 등 게임물 이용의 현황과 내용을 파악하여, 그 결과 짜고치기, 몰아주기 등 게임의 공정성을 해하는 행위를 하거나 게임물 이용자의 게임과몰입(중독) 등의 사정이 있는 것으로 의심되는 경우 지체없이 이를 게임물관리위원회(이하 '위원회'라고 한다)에 보고하여야 한다.

아. 게임물 이용자에게, 본인, 그 배우자 · 직계혈족 · 형제자매, 게임제공업자가 위원회에 이용제한의 신청을 하거나 위원회가 이용제한의 필요가 있다고 인정하는 경우에는 해당 게임물 이용자의 게임물 이용이 제한될 수 있다는 사실을 알려야 한다.

자. 게임물 이용자에게 아목의 게임물 이용제한의 신청과 연결된 링크를 제공하고 게임물 이용자가 위 링크를 쉽게 찾을 수 있도록 하여야 한다.

차.자. 위원회로부터 게임물 이용자 등의 신청에 의하거나 위원회가 직권으로 정하는 게임물 이용제한 대상자에 대한 게임이용제한조치를 요구받은 경우 해당 게임물 이용자의 게임물 이용을 제한하여야 한다. 카. 차목에 따른 게임물 이용제한 기간은 최소한 1년 이상 지속되어야 하고, 이용제한 기간 경과 후 이용제한 해지를 위한 별도의 신청이 없는 한 무기한으로 지속되어야 한다.

타.차. 카자목의 이용제한 기간이 경과한 후, 이용제한을 신청한 자가 신청인의 신분을 증명하는 서류를 첨부하여 위원회가 정한 양식에 따라 위원회에 이용제한의 해지를 신청하고, 위원회에서 위 해지 신청이 타당하다고 인정하여 게임제공업자에게 이용제한 해지를 통보하는 경우, 해당 이용제한 대상자에 대한 게임물 이용제한 조치를 해지하여야 한다.
파. 게임물 이용자의 승패, 손익, 상대방, 이용시간, 판수 등을 포함한 게임물 이용기록을 5년(또는 10년) 간 보관하여야 한다.

하.카. 게임물 이용자의 민원해결을 위한 분쟁조정절차 및 기준을 정하여 문화체육관광부장관의 승인을 받아야 한다.

(3) 게임제공업자를 관리주체로 하는 2안

사. 다음에 해당하는 자의 게임물 이용을 제한하고, 이를 게임물관리위원회(이하 '위원회'라고 한다)에 보고하여야 한다. 게임물 이용제한 기간은 최소한 1년 이상 지속되어야 하고, 이용제한 기간 경과 후 이용제한 해지를 위한 별도의 요청이 없는 한 무기한으로 지속되어야 한다.
1) 위원회로부터 게임이용제한조치를 요청받은 경우 해당 게임물 이용자
2) 게임물 이용자 본인, 또는 그 배우자·직계혈족·형제자매가 문서(전자문서 포함)로써 게임제공업자에게 게임과몰입(중독) 등을 이유로 게임이용제한조치를 요청한 경우 해당 게임물 이용자
3) 게임물 이용자가 짜고치기, 몰아주기, 속임수, 해킹 등 게임의 공정성을 해하는 행위를 하거나, 게임물 이용자의 게임과몰입(중독)이 의심되는 경우 해당 게임물 이용자

아. 게임물 이용자에게 사목에 따른 게임이용제한조치가 행해질 수 있다는 사실을 알려야 한다.

자. 사목의 이용제한 기간이 경과한 후, 이용제한을 신청한 자가 신청인의 신분을 증명하는 서류를 첨부하여 문서로 게임물 이용제한조치의 해지를 신청하고 위 해지 신청이 타당하다고 인정되는 경우, 해당 이용제한 대상자에 대한 게임이용제한조치를 해지하여야 한다.

차. 게임물 이용자의 민원해결을 위한 분쟁조정절차 및 기준을 정하여 문화체육관광부장관의 승인을 받아야 한다.

온라인게임 소비제한제도의 개선방안*

김종일

Ⅰ. 서 언

현재 온라인게임의 이용자에 대하여는 그 소비의 범위가 제한(이는 일반적으로 '온라인게임의 결제한도 제한'으로 지칭되고 있는바, 이하 동 제한을 "결제한도 규제"로 표현함)되고 있다. 이와 같은 이용자의 결제한도 규제는 이원적 형태로 이루어지고 있는데, 이른바 '웹보드게임'으로 지칭되는 온라인게임 장르에 대한 결제한도와 '非웹보드게임인 온라인게임'에 대한 결제한도로 나누어진다. 웹보드게임의 결제한도에 대해서는 「게임산업진흥에 관한 법률 시행령」이 결제한도에 관한 구체적인 명문의 규정을 두고 있으며, 해당 게임물 이용자의 1개월간 소비한도,[1] 1일 소비한도[2]

---

* 이 연구논문은 연구자의 서울대학교 법학박사학위논문(2017.8)인 "게임의 법적 규제에 관한 연구 ―「게임산업진흥에 관한 법률」을 중심으로"의 내용 중 일부분을 수정·보완한 것임을 밝힙니다.

1_ '게임물 이용자 1명이 게임물을 이용하기 위한 가상현금(캐쉬 등을 말한다. 이하 이호에서 같다), 게임아이템 등의 1개월간 구매(다른 게임물 이용자로부터 증여 등을 통하여 받는 것을 포함한다)한도가 50만 원을 초과할 수 없도록 하여야 한다'(「게임산업진흥에 관한 법률 시행령」 별표 2. 게임물 관련사업자 준수사항 제8호 가목).

2_ '게임물 이용자 1명의 게임머니가 게임을 통하여 1일 동안(같은 날 오전 0시부터 24시 사이를 말한다) 가목에 따른 구매한도 규모에 따라 지급될 수 있는 게임머니의 5분의

및 1회 소비한도[3] 등을 포함한다. 이는 웹보드게임의 사행적인 운영을 차단하고 선량한 이용자를 보호하기 위함을 그 목적[4]으로 하는 것이라고 한다.[5] 반면에 非웹보드게임인 온라인게임에 대한 결제한도는 십수 년 동안 그 법적인 근거를 찾기가 쉽지 않음에도 셧다운제와 함께 한국의 게임 규제를 상징하는 가장 강력한 규제 중 하나로서 자리매김해 왔다. 웹보드게임의 결제한도도 게임이용자(소비자)의 자기결정권(선택권) 침해와 계약자유의 원칙의 위반, 그리고 게임사업자의 직업수행의 자유(영업의 자유) 침해 여부 등을 포함하여 논란이 없지는 않으나[6] 규제의 요건과 위반의 효과가 각각 동법 시행령 [별표 2]와 시행규칙 [별표 5]에 명확히 법정되어 있으므로[7] 본고에서는 非웹보드게임인 온라인게임의 결

1을 초과하여 감소한 경우(게임을 통하여 획득하거나 상실한 게임머니를 합산한 결과, 게임머니가 가목에 따른 구매한도 규모에 따라 지급될 수 있는 게임머니의 5분의 1을 초과하여 감소한 경우를 말한다) 그 당시 진행되고 있는 게임이 종료된 이후부터 24시간 동안 해당 게임물 이용자에 대하여 해당 게임제공업자가 제공하는 모든 게임물의 이용을 제한하여야 한다'(「게임산업진흥에 관한 법률 시행령」 [별표 2] 게임물 관련사업자 준수사항 제8호 다목).

3_ '게임물 이용자 1명이 1회 게임에 사용할 수 있는 게임머니가 가목에 따른 구매한도 규모에 따라 지급될 수 있는 게임머니(게임물 이용자 1명이 가목의 한도까지 가상현금, 게임아이템 등을 구매하는 때 지급될 수 있는 게임머니 총량의 최저치를 기준으로 한다. 이하 이 호에서 같다)의 10분의 1을 초과할 수 없도록 하여야 한다'(「게임산업진흥에 관한 법률 시행령」 [별표 2] 게임물 관련사업자 준수사항 제8호 나목).

4_ 이와 같은 규제 목적이 규제를 통하여 현실적으로 달성되었는지와 관련하여 경영학적 관점·산업적 측면에서는 그 실효성이 의심되고, 오히려 관련 산업의 진흥을 방해하는 요소로 작용하고 있음을 지적하는 연구로는 전성민, "결제한도 제도에 의한 온라인 게임 비즈니스 영향에 대한 연구", 「온라인게임 합리적 소비문화 정착을 위한 제도개선 포럼」(2017.1.18. 개최) 자료집 참조.

5_ "문체부, 웹보드게임 사행화 방지 대책 재추진", 문화체육관광부 보도자료(2013.6.19.) 참조.

6_ 김윤명, "게임물 이용금액 제한의 법률 문제", 한국컴퓨터게임학회논문지 제26권 제3호, 한국컴퓨터게임학회, 2013, 145-154면 참조.

7_ 그러나 이에 대해서도 동 시행령 규제를 위임한 게임산업법 제28조 제8호와의 관계에서 위임입법의 한계를 넘은 것이 아닌지 의문을 제기하는 견해로는, 홍종현, "행정입법에 있어서의 법치행정의 원리 — 게임법시행령 별표2의 개정 및 시행을 중심으로", 「한국컴퓨터게임학회논문지」 제27권 제2호, 한국컴퓨터게임학회, 2014, 142-143면.

제한도에 대해 고찰하면서 해당 논점을 함께 살피도록 한다.[8]

본고에서는 먼저 결제한도 규제가 어떻게 십수 년간 법령상의 명확한 근거에 기반하지 않고 한국 게임산업에 대한 대표적인 규제로 자리 잡게 되었는지 연혁을 살핀다. 구체적인 결제한도 금액이 수치로서 규정된 사례가 존재하지 않고 십수 년간 집행되어 왔기에, 이것의 존재를 추단케 하는 규제기관의 문서를 중심으로 연혁을 구성하고자 한다. 그리고 결제한도의 법적 취급과 관련하여서는 결제한도를 자율규제 내지 행정지도로 보는 견해에 대하여 행정절차법상 행정지도에 대한 불이익 조치 금지 측면, 제재를 수반한 강제력의 발생 측면을 중점적으로 살필 것이다. 이와 관련하여 게임물관리위원회의 심의·의결 사항인 사행성 여부를 확인하는 권한이 결제한도 규제의 법령상 근거로 해석될 수 있는지에 대해서도 검토될 것이다. 이어서 본고에서는 결제한도가 법령상의 근거 없이 어떻게 등급분류 시스템을 통해 강력한 산업 통제력을 확보하게 되는지 그 작동방식에 대한 분석을 다룰 것이고, 나아가 결제한도 규제의 법적 문제점 및 결제한도 규제로 인한 산업적 부작용에 대한 고찰을 담을 것이며, 마지막으로 결제한도 규제의 대안으로서의 자율규제를 제안하고자 한다.

8_ 非웹보드게임인 온라인게임의 결제한도도 보다 세부적으로 살피면 청소년에 대한 결제한도와 성인에 대한 결제한도로 나누어 고찰할 수 있지만, 본고에서는 청소년 결제한도 논의 대신에 성인 결제한도 논의에 한정하고자 한다. 최근 게임산업계가 개선을 주장하고 있는 결제한도 규제도 바로 이 성인 결제한도 문제 해결에 집중되고 있을뿐더러, 청소년보호론에 따른 시각이 아니라 결제한도 그 자체 본질 논의에 집중할 수 있기 때문이다.

II. 결제한도 규제의 의의 및 법적 취급

1. 결제한도 규제의 의미 및 연혁

웹보드게임을 제외한 온라인게임의 결제한도 규제는 2003년 이루어진 영상물등급위원회, 게임산업협회 그리고 게임회사 사이의 협의를 통하여 임의적 형태로 이루어진 온라인게임에 있어서의 아이템 구매한도의 제한으로서, 당시 성인 이용자의 주민등록번호를 기준으로 하여 월 30만 원의 한도가 정해진 것으로 알려지고 있다. 이를 추단할 수 있는 자료로는 영상물등급위원회에서 게임물에 관한 등급분류 업무를 하던 2005년 영상물등급위원회 공고 제2005-18호로 공고된 「PC온라인게임 세부 심의기준」을 들 수 있는데 여기에서도 월정액, 직접충전, 간접충전, 월구매한도 등에 대한 정의규정을 두고 있었으나[9] 구체적으로 금액이 명시되어 있지는 않았다.

이후 게임산업법의 제정에 따라 게임물 등급분류에 관한 업무가 게임물등급위원회로 이관되어서도 한도의 설정은 영상물등급위원회에서의 관행과 같이 유지되다가, 2007년 4월부터 등급분류 과정에서 작성하는 '게임물 내용정보 기술서'의 서식 개편을 통해 "현금, 상품권 등의 수단으로 주민등록번호당 한 달간 가상현금(캐쉬 등), 아이템 등을 구매할 수 있는 한도(자신이 직접 구매한 금액 및 선물 받은 금액을 모두 포함)"를 신청인이 숫자로 기술해야 하는 기재란이 생겨났다.[10] 이와 함께 당시 등급분류 심의규정 제18조는 사행성게임물을 확인하는 기준의 하나로 "이용금액이 정상적인 범위를 벗어나 사행성이 우려되는 경우"라고만 규정하게

9_ 김윤명, 앞의 논문, 146면. 동 심의기준에서는 월정액을 "한 달 동안 해당 컨텐츠를 사용하기 위해 지불하는 금액"으로 정의하고 있었으며, 월구매한도를 "이용자가 게임 사이트에서 한 달 동안 유료로 구매할 수 있는 아이템(아바타)의 총액"으로 정의하고 있었다고 한다.

10_ 김윤명, 앞의 논문, 147면.

되는데, 결국 등급분류를 신청하는 사업자로서는 결제한도를 기재하지 않으면 등급분류 서식 불비의 상황이 되고, 만일 결제한도를 30만 원보다 높게 기재하면 사행성게임물 기준에 저촉될 위험에 빠지게 되어, 결국은 부득이하게 스스로 결제한도를 30만 원으로 기재하게 되는 상황에 처해지게 되었다.

규제당국이 온라인게임의 결제한도를 30만 원으로 규제해 온 것을 처음으로 공식적으로 인정한 것은 2009년에 이르러서인데, 한국게임산업협회가 규제완화의 형식을 빌려 결제한도를 월간 기준 성인 50만 원, 미성년자는 7만 원으로 상향하여 줄 것을 정부에 건의하고 2009년 11월 19일 국무총리 주재로 개최된 규제개혁위원회 · 관계장관합동회의를 통해서 한도액을 증액하는 것으로 조정하기로 결정[11]한 것이 결제한도 규제가 구체적인 수치로서 존재하여 왔다는 것과 그 구체적인 금액에 대한 공식적인 첫 기록이다.[12]

이후에도 규제당국은 상향된 온라인게임 결제한도 50만 원을 구체적인 금액으로 언급하는 것을 회피하고, 게임산업법에서도, 하위법령에서도, 등급분류 심의규정에서도 구체적인 금액이 명시된 바 없이 현재까지 유지되고 있다.

2. 결제한도 규제의 법적 취급

이와 같은 제한은 법령상의 근거를 가지지 아니하는 것으로서 일응 강제력이 없는 것으로 파악될 수도 있으나, 게임물의 유통 등을 위하여 등급분류를 신청함에 있어 작성되는 게임물 내용정보 기술서에 있어 주

11_ 김윤명, 앞의 논문, 147면.

12_ "신성장동력 확충을 위한 규제개혁 추진계획" 규제개혁위원회 · 관계장관 합동회의 안건 2009.11.19. 34면. 여기에서도 현행의 결제한도액이 청소년 5만 원, 성인 30만 원으로 기재되어 있을 뿐, 본 정부문서에서도 개선안에 대해서는 "성인이 이용하는 일반게임물(비사행성 게임물)의 결제한도액을 합리적인 수준으로 상향조정"이라고만 적고 있을 뿐 구체적인 금액은 명시되지 않았다.

민등록번호당 월 구매한도액을 기술하도록 하고 있어 사실상의 강제력을 가지는 것으로 보아야 할 것이다.[13] 관련 실무상 해당 기재란을 구체적인 수치의 금액으로 기술하지 않는 경우에는 등급분류 절차가 진행되지 않고 규제당국의 담당자가 월 50만 원 이하의 금액으로 기재하도록 수정을 요청하기도 하니, 적어도 행정절차법 제2조 제3호에 따른 비권력적 사실행위인 행정지도에는 해당할 수 있을 것이고 이러한 행정지도의 근거를 굳이 찾는다고 한다면 게임산업법 제12조의3이 규정하는 게임과몰입·중독 예방조치에 관한 일련의 조항들을 그 근거로 제시하는 해석도 불가능하지는 않을 것이다.

한편 지난 십수 년간의 규제당국의 입장에는 결제한도를, 관행적으로 내려온 산업계와 규제당국 간의 합의에 기반한 '자율규제'로 취급하는 입장도 존재하는 듯하다. 물론 이에 대한 어떠한 공식적인 입장 표명은 없었으나 2009년 11월 19일 규제개혁위원회·관계장관 합동회의 안건에서 이러한 결제한도 규제의 구체적인 금액을 명시한 것을 제외하고는, 정부가 이를 규제하고 있다는 사실조차 적극적으로 표명하지 않고 있는 점을 고려할 때 그러한 추론이 가능하겠다.

그러나 현실적으로는 법령상 근거가 없을 뿐 아래와 같이 형사처벌과 영업정지를 수반한 강력한 규제의 기제가 작동하고 있어, 행정지도로 해석되거나 자율규제로 해석되기에는 무리가 있다. 「행정절차법」 제2조 제3호가 "행정기관이 그 소관 사무의 범위에서 일정한 행정목적을 실현하기 위하여 특정인에게 일정한 행위를 하거나 하지 아니하도록 지도, 권고, 조언 등을 하는 행정작용"을 행정지도의 개념으로 정의하고, 동법 제48조가 행정지도의 원칙으로 "행정기관은 행정지도의 상대방이 행정지도에 따르지 아니하였다는 것을 이유로 불이익한 조치를 하여서는 아

13_ 특히 '월간이용한도를 설정하지 않았다는 것'으로 인하여 게임물이 사행성 유기기구나 사행성게임물이 되는 것은 아니므로, 그에 따른 등급분류 거부대상이 될 수 없음과 이처럼 월간이용한도를 근거로 하여 등급분류를 할 법적 근거가 없는 점이 문제점으로 지적되고 있다(안길한, "게임산업 재도약 – 해외사업자가 지적하는 전봇대 규제 토론문", 「2016년 한국게임학회 추계학술대회 논문집」, 515면 및 517면).

니 된다"고 규정하고 있다는 점에서 더욱 그러하다고 할 수 있겠다.

또한 결제한도 규제의 문제를 사행성 여부에 대한 확인이라는 등급분류기관의 임무와 결부시킴으로써, 게임물관리위원회의 심의·의결 사항을 규정하고 있는 게임산업법 제16조 제2항 제3호를 결제한도 규제의 근거 조항으로 보는 견해도 존재하는 것으로 보인다.

게임물관리위원회의 심의·의결 사항

제16조(게임물관리위원회)
② 위원회는 다음 각 호의 사항을 심의·의결한다.
1. 게임물의 등급분류에 관한 사항
2. 청소년 유해성 확인에 관한 사항
3. 게임물의 사행성 확인에 관한 사항 … (이하 생략)

그러나 동법 제2조(정의), 제21조(등급분류) 및 동법 시행규칙 제8조(등급분류기준)을 종합적으로 검토해볼 때, 심의·의결 사항인 "게임물의 사행성 확인에 관한 사항"은, 배팅 배당을 내용으로 하거나 우연적인 방법으로 결과가 결정되거나 경마, 경륜, 경정, 카지노, 복권 등을 모사한 것을 대상으로 이것이 재산상 이익 또는 손실을 주는 것인지 여부를 확인하는 것에 제한되는 것으로 해석되는 것이 게임산업법의 취지에 충실한 해석이다. 좀 더 구체적으로 살피자면, 게임이 '모사'하는 것이 무엇인지에 대한 해석은 다분히 해석자의 주관에 따라 달라질 수 있으나,[14] '재산상 이익 또는 손실을 주는 것'이 무엇인지에 대한 해석은 게임산업법 제2조 제1호의2에 대한 대법원판례의 입장에 따라 해석되어야 하는 것이다.[15] 어떠한 게임물이 결제한도를 낮게 설정하거나 높게 설정하는 것의

14_ 예를 들어 토끼와 거북이가 달리기를 하는 장면을 두고 이를 경마를 '모사'한 것으로 해석하는 웃지 못할 사례는 이미 지난 십수 년간의 게임물 등급분류의 실제 사례에서 나타난 바 있다. 이승훈, "게임산업 정책 10년과 규제의 구조", 「다시 쓰는 대한민국 게임강국 프로젝트」(2017.2.17. 개최) 자료집, 26면 참조.
15_ 만일 대법원의 게임산업법 제2조 제1호의2에 대한 해석을 넘어 동법 시행령, 시행규

여부는 재산상 이익 또는 손실을 주는 것인지 여부와 논리적으로 어떤 개연성 있는 연결고리도 갖고 있지 않다.[16] 결제한도라는 규제 권한의 근거를 게임산업법 제16조 제2항 제3호에서 찾는 견해는 개연성을 넘어 막연한 가능성만을 들어 규제를 가하려는 것으로, 행정규제기본법이 정하는 규제의 원칙에도 어긋나는 것이라 할 것이다.

III. 결제한도 규제가 작동하는 방식

1. 한도를 게임물 내용에 강제 편입

온라인게임은 이용에 제공되기 전에 게임물관리위원회의 등급분류를 받아야 하며, 등급분류 심의 신청서를 게임물 내용정보기술서와 함께 제출해야 한다. 게임물 내용정보기술서에는 신청회사가 게임이용자 1인에게 주민등록번호 기준으로 성인과 청소년에게 각각 얼마의 결제한도를 설정하여 운영하고 있는지 구체적 수치를 기입해야 한다.

만일 수치를 기입하지 않고 내용정보기술서를 제출하면 서류 미비를 이유로 등급분류 신청은 반려된다. 게임물관리위원회의 전산화된 등급분류 시스템에 입력하는 방식으로 진행할 경우 구체적 수치를 기입하지 않으면 거기서부터 더 이상 등급분류 심의신청 절차가 진행되지 않는

칙, 등급분류규정 등의 명목으로 새로이 사행성 확인의 기준을 창출한다면 이는 하위 법령으로 상위법령의 내용을 개폐하는 것이라 할 것이다. 같은 취지로, 고학수, "게임 물 내용규제 시스템에 관한 법경제학적 검토", 「한국게임법과 정책학회 제4회 세미나」 (2015.4.3. 개최) 자료집 참조.

16_ 예를 들어 이용요금이 10만 원인 놀이 장치를 1개월에 최대 10번만 사용할 수 있도록 소비한도를 두어 운영하더라도 재산상 이익 또는 손실을 1원조차 발생하지 않도록 할 수 있고, 반대로 이용요금이 1만 원인 놀이 장치를 1개월에 10차례만 사용할 수 있도록 소비한도를 두어 운영하더라도 재산상 이익 또는 손실을 10만 원 발생하게 할 수도 있다. 즉, 결제한도의 다과와 재산상 손익여부는 논리적으로 완전히 절연되어 있는 것이다.

다. 이렇게 하여 결제한도는 게임물 내용에 강제로 편입되는 것이다.[17]

게임물 내용정보기술서[18]

2.9. 수익 방식 세부 기술 (해당하는 경우에만 기재)　　　　**(해당사항 없음 □)**
2.9.1 이용자 1명이 사용가능한 계정수를와 구매한도액을 서술하여 주십시오.
(해당하는 경우에만 기재하십시오)　　　　　　**(해당사항 없음 □)**
이용자 1명 기준 사용가능한 계정수　　　　　개
이용자 1명 기준 월 구매한도액　　　　　　　원
이용자 1명 기준 월 청소년 구매한도액　　　　원
*월 구매한도: 현금, 상품권 등의 수단으로 이용자 1명 기준 한 달간 가상현금(캐쉬 등), 아이템 등을 구매할 수 있는 한도(자신이 직접 구매한 금액 및 선물 받은 금액을 모두 포함)

2. 결제한도 초과 시 불법게임물로 취급

상기와 같이 한도가 게임물 내용으로 강제 편입되고 나면 이제 게임을 이용에 제공하면서 결제한도를 초과하게 되는 상황이 발생하게 될 때 게임사업자는 두 가지 큰 법적 위험에 처하게 된다. 하나는 형사처벌이고 하나는 영업정지다.

예를 들어 결제한도 기재란에 50만 원을 기입하여 등급분류심의를 받았는데 실제로 이용자가 특정월에 60만 원어치의 게임아이템을 구매하는 상황이 발생한 경우, 이는 등급분류심의를 받을 당시의 게임물의 내용(50만 원 한도를 준수하겠다는 약속)과는 다른 내용으로(실제로 50만 원 넘는 구매가 가능함) 이용에 제공되었다는 해석이 가능하게 된다. 이에 대해 게임산업법 제32조 제1항 제2호는 "제21조 제1항의 규정에 의하여 등급을

17_ 안길한, "게임산업 재도약 ― 해외사업자가 지적하는 전봇대 규제 토론문", 「2016년 한국게임학회 추계학술대회 논문집」, 507면.
18_ 게임물관리위원회 등급분류 규정 별지 제2호 '게임물 내용정보기술서'.

> 디스이즈게임(THIS IS GAME) 기사 중/2015.8.27.
> … 이번 영업정지는 모바일 앱 서비스 중 모바일에서 결제한 아이템을 PC버전에서 그대로 사용할 수 있게 되면서 **PC버전 결제 한도를 초과하자, 등급분류를 받은 내용과 다른 게임을 서비스했다는 이유로 내린 처분**이다. …

받은 내용과 다른 내용의 게임물"을 불법게임물로 해석하기에, 동법 제45조 제4호에 따라 "제32조 제1항 제2호의 규정을 위반하여 등급분류를 받은 게임물과 다른 내용의 게임물을 유통 또는 이용제공 및 전시·보관한 자"에 해당되므로 2년 이하의 징역 또는 2천만 원 이하의 벌금에 처해지게 될 수 있는 것이다.[20] 또한 이는 "제32조의 규정에 의한 불법게임물 등의 유통금지의무 등을 위반한 때"에 해당하게 되므로 동법 제35조에 따라 게임제작업, 게임배급업, 게임제공업을 각각 영업정지당하게 되는 사유가 된다.[21]

19_ "NHN블랙픽 영업정지 일시 정지, 'NHN엔터-성남시' 법정소송 격돌", 디스이즈게임 2015.8.27. 기사(http://www.thisisgame.com/webzine/news/nboard/4/?n=59803) 등 참조.

20_ 대법원 2014.11.13. 선고 2013도9831 판결에서는 "게임물의 내용 구현과 밀접한 관련이 있는 게임물의 운영방식을 등급분류신청서나 그에 첨부된 게임물내용설명서에 기재된 내용과 다르게 변경하여 이용에 제공하는 행위가 게임산업진흥에 관한 법률 제32조 제1항 제2호에서 정한 '등급을 받은 내용과 다른 내용의 게임물을 이용에 제공하는 행위'에 해당"한다고 판시하였다.

21_ 상기 대법원의 태도와는 달리 동 판례의 원심은 "법은 게임물의 '내용'에 관한 정의 규정을 두고 있지 아니한바, 이 사건 캐쉬 또는 게임머니 충전한도가 법 제32조 제1항 제2호의 '내용'에 해당하는지 여부 및 충전한도의 변경이 위 조항이 규정한 '다른 내용의 게임물'을 제공한 것인지 여부는, 법 제1조가 규정하고 있는 입법 목적과 법 제4장이 규정하고 있는 등급분류제도의 취지 및 다음과 같은 규정들을 종합하여 판단하여야 할 것 … '사행성'과 관련 있는 것으로 게임물의 내용구현과 '밀접한' 관련이 있는 '운영방식'은 등급분류의 대상으로서 게임물의 '내용'에 해당한다고 할 것이고, 법 시행규칙 제9조의2 제3항이 '이용방식'의 변경도 '내용' 수정의 범위에 포함시킨 것에 비추어 보면 더욱 그러하다. 다만 죄형법정주의와 명확성의 원칙 및 심의규정상 원칙적으로 '콘텐츠'만 등급분류의 대상임을 고려할 때 운영방식 내지 이용방식 중 등급분류의 대상으로서 게임물의 '내용'에 포함되는 것은 극히 제한되어야 하며, '내용'에 포함되는지

형사처벌과 영업정지에 대한 위험은 게임사업자에게 사업을 더 이상 영위하게 할 수 없을 정도의 심각한 압박을 가하게 된다. 법령상의 명확한 근거를 두지 않고 십수 년간 운영되어 온 온라인게임 결제한도가 등급분류 제도를 통해 강력한 규제로 기능하게 되는 바로 그 국면이다.

3. 결제한도가 소비를 제한하는 방식

결제한도는 '회사단위' 및 '개인단위'로 작동한다. 결제한도가 소비를 제한하는 방식은 지난 십수 년간 영상물등급위원회, 게임물등급위원회 및 게임물관리위원회의 일관된 결제한도 실무에 따라 체계화된 것으로서, 대법원 2014.11.13. 선고 2013도9831 판결 등에서도 결제한도는 게임물의 내용을 구현하는 운영방식으로서 체계적으로 해석되고 있다.

2014년 이전까지는 결제한도 규제가 온라인게임의 소비를 제한하는 구체적인 방식을 기재한 공식적인 문서는 존재하지 않았던 것으로 파악되며, 단지 앞서 살펴본 내용정보기술서에 기재된 사항을 통해 그 구체적 작동 방식을 추론할 수 있을 뿐이었다. 즉, "월 구매한도: 현금, 상품권 등의 수단으로 이용자 1명 기준 한 달간 가상현금(캐쉬 등), 아이템 등을 구매할 수 있는 한도(자신이 직접 구매한 금액 및 선물 받은 금액을 모두 포함)"라는 기재는 결제한도가 소비를 제한하는 방식을 추상적으로 기술한 것인데 여전히 구체적인 해석에 있어 이견이 존재할 수 있는 상황이었다. 예를 들어 회사단위인지? 게임단위인지? 개인단위인지? ID단위인지? 구매제한인지? 이용제한인지? 선물을 준 경우를 제외하는지? 포함

여부를 판단하는 기준은 결국 게임물의 내용구현과 '밀접한' 관련이 있는지 여부와 '사행성'을 조장할 우려가 있는지 여부가 될 것 … 이 사건 캐쉬 또는 게임머니의 충전한도는 등급분류의 대상으로서 게임물의 '내용'에 해당한다고 볼 수 없고, 피고인들이 선물하기 내지 CPA 방식을 이용하여 등급분류 당시 기재한 충전한도를 초과하는 충전이 가능하도록 이 사건 각 게임물을 제공하였다 하더라도, 등급을 받은 내용과 다른 내용의 게임물을 이용에 제공한 것으로 볼 수 없(음)"으로 판단한 바 있다(서울북부지방법원 2013.7.24. 선고 2013노88 판결).

하는지? 퍼블리싱의 경우는? 채널링의 경우는? 등과 같은 구체적인 소비의 제한 방식에 대한 아무런 지침을 제공해 줄 수 없었다. 물론 당시에도 규제당국은 상기의 질문들에 대해 십수 년간 일관된 정답을 갖고 있었고, 같은 기간 등급분류 행정을 한 차례 이상 경험한 후에야 게임사업자들은 이 기재의 의미에 대해 이해할 수 있었다. 즉, 내용·정보기술서상의 기재만으로는 다양한 의미해석이 가능한 수준임에도 오직 규제당국이 인정하는 해석에 따라 소비 제한이 작동하였고 이 해석방법은 2014년 이전까지 공개된 바 없었다.

마침내 2014년 1월 24일 문화체육관광부는 인터넷홈페이지에 "게임산업진흥에 관한 법률 시행령 별표2 제8호 해석기준 안내"라는 제목의 게시물을 공지하면서[22] 이른바 웹보드게임 규제 시행령[23]을 해석하는 방법을 구체적으로 제시하기에 이른다. 동 시행령은 기존에 법령의 근거 없이 규제하던 웹보드게임 결제한도를 시행령으로 명시하는 '가목'을 포함하고 있는데, 아래의 '내용정보기술서 기재와 웹보드 규제 시행령 가목의 비교'와 같이 기존의 내용정보기술서에 결제한도를 위해 기재되어 있던 사항과 본질적으로 동일한 표현으로 명시되고 있다. 따라서 2014년 1월 24일 문화체육관광부가 공지한 "해석기준" 중 당해 시행령 '가목'에 해당하는 내용에는 지난 십수 년간 규제당국이 결제한도의 작동방식과 관련하여 추상적으로만 기재하여 두었던 것에 대한 구체적인 해석방법을 포함하고 있는 것이라고 할 수 있겠다. 이 "해석기준"의 해석방법에 따라 결제한도가 '회사단위' 및 '개인단위'로 작동하는 방식을 분설하면 아래와 같이 정리될 수 있겠다.

먼저, '회사단위'로 작동한다는 의미는 게임별로 각각의 소비를 제한

22_ "게임산업진흥에 관한 법률 시행령 별표2 제8호 해석기준 안내", 문화체육관광부 공지사항(2014.1.24.) https://www.mcst.go.kr/web/s_notice/notice/noticeView.jsp?pSeq=8800

23_ 이 게시물에 언급된 게임산업법 시행령 별표2 제8호는 2013년 11월 20일 개정 공포(대통령령 제24865호)되어 2014년 2월 23일부터 시행될 예정인 것으로, 가목에서 바목까지 총6개 항목으로 규정되어 있었다.

내용정보기술서 기재와 웹보드 규제 시행령 가목의 비교

내용정보기술서 기재	웹보드 규제 시행령 가목
월 구매한도: 현금, 상품권 등의 수단으로 이용자 1명 기준 한달 간 가상현금(캐쉬 등), 아이템 등을 구매할 수 있는 한도(자신이 직접 구매한 금액 및 선물받은 금액을 모두 포함)	가. 게임물 이용자 1명이 게임물을 이용하기 위한 가상현금(캐쉬 등을 말한다. 이하 이 호에서 같다), 게임아이템 등의 1개월간 구매(다른 게임물 이용자로부터 증여 등을 통하여 받는 것을 포함한다)한도가 30만 원[24]을 초과할 수 없도록 하여야 한다.

한다는 의미가 아니고, 특정 회사가 서비스하는 모든 게임 매출을 다 합하여 소비를 제한한다는 의미이다. 예를 들어 甲회사가 A라는 게임 1개를 서비스하는 시기이든, 좀 더 회사의 규모를 키워서 A, B 총 2개의 게임을 서비스하는 시기이든, 우수 개발인력을 대폭 보강하여 A, B, C, D, E 총 5개의 게임을 서비스하는 시기이든, 어떠한 시기이든 가리지 않고 甲회사는 특정 이용자 1명으로부터 50만 원을 넘는 매출을 발생시켜서는 안 된다.[25] 또한 '회사단위'로 작동하는 규제이므로 규제가 회사를 넘어서지는 않는다. 즉 이용자 1명이 甲, 乙, 丙, 丁, 戊, 己, 庚, 辛, 壬, 癸 총 10개 회사의 각각의 게임들을 전전하며 월 500만 원의 소비를 한다고 하여도 본 규제의 위반이 아니다.

다음으로, '개인단위'로 작동한다는 의미는 이용자 1명이 1개의 ID를 사용하든, 10개의 ID를 사용하든, 1개의 게임을 플레이하든, 10개의 게임을 플레이하든, 소비 금액의 합산이[26] 50만 원을 넘을 수가 없다는 의

24_ 이는 대통령령 제27043호에 의해 개정되어 2016년 3월 22일부터 '50만 원'으로 변경되어 시행되고 있다.

25_ 이러한 규제하에서는, 인기 있는 게임 1개를 서비스하다가 추가로 다른 게임을 서비스하게 되면, 회사는 추가로 매출을 발생시킬 가능성보다 기존 매출이 감소할 우려를 더 먼저 해야 한다. 새로운 온라인게임을 추가로 개발할 유인이 사라지는 셈이다. 지난 십수 년간 한국 온라인게임이 인기 있는 기존 게임의 매출에 의존하는 양상을 띠어온 것은 바로 이런 규제의 영향 때문이라 추론 가능하다.

미이다. 이러한 합산이 가능하기 위해서는 이용자 1명을 주민등록번호 단위로 인식해야 하므로 그것을 인증해야 할 만큼의 다량의 개인정보 수집이 필수적이다. 또한 여러 게임에서 플레이되고 있는 복수의 ID가 소비하고 있는 금액이 실시간으로 합산될 수 있도록 하는 시스템 구축이 필요하다. 만일 모바일게임에 결제한도를 적용해야 한다면, 이용자 1명의 복수의 ID가 甲회사의 각기 다른 A, B, C, D, E 게임을 플레이하면서 구글(이를테면 A, B, C 게임)이나 애플(이를테면 D, E 게임) 등의 모바일 결제수단을 사용하여 소비하는 내역이 결제수단을 제공하는 구글이나 애플 등으로부터 실시간으로 취합되어 결제한도 도달 시 즉시 차단이 이루어져야 하는데,[27] 구글이나 애플과 같은 글로벌 사업자로부터 한국의 규제 준수만을 위해 이러한 시스템 구축을 요청하여 받아들여질 수 있는지는 의문이다.[28] 만일 기술적으로 가능해지더라도, 구글이나 애플과 같은 글로벌 사업자가 매번 한국에서의 엄격한 형사처벌이나 영업정지가 결부되어 있는 실시간 결제 데이터를 연중무휴로 즉시에 제공하면서 오류 없고 차질 없음을 보증하기는 쉽지 않을 것으로 예측된다.

26_ 실무적으로는 이 합산이 오류가 없도록 지극히 정밀해야 한다는 점이 게임사업자에게 큰 부담으로 다가온다. 이용자 1명이 여러 게임을 이용하는 경우에 이를 실시간으로 합산하는 과정에서 기술적 오류가 발생하면 이 게임사업자는 앞서 '결제한도 규제 위반에 대한 제재로서의 영업정지 처분 사례'에서 살펴본 바와 같이 2년이하 징역 2천만 원 이하 벌금에 해당하는 형사처벌 및 영업정지에 처해지기 때문이다. 무오류를 확신할 수 있는 기술이 과연 존재할 수 있겠는가?

27_ 예를 들어 이용자 1인이 A게임에 10만 원, B게임에 10만 원, C게임에 9만 원, D게임에 10만 원, E게임에 10만 원을 각각 사용한 상황에서 C게임에 2만 원 추가 구매를 하려고 하는 경우, 구글플레이의 결제수단을 활용하는 순간에 '결제한도 초과'가 고지되면서 1만 원 넘는 결제가 진행될 수 없도록 차단이 되어야만 이 결제한도 규제가 준수되는 것이다. 만일 이 시스템이 작동되지 않으면 게임사업자는 앞서 살폈듯이 형사처벌이나 영업정지의 대상이 된다.

28_ 현재 구글이나 애플 등의 결제수단은 아무리 빨라도 D+1개월 이후에야 결제 내역을 게임사업자에게 통보하여 주는 시스템을 운영하고 있다.

IV. 결제한도 규제의 법적 문제점

1. 법률유보원칙 위반 여부

헌법이 보장하는 국민의 기본권은 헌법 제37조 제2항에 따라 국가안전보장·질서유지 또는 공공복리를 위하여 필요한 경우에 한하여 법률로써 제한할 수 있다. 이러한 법률유보의 원칙은 기본권을 제한하려면 적어도 입법권자가 적법절차에 따라 제정하는 법률에 의하거나, 법률의 근거가 있어야 한다는 것을 의미한다.[29]

행정규제기본법 제4조도 '규제 법정주의'를 규정하면서 제1항에서 "규제는 법률에 근거하여야 하며, 그 내용은 알기 쉬운 용어로 구체적이고 명확하게 규정되어야 한다"는 점과, 제3항에서 "행정기관은 법률에 근거하지 아니한 규제로 국민의 권리를 제한하거나 의무를 부과할 수 없다"는 점을 명시하고 있다.

게임이용자의 자기결정권(선택권)과 계약자유의 원칙, 그리고 게임사업자의 직업수행의 자유(영업의 자유)라는 기본권의 제한과 관련이 있음에도, 온라인게임 이용자의 소비제한은 법령상의 근거 없이 이루어지고 있으므로 법률유보원칙에 위반될 가능성이 높다고 판단할 수 있을 것이다. 설령 결제한도가 현행법상으로도 법령상의 근거를 갖추고 있다고 해석을 하거나,[30] 당장에 근거를 갖추고 있지는 않지만 추후에라도 법적 근거를 마련하여 콘텐츠 소비의 영역을 정부규제 영역으로 포함하는 경우에도, 다음과 같은 문제는 발생한다고 할 것이다.

29_ 허영, 「헌법학원론」(전정13판), 박영사, 2017, 291면.

30_ 앞서 언급한 것처럼 게임 과몰입·중독 예방을 위하여 규정된 게임산업법 제12조의3 등 일련의 조항을 근거로 한 행정지도라고 해석하거나, 심의서류인 내용정보기술서가 게임산업법 및 동법 시행규칙의 위임을 받아 제정된 게임물관리위원회 등급분류규정의 별지 서식이므로 적어도 법적인 근거는 갖추고 있다는 해석이 이에 해당할 것이다.

2. 게임이용자(소비자)의 자기결정권 침해 여부

소비자가 자신의 의사에 따라 자유롭게 상품을 선택하는 소비자의 자기결정권은 헌법 제10조의 행복추구권에 의하여 보호되고 있다.[31] 온라인게임 이용자의 소비제한은 게임이용자가 어떠한 게임을 선택하고 어느 정도의 소비를 할 것인지에 대한 자율적인 결정을 제약하여 자기결정권을 제한하는 것이라 할 것이다.

게임이용자(소비자)의 자기결정권도 법률유보 원칙에 따라 제한될 수 있다. 그러나 게임 서비스의 내용이나 게임이용자의 만족도에 따라 게임이용자가 지급하고자 하는 비용은 달라질 수밖에 없고 게임이용자 역시 다양한 선택의 폭을 가지기를 원한다는 점을 고려할 때, 게임이용자의 자율에 맡겨져야 할 소비의 한도를 제한하는 것은 과잉금지원칙에 위배되어 게임이용자의 자기결정권을 침해할 가능성이 높다고 할 수 있을 것이다.

3. 계약자유의 원칙 위반 여부

사적 자치의 원칙이란 자신의 일을 자신의 의사로 결정하고 행하는 자유뿐만 아니라 원치 않으면 하지 않을 자유로서 우리 헌법 제10조의 행복추구권에서 파생되는 일반적 행동자유권의 하나로, 법률행위의 영역에서는 계약자유의 원칙으로 나타나는데 계약자유의 원칙은 계약의 체결에서부터 종결에 이르기까지 모든 단계에서 자신의 자유의사에 따라 계약관계를 형성하는 것으로서 계약의 내용, 이행의 상대방 및 방법의 변경뿐만 아니라 계약 자체의 이전이나 폐기도 당사자 자신의 의사로 결정하는 자유를 말한다고 할 것이다.[32]

계약자유의 원칙도 절대적인 것은 아니므로 약자 보호, 독점 방지, 실

31_ 헌재 1996.12.26. 96헌가18; 헌재 2002.10.31. 99헌바76 등.
32_ 헌재 2003.5.15. 2001헌바98.

질적 평등, 경제정의 등의 관점에서 법률상 제한될 수 있다.[33] 결제한도 규제는 게임이용자와 게임사업자의 계약자유의 원칙에 의하여 결정되어야 할 법률관계의 형성에 국가가 개입하여 조건이나 의무를 부과하는 구조를 이루고 있다고 할 것이다. 규제의 목적이라고 판단되는 게임이용자의 과소비 방지는 약자보호, 독점방지, 실질적 평등, 경제정의 등에 해당되지 않는다고 할 것이므로, 온라인게임 이용자의 소비제한은 계약자유의 원칙을 위반할 가능성이 높다고 할 것이다.

4. 게임사업자의 직업수행의 자유 침해 여부

헌법 제15조가 규정하는 직업선택의 자유는 자신이 원하는 직업을 자유롭게 선택하는 좁은 의미의 '직업선택의 자유'와 그가 선택한 직업을 자기가 원하는 방식으로 자유롭게 수행할 수 있는 '직업수행의 자유'를 포함하는 직업의 자유를 의미한다.[34] 게임사업자가 게임물을 제작·배급·제공하는 것은 '직업수행의 자유'의 보호영역에 해당한다고 할 것이다.

직업수행의 자유에 대한 제한의 경우에도 직업수행의 자유를 유명무실하게 하는 경우에는 직업수행의 자유에 대한 제한이라고 하더라도 엄격한 심사기준이 적용된다.[35] 온라인게임 이용자의 소비에 대한 제한은 게임 서비스의 내용이나 게임이용자의 만족도에 따라 결정되어야 할 게임사업자의 영업을 본질적으로 제한하는 것으로 엄격한 심사기준을 적용하여 과잉금지원칙의 위반 여부를 판단하여야 할 것이다.[36] 게임 결제한도 규제의 목적은 과소비의 억제에 있는 것으로 보이나, 과소비 억제라는 목적은 어떠한 상품이나 서비스에 대한 소비 규제를 정당화하기

33_ 헌재 2006.3.30. 2005헌마349.

34_ 헌재 1998.3.26. 97헌마194.

35_ 헌재 2008.11.27. 2006헌마352.

36_ 황성기, "온라인 게임 결제한도 제도에 관한 제언", 「온라인게임 합리적 소비문화 정착을 위한 제도개선 포럼」(2017.1.18.) 자료집, 게임물관리위원회·한국인터넷디지털엔터테인먼트협회, 3면.

어렵다고 할 것으로, 개인의 자율성에 맡기거나 교육 또는 캠페인을 통해서 추구하여야 하지, 정부의 규제에 의해 추구해야 할 것은 아니다. 술·담배와 같은 유해물에 대해서도 과소비 억제를 위한 규제를 적용하고 있지는 않는 이유 또한 소비의 문제는 전적으로 개인의 자율성에 맡겨져 있는 것이라는 사회적 합의가 전제되어 있기 때문이다.[37] 따라서 온라인게임 이용자 소비제한은 게임사업자의 직업수행의 자유를 침해할 가능성이 높다고 할 것이다.

5. 실제로 과소비 억제를 하지 못하는 규제

법령상 근거 규정 유무를 차치하더라도, 현행의 온라인게임 결제한도 규제는 게임소비자의 과소비를 50만 원 이하로 억제하기 위한 목적으로 시행되고 있는 것으로 보이나, 현실적으로 규제가 작동하는 방식을 볼 때 결제한도 규제는 과소비를 억제한다는 기본적인 규제목적조차 달성하지 못하고 있다. 〈그림 1〉은 이를 명쾌하게 보여 준다. 과소비 억제를 수행하지 못한다면, 그렇다면 결제한도는 무슨 기능을 하고 있는 규제인가? 현재로서의 답은 현상적으로 나타나는 모습 그대로이다. 즉, 특정 게임사업자의 매출을 이용자 1명당 50만 원 금액으로 묶어 두는 기능밖에 없다(사례 1. 이용자의 50만 원 초과소비는 막지 못하면서 단지 [넥 이],[엔 이] 회사의 매출만 50만 원에 묶여 버리는 효과).

또 다른 예를 들어 지금처럼 게임물 내용정보기술서에 기입하는 방식은 1개의 주민등록번호당 1개 회사에서 온라인게임을 이용할 수 있는 금액 한도를 50만 원으로 입력하는 방식인데, 이는 결국 1명의 게임이용자가 특정 1개 회사가 서비스하는 2개의 게임을 각 50만 원 및 10만 원씩 이용하는 것은 허용하지 않고(사례 2. B성인), 반면에 다른 1명의 게임이용자가 특정 2개 회사가 서비스하는 각 1개씩의 게임을 각 50만 원씩

37_ "게임 '결제한도 규제' 뜯어 고쳐라", 디지털타임스 2016.6.2. 기사(http://www.dt.co.kr/contents.html?article_no=2016060302102251102001) 참조.

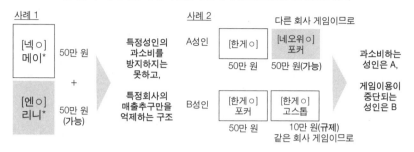

〈그림 1〉 과소비를 억제 기능을 수행하지 못하고 있는 결제한도 규제[38]

이용하는 것은 허용한다는 것이다(사례 2. A성인). 결국 B성인이 소비한 금액은 60만 원이고 A성인이 소비한 금액은 100만 원인데, 결제한도 규제는 B성인의 게임이용을 차단한다. 이것만 살펴보아도 온라인게임 결제한도 규제는 결코 과소비를 억제하기 위한 목적의 규제가 아님을 알 수 있다.

요컨대, 법적으로 본 규제의 본질은 일반 게임이용자의 과소비를 차단하는 규제라기보다 특정 게임사업자의 매출을 억제하는 규제라고 평가내릴 수 있겠다. 법령상의 근거를 두고 있지 않은 규제이기에 규제의 제정 취지를 명확히 찾아낼 수는 없지만, 무슨 이유에서인지 결제한도 규제는 당대에 특정 게임사업자의 매출을 억제하는 것을 목적으로 운용되며, 부수적으로 내지는 반사적으로 당해 게임사업자의 게임을 이용하는 범위 내에서만 이용자의 소비가 결제한도 금액만큼으로 억제되는 제한적 효과가 발생할 뿐이다. 이처럼 규제당국이 십수 년간 매출 억제 정책을 추구해 온 결과 산업적으로는 아래와 같은 문제점에 직면하게 되었다.

38_ 전성민, "결제한도 제도에 의한 온라인 게임 비즈니스 영향에 대한 연구", 「온라인게임 합리적 소비문화 정착을 위한 제도 개선 포럼」(2017.1.18. 개최) 자료집, 한국게임학회.

V. 결제한도 규제의 산업적 문제점

1. 산업에 미치는 영향

(1) 매출 고도화를 통한 서비스발전 저해 측면

세계의 게임산업은 이미 전 지구적으로 동일하게 출시된 게임이 동시대의 이용자들에게 무차별적으로 동시 또는 순차로 제공되는 양상을 보이고 있으며, 중국과 중동 등 구매력이 높은 시장의 경우 고액 결제 이용자를 위한 다양한 비즈니스 모델이 활용되고 있다. 이러한 발전 경로는 대부분의 서비스업에서 공통적으로 나타나고 있는데, 이른바 명품 마케팅 내지 VIP 마케팅이라 불리우는 사업의 기법은 당연히 구매자의 자유로운 구매, 즉 금액 사용에 제한이 없는 구매를 전제로 하고 있으며 이것으로 인한 고도 수익의 창출은 내부투자로 이어져 서비스 전반의 품질개선, 새로운 시장 확장 및 기술혁신의 동인이 되는 것이다. 한국 게임산업은 이런 서비스업의 기본 기법이 십수 년 동안 법령상의 근거도 없이 차단되어 있었다. 지난 십수 년간 한국의 게임산업이 높은 성장률을 구가하다가 점차 세계의 게임산업에 비해 성장률이 떨어지게 된 현상이 바로 이것에 기인하고 있다고 보는 것은 개연성 있는 분석이다.

구체적으로, 결제한도 규제는 21세기 접어들어 가장 뛰어난 개발 역량을 보유한 한국 게임산업이 세계적인 게임 유통채널인 '스팀'(http://store.steampowered.com/)과 같은 서비스를 애초부터 기획할 수 없도록 악영향을 미쳤다고 볼 수도 있다. 가장 높은 구매력을 가진 이용자 1인이 4억 원, 5억 원씩 소비할 수 있도록 서비스를 기획하는 것과, 아무리 구매력이 높아도 50만 원 내에서만 소비할 수 있도록 서비스를 기획하는 것은 천지차이다. 즉, 온라인게임의 소비를 제한하는 십수 년간의 규제 정책의 지속은 명품을 출현하지 못하게 하였을 뿐만 아니라 다량구매 다량소비를 매개하는 유통채널의 출현조차 기획단계에서부터 차단하고 있었다고 평가 내릴 수 있겠다.[39] 이러한 유통채널들은 현실에서는 이른바 플랫폼으로서 기능하며 세계시장에서 강력한 산업적 영향력을 미치고 있음은 물론이다.

<그림 2> 스팀 1인 이용자 최대 이용 게임 수[40]

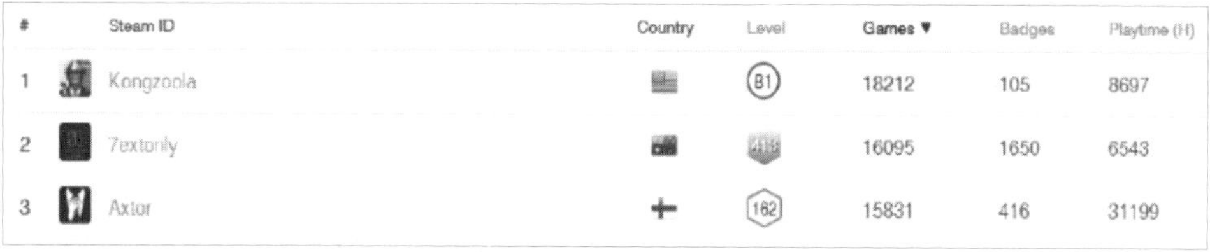

#	Steam ID	Country	Level	Games ▼	Badges	Playtime (H)
1	Kongzoola		81	18212	105	8697
2	7extonly			16095	1650	6543
3	Axtor		162	15831	416	31199

(2) 투자 고도화에 따른 기업 가치 하락 측면

우수한 기술과 개발역량을 바탕으로 국내 사업에서 충성도 높은 국내 고객을 확보한 게임회사가 해외의 투자자로부터 기업 가치에 대한 높은 평가를 받아 세계로 뻗어 나가기 위한 실탄, 즉 투자자금을 확보하는 것. 이것은 게임산업뿐만 아니라 스타트업의 성공을 통한 산업발전의 기본 공식이다. 기업은 기업대로 높은 가치를 평가받기 위한 노력을 하고 정부는 한국 기업이 해외기업으로부터 행여 낮은 평가를 받지 않도록 법제도 개선에 앞장서는 것이 일반적이다.

기업에 대한 가치의 평가는 기업에 대한 인수·합병 등 고도화된 투자행위의 가장 기초가 되는 작업이다. 우려스럽게도 결제한도가 기업의 가치 평가에 영향을 미치는 지점은 바로 이 지점이다. 한국 게임 기업에 대한 가치 평가는 "보유 회원수 × 결제한도 금액"을 넘어서기 어렵다. 이는 특히 스타트업인 게임 기업이 해외시장을 아직 개척하지 못하여 국내 매출만을 가지고 있는 상황에서 더욱 그러하다. 결국 글로벌기업들

39_ 전성민, "성인의 게임 이용 제약에 대한 산업적 분석", 「제5회 대한민국 게임포럼」(2016.6.28. 개최) 자료집, 한국게임학회, 56면 및 57면.

40_ 출처 https://www.steamladder.com/ladder/games: 1위 17,876개(536,280,000원)/2위 16,095개(482,850,000원)/3위 15,484개(464,520,000원).

간의 인수·합병 등 고도화된 투자 행위로부터 한국의 게임 기업은 철저하게 저평가될 수밖에 없다. 이는 특히 국내의 견실한 기업을 적대적인 인수·합병의 대상으로 몰아넣을 수도 있다.[41]

2. 기업에 미치는 영향

(1) 새로운 매출원보다 기존 매출원에 의존하는 현상 심화

앞서 내용정보기술서의 기재사항 및 시행령 별표2 제8호 가목, 그리고 이를 해석하는 당국의 지침인 "해석기준"에서도 명시적으로 서술되어 있듯이 결제한도는 게임물단위가 아니라 '회사단위'로 작동한다. 어떤 회사가 게임 1개를 서비스하든, 2개를 서비스하든, 수십 개를 서비스하든, 어떠한 시기이든 가리지 않고 이 회사는 특정 이용자 1명으로부터 50만 원을 넘는 매출을 발생시켜서는 안 된다. 이러한 규제하에서는, 인기 있는 게임 1개를 서비스하다가 추가로 다른 게임을 서비스하게 되면, 회사는 추가로 매출을 발생시킬 가능성보다 기존 매출이 감소할 우려를 더 먼저 해야 한다. 이처럼 게임이용자의 새로운 매출이 그 이용자의 기존 매출을 대체하는 현상을 게임산업계에서는 흔히 카니발리제이션(cannibalization), 줄여서 '카니발'이라고 칭한다.

게임사업자의 입장에서는 기존 게임A의 매출 수준에 만족하더라도 일단 새로운 B게임을 추가로 서비스하여 더 높은 매출을 올릴 수 있는 기회를 엿보려고 할 것이다. 그래서 B게임을 출시하고 폭발적인 인기를

41_ 예를 들어 아직은 결제한도 규제가 적용되지 않고 있는 모바일게임에 결제한도 규제의 적용이 가시화 된다면 이는 한국 모바일게임의 매출을 주요 수익원으로 하는 기업의 가치가 급전직하 하는 계기로 작용할 수 있게 되며, 이는 연쇄적으로 이들 기업이 국제적인 적대적 인수·합병에 노출되는 주요한 계기가 될 수 있다. 한국 기업이 온라인게임에 이어 모바일게임에 있어서도 기업의 가치 내지 성장의 최대 마지노선을 "보유 회원수 × 결제한도 금액"으로 저평가 받게 되는 상황으로 이어지는 것은 이렇듯 단순한 정책결정에서 비롯될 수 있으며, 그 영향은 국내매출 비중이 높은 중소 게임사업자에게 더욱 치명적일 것으로 예상된다.

구가하면 비록 카니발이 발생하더라도 A보다 높은 매출을 올릴 수 있으므로 B게임을 지속할 것이고, A게임 수준과 같거나 그보다 못한 인기를 기록하면 B게임 서비스를 점차 페이드아웃시킨다. 새롭게 C게임, D게임을 연이어 출시하면서도 같은 과정을 겪게 되면 게임사업자 입장에서는 B, C, D게임을 추가로 개발하는 비용과 출시비용을 지출하는 것이 지극히 비경제적이라는 결론에 이르게 된다. 다시 말해 A게임의 카니발을 극복할 수 있는 폭발적 인기가 예상되지 않는다면 애초에 B, C, D게임을 개발하지 않고 A게임의 서비스를 고도화하는 것이 더 경제적이고 합리적인 결정이라는 결론에 이르게 된다는 것이다. 지난 십수 년간 한국 온라인게임이 큰 폭의 인기순위 변동이 없이, 인기 있는 기존 게임의 매출에 의존하는 양상을 띠어 온 것은 바로 이러한 결제한도 규제로 인한 것이라는 추론은 앞서 제기한 바 있다.[42]

(2) 규제 준수를 위한 시스템 개발이 게임 개발보다 우선시됨

한국에서의 게임 서비스는 다른 국가들과 달리 게임물 등급분류 제도의 모든 국면이 형사처벌과 연계되어 있고, 결제한도와 같은 운영방식에 대한 규제도 이를 위반 시 내용 규제 위반으로 취급하여 범죄의 구성요건에 해당한다고 보는 것이 최근 대법원의 입장이어서,[43] 게임사업자로서는 형사처벌이나 영업정지를 회피하기 위한 규제 준수용 시스템 개발이 게임 자체에 대한 개발보다 우선시되어야 하는 것이 현실이다. 국내외 게임 개발 환경은 규제가 추가될수록 더 큰 격차를 낳는다.

42_ 이는 전형적으로 혁신을 저해하는 규제이다. 새로운 것을 만들어 낼 유인을 억제하고, 새로운 것을 만들어 내어도 규제로 인해 그 비용을 회수할 가능성이 지극히 희박하다면 가장 경제적인 선택은 새로운 것을 만들어 내지 않는 것이라 할 것이다. 게임에 대한 규제와 혁신의 관계에 관하여서는, 최지선, 양승우, "「게임산업진흥에 관한 법률」의 게임물 사후관리 제도 개선방안 고찰", 가천법학 제10권 제2호(2017.6.), 가천대학교 법학연구소 참조. 온라인게임에서의 기술혁신과 관련하여서는, 최지선 등, "기술기반 문화콘텐츠 서비스업의 혁신특성과 R&D전략: 온라인게임산업을 사례로", 과학기술정책연구원(2007.12.) 참조.

43_ 대법원 2014.11.13. 선고 2013도9831 판결.

국내 게임 개발 환경	해외 게임 개발 환경
게임 개발+시스템 개발+α -개인정보 관리 시스템 -개인정보 연계 시스템 -추가 서버 운영 등	게임 개발에 집중

온라인게임 결제한도를 준수하기 위해서는 게임사업자는 이용자의 개인정보를 수집하여 개인정보 관리 시스템을 운용하고, 결제가 발생할 때마다 실시간으로 한도 확인을 위한 결제-개인정보 연계 시스템을 운용해야 하는데, 이러한 게임 이외의 부가적인 시스템 개발, 운영의 문제는 결국 추가적인 자원 투입 및 기간의 소요로 이어진다. 즉, 개인정보 수집, 관리, 각 정책에 맞는 시스템 구현 및 연계 등의 문제는 체계화된 시스템이 완비된 대형 업체가 아닌, 신규 게임 개발사에게는 진입 장벽으로 기능하게 되는 것이다.[44]

VI. 결 어

당초에 과소비라는 외부불경제를 해소하기 위해 법령상의 근거도 없이 도입된 이 규제는, 면밀히 살펴볼 때 과소비라는 외부불경제조차 해소하지도 못하는 것이 밝혀지고 있는데, 그럼에도 이러한 규제가 십수 년간 지속되어 온 이유는 무엇일까?

온라인게임 이용자의 소비제한이라는 규제가 차지하는 영역은 이용자의 일탈행위와의 교차에 위치한다. 이용자가 과도한 소비를 하여 게

44_ 시스템을 확충해야 하는 규제가 많아질수록 국내의 중소 게임사업자는 이윤율이 높은 직접서비스보다는, 형사처벌이나 영업정지와 같은 법적 위험을 헤지하기 위해 대형 퍼블리셔에게 판권을 제공하고 수수료를 배분받는 서비스 행태를 선택할 수밖에 없다.

임을 이용하는 경향이 존재함을 이유로 그 부작용으로 인한 사회 문제를 게임에 덧씌워 수범자를 게임사업자로 하여 규범화하는 규제의 방식을 택해 온 것이라고 할 것이다. 이용자의 과다 이용과 과다 소비가 게임의 사행화로 이어졌을 것이라는 규제당국의 막연한 추측과, 이 추측에 기반한 규제의 제정으로 인해, 결국 이용자책임영역에 머물러 있어야 할 이용자규제는 '게임규제화'하여 나타난 것이라 하겠다.

결제한도와 관련한 최근의 논의에서는, 이것이 법령상의 근거가 희박한 규제라고 할지라도, 현재 온라인게임 이용자들이 확률형아이템을 일정금액 이상을 구매하지 못하도록 하는 기능을 하고 있기에, 이 규제를 당장에 폐지하는 것은 곤란하다는 주장이 빈번히 제기되고 있다. 그러나 본고에서 충분히 검토하였듯이 결제한도는 결코 이용자들의 과소비를 저지하는 기능을 실효성 있게 수행하지 못한다. 다만 특정 회사의 매출만을 억지할 뿐이다. 만일 특정 게임을 이용하는 이용자가 확률형아이템 구매 과정에서 결제한도로 인해 일시적 불편을 겪고 있는 현상만을 들어 이것이 확률형아이템 규제의 성격을 갖고 있다고 평가한다면, 이는 법적으로 치밀한 분석이라고 할 수 없다. 결제한도 규제의 연혁을 살펴보았을 때에도 이것이 확률형아이템 규제를 위한 목적으로 만들어진 것이 아닐뿐더러, 명확한 법령상의 근거도 없이 임의적 집행의 수단으로 사용되는 규제가 단지 외견상 어떤 기능을 일시적으로 하고 있다는 점을 들어 이를 유지해야 한다고 하는 주장은 법치주의의 원칙상 선뜻 받아들이기 어렵다.[45]

자율규제는 '자유방임'이 아닌, "민간영역이 전통적인 정부영역에 해당되었던 규제영역에 적극적으로 참여하고, 정부영역은 이러한 민간영

45_ 결제한도 규제를 폐지하면 확률형아이템 매출만 늘어날 것이라는 주장에 대해서도 마찬가지이다. 칼이 범죄에 사용될 수 있다는 이유로 칼 판매를 금지토록 하는 것은 옳은 정책이 되지 못한다. 결제한도 규제를 폐지하면 일시적으로 확률형아이템 매출이 늘어날 수 있겠지만, 그보다 비로소 비즈니스모델 간의 자유로운 경쟁 속에서 소비자 후생을 높이는 새로운 상품과 서비스가 자연스레 발생할 수 있게 된다는 점이 정책적으로 더 기대되는 측면이다.

역의 활동과 역할에 대해서 적극적으로 협력·지원함으로써, 규제의 합리화 및 효율성을 추구하는 규제방식"으로 정의될 수 있다.[46] 현행 결제한도 제한은 셧다운제와 같이 합리적이고 정당한 이유를 찾기 어려운 '우려' 혹은 '불안'에 기인한 게임에 대한 잘못된 인식에서 비롯된 규제로, 현재와 같이 법령상의 근거 없이 십수 년간 존재한 양태만으로도 '자율규제'로 오인되어 칭하여지기도 해 왔다. 자율규제로 규제 목적을 달성할 수 있음에도, 정부규제를 적용하는 것은 과도한 국가후견주의적인 태도라 할 것이다.[47] 정말로 과소비에 대한 억제의 필요성이 사회적 합의에 따라 요구되는 영역이라면, 정책적으로는 자율규제의 방향이 제시되어야 할 것이다. 그리고 결제한도 제한에 내해 징부는 자율규제가 효과적으로 기능할 수 있도록 지원하는 역할을 담당하는 데 그쳐야 할 것이다.[48]

46_ 황승흠·황성기·김지연·최승훈, 「인터넷 자율규제」, 커뮤니케이션북스, 2004, 7-8면.

47_ 황성기, "온라인 게임 결제한도 제도에 관한 제언", 「온라인게임 합리적 소비문화 정착을 위한 제도개선 포럼」(2017.1.18.) 자료집, 게임물관리위원회·한국인터넷디지털엔터테인먼트협회, 8면.

48_ 황성기, "온라인 게임 결제한도 제도에 관한 제언", 「온라인게임 합리적 소비문화 정착을 위한 제도개선 포럼」(2017.1.18.) 자료집, 게임물관리위원회·한국인터넷디지털엔터테인먼트협회, 8면.

참고문헌

허영, 「헌법학원론」(전정13판), 박영사, 2017.

황승흠 · 황성기 · 김지연 · 최승훈, 「인터넷 자율규제」, 커뮤니케이션북스, 2004.

고학수, "게임물 내용규제 시스템에 관한 법경제학적 검토", 「한국게임법과정책학회 제4회 세미나」(2015.4.3. 개최) 자료집.

김지훈, "웹보드 게임에서의 1회 베팅한도 규제에 대한 검토", 「한국컴퓨터게임학회논문지」 제26권 제3호, 한국컴퓨터게임학회, 2013.

안길한, "게임산업 재도약 ― 해외사업자가 지적하는 전봇대 규제 토론문", 「2016년 한국게임학회 추계학술대회 논문집」.

이승훈, "게임산업 정책 10년과 규제의 구조", 「다시 쓰는 대한민국 게임강국 프로젝트」(2017.2.17. 개최) 자료집.

전성민, "결제한도 제도에 의한 온라인 게임 비즈니스 영향에 대한 연구", 「온라인 게임 합리적 소비문화 정착을 위한 제도 개선 포럼」(2017.1.18. 개최) 자료집.

전성민, "성인의 게임 이용 제약에 대한 산업적 분석", 「제5회 대한민국 게임포럼」(2016.6.28.) 자료집, 한국게임학회.

정정원, "성인의 게임이용 제약에 대한 제도적 분석", 「제5회 대한민국 게임포럼」(2016.6.28.) 자료집, 한국게임학회.

최지선 등, "기술기반 문화콘텐츠 서비스업의 혁신특성과 R&D전략: 온라인게임 산업을 사례로", 과학기술정책연구원(2007.12.).

최지선, 양승우, "「게임산업진흥에 관한 법률」의 게임물 사후관리 제도 개선방안 고찰", 가천대학교 법학연구소, 가천법학 제10권 제2호 (2017.6.).

홍종현, "행정입법에 있어서의 법치행정의 원리 ― 게임법시행령 별표2의 개정 및 시행을 중심으로", 「한국컴퓨터게임학회논문지」 제27권 제2호, 한국컴퓨터게임학회, 2014.

황성기, "온라인 게임 결제한도 제도에 관한 제언", 「온라인게임 합리적 소비문화 정착을 위한 제도개선 포럼」(2017.1.18.) 자료집, 게임물관리위원회 · 한국인터넷디지털엔터테인먼트협회.

"신성장동력 확충을 위한 규제개혁 추진계획" 규제개혁위원회 · 관계장관 합동회의 안건(2009.11.19.).

"문체부, 웹보드게임 사행화 방지 대책 재추진", 문화체육관광부 보도자료(2013.6.19.).

"게임산업진흥에 관한 법률 시행령 별표2 제8호 해석기준 안내", 문화체육관광부 공지사항(2014.1.24.).

"NHN블랙픽 영업정지 일시 정지, 'NHN엔터-성남시' 법정소송 격돌", 디스이즈게임 (2015.8.27.).

"게임 '결제한도 규제' 뜯어 고쳐라", 디지털타임스(2016.6.2.).

확률형 아이템 규제 법안에 관한 연구*
—게임산업진흥에 관한 법률 일부개정법률안을 중심으로—

한종현

Ⅰ. 서 론

다중에게 게임을 제공하는 온라인게임과 모바일게임(이하 '게임'으로 통칭함)에서는 일정 금액의 현금을 투입할 경우 다양한 보상을 주는 등 우연적 요소가 강한 확률형 아이템을 판매하여 수익을 창출하는 모델을 고안하였다. 주된 수익모델로 정착한 2000년대 후반부터, 확률형 아이템은 우연에 의존한다는 점 때문에 과소비·과몰입·사행성 조장 등의 논란을 야기했다. 그 결과 2012년부터 셧다운제와 함께 이에 대한 규제가 논의되기 시작했다.[1] 그리고 2015년 3월 9일 발의된 「게임산업진흥에 관한 법률」(이하 '게임산업법') 일부개정안에서 게임물의 지나친 과소비 방지를 위하여 뽑기, 랜덤박스 등 명칭을 불문하고 확률형 아이템에서 획득가능한 아이템의 구성 비율과 종류, 아이템이 나올 확률 등을 명시하도록 했다.[2] 이에 본고는 확률형 아이템의 사행성 및 규제에 관한 기존의 법학

* 이 논문은 2015년 10월 2일 한국게임법과정책학회 제1회 논문공모전 최우수상을 수상하였으며 이를 수정·보완하여 서울대학교 기술과법센터 Law&Technology 제11권 제5호에 수록된 것입니다.

1_ "업계 산넘어 산 … 이번엔 '확률형 아이템' 규제", 매경게임진 2012.2.17.자 기사.

적·법정책적 논의를 정리한 후(Ⅱ), 게임업계의 현황을 분석한 후 자율규제의 역사와 현황을 검토하고(Ⅲ) 개정안이 가지는 한계를 밝히고자 한다(Ⅳ). 나아가 위 논의들을 바탕으로 대안을 검토해 본다(Ⅴ).

확률형 아이템에 관한 기존 논의는 본고의 대상인 게임산업법 일부개정안 발의 이전에 이루어진 것으로서, 주로 확률형 아이템의 정의와 법적 측면에서의 사행성 검토 및 규제의 타당성 내지 나름대로의 규제방안을 제시하고 있다. 본고는 전반부에서 선행연구의 정의 및 법적 검토를 참조하고, 게임산업법 개정안에 대해 살펴볼 때 선행연구에서 검토한 규제의 타당성 및 규제방안을 참조한다. 이 외에도 게임산업의 규제 내지는 게임아이템의 법적 성질과 게임의 사행성을 주제로 삼은 기타 연구를 참조한다.

Ⅱ. 확률형 아이템의 의의 및 법적 검토

1. 확률형 아이템의 정의와 유형

확률형 아이템이란 일반적으로 이용자가 게임의 이용과정에서 유상·무상을 불문하고 게임사로부터 아이템을 취득할 때에 그 유형 내지 기능을 미리 알 수 없는 아이템으로서, 게임 내에서는 상자·캡슐·복권모사 등의 형태로 구현된 것을 말한다.[3] 한편 게임을 이용하면서 일정 금액(현금 혹은 금전대체물인 게임머니)을 투입하면 무작위로 지급되는 아이템으로 정의하는 견해도 있다.[4] 그러나 확률형 아이템이라는 개념 자체

2_ "'확률형 아이템'이 뭐길래, 규제 움직임에 벌벌 떠는 게임업체들", 조선일보 2015.5. 18.자 기사.

3_ 정해상, "확률형 게임아이템에 관한 사행성 규제의 한계", 법학논총 제21권 제2호, 조선대학교 법학연구소, 2014, 145면; 황승흠·신영수, "확률형 게임아이템 규제의 접근 방식: 일본의 '콘푸가차' 규제방식과의 비교를 중심으로", 스포츠와 법 제17권 제2호, 한국스포츠엔터테인먼트법학회(구 한국스포츠법학회), 2014, 241면.

에는 유상·무상의 구분이 없으므로,[5] 확률형 아이템에 대해 후자와 같이 유상성을 전제로 정의하는 것은 무리가 있다. 다만 사회적으로 문제가 되고 후술하는 규제의 대상이 되는 것은 유료 대가, 그중에서도 현금을 지급하고 얻은 게임아이템이 확률적으로 작용하여 이용자의 목적 달성에 영향을 미치는 경우이다. 따라서 이하에서 별도의 추가적 설명 없이 '확률형 아이템'이라고 칭하는 것은, 이용자가 금전을 비롯한 유상의 대가를 지급하고 얻은 아이템이 확률적으로 작용하여 무작위의 결과를 도출하는 경우를 가리킨다.

확률형 아이템의 유형은 게임 내에서 작용하는 방식에 따라 크게 '획득형'과 '강화형'으로 나눌 수 있다.[6] 모바일게임의 경우에는 게임아이템의 획득 자체에 확률을 적용하는 것이 일반적이고, 온라인게임에서는 주로 아이템의 강화에 확률이 적용되는 시스템을 많이 활용하고 있다. 후자의 경우에는 두 가지 이상의 아이템을 결합하는 형태로서, 보유하는 아이템의 능력치를 변화시키거나 성장시키는 경우에는 확률에 따라 기존의 아이템이 보다 높아진 기능을 발휘할 수 있지만, 확률에 의한 강화가 이루어지지 못할 때에는 대가의 소비뿐만 아니라 아이템의 약화 내지 망실 등 다양한 손실을 수반하도록 구성하기도 한다. 그러나 모바일기능이 발전하고 게임이 다양화되면서 온라인게임과 모바일게임 모두 확률적으로 게임아이템을 획득하거나 강화할 수 있도록 다양하게 결합된 게임콘텐츠가 늘어나고 있다.[7] 이하에서는 획득형과 강화형을 따로 구분하지는 않고 서술한다.

4_ 김정환·오광균·장한별, "청소년 보호를 위한 게임물(확률형 아이템)의 합리적 규제 방안", 법학연구 제15집 제3호, 인하대학교 법학연구소, 2012, 215면 참조.

5_ 게임사가 이용자들에게 아무런 조건 없이 이벤트로 확률형 아이템을 나눠 주는 경우를 상정해 볼 수 있다.

6_ 김윤명, "확률형 게임아이템의 법률 문제", 법학논총 제38권 제1호, 단국대학교 법학연구소, 2014, 333면; 뽑기형(획득형), 열쇠형, 강화형으로 구분하는 견해로는 황승흠·신영수, 앞의 논문, 242-243면.

7_ 정해상, 앞의 논문, 146면; 김정환·오광균·장한별, 앞의 논문, 215-217면 참조.

2. 등장배경

일반적으로 게임업체는 게임 소프트웨어 판매를 통해 수익을 얻거나
(패키지 판매 방식), 게임 서비스를 제공하고 이용 시간이나 기간에 따라
비용을 부과하는 방식(정액제 내지 종량제 방식)을 선택적으로 채택하거나
병용하여 수익을 창출한다. 이 외에도 게임을 유료·무료로 제공하느냐
와 무관하게 게임 내에서 사용가능한 아이템을 유료로 판매하여 수익을
얻을 수 있다.[8]

우리나라에서 패키지 판매 방식은 1990년대부터 일어난 대규모 불법
복제로 인해 거의 사라졌다. 아무리 개발자가 각종 복제방지 기술을 사
용해도, 이를 우회하는 기술의 발달과 이용자들의 미비한 저작권의식
때문에 게임회사로부터 직접 패키지를 구매하는 것보다 불법복제를 통
해 무료로 이용하는 이들이 더 많았기 때문이다.[9] 또한 1995년 이래
2000년대 초까지 게임잡지사들이 부록으로 정품 게임 CD를 서로 제공
해서 일어난 소위 '번들 CD 경쟁사태'로 인해 정품 패키지게임에 대한
소비자의 인식이 무료 게임으로 전락했다.[10] 이에 국내 싱글 패키지게임
시장은 전멸하다시피 했고, 많은 게임개발사가 싱글 패키지게임 대신
다중 접속 온라인게임 개발로 옮겨 갔다.

8_ 블리자드(Blizzard)의 다중접속온라인역할수행게임(MMORPG) '월드 오브 워크래프
트'는 서양에서 패키지 판매 방식과 정액제 방식을 병용하고 있으며, 국내에서는 정액
제 방식을 사용하다가 최근 부분무료화 정책을 도입했다. '디아블로3'과 '스타크래프트
2'는 온라인으로 서비스를 제공하지만 디지털 패키지 판매 방식만 사용된다. 한편 '하
스스톤: 워크래프트의 영웅들'은 무료로 서비스를 제공하나 게임을 진행하는 데 필요
한 아이템을 유료로 판매한다. 즉 한 게임회사에서 개발한 여러 게임들이 다양한 과금
방식을 사용하고 있음을 알 수 있다.

9_ 콘텐츠 불법복제 및 유통으로 인한 시장의 최근 손해에 관해서는, "불법복제 콘텐츠
를 온라인에 유통한 58명 적발", 문화체육관광부 2015.1.20.자 보도자료 참조.

10_ 번들 CD 경쟁사태는 과도한 출혈경쟁으로 인한 시장의 붕괴와, 정품의 가치를 하락
시켜 결국 한국 게임시장의 구조를 송두리째 바꿨다는 점에서 역사적 사건임에도 불
구하고, 이 문제를 정면으로 다룬 공식 문헌이나 기사가 드물다. 관련기사로 "어드벤
처 게임의 어제와 오늘", 전자신문 2009.5.25.자 기사.

2000년을 전후로 온라인게임은 종량제 내지 정액제 방식만 존재했다. 즉 게임을 이용하는 만큼 이용자로부터 수익을 창출하는 구조였다.[11] 그런데 2001년 7월, 월정액제의 한계를 극복하고 보편적 이용자의 수를 늘리기 위해 넥슨이 자사의 캐주얼 게임 '퀴즈퀴즈'(현 '큐플레이')를 최초로 무료 게임으로 전환하면서 게임아이템을 유료로 판매하는 부분유료화(소위 "Free to Play 방식")를 도입했다.[12] 정액제가 대세였던 당시로서는 획기적인 시도였다. 게임 자체를 무료화하면서 게임 이용료에 대한 부담이 없어진 젊은 세대, 특히 청소년층이 신규 이용자층으로 유입되어 게임 내의 양적 팽창을 가져왔으며, 이는 다시 자신이 돋보이기를 원하는 욕구를 충족시키는 유료 아이템과 콘텐츠 구매의 양적 팽창으로 이어졌다.[13][14]

결국 싱글 패키지 게임처럼 1회적인 게임 이용료 내지는 정액제 방식으로 매월 일정액을 받는 것보다 보편적 이용자 수를 늘려 게임의 수명을 연장시키고 콘텐츠 소모비용을 받는 것이 더 수익성이 크다는 것을 증명했다. 이후 부분유료화는 넥슨의 '카트라이더' 등 캐주얼 게임을 중심으로 정착됐다. 캐주얼 게임의 경우 학생들이 주된 수요층이기 때문에 게임을 무료로 서비스하면서 각종 아이템 판매를 통해 수익을 올리

11_ 국내 최초의 온라인게임 수익모델은 후불종량제 모델로, 1994년 초부터 PC통신 천리안을 통해 서비스된 삼정데이터시스템의 '쥬라기공원'이라는 머드(MUD)형식의 게임이었다. '쥬라기공원'은 분당 20원의 요금을 플레이어에게 부과했는데, 당시의 온라인게임은 전화선을 통해 서비스되어 플레이어는 게임 이용요금 외에도 전화요금을 추가로 지불해야 했다. 1998년부터 서비스를 시작한 엔씨소프트의 '리니지'는 30일 기준으로 일정 사용액을 미리 지불하는 정액제 방식을 채택했다. 관련 문헌으로 서태영·오규환·민동현, "마케팅 믹스 전략 기반 MMORPG 부분 유료화 모델 디자인", 한국컴퓨터게임학회논문지 제25권 제2호, 2012년, 한국컴퓨터게임학회, 74-75면.

12_ 민동현·오규환, "모바일 소셜 네트워크 게임의 부분 유료화 모델 연구", 한국컴퓨터게임학회논문지 제25권 제4호, 2012년, 한국컴퓨터게임학회, 171면.

13_ 청소년들이 가상공간에서도 정체성을 확립해나간다는 점에 대해서 황상민(Sang Min Whang), "신세대(N세대)의 자기 표현과 사이버 공간에서의 상호작용", 한국심리학회지 발달 제13권 제3호, 2000년, 한국심리학회, 12-14면 참조.

14_ 이용자가 적을수록 네트워크 외부성 효과가 낮아지기 때문에 이용자의 유입을 늘려서 활성화시키는 것이 마케팅에서 더욱 유리하다는 견해로 김윤명, 앞의 논문, 335면.

는 것이 효과적이었다. 그러다가 2005년 다시 넥슨을 필두로 웹젠, 엔씨소프트 등 여러 게임사들이 월정액제를 유지하던 MMORPG에도 부분유료화 방식을 도입하였고,[15] 2010년을 전후하여 개발된 모바일게임에도 부분유료화 방식이 정착하게 되었다.[16]

원래 부분유료화 방식은 게임 개발, 마케팅, 서버 유지 등에 들어가는 모든 비용을 무료로 제공하는 게임 플레이 외의 요소에서 충당해야 하므로 월정액제에 비해 수익구조가 불리해 보인다. 그래서 게임개발사들은 무료로 해도 게임을 진행할 수는 있지만 이용자들로 하여금 유료 서비스를 이용하거나 유료로 제공하는 아이템을 사용하여 무료 이용자에 비해 훨씬 쉽고 원활하게 이용하도록 게임을 설계했다. 이와 같은 시스템에서 이용자들은 게임 이용 자체는 무료이고, 유료 서비스는 선택적이므로 자신이 필요한 만큼 돈을 사용할 수 있기 때문에 경제적이라고 생각하며 좀 더 쉽게 게임에 접근하게 된다. 그러나 게임개발사들은 게임을 플레이하기 위해 최소한으로 필요한 기능만 무료로 제공하고, 그 이상의 기능들[17]을 유료로 설계하여 의도적으로 이용자들의 불편함을 유발시켜 유료 아이템을 구매하도록 유도하는 전략을 사용하기도 했다. 유료기능 내지 유료 아이템은 판매실적을 낳고, 유료 이용자의 게임난이도가 하락하여 다른 유저들도 따라가기 위해 유료결제를 하게 되는 순환(이른바 Pay to Win)이 시작된다.

유료 확률형 아이템은 부분유료화 모델에서도 비교적 최근에 정착되었다. 2007년 엔씨소프트의 월정액제 게임 '리니지'에서는 위 모델을 따

15_ "게임업계의 부분 유료화 성공 사례", 이코노믹리뷰 2010.7.27.자 기사.

16_ 2013년에는 게임 플랫폼 내에서 온라인게임이 차지하는 비중이 56.1%로 감소한 반면, 모바일게임이 차지하는 비중은 23.9% 이상으로 커졌다. 「2014 대한민국 게임백서(요약본)」, 20-23면.

17_ MMORPG를 예로 들면 각종 페널티 제거 아이템, 인벤토리나 창고 확장, 빠른 이동 등이 있다. 한편 모바일게임에서는 게임을 플레이할 때마다 특정 아이템(예컨대 '애니팡'의 하트)이 소모되게 하고 일정 시간이 지나면 회복되지만, 그 시간이 지나지 않아도 유료로 그 아이템을 구매할 수 있도록 했다. 이와 관련하여 민동현·오규환, 앞의 논문, 173면.

라 게임상에서 얻을 수 없는 추가적인 능력치를 가진 'D.I.Y. 티셔츠'라는 아이템을 한정판매하기도 하였는데, 이를 최초의 확률형 아이템으로 보는 견해가 있다.[18] 그러나 세계 최초로 현금을 지불하고 게임 내 아이템을 확률적으로 획득하는 소위 '랜덤박스'를 도입한 것은 2004년 6월 넥슨이 서비스하는 부분유료화 게임 '메이플스토리'의 일본 버전에 도입된 '가챠포 티켓'이다. 한국 최초로 도입된 것은 동 게임의 한국 버전에 도입된 '부화기'이다.[19] 이 아이템들은 아이템을 구매할 당시에는 그 가치를 확인할 수 없다는 점에서 확률형 아이템의 시초이다.

이후로 여러 가지 아이템들을 랜덤함수가 적용된 패키지 하나에 묶어서 확률에 의해 획득하도록 하는 아이템이 게임에서 일반적으로 판매되기 시작했고, 부분유료화 모델의 주 수익구조로 자리 잡았다. 특정 아이템을 일정 가격에 판매하는 것보다, 그 아이템이 확률적으로 등장하는 시스템이 훨씬 더 많은 매출을 가져오게 된 것이다.[20]

〈그림1〉 가챠포 티켓(좌측)과 부화기(우측)[21]

18_ 김정환·오광균·장한별, 앞의 논문, 216면.

19_ "태초에 '부화기'가 있었다! 확률형 아이템, 그 시초와 역사", 디스이즈게임 2015년 4월 7일자 기사.

20_ 확률형 아이템이 매출의 50~80%를 차지한다는 기사로 "게임업계의 확률형 아이템 자율규제를 '곧이 곧대로' 믿기 힘든 5가지 이유", 디스이즈게임 2015년 3월 19일자 기사.

21_ 앞의 기사에서 인용.

3. 확률형 아이템의 사행성 검토

(1) 게임과 확률

게임은 기본적으로 확률을 전제로 한다. 확률이란 동일한 원인에서 특정한 결과가 나타나는 비율을 뜻한다.[22] 확률은 인과관계의 정도를 표현한다는 점에서 인과관계가 없이 발생한다는 의미의 우연과 차이가 있다.[23] 온라인게임을 예로 들면 길을 가다가 괴물을 만날 확률, 그 괴물을 쓰러트린 후 내가 원하는 결과물을 얻을 확률, 나의 공격이 치명타로 작용할 확률을 비롯하여, 어떤 행위를 했을 때 내가 기대하는 결과가 나올 확률의 연속으로 게임이 구성된다. 보다 단순한 모바일게임에서는 이 확률이 주어진 임무를 수행했을 때 내가 원하는 아이템이 나올 확률로 구체화된다.

그러나 위와 같은 확률은 보통 이용자의 노력 내지 시간의 투입과 그 결과로 구성되는 반면, 유료 확률형 아이템의 경우에는 유상의 대가와 일정한 아이템의 교환이라는 측면에서 특징이 있다. 후자의 경우에는 일정한 대가를 지급했는데도 우연적 작용을 통해 꽝이 나오는 경우가 있다. 이런 요소를 보면 확률형 아이템은 마치 복권과도 유사한 구조를 갖고 있으며, 따라서 사행성이 문제될 여지가 있다.

(2) 사행행위 및 사행성게임물의 의의

사행성에 대해 법률에 명확한 정의는 없지만, '사행행위'가 사행성이 있는 행위이고 '사행성게임물'은 사행성이 있는 게임물이라고 볼 때 이들을 통해 정의할 수 있다.

「사행행위 등 규제 및 처벌특례법」 제2조 제1항은 사행행위를 "여러 사람으로부터 재물 또는 재산상의 이익을 모아 우연적 방법으로 득실을 결정하여 재산상의 이익 또는 손실을 주는 행위"로 정의하고 있다. 또한

22_ 『두산백과』, "확률" 항목 참조.
23_ 정해상, 앞의 논문, 147면.

국무총리 산하 사행산업통합감독위원회는 사행성이란 '요행을 바라는 성질'로 정의하여, '게임성이 없이 경품이나 배당의 획득을 주목적', '과다한 베팅이나 배당이 있어 사행심을 조장', '사용자 상호간에 네트워크가 형성되어 게임의 결과에 따라 상호 손익의 직거래' 등을 사행성으로 규정하고 있다.[24]

아울러 게임산업법 제2조 제1호의2에서는 '사행성게임물'을 '베팅이나 배당을 내용으로 하는 게임물로서 그 결과에 따라 재산상 이익 또는 손실을 주는 것' 또는 '우연적인 방법으로 결과가 결정되는 게임물로서 그 결과에 따라 재산상 이익 또는 손실을 주는 것'이라고 정의하고 있다. 게임산업법 제22조 제2항에 따르면 사행성게임물은 게임물관리위원회의 등급분류를 받을 수 없다. 오직 사행행위만을 그 내용으로 하는 게임물은 그 자체가 게임산업법이 인정하는 게임에 해당되지 않고, 오히려 형법상 도박죄 내지는 「사행행위 등 규제 및 처벌특례법」 제4조 제1항과 제30조 제2항 제1호에 따라 3년 이하의 징역 또는 2천만 원 이하의 벌금에 처해진다. 청소년에게 사행성게임물을 제공할 경우 동법 제12조 제4호의 위반으로 동법 제30조 제3항 제5호에 따라 1년 이하의 징역 또는 1천만 원 이하의 벌금에 처해질 수 있다. 따라서 확률형 아이템 시스템을 채택한 게임들이 위 처벌의 기준이 되는 '사행성게임물'인지 여부가 중요하다.

(3) 사행성게임물에 대한 판례의 입장

판례가 사행성게임물 여부를 판단하는 요소는 베팅, 우연성, 보상의 환전가능성의 세 가지이다.[25]

첫째, '베팅'이란 다수인으로부터의 '재물 또는 재산상 이익의 수집'을

24_ 사행산업통합감독위원회, 〈사행산업이란〉 항목 참조. http://www.ngcc.go.kr/Police/Intro.do

25_ 대법원 2009.12.24. 선고 2009도7237 · 7238 판결; 대법원 2010.2.25. 선고 2009도12117 판결 참조.

말한다. 명목이 무엇이건 이용대상에 대한 금전 기타 대체물 또는 재산상의 이익이 실제로 이전될 것을 요구한다. 또한 형식적인 명칭을 불문하고 그 이전이 환전가능한 보상시스템이 존재하는 게임물의 경우에만 '베팅'으로 인정되고, 그러한 보상시스템이 갖추어지지 않은 경우에는 그 성격을 '이용료'로 판단한다.

둘째, 사행성게임물은 우연적 방법에 의해서 득실이 결정될 것을 요구한다(우연성). 게임의 형태가 반드시 우연성에 의해서만 결정되지 않고, 다른 기술적 요소와 우연적 요소가 결합되어 있더라도 우연성이 인정된다.

셋째, '보상의 환전가능성'이란 우연적 방법에 의한 결과에 금전적 이익 또는 손실의 형태로 보상을 하느냐의 문제이다. 보상에는 금전, 물품, 권리, 서비스 등의 여러 형태가 있을 수 있다.[26] 보상 여부를 판단하는 중요한 기준이 '환전가능성'이며 게임에서 얻은 이익을 게임 밖의 현실로 가지고 나갈 수 있음을 의미한다.

(4) 검 토

1) 베팅 및 환전가능성 해당 여부 – 재산상 이익성을 중심으로[27]

이용자가 게임 내에서 확률형 아이템을 통해 원하는 아이템을 얻으려는목적으로 해당 게임의 이용과정에서 얻어지는 게임머니를 제공한 경우에는 게임행위를 통해 얻은 것을 게임 내에서 소비했으므로, 확률에 의하여 아이템을 득실하더라도 게임행위의 일종일 뿐 재산상의 손익문제

26_ 김정환·오광균·장한별, 앞의 논문, 224면 참조.

27_ 일반적인 게임아이템의 법적 성격에 대해서는 조장우, "게임아이템의 거래에 관한 민사적 검토", 영남법학 제39권, 영남대학교 법학연구소, 2014, 92-99면; 양재모, "온라인 게임 아이템 현금거래의 문제점과 해결방안", 선진상사법률연구 제34호, 법무부 상사법무과, 2006, 120면; 정해상, "인터넷 게임아이템 거래에 관한 법리", 중앙법학 제5집 제3호, 중앙법학회, 2003, 262-263면; 배대헌, "거래대상으로서 디지털 정보와 '물건'개념 확대에 관한 검토", 상사판례연구 제14권, 한국상사판례학회, 2003, 334-348면; 임건면, "온라인게임 이용약관의 법적문제", 법학논문집 제29권 제2호, 중앙대학교 법학연구소, 2005, 12-19면 등을 참조.

는 전혀 발생하지 않으며, 현금 또는 현금으로 구매한 게임 내 화폐를 제공하여 확률형 아이템을 구매하는 경우 등 유료의 결제를 하고 이에 따라 주어진 우연적 결과로 아이템의 득실여부가 결정되는 경우에 한하여 이용자의 재산상 손익을 발생시킨다는 견해가 있다.[28] 이 견해는 게임콘텐츠 자체가 사행성게임물인가의 문제와는 별개로, 현금이 아니라 게임을 하면서 얻은 게임머니를 제공하고 게임아이템을 득실하는 과정은 전체가 게임행위의 일종으로 평가되어야 하는 것으로 보며, 이러한 점은 부분 유료화가 아닌 월정액제 등 게임 자체를 이용하는 데 대가를 지불하는 게임의 이용과정에서 행해진 경우에도 마찬가지라고 보는 견해이다.[29]

한편 게임머니와 게임아이템의 현금거래가 게임사업자의 약관에서 금지되며, 게임 외부에서 아이템의 현금거래가 위법이라는 이유로 게임머니와 게임아이템의 재산상 이익성을 부정하는 입장에서 베팅 및 환전 가능성을 부정하고 나아가 사행성을 부정하는 견해도 있다.[30]

그러나 게임행위를 통해 정당하게 얻은 게임머니의 환전성을 인정한 대법원 판결[31] 및 게임머니와 게임아이템의 재산상 이익성을 전제로 한

28_ 이 견해는 확률형 아이템의 사행성의 판단요소로서 재산상 손익 발생여부를 검토하고, 재산상 손익 발생은 다시 ① 이용자가 제공하는 대가가 재산으로 평가될 수 있는지, ② 이용자가 취득한 아이템이 재산상 이익이 되는지를 검토한다. 상세는 정해상, "확률형 게임아이템에 관한 사행성 규제의 한계", 149면; 정해상, "사행성게임물의 판단기준", 선진상사법률연구 제46호, 법무부 상사법무과, 2009, 145면; 김정환·오광균·장한별, 앞의 논문, 225면.

29_ 게임머니의 재산적 가치를 부정하는 입장에서 사행성을 부정하는 견해로 김윤명, 앞의 논문, 333면. 단, 이 견해는 확률형 아이템을 현금으로 구매하는 경우를 상정하지 않고 있다. 이 외에 황승흠·신영수, 앞의 논문, 257면도 게임머니의 재산적 가치를 부정한다.

30_ 김윤명, 앞의 논문, 342-344면.

31_ 대법원 2009.12.24 선고 2009도7237·7238 판결; 약관에서 거래를 금지한 것은 별론으로 하고 정당한 게임이용을 통해 획득한 게임머니와 게임아이템의 환전이 불법적이지 않다는 이 판결에도 불구하고, 많은 논문들이 게임머니 및 게임아이템의 환전을 게임산업법 제32조 제1항 제7호, 제44조 제1항 제2호와 동 시행령 제18조의3에 따라 법령에 의해 금지되는 행위라고 서술하고 있다. 법령에 의해 금지된다는 대표적 서술로 김정환·오광균·장한별, 앞의 논문, 225면.

하급심 판결들[32]을 감안하면, 현금뿐 아니라 게임머니를 제공하는 경우에도 재산상의 이익이 실제로 이전된다고 보고 확률형 아이템을 위해 게임머니를 제공하든 현금을 제공하든 차이가 없다고 해석하는 것이 옳다.[33] 나아가 확률형 아이템을 통해 게임 내에서 발생한 결과에 대해서도 재산상의 손익을 인정할 수 있다. 확률형 아이템을 통해 획득한 아이템이 귀속형태로 게임 내에서 거래할 수 없다 하더라도, 그것은 이미 게임에 필수적 또는 부가적 기능을 하는 채권적 이용권으로서 본질적으로 재산상의 이익에 해당된다고 보는 견해도 있다.[34] 그 아이템을 보유하거나 망실한 게임계정이 현금으로 환산될 때 가지는 가치가 증감한 것도 고려할 수 있다.

이와 같은 재산상의 이익과 환전가능성은 게임 사업자가 게임머니 및 게임아이템의 현금거래를 금지하는 약관을 두는 것과 무관하게 인정될 수 있다.[35] 약관에서 거래를 금지하는 것이 재산성의 부정과 필연적으로 연결되지 않는다고 본다.[36] 판례에서 "캐릭터 및 아이템 등 게임정보에 관한 소유관계"라는 용어를 사용함으로써 디지털정보에 대한 정보의 귀속 또는 소유의 관념을 인용하고 있는 점을 감안하면,[37] 게임사업자와의 약

32_ 서울고등법원 2001.5.8. 선고 2000노2478 판결; 서울지방법원 서부지원 2000.11.8. 선고 2000고단1366 판결; 서울중앙지방법원 2004.2.16. 선고 2003고단10839 판결; 부산지방법원 2004.10.7. 선고 2004고단3425·4613 판결; 정정원, "온라인게임 아이템의 형사법적 취급", 법학논총 제29집 제4호, 한양대학교 법학연구소, 2012, 485면 참조.

33_ 게임머니에 대한 재산적 가치를 인정하는 견해로 정정원, 앞의 논문, 488면; 모든 게임머니가 아니라 금전 대체물인 게임머니(소위 "캐시")를 투입하는 경우에만 사행성을 검토하는 견해로 김정환·오광균·장한별, 앞의 논문, 217, 225면.

34_ 정해상, "확률형 게임아이템에 관한 사행성 규제의 한계", 149면; 조장우, 앞의 논문, 98면; 이재철, "게임아이템의 법적고찰", 한국학술정보, 2007, 73면; 김정환·오광균·장한별, 앞의 논문, 229면.

35_ 공정거래위원회는 해당 약관조항을 불공정조항으로 보기 어렵다고 한 바 있다. 공정거래위원회, 공정위 2005약제2001, 제2005-103호, 시정권고서(2005.10.13.) 참조.

36_ 다만 약관의 규정으로 환전가능성을 검토하여, 개인 간에 확률형 아이템을 포함한 게임아이템 등을 현금화할 가능성이 있다고 하더라도 이를 완전히 차단할 수 없으며, 환전 자체를 게임업체에서 직접적으로 하지 않는 한 사행성을 인정하는 것은 현실성이 없다는 견해로 김정환·오광균·장한별, 앞의 논문, 225-226면.

관을 위반하여 현금거래를 하는 경우 계정정지 등 제재를 받는 것과 게임머니 및 게임아이템의 재산상 이익성은 서로 별개의 것으로서 상관관계가 없다 할 것이다. 또한 게임 내에서 독립적으로 아이템 거래가 허용되는 경우가 있고, 게임사업자가 이용자에게 아이템을 유료로 판매하는 것을 감안하면 약관을 이유로 재산성을 부정하는 것이 신의칙상 금반언의 원칙을 위배하거나 사적 자치에 대한 지나친 제한이라는 견해도 있다.[38]

2) 우연성 해당 여부

확률형 아이템이 우연적 결과로 취득여부가 결정된다는 점은 그 정의상 명확하다. 득실의 확률에 있어서 이용자의 기대수준을 어느 정도 충족하는 확률로 일정한 아이템의 취득이 가능하도록 한 경우라고 해도, 우연성의 존재를 완전히 부인할 수는 없다. 꽝이 없도록 하여 이용자가 반드시 하나 이상의 게임아이템을 얻을 수 있도록 하는 경우에도, 취득될 수 있는 아이템이 게임이용에 유의미한 가치를 가지는가를 평가할 필요가 있다.

한편 확률형 아이템 시스템으로 얻을 수 있는 아이템의 범위가 정해져 있고 게임 플레이에 유의미한 아이템이 기본적으로 보장되는 경우에는 아이템의 질에 상당한 차이가 있더라도 조건부 아이템거래의 일종으로 이해될 수 있다는 견해도 있다.[39]

3) 소 결

따라서 판례의 입장에 따라 확률형 아이템 시스템을 분석하면 그 자체는 사행성을 가질 여지가 있다. 그러나 게임의 운영과정에서 사행성이 인정될 여지가 있는 확률형 아이템을 판매한다고 해서 곧 그 게임콘텐츠 전체가 사행성게임물에 해당하는가의 문제는 별개이다. 게임콘텐츠의 운영내용과 확률형 아이템 획득 시스템의 관계, 시스템의 지속성, 대가의 수준 등이 전반적으로 고려될 필요가 있기 때문이다.[40] 특히 확

37_ 대법원 2010.7.22 선고, 2010도63 판결.
38_ 조장우, 앞의 논문, 118-120면.
39_ 정해상, 앞의 논문, 148면 참조.
40_ 정해상. 앞의 논문, 150면.

률형 아이템 시스템이 게임산업법 제28조 제2호의2에서 규율하는 "게임물의 내용구현과 밀접한 관련이 있는 운영방식"이 아니라, 해당 게임물의 내용을 이루는 구성요소에 불과하기 때문에[41] 확률형 아이템 시스템을 채택한 게임물을 바로 사행성게임물이라고 보기는 어렵다. 다만 확률형 아이템 시스템 자체에는 사행성이 존재할 여지가 있으므로, 어느 수준의 사행성이 존재하여야 전체적으로 규제할 필요가 있는지는 추가적으로 검토할 필요가 있다. 후술하는 게임물관리위원회의 등급심의규정의 사행성 척도가 이와 관련되어 있다.

III. 게임업계의 현황 분석

1. 확률형 아이템 시스템 채택 게임[42]

전술한 바와 같이, 확률형 아이템을 게임 내 구성요소로 채택하여 서비스하는 게임은 다양하다. 이하에서는 스마트폰과 PC 플랫폼에서 대표적인 사례를 위주로 살펴본다.

〈표 1〉 모바일게임 중 유료 확률형 아이템 시스템을 채택한 게임 중 일부

모바일게임		
게임명	확률형 아이템명	국내 서비스 제공사
아이돌 마스터 신데렐라 걸즈 신격의 바하무트	카드덱 계통 게임[43] (소위 가챠, 부스터)	다음 모바게

41_ 황승흠 · 신영수, 앞의 논문, 257-260면.

42_ 2013년 7월 기준으로 PC방 점유율 상위 50위 이내의 온라인게임에서 판매하는 아이템 중 현금 기타 유상의 대가를 지급하고 구매할 수 있는 아이템은 25,894종이었으며 이 중 확률형 아이템은 1,656종으로 전체 6.4%를 차지했다. 상세는 황승흠 · 신영수, 앞의 논문, 243면 참조.

괴리성 밀리언 아서 확산성 밀리언 아서 체인 크로니클		액토즈 소프트
데빌메이커: 도쿄		스마일게이트 메가포트
세븐나이츠		넷마블
대항해시대5	스카우트 티켓, 장비 티켓	간드로메다
모두의 마블 for Kakao	이벤트 랜덤박스 시리즈	넷마블
쿠키런 for Kakao	각종 뽑기 시리즈	데브시스터즈
타이니팜	타이니 알	컴투스

〈표 2〉 온라인게임 중 유료 확률형 아이템 시스템을 채택한 게임 중 일부

온라인게임		
게임명	확률형 아이템명	국내 서비스 제공사
능력자X		마상소프트
마구마구		넷마블
프로야구 매니저	카드덱 계통 게임	스마일게이트 메가포트
하스스톤: 워크래프트의 영웅들		블리자드 엔터테인먼트
SD 건담 캡슐파이터 온라인[44]		넷마블
AVA	신병 박스	네오위즈게임즈
S4 리그	G의 캡슐	게임온 스튜디오
그라나도 에스파다	매직룰렛 → 린든상자	한빛소프트
귀혼	귀혼상점 복주머니	엠게임, 한게임 등
던전 앤 파이터	봉인된 자물쇠, 해방의 열쇠 등	넥슨

43_ 확률형 아이템이 게임의 구성요소 중 하나인 것과는 다르게, 게임 진행을 위해서 반드시 확률형 아이템 구매가 필요하다는 점에서 다른 게임들과 구별된다.

대항해시대 온라인	트레져박스, 프리미엄 행운권 등	넷마블
라테일 - 라덱	혼돈의상자 → 도박아이템	액토즈소프트
마비노기 마비노기 영웅전	각종 키트 시리즈	넥슨
메이플스토리	부화기, 각종 상자, 로얄스타일 쿠폰, 마스터피스, 쿠폰 등	
블레이드 앤 소울	각종 상자 시리즈	엔씨소프트
서든어택	보급상자	넥슨
엘소드	가열기, 판별기 등	
최강의 군단	럭키백, 제3세계의 상자, 베누스 상자	에이스톰
카운터 스트라이크 온라인	암호해독기	넥슨
카트라이더	카트 기어 등	
크레이지 아케이드	쾅쾅, 뽀끼뽀끼, 선물상자, 낚시, 박스 등	
테라	각종 수집함 시리즈	한게임
테일즈런너	이벤트 랜덤박스 및 의상상자 시리즈	스마일게이트, 넥슨 등
팡야	카드팩, 스크래치 아이템	엔트리브

즉 국내에서 서비스하는 모바일게임과 온라인게임은 대부분 현금으로 게임 내 아이템을 구매할 수 있도록 하였으며, 그중에서도 현금을 통해 확률형 아이템을 구매하는 대표적인 경우는 위와 같다.

44_ 2015년 5월 29일 서비스 종료했다.

2. 이용자들의 인식현황

한국콘텐츠진흥원이 2015년 7월에 발간한 「2015 게임이용자 실태조사 보고서」에 따르면, PC 온라인게임 이용자 중 50.6%가 게임 내 유료 확률형 아이템의 존재를 인식하고 있으며, 그중에서도 실제로 이용한 비율은 47.5%로 전체 이용자 중 약 24%가 실제로 확률형 아이템을 구매한 경험이 있다고 답변하였다. 한편 확률형 아이템을 실제로 이용한 이용자들은 평균 9.9회의 현금을 지출하여 평균 2회만 원하는 아이템을 얻었다고 답변하였다.[45] 이 경우 아이템 획득확률은 약 20%에 해당하며, 평균 8회분에 해당하는 현금이 게임사의 수익으로 귀속된 것으로 해석할 수 있다.

모바일게임의 경우는 이용자 중 33.6%가 게임 내 유료 확률형 아이템의 존재를 인식하고, 그중 27%가 실제로 경험한 적이 있다고 답변하였다. 전체 이용자 중 9%에 해당하는 이용자만이 실제로 확률형 아이템을 구매한 것이다. 한편 원하는 아이템을 획득하기 위해 현금을 지출한 횟수는 평균 6.7회로 나타났으며, 이 중 원하는 아이템을 획득한 횟수는 평균 1.5회로, 아이템 획득 확률은 약 22.3%로 나타났다.[46]

통계를 보면 PC 온라인게임이 모바일게임에 비해 게임 내 유료 확률형 아이템을 많이 설계하고, 원활한 게임 진행을 위해 확률형 아이템을 구매하도록 유도하거나 홍보하고 있다는 사실을 알 수 있다. 아울러 소비자가 확률형 아이템을 구매하는 데 소비한 금전의 약 80%가 게임회사의 이익으로 귀속되고 있다는 사실을 확인할 수 있다.

45_ 한국콘텐츠진흥원, 「2014 대한민국 게임백서(요약본)」, 55면.
46_ 한국콘텐츠진흥원, 전게서, 87면.

3. 게임업계의 자율규제 현황 및 한계

(1) 확률형 아이템 자율규제 시도의 역사

확률형 아이템은 게임 서비스 제공사 입장에서 보면 주된 수입원이지만, 게임 이용자 입장에서는 내가 원하는 아이템을 얻기 위해 현금을 제공했는데도 단순히 확률에 의해 그 획득여부가 결정된다는 점에서 앞서 살펴본 사행성의 여지가 있다. 또한 게임 이용자가 사용할 수 있는 현금의 양에 제한이 없어 많은 이들, 특히 미성년자가 자신의 결제한도를 넘는 사태가 발생하기도 했고,[47] 특히 대다수 게임 이용자가 미성년자인 경우에는 현금을 구하는 과정에서 부모와의 갈등을 넘어 청소년 탈선 내지 범죄로 이어지는 경우도 있었다.[48]

2002년 한국게임산업협회(현 한국인터넷디지털엔터테인먼트협회, 이하 '협회')는 '온라인게임 사업자 자율규제 권고안'을 만들어 게임 서비스 제공에 대해 자율규제를 시도했다. 그 내용 중 하나로 온라인게임의 사행성 자율규제가 있었으나, 당시는 확률형 아이템은 물론 부분유료화 모델도 정착되지 않았던 시기였기에 고스톱 · 포커 · 마작 등 게임과 도박이 혼재되어 있는 것을 자율규제하고, 게임 자체가 사행성을 가지지 않게 하자는 의도였다.

2008년 유료 확률형 아이템이 정착되기 시작하자 협회는 '캡슐형 유료 아이템 서비스 제공에 대한 자율준수 규약'을 만든다. 특히 "확률형 아이템에 꽝이나 판매가에 비해 현저히 가치가 낮은 결과값을 넣지 말 것"과 "반드시 통상적인 게임활동을 통해 얻을 수 있는 결과값만 넣을 것"이 핵심으로, 현재까지 이어지는 확률형 아이템에 대한 규제의 기초를 마련했다.[49] 그러나 어디까지나 자율규약이었기에 감시와 강제가 존재하지 않았고, 따라서 게

47_ 청소년의 과소비 문제와 범죄도구로서의 활용가능성을 지적하는 것으로 김윤명, 앞의 논문, 339-340면. 이 문제는 나중에 1인당 월별 결제한도 도입으로 어느 정도 해소된다.

48_ 구체적인 사례는 김정환 · 오광균 · 장한별, 앞의 논문, 220-222면.

49_ 2008년 협회 자율규제 실패사례 및 2012년 일본온라인게임협회의 자율규제안 소개로 김윤명, 앞의 논문, 351-353면.

임업계의 전체적인 참여와 자정작용이 이루어지지 않았다. 그리고 그 사이에 유료 확률형 아이템은 게임 개발사들의 대표적 수익원으로 정착한다.

이에 2011년 문화체육관광부 산하 6개 기관 국정감사에서 게임의 사행성을 지적받자, 당시 협회는 2008년 자율규약을 강화하여 새로운 자율준수 가이드라인을 만든다고 발표했고,[50] 문화체육관광부는 행정지침을 마련하겠다고 하였다.[51] 그러나 결국 해를 넘겨도 가이드라인과 행정지침은 발표되지 않았다. 국정감사가 끝난 2011년 7월 20일, 게임물등급위원회는 10개 개발사를 대상으로 확률형 아이템 운영에 관련된 간담회를 개최했다. 하지만 10개 개발사는 모두 간담회에 불참했다. 이에 게임물등급위원회는 8월 5일부터 2주 동안 확률형 아이템 관련 자체 현황조사를 실시했지만 개발사 모두가 아이템 확률과 유저 이용량 등이 영업비밀이라며 제출을 거부했다. 오히려 홈페이지나 게임 내에서도 쉽게 알 수 있는 확률형 아이템의 종류와 금액, 이미지 등을 보냈다.[52][53]

2011년 말부터 2013년까지는 소위 '셧다운제' 문제 및 게임을 4대 중독물질 중 하나로 규정하는 「중독 예방·관리 치료를 위한 법률안」의 입법문제가 게임업계의 주요 화두가 되었다. 셧다운제 문제가 지나간 후에는 게임 내에 사행성 요소가 있는 것이 아니라 게임 자체가 사행성 게임물로 분류될 여지가 있는 경우, 예컨대 고스톱 및 포커류 게임들에 대해 문화부가 시행령을 통해 규제하는 문제가 2014년까지 이어졌다.

2014년 11월, 협회는 다시 새롭게 자율규제안을 발표했는데, 가장 민감한 확률과 범위값 공개는 '전체이용가 게임'만을 대상으로 한정했다는 한계가 있었다. 그러나 대부분의 게임들이 전체이용가가 아니라 최소 12세 이상 이용가능한 등급을 보유하고 있으므로 실효성이 없는 자율규

50_ "확률형 아이템, 업계 자율규제안 만든다", ZDNet Korea 2011년 10월 10일자 기사.

51_ "문화부 "뽑기형 아이템의 확률 범위 축소하겠다"", 게임메카 2011년 10월 13일자 기사.

52_ "게임업계의 확률형 아이템 자율규제를 '곧이 곧대로' 믿기 힘든 5가지 이유", 디스이즈게임 2015년 3월 19일자 기사.

53_ 김정환·오광균·장한별, 앞의 논문. 231면.

제안이었다.

즉 2002년을 제하더라도 2008년, 2011년, 2014년의 3번의 기회 동안 확률형 아이템에 관해 게임회사들이 자율규제를 할 수 있는 최소한의 기회가 있었으나, 자율규제가 제대로 이루어지지 않았다. 그리고 2015년에 들어서 본고의 목적인 게임산업법 일부개정안이 제출되었고, 업계는 수익모델의 법적 규제를 막고자 협회를 중심으로 자율규제를 강화한다는 방침을 세웠다.

(2) 게임업체의 확률형 아이템 자율규제 현황

이에 협회는 2015년 4월부터 자율규제 강화안을 공개했다. 2014년 자율규제안과 비교하면 적용범위가 기존의 전체이용가 게임물을 포함하여 12세이용가 및 15세이용가로 확대되었다. 모바일 오픈마켓 이용등급 기준으로는 구글플레이스토어의 경우 3세~16세 이용등급(콘텐츠 수위 '중'에 해당)에 적용되고, 애플 앱스토어 기준으로는 4세~12세 이용등급에 적용된다. 이는 협회 회원사가 서비스하는 게임들 중 '고스톱/포커/맞고'류 등을 제외한 거의 대부분의 모바일게임에 적용되는 수준이다.

자율규제에 의해 공개되는 정보는 ① 확률형 아이템에서 획득가능한 아이템 목록, ② 획득 가능한 아이템의 구간별 확률수치이다.[54] 게임별로 아이템 등급 구분이 다양하기 때문에 구체적인 표기 방법은 각 게임물에 맞춰 자율적으로 적용한다는 입장이었다. 또한 이용자들의 평가 및 민간협의체 운영을 통한 지속적인 모니터링, 정기적인 기업교육을 실시한다고 발표했으며, 이러한 사후관리를 통해 자율규제를 준수하는 업체는 비회원사라도 '자율규제 인증마크'를 부여하기로 했다.[55]

그에 따라 확률형 아이템 자율규제를 실시한 게임들의 사례는 다음과

54_ 예를 들면, '1등급 아이템이 나올 확률은 30%이다', '6등급 아이템이 나올 확률은 10%다'라는 식으로 표기한다.

55_ "확률형아이템 자율규제 적용범위 확대! 6월 중 실시예정", 게임조선 2015년 4월 30일자 기사.

같다.

〈표 3〉 확률형 아이템의 확률을 공개한 사례 목록

게임사	게임명	확률형 아이템 확률 자율공개
넥슨	던전 앤 파이터	이달의 아이템 확률
	메이플스토리	확률형 아이템 확률
	마비노기	카라젝의 보물상자 확률
	카운터 스트라이크 온라인	암호해독기 확률
	카트라이더	확률형 아이템 정보공개
	엘소드	가열기&판별기 확률
	크레이지 아케이드	확률아이템
넷마블	대항해시대 온라인	트레져박스, 프리미엄 행운권
	엘로아	깜짝상자
	마구마구	트레져열쇠
	세븐나이츠	유료 소환 획득 확률

〈그림 2〉 넥슨의 온라인게임 '메이플스토리'의 확률공개방식(웹페이지 게시)

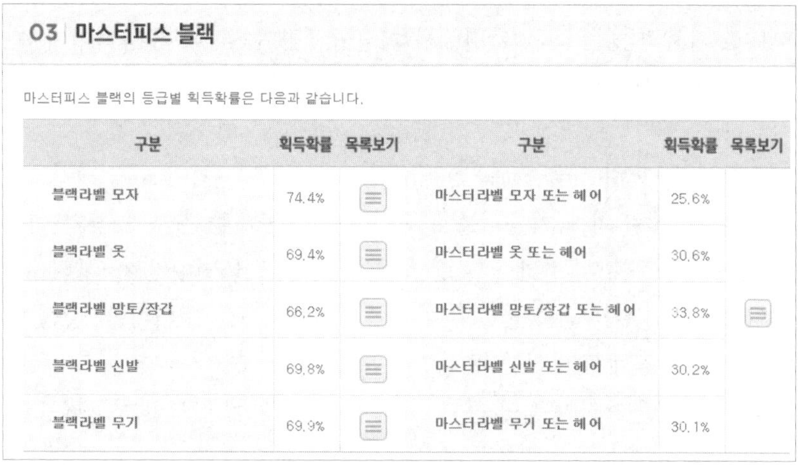

03 | 마스터피스 블랙

마스터피스 블랙의 등급별 획득확률은 다음과 같습니다.

구분	획득확률	목록보기	구분	획득확률	목록보기
블랙라벨 모자	74.4%		마스터라벨 모자 또는 헤어	25.6%	
블랙라벨 옷	69.4%		마스터라벨 옷 또는 헤어	30.6%	
블랙라벨 망토/장갑	66.2%		마스터라벨 망토/장갑 또는 헤어	33.8%	
블랙라벨 신발	69.8%		마스터라벨 신발 또는 헤어	30.2%	
블랙라벨 무기	69.9%		마스터라벨 무기 또는 헤어	30.1%	

<그림 3> 넷마블의 온라인게임 '엘로아'의 확률공개방식(도수분포표 방식 및 게임 내 공개)

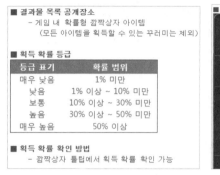

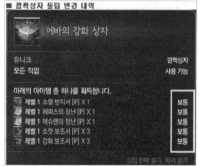

넷마블의 경우에는 온라인게임 내에서 확률형 아이템을 구매할 때 풍선창의 설명(소위 '툴팁')에 확률을 공개하였다(위 그림 3 우측 참조). 넷마블의 모바일게임인 '세븐나이츠'의 경우에는 예외적으로 별도의 공지를 통해 개별 확률을 공개하였다. 넥슨은 별도의 게시물을 통해 확률형 아이템의 획득확률을 명확한 수치로 공개한 반면(위 그림 2 참조), 넷마블은 도수분포표 방식으로 공개하여 아이템의 획득확률을 표시했다(위 그림 3 좌측 참조).

두 사례군을 비교해 보면, 넥슨의 자율규제 및 확률형 아이템의 확률 공개방식이 보다 자세하며 이용자들에게 많은 정보를 제공하고 있다는 것을 알 수 있다. 후술하는 게임산업법 일부개정안의 규제수준에 준할 정도로 자세한 공개라는 측면에서 자율규제를 논할 때 긍정적이며, 다른 업체들이 참고할 만하다.

(3) 2015년 협회 자율규제의 한계

한편 위 경우 외에 자율적으로 획득확률을 공개한 경우는 찾기 어려웠다. 엔씨소프트의 '블레이드 앤 소울'의 경우 2015년 9월 2일부터 9월 16일까지 한정판매하는 확률형 아이템 '화려한 의상 주머니'의 구성 아이템 확률을 공개하지 않았다.

결국 2015년 협회가 법안 통과를 저지하기 위하여 실시한 자율규제 역시 이전의 시도와 마찬가지로 대상 게임들이 제대로 모두 참여하지도 않왔고,[56] 구성품 및 확률 공개에 대한 구체적인 기준이나 가이드라인이 없어 같은 회사가 서비스하는 게임 사이에도 공개 방식에 통일성이 없었다(위 표 및 그림 참조). 심지어 협회가 7월 말 발표한다고 한 '확률형 아이템 자율규제 모니터링 결과'도 2015년 8월까지 제대로 공개되지 않았다.

그 외에도 구간별 확률 수치만 공개해도 된다는 문제점도 있어서 같은 등급 내지 확률 내에서도 유저들이 원하는 A라는 아이템의 확률은 0.01%로 설정하고, 나머지 B, C, D, E, F 등의 무가치한 아이템을 각각 1%로 설정한 후, 이들을 묶어 1등급 아이템으로 분류한 후 1등급 아이템의 확률이 5%라고 공시해도 협회의 자율규제안에 따르면 아무 문제가 없다.

등급과 관련해서는 2015년 자율규제안이 2014년의 그것에 비해 확대된 것은 사실이나, 등급분류를 받은 전체 게임 중에서 성인등급 게임 비중이 가장 높은 점을 감안해야 한다. 한국콘텐츠진흥원에 따르면 2013년 기준으로 성인등급(청소년이용불가) 게임이 43%(695개)로 가장 많고, 이어 전체이용가 게임 35%(606개), 12세 이용가 12%(195개), 15세 이용가 7.7%(125개)이다.[57] 이러한 점을 감안하면 업계가 자율규제 가이드라인에서 비중이 가장 높은 성인등급 게임을 제외한 것은 자율규제의 실효성을 떨어뜨린다. 본고의 목적인 게임산업법 일부개정안은 성인등급 게임까지 규제 대상에 포함하고 있는 것과 대비된다.

협회의 자율규제안에 따르면 가령 어린이나 청소년이 거의 이용하지 않는 게임의 경우, 심의등급을 청소년이용불가로 올려서 규제를 피할 수 있다. 또한 게임 내 확률형 아이템이 아이템 획득이 아니라 강화형[58]

56_ "심지어 2015년 협회 자율규제안 발표 당일(2015년 4월 30일), 넥슨은 자사의 온라인 게임 '마비노기'에서 일본에서도 금지한 컴플리트 가챠(뽑기) 형식과 비슷한 '럭키 빙고박스'라는 확률형 아이템을 출시했다. 컴플리트 가챠란 확률형 아이템 안에 또다시 확률형 아이템을 넣은 것이다. 예컨대 뽑기로만 뽑을 수 있는 아이템을 모두 모으면 더 희귀한 아이템을 주는 것이다. 일본에서 처음 유행했지만 일본 정부가 과소비를 조장한다는 이유로 금지했다." 출처 "'확률형 아이템'이 뭐길래, 규제 움직임에 벌벌 떠는 게임업체들", 조선닷컴 2015.5.18.자 기사.
57_ "확률형 아이템 '자율규제 가이드라인' 살펴보니", 디지털타임스 2015.5.11.자 기사.
58_ 마구마구의 잠재력초기화권, 완벽성장시도권이나 여러 게임에서 등장하는 강화 성공

인 경우에는 협회가 규제하는 확률형 아이템의 유형이 아니기 때문에 확률 공개 의무에 해당하지 않아 규제의 사각지대가 발생하게 된다.

게다가 2015년 8월 기준으로 협회 회원사는 총 81곳으로, 전체 게임 개발사의 절반도 되지 않는다.[59] '애니팡'의 선데이토즈, '도탑전기'의 가이아모바일코리아, '불멸의 전사'의 레드사하라 등은 협회 회원사가 아니다. 모바일게임 기준으로 매출 순위 30위권부터는 비회원사의 비중이 압도적으로 늘어난다. 협회 회원이 아닌 게임회사에게 자율규제에 대한 유인책은 물론 강제할 수단도 없다.

협회가 실시한다고 한 '자율규제 인증제도'를 살펴보면, 협회 회원사는 인증 비용 없이 마크를 받을 수 있지만, 비회원사에는 인증 심사 수수료를 징수한다는 계획이 있다. 이 때문에 인증 제도가 비회원사의 가이드라인 참여 수단이 아니라, 협회 수익 창출 수단으로 전락할 수 있고, 중소 게임사들의 가이드라인 이탈을 유발할 수 있다는 지적이 있다.[60]

IV. 게임산업법 일부개정안 검토

1. 개정안의 내용

본고의 대상인 게임산업법 일부개정법률안은 2015년 3월 9일 정우택 의원 포함 10인이 발의하였다. 주된 변경사항은 현행 게임산업법 제32조 제1항 제7호의 "게임물의 이용을 통하여 획득한 유·무형의 결과물(점수, 경품, 게임 내에서 사용되는 가상의 화폐로서 대통령령이 정하는 게임머니 및 대통령령이 정하는 이와 유사한 것을 말한다)"는 법문언을 게임산업법 제2조

확률을 높여 주는 아이템.

59_ 2013년 기준 게임제작/배급업체는 812개사이다. 한국콘텐츠진흥원, 전게서, 28면.

60_ "게임업계의 확률형 아이템 자율규제를 '곧이 곧대로' 믿기 힘든 5가지 이유", 디스이즈게임 2015년 3월 19일자 기사.

제2호의 '게임물이용정보'의 정의에 편입시켜 그 종류 · 구성비율 · 획득 확률을 게임물등급과 함께 공개하도록 한 것이다. 단, 부칙을 두어 개정 안 통과 후 시행 당시 서비스 중인 게임에는 적용되지 않도록 했다.

<table>
<tr><td colspan="2" align="center">신 · 구조문대비표 및 부칙</td></tr>
<tr><td align="center">현   행</td><td align="center">개   정   안</td></tr>
<tr><td>제2조(정의) 이 법에서 사용하는 용어의 정의는 다음과 같다.</td><td>제2조(정의) ---.</td></tr>
<tr><td>1. · 1의2. (생 략)</td><td>1. · 1의2. (현행과 같음)</td></tr>
<tr><td>2. "게임물내용정보"라 <u>함은 게임물의</u> 내용에 대한 <u>폭력성 · 선정성(煽情性) 또 는 사행성(射倖性)의 여부 또는 그 정도 와 그 밖에 게임물의 운영에 관한 정보</u> 를 말한다.</td><td>2. --------------------<u>함은 다음 각 목에 관 한 게임물의</u>------------<u>정보를</u>-------.</td></tr>
<tr><td>〈신 설〉</td><td><u>가. 폭력성의 여부 또는 그 정도</u></td></tr>
<tr><td>〈신 설〉</td><td><u>나. 선정성(煽情性)의 여부 또는 그 정도</u></td></tr>
<tr><td>〈신 설〉</td><td><u>다. 사행성(射倖性)의 여부 또는 그 정도</u></td></tr>
<tr><td>〈신 설〉</td><td>라. 게임물의 이용을 통하여 획득할 수 있는 유 · 무형의 결과물(점수, 경품, 게 임 내에서 사용되는 가상의 화폐로서 대 통령령이 정하는 게임머니 및 대통령령 이 정하는 이와 유사한 것을 말한다. 이 하 "유 · 무형결과물"이라 한다)의 종 류 · 구성비율및 획득확률</td></tr>
<tr><td>〈신 설〉</td><td><u>마. 그 밖에 게임물 운영 관련 사항</u></td></tr>
<tr><td>3. ~ 10. (생 략)</td><td>3. ~ 10. (현행과 같음)</td></tr>
<tr><td>제32조(불법게임물 등의 유통금지 등) ①누구든지 게임물의 유통질서를 저해 하는 다음 각 호의 행위를 하여서는 아 니 된다. 다만, 제4호의 경우「사행행위 등 규제 및 처벌특례법」에 따라 사행행</td><td>제32조(불법게임물 등의 유통금지 등) ①-- ----------------------,-------------------- --- -------------------.</td></tr>
</table>

위영업을 하는 자를 제외한다.	
1. ~ 6. (생 략)	1. ~ 6. (현행과 같음)
7. 누구든지 게임물의 이용을 통하여 획득한 유·무형의 결과물(점수, 경품, 게임 내에서 사용되는 가상의 화폐로서 대통령령이 정하는 게임머니 및 대통령령이 정하는 이와 유사한 것을 말한다)을 환전 또는 환전 알선하거나 재매입을 업으로 하는 행위	7. ------------------------------------유·무형결과물을--
8. (생 략)	8. (현행과 같음)
② (생 략)	② (현행과 같음)

부 칙

제1조(시행일) 이 법은 공포 후 6개월이 경과한 날부터 시행한다.

제2조(게임물내용정보 변경에 관한 경과조치) 이 법 시행 당시 유통·이용되고 있는 게임물 중 제2조 제2호의 개정규정에 따른 게임물내용정보를 포함하지 아니하는 게임물에 대하여는 같은 개정규정에 불구하고 이 법에 따른 게임물내용정보를 포함한 것으로 본다.

2. 개정안에 대한 비판

(1) 게임물내용정보의 편입 문제

현행 게임산업법의 '게임물내용정보'는 폭력성, 선정성, 사행성 등 게임물의 내용에 대한 추상적인 가치판단을 의미한다.[61] 게임물관리위원회(이하 '위원회')는 폭력성, 선정성, 사행성, 범죄 및 약물의 표현·행동조장, 언어표현의 정도를 종합적으로 고려하여 게임의 등급을 분류한다. 그리고 사업자는 게임서비스를 제공할 때 게임산업법 제33조[62]에 따라

61_ 게임산업법 제2조(정의) 이 법에서 사용하는 용어의 정의는 다음과 같다.
   2. "게임물내용정보"라 함은 게임물의 내용에 대한 폭력성·선정성(煽情性) 또는 사행성(射倖性)의 여부 또는 그 정도와 그 밖에 게임물의 운영에 관한 정보를 말한다.

62_ 게임산업법 제33조(표시의무) ① 게임물을 유통시키거나 이용에 제공할 목적으로 게

게임물마다 그 등급 및 게임물내용정보를 표시하여야 한다. 그런데 개정안에서는 확률이라는 객관적·구체적 수치까지 '게임물내용정보' 안에 포함된다. 문제는 확률형 아이템의 결과물에 대해 확률 분포 정도가 적당한지를 위원회가 가치판단하는 것으로 해석해야 하는지, 또는 제출된 확률정보가 정확하며 게임 내에서 제공된 정보대로 작동하는지를 사실판단으로 심사해야 하는지가 명확하지 않다는 점이다.

개정안에 따라 위원회에서 확률도 게임물내용정보로서 심사할 수 있게 된다면, 가치판단을 하는지 사실판단을 하는지와 무관하게 게임산업법 제22조 제1항[63]에 따라 소스코드(Source code) 등 게임 프로그램을 구성하는 기술적 요소들을 요구하는 일이 생기거나 많아질 것이란 우려도 제기되고 있다. 게임사업자 스스로가 제출하는 확률정보도 있겠지만, 이는 신뢰성이 떨어질 수밖에 없으며 규제목적을 온전히 달성할 수 없을 것이다. 결국 소스코드 등을 검토해야 제대로 구성품의 확률을 확인할 수 있을 것이다. 이미 위원회와 게임업계는 이미 소스코드 관련하여 한 차례 충돌한 적이 있는데,[64] 개정안이 통과되어 효력을 발휘하는 경우에는 소스코드의 공개와 지적재산권의 보호라는 새로운 쟁점이 생겨날 것이다.

반면 게임산업법 제22조 제3항[65]에 따라 위원회에서 등급분류를 하는

임물을 제작 또는 배급하는 자는 해당 게임물마다 제작 또는 배급하는 자의 상호(도서에 부수되는 게임물의 경우에는 출판사의 상호를 말한다), 등급 및 게임물내용정보를 표시하여야 한다.

63_ 게임산업법 제22조(등급분류 거부 및 통지 등) ① 위원회는 제16조 제2항 제1호부터 제4호까지의 규정에 따른 업무의 수행을 위하여 필요한 경우에는 등급분류를 신청한 자에게 등급심사에 필요한 자료의 제출을 요구할 수 있다.

64_ 2006년 10월 29일 영상물등급위원회의 홈페이지에 올라온 게임위의 심의 신청 안내 공지에 "앞으로 게임의 심의를 받는 업체들은 게임 소스 코드를 게임의 실행 파일과 함께 게임위에 제출하라"고 명시되었다. 게임 업계는 그들의 기술적 재산인 소스 코드를 내놓으라는 요구에 크게 반발했으나, 게임물관리위원회는 같은 해 11월 1일, "소스코드 제출은 일부 사행성 우려가 있는 게임에만 해당되는 것"이라 밝히며 영등위에 요구해 게시된 공지에서 소스 코드 제출 부분을 삭제했다. "게임 등급심의, 소스코드까지 분석한다", 디스이즈게임 2006.10.30.자 기사.

경우에 확률 중 일부를 게임물내용정보로 지정하여 기재하지 않는다면, 위원회에서 지정 및 기재하지 않은 것이기 때문에 그것이 확률임에도 불구하고 게임물내용정보가 아니라고도 해석할 수 있다. 게임물내용정보를 제대로 제공하지 않는 경우 게임산업법 제32조 및 제44조에 따라 형사처벌되는 규정이 있는데도, 이와 같이 위원회의 판단기준 및 그 범위가 어디까지인지 정확하게 명시하지 않은 것은 명확성의 원칙에 위배될 정도로 애매하다.

확률이 게임물내용정보로서 게임물 내에 표시되는 방식으로 공개된다고 해도, 협회 자율규제안 비판에서 검토한 바와 같이 확률 공개에 있어서 통일된 양식이 존재하지 않는다는 문제점도 있다. 보통 게임물 등급 및 현행 게임물내용정보는 확률과 같이 게임물 내의 정보에 해당하는 것은 아니므로, 위원회의 지침에 따라 보통 게임을 이용하기 전에 공개된다.[66] 그런데 이와 같이 게임물 내에 공개되는 확률정보를 어떤 방식에 따라 공개해야 하는지가 규정되지 않고 있다. 게임 내에 별도의 정보창을 만들 것인지, 아이템마다 풍선창의 설명(툴팁)에 그 확률을 기재할 것인지가 명확하지 않다.

(2) 적용대상의 문제

'게임물의 이용을 통하여 획득한 유·무형의 결과물'이라는 법문언도

65_ 게임산업법 제22조(등급분류 거부 및 통지 등) ③ 위원회는 등급분류 결정을 한 경우에는 다음 각 호의 서류를 신청인에게 교부하고, 사행성게임물에 해당되어 등급분류를 거부결정한 경우에는 결정의 내용 및 그 이유를 기재한 서류를 지체 없이 신청인에게 교부하여야 한다.
1. 게임물의 해당등급을 기재한 등급분류필증
2. 등급분류에 따른 의무사항을 기재한 서류
3. 게임물내용정보를 기재한 서류
66_ 아케이드 게임은 게임기 외관 전면에 표시를 부착하고, 온라인게임은 게임 초기화면에서 3초 이상 표시하며, 게임시간 1시간 마다 3초 이상 표시하여야 한다. 모바일게임은 게임 초기화면에서 3초 이상 표시하여야 하고, PC 게임물 및 비디오 게임물은 게임물 포장의 표면에 표시한다.

문제의 소지가 있다. 해당 법문언이 있는 현행 게임산업법 제32조 제1항 제7호[67]는 유사 바다이야기의 재출몰을 막으려고 제정된 조항이다. 그리고 동 규정 및 동 시행령 제18조의3에 의하면 '유·무형의 결과물'은 ① 점수, ② 경품, ③ 게임 내에서 사용되는 가상화폐로서 게임제작업자의 컴퓨터프로그램을 복제, 개작, 해킹 등을 하여 생산·획득한 게임머니 또는 게임아이템 등의 데이터, ④ 게임물의 정상적인 운영을 방해할 목적으로 게임물 관련사업자가 제공 또는 승인하지 아니한 컴퓨터프로그램이나 기기 또는 장치를 이용하여 생산·획득한 게임머니 또는 게임아이템 등의 데이터, ⑤ 다른 사람의 개인정보로 게임물을 이용하여 생산·획득한 게임머니 또는 게임아이템 등의 데이터, ⑥ 게임물을 이용하여 업으로 게임머니 또는 게임아이템 등을 생산·획득하는 등 게임물의 비정상적인 이용을 통하여 생산·획득한 게임머니 또는 게임아이템 등의 데이터로 제한적·열거적으로 해석되고 있다. 판례의 입장도 같다.[68]

그렇다면 괄호 내의 문언과 시행령의 규정을 그대로 유지한 채 개정안에 따라 해당 법문언을 그대로 게임물이용정보에 편입시킨다면, 규제 대상인 확률형 아이템이 정작 해당 법문언에 포섭되지 않는 문제가 발생한다. 위 여섯 가지 중 어느 것에도 포함되지 않기 때문이다. 그나마 확률형 아이템이 경품에 포함될 여지가 있지만, 일정한 대가와 아이템 그 자체의 교환이라는 측면에서 경품으로 보기 어려울 뿐 아니라, 게임산업법 소관부처인 문화체육관광부의 고시 「게임제공업소의 경품취급기준」[69]에 따르면 게임의 결과로 제공할 수 있는 경품의 종류[70]에도 포

67_ 게임산업법 제32조(불법게임물 등의 유통금지 등) ① 누구든지 게임물의 유통질서를 저해하는 다음 각 호의 행위를 하여서는 아니 된다. 다만, 제4호의 경우 「사행행위 등 규제 및 처벌특례법」에 따라 사행행위영업을 하는 자를 제외한다.
　7. 누구든지 게임물의 이용을 통하여 획득한 유·무형의 결과물(점수, 경품, 게임 내에서 사용되는 가상의 화폐로서 대통령령이 정하는 게임머니 및 대통령령이 정하는 이와 유사한 것을 말한다)을 환전 또는 환전 알선하거나 재매입을 업으로 하는 행위.
68_ 대법원 2009.12.24 선고 2009도7237·7238 판결.

함되지 않는다. 따라서 확률형 아이템은 경품에도 해당한다고 보기 어렵고, 결국 현재로서는 개정안의 법문언에 포함되지 않아 규제대상에서 벗어나는 문제가 발생한다.

만일 시행령 개정 등을 통해 확률형 아이템을 위 '유·무형의 결과물'에 포함시킬 수 있다 하더라도 다음과 같은 문제가 발생한다. 대부분의 확률형 아이템 시스템은 게임 내부에서 돌아가지만, 게임의 본질적인 내용은 아니기 때문에 게임물 외부에서 작동하게 만들 수 있다.[71] 이렇게 만들면 개정안에 따른 "게임물의 이용을 통해 획득한 유·무형의 결과물"로 확대해석하기 어렵다. 법안 발의 당시 서비스 중인 게임들 상당수는 게임 내부에서 작동하는 방식으로 확률형 아이템 시스템을 채택하고 있지만, 이는 후술하는 부칙 문제로 거의 적용이 되지 않는다는 것도 문제이다.

더구나 전술한 문제들과는 별개로, '유·무형의 결과물'의 확률을 공개하도록 만드는 것은 개정취지인 확률형 아이템 규제를 넘어 대상의 확대적용을 불러올 가능성도 있다. 법문언 자체가 게임 내 아이템뿐 아니라 점수, 경품, 게임머니 등을 포괄하고 있기 때문이다. 이러한 정보가 통째로 공개되면 게임물 이용에 누설(Spoiler)로 작용할 수도 있다는 우려도 나오고 있다.[72][73] 예를 들어 게임에 등장하는 괴물을 죽이고 획득하는 아이템도 게임물의 이용을 통해 획득한 유·무형의 결과물로서 확률 공개의 대상에 포함될 여지가 있다. 게임 내 결과물을 도출하는 모든 확률정보가 공개되면 게임성에 있어서도 치명적이다.[74]

69_ 시행 2006.10.27. 문화관광부고시 제2006-21호.

70_ ① 완구류, 문구류, 캐릭터상품류, 문화상품류, 관광기념품류, 액세서리류, ② 의류생활필수품 등 일상생활에서 일반적으로 유통되는 물품. 단, 청소년보호법에서 규정하는 청소년 유해매체물 및 유해약물물건은 제외, ③ 경품교환용티켓(전체이용가 게임물에 한함).

71_ 지금도 확률형 아이템을 구매하는 경우는 게임 외 공식사이트 몰에서 사는 경우가 있다. 유사한 지적으로 황승흠·신영수, 앞의 논문, 258면.

72_ "'뽑기 아이템' 관련 개정법안, 이대로는 안된다", 스포츠조선 2015.3.11.자 기사.

73_ "'확률형 아이템'에 드리운 그림자 … 게임업계, 기로에 서다", 인벤 2015.3.16.자 기사.

마지막으로 확률형 아이템이 주로 문제되는 온라인게임 및 모바일게임뿐만 아니라 PC 게임 및 비디오 게임을 포함하여 모든 종류의 게임물에 적용되는 문제도 있다. 싱글 패키지게임 시장의 위축을 불러올 수 있는 문제이다.

(3) 부칙으로 인한 법안의 실효성 문제

개정안 부칙을 감안하면 기존 게임은 이 법으로 인한 영향이 거의 없다. 패치 등을 통해 게임 내용을 수정하는 경우 위원회에 신고해야 하고, 이 과정에서 등급재분류 대상이 된다면 새로운 게임처럼 취급받으므로 신법의 적용을 받는다. 그러나 고의적으로 게임물내용정보에 해당하는 사항을 등급이 바뀔 정도로 수정한다는 것은 게임의 내용 상당부분을 크게 변경한다는 것인데 과연 이런 일이 얼마나 발생할지 의문이다.

게다가 등급재분류에는 시간이 걸린다는 점도 감안할 필요가 있다. 법안이 통과되어 확률 아이템 추가가 게임물내용정보의 변경이 되어 위원회에 등급 관련 신고를 하게 된다면, 등급재분류 대상이 되더라도 재분류된 등급이 판정되기 전에 해당 아이템을 파기하여 게임 내에서 철수시킨 경우에는 당해 등급재분류가 취소된다. 그리고 게임물내용정보의 공개는 등급판정을 받은 이후에 하는 것이므로, 등급재분류 기간 동안 판매하는 확률형 아이템의 확률 공개를 하지 않아도 개정안에 의하면 무방하다. 이미 이런 식의 소위 '치고 빠지기'식 편법이 발생한 사실이 지적되기도 했다.[75][76]

74_ 게임에서 우연성을 배제하기 어렵다는 견해로 김윤명, 앞의 논문, 324면; 정해상, 앞의 논문, 147면.

75_ "게임업계의 확률형 아이템 자율규제를 '곧이 곧대로' 믿기 힘든 5가지 이유", 디스이즈게임 2015년 3월 19일자 기사.

76_ 엔씨소프트의 '리니지'는 2011.7.27.부터 8.17.까지 21일간 게임 내에서 '인나드릴 티셔츠'라는 유료 확률형 아이템을 판매하였다. 이 아이템은 게임을 이용하며 얻을 수 없었을 뿐 아니라, 이용자 간 거래가 불가능하여 아이템을 얻기 위해서는 게임업체에 현금을 지불해야 했다. 이 사례를 등급재분류 심사를 회피하기 위한 사례로 제시한 문헌은 김정환·오광균·장한별, 앞의 논문, 219면.

게임물 등급재분류는 현행법으로도 최소 22일[77]에서 두 달 이상 걸리며,[78] 개정안이 통과된다면 앞서 살펴본 바와 같이 신규 게임에 대한 게임물내용정보로서의 확률을 판단하는 문제로 이보다 훨씬 더 시간이 소요될 것으로 예상된다. 현행법상으로도 맹점이 존재하는데 법 개정으로 인해 등급재분류에 시간이 더 걸린다면 부칙에 의해 확률을 공개할 의무가 없는 기존 게임들에게 편법을 이용할 길을 열어 주는 것과 마찬가지이다.

V. 확률형 아이템 규제 대안 검토

1. 확률형 아이템의 규제방안

유료 확률형 아이템에 존재하는 사행성은 청소년 보호 및 일반 대중 사이에 사행성의 만연을 방지한다는 측면에서 어느 정도 규제가 필요하다. 그러나 이를 규제하고자 발의된 게임산업법 개정안에 법문상·법정책상 문제가 있다는 점은 앞서 살펴본 바와 같다. 그렇다면 지금까지 살펴본 문제를 해결하기 위해서는 다음과 같은 방안 중 하나를 생각해볼 수 있다: ① 게임업계의 자율규제에 맡기는 방안, ② 현행법령의 해석을 통한 규제 도모, ③ 규제목적에 맞는 입법 문언 정비.

그런데 첫 번째로 게임업계의 자율규제안이 일부 업체를 제외하고는 시장에서 제대로 작동하지 않는다는 것은 앞서 살펴보았다(위 Ⅲ 참조). 유료 확률형 아이템은 부분유료화 게임에서 주된 수익모델로서 게임업계가 수익감소를 받아들이면서까지 이를 자율규제할 것을 기대할 수 없을 뿐 아니라, 강제력도 없을뿐더러 그 제한도 협회 회원사에게만 미치

77_ 등급재분류를 위한 내용수정신고기한(7일) 및 등급분류 신청 처리기간(15일)을 더한 것이다.
78_ "사행성 게임 단속 '고삐' 죈다", 디지털타임스 2015년 8월 3일자 기사.

기 때문에 실효성이 적기 때문이다.

따라서 이하에서는 게임물 등급분류제도를 통한 유료 확률형 아이템의 규제를 검토하고, 그 다음으로 규제목적에 맞는 법문언을 새로이 검토한다.

2. 게임물 등급분류제도를 통한 규제

현행 게임산업법 및 동 시행령 등에 따르면, 게임물관리위원회에서 행하는 등급분류의 '사행성' 항목으로 확률형 아이템의 사행성을 어느 정도 규제할 수 있다. 2015.4.21. 일부개정된 게임물관리위원회 등급분류 규정(게임물관리위원회공고 제2015-32호)에서는 게임물이용정보에 해당하는 사행성을 판단하는 기준으로 동 규정 제14조를 적용하고 있다.[79]

〈표 3〉 게임물관리위원회 등급분류 규정 요약

전체이용가: 사행행위 모사가 없거나 사행심 유발 정도가 약하여 청소년에게 문제가 없는 게임물	가. 게임의 내용에 사행행위 모사 표현이 없거나 그 정도가 약한 경우 나. 가상현금(캐쉬 등을 말한다)을 이용하여 구매한 아이템의 결과가 우연적으로 결정되지만, 게임상의 가치가 투입된 금액에 비하여 낮지 아니하고 결과물을 예측할 수 있는 정보를 제공하는 경우 다. 가상현금으로 구매한 아이템을 조합 등의 시스템에 사용할 수 있으며 그 결과가 우연적으로 결정되지만, 그 재료 등을 게임 내에서 획득 가능하고 결과물을 예측할 수 있는 정보를 제공하는 경우
12세이용가: 사행행위 모사 및 사행심 유발의 정도가 12세 미만의 사람에게	가. 게임의 내용 중 일부에서 단순한 사행행위 모사의 표현이 있으나, 이용자의 참여가 불가능한 경우 나. 가상현금을 이용하여 구매한 아이템의 결과가 우

79_ 등급분류 규정 개정 전에 확률형 아이템 시스템을 반영하여 현재와 유사하게 등급분류 규정을 개정할 필요성을 제기한 문헌으로 김정환·오광균·장한별, 앞의 논문, 227-229면 참조.

유해한 영향을 미칠 수 있는 게임물	연적인 방법으로 결정되는 경우 다. 가상현금으로 구매한 아이템을 조합 등의 시스템에 사용할 수 있으며 그 결과가 우연적으로 결정되지만, 그 재료 등을 게임 내에서 획득할 수 없는 경우
15세이용가: 사행행위 모사 및 사행성 유발의 정도가 15세 미만의 사람에게 유해한 영향을 미칠 수 있는 게임물	게임의 내용 중 일부에서 제한적인 사행행위 모사의 표현이 있으며, 이용자의 참여가 가능한 경우
청소년이용불가: 게임법 제2조 제1호의2 각 목[80]에 해당하나 재산상이익 또는 손실을 주지 않는 게임물로서 18세 미만의 사람에게 유해한 영향을 미칠 수 있는 게임물	게임의 주된 내용이 사실적인 사행행위 모사에 해당하는 경우

이 규정에 따르면, 게임 내에서 작동하는 유료 확률형 아이템 시스템을 채택한 게임은 최소 15세이용가에서 청소년이용불가 등급판정이 내려진다. 그리고 동 규정 제18조 제1항 제1호에 따르면, "1인당 게임물의 이용에 사용할 수 있는 금액이 과도하여 사행성이 우려되는 경우"에 해당되는 경우에 사행성게임물로 확인하여 등급을 거부할 수 있다고 정한다. 다만 이와 같은 규정은 사업자가 자율적으로 이행하고 있는 결제한도(성인 50만 원, 청소년 7만 원 등)를 넘지 않는 한 적용하지 않는 것이 게임물관리위원회의 입장으로 보인다.[81] 이는 확률에 대해 가치판단을 하는 경우에 발생하는 문제점, 즉 심사기간의 장기화 및 적정한 기준 확립의 어려움을 방지하는 입장에서 당연하다.

이와 같은 제한은 유료 확률형 아이템이 게임 내에서만 작동해야 하

80_ 사행성게임물을 지칭함.
81_ 김윤명, 앞의 논문, 349-350면.

므로,[82] 게임 외에서 작동하는 경우, 예컨대 게임 홈페이지에서 아이템을 구매하고 즉시 확률적으로 결과가 도출되어 게임 내에서는 그 결과물만 받거나 확인하는 경우에는 적용되지 않는다는 단점이 있다. 또한 전술한 바와 같이 게임 서비스 중간에 확률형 아이템을 추가하는 경우 등급분류 심사기간이라는 문제점이 여전히 존재한다. 현행과 같은 사후심사가 아닌 사전심사를 통한 규제를 도모할 수 있으나, 게임물관리위원회의 과도한 업무부담 및 게임회사들의 영업의 자유 내지 영업비밀 침해라는 새로운 쟁점이 생겨날 여지가 있다. 그러나 위 규정들은 확률형 아이템이 가지는 사행성 문제의 취지를 반영하려고 노력하고 있으며, 등급판정 및 등급거부 등을 통해 확률형 아이템으로 인한 사행성을 어느 정도 규제할 수 있다. 지금은 미흡한 점이 있더라도, 앞으로 시행령 내지 심의규정의 정비를 통해서 문제를 해결할 여지가 있다.

3. 규제목적에 맞는 법문언 검토

개정안에 따르면 게임의 구성요소로서의 확률을 공개하기 위하여 게임물내용정보로 편입시키도록 되어 있다(개정안 제2조 제2호 참조). 그러나 이미 게임물내용정보로서 전술한 바와 같이 '사행성'을 검토하고 있는 바, 위 'VI. 2. 1)'에서 살펴본 것과 같은 문제가 발생한다.

이에 개정안 제2조 제2호처럼 확률형 아이템의 확률을 게임물내용정보로 지정하여 현행 등급분류제도에 혼란을 불러오기보다는, 등급분류와는 별도의 규정을 통해 확률을 공개하도록 하는 방법이 있다. 추가적으로 "유·무형의 결과물"이라는 포괄적 문언 대신 구체적인 묘사로 대상을 한정할 필요가 있다.

예컨대 "게임물 관련사업자는 가상현금 등을 이용하여 구매한 아이템의 결과가 우연적으로 결정되어 게임물 내로 편입되거나, 게임물 내에

82_ 제18조의 "게임물의 이용" 및 제14조의 "게임의 내용"으로 보아 게임 외에서 작동하는 경우를 포함하지 않는다.

서 우연적으로 그 결과를 도출하는 경우에 그 종류·구성비율·획득확률을 홈페이지 등에 공시하여야 한다"라는 규정을 신설하는 것이다. 이와 같이 규제대상, 목적, 방법을 구체적으로 명시해야 게임 내·외적으로 작동하는 경우를 모두 포괄하며, 공개대상의 확대를 막을 수 있고 공개방법의 통일도 도모할 수 있다.

4. 소 결

게임업계의 자율규제와 개정안의 법문언을 모두 비판한 입장에서, 규제의 필요성을 전제로 그 대안으로서 현행 게임물 등급분류제도를 통해 확률형 아이템을 규제하거나, 아니면 새로운 법문언을 통해 확률을 강제로 공개하는 방안을 검토하였다.

그런데 후자의 경우, 확률을 모두 공개하면 한 번 공개한 아이템 확률을 바꿀 수 없다는 부담이 크다. 모바일게임 개발사에서는 서비스과정에서 유저의 반응에 따라, 혹은 게임 내 경제나 밸런스에 따라 확률형 아이템의 결과값을 조절하는 일이 공공연하게 이뤄진다. 예를 들어 특정 등급의 몬스터가 예상치보다 많다면 해당 등급 몬스터가 나올 확률을 줄이거나, 경쟁게임에 비해 뽑기 확률이 과도하게 낮다고 판단되면 좋은 아이템의 확률을 조금씩 높이는 식이다. 하지만 확률형 아이템의 확률을 공개할 경우, 게임 내 밸런스가 개발사의 예상과 다르게 흘러가더라도 수습할 방법이 사라진다. 혹은 거센 비판을 감수하고 공개된 확률을 뜯어 고쳐야 한다. 게임업계에서 정부의 무조건적인 확률 공개가 담긴 개정안을 반대하는 이유이기도 하다.[83] 또한 확률형 아이템을 구성하는 확률의 전면적인 공개는 확률형 아이템의 금지를 제외하면 가장 강력한 규제이다. 따라서 이 방법이 적절한 규제방안인지에 대하여는 보다 깊은 논의가 필요하다.

83_ "게임업계의 확률형 아이템 자율규제를 '곧이 곧대로' 믿기 힘든 5가지 이유", 디스이즈게임 2015년 3월 19일자 기사.

한편 심의규정을 통해 규제한다고 하여도 ① 아이템의 가치를 환산할 확실한 기준을 정하기 어렵다는 점, ② 이득과 손실의 범위를 통제한다고 하더라도 유의미한 보상을 획득할 확률이 지나치게 낮다면 통제가 무력화되는 점 등의 문제점이 지적되고 있다.[84] 또한 ③ 처음부터 성인을 대상으로 한 게임에는 등급분류를 통한 규제가 통하지 않는다는 점, ④ 확률을 공개하지 않기 때문에 심사과정에서 게임회사가 제출하는 확률과 실제 게임에서 작동하는 확률이 다를 수 있다는 점, ⑤ 경우에 따라 게임물관리위원회에 소스코드를 제출해야 할 수도 있는데 앞서 살펴본 바와 같이 영업비밀의 침해가 될 소지가 있다는 문제점도 있다.

결국 일부 회사들을 제외하면 협회의 자율규제가 실효성이 없고 의원발의된 개정안도 여러 문제점을 안고 있는 상황에서 간략히 대안을 제시한 것에 불과하며, 확률형 아이템의 규제를 효과적으로 할 수 있는 방안에 대해서는 추가적으로 연구가 필요하다.

VI. 결 론

부분유료화가 온라인게임 및 모바일게임의 주된 과금방식으로 자리잡음에 따라 수익모델로서 유료 확률형 아이템 시스템을 채택한 게임들이 많다. 그러나 과도한 확률형 아이템의 도입으로 사행성 문제가 발생했고, 이를 자율적으로 규제한다는 협회의 자율규제안 시행의 실효성 부족에 대한 우려의 목소리가 커지면서 법적 규제가 필요하다는 주장이 힘을 얻고 있다.

'확률을 알 수 없는' 확률형 아이템으로 인해 피해를 본 게임 이용자들도 정우택 의원이 발의한 게임산업법 일부 개정안을 지지한다. 법적인 규제가 있으면 게임사들이 수익을 올리기 위해 마음대로 확률을 조작하

84_ 김정환 · 오광균 · 장한별, 앞의 논문, 233-234면.

거나, 사행성이 지나치게 높은 아이템을 출시하는 행위는 사라질 것이라는 생각 때문이다.[85]

하지만 게임업계에서는 비즈니스 모델에 대한 간섭 자체가 과도한 규제라는 입장이다. 셧다운제, 웹보드 게임 규제에 이어 또다시 게임산업을 위축시키는 악재로 작용할 것이라고 걱정한다. 웹보드 게임 규제 이후 NHN 엔터테인먼트와 네오위즈게임즈의 매출이 폭락했듯이, 확률형 아이템 시스템을 채용한 대부분의 게임업계의 수익이 나빠질 수도 있다. 입법을 통한 규제가 초읽기에 들어왔는데도 게임업계는 계속 자율규제를 통해 확률형 아이템의 비중과 사행성을 줄일 수 있다는 주장을 펴고 있다. 그러나 이 주장을 뒷받침하기 위해 2015년 상반기에 시행된 자율규제 역시 형식적인 규제 수준을 벗어나지 않고 있다. 업계의 불성실한 태도 및 부족한 강제성 등이 그 원인으로 지목된다.

유사한 문제가 발생했던 일본의 경우 정부가 확률형 아이템의 사행성을 지적하고 나서는 상황에 이르자, 일본의 게임업계는 자정 작용에 적극 나서며 상당히 신속하게 '랜덤형 상품 제공 방식에 대한 표시 및 운영지침'을 확립하는 모습을 보였다. 이런 움직임이 일본에서 게임 규제 법안이 생기는 것을 예방했다고 볼 수도 있다. 자율규제가 효과적으로 이뤄진 사례다.[86]

그러나 우리나라의 자율규제가 가지는 한계를 극복한다는 명분으로 발의된 게임산업법 일부개정안에는 그 취지에 공감함에도 불구하고 여러 문제점이 있다. 우선 게임의 내용을 이루는 객관적·구체적 요소인 확률을 게임물내용정보에 편입시켜 가치판단과 사실판단의 혼재를 가져왔고, 게임물관리위원회의 사무처리와 관련된 불명확성, 적용대상의 불명확성 내지 확대적용 문제, 마지막으로 부칙에 의한 개정안의 실효성 등의 문제가 있다.

85_ "'확률형 아이템'이 뭐길래, 규제 움직임에 벌벌 떠는 게임업체들", 조선일보 2015.5. 18.자 기사.
86_ "'확률형 아이템'에 드리운 그림자 … 게임업계, 기로에 서다", 인벤 2015.3.16.자 기사.

결국 개정안대로 법안이 변경되면 오히려 더 큰 문제를 야기할 소지가 있다. 법안을 통한 규제에 찬성한다고 해도 이와 같은 형식의 규제에는 찬성할 수 없다. 이에 대한 대안으로 현행법령의 게임물등급제도를 통해 규제하거나, 법문언의 정비를 통한 새로운 입법을 통한 해결을 검토하며 추가적으로 연구할 방향을 제시하였다.

만약 이번 기회에 개정안이 통과되지 못한다 하더라도, 한번 법적 규제가 시도된 이상 셧다운제처럼 지속적 시도를 통해 입법적 규제가 결국 이루어질 가능성은 충분하다. 게임업계가 자율규제를 들어 법안을 통한 규제를 반대하기 위해서는 지금보다 현실성 있는 결과물을 내놓아야 법안규제에 찬성하는 측에 영향을 미칠 수 있을 것이다. 자율규제에 있어 넥슨의 확률공개방식은 법안규제를 통해 달성하고자 했던 수준에 준한다는 측면에서 긍정적이며 다른 업체들도 참조할 만하다. 한편 법안규제에 찬성하는 측 역시 계속적인 연구를 통해 규제상대방도 납득할 수 있는 방안을 모색해야 할 것이다.

확률형 아이템의 역사를 되짚어 보고 개정안의 한계를 지적하는 데 집중하느라 구체적 대안을 도출해 내지 못한 것이 아쉽지만, 후속연구를 통해 보완할 것을 다짐하며 글을 마친다.

참조판례

대법원 2009.12.24. 선고 2009도7237 · 7238 판결.

대법원 2010.2.25. 선고 2009도12117 판결.

대법원 2010.7.22 선고, 2010도63 판결.

서울고등법원 2001.5.8. 선고 2000노2478 판결.

서울지방법원 서부지원 2000.11.8. 선고 2000고단1366 판결.

서울중앙지방법원 2004.2.16. 선고 2003고단10839 판결.

부산지방법원 2004.10.7. 선고 2004고단3425 · 4613 판결.

참고문헌

김윤명, "확률형 게임아이템의 법률 문제", 법학논총/38(1), 단국대학교 법학연구
　　소, 2014, 323-358.

김정환 · 오광균 · 장한별, "청소년 보호를 위한 게임물(확률형 아이템)의 합리적
　　규제 방안", 法學硏究/15(3), 인하대학교 법학연구소, 2012, 211-239.

민동현 · 오규환, "모바일 소셜 네트워크 게임의 부분 유료화 모델 연구", 한국컴
　　퓨터게임학회논문지/25(4), 한국컴퓨터게임학회, 2012, 169-179.

배대헌, "거래대상으로서 디지털 정보와 '물건'개념 확대에 관한 검토", 상사판례
　　연구/14, 한국상사판례학회, 2003, 301-353.

서태영 · 오규환 · 민동현, "마케팅 믹스 전략 기반 MMORPG 부분 유료화 모델
　　디자인", 한국컴퓨터게임학회논문지/25(2), 한국컴퓨터게임학회, 2012, 71-83.

양재모, "온라인 게임 아이템 현금거래의 문제점과 해결방안", 선진상사법률연구/
　　(34), 法務部 商事法務課, 2006, 113-130.

이재철, "게임아이템의 법적 고찰", 한국학술정보, 2007.

임건면, "온라인게임 이용약관의 법적 문제", 法學論文集/29(2), 중앙대학교 법학
　　연구소, 2005, 9-35.

정정원, "온라인게임 아이템의 형사법적 취급", 법학논총/29(4), 한양대학교 법학
　　연구소, 2012, 174-195.

정해상, "연구논문: 인터넷 게임아이템 거래에 관한 법리", 中央法學/5(3), 중앙 법학회, 2003, 261-274.

_____, "사행성게임물의 판단기준", 선진상사법률연구/(46), 法務部 商事法務 課, 2009, 136-155.

_____, "확률형 게임아이템에 관한 사행성 규제의 한계", 法學論叢/21(2), 조선 대학교 법학연구원, 2014, 143-162.

조장우, "게임아이템의 거래에 관한 민사적 검토", 영남법학/39, 영남대학교 법학 연구소, 2014, 87-125.

한국콘텐츠진흥원, 『2014 대한민국 게임백서』, 한국콘텐츠진흥원 정책연구실, 2014.

_____, 『2015 게임이용자 실태조사 보고서』, 한국콘텐츠진흥원 정책연구실, 2015.

황상민, "신세대(N세대)의 자기 표현과 사이버 공간에서의 상호작용", 한국심리 학회지 발달/13(3), 한국심리학회, 2000, 9-19.

황승흠 · 신영수, "확률형 게임아이템 규제의 접근방식: 일본의 "콘푸가차" 규제 방식과의 비교를 중심으로", 스포츠와 법/17(2), 한국스포츠엔터테인먼트법학 회(구 한국스포츠법학회), 2014, 239-266.

웹보드게임 규제효과 측정을 위한
미시적 실증분석 및 시뮬레이션 연구

전성민 · 김태경

Ⅰ. 서 론

한국 온라인 게임에 대한 정부의 정책은 일방적인 측면이 있다. 정부에서 정책을 입안하고 실행하면 민간이 따르는 식이다. 산업 종사자들의 의견이 반영되거나 실체적 현실을 잘 따져 보기에는 부족한 접근법이다. 비록 필요에 따라 이와 같은 방식이 주를 이루었다고 해도 이제는 민간 자율성을 적극적으로 활용할 수 있는 여건이 마련되었기에 새로운 접근을 고려해야 한다.

정책이 현실을 잘 반영해야 한다는 주장은 다소 교조적으로 읽힐 수 있다. 그런데 게임이 정보기술의 총체라는 점에서 가볍게 볼 수만은 없다. 정보기술 혹은 IT(Information Technology)는 기술적 진보가 빠르고 그 결과물을 인터넷을 통해 빠르게 유통한다. 많은 벤처들이 IT를 기반으로 할 뿐만 아니라 청년 창업과 성공신화의 주된 터전을 제공하는 것도 IT다. 이와 같이 빠르고 창의적인 영역을 정부의 일방향적 규제 수립 방법으로 대응하는 일은 무리이다.

또한 정부규제를 효과적으로 실행하려면 모니터링이 중요한데 온라인 게임 내에서 일어나는 활동은 사기업의 데이터베이스에 축적되어 외부 감시에 한계가 있다. 특히 게임 사용자의 행동 데이터를 확보하여 규제를 가다듬는 활동이 뒤따를 필요가 있으나 자칫 지나친 외부 간섭으로 비쳐 게임 산업 자체가 위축될 우려도 제기된다.

그렇다고 하여 정부규제를 전면적으로 배격하고 게임 업계의 사적 규제나 자율 규제에 문제를 맡기기에는 사안이 엄중한 측면이 있다. 현실적으로 많은 게임 사용자는 청소년과 같이 보호받아야 할 필요가 있는 계층에 속해 있고, 성인이라 해도 자기 통제력을 완벽히 발휘한다는 보장은 없다. 무엇보다 온라인 웹보드 게임(Online Web Board) 게임은 게임의 규칙이 오프라인상의 도박과 유사한 측면이 있고, 게임 성과에 따라 비록 가상 화폐이지만 이익을 나눠 가지는 구조를 가지고 있어 사행성 논란에서 자유롭지 않다. 사행성이 있다고 믿어지는 오락물에 대한 현실의 엄정한 규제가 있는 마당에 온라인 게임이라고 예외로 간주되기는 어렵다.

문제는 정책을 입안하고 실행하는 정부나 자율적 규제를 보다 더 선호하는 게임 업계나 모두 정당한 근거에 따라 규제 방식과 규제 강도에 대하여 합의하고 있다는 증거가 부족하다는 사실이다. 정책 당국은 사행성과 그 피해 정도에, 그리고 업계는 산업 위축과 게임 사용자의 정당한 소비 권리에 초점을 맞춰 서로 간의 합의점을 찾기란 어려울 수 있다. 그런데 사행성의 정도나 양상에 대한 자료를 바탕으로 정책을 마련했거나 실제 발생되는 사회적 손실의 정도가 객관적으로 측정되고 정책의 효과에 따라 감소했다는 선행 연구는 찾아보기 어렵다. 한편, 자율 규제의 필요성에 대한 기초적인 공감대 이외에 자율 규제가 도입되었을 경우 정부의 정책만큼 실효성이 크다는 정량적 근거 자료가 제시된 선행 연구 역시 적절한 수준으로 이루어지지 않았다.

2018년 게임산업 전망 보고서는 국내의 게임 시장이 가파르게 성장하고 있고 보다 더 모바일 기기 위주로 체질이 변하고 있다고 보고 했다(장원열 & 신수연, 2017). 2016년에는 11.7%였던 모바일 게임의 성장률은 2017년 42.2%로 급격히 커졌다고 한다. 한국콘텐츠진흥원은 2017년에 한국 게임 시장의 규모가 10조 8,945억 원으로 추산된다고 보고했다(한국콘텐츠진흥원, 2017). 게임 제작 및 배급에 참여하는 종사자만도 3만 3천 명이 넘고, 게임 유통에 참여하는 사람은 4만 명에 이른다. 게임의 중독적 성향을 문제 삼아 전면 금지하거나 자유롭게 풀어 달라고 주장하기에는 우리 경제에서 차지하는 비중이 적지 않다. 특히 2000년대 초반 게임방 열풍을 산파 삼아 시작된 한국의 온라인 게임 산업은 당시의 젊은 게임 세대가 40~50대에 이르는 중년층으로 바뀔 때까지 이어지고 있다. 게임의 사용 연령이나 사용 기기, 그리고 게임의 콘텐츠 다양성에 이르기까지 앞으로의 게임 산업은 더욱더 다양화되고 성장할 것으로 보인다.

본 연구는 이와 같은 배경으로 다음 질문을 풀어 보고자 한다: "왜 정량 분석을 기반으로 온라인 웹보드 게임 정책을 이해해야 할까?" 보다 구체적으로 행위자 기반 시뮬레이션을 통해 규제 방식과 강도에 따른 효과를 가상적으로 살펴보고 정책 방향에 대한 토론과 협의가 가능할 것인가를 알아보려 한다. 특히 성인을 대상으로 한 웹보드 게임은 사행성 시비에 빠질 가능성이 높은 반면 구매력이 갖춰진 사용자들을 대상으로 하기 때문에 정책 당국이나 업계 모두가 다툼을 벌일 여지가 높은 대상이다.

II. 연구 배경

1. 온라인 게임 규제와 웹 보드 게임

게임 산업은 제작 및 배급업과 유통업으로 크게 나누어진다. 이 가운데 게임 제작 및 배급업은 다시 게임 유형에 따라 인터넷을 통한 온라인 게임, 콘솔 기기 기반의 비디오 게임 등으로 나눌 수 있다. 최근에는 모바일 게임이 주요 분류 범주에 포함되는 추세다.

게임에 대한 규제 가운데 강제적 규제가 적용되는 주요 영역은 온라인 게임이다. 예를 들어 셧다운 제도를 생각해 볼 수 있다. 여성가족부는 2015년 5월 1일에 셧다운 제도에 대하여 발표했다. 이는 청소년을 대상으로 심야시간대 인터넷게임의 제공을 금지하는 것을 목적으로 했다. 당시 모바일 게임은 한시적으로 적용 유예를 받았고, 콘솔 게임의 경우 유료 서비스일 경우에만 해당되도록 제한을 두어 규제의 주된 대상이 PC 기반의 온라인 게임임을 명확하게 알 수 있었다.

게임에 관한 규제나 게임 산업의 영업에 관한 규제는 주로 청소년보호법과 게임산업진흥에 관한 법률을 기초로 한다. 두 법의 주무 관청은 다른데, 전자는 여성가족부가 후자는 문화체육관광부가 담당한다. 게임 내의 내용에 따라 사용자의 범위를 제한하는 등의, 게임물관리위원회의 규제 방향과는 달리, 게임 시간을 기준으로 규제를 하거나 규제의 방법에 접속 시간 등을 포함하는 등의 강제적 조항을 포함한다는 점에서 여성가족부나 문화체육관광부의 규제는 차별화된다.

특히 게임산업진흥에 관한 법률은 제목에서도 알 수 있듯, 게임 산업의 진흥과 규제를 동시에 강조한다. 이 법의 제1조는 게임산업의 진흥과 건전한 게임문화 확립이 법의 목적이라고 명시하고 있다. 제2조는 사행성 게임의 범위에 "베팅이나 배당을 내용으로 하는 게임물"과 "우연적인 방법으로 결과가 결정되는 게임물"이라고 하고 그 결과가 재산상의 이익 또는 손실을 주는 것이라고 규정한다.[1] 유료 게임의 경우 우연적 방법으로 결과가 결정될 경우 사행성이 있다고 보아 해당되는 범위가 방대하다. 사실상 모든 게임이 확률적 결과를 만드는 알고리즘에 의존하고 있다는 현실에서 보면 유료로 제공되는 게임은 모두 사행성 게임의 범주에서 자유롭지 않다. 최소한 베팅이라는 방법이 명시적으로 드러났다면 사행성 규제의 대상이 된다.

게임산업진흥에 관한 법률의 '진흥'은 제3장 게임문화의 진흥 부분에서 규정된다. 제12조는 게임문화의 기반조성이라는 제목으로 이를 위해 "게임과몰입이나 사행성·폭력성·선정성 조장 등 게임의 역기능을 예방하기 위한 정책개발 및 시행"을 해야 한다고 규정한다. 또한 제12조의

1_ 법률 제15378호, 2018.2.21., 일부개정.

2는 게임과몰입의 예방 등에 관한 내용을 담고 있는데 "게임과몰입등에 대한 실태조사 및 정책대안의 개발"을 한다고 명시한다. 정리하면 게임산업진흥의 진흥 취지는 게임 산업 자체에 대한 지원이나 장려가 아닌, 게임 사용자의 과몰입을 부추기지 않도록 게임 업계를 관리하고 감독하는 것이다. 온라인 게임이 글로벌 수준으로 개방된 현실을 감안할 때 사용자의 과몰입 수준이 적절하게 통제되어야 수출 진흥과 같은 게임산업진흥이 가능하다는 논리를 기초로 했거나 국내 과몰입 사용자가 많을 경우 게임산업진흥에 장애가 초래된다는 인식이 바탕이 된 듯하다. 김민규(2007)는 부모 세대가 게임에 대하여 가지는 부정적 인식을 종식시켜 결과적으로 게임 산업 진흥에 도움이 된다는 취지라고 설명한다.

게임산업진흥에 관한 법률의 시행령은 별표 2에 '게임물 관련 사업자의 준수사항'을 자세히 규정한다.[2] [표 1]은 시행령의 별표 2의 8항 내용 중 본 연구가 관심을 두는 성인을 대상으로 한 웹보드 게임에 관련된 부분이다. 편의상 각 항목을 대상, 총량규제, 사용규제, 격리규제로 칭한다.

'대상'을 보면 해당 법령이 현실에 존재하는 대부분의 웹 보드 게임을 규제 대상으로 삼는다는 점이 잘 드러난다. 총량규제를 통해 사용자가 현금으로 구매하거나 쿠폰 등을 통해 증여받아 충전할 수 있는 게임머니(Game Money)[3]의 월 한도는 50만 원으로 제한된다. 사용규제는 한 번 게임에 현금 5만 원 가치의 게임머니를 사용할 수 없다는 뜻이다. 마지막으로 격리규제는 만약 어떤 사용자가 게임을 한 결과로 24시간 내에 하루 10만 원 가치의 게임머니를 잃었다면 해당 게임이 종료된 이후 24시간 동안 접속이 차단된다는 것이다. 예를 들어, 한 사용자가 어떤 게임(A)의 직전까지의 결과를 정리해 보니, 승리한 결과 10만 원 가치의 게임머니를 획득했고, 패배한 결과 19만 원 상당의 게임머니를 상실했다면 현재 9

2_ 대통령령 제28236호, 2017.8.9., 일부개정.

3_ 게임상에서 통용되는 일종의 가상화폐를 지칭하는 용어이다. 게임머니는 현금과의 교환비율에 따라 획득 가액이 사전에 정해져 있다. 예를 들어 1만 원 현금은 10만 게임머니라는 식이다. 게임머니는 일종의 아이템으로 해당 게임 시스템 내에서만 사용된다는 전제가 있다. 게임머니를 다시 현금으로 바꾸는 일은 법령에 따라 엄격히 규제된다.

만 원 상당의 게임머니 상실분이 있다고 본다. 이때 게임 A의 결과 이 사용자는 패배한 것으로 드러나 3만 원 상당의 게임머니를 잃었다면 총 12만 원 상당의 게임머니 상실분이 발생된다. 그 결과 게임 A가 종료된 이후 24시간 동안 사용자는 웹 보드 게임물에 접속할 수 없다. 다른 규제와 달리 격리규제는 내용이 복잡하고 24시간 동안 게임 사용자의 게임 결과에 따라 규제가 적용되기 때문에 다소 이해하기 어렵다.

[표 1] 게임물 관련사업자 준수사항 발췌

항 목	내 용
8항 (대상)	「정보통신망 이용촉진 및 정보보호 등에 관한 법률」제2조 제1항 제1호의 정보통신망을 통하여 베팅이나 배당의 내용을 모사한 카드게임이나 화투놀이 등의 게임물(이하 이 호에서 "게임물"이라 한다)을 제공하는 게임제공업자는 다음 각 목의 사항을 준수해야 한다.
제8항 가목 (총량규제)	게임물 이용자 1명이 게임물을 이용하기 위한 가상현금(캐쉬 등을 말한다. 이하 이 호에서 같다), 게임아이템 등의 1개월간 구매(다른 게임물 이용자로부터 증여 등을 통하여 받은 것을 포함한다)한도가 50만 원을 초과할 수 없도록 하여야 한다.
제8항 나목 (사용규제)	게임물 이용자 1명이 1회 게임에 사용할 수 있는 게임머니가 가목에 따른 구매한도 규모에 따라 지급될 수 있는 게임머니(게임물 이용자 1명이 가목의 한도까지 가상현금, 게임아이템 등을 구매하는 때 지급될 수 있는 게임머니 총량의 최저치를 기준으로 한다. 이하 이호에서 같다)의 10분의 1을 초과할 수 없도록 하여야 한다.
제8항 다목 (격리규제)	게임물 이용자 1명의 게임머니가 게임을 통하여 1일 동안(같은 날 오전 0시부터 24시 사이를 말한다) 가목에 따른 구매한도 규모에 따라 지급될 수 있는 게임머니의 5분의 1을 초과하여 감소한 경우(게임을 통하여 획득하거나 상실한 게임머니를 합산한 결과, 게임머니가 가목에 따른 구매한도 규모에 따라 지급될 수 있는 게임머니의 5분의 1을 초과하여 감소한 경우를 말한다) 그 당시 진행되고 있는 게임이 종료된 이후부터 24시간 동안 해당 게임물 이용자에 대하여 해당 게임제공업자가 제공하는 모든 게임물의 이용을 제한하여야 한다.

청소년을 대상으로 한 게임의 시간 규제는 한국의 독특한 규제 방식으로 자리 잡았고, 성인을 대상으로 한 시간 규제 역시 태국을 제외한다면 한국적 규제라고 볼 만하다(김종일, 2017). 게임물에 대한 규제는 게임 사용자에게 일종의 '경고'를 보내거나 강제적 수단을 동원해서라도 발생할 수 있는 개인적 불행을 사회가 막아 보고자 하는 노력의 결과로 해석된다(김민규, 2018).

흥미로운 사실은 총량규제, 사용규제 및 격리규제의 내용이 구체적이며 절차적 성격을 가지고 있다는 점이다. 월 50만 원 결제 한도나 1회 5만 원을 초과한 금액을 사용 금지한다는 항목은 왜 그와 같은 액수가 결정되었는가 하는 점에서 궁금증을 유발한다. 무엇보다 하루 동안 게임 사용자가 소실한 게임머니의 총량 10만 원을 게임에 참가할 수 있는 자격을 박탈하는 근거로 삼는다는 입장은 그 금액 기준과 함께 격리규제의 효과성 입증의 절차나 과정이 무엇인지 하는 호기심을 자극한다.

규제의 기준을 현실의 화폐 단위를 하고 있으므로 가상화폐와 현실화폐의 전환 비율에 따라 규제에 처할 수 있는 사용자와 그렇지 않은 사용자가 수시로 바뀔 가능성이 있다는 점도 지적된다. 법의 취지가 '과몰입' 혹은 '중독' 예방이라면 문제를 안고 있는 사용자가 가능한 게임 밖으로 빠져나오도록 유도해야 한다(김민규, 2007). 그런데 환전비율을 변경하거나 비매품 성격의 또 다른 가상화폐를 혼용하여 사용하도록 함으로써 제시된 모든 규제를 회피하여 게임을 지속하는 것이 가능하다. 예를 들어 사용규제의 경우 10만 코인의 게임머니가 5만 원에 해당되었던 것을 20만 코인이 5만 원의 교환가치를 가지도록 변경하면 게임 사용자의 행동을 규제하기 어려워진다. 게임에서는 여전히 10만 코인이 1회 배팅 한도로 결정되고 게임 중 경험에 아무런 변화가 없는 반면 사용규제는 무력화된다. 격리규제도 마찬가지로 회피 가능하다. 예를 들어 경험치를 하나의 가상화폐로 삼을 경우 이는 현실 화폐로 구입이 불가능한 비매품 성격을 가진다. 그런데 경험치로 희소한 게임 아이템을 얻을 수 있다고 하자. 격리규제가 예상될 경우 사용자가 게임머니 대신 게임 아이템을 현물로 배팅할 수 있다면 경험치로 획득한 또 다른 게임머니를 소진하면서 격리규제를 회피하는 결과가 초래된다. 특히 격리규제는 24시간 동안의 게임 기록을 바탕으로 하기 때문에 게임을 개발할 때 규제를 회피할 수 있는 알고리즘을 도입하기가 더욱더 용이하다. 환전비율이나 비매품 성격의 가상화폐 사용을 활용하는 일을 억제하려면 게임 개발사의 영업 방식을 직접 규제해야 하는데 이것이 현실적으로 가능한 방법인지는 확실치 않다.

2. 규제 근거를 마련하기 위한 정량 분석

인터넷은 정보의 범람을 가져왔다. 누구든지 원하면 정보를 배포할 수 있고, 정보를 접하는 채널도 다양하다. 인터넷상의 정보를 저장하는 양과 속도 그리고 다양성은 크게 증대되었고 이에 발맞추어 데이터를 분석하는 능력 또한 크게 진보했다. 이와 같은 흐름을 표현하는 적절한 용어가 '빅 데이터'이다. 데이터가 직접 의사결정에 영향을 준다는 측면에서 보면 빅 데이터(Big Data)는 빅 임팩트(Big Impact)로 연결되는 추세다(Chen et al., 2012). 빅 데이터는 공공부문에서 데이터를 활용한 보다 세밀한 정책 수립이나 정책 평가를 가능하게 할 것으로 기대를 모으고 있다(김유심, 2017). 데이터가 주는 객관성과 정부 정책 수립자의 경험적 지혜를 모을 수 있다면 정책 실패의 가능성을 줄이고 사회적 이익을 높이는 일에 도움이 된다(Davies, 2004).

데이터 분석을 기반으로 한 대표적인 정책 입안 사례로 1966년의 고속도로 안전법(Highway Safety Act) 사례가 있다. 교통사고 사례를 정량적 지표로 다루고 이를 개선하기 위한 방법들을 협의하였으며 미국의 여러 주들이 기본적인 공감대를 갖추도록 데이터를 활용했다. 이와 같은 전통은 최근 자율주행차 관련 정책을 위한 각종 연구에서도 잘 드러난다(Fagnant & Kockelman, 2015). 기업들은 상당 기간 규제 당국의 허가를 얻어 데이터를 획득하고 그것의 결과를 투명하게 공개함으로써 관련 신기술이 미칠 사회적 파급효과와 규제가 필요한 부분에 대한 공감대를 이끌어 내기 위해 노력하는 것이다.

디지털화된 데이터는 상대적으로 쉽게 관리할 수 있으며 신속하게 분석될 수 있다. 빅 데이터 기술과 머신 러닝 기술의 발전은 보다 더 실시간에 가까운 데이터 분석 환경을 제공하도록 한다. 특히 디지털 정보를 관리하는 회사는 사용자의 행동과 거래 과정 등을 들여다볼 수 있어 상당한 지식 축적이 가능하다. 정책을 입안하는 주체는 이들 회사들과 협력하여 정책을 수립하는 일이 불가능하지 않다.

물론 데이터와 사실 자료가 정책 수립의 모든 것을 결정하지는 않는다. 정책은 목적지향적이고 미래지향적인 성격을 가지고 있으며 현실에서 생성된 정보를 해석하는 일도 주관을 완전히 배제하지는 않는다(Stone, 1997). 무엇보다 공공정책이 지향하는 바는 정책 입안자의 철학에 영향을 받을 수 있다.

그럼에도 불구하고 증거 기반의 정책 수립(Evidence-Based Policy Making: EBPM)이 정책 결정자의 의견 기반의 정책 수립(Opinion-Based Policy Making: OBPM)과 함께 동등한 수준에서 다루어질 필요는 존재한다(Davies, 2004). 정책은 과학적 증거 수집 과정에 준하는 절차에 따라 획득된 사실적이고 객관적인 자료에 기반을 해야 한다는 것이 EBPM이다. 연구 커뮤니티에서 정책에 관련된 양적 자료들을 분석한 결과를 제시하거나 전문가의 의견이나 법적 내용을 다루는 정성적 분석 자료를 축적하는 과정이 EBPM을 뒷받침한다(Sutcliffe, 2005). 정부의 정책이 시행되고 나면 그 시행 시점을 전후로 서로 다른 사회적 실험 환경이 조성된다고 볼 수 있다. 따라서 정책에 관한 거시적 지표들을 선행하여 수집하고 분석하고, 정책 시행 전후의 결과치를 비교함으로써 정책 목적 달성에 얼마나 근접했는가를 따져본다(Davies, 2004). 예를 들어 이중차분법(Difference-in-Differences)은 정책의 성과 분석에 널리 활용되어 온 양적 분석법이다(Conley & Taber, 2011; Dimick & Ryan, 2014; Donald & Lang, 2007). 패널 데이터를 기반으로 한 이중차분법은 연속 기간의 임의 시점을 전후로 유의미한 통계적 차이가 발생

했는지를 검정한다. 이중차분법을 간단히 표현하면,

$$y_{it} = \gamma_{s(i)} + \lambda_t + \delta I(s(i)) + \varepsilon_{it} \qquad \text{(Eq. 1)}$$

로 기간 간 정책 효과인 $s(i)$의 통계적 유의미성에 초점을 둔다.

의료 정책과 같이 대중에 민감한 사안은 보다 객관적인 데이터를 기반으로 공정하고 합리적인 정책 마련이 절실하기 때문에 EBPM이 적절한 대안이 될 수 있다(Hornby & Perera, 2002). 의료 분야는 데이터 축적이 필수적으로 요구되는 영역이며 공중보건이나 의료보험을 위해 데이터를 일찍부터 활용해 온 경험이 있어 EBPM에 도움이 된다(Cookson, 2005).

3. 시뮬레이션과 정책에 대한 정량 평가

시뮬레이션은 사전에 데이터 축적이 충분히 진행되지 않은 영역에서도 정량적 자료에 기반한 정책 마련을 할 수 있도록 도움을 준다(Berger, 2001). 특히 온라인 웹보드 게임의 규제 혹은 산업 진흥 정책은 사용자의 행위나 행위 결과를 대상으로 하기 때문에 일반적인 경제적 분석으로 접근하기에는 한계가 있다. 예를 들어 게임 과몰입에 관한 객관적 측정 지표를 마련하여 주기적으로 이를 측정해 왔다고 해도 어떤 정책적 원인 때문에 지표에 변화가 있는지를 실험적으로 증명하기는 어렵다. 무엇보다 정책을 개발하기 위한 담보가 사용자의 과몰입 정도이기 때문에 윤리적인 문제에서 자유롭지 않다. 과몰입을 적극적으로 대처하기 위한 과정에서 생성된 데이터를 기반으로 하지 않는다면 정책을 마련하기 위해 일반 사용자를 실증 실험의 대상으로 삼았다는 비판에 직면할 위험이 있다. 이는 의료 영역과는 달리 웹보드 게임 산업으로 인한 과몰입이 부작용에 기인하기 때문이고, 교통 영역과는 달리 과몰입이 여러 단계에 걸쳐 다르게 평가될 수 있어 직접적인 측정 또한 어렵기 때문이다.

황인영 & 박정훈(2015)은 경제 지표를 분석하여 청소년을 대상으로 한 셧다운 제도의 시행이 국내 온라인 게임 매출에 유의미한 감소를 가져왔다고 보았다. 이러한 문제 인식을 기반으로 시뮬레이션 방법의 일종인 시스템 다이내믹스(System Dynamics)의 기초적 아이디어를 연구에 접목했다. 즉, 온라인 게임 혁신 인과지도와 이용자 몰입 인과지도, 그리고 관리비용 인과지도 등을 그려 온라인 게임 시장을 시뮬레이션 모형으로 묘사했다. 그 결과 셧다운 제도와 같은 시간 기반의 규제 방법이 국내 온라인 게임의 품질에 부정적 영향을 미친다는 점을 보였다. 한편, 이러한 효과는 외국산 게임에는 나타나지 않았다. 무엇보다 국내 온라인 게임 사용자 감소에 셧다운 제도가 큰 영향을 미치는 것으로 드러났다. 해당 시뮬레이션이 보여 준 결과를 정리하면 국산 게임의 사용자 수와 과몰입 평가 지표가 선형적 관계에 있을 때 시간 기반의 규제 방법은 효과를 본 것으로 판단할 수 있다는 점, 그리고 이에 대한 반작용으로 국산 게임의 국제 경쟁력이 약화된다는 점이 확인된다.

복잡계(Complexity System)를 전제로 한 또 다른 시뮬레이션 모형이 행위자 기반 모형(Agent-Based Model: ABM)이다. 예를 들어 Malleson et al. (2010)은 범죄 예방을 위한 정책 수립에 도움이 될 수 있는 규칙을 도출하기 위해 ABM을 활용할 것을 제안했다. 의료 영역과 마찬가지로 범죄 예방에 관한 것 역시 축적된 데이터를 바탕으로 한 보다 효과적인 정책 수립이 가능하다. 그러나 한편으로 새로운 정책을 우선 도입하고 그 결과를 관찰하기까지 발생되는 사회적 피해나 윤리적 책임 문제에서 자유롭지 않다. ABM은 행위자의 행동 규칙을 설계하고, 행위자 간의 상호작용 방법 및 환경과 행위자 간의 상호작용에 관한 구체적인 내용을 설계할 수 있어 다양한 측면에서 정책 대안을 구상하고 실험하기에 적합하다.

Ⅲ. 사례 연구

1. 행위자 기반 모형의 설계

(1) 행위자 기반 모형

컴퓨터의 발전에 따라 ABM은 여러 학문 분야에서 활용되어 왔다. ABM은 경제학 이론의 발달과 컴퓨터 연산 속도의 향상 및 이미지 구현 기술 등 전반적인 정보기술의 발전과 함께 성장하였다. 초기 컴퓨터 시대인 1948년 폰 노이만(von Neumann)은 ABM의 이론적 기반이 되는 셀룰러 오토마타(Cellular Automata) 모형을 제시하였다. 셀룰러 오토마타 모형은 초기엔 주로 생물학, 물리학, 지리학 등에서 활용되었으나 이후 미시적, 동태적 특성을 구현하는 방법론과 결합되어 사회과학 분야에서도 활용되기에 이르렀다. 이후 모형 내 개별 인자의 변화를 분석, 시스템 전체의 변화를 파악하려는 노력이 컴퓨터의 성능 향상에 따라 더욱더 정교해졌다.

방법론적 측면에서 Axelrod(1997)는 ABM을 기존 사회과학의 논리체계인 귀납법 및 연역법과는 차별되는 체계를 갖춘 제3의 방법론(The third way of doing science)이라고 평가하기도 하였다. 대표적으로 ABM은 사회과학 분야에서의 주거 분리 모형을 증명하는 방법으로 활용되었고 (Schelling, 1971), 자연과학 분야에서는 컴퓨터 공학자 Reynolds가 1986년 "바이오드(Biods)"라는 프로그램에서 동물 집단의 무리 이동 원리를 파악하고 컴퓨터로 재현하기 위해 행위자 기반 모형의 개념을 활용하기도 하였다. 1990년대 후반부터 컴퓨팅 기술 및 연산 능력의 비약적인 발전으로 현실 반영 수준이 대폭 향상된 모형을 구현할 수 있게 되면서, ABM은 사회과학과 자연과학은 물론 공학적 접근을 통한 문제해결 기법으로 활용되며 다양한 분야로 확산되어 과학적 시뮬레이션 제작의 도구적 기초를 제공하기에 이르렀다.

ABM은 미시적 수준의 변화가 유발한 거시적 차원의 결과를 분석하기 위한 모형이다. 행위자(Agent)의 특성을 파악하고 행위자 간, 혹은 행위자와 환경 간의 상호작용을 규정하는 등의 상향식 방법으로 모형을 구축한다는 특정이 있다. 이를 위해 우선 모형의 대상이 되는 행위자와 환경에 대한 자세한 관찰이나 데이터 분석, 혹은 이론적인 가정과 그것의 합리성을 따지는 과정이 선행되기도 한다.

ABM은 수리모형에 포함된 여러 가정들을 논리적으로 따져 보거나 현실 데이터로 가정의 타당성을 확인하는 등의 기존의 사회과학 연구와는 차별화된다. 연구자가 비교적 자유롭게 상향식 모형을 구성하며 빅데이터 및 컴퓨팅 기반 연구 등을 통해 데이터 접근도를 높여 기존 경제학적 접근방식의 분석 모형의 일부 한계를 극복하는 것으로도 볼 수 있다. ABM은 다수 행위자 간의 상호작용을 고려하여 시스템 내에서 발생하는 변화의 양상을 설명하기 위해 여러 사회과학 및 자연과학 이론에 기반을 두고 발전되었다. ABM 이름에서도 파악할 수 있듯이 행위 주체 간 관계에 초점을 맞춘 모델링 기법으로 설명된다. 사회과학 분야에서 대표적인 정량분석 기법으로 활용되는 경제학적 접근은 사회경제적 현상

[그림 1] 행위자 기반 모형을 활용한 연구의 프레임워크

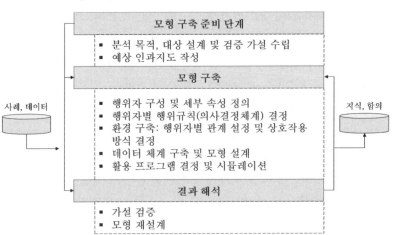

을 이해하기 위해 관련 데이터를 기반으로 수리적 분석이 필요하다. 그럼에도 불구하고 현실적으로 발생하는 경제변동 및 변화 등을 적절하게 예측하지 못하는 한계에 직면하고 있다. 이러한 한계는 모형이 정형화된 과거 데이터를 중심으로 구축되어 사후적으로(ex post) 분석하는 구조적 문제에서 기인하며, 이로 인해 경험한 적 없는 문제에 대한 예측 및 설명이 부족하게 된다. 즉, ABM은 연구자가 이질적(Heterogeneous) 행위자별 행위규칙(Behavior rule)과 행위자 간 상호작용(Relationship) 및 외부환경(Environment)을 설계하여 시뮬레이션 분석을 수행하므로, 기존의 경제학적 분석에 비해 사전적(ex ante)인 분석에 있어 비교적 자유도가 높다고 할 수 있다.

(2) 설계 기반

행위자 기반 모형을 구현하려면 컴퓨터로 행위자의 행동 방식을 정의해야 한다. 무엇보다 각 행위자들이 자율적으로 행동할 수 있도록 해야 하며, 행위자들끼리 모였을 경우 일어나게 될 상호작용 방식도 정해 주어야 한다. 한편, 시뮬레이션 환경 안에서 일어나는 일은 확률적인 프로세스에 의존하고 관찰자가 어떠한 외력도 가하지 않은 상태에서 벌어지게 될 일이 창발적(emerging) 과정을 거쳐 드러나게 해야 한다. 즉, 복잡계 시뮬레이션의 특징이 잘 반영되는 것이 중요하다.

연구자의 설계상 어려움을 해결하기 위한 적절한 방법으로 시뮬레이션 작성에 필요한 제3자 라이브러리의 활용을 생각해 볼 수 있다. 행위자 기반 모형을 개발하기 위해 만들어진 컴퓨터 라이브러리에는 AnyLogic, Cougaar, MASON, LetLogo, Repast 그리고 Swarm 등이 있다. 이들 모두가 동일한 목적하에서 활용될 수 있으나 성능 면에서는 차이가 있다. 무엇보다 설계의 편리함이나 확장 가능성을 고려했을 때 연구 영역에 적합한 라이브러리 선택이 중요하다. 본 연구에서는 파이썬(Python) 프로그래밍을 기반으로 한 Mesa를 사용했다(Grimm et al., 2005). Mesa는 객체 지향 설계를 바탕으로 하여 행위자의 형상을 보다 더 간편하게 설계할 수 있도록 한다. 또한 파이썬 데이터 처리 라이브러리나 각종 통계 처리 라이브러리와 직접 연결하여 활용할 수 있어 연구자의 편의를 도모하고 있다.

(3) 설계의 주요 내용

웹 보드 게임을 단순화시키면 무작위로 게임 상대방이 만나 확률적인 과정에 따라 승부를 내는 과정으로 볼 수 있다. 이때 승부 결과에 따라 서로 게임 당사자가 보유한 게임머니가 줄거나 늘게 되며 그 합은 0이 되는 제로-섬(Zero-Sum) 상황이 필요하다.

$$\alpha = |y_i| - |y_j| = 0 \qquad\qquad\qquad (\text{Eq. 2})$$

서로 다른 상대가 가진 부의 증감액(y)의 차이는 항상 0이 되는 상황은 웹 보드 게임의 결과와 일치한다. 게임의 방식은 완전랜덤화된 승부를 따른다. 다만, 시뮬레이션상 승부를 거는 쪽과 승부를 받는 쪽(딜러)을 분리하여 추후 확장 가능하도록 했고, 딜러가 약간 더 승부에 유리할 수 있도록 확률값을 바꿀 수 있도록 했다. 게임 상대방은 완전랜덤화된 방식으로 결정되어 게임에 참여하는 대상은 서로를 전혀 확인할 수 없다. 이 역시 현실에서 일어나는 일은 잘 반영한다.

게임을 함에 있어 게이머(Gamer)라고 불리는 사용자는 총량규제, 사용규제 그리고 격리규제를 모두 적용받는다. 이때 게이머의 상태변화를 추적하기 위해 [표 2]와 같은 변수들이 포함되었다.

[표 2] 행위자의 주요 변수

행위자의 변수	내 용
Paid sum	지급 총량(현금)
Gold	보유하고 있는 게임머니
Lockdown	총량규제 적용(True/False)
Day lock	격리규제 적용(True/False)

Experience	해당 웹보드 게임의 경험(tick 단위)
Game depending	게임에 대한 의존도 점수(정수 증가/감소)
Treatment cost	과몰입 해소를 위한 지급 비용(현금)
Days in ground	과몰입 치료에 필요한 최소 시간
Illegal trading	불법거래 횟수
Is broker	불법거래 브로커 역할(True/False)
Broker revenue	불법거래 브로커의 총수익
Overindulgence	과몰입(True/False)

시뮬레이션의 최종 관측치는 사용자 전체의 과몰입 정도다. 따라서 정책의 방향은 결국 어떤 시간에 과몰입 수준을 측정하여 이를 관리할 수 있도록 하는 것이다.

$$\sigma_t(\,\cdot\,) \equiv \beta_0 + \beta_1 \omega_1 + \beta_2 \omega_2 + \beta_3 \omega_3 + \epsilon_t \qquad\qquad \text{(Eq. 3)}$$

시뮬레이션이 움직이는 시간을 t라고 할 때 과몰입 수준 σ는 과몰입을 판단하는 사건 β들의 결합과 우연적 사건 ϵ_t으로 결정된다고 본다. 과몰입 수준을 결정하기 위해 우리는 시그모이드(Sigmoid) 성장 모형을 활용했고 일 평균 5시간 이상의 게임 사용자를 중증 과몰입 상태(β_3)이라고 보았다. 게임을 한 번 할 때 걸리는 시간은 평균 15분으로 가정했다. 과몰입 상태는 모두 3단계로 구분했다. 시그모이드 성장 곡선의 값은 0에서 1까지로 정의되고, 40% 이상 60% 미만을 과몰입 주의군(Level 1), 60%~80%를 과몰입 위험군(Level 2), 80% 이상은 과몰입군(Level 3)으로 분류했다. 이는 과몰입군을 적극적으로 전체의 20%에 해당되는 파레토 배분의 상위에 해당된다. 실제 과몰입군에 대한 수리적 정의는 시뮬레이션의 수치 배분과는 다를 수 있다.

$$\beta(i_{\Delta t}) = \frac{\exp\,\left(g\!\left(\sum \theta_{it'}\right)\right)}{1 + \exp\,\left(g\!\left(\sum \theta_{it'}\right)\right)} \qquad\qquad \text{(Eq. 4)}$$

시뮬레이션은 과몰입에 따른 결과를 뚜렷하게 보기 위해 과몰입 경향이 매우 강한 상황을 상정했다. 즉, 게임에 로그인 한 다음, 한 승부가 끝났을 때 대기실에 머무를 것인가의 이론적 확률은 50%이지만, 시뮬레이션은 75%로 세팅을 정했다. 이 외의 상황은 모두 동전 던지기 방식의 확률로 사건을 정의했다. 가장 중요한 규제의 효과는 2개 사건의 곱사건으로 보았는데 첫째는 규제에 대한 개인의 반응 유무이고, 둘째는 규제의 실질적인 도움 유무이다. 따라서 규제 효과는 25%의 확률로 개인에게 영향을 주도록 설계했다. 시뮬레이션 수행 시 실제 종료 조건은 20% 이상의 게임 사용자가 과몰입 상태에 접어드는 것이었다. 이 상태는 4,000에서 5,000틱(Tick, 혹은 시뮬레이션 시간)에 해당한다.

[표 3] 시뮬레이션의 주요 집합

처리	조건			
	기준 방식	총량규제	사용규제	격리규제
기본	SET 1			
완화		SET 2	SET 4	SET 6
강화		SET 3	SET 5	SET 7

시뮬레이션의 주요 집합은 [표 3]과 같다. 강화 혹은 약화는 현재시행 중인 규제에 2배 혹은 1/2배로 기준을 바꾸어 적용한 것이다. [표 3]과는 별도로 기준 방식과 자율 규제 사이의 비교도 시뮬레이션에 포함했다. 자율 규제는 게임 회사가 과몰입 정도를 지속적으로 모니터링하고 레벨에 따라 사용자의 접근을 제한하는 것으로 정의했다. 과몰입 주의군의 경우 1틱의 시간 동안, 위험군의 경우 3틱, 과몰입군은 7틱의 사용제한을 두었다. 이 기간 동안 과몰입 해소의 정도는 정부 규제와 동일하다.

2. 결 과

(1) 게임진흥법규상 규제의 효과

시뮬레이션은 각 세팅별로 100회를 수행하여 세팅 내 값을 평균으로 취하고 이를 라소 회귀(Lasso Regression)으로 평활하였다. 시뮬레이션의 종료 시점의 절반 시점인 2,000틱을 기준으로 결과치를 평가하였다.

[그림 2]에서 확인할 수 있듯 과몰입 성향은 초기에 잘 억제된다. 약 1,000틱을 근처로 초기에 성장하던 과몰입 게임 인구는 5% 미만으로 안정화되는 추세를 보여 준다. 그러나 우리가 설계한 시뮬레이션은 의도적으로 과몰입 추세를 잘 볼 수 있도록 설계되어 게임에서 이탈하거나 유입되는 확률이 5%로 작다. 이로 인해 시간이 지나면 과몰입 인구의 성장은 다시 가속되는 경향을 보인다. [그림 3]을 보면 1,500~3,000틱까지의 기간 동안 과몰입 인구는 급격하게 증가하여 15% 수준에 이른다. 이후 규제를 받는 대상자가 늘면서 과몰입 수준은 억제되는 모습을 보인다. 이와 같은 증가, 정체, 급등 이후의 정체의 사이클은 모든 시뮬레이션 시행에서 동일하게 확인되었다. 규제의 영향으로 인한 이탈 확률이 높아지고, 게임 회사의 마케팅 활동으로 인한 유입활동이 높아지면 이와 같은 사이클의 진행 속도가 더뎌진다. 유입과 이탈 확률을 모두 2배인 10%로 올리고 4,000틱을 기준으로 비교하면 과몰입 인구는 6.3%가 줄어든다. 정부의 규제로 인해 사용자가 게임에 대한 흥미를 잃고 이탈할 확률을 다시 2배인 20%로 올리고 여기에 대응하여 신규 고객 유치를 강화한다고 보아 신규 고객 진입 확률을 다시 20%로 올리면 과몰입 인구는 처음에 비해 18.9% 더 작아진다. 이와 같은 경향이 나타나는 이유는 게임 사용자의 일정 인구가 시뮬레이션의 초기 조건을 재구성하는 것과 같은 효과를 보이기 때문이다.

사행성에 따른 직접적인 결과는 두 가지로, 가장 문제가 되는 것은 과몰입 게임 사용자의 비율이 높아진다는 사실이다. 경제활동이나 주변 생활을 돌볼 시간을 가지기 어렵게 만든다는 점 이외에도 국민 보건 관점에서도 바람직하지 않다. 다음으로 우려되는 점은 의도하지 않은 금전적인 손실이다. 이는 오프라인상의 카지노 성격의 게임일 경우 특히 심각하게 받아들여진다. 자신이 보유하고 있는 재산 가치 이상의 금전적인 손실이 발생할 위험이 있기 때문이다.

그런데 온라인 웹보드 게임의 경우 사행성에 있어 경제적 손실의 문제는 상대적으로 설계가 어려운 측면이 있다. 우선 웹보드 게임의 배팅은 게임머니라는 가상 화폐 성격의 아이템을 매개로 이루어진다. 현실적인 경제적 문제는 게임머니를 확보하기 위한 구매 시 일어나기 때문에 게임 중 예상치 못한 금전적 손실을 입기란 사실상 불가능하다. 무엇보다 한 개인의 경제적 의사결정을 정확한 모델링하기 위해 필요한 파라미터의 확보가 어렵다는 이유에서 본 연구는 사행성의 결과로 인한 첫 번째 문제에 집중하였다.

핵심적인 질문은 총량규제, 사용규제 및 격리규제를 약화시키거나 강화시켰을 때 어떠한 변화가 있는가 하는 것이다. 현재 이에 대한 명확한

[그림 2] 시뮬레이션 실행 시의 화면

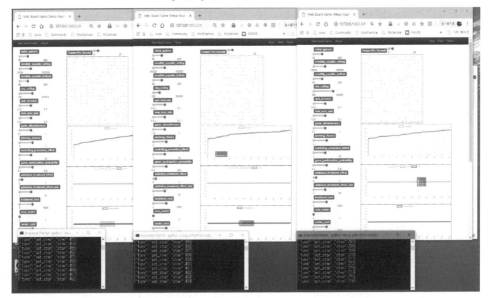

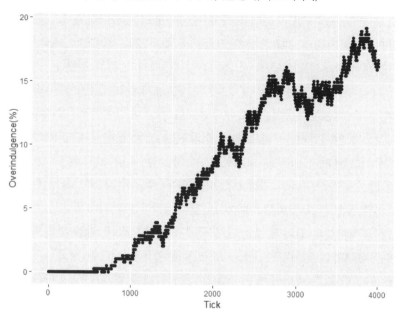

[그림 3] 과몰입 인구 추이의 예(기준 방식, 4,000틱까지)

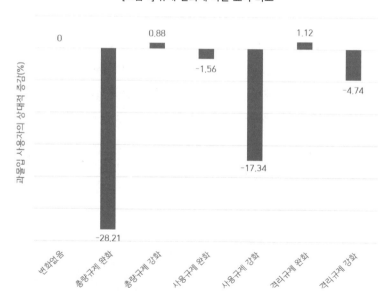

[그림 4] 규제 변화에 따른 효과 비교

실증연구나 이론적 고찰을 수행한 연구가 선행되지 않았으므로 본 연구의 관찰은 유의미한 시사점을 줄 수 있다. 우리는 해당 질문을 해결하기 위해 각각 기준의 2배 혹은 1/2배로 규제를 강화시키거나 약화시키고 시뮬레이션 셋의 평균을 구해 2,000틱 시간에서 상호 비교했다.

[그림 4]는 그 결과를 보여 준다. 그래프에서 0을 기준으로 아래 방향(즉, 음의 방향)은 과몰입 정도가 강화된다는 의미로 부정적 결과가 초래되었음을 암시한다. 반대로 위를 향하면(즉, 양의 방향) 과몰입 성향을 약화시키는 효과가 있음을 의미한다. 수치는 현재 규제가 적용되는 상황을 기준으로 상대적인 개선폭을 나타낸다. 즉 10%라는 수치는 현재 기준의 과몰입 정도에 비해 10%가 더 감소되었다는 의미다.

시뮬레이션의 결과를 보면 총량규제를 완화할 경우 과몰입 정도가 크게 심화된다는 점이 드러난다. 28.21%나 과몰입 성향이 강화되기 때문에 월 50만 원의 총량규제는 과몰입 성향 억제에 큰 효과가 있다고 보인다. 반면 총량규제를 2배 강화할 때 그 효과는 0.88%의 긍정적 영향에 그친다. 실제 과몰입에 문제가 생기는 인구가 소수에 불과하고 다수의 사용자가 총량규제에 영향을 받지 않는 것으로 풀이된다.

흥미로운 점들은 사용규제와 격리규제의 변화 결과에서 관찰된다. 사용규제를 완화하면 1.56% 과몰입 성향이 강화되어 규제 당국의 상식과 부합한다. 그런데 사용규제를 강화하면 오히려 17.34%로 과몰입 성향이 더 커진다. 이것은 배팅 금액 자체를 줄여 총량규제의 효과를 상쇄시키기 때문이다. 즉, 사용자는 보다 더 적은 금액으로 배팅을 할 수밖에 없도록 강제받기 때문에 1회 게임에서 소실하는 금액(B)이 줄어들고, 월별 총 규제액(M)을 생각했을 때 게임의 횟수(F)는 더 늘어나게 된다.

$$M = B \cdot F \tag{Eq. 5}$$

총량규제가 존재하는 상황에서 사용규제의 강화는 실질적인 게임 횟수를 많게 하는 효과를 가져올 수 있고 의도하지 않았으나 이는 게임 사용자의 과몰입 성향에 부정적인 영향을 준다. 물론 적절한 수준의 게임 횟수를 유지한다는 가정이 추가로 도입될 경우 사용규제를 통해 실질적인 월 지출액이 줄어들게 되므로 사용자가 소진하는 게임머니의 크기에 영향을 미칠 수 있다. 그러나 이는 게임을 하는 사용자가 항상 게임에 대한 이용 성향이 일정할 것이라는 전제가 필요하고 실증적 증거들이 이를 뒷받침해야 한다.

격리규제의 경우 이를 완화하면 오히려 과몰입 성향이 1.12% 줄어들고, 강화하면 4.74% 과몰입 사용자가 늘어난다. 격리규제는 게임 사용자가 하루에 정해진 일정 금액 이상을 초과하여 게임머니를 잃게 되면 24시간 동안 게임 접속을 차단한다는 규제다. 격리규제가 완화될 경우 총량규제에 영향을 받는 사용자가 소폭 증가한다. 특히 과몰입군과 과몰입 위험군의 경우 이미 총량규제에 근접한 상태로 게임을 하게 되어 격리규제 이상의 배팅이 이뤄질 경우 총량규제의 적용을 조기에 받는 결과가 초래되는 성향을 보인다. 우연히 초기에 과몰입군과 과몰입 위험군이 되고, 소실한 게임머니가 총량규제에 근접할 경우 게임과 유리되는 시간이 늘어남으로써 과몰입 상태가 개선되는 것이다.

격리규제를 강화할 경우 과몰입군과 과몰입 위험군 이외에도 과몰입 주의군과 일반 사용자들에게 미치는 부정적 영향이 강화되는 것이 관찰된다. 격리규제는 24시간 동안 게임을 할 기회를 빼앗음으로 해서 과몰입 성향을 치유하는 계기를 마련한다. 그러나 이 효과보다 총량규제를 회피할 수 있는 가능성을 높임으로써 장기적으로 과몰입 인구를 키우는 효과가 관찰된다. 즉, 총량규제의 최장 29일까지 과몰입 성향을 치유할 기회가 주어지지만, 격리규제의 강화는 이 효과를 실질적으로 희석시켰다.

(2) 자율 규제의 효과

시스템에서 사용자의 과몰입 확률을 지속적으로 측정하고 관리함으로써 게임에 접근할 수 없도록 관리하면 어떻게 달라질 것인가? 게임을 제공하는 측은 현재 사용자의 게임 이력을 추적할 수 있기 때문에 과몰입 사용자들을 각 범주별로 탄력적으로 대응하는 일이 가능하다. 우리는 모형에서 이를 반영하여 세 가지 상황을 설정하고 게임진흥법규에 따른 규제 상황과 비교했다.

비교를 위해 게임진흥법규를 현행대로 적용했을 경우 2,000틱 시뮬레이션 시각의 평균 과몰입 정도를 100으로 하여 첫째, 자율규제와 현행의 규제가 함께 적용되는 상황(A), 둘째, 자율규제를 허용하고 현행의 규제를 1/2로 완화하는 상황(B), 그리고 현행의 규제를 1/2로 완화하되 자율규제의 정도를 2배 강화하는 상황(C)을 설정하여 그 차이를 알아보았다. A의 경우 85.95%로 과몰입 정도가 줄었으나 B의 경우 115.89%로 과몰입 정도가 늘어났다. 한편 C는 80.51%로 과몰입 상태를 개선하는 효과가 가장 컸다.

이는 자율규제의 시행 내용에 따라서 현행의 규제를 완화하고서도 큰 효과를 볼 수 있다는 점을 시뮬레이션으로 확인한 것으로 시사하는 바가 크다. 게임진흥에 관한 현행 법률의 규제 방식이 규제 항목 간의 내생성(Endogeneity)의 문제를 안고 있어 규제 효과가 서로 상쇄되는 반면 자율규제의 경우 과몰입 레벨에 따라 표적 대응이 가능하여 규제 강화의 효과가 직접적이다. 실증적 증거나 실험에 따른 결과들을 수집함으로써 자율규제를 통해 현재 시행 중인 규제 내용보다 더 나은 결과를 낼 수 있는 최적점을 발견할 수 있는 가능성이 있음이 본 연구를 통해 확인된 것이다.

IV. 결 론

본 연구는 게임산업진흥을 위해 사행성 정도를 관리하고자 시행 중인 정책에 대한 계량적 분석을 시도한다. 특히 사회적 파급효과가 크고 심대한 영향을 미칠 수 있는 분야에 대하여 행위자 기반 모형을 수립한 시뮬레이션을 수행했다. 다양한 가상 시나리오를 상호 비교함으로써 미실현된 상황에 대한 문제를 확인하고 데이터의 흐름을 추적 관찰함으로써 그 이유에 대한 탐색도 가능했다. 우리가 주제로 삼은 온라인 웹보드 게임은 특히 사행성 규제의 대상이 되기 쉽고, 게임 저변이 확대되면서 다양한 연령대의 고객을 유치하기에 유리하므로 본 연구의 결과가 주는 사회적 함의는 작지 않다.

본 연구는 가상 상황을 모델링했다는 점에서 적지 않은 한계점도 남겼다. 우선 사용자의 다양성을 고려하지 않았다. 과몰입에 보다 취약한 계층의 경제적 여건이나 상호작용에 대한 열망, 게임에 대한 경험이나 충성도 등 한 개인 단위로 보았을 경우에 일어날 수 있는 여러 결과보다는 전체적이고 거시적인 결과에 초점을 두었다. 이는 정책이 추구하는 방향과는 다소 어긋난 것일 수 있어 해석에 주의를 요한다.

또 다른 한계는 과몰입 성향이 완화되는 정도에 대하여 실제 현실의 모습을 적절하게 반영했는가 하는 문제다. 과몰입의 완화 정도는 개인별로 다를 수밖에 없고 이는 게임 과몰입 이후 일어나는 치료 상황에 대한 상세한 이해와 데이터가 확보되어야 상세히 검증될 수 있다.

본 연구는 공공 가치를 추구하는 입장에서 수행되었다는 점도 추후 연구를 확장할 여지를 남긴다. 게임 사용자의 몰입은 게임 회사 입장에서는 수익에 유리하다. 한편, 규제에 적용을 받는 사용자가 늘어나거나 과몰입을 해결하기 위한 비용을 분담해야 한다면 수익에 불리하다. 규제의 종류나 방향에 따른 게임 회사의 수익 구제에 대한 영향은 본 연구에서 다루지 않았다. 이에 대한 주된 이유는 현실적으로 비용 분담에 대한 가정이 쉽지 않다는 것에 기인한다.

이러한 한계점에도 불구하고, 본 연구는 현실 데이터를 수집하고 모델을 확장함으로써 보완되고 개선될 수 있는 가능성을 보여 준다. 무엇보다 현행 규제가 안고 있는 내생성 문제를 정량적 분석의 결과를 통해 찾았다는 점이 중요하다. 또한 자율규제의 효과에 대한 정량적 분석을 시도했고 현행 규제와 상호 비교함으로써 과몰입 방지에 게임 업계와의 공조 가능성을 고려해야 한다는 점을 보였다.

참고문헌

김민규. 2007. ""게임산업진흥에 관한 법률" 의 제 · 개정 경과와 의의," 성신법학 6, 101-126면.

김민규. 2018. "게임 법률의 제 · 개정을 통해 본 게임정책이 지향하는 의미 탐구", 문화경제연구(21:2), 53-88면.

김유심. 2017. "데이터 기반 정책수립 방향에 대한 연구", 한국행정학회, 1785-1852면.

김종일. 2017. "게임의 법적 규제에 관한 연구:「게임산업진흥에 관한 법률」을 중심으로" 서울대학교 박사논문. 1-265면.

장원열 · 신수연. 2017. "2018 게임산업 전망", 신영증권 Industry Report(2017. 11.20).

한국콘텐츠진흥원. 2017. 2017 대한민국 게임백서, 한국콘텐츠진흥원.

황인영 · 박정훈. 2015. "정부 규제가 국내 온라인 게임 시장에 미치는 영향: 시스템 다이내믹스 접근", 한국시스템다이내믹스 연구(16:4), 129-153면.

Axelrod, R. M. 1997. *The Complexity of Cooperation: Agent-Based Models of Competition and Collaboration*, Princeton University Press.

Berger, T. 2001. "Agent-Based Spatial Models Applied to Agriculture: A Simulation Tool for Technology Diffusion, Resource Use Changes and Policy Analysis", *Agricultural economics*(25:2-3), pp.245-260.

Chen, H., Chiang, R. H., and Storey, V. C. 2012. "Business Intelligence and Analytics: From Big Data to Big Impact", *MIS Quarterly*, pp.1165-1188.

Conley, T. G., and Taber, C. R. 2011. "Inference with "Difference in Differences" with a Small Number of Policy Changes", *The Review of Economics and Statistics*(93:1), pp.113-125.

Cookson, R. 2005. "Evidence-Based Policy Making in Health Care: What It Is and What It Isn't", *Journal of Health Services Research & Policy*(10:2), pp.118-121.

Davies, P. 2004. "Is Evidence-Based Government Possible", *Presented at the 4th Annual Campbell Collaboration Colloquium, Washington, D. C.*, pp.1-29.

Dimick, J. B., and Ryan, A. M. 2014. "Methods for Evaluating Changes in Health Care Policy: The Difference-in-Differences Approach", *Jama*(312:22), pp.2401-2402.

Donald, S. G., and Lang, K. 2007. "Inference with Difference-in-Differences and Other Panel Data", *The review of Economics and Statistics*(89:2), pp.221-233.

Fagnant, D. J., and Kockelman, K. 2015. "Preparing a Nation for Autonomous Vehicles: Opportunities, Barriers and Policy Recommendations", *Transportation Research Part A: Policy and Practice* (77), pp.167-181.

Grimm, V., Revilla, E., Berger, U., Jeltsch, F., Mooij, W. M., Railsback, S. F., Thulke, H.-H., Weiner, J., Wiegand, T., and DeAngelis, D. L. 2005. "Pattern-Oriented Modeling of Agent-Based Complex Systems: Lessons from Ecology", *Science*(310:5750), pp.987-991.

Hornby, P., and Perera, H. 2002. "A Development Framework for Promoting Evidence-Based Policy Action: Drawing on Experiences in Sri Lanka", *The International Journal of Health Planning and Management*(17:2), pp.165-183.

Malleson, N., Heppenstall, A., and See, L. 2010. "Crime Reduction through Simulation: An Agent-Based Model of Burglary", *Computers, Environment and Urban Systems*(34:3), pp.236-250.

Schelling, T. C. 1971. "Dynamic Models of Segregation", *Journal of Mathematical Sociology*(1:2), pp.143-186.

Stone, D. A. 1997. *Policy Paradox: The Art of Political Decision Making*, ww Norton New York.

Sutcliffe, S. 2005. "Evidence-Based Policymaking: What Is It? How Does It Work? What Relevance for Developing Countries?", *ophie Sutcliffe and Julius Court Overseas Development Institute*, pp.1-45.

_ 대표 저자

이병준   한국외국어대학교 법학전문대학원 교수

_ 저 자

김종일   쿠팡(주) 서비스정책실장

김태경   수원대학교 경영대학 경영학부 조교수

박종현   국민대학교 법과대학 부교수

백주선   법률사무소 상생 대표변호사

서종희   건국대학교 법학전문대학원 부교수

심우민   경인교육대학교 사회과교육과 조교수

심우영   한국외국어대학교 법학연구소 책임연구원

이정훈   중앙대학교 법학전문대학원 교수

이헌욱   경기도시공사 사장

전성민   가천대학교 경영대학 글로벌경영학과 조교수

정신동   한국소비자원 선임연구원

한종현   변호사, 서울고등법원 공익법무관

한국외국어대학교 법학연구소
소비자법센터 총서 2

온라인게임 이용자보호와 자율규제

—

초판 인쇄 2020년 2월 5일
초판 발행 2020년 2월 15일

—

편   자 이병준
발행인 이방원

—

발행처 세창출판사
　　　　신고번호 제300-1990-63호
　　　　주소 03735 서울시 서대문구 경기대로 88 냉천빌딩 4층
　　　　전화 02-723-8660 팩스 02-720-4579
　　　　이메일 edit@sechangpub.co.kr
　　　　홈페이지 www.sechangpub.co.kr

—

ISBN 978-89-8411-929-1 93360

—

이 도서의 국립중앙도서관 출판예정도서목록(CIP)은 서지정보유통지원시스템 홈페이지(http://seoji.nl.go.kr)와
국가자료공동목록시스템(http://www.nl.go.kr/kolisnet)에서 이용하실 수 있습니다.(CIP제어번호: CIP2020004693)